Formularbuch

und

Kommentar zum Notariats-Gesetz,

für

instrumentirende Gerichts-Personen

und

Notarien,

mit

kurzen Angaben über die Erfordernisse
der einzelnen Urkunden und mehreren als Anhang beigefügten
Tax-Instrumenten,

von

Dr. C. F. Koch.

Achte neu überarbeitete und vermehrte Ausgabe.

Berlin,
Verlag von J. Guttentag.
1870.

Vorwort zur ersten Ausgabe.

Urkunden über Rechtsgeschäfte zu verfassen, die eben so vollständig in ihren, den Verabredungen der Interessenten entsprechenden, Bestimmungen, genau und bestimmt im Ausdrucke, als frei von unnöthigen, sich von selbst verstehenden Satzungen und unnützen Klauseln sind, ist eine Kunst, in welcher es nur mit Hülfe einer gründlichen Rechtskenntniß, einer vielseitigen Erfahrung und Gewandtheit in den Geschäften des bürgerlichen Lebens zu einer gewissen Fertigkeit gebracht werden kann. Darum mag es gebilligt werden, daß man auch bei Ausübung dieser Kunst Muster, so gut man sie haben kann, zu Rathe zieht. Unsere Literatur hat eine ältere und eine neuere Sammlung von Mustern; beide sind jedoch, ohne daß ich mir herausnehme, ihnen Werth oder die Brauchbarkeit abzusprechen, nicht vollständig genug und auch nicht nach einem bestimmten Plane geordnet. Diese Rücksichten sind bei der Sammlung, welche ich hier dem verehrten Publikum übergebe, genommen. Die einzelnen Muster sind eigens für diesen Zweck abgefaßt, wobei darauf Bedacht genommen worden ist, alle unnöthigen Klauseln und Redensarten zu vermeiden. Angehängt sind mehrere Taxen, womit, nach meinen Wahrnehmungen zu urtheilen, gewiß sehr Vielen gedient wird.

Neisse, im Mai 1844. **Der Verfasser.**

Vorwort zur zweiten Ausgabe.

Das Bedürfniß einer zweiten Auflage dieses von dem verehrten Publikum so wohlwollend aufgenommenen Formularbuchs traf mit dem Beginne der Anwendung der neuen Notariatsordnung, v. 11. Juli 1845, und mit der Beendigung meines Preußischen gemeinen Privatrechts zusammen. Dieses Zusammentreffen hatte nicht allein die gänzliche Umarbeitung der formellen Formulare für die allgemeinen Förmlichkeiten der Notariatsurkunden zur Folge, sondern veranlaßte mich auch, die Anordnung in der Art zu ändern, daß sie sich an das System des Privatrechts anschließt. Dabei machte sich denn die Unvollständigkeit der Mustersammlung in der ersten Ausgabe so sehr bemerklich, daß es einer großen Vermehrung der

Beispiele bedurfte, um jedes einzelne Rechtsgeschäft in seiner äußeren Erscheinung abzubilden. Diese Versinnlichung der Rechtsgeschäfte und Rechtshandlungen ist eine Hauptrücksicht bei der neuen Ausgabe gewesen; und der Zweck, nach welchem gestrebt worden, war, in dieser Ausgabe einerseits dem instrumentirenden Beamten eine möglichst vollständige Sammlung von Mustern in einer vom alten Kanzleistile und von nutzlosen Redensarten gereinigten Sprache der Gegenwart zu liefern, und andererseits dem Studirenden die Rechtsgeschäfte und Handlungen, deren Begriffe, Erfordernisse und Wirkungen ich in dem Lehrbuche darzustellen bemüht gewesen, zu veranschaulichen.

Neisse, im Februar 1846. **Der Verfasser.**

Vorwort zur dritten Ausgabe.

Die ersten neun Bogen dieser Ausgabe waren schon vor den Märzereignissen gedruckt. Daher kommt es, daß die seitdem bei zwei Gegenständen eingetretenen Veränderungen nicht berücksichtigt sind. Diese sind:

1) Die wechselrechtlichen Urkunden. Durch die Einführungsverordnung v. 6. Januar 1849 (G.S. S. 49) ist die allgemeine Wechselordnung für Deutschland, seit dem 1. Februar 1849, an die Stelle der bisherigen Wechselordnungen, namentlich an die Stelle der §§. 713 bis 1249, Tit. 8, Th. II des Allgemeinen Landrechts getreten. In Folge der dadurch eingeführten allgemeinen Wechselfähigkeit fallen von den unter XLIV mitgetheilten Formularen das Protokoll über die Certioration einer die Wechselfähigkeit nachsuchenden Person Nr. 1, und das Wechsel-Certifikat Nr. 2 ganz weg; bei dem Wechselproteste ist es nach Art. 88 der A. Wechs.-O. ganz zweifellos, daß es der Unterschrift des Protestaten oder der Erwähnung, daß er nicht unterschreiben wollen, gar nicht bedarf; und bei dem eigenen Wechsel ist es nicht mehr Erforderniß, daß die Valuta baar gegeben worden, daher davon auch nicht mehr Erwähnung gethan zu werden braucht. Art. 96.

2) Bei dem unter LII, 2 mitgetheilten Formulare ist zu bemerken, daß die Vorschrift, wonach Verträge über einzelne Theile von Grundstücken bei Strafe der Nichtigkeit vor dem kompetenten Gerichte vollzogen werden mußten, wieder aufgehoben ist, so daß dergleichen Verträge auch wieder von Notarien rechtsgültig aufgenommen werden können. Verordnung vom 2. Januar 1849, §. 31 *).

*) (6. A.) Diese Vorschrift ist, unter Herstellung der Verordnung v. 3. Januar 1845, wieder aufgehoben durch das Gesetz vom 24. Mai 1853, §. 2 (G.S. S, 241). S. Nr. LII,2.

Neu hinzugefügt ist die Notariatsordnung vom 11. Juli 1845 und im Anhange das Muster der Taxe eines Gasthauses, um dem praktischen Bedürfnisse zu entsprechen.

Berlin, am Tage vor meinem Rückzuge, im Mai 1849.

Der Verfasser.

Vorwort zur vierten Ausgabe.

In Folge der bedeutenden Veränderungen der Eigenthumsrechte an Grundstücken sind mehrere Verträge, z. B. der Erbzinskontrakt, der Erbpachtkontrakt, die Leihe zu Kolonatrechten, ganz abgekommen, daher die Beispiele derselben, sowie die Taxe einer Erbpachtsgerechtigkeit, ausgeschieden sind. Dagegen sind Muster anderer Rechtsgeschäfte, die noch unberücksichtigt geblieben waren, z. B. der Auseinandersetzung zwischen Lehnsfolgern und Allodialerben, Verpfändung einer Forderung, der Akkord mit Konkursgläubigern, die Auseinandersetzung geschiedener Eheleute &c. hinzugekommen. In solcher Weise überreiche ich dem verehrten Publikum diese neue Ausgabe erheblich verbessert und vermehrt.

Neisse, im Mai 1851. **Der Verfasser.**

Zur fünften Ausgabe.

Die günstige Aufnahme dieser Sammlung von Beispielen der Notariatskunst hat mich veranlaßt, diesen Theil des praktischen Geschäftslebens fortwährend zu beobachten, und die meinen Wahrnehmungen entsprechenden Verbesserungen und Zusätze nachzutragen. Unter anderem ist das Beispiel einer Landguts-Taxe, mit Rücksicht auf die neuen landschaftlichen Abschätzungsgrundsätze, ganz umgearbeitet. Es erscheint somit auch diese Ausgabe als eine verbesserte und vermehrte.

Neisse, im September 1854. **Der Verfasser.**

Zur sechsten Ausgabe.

Die vorliegende Ausgabe ist neu überarbeitet worden und hat eine innere Umgestaltung erfahren. Diese besteht darin, daß der Inhalt durch einen neuen Stoff erweitert worden ist, nämlich durch einen kurzen Abriß der Geschichte der Notariats-Gesetzgebung und durch einen, dem bisher von der Literatur vernachlässigten Notariatsgesetze vom 11. Juli 1845 in

Form von rechtsgeschichtlichen und erläuternden Glossen beigefügten Kommentar. Dieser neue Stoff ist in einem besonderen Abschnitte, dem Ersten, behandelt und dadurch von der Zusammenstellung der Beispiele, welche nun den Zweiten Abschnitt des Buchs ausmachen, äußerlich getrennt worden. Diese Zusammenstellung ist gleichfalls neu durchgesehen und durch einige Beispiele vermehrt. Ganz umgearbeitet ist die Landguts-Taxe nach den Vorschriften der neuen Abschätzungsgrundsätze der schlesischen Landschaft und des bei Anwendung derselben zu beobachtenden Verfahrens, v. 14. März 1859 (G.S. S. 133). Darnach lassen sich andere Grundsätze, welche bekanntlich nach den Provinzen und Gegenden verschieden sind, leicht anwenden.

Neisse, im Oktober 1861. **Der Verfasser.**

Zur siebenten Ausgabe.

Nachdem die vorige Auflage bereits bis auf die letzten Bogen im Drucke vollendet war, erschien das Allgemeine Deutsche Handelsgesetzbuch und führte eine Veränderung mehrerer handels- und seerechtlichen Urkunden herbei, welcher nur in einigen Zusätzen noch eine ungenügende Berücksichtigung zu Theil werden konnte. Das hochverehrte Publikum hat mit solcher Mangelhaftigkeit ein sehr gütiges Nachsehen gehabt. In der jetzt vorliegenden neuen Auflage ist dem Uebelstande durch Ausscheidung der durch das neue Recht beseitigten Beispiele und Einreihung anderer der Rechtsveränderung entsprechender Muster abgeholfen. Einige Nachträge sind noch während des Drucks nothwendig geworden und am Ende des Werks beigefügt. Diese beliebe man wohlwollend zu berücksichtigen.

Neisse, im April 1866. **Der Verfasser.**

Zur achten Ausgabe.

Diese Ausgabe ist von Neuem durchgesehen, verbessert und vermehrt; die durch die neue Gesetzgebung abgeschafften Rechtsgeschäfte, namentlich Interzessionen der Frauen sind ausgeschieden; dagegen sind die Verträge der verschiedenen, durch das Handelsgesetzbuch eingeführten Arten von Handelsgesellschaften und deren Anmeldungen behufs Eintragung in das Handelsregister, sowie ein Statut einer eingetragenen Genossenschaft und deren Anmeldung behufs Eintragung in das Genossenschaftsregister, eingereiht. Die am Ende des Werks verzeichneten erheblichen „Berichtigungen“ werden zur Berücksichtigung empfohlen.

Neisse, im Juni 1870. **Der Verfasser.**

Inhalt.

Zweite Abtheilung.

Beispiele von Urkunden über die einzelnen Rechtshandlungen und Geschäfte.

C. Urkunden bezüglich auf Obligationen.

D. Urkunden bezüglich auf das Familienrecht.

E. Urkunden bezüglich auf das Erbrecht.

F. Anhang.

Einleitung.

Die Befugniß und Obliegenheit, öffentliche Urkunden über Rechtsgeschäfte auszufertigen, machen das Notàriat aus. Dazu gehört wesentlich eine Autorisation der Staatsgewalt, ohne welche das Erzeugniß der beurkundenden Person (die Urkunde) vor den Staatsobrigkeiten keine Anerkennung als öffentliche Urkunde findet. Das Notariat ist daher eine positive Staatseinrichtung zu dem Zwecke, den Staatsbürgern die Einrichtung öffentlicher Urkunden über ihre Rechtsangelegenheiten möglich zu machen. Die Notare zählen folglich zu den Staatsdienern*) und sind der Aufsicht wie der Disciplinargewalt des Staats unterworfen. Die Anstalt ist ein Beförderungsmittel der Rechtssicherheit. Das Notariat fällt keineswegs zusammen mit der sogenannten freiwilligen (willkührlichen) Gerichtsbarkeit (jurisdictio voluntaria s. non contentiosa), d. i. derjenigen richterlichen Befugniß, ohne vorgängige gerichtliche Klage solche Rechtsverhältnisse, welche nach den Gesetzen von ihrer Begründung eine richterliche Untersuchung (causae cognitio) erfordern, auf Anrufung der Parteien, vor sich verhandeln und vollziehen zu lassen, und demnächst, wenn es zulässig, durch Zustimmung (Bestätigung, Approbation) zu begründen, auch zugleich

---

*) R. v. 30. Januar 1813 (Jahrb. Bd. II, S. 3); Anh. z. A. G.O. (III, 7, §. 3) §. 462. — Vergl. *Oesterley*, das deutsche Notariat, Th. II, §. 23. Die von der Staatsgewalt ernannten Notarien sind auch *unmittelbare*, keineswegs *mittelbare* Staatsdiener, wenngleich sie nur zur Bedienung des Publikums angestellt sind. Vergl. rheinische Notariatsordnung v. 25. April 1822, Art. 1 (G.S. S. 109). Von solchen Personen, welche sich gleichfalls dem Dienste des Publikums gewidmet haben und nur mit Genehmigung der Staatsgewalt dazu verstattet werden, wie Aerzte, Hebammen, Baumeister u. dergl., unterscheiden sich die Notare durch ihre Ernennung zu solchen für einen bestimmten Amtsbezirk, wogegen jene Personen nicht *ernannt* und *angestellt*, sondern nur als qualifizirt zur freien Ausübung ihrer Kunst anerkannt (approbirt) werden.

Der Staatsministerial-Beschluß vom 2. März 1851 (J.M.Bl. S. 151), welcher ausspricht, daß Staatsbeamte zur Annahme der Wahl eines Gemeindeverordneten und zur Uebernahme eines Amtes in einer Gemeinde-Verwaltung der Genehmigung der vorgesetzten Dienstbehörde bedürfen, ist für die Rechtsanwalte (Notare) verbindlich. Erk. des Obertr. vom 10. Februar 1865 (J.M.Bl. S. 72).

öffentlich zu beurkunden, sowie dergleichen bestehende Rechtsverhältnisse wieder aufzuheben oder abzuändern. Dazu ist in der Regel Kompetenz erforderlich. Dagegen ist die Befugniß, nicht streitige Handlungen lediglich nach der Willkühr der Parteien zu vollziehen und glaubhaft zu beurkunden, keine Gerichtsbarkeit; ein bloßer Notar hat also keine Gerichtsbarkeit [1]. Im weiteren Sinne werden jedoch zu den Handlungen der freiwilligen Gerichtsbarkeit auch diejenigen gerechnet, zu deren öffentlich glaubwürdiger Vollziehung die Parteien sich, mehrerer Gewißheit und Beglaubigung wegen, aus freiem Willen entschließen [2]. Der allgemeinste Unterschied zwischen beiden Arten von Rechtshandlungen und Geschäften besteht darin, daß die der ersten Art gar nicht zum rechtlichen Dasein kommen (null und nichtig sind), wenn sie nicht unter Mitwirkung der zuständigen obrigkeitlichen Personen errichtet und vollzogen worden sind, außer in soweit die betroffene Handlung als eine bloße Privathandlung rechtliche Wirkungen hervorbringen kann [3]; wogegen die rein willkührlichen Notariatshandlungen in der Regel nur zur Beglaubigung und zur möglichst genauen Bestimmung des Moments der Perfektion, sowie zur Sicherung des Beweises des Abschlusses, wohl auch zur Errichtung eines präcise gefaßten, die rechtlichen Erfordernisse des Geschäfts nachweisenden Instruments, notariell vollzogen werden. Die hier bezeichneten beiden Gattungen von Rechtshandlungen sind jedoch von der Gesetzgebung hinsichtlich der Zuständigkeit der Beurkundung nicht scharf geschieden. In einzelnen Partikulargesetzgebungen kommen, weil man entweder sich die Verschiedenheit nicht so klar gedacht, oder auch eine Abweichung beabsichtigt hat, einzelne Abweichungen nach beiden Seiten vor. Die Gesetzgebungen in den verschiedenen deutschen Ländern weichen über diesen Gegenstand, insbesondere darüber: was zu der einen oder der anderen Gattung gehört, von einander sehr ab; es ist dabei Alles von Verfassung und positiver Bestimmung abhängig. Die preußische Gesetzgebung hat darin im Verlaufe der Zeit gewechselt. Eine durchgehende Regel giebt es nicht, nur das ist eine Regel ohne Ausnahme, daß bei der Errichtung reiner Notariatsurkunden die Gerichte eine konkurrente Befugniß mit den Notarien haben, so daß die Interessenten zwischen Beiden wählen können [4], — ein altes gemeinrechtliches Herkommen, welches in den deutschen Ländern, mit Ausnahme einiger, wo man nach Auflösung des deutschen Reiches eine durchgreifende Trennung der beiden Gerichtsbarkeiten angeordnet hat, noch heute fortbesteht. Das Gemeinschaftliche zwischen Gerichten und Notarien hierbei ist nicht eine Gerichtsbarkeit, sondern die

1) A. L.R. II, 17, §. 50, verb. mit §§. 55 ff.
2) A. G.O. II, 1, §. 1. — Vergl. Corp. jur. Frid., Th. III, Tit. 7, §. 44.
3) A. L.R. a. a. O. §. 59.
4) A. G.O. II, 1, §. 2 u. §. 10.

fides publica[5]). In Ermangelung einer solchen Regel muß daher bei jeder einzelnen Rechtshandlung die positive Bestimmung über die Zuständigkeit beachtet werden. Nicht zuständig sind Notare rücksichtlich derjenigen Akte der freiwilligen Gerichtsbarkeit, welche an die Mitwirkung des persönlich oder dinglich zuständigen Richters gewiesen sind, aber umgekehrt sind Notare auch nicht zuständig rücksichtlich aller derjenigen Akte, welche nicht gerade an den persönlichen Richter der Parteien oder an den Richter der Sache gewiesen sind, sondern vor jedem beliebigen ordentlichen Gerichte errichtet werden können, wie z. B. Testamente, Schenkungen, früher auch Interzessionen der Frauenspersonen, welche Letzteren nun durch das Gesetz vom 1. Dezember 1869 von diesen Beschränkungen befreit sind. In Ermangelung einer allgemeinen Regel also ist weiterhin bei den einzelnen Rechtshandlungen und Geschäften jedesmal angemerkt, wenn die Notarien zur Aufnahme oder Beurkundung nach preußischem Rechte nicht befugt sind. Ausgenommen von der Kompetenz der Notare im Rechtsgebiete der Allg. Gerichtsordnung sind nach dem gegenwärtigen Stande der Gesetzgebung folgende Handlungen:

1) Testamente (§§. 66 flg., I, 12 Allgemeinen Landrechts);
2) Erbverträge (§§. 621 flg. ibid.);
3) Errichtung einer Einkindschaft (§. 721, II, 2 Allgemeinen Landrechts);
4) Handlungen, wodurch das Eigenthum eines Seeschiffes verpfändet werden soll, wenn sie an Orten vorkommen, wo Seegerichte (gegenwärtig nach Einführung des Handelsgesetzbuches „Handelsgerichte") sind (Einf.-Ordn. z. Handelsges.-B. v. 24. Juni 1861, Art. 59);
5) die Errichtung von Familienstiftungen und beständigen Fideikommissen (§. 6, Nr. 2, II, 1 Allgemeiner Gerichtsordnung, §§. 29 flg. 62 flg., II, 4 Allgemeinen Landrechts, Gesetz vom 5. März 1855);
6) Verträge über die Verjährung (§. 566, I, 9 Allgemeinen Landrechts);
7) Verträge, wodurch die Gütergemeinschaft unter Eheleuten an Orten, wo sie nach den Gesetzen nicht stattfindet, eingeführt, oder da, wo sie stattfindet, ausgeschlossen werden soll (§§. 356 flg., 422 flg., II, 1 Allgemeinen Landrechts, Gesetz vom 20. März 1837); in der Provinz Hannover jedoch kann die Aufnahme oder Anerkennung auch vor einem Notar erfolgen (Gesetz vom März 1869 Nr. 10, G.S. S. 377);
8) die Erklärung eines Vaters, wodurch sein noch minderjähriger, jedoch 20 Jahr alter Sohn der väterlichen Gewalt entlassen werden soll (§§. 216, 217, II, 2 Allgemeinen Landrechts);

5) Gut hierüber: Oesterley, das deutsche Notariat, Th. II, S. 116.

9) ein Ehevertrag bei einer Ehe zur linken Hand (§. 859, II, 1 Allgemeinen Landrechts);
10) Verträge der Blinden und Taubstummen (§. 171, I, 5 Allgemeinen Landrechts);
11) Schenkungsverträge nach den näheren Bestimmungen der §§. 1063 flg., I, 11 Allgemeinen Landrechts;
12) Verträge zwischen Eheleuten in stehender Ehe, wodurch die Frau zu etwas, wozu sie nach den Gesetzen nicht verpflichtet ist, dem Manne, oder zu dessen Vortheile, einem Dritten verbindlich gemacht werden soll, z. B. Bürgschaften, Expromissionen, Abtretung der Vorrechte des Eingebrachten (§§. 198—201, 272, 273, II, 1 Allg. Landrechts)*);
13) Bestellung eines Erbschatzes in Grundstücken oder Kapitalien (§. 282, II, 1 Allgemeinen Landrechts);
14) Vollmachten zur Zurücknahme eines gerichtlich niedergelegten Testaments oder Kodizills (§. 571, I, 12 Allgemeinen Landrechts, Gesetz vom 11. Juli 1845 §. 2b);
15) Schuldscheine über 2jährige oder ältere Zinsenrückstände unter Stipulation der Verzinsung (§. 820, I, 11 Allgemeinen Landrechts);
16) Verträge, wodurch der unschuldige Ehegatte sich der nach dem Gesetze ihm zukommenden Abfindung begiebt (§. 824, II, 1 Allgemeinen Landrechts);
17) Parcellirungsverträge nach den näheren Bestimmungen der §§. 1, 2 und 5 des Gesetzes vom 24. Mai 1853; doch ist gegenwärtig (1869/70) dem Landtage der Entwurf einer neuen Grundbuch-Ordnung zur Berathung und Beschlußfassung vorgelegt, in welcher das Gesetz vom 24. Mai 1853 wieder aufgehoben ist, doch ist die Berathung durch den Schluß des Landtags unterbrochen worden.

Gegen diese Kompetenzbeschränkung ist von Seiten einer Anzahl Notarien petitionirt worden und eine dem Abgeordnetenhause in der Session von 1863 eingereichte Petition stellte den Antrag, dahin zu wirken, daß den Notaren in Beziehung auf Verträge unter Lebenden eine konkurrente Kompetenz mit den Gerichten ohne Ausnahmen beigelegt werde. Der Bericht der Kommission für das Justizwesen vom 24. Februar 1863 fand den Antrag, mit einigen Ausnahmen, berechtigt. Der meritorische Theil desselben lautet:

„Bei der Bestellung eines nutzbaren Pfandrechts auf ein Grundstück und bei der Annahme an Kindesstatt ist nur gerichtliche Prüfung und Bestätigung erforderlich (§§. 227 flg., I, 20; §. 667, II, 2 Allgemeinen Land-

*) (S. A.) Diese Bestimmungen sind bei Aufhebung der Beschränkungen der Frauen bei Interzessionen aufrecht erhalten. Gesetz vom 1. Dezember 1869 (G. S. Samml. S. 1169).

rechts). Da hierbei die Aufnahme selbst den Notarien nicht entzogen ist, so scheiden diese Verhandlungen überhaupt, als nicht unter dem Antrage begriffen, aus."

„Desgleichen kommen Testamente, weil der Antrag sich nur auf Verträge unter Lebenden bezieht, nicht weiter in Betracht, und müssen Erbverträge, da nach §§. 621 flg., I, 12 Allgemeinen Landrechts für sie alle Formalitäten, wie bei Testamenten, angeordnet sind, mit Ausnahme der Versiegelung und Deposition, die verbeten werden können, auch fernerweit von der notariellen Aufnahme ausgeschlossen bleiben, was sich auch für die Errichtung einer Einkindschaft wegen der Konnexität mit den Erbverträgen empfehlen dürfte."

„Ferner dürften die unter Nr. 4 bezeichneten Geschäfte von dem Antrage auszuschließen sein, da derselbe überhaupt nur gleiche Kompetenz mit den Gerichten im Allgemeinen verlangt, eine solche aber nach den allegirten Bestimmungen bei diesen Geschäften schon stattfindet, und nur die Notare, wie die gewöhnlichen Gerichte, früher durch das am Orte vorhandene Seegericht, gegenwärtig nach Einführung des Allgemeinen Handelsgesetzbuches: Handelsgericht, ausgeschlossen sind."

„Auch die Errichtung von Familienstiftungen und beständigen Fideikommissen würde bei der Spezialität der desfallsigen gesetzlichen Bestimmungen der gerichtlichen Kompetenz vorzubehalten sein. Dagegen dürfte kein Grund ersichtlich sein, weshalb bei der gegenwärtigen Stellung der Notare sie von Aufnahme der unter Nr. 6—16 aufgeführten Geschäfte ausgeschlossen bleiben sollen, da namentlich auch, was die betreffenden Verhandlungen mit Ehefrauen, resp. mit Frauenspersonen anlangt, in der That die unbedingt vorgeschriebene gerichtliche Aufnahme sich als eine leere Formalität erwiesen hat, die überdies noch in vielen Fällen durch Scheidungen der Erklärungen oder Modifikationen derselben umgangen wird, und die außer der gerichtlichen Form noch vorgeschriebenen Kautelen wie Certioration und Zuordnung eines Beistandes nach wie vor fortbestehen können, wenn das für zweckmäßig erachtet wird, dann auch bei den Notariatsakten anzuwenden und ebenso wohl durchzuführen sind, wie denn auch die für die gerichtliche Aufnahme der Erklärungen der Blinden und Taubstummen angeordneten Modalitäten in gleicher Weise bei den Notariatsakten durchführbar sind."

„In Betreff der ad Nr. 17 aufgeführten Parcellirungsverträge bedarf es jedoch eines näheren Eingehens. In §§. 2 und 3 des Gesetzes vom 3. Januar 1845 war für Parcellirungen ländlicher Grundstücke mit Ausnahme einiger in §. 5 aufgeführten Fälle angeordnet, daß ein Dismembrationsvertrag bei Vermeidung der Nichtigkeit vor dem Hypothekenrichter des zu theilenden Grundstückes geschlossen werden müsse; durch §. 31 der Verordnung vom 2. Januar 1849 und sodann durch §. 1 des Gesetzes vom

24. Februar 1850 wurde dies aufgehoben und die Aufnahme derselben den Notaren verstattet, durch §§. 2 und 3 des Gesetzes vom 24. Mai 1853 jene frühere Beschränkung aber wieder hergestellt. Im Eingange des Gesetzes vom 3. Januar 1845 wird als Motiv: „die Beseitigung der Uebelstände, welche aus der Zerstückelung der Grundstücke ohne gleichzeitige Regulirung der Abgaben aus Kommunalverhältnissen entstehen" angegeben. Zu dieser Beseitigung bedarf es aber nicht der Aufnahme vor dem Hypothekenrichter, zu diesem Behufe genügt es vollständig, wenn derartige Verträge sofort dem Hypothekenrichter mitgetheilt, und von diesem eine beglaubigte Abschrift dem betreffenden Landrathe oder Magistrate zugefertigt wird, wie dies im §. 1 und 2 des Gesetzes vom 24. Februar 1850 angeordnet war, und das Letztere auch gegenwärtig noch geschieht. — In den Motiven zum späteren Gesetze vom 24. Mai 1853 wurde ausdrücklich als Grund zu den desfallsigen Bestimmungen hervorgehoben: „durch Erschwerung des Abschlusses von Dismembrationsverträgen dem vermeintlichen Uebel der Parcellirungen entgegenzutreten," und ferner wörtlich bemerkt:

> „durch das Erforderniß des Abschlusses des Vertrages vor dem Hypothekenrichter werde (nach dem früheren Gesetze vom 3. Januar 1845) dem leichtfertigen und unüberlegten Eingehen von Parcellenkäufen vorgebeugt und eine Sicherheit dafür gewährt, daß der Käufer zur rechten Zeit von dem Lasten- und Schuldenzustande des Gutes unterrichtet werde."

„Abgesehen davon, daß eine Erschwerung der Parcellirungen nicht im volkswirthschaftlichen Interesse liegen dürfte, was weiter auszuführen über die Grenzen dieses Berichts hinausgehen würde, und selbst angenommen, daß den Parcellirungen durch Erschwerungen und Beschränkungen entgegengetreten werden müsse, so dürfen diese Beschwerungen doch nicht das ausreichende Maß übersteigen; dies thut aber die gedachte Vorschrift, da die übrigen in den desfallsigen Gesetzen enthaltenen Bestimmungen, wie die Zulassung der Aufnahme nur unter der Bedingung, daß der Veräußernde seinen Besitztitel bereits in das Hypothekenbuch hat eintragen lassen, oder doch schon ein Jahr lang sich im Besitze befindet und bei Aufnahme des Vertrages gleichzeitig die Berichtigung des Besitztitels beantragt, die Zwangspflicht des Parcellen-Akquirenten zur Besitztitel-Berichtigung, die zuvorige Herbeiführung des Regulativs mit den eingetragenen Realinteressenten (§. 6 und 7, Nr. 2 des Gesetzes vom 3. Januar 1845, §. 4 des Gesetzes vom 24. Mai 1853) und die Vorschriften des §. 6 des Gesetzes vom 24. Mai 1853 in Betreff der Parcellirungen im Wege des öffentlichen Aufgebots und der meistbietenden Versteigerung hinlängliche, ja übermäßige Erschwerungen sind. Die betreffende Vorschrift ist aber zugleich eine praktisch nutzlose Erschwerung, denn kein Besitzer resp. Erwerber wird sich, wenn alle die übrigen Erschwerungen und Beschräntungen überwunden und beseitigt sind, lediglich dadurch von der Ausführung der Parcellirung abhalten lassen, daß er die Aufnahme der Kontrakte nun vor dem Hypothekenrichter bewirken lassen muß. — Der in den Motiven hervorgehobene zweite Grund für die Aufnahme vor dem Hypothekenrichter:

„daß eine Sicherheit dafür gewährt werde, daß der Käufer zur rechten Zeit von dem Lasten- und Schuldenzustande des Gutes unterrichtet werde."

ist nicht zutreffend; kein Käufer wird sich über den Lasten- und Schuldenzustand des Gutes erst informiren, oder kann sich darüber erst informiren, wenn der Kontrakt aufgenommen wird, er wird und kann dies füglich unter Assistenz des Eigenthümers durch eigene Einsicht des Hypothekenbuches oder durch den das Geschäft vorbereitenden Notar vor der Aufnahme thun. — Ist nun aber die betreffende Vorschrift einestheils eine übermäßige, anderntheils eine praktisch nutzlose Erschwerung und endlich eine in der letztgedachten Hinsicht im Interesse des Erwerbens nicht erforderliche Maßregel, so ist sie zugleich eine Anordnung, die sowohl die Interessenten dadurch benachtheiligt, daß sie, nachdem, wie es meistentheils der Fall ist, die Dismembration durch einen Rechtsanwalt und Notar vorbereitet worden, sich nunmehr unter Zeit- und größerem Kostenaufwand an den Richter wenden müssen, der sich von Neuem zu informiren hat, während der Notar vollständig informirt ist, als sie auch den Notaren nicht nur dadurch einen direkten Nachtheil herbeiführt, daß ihnen die Aufnahme der Kontrakte entzogen worden, sondern auch erfahrungsmäßig ihnen indirekt dadurch eine Verringerung ihrer Praxis herbeiführen soll, daß die ländliche Bevölkerung, weil sie erfährt, daß die Notare zur Aufnahme dieser so häufig vorkommenden Kontrakte nicht berechtigt sind, der gerichtlichen Aufnahme auch anderer Kontrakte einen größeren öffentlichen Glauben beilegt und sich von der Notariatspraxis abwendet. Das mag im pekuniären fiskalischen Interesse liegen, geht dann doch aber über die Tendenz des Gesetzes hinaus. Nach diesem Allen dürfte kein Grund vorliegen, die gedachten Parcellirungsverträge der Aufnahme durch die Notare zu entziehen, und sich empfehlen, die Vorschrift des §. 31 der Verordnung vom 2. Januar 1849 wieder herzustellen."

„Der Vertreter des Justizministerii erklärte, daß er Namens des letzteren keine Veranlassung habe, der Ueberweisung der Petition an die Staatsregierung in der oben hervorgehobenen Beschränkung entgegen zu treten."

„Die Justizkommission trägt daher bei dem hohen Hause einstimmig darauf an, die Petition, unter Ausschluß der Erbverträge, der Errichtung einer Einkindschaft, der Handlungen, wodurch über das Eigenthum eines Seeschiffes verfügt, oder dasselbe verpfändet werden soll, wenn sie an Orten vorkommen, wo Handelsgerichte sind, und der Errichtungen von Familienstiftungen und beständigen Fideikommissen, der Königlichen Staatsregierung zur Berücksichtigung zu überweisen[6])."

Urkunden über Rechtsgeschäfte oder Rechtshandlungen zweckmäßig zu verfassen, ist eine nicht gar leichte Kunst. Zur Meisterschaft darin ist eine allgemein wissenschaftliche und eine gründliche rechtswissenschaftliche Bildung nothwendige Vorbedingung, aber für sich allein nicht genügend; es muß Erfahrung, wie man Rechtsgeschäfte sicher abschließt (Kautelar-Jurisprudenz), sowie praktische Kenntniß, wie darüber abzufassende Urkunden eingerichtet sein müssen (juristische Praxis) hinzukommen, und bei diesen Eigenschaften ist noch eine lange Uebung erforderlich, um es zur Fertigkeit zu bringen.

Die wichtigsten Hülfsmittel sind das Studium der Geschichte des Notariats[7]), die Vergleichung der partikularrechtlichen Bestimmungen, und die Literatur des Notariats[8]). Zur Beförderung der Ausübung des Notariats oder des formellen Notariats (Notariatsprozeß) sind vorzugsweise die Formularbücher bestimmt. Seit Errichtung der Reichs-Notariatsordnung von 1512 erscheinen dergleichen Werke von Zeit zu Zeit auch über das deutsche Notariat; vorher benutzte man die reichhaltige italienische Notariatsliteratur. Diese Anleitungen sind meistens von einerlei Anordnung des Stoffs. In einer Einleitung pflegen allgemeine Grundsätze und Vorkenntnisse theils über das Notariat, theils über die materiellen Erfordernisse der am häufigsten vorkommenden Rechtsgeschäfte kurz und dürftig gegeben zu werden, und dann folgen Formulare. Ein ähnliches Gepräge hat das vorliegende Buch. Nur weicht es darin ab, daß es statt einer Einleitung des bezeichneten Inhalts in einem Ersten Abschnitte das geltende Notariatsgesetz für Preußen, mit einem vorgängigen Abrisse der Geschichte der Notariatsgesetzgebung und mit geschichtlichen und juristisch-praktischen Anmerkungen zu einzelnen Bestimmungen giebt, indem sich dieses Gesetz nur über das Verfahren und die zu beobachtenden Förmlichkeiten bei Aufnahme von Notariatsinstrumenten verhält, wodurch der Notariatsprozeß dargestellt wird, und daß im Zweiten Abschnitte, welcher die Beispiele vorlegt, bei jedem Beispiele hinsichtlich der materiellen Erfordernisse des Rechtsgeschäfts oder der Rechtshandlung auf die betreffenden Paragraphen meines preußischen Privatrechtes verwiesen wird, so daß dieses Buch als ein praktischer Theil desselben in Betreff der Notariatskunde anzusehen ist.

---

6) Drucksachen des Hauses der Abgg. von 1863, Nr. 56.

7) Oesterley, das deutsche Notariat, Th. I, die Geschichte des deutschen Notariats, Hannover 1842; Th. II, Darstellung des geltenden Rechts, Hannover 1845. Klassisch.

8) Sehr vollständig in dem bekannten Werke von Lippenius, unter dem Worte „Notariat."

Erster Abschnitt.

Gesetz vom 11. Juli 1845 über das Verfahren bei Aufnahme von Notariatsinstrumenten (G.S. S. 487).

I. Abriß der Geschichte der Notariats-Gesetzgebung.

Das Notariat ist ein rein positives Staatsinstitut; denn es giebt keinen Grund, warum bei gleicher persönlicher Ehrenhaftigkeit die Urkunde des Einen mehr Glauben finden müßte als die eines jeden Anderen. Soll eine solche Ausnahme unter gewissen Voraussetzungen und Bedingungen eintreten, so kann sie nur durch die Staatsgewalt eingeführt werden, sei dies durch ein besonderes Gesetz, oder durch gewohnheitsmäßige Aufnahme des fertigen Instituts vom Auslande. Auf dem zweiten Wege ist das italienische Notariat nach Deutschland gekommen und es ist ein bekanntes sogenanntes Reservatrecht des Kaisers, persönlich oder durch seine Beamten, insbesondere die Pfalzgrafen durch ganz Deutschland Notare zu ernennen, neben welchem kaiserlichen Rechte dies auch einzelne Landesherren, meistens vermöge der ihnen verliehenen großen Comitive, für ihr Territorium thaten. Bis zur Mitte des funfzehnten Jahrhunderts finden sich weder in allgemeinen Reichsgesetzen noch in Territorialverordnungen Vorschriften über das Notariat. Maximilian's I Notariatsordnung, zu Stande gekommen auf dem Reichstage zu Cöln v. J. 1512 und datirt von Cöln den 8. Oktober 1512, regelte zu allererst das deutsche Notariatswesen und gab allgemeine Vorschriften über das Verfahren bei Aufnahme von Notariatsurkunden. Dieses Gesetz hatte jedoch nicht den gehofften Erfolg. Die Ursache des Verfalls des Notariatswesens lag hauptsächlich in der Unwissenheit und Ungeschicklichkeit der Notare, mit welchen die Pfalzgrafen aus Eigennutz die deutschen Lande überschwemmten. Dies war die Hauptveranlassung zur Thätigkeit der Landesherren für die Verbesserung des Notariats in ihren Territorien durch partikulare Verordnungen über die Ernennung von Notarien und deren Qualifikation, sowie über das Verfahren.

In den preußischen Landestheilen finden sich schon früh Verordnungen der Landesherren, welche die bessere Gestaltung des Notariats bezweckten. Herzog Johann zu Jülich, Cleve und Berg verordnete schon

1528, daß die Notare, welche in seinen Landen ihr Amt ausüben wollten, in einer bestimmten (zu bestimmenden) Zeit vor seinen dazu verordneten Kommissarien, mit ihrer Kreation, Instrumenten und Protokollen zu erscheinen, dem Examen sich zu unterwerfen, und ohne gedachter Kommissarien Zulassung und Approbation ihr Notariatsoffizium keines Weges zu gebrauchen, bei einer ernsten Pön auferlegt, zu befolgen hätten. Gleichwohl schlichen sich viele ungeschickte Notare ein und es wurde deshalb die Verordnung im Jahre 1582 wiederholt, auch den Unterthanen, welche sich nicht approbirter Notare bedienen würden, Strafe angedroht und die Nichtigkeit aller solcher Notariatsdokumente ausgesprochen[1]). — Eine ähnliche Bestimmung enthält die Münstersche Landesordnung von 1571, welche zugleich die Immatrikulation und die Einsendung des Signets vorschreibt[2]). — Die Hinterpommersche Hofgerichts-Ordnung von 1683, Tit. 15, fordert, daß Jeder, welcher das Notariat ausüben wolle, sich bei dem Hofgerichte melde, examinirt und, wenn er zugelassen sei, in ein besonderes Album geschrieben werde; droht nichtapprobirten Notaren im Wiederholungsfalle der Ausübung der Praxis Landesverweisung und macht den im Lande wohnenden Hofpfalzgrafen zur Pflicht, „keine untüchtige und unerfahrene Leute zu Notarien zu kreiren, und denselben einzubinden, daß sie sich der Konstitution Kaiser Maximilian's von 1512 in allem gemäß bezeigen und um mehrerer Information sich dieselbe anschaffen und stets vor Augen haben." — Die erneuerte Brandenburg'sche Kammergerichts-Ordnung von 1700, Kap. 39[3]), verordnet Aehnliches und besonders, daß nur solche Personen als Notare zur Praxis gelassen werden sollen, welche die Rechte studirt hätten und deshalb ein gutes Zeugniß der Universität beibrächten[4]). — Das verbesserte Landrecht für das Königreich Preußen (die heutige Provinz Preußen), von 1721, weiset Th. I, Buch 1, Tit. 3, §. 3 diejenigen, welche Notarien zu wählen haben, an, dahin zu sehen, daß Gelehrte und der Rechten Verständige, auch sonst erfahrene und verschwiegene Subjekte dazu genommen werden. Betreffs

1) Herzogs Wilhelm von Jülich, Cleve u. Berg Rechtsordnung v. 1582, S. 166.

2) Gemeine Münstersche Landes-Ordnungen von 1571, S. 85.

3) C. C. M. Tom. II, S. 256. Vergl. Neumärkische Kammergerichtsordnung von 1646, Kap. 17 u. 39 (C. C. M. Tom. II, 1. S. 130 u. 138).

4) Ein R. v. 10. Oktober 1752 (N. C. C. M. Tom. I, S. 386), sagt wieder, daß das Studiren auf einer Universität nicht nöthig sei, wenn man nur sonst die nöthigen Rechtskenntnisse habe. — Ueber ähnliche Verordnungen in anderen Territorien, betreffend das Erforderniß des Universitätsstudiums und des bestandenen Examens, sowie der Approbation, s. m. Oesterley, das deutsche Notariat, Th. I, S. 536. Vergl. auch die „Prozeß-Ordnung für die französischen Gerichte in Brandenburg", v. 1699, Tit. 33 (C. C. M. Tom. II, S. 331), und die V. v. 12. September 1708 (ebend. S. 353); und die Magdeburg'sche Prozeßordnung v. 1686, cap. 17, §. 1 u. Erklärung derselben v. 16. Mai 1696, ad. cap. 17.

der Bedienung der Parteien wird den Notarien zur Pflicht gemacht, das, was denselben zu fertigen von nöthen, nicht malitiose eigenen Nutzens und Vortheils halber zu verschleppen, sondern jedesmal die Sachen, Akten und andere Geschäfte zum ehesten und treulichsten zu fördern und zu verfertigen, sich auch gegen männiglichen, so bei ihnen zu schaffen, freundlich und tugendlich zu erzeigen und zu beweisen, noch jemand über die im Landrechte verordnete, oder von der Obrigkeit ausdrücklich benannte Gebühr zu übersetzen. — Umfassendere Vorschriften gab die „neu verfaßte Kammergerichts-Ordnung vom 1. Mai 1709"[5]). Diese bestimmte Tit. 17, §. 3: „Diejenige, welche in Zukunft das Notariatamt verlangen, sollen sich deshalb zuvor bei Unserm Kammergericht schriftlich melden, ihr ehrliches Herkommen und bisheriges gutes Verhalten bescheinigen, auch den Ort, wo sie sich beständig niederzulassen gesonnen, anzeigen, da ihnen dann ein Schein von Unserem Präsidenten und Räthen, ob sie zu solchem Amte tüchtig, ertheilet werden soll, alsdann Wir wegen deren Reception ferner allergnädigst verordnen wollen." Eine für alle Landestheile geltende Verordnung über diesen Gegenstand gab es noch nicht, auch war das Verfahren bei Aufnahme von Urkunden durch eine landesherrliche Vorschrift noch nicht geregelt. Der erste Versuch einer allgemeinen Landesverordnung über die Notarien findet sich in dem Projekt des Codicis Fridericiani Marchici, vom Jahre 1748, Th. I, Tit. 18, welcher jedoch sehr dürftig ist. §. 1 wiederholt im Wesentlichen die Vorschrift der Kammergerichts-Ordnung von 1709 über die Qualifikation und Ernennung der Notarien, unter der alten Klage, daß nach der Erfahrung „zum öftern die Verträge, Kontrakte, Handlungen, Zeugnisse, Rotuli, Instrumenta, testamentarische Dispositiones etc. mangelhaft, dunkel, unförmlich und unvollkommen aufgesetzt und verfertigt worden, solches aber hauptsächlich von ungelahrten und unerfahrenen Notarii herrühret, weshalb künftig keine Notarii angenommen werden sollen, welche nicht ihr ehrliches Herkommen und bisheriges gutes Verhalten bescheiniget, und die Jura studirt haben, auch in pleno sowohl daraus, als aus der Notariatordnung examiniret, und von Uns hiernächst bestätiget worden." Unter der Notariatsordnung kann eine andere als die Maximilian'sche von 1512 nicht gemeint sein, weil eine andere nicht vorhanden war. Als Solennitäten wurden aber besonders vorgeschrieben, daß die Notarien auf allen Instrumenten, welche sie verfertigten, zur Sicherheit der Parteien, daß der Notar zu diesem Amte authorisirt worden, den Ort ihrer Wohnung, und daß er immatrikulirt sei, eigenhändig verzeichnen sollen (§. 2); ferner, daß sie ein Protokoll, darin alle und jede Handlungen, so vor ihnen ergangen, und worüber sie requirirt worden (also war die Rogation ein Erforderniß), selbst eigenhändig halten (also keine Substitution zulässig), und von denen offe-

5) C. C. M. Tom. II, Abth. 1, Nr. 119, S. 400.

nen (d. h. ausgefertigten förmlichen und ausgehändigten) Instrumenten, so aus dem Protokoll gegeben werden, von Wort zu Wort gleichlautende Copeyen registriret (das Concept oder Abschrift des ohne Concept sogleich in der Reinschrift gefertigten förmlichen Instrumentes) behalten und verwahren (§. 6). Auch ist ihnen zur Pflicht gemacht, einem Jeden, der sie requirirt, „wider Uns und männiglich" zu dienen (§. 3), und sich des Advocirens und Prokurirens bei Strafe der Kassation zu enthalten (§. 4); ferner alle Urkunden aufrichtig, redlich und ohne Betrug zu schreiben und nachzulesen, auch sich aller zweifelhaften Worte überall zu enthalten (§. 5); alle Klauseln und Renunciationen in deutscher Sprache zu setzen, und den Kontrahenten insgesammt die ihnen zustehenden Rechtswohlthaten deutlich zu erklären (§. 7). Im Uebrigen blieb die Notariatsordnung von 1512, aus welcher die Notare examinirt werden sollten (§. 1), Norm für das Verfahren und für die zu beobachtenden Förmlichkeiten. Dieses Projekt wurde jedoch nur in den Marken, in Pommern und in Ostpreußen als Gesetz eingeführt. — Etwa zwanzig Jahre später erschien die erste allgemeine und ausschließende Verordnung über das Verfahren bei Aufnahme von Notariatsinstrumenten, in der „Instruktion für die Notarien in den königlich preußischen sämmtlichen Provinzen", vom 11. Juli 1771[6]), in welcher §. 1 die frühere Vorschrift, daß die Notare von dem Könige, nach vorher bestandener Prüfung, bestätigt werden müßten[7]), wiederholt wurde, mit dem Beifügen, daß die von Pfalzgrafen kreirten Notare fortan überall nicht zugelassen werden sollten. Diese Instruktion ist die Grundlage des siebenten Titels, Th. III der neuen Prozeßordnung, welche unter dem Titel eines Corpus juris Fridericiani, durch das Patent v. 26. April 1781, als ein allgemeines Landesgesetz, unter Aufhebung der älteren dem zuwiderlaufenden Gesetze, bestätigt und eingeführt wurde. Dieser Titel 7 enthält das ganze Institut umfassende und ziemlich erschöpfende Verordnungen und zugleich eine Vorschrift über das Verfahren bei Aufnahme von Notariatsurkunden; er ist demnächst, mit einigen Vervollständigungen, in die zweite Ausgabe dieser Prozeßordnung, nämlich in die allgemeine Gerichtsordnung, Th. III, Tit. 7, übergegangen. Davon ist jedoch nur noch der Theil, welcher die nicht abgeänderten Bestimmungen über Anstellung, Rechte und Pflichten der Notare betrifft, in Kraft, alle Bestimmungen aber, welche das Verfahren betreffen, insbesondere die §§. 49—77, zu welchen noch das Gesetz v. 9. Juli 1841, über die Aufnahme von Notariatsurkunden in fremden Sprachen[8]), gekommen war, sind aufgehoben und an de-

6) N. C. C. Tom. V, Abth. 1, S. 271.

7) Zur Kreirung von Notarien war der Kurfürst von Brandenburg schon lange durch die ihm vom Kaiser Sigismund ertheilte große Comitive befugt; in der Provinz Preußen verstand sich solches vermöge der königlichen Souveränetät von selbst.

8) Ges.-Sammlung von 1841, S. 129.

ren Stelle ist das hier folgende Gesetz v. 11. Juli 1845 getreten. Dieses soll sich „als höchst unzweckmäßig erwiesen" haben. Man hat gefunden, daß es einestheils so viele und lästige Förmlichkeiten vorschreibe, daß die Notare zum Nachtheil der Sache sich sehr an jeder freien Bewegung beengt fühlen, ihre Hauptaufmerksamkeit auf die Beobachtung der Förmlichkeiten richten müssen, und doch sehr leicht gegen die eine oder die andere der Förmlichkeiten verstoßen können; daß anderentheils aber die Förmlichkeiten so unglücklich gewählt seien, daß sie keine besondere Bürgschaft für die Legalität und Sicherheit der Notariatsverhandlungen gewähren, abgesehen von den vielen Zweifeln und Bedenklichkeiten, welche die Wortfassung des Gesetzes schon hervorgerufen habe. Es liege, hat man nicht mit Unrecht gesagt, nicht allein im Interesse der Notare, sondern auch des Publikums (in dessen Interesse freilich hauptsächlich, auf das Interesse der Notare kommt es nicht an), daß Urkunden, welche einen öffentlichen Glauben haben sollen, gut und zweckmäßig abgefaßt, und vor Verfälschungen möglichst sicher gestellt werden, ebenso wichtig sei es auch für das Publikum, daß dergleichen Urkunden nicht leicht angefochten und umgestoßen werden können. Die strengsten Formen schützten nicht vor jeder Verfälschung, und durch viele Förmlichkeiten stelle man die Urkunden nicht sicher. Am schlagendsten lehre dieses die Gesetzgebung über die Testamentsförmlichkeiten. Bei der Wichtigkeit der Testamente hätte das römische und deutsche Recht die verschiedensten Förmlichkeiten für Testamente vorgeschrieben, indem man geglaubt habe, dadurch den letzten Willen am besten zu sichern. Aber unter keiner Gesetzgebung seien mehr Testamentsverfälschungen vorgekommen, als unter jener, und was eben so schlimm gewesen wäre, niemals sei ein Testator unsicherer gewesen als damals, ob sein Wille auch nach seinem Tode aufrecht erhalten werden würde; denn zu leicht habe gegen die eine oder die andere der vielen Förmlichkeiten verstoßen werden können; nirgendwo seien mehr Testamente angefochten und umgestoßen worden als dort, wo das Römische oder Gemeine deutsche Recht gegolten habe. Dagegen hätten sich die wenigen einfachen Bestimmungen des preußischen Landrechts über die Errichtung von Testamenten als höchst probat bewiesen. Man sehe also, daß weiter nichts dazu gehöre, als daß man so glücklich sei, eine möglichst einfache Form zu finden, welche eben deshalb leicht beobachtet werden könne und die doch Gewähr dafür gebe, daß eine Verfälschung der Urkunden so leicht nicht möglich sei. Der Zweck eines guten Notariatsgesetzes sei ein dreifacher:

1) dahin zu wirken, wenn nicht ganz gewöhnliche Verhandlungen aufzunehmen seien, daß die Rechtsgeschäfte mit den Interessenten gründlich und reiflich besprochen würden;

2) daß sodann die Erklärungen der Parteien in Einklang mit dem positiven Rechte gebracht und klar und präcise ausgedrückt würden;

3) endlich daß die Parteien, ohne sie zu sehr zu bevormunden, vor Uebereilungen, Irrthümern und Hintergehungen möglichst bewahrt und die Verhandlungen selbst vor Verfälschung möglichst gesichert würden.

Die beiden ersten Zwecke seien leicht zu erreichen, wenn man nur gewissenhafte, sprach- und rechtskundige Männer als Notare anstelle. Bei der Erreichung des letzten Zweckes fänden sich dagegen die meisten Schwierigkeiten. Einestheils müßten die Notare nicht auf Kosten der Sache durch Formen in der freien Bewegung beengt sein, und anderentheils seien einige Formen durchaus nothwendig. Auch lasse sich schwer die richtige Mitte zwischen einer zu weit getriebenen Bevormundung und einer zu großen „Laxitude" finden. Zunächst sei es Sache der Parteien, sich selbst vorzusehen. — Grundsatz müsse nur sein, daß kein Notar wissentlich seine Hand zu einer Hintergehung einer Partei bieten dürfe, und wenn er wahrnehme, daß dieses beabsichtigt werde, oder daß auch nur eine Partei im Irrthume über die Folgen ihrer Handlungen oder Unterlassungen sei, daß er sie gehörig belehre. Wenn das Gesetz nach Möglichkeit nach diesen Richtungen hin sorge, dann thue es genug[9]).

Diese Erwägungen, deren Gewicht und Wahrheit dahin gestellt bleibt, haben den Notaren zu Glogau Veranlassung gegeben, zur Abhülfe der hervorgehobenen Beschwerden, im Jahre 1851 den Entwurf eines anderen Notariatsgesetzes, das sich jedoch auch nur über das Verfahren verhält, auszuarbeiten und ihren Kollegen zur Prüfung und Begutachtung vorzulegen, um solchen demnächst dem Justizministerium zur Einbringung bei dem Landtage einzureichen. Welchen Erfolg dieses Unternehmen gehabt hat, ist nicht bekannt geworden. Das Gesetz vom 11. Juli 1845 ist noch vollständig in Kraft. Eine Kritik desselben liegt außer dem Bereiche dieses Buchs, das es nur mit der Erklärung und Anwendung des Gesetzes zu thun hat, doch mag nicht unerwähnt bleiben, daß durch dieses Gesetz die vorher vorgeschriebenen Förmlichkeiten erheblich vereinfacht worden sind.

II. Gesetz.

Wir Friedrich Wilhelm ꝛc. haben die Vorschriften über das bei Aufnahme von Notariatsinstrumenten zu beobachtende Verfahren einer Revision unterwerfen lassen, und verordnen auf den Antrag Unseres Staatsministeriums und nach vernommenem Gutachten Unseres Staatsraths für diejenigen Theile Unserer Monarchie, in welchen die Allgemeine Gerichtsordnung Gesetzeskraft hat, was folgt:

§. 1. Die Notare dürfen innerhalb der Grenzen ihres Amtsbezirks

---

9) Rundschreiben der Notare in Glogau an ihre Kollegen, d. d. Glogau, im September 1851.

Niemandem ihren Dienst verweigern[1]), vorbehaltlich der nachfolgenden Beschränkungen[2]).

---

1) Der Grundsatz, daß jeder Notar verpflichtet sei, seine Dienste Niemandem ohne besonderen, gesetzlich anerkannten Grund zu versagen, ist von dem Institute untrennbar und so alt wie das Institut selbst. Auf die Erfüllung dieser Pflicht war schon im zwölften Jahrhundert der Notariatseid mit gerichtet, und die italienischen Statute stimmten damit überein. Oesterley, das deutsche Notariat, Th. I, S. 231, Note 13 und Th. II, S. 216. Derselbe Grundsatz ist in der Maximilian'schen Notariatsordnung von 1512 im §. 15 aufgenommen, wo es heißt: „Es ist auch ain Notarius, oder Tabellio (d. i. eine italienische Bezeichnung des Notars), nach dem er ain Diener ist gemeinen nutzes, seines Ampts halb schuldig, von den händeln, darüber er gebetten wirt. . . . Instrument zu machen." Aber zur Ausübung seines Offiziums war der Notar nie ohne besonderen Auftrag befugt, weshalb in alten Urkunden der Rogation (Requisition) des Notars, entweder im Eingange oder bei der Unterschrift, ganz regelmäßig Erwähnung geschieht. M. s. Oesterley a. a. O. Th. I, S. 228, 443, 461. Der Notar muß der an ihn ergangenen Requisition auch ohne Rücksicht darauf, wer der Requirent ist, und gegen wen seine Dienste verlangt werden, Folge leisten. Oesterley a. a. O. Th. II, S. 216 und die in der Note 2 Angeführten. Diese Grundsätze sind in alle Partikular-Verordnungen, bald mehr bald weniger ausdrücklich, übergegangen und finden sich auch in den preußischen. Am bestimmtesten finden sie sich in dem Codex Fridericianus Marchicus, Th. I, Tit. 18, §. 3, wo es heißt: „Die von Uns confirmirte Notarii sollen schuldig sein bei ihren Pflichten, die sie zum Amte geschworen, einem jeden, der sie requirirt, wider Uns und männiglich zu dienen." Vergl. Instruktion v. 11. Juli 1771, §. 6 (N. C. C. Tom. V, Abth. 1, S. 271). Weniger bestimmt und ausdrücklich ist die A. G.O. III, 7, §. 25, wo den Notarien zur Pflicht gemacht ist, „jedermänniglich, welcher sich an sie wendet, mit ihrem Amte auf eine gesetzliche Art zu Statten zu kommen, und ihre Assistenz aus bloßer Bequemlichkeit, Menschenfurcht, oder anderen Nebenrücksichten, niemandem zu versagen." Daß dies gegen Jedermann, er sei wer er wolle, geschehen müsse, wird nicht ausdrücklich gesagt, liegt jedoch in dem Verbote, den Dienst irgend einem Requirenten aus Menschenfurcht oder anderen Nebenrücksichten zu verweigern. Am dürftigsten ist das vorliegende neue Gesetz im §. 1. Hier wird weder der Requisition noch der Pflicht, gegen Jedermann wer er auch sei, zu Diensten zu sein, gedacht, doch sind damit die älteren Vorschriften hierüber nicht aufgehoben, weil sie dem neuen Gesetze nicht widersprechen. §. 45.

2) Die Pflicht der prompten Bereitwilligkeit für und gegen Jedermann hat ihre Ausnahmen. Von diesen sind hier diejenigen erwähnt, in welchen der Notar zur Amtsverrichtung nicht nur nicht verpflichtet, sondern auch nicht berechtigt ist. Diese sind in den §§. 2 – 6 vorgesehen; sie haben ihren allgemeinen Grund entweder in einem Verbotsgesetze (§§. 2—4), oder in einer relativen Unfähigkeit des Notars (§§. 5, 6), welche darin beruhet, daß gewisse Verhältnisse, in welchen sich der Notar zu einer oder der anderen Partei oder einer mitwirkenden Person befindet, das in den Notar gesetzte Vertrauen, wegen der eintretenden Kollision seiner Wahrhaftigkeit mit seinem Privatinteresse, schwächen. Es giebt aber auch Ausnahmen, wo der Notar sich von seiner Verpflichtung entbinden kann, aber seine Befugniß nicht aufgehoben ist. Diese werden von dem neuen Gesetze als aus den unaufgehobenen älteren Vorschriften bekannt vorausgesetzt und sind folgende:

a) Wenn der Notar mit Geschäften dergestalt überhäuft ist, daß er der neuen Requisition nach dem Verlangen des Requirenten nicht entsprechen kann. A. G.O. III, 7, §. 25, lit. c. Vergl. dazu Rolandini Summa, T. III, fol. 100 a, 105 b. Doch ver-

§. 2. Sie dürfen keine Verhandlung aufnehmen, deren Inhalt gegen ein Strafgesetz verstößt[3]).

§. 3. Ist der Inhalt der aufzunehmenden Verhandlungen von der Art, daß das Geschäft, ohne gerade strafbar zu sein, dennoch verboten oder ungültig ist, so ist die Pflicht des Notars, die Betheiligten hierüber zu belehren, und wenn sie dennoch bei ihrem Vorsatze bestehen, in der alsdann unverzüglich aufzunehmenden Verhandlung von der ihnen gegebe-

---

steht sich, daß er sofort den Antrag abweisen muß und nicht etwa die Ausführung des angenommenen Auftrages hinterdrein verzögern und die Verzögerung mit Ueberhäufung von Geschäften entschuldigen darf, wenn er sich nicht verantwortlich machen will.

b) Krankheit, eine bevorstehende nothwendige Reise, oder wenn er durch eine ähnliche „justa causa impeditus" ist. Vergl. Statuta urb. Romae. Lib. 1, cap. 34; Notar.-Ordn. v. 1512, §. 8.

c) Wenn die Thätigkeit des Notars an einem Sonn- oder Festtage, oder bei Nachtzeit in Anspruch genommen wird in Angelegenheiten, welche nach seiner Ueberzeugung Aufschub gestatten. A. G.O. II, 2, §. 11, verb. mit III, 7, §. 48.

d) Wenn der Notar, um der Requisition zu entsprechen, sich einer Gefahr für sein Leben oder seine Gesundheit aussetzen müßte, z. B. wenn er bei heftigem Sturme oder bei großem Eisgange, ohne ein hinlänglich sicheres Fahrzeug, über einen breiten Strom setzen müßte, oder an dem Bette eines an einer ansteckenden Krankheit Leidenden thätig sein sollte. A. L.R. I, 12, §. 204. Doch wird wol kein pflichtgetreuer Notar hierbei gar zu ängstlich sein.

e) Wenn dem Notar zugemuthet wird, baare Auslagen zu machen, um thätig werden zu können, z. B. wenn er eine Reise machen soll, ohne daß man ihm ein anständiges Fuhrwerk stellt. Dagegen darf er wegen wahrscheinlichen Wegfalles seiner Gebühren armen Requirenten sein Amt nicht verweigern; Vorausbezahlung hat er nicht zu fordern und Armen muß er unentgeltlich dienen. A. G.O. III, 7, §. 25, Abs. 2 u. §. 108. Schon früh mußte nach der den Pfalzgrafen ertheilten Comitive der Notariatseid mit enthalten: „causasque hospitalium et miserabilium personarum pro viribus promovebunt." Oesterley a. a. O. Th. I, S. 446, Note 7 u. Th. II, S. 293.

3) Dieses Prinzip würde auch ohne eine ausdrückliche Bestimmung des Gesetzes gelten, weil die Errichtung von Urkunden, deren Inhalt gegen ein Strafgesetz verstößt, dem Staatszwecke widerspricht und ein Mißbrauch des die Rechtssicherheit bezweckenden Instituts der Notarien ist. Die Trennung der Verhandlungen, deren Inhalt gegen ein Strafgesetz verstößt, von jenen, deren Inhalt nicht gerade strafbar, doch aber verboten ist (§. 3), tritt in der deutschen, namentlich preußischen Gesetzgebung, zuerst auf in der Rheinpreußischen Notariatsordnung vom 25. April 1822, §§. 15, 16 (G.S. S. 109), welche beiden Paragraphen hier in den §§. 2 u. 3. im Wesentlichen wiederholt sind. Bis dahin waren strafbare, verbotene und unerlaubte Handlungen zusammen geworfen. Die Reichs-Notariatsordnung v. 1512 enthält das Prinzip im §. 15, wo es heißt: „Es ist auch ain Notarius ... schuldig, von den händeln, darüber er gebetten wird, sofern die sunst aufrichtig, zimlich und nit verbotten weren.... Instrument zu machen." Die vorletzte altpreußische Notariatsordnung in der A. G.O. III, 7, sagt darüber im §. 26, lit. a sehr allgemein: Die Notarien müssen die Parteien abweisen, wenn sie die Mitwirkung des Notars zu einer widerrechtlichen, betrüglichen, und auf die Verkürzung eines von ihnen, oder auch eines Dritten, abzielenden Handlung begehren sollten. Das Nähere bestimmt der §. 30, Tit. 2. Diese unmittelbar für die Gerichte gegebene Vorschrift soll auch von den Notaren beachtet werden. Tit. VII, §. 48.

nen Belehrung und ihrer hierauf gemachten Erklärung ausdrückliche Meldung zu thun[4]).

§. 4. Der Notar ist zur Belehrung der Interessenten und zur ausdrücklichen Erwähnung dieser Belehrung verpflichtet, wenn er wahrnimmt, daß auch nur ein Interessent entweder zu dem beabsichtigten Geschäfte gänzlich unfähig oder nicht im Stande ist, die rechtlichen Folgen des Geschäfts zu übersehen[5]).

§. 5. Kein Notar darf eine Verhandlung aufnehmen, bei welcher er selbst[6]), oder seine Frau, oder einer von seinen oder seiner Frau Ver-

4) In diese Kategorie gehören auch solche Rechtshandlungen, welche von Notarien nicht vorgenommen werden können, wenn sie rechtskräftig zu Stande kommen sollen. Denn es kann den Parteien daran liegen, ihr Geschäft vorläufig unter Mitwirkung eines bestimmten Notars zu verhandeln und zu schließen, und über den Abschluß eine glaubwürdige Urkunde zu erlangen. Diesem Anliegen kann der Notar sich nicht entziehen, wenn er nur vorher feststellt, daß die Parteien es wissen, daß durch seine Urkunde das Geschäft nicht zu einem rechtsgültigen Abschlusse komme und daß sie dennoch seine Mitwirkung verlangen.

Dieser §. 3 erweitert die bisherigen Bestimmungen. Nach diesen sollte bei unerlaubten (verbotenen) oder ungültigen Rechtshandlungen die Mitwirkung zur Errichtung einer authentischen Urkunde unbedingt abgelehnt werden, um zu verhüten, „daß vor ihnen keine gesetzwidrige oder ungültige Aktus vorgenommen, und das Vertrauen des Publici auf die Legalität und Sicherheit gerichtlicher (notarieller) Handlungen nicht gemißbraucht werde." A. G.O. II, §. 28 verb. mit Tit. 7, §. 48. Eine Ausnahme war gemacht, wenn die Parteien, welche die an sich erlaubte Handlung vornehmen wollten, die dazu in den Gesetzen vorgeschriebenen Fähigkeiten und Erfordernisse nicht besaßen. Dann sollte, wenn die Parteien darauf ausdrücklich bestanden, dem Geschäfte Fortgang gegeben werden dürfen, doch sollte der obwaltende Anstand, so wie die von den Parteien gegebene Erklärung in dem Instrumente deutlich und bestimmt vermerkt werden. Tit. 2, §. 27 verb. mit Tit. 7, §. 48 a. a. O. Diese nur die wegen Mängel an der persönlichen Handlungsfähigkeit einer Partei ungültigen Geschäfte betreffende Bestimmung dehnt der §. 3 auf alle verbotenen aber nicht gerade strafbaren und auf alle ungültigen Verhandlungen aus. Wenn der Notar eine solche Verhandlung aufnimmt, und es unterläßt, die Parteien zu belehren, und von dieser Belehrung so wie von der hierauf gemachten Erklärung der Parteien in der Verhandlung ausdrückliche Meldung zu thun; so setzt er sich der Gefahr aus, disziplinirt und mit Entschädigungsansprüchen verfolgt zu werden.

5) Der vorhergehende §. 3 hat den Fall zum Gegenstande, wenn sich die beabsichtigte Rechtshandlung von Anfang als „verboten", oder als nicht „aufrichtig" (übereilt, nicht ernstlich gemeint, simulirt, hinterlistig, betrüglich), oder als nicht „ziemlich" (contra bonos mores) darstellt. Der gegenwärtige §. 4 bezieht sich darauf, wenn der Notar während der Verhandlungen selbst gewahr wird, daß ein Interessent an und für sich oder doch in Beziehung auf das vorliegende Geschäft ganz handlungsunfähig, oder daß er rechtsunkundig oder geschäftsunerfahren ist und wegen dieser seiner Unwissenheit die rechtlichen Folgen des Geschäfts nicht kennt. Wie der Notar alsdann bei Erfüllung der ihm hier im §. 4 auferlegten Pflicht zu verfahren habe, ist im §. 31, Tit. 2, Th. II der A. G.O., verb. mit §. 48, Tit. 7, ausführlich vorgeschrieben. Es macht keinen Unterschied, ob der wahrgenommene Mangel das Hauptgeschäft, oder nur ein Nebengeschäft betrifft.

6) Daß der Notar als solcher in eigenen Sachen zu beurkunden unfähig sei, ist nicht zu allen Zeiten unstreitig gewesen. Unter den italienischen Rechtsgelehrten, welche sich

wandten oder Verschwägerten in auf- und absteigender Linie, oder in der Seitenlinie bis zum Grade des Oheims oder Neffen[7]) einschließlich, be-

---

in ihren Schriften mit dem Notariate beschäftigten, gab es mehrere, welche der Meinung waren, daß ein Notar in seinen eigenen Angelegenheiten allerdings Notariatsurkunden aufnehmen könne. Man berief sich dafür auf L. 3 u. 4 D. de adoption. (I, 7) u. L. 20, §. 4 D. de manumissis vind. (XL, 2). S. Oesterley a. a. O. Th. II, S. 248 ff. und die dort Angeführten. Die entgegengesetzte Ansicht gewann jedoch schon früh die Oberhand und diese gründet sich darauf, daß der Notar durch seine Urkunde ein schriftliches Zeugniß giebt, mithin wesentlich ein Zeuge ist, daß aber, nach L. 10 D. de testibus (XXII, 5) u. L. 19 C. eodem (IV, 20), Niemand in seiner eigenen Sache etwas bezeugen könne. Diese Ansicht ist auch gemeinrechtlich und in mehreren Partikular-Verordnungen der neueren Zeit als Grundsatz ausdrücklich anerkannt. Das ist auch in der A. G.O. III, 7, §. 26 a. E. geschehen, wo es heißt: „Uebrigens versteht es sich von selbst, daß in Fällen, wo Justizbediente überhaupt, wegen naher Verwandtschaft, oder bei der Sache habenden Interesse, sich ihres Amts zu enthalten schuldig sind, auch ein Justizkommissarius sich keiner Notariatsverrichtungen anmaßen dürfe.“ Das wiederholt hier der §. 5. Ueber den Begriff der eigenen Angelegenheiten s. unten die Anm. 9. u. 10 zu §. 6.

7) Ob und in wiefern der Notar auch in Angelegenheiten seiner Verwandten sich der Ausübung seines Amtes zu enthalten habe, ist nach gemeinem Rechte zweifelhaft. Was Vater und Sohn betrifft, so hat man die allgemeine Vorschrift der L. 9 D. de testibus (XXII, 5): „Testis idoneus pater filio, aut filius patri non est“, und der L. 6 C. eodem (IV, 20): „Parentes et liberi invicem adversus se nec volentes ad testimonium admittendi sunt“, auch auf notarielle Beurkundung für anwendbar gehalten, und was vom Vater und Sohne gilt, hat man auch auf entferntere Ascendenten und Descendenten bezogen. Doch fehlt es keineswegs hierüber an widersprechenden Stimmen, worüber man das Einzelne bei Oesterley a. a. O. Th. II, S. 257 ff. findet. In Beziehung auf die gerade Linie kann die Frage heutzutage für ausgemacht angesehen werden. Dagegen ist in Betreff der Seitenlinie und der Schwägerschaft, so wie in Ansehung der Frau des Notars, Alles unbestimmt und streitig, und nur einige Partikular-Verordnungen haben die Grenzen der notariellen Thätigkeit in dieser Richtung näher bestimmt. Vergl. Oesterley a. a. O. S. 262, 263. Hierzu zählt auch die A. G.O., doch nur mit einer höchst allgemeinen und unvollständigen Bestimmung, welche Th. III, Tit. 7, §. 26, lit. d a. E. lautet: „Uebrigens versteht es sich von selbst, daß in Fällen, wo Justizbediente — wegen naher Verwandtschaft — sich ihres Amtes zu enthalten schuldig sind, auch ein Justizkommissarius sich keiner Notariatsverrichtungen anmaßen dürfe.“ Von der Frau und von der Schwägerschaft wird nicht gesprochen. Daß unter der nahen Verwandtschaft die Verwandten in auf- oder absteigender Linie und die der Seitenlinie bis zum vierten Grade zu verstehen, bestimmt der §. 143, Th I, Tit. 2 der A G.O.; hinsichtlich der Verwandten war also kein Zweifel. Dagegen blieb die Frage in Betreff der Frau, der förmlich Verlobten und der Verschwägerten so zweifelhaft wie sie vorher war. Dieser Ungewißheit macht der §. 5 ein Ende. Von den Verwandten läßt derselbe den vierten Grad fallen, wohl deshalb, um die altländischen Notare mit den rheinländischen hierin unter die gleiche Regel zu stellen, denn der §. 5 stimmt mit dem §. 19 der rheinländischen Notariatsordnung vom 25. April 1822 überein. Der Brautstand ist als ein hinderndes Verhältniß nicht aufgenommen und schließt mithin die Mitwirkung des Notars bei der Errichtung einer Urkunde für seine Verlobte oder deren Verwandten oder Verschwägerten nicht aus.

theiligt sind, oder worin eine Verfügung zu Gunsten einer der genannten Personen getroffen wird[8]).

§. 6. In prozessualischen Angelegenheiten, in welchen der Notar einem der Betheiligten[8a]) als Justizkommissar bedient ist, oder bedient ge-

8) Die gemeinten Gegensätze, in Betreff der eigenen Angelegenheiten des Notars und dessen Angehörigen, sind, wie man sie nach gemeinem Rechte versteht, einestheils eigene Rechtsgeschäfte, welche von einer dieser Personen selbst geschlossen werden, anderentheils Rechtsgeschäfte unter Dritten, wobei eine jener Personen irgend ein eigenes Interesse hat und sollte es nur in einer Verantwortlichkeit wegen eigener Handlungen oder Unterlassungen bestehen, welche der Notar oder einer der benannten Angehörigen desselben bei Besorgung des beurkundeten Geschäfts, in einem bestimmten, sich auf das Geschäft beziehenden Verhältnisse, vorgenommen hat. v. Cramer, Wetzlarsche Nebenstunden, Th. 99, S. 100; v. Berg, juristische Beobachtungen und Rechtsfälle, Th. III, S. 89; Gesterding, Ausbeute von Nachforschungen, Th. I, S. 254. Hierdurch wird der §. 5 verständlich. „Eine Verhandlung, bei welcher er selbst ꝛc. betheiligt ist", ist ein Rechtsgeschäft, welches er als Partei oder als Stellvertreter einer Partei abschließt, und unter einer Verhandlung, worin eine Verfügung zu seinen Gunsten getroffen wird, ist eine fremde Rechtshandlung, ein Rechtsgeschäft zwischen Dritten zu verstehen. Der §. 5 nimmt von diesen fremden Verhandlungen jedoch nur diejenigen, worin „eine Verfügung" zu Gunsten einer der genannten Personen getroffen wird, von der Mitwirkung des Notars aus, nicht auch jene Verhandlungen, bei welchen eine der genannten Personen ein Interesse wegen ihrer Verantwortlichkeit bei der Sache oder dem Rechtsgeschäfte hat; diese Kategorie von Verhandlungen wird jedoch zum Theil durch den §. 6 getroffen. Vergl. die folg. Anm. 9 u. 10. (8. A.) Von dem sonstigen Interesse, welches andere Personen als die eigentlich Betheiligten bei der Verhandlung haben können, stellt der unmittelbaren Betheiligung der §. 5 u. 8 nur noch gleich: wenn in der Verhandlung eine Verfügung zu Gunsten des Notars, eines Zeugen oder der bezeichneten nahen Angehörigen getroffen wird. Das entferntere Interesse, welches Jemand bei dem Zustandekommen eines Notariatsgeschäfts haben kann, und welches häufig nicht ersichtlich ist, soll die Sicherheit der Notariatsverhandlungen nicht gefährden. Der Umstand z. B.: daß der eine Instrumentszeuge der Mäkler und Rathgeber der einen Partei gewesen, die Aufnahme des Vertrages veranlaßt und Zahlung dafür von ihr erhalten habe, wird mit Recht für unerheblich erklärt. Erk. des Obertr. vom 3. Mai 1869 (Arch. f. Rechtsf. Bd. LXXIV, S. 312).

8a) Unter den Rechtskundigen — so hat man vorgegeben — soll über die Auffassung dieser Vorschrift in Bezug auf die Frage: wer unter den „Betheiligten" zu verstehen, eine Meinungsverschiedenheit stattfinden. Dies war der ausgesprochene Grund, warum ein Ehrenrath einen Notar, der gegen die Vorschrift des §. 6 gefehlt hatte, freisprach. Es geht ins Wunderbare, was bei einigem guten Willen Alles zweifelhaft gefunden werden kann; ich habe von dieser Meinungsverschiedenheit unter Rechtskundigen nie etwas gehört. Dem Obertr. ist es auch so gegangen. Dieses sagt dazu: „Der angeregte Zweifel über den Sinn dieser Vorschrift soll — bestehen — —; es kann aber hierüber ein Bedenken nicht stattfinden, da die in einer prozessualischen Angelegenheit Betheiligten doch keine anderen Personen sein können, als diejenigen, welche an dem Prozesse Theil genommen haben, seien es die Haupt- oder Nebenparteien." Erk. vom 12. September 1864 (J.M.Bl. S. 387).

Ein anderer Fall war folgender: Ein Notar hatte als Rechtsanwalt auf Grund einer Prozeßvollmacht des Verkäufers eines Grundstücks rückständige Kaufgelder gegen den Käufer eingeklagt. Der Käufer erhob den Einwand, daß auf dem Grundstücke noch eine

wesen ist[9]), sowie in den Angelegenheiten einer Partei, deren General-

von ihm nicht übernommene Hypothekenschuld an eine Wittwe D. hafte. Von dieser nahm der klägerische Mandatar als Notar eine notarielle Quittung über die Post auf. Die Klage betraf demnach die Kaufgelderschuld, die Quittung betraf den dieser Forderung entgegengestellten Einwand. Der Richter erster Instanz sprach den der Verletzung des §. 6 angeschuldigten Notar frei, indem er dafür hielt, daß der Angeschuldigte die Quittung habe aufnehmen können, ohne dadurch gegen den §. 6 zu verstoßen, weil dieselbe nicht den Gegenstand des Prozesses betreffe, den der Angeschuldigte für den damaligen Kläger geführt habe, auch weder von seinem Mandanten, noch von der Gegenpartei ausgestellt sei. — Das Obertribunal war jedoch anderer Meinung und sprach den Angeschuldigten schuldig. Der Gegenstand der Quittung sei zwar ein von dem des Klageanspruchs verschiedener, allein durch den Einwand mit in den Prozeß hineingezogen. Wäre von dem derzeitigen Beklagten der Rekonventionsantrag auf Löschungsbewirkung erhoben worden, so könnte die Anwendbarkeit des §. 6 keinerlei Bedenken haben. Um aber die Angelegenheit, betreffend die Befreiung des Grundstücks von der Hypothek, zu einer unter den Parteien prozessualischen zu machen, als worauf es doch nur ankomme, müsse es sich gleich bleiben, ob darauf ein Rekonventionsantrag, oder ein Einwand gegründet worden sei. Auch der Umstand, daß die Wittwe D. nicht Prozeßpartei war, erscheine unerheblich, da die Quittung derselben die prozessualischen Angelegenheiten der Parteien betraf. Erk. vom 4. September 1865 (J.M.Bl. S. 195).

9) Dieser Fall bezieht sich auf das Verhältniß des Notariats zur Advokatur und Prokuratur und steht unter dem Grundsatze über die Unzulässigkeit notarieller Thätigkeit in eigenen Sachen. (§. 5.) Dieses Verhältniß ist nur in solchen Ländern, wo die Advokatur, die Prokuratur und das Notariat in einer Person vereinigt sein dürfen, Gegenstand der privatrechtlichen Gesetzgebung. Dadurch soll für jeden einzelnen Fall das erreicht werden, was andere Gesetzgebungen damit bezwecken, daß sie jede dieser Funktionen besonderen Beamten aufgetragen haben. (Vergl. Erk. des Obertr. vom 12. September 1864, J.M.Bl. S. 388, a. E.) Deshalb findet sich in der rheinländischen Notariatsordnung vom 25. April 1822 keine dem §. 6 ähnliche Bestimmung; eine den Parteien nachtheilige Kollision der verschiedenen Pflichten, welche aus den vereinigten Aemtern hervorgehen, kann nicht eintreten, wenn die Vereinigung unmöglich ist. Das Gemeine deutsche Recht kennt eine absolute Trennung dieser verschiedenen Aemter nicht und dient deswegen dem preußischen wie den Partikularrechten überhaupt als Quelle in dieser Materie. Zwei Fragen sind es, welche hierbei die Gesetzgebung, und, wo diese lückenhaft ist, die Rechtsfindung beschäftigen, nämlich: Kann ein Advokat oder Prokurator in Sachen, wo er als solcher einer Partei bedient ist, oder bedient gewesen ist, später als Notar amtlich handeln? und umgekehrt: Kann ein Notar in Sachen, wo er als solcher mitwirkte, später als Advokat oder Prokurator thätig sein?

a) Die erste Frage ist eigentlich diejenige, welche nach dem Grundsatze über die Unstatthaftigkeit der notariellen Thätigkeit in eigenen Sachen zu entscheiden ist. Denn es leuchtet ein, daß ein Advokat oder Prokurator aus der ihm anvertrauten Führung eines Prozesses in Anspruch genommen werden könnte, er würde mithin in eigener Sache thätig sein, wenn er über Verhältnisse des Rechtsstreites oder des Streitgegenstandes Notariatsurkunden aufnähme. Gemeinrechtlich gilt dies als unstreitig, wiewohl weder die Notariatsordnung von 1512, noch ein anderes Reichsgesetz darüber eine direkte Bestimmung enthält. Partikularrechtlich wird der Grundsatz öfter anerkannt, namentlich auch in preußischen Verordnungen. Das Projekt des Codicis Frid. March. Th. I, Tit. 18, §. 4 sagt nur allgemein: „Sie (die Notare) müssen aber sich des Advocirens und Prokurirens bei Strafe der Kassation enthalten." Bestimmter ist die Instruktion vom 11. Juli 1771, §. 5: „Ist der Notarius zugleich Advokat, so kann er so wenig zum Behuf eines Prozesses, worin er advocando dient (unser Fall), eine Notariatshandlung verrichten, noch in einer Sache, worin er ein Instrument aufgenommen hat, nachher einer der Parteien advocando bedient sein" (betrifft die zweite Frage b). Die A. G.O. Th. III, Tit. 7, §. 26, lit. d geht bei dieser Frage von einem anderen Prinzip als dem der Unzulässigkeit der Amtshandlung in eigener Sache, nämlich von dem der Prävarikation aus, setzt jedoch diese Unzulässigkeit im ersten Absatze voraus; der zweite Absatz bezieht sich auf eine andere Angelegenheit, als in welcher der Notar advocando gedient hat. Unser §. 6 verbietet ganz bestimmt dem Notar die Amtshandlung in prozessualischen Angelegenheiten, in welchen der Notar einem der Betheiligten als Rechtsanwalt bedient ist, oder bedient gewesen ist. Die an sich wortdeutliche Bestimmung veranlaßt doch hinsichtlich ihres Sinnes und ihrer Beziehung mehrere Fragen, von welchen hier folgende erörtert werden mögen:

aa) Was ist unter dem „bedient sein" zu verstehen? Gemeinrechtlich kommt die Frage nicht vor, denn unter dem Advokaten und Prokurator, welcher im Prozesse auftritt, ist der prozeßführende Stellvertreter der Partei gemeint. In der preußischen Prozeßpraxis aber ist es sehr gewöhnlich, daß, wenn eine Partei nicht am Orte des Gerichts und ihres prozeßführenden Stellvertreters wohnt, noch ein Rechtsanwalt am Orte der Partei mit der Sache in der Art befaßt ist, daß er von der Partei die Information einzieht, wohl auch die Klage verfaßt, und die Korrespondenz mit dem bevollmächtigten Rechtsanwalte am Orte des Gerichts führt. Ist dieser korrespondirende Rechtsanwalt gleichfalls der Partei im Sinne des Gesetzes bedient? Nach meiner Meinung nein. Denn einestheils ist die Führung der Korrespondenz an sich keine prozessualische Handlung oder Sache, anderentheils trifft der Grund des Gesetzes, nämlich die Verantwortlichkeit aus der Prozeßführung, wegen welcher die Notariatshandlungen des prozeßführenden Rechtsanwalts in dieser Prozeßangelegenheit gewissermaßen Handlungen in seiner eigenen Sache sind, bei der bloßen Korrespondenzführung nicht zu. (8. A.) Das Obertr. scheint jedoch anderer Meinung zu sein. Denn es hat ausgesprochen: ein Rechtsanwalt, welcher in einer prozessualischen Angelegenheit einer der Parteien als *Konsulent* bedient gewesen ist, darf nicht demnächst in derselben Angelegenheit einen Wechselprotest aufnehmen, sollte auch die frühere Thätigkeit *nur in Rathschlägen und Anbahnung eines Vergleichs* vor Erhebung der Klage bestanden haben. Erk. vom 29. April 1867 (J. M.Bl. S. 163). Unter dem Prinzip steht diese Sentenz nicht.

bb) Was heißt das „bedient *gewesen* sein"? Man kann sich darunter die vollständige Ausführung des Mandats durch endgültige Beendigung des Prozesses denken, man kann damit auch die Beendigung des Mandats durch Widerruf oder Aufkündigung während des Prozesses meinen. Die zweite Auffassung halte ich für die richtige. Denn wenn der Prozeß endgültig abgethan ist, so ist nicht abzusehen, warum es unzulässig sein sollte, in Betreff des Rechtsverhältnisses oder Gegenstandes, worüber jener Prozeß geführt worden ist, durch den Notar, der in dem damaligen Prozesse einem der Betheiligten als Rechtsanwalt bedient gewesen ist, Urkunden aufnehmen zu lassen; die Urkunden werden ja nun nicht mehr in einer prozessualischen Angelegenheit aufgenommen, weil eine solche nicht vorhanden ist. (8. A.) Das Obertr. ist der andern Meinung und hat einen Rechtsanwalt, welcher eine notarielle Quittung über eine Forderung, worüber Schuldner und Gläubiger Prozeß geführt hatten, in welchem er der einen Partei bedient gewesen war, lange nach rechtskräftiger Entscheidung desselben aufgenommen hatte, disziplinarisch bestraft. In den Gründen wird meine Auffassung bekämpft und gesagt: es sei nicht richtig, wenn ich meine, es sei keine prozessualische Angelegenheit mehr vorhanden, wenn ein Prozeß bereits endgültig entschieden worden. „Es ist — so wird die Unrichtigkeit dieses Satzes bewiesen — dann kein Prozeß mehr im Gange, aber die streitig gewesene Angelegenheit hat dadurch nicht aufgehört zu existiren." Erk. vom 18. Juli 1866 (J. M.Bl.

S. 248). Diese Denkform ist logisch genau ebenso richtig wie etwa jene Vorstellung: der Befreiungskrieg von 1815 hat dadurch nicht aufgehört zu existiren, daß bereits vor 50 Jahren wieder Friede geworden. Also existirt der Krieg noch, folglich giebt es keinen Frieden. Die konsequente Anwendung davon kann ungereimt werden, wie ein Beispiel zeigt. Ein majorenn Gewordener vindizirt sein von der Vormundschaft ungültiger Weise veräußertes Grundstück. Nach vielen, vielleicht 30, 40 Jahren verkauft er es und derjenige Anwalt, welcher in jenem längst vergessenen Prozesse dem nun längst verstorbenen damaligen Bekl. bedient war, nimmt als Notar den Kontrakt auf. Dafür muß er nach der Meinung des Obertr. bestraft werden. In solcher Rechtsanwendung ist Sinn nicht findbar und da der Gesetzgeber etwas Widersinniges nicht gewollt haben kann, so hat meine Auffassung der Vorschrift des §. 6 den Vorzug vor der des Obertribunals. Der entscheidende juristische Moment ist, daß die Vorschrift unter dem Prinzip der Unzulässigkeit der Amtsthätigkeit in eigener Sache steht. Wo also keine Spur von eigenem Interesse mehr gedacht werden kann, ist die Anwendung der Vorschrift nicht vernünftig.

cc) Was ist unter Handlungen der freiwilligen Gerichtsbarkeit in prozessualischen Angelegenheiten zu verstehen? Die Instruktion vom 11. Juli 1771, §. 5 spricht von Notariatshandlung zum Behuf eines Prozesses. Damit können nur Urkunden über solche Handlungen gemeint sein, welche in dem Prozesse vorkommen, und Urkunden, welche im Prozesse gebraucht werden sollen. Dergleichen würden sein: Insinuationen, Annahme von Appellationen und Ertheilung der Apostel, Zeugenverhöre, vidimirte Abschriften von auf das Streitverhältniß bezüglichen Urkunden, Aufnahme von Vollmachten, Aufnahme eines von den Parteien abgeschlossenen Vergleichs, Beurkundung einer Cession des streitigen Anspruchs oder des Verkaufs der streitigen Sache, indem durch diese Rechtshandlungen das dominium litis auf einen Anderen übertragen wird und die Urkunden darüber im Prozesse zum Nachweise der Sachlegitimation des Nachfolgers gebraucht werden. Dagegen werden von dem Verbote nicht Urkunden betroffen, welche über Handlungen oder Rechtsverhältnisse, die zwar den Gegenstand des Prozesses betreffen, aber zu dem Prozesse selbst gar keine Beziehung haben, z. B. Vermiethung oder Verpachtung des streitigen Grundstücks, aufzunehmen sind; denn daß der mit dem Prozesse befaßte Rechtsanwalt überhaupt einen Notariatsakt, der irgend eine Beziehung zum Streitgegenstande hat, nicht aufnehmen dürfe, sagt das Gesetz nicht und ist auch weder in einem älteren Gesetze zu finden, noch aus dem Grunde des Verbotes herzuleiten.

dd) Die gemeinrechtliche Frage: ob der Notar mitwirken dürfe, wenn er als solcher dem Gegner des Requirenten bedient gewesen ist, wird von dem §. 6 und auch an einer anderen Stelle im Gesetze nicht berührt. Gemeinrechtlich wird nur in dem Falle, wenn in der spätern Urkunde von dem Notar das gerade Gegentheil von dem, was er schon in der früheren Urkunde festgestellt hat, beurkundet werden soll, über die Widersprüche der Parteien richterliche Entscheidung vorgeschrieben. Not.-Ordnung v. 1512, §. 22. Ebenso die Badensche Not.-Ordn. v. 3. November 1806, Nr. 20. Die A. G.O. berührt diese Frage gleichfalls nicht geradezu, sie schreibt III, 7, §. 26, lit. d, Abs. 2 nur im Allgemeinen vor, daß der Notar dem Requirenten es ohne Rückhalt eröffnen müsse, wenn er dem Gegner desselben schon vorher in der Angelegenheit beiräthig gewesen ist, und daß er, wenn dieser dennoch bei seinem Gesuche stehen bleibe, die Handlung unbedenklich vollziehen könne, nur daß er als Notar die Rechte beider Theile mit gleicher Sorgfalt wahrzunehmen habe, und bei Strafe der Kassation sich nicht dazu gebrauchen lassen dürfe, den einen Theil zu Gunsten des andern zu übervortheilen. Hieran ist nichts geändert. Vorausgesetzt ist, daß der Requirent von dem fraglichen Verhältnisse nichts wußte. Verlangen

mandatar der Notar ist, darf derselbe keine Handlungen der freiwilligen

---

aber beide Theile mit gutem Vorbedachte von einem und eben demselben Notar die Vollziehung eines Aktus in einer solchen Angelegenheit gemeinschaftlich, so ist bei der Sache gar kein Bedenken. A. G.O. a. a. O, Abs. 3.

b) Die zweite Frage: ob ein Notar in Sachen, wo er als solcher gehandelt hat, später als Rechtsanwalt im Prozesse thätig sein dürfe, ist Gegenstand der Reichs- und auch der preußischen Gesetzgebung gewesen. Das Edikt Karl's V, datirt von Augsburg den 3. August 1548, verordnet, daß die Notare forthin sich ihres Amts halten, und in denen Sachen, darin sie als Notarien gebraucht, sich Solicitirens und Prokurirens und dergleichen gänzlich und allerdings entschlagen sollen, bei Vermeidung einer Strafe von vier Mark löthigen Goldes für jeden Uebertretungsfall. (Ludolph, Corpus juris cameralis, S. 139.) Diese Vorschrift bezieht sich freilich auf die Notare, welche bei dem Reichskammergericht als Gerichtssekretäre im heutigen Sinne angestellt waren. Vergl. Reichs-Kammergerichts-Ordn. von 1555, P. I, Tit. 39, §. 2. Doch wurde diese Vorschrift analog auf das Notariat überhaupt bezogen. Gans, das Amt der Fürsprecher, S. 110. Die preußische Instruktion vom 11. Juli 1771, §. 5 schrieb daher, in Uebereinstimmung mit dieser Anwendung des Reichsgesetzes, vor, daß ein Notar, welcher zugleich Advokat sei, in einer Sache, worin er ein Instrument aufgenommen hatte, nachher einer der Parteien advocando nicht bedient sein dürfe. Die gleiche Vorschrift findet sich auch in der Hinterpommerschen Hofgerichts-Ordnung von 1683, Tit. 15, §. 4 und die württembergische Notar.-Ordn. von 1808, §. 8 verbietet den Notaren allgemein, in anhängigen Rechtssachen Eingaben zu verfertigen. Die österreichische Notariatsordnung schreibt im §. 39 vor: „Kein Notar darf bei schwerer Verantwortung aus einem von ihm aufgenommenen Notariatsakte eine der Parteien in einem Rechtsstreite vor Gericht vertreten." Die Praxis hat hieran jedoch eine streitige Unterscheidung geknüpft. Ein Notar, der zugleich Advokat war, hatte auf Requisition eines Wechselinhabers einen Wechselprotest erhoben und demnächst als Rechtsfreund des Gläubigers die Wechselklage auf Zahlung erhoben. Das Gericht erster Instanz wies dieselbe zurück, weil der für den Kläger aufgetretene Rechtsfreund den der Klage zu Grunde liegenden Protest aufgenommen habe und daher nach §. 39 der Notariatsordnung nicht befugt sei, in diesem Prozesse eine der Parteien zu vertreten. Das Prager Oberlandesgericht gab der hiergegen eingelegten Berufung keine Folge. Denn nachdem die Notariatsordnung im §. 1 den Zweck des Instituts der Notare dahin angegeben, daß dieselben über die in ihrer Gegenwart errichteten oder bestätigten Rechtsgeschäfte öffentliche Urkunden aufnehmen, und darüber Aussertigungen ertheilen, die Verwahrung ihnen anvertrauter Urkunden besorgen, und in den vom Gesetze bestimmten Fällen über Thatsachen Beurkundungen ausstellen, würden diese Amtshandlungen zusammen im §. 2 mit dem gemeinsamen Namen „Notariatsakte" im weiteren Sinne des Wortes bezeichnet. Wenn daher die Notariatsordnung in dem 4. Hauptstücke unter der Ueberschrift: „Allgemeine Bestimmungen über die Ausübung des Amtes der Notare", im §. 39 die allgemeine Norm aufstelle, daß kein Notar aus einem von ihm aufgenommenen Notariatsakte eine der Parteien in einem Rechtsstreite vertreten dürfe, so könnten darum ebenfalls nur Notariatsakte im weiteren Sinne des Wortes, daher die Aufnahme öffentlicher Urkunden sowohl über Rechtsgeschäfte, als über Thatsachen verstanden werden, zumal der Notar in diesen Fällen als öffentlicher Beamte im weiteren Sinne des Wortes fungire, und das Gesetz den Grundsatz festhalte, daß ein Beamter nicht zugleich Vertreter der Partei sein dürfe. Diesem stehe nicht entgegen, daß die Notariatsordnung, insbesondere im 5. Hauptstücke die Aufnahme und Aussertigung der Notariats-

Gerichtsbarkeit[9a]) aufnehmen[10]).

---

akte, und im 6. Hauptstücke die Notariatsbeurkundungen und darunter im §. 76, Z. 7 jene über Protestation von Wechseln behandele, weil im 5. Hauptstücke hierauf offenbar von Notariatsakten nur im engeren Sinne des Wortes die Rede sei. Der oberste Gerichtshof änderte diese gleichlautenden Entscheidungen ab, weil der Rückweisungsgrund gar nicht zu Recht bestehe. Denn im vorliegenden Falle könne der Rechtsvertreter des Klägers wegen des von ihm in seiner gleichzeitigen Eigenschaft als Notar aufgenommenen Wechselprotestes von der Vertretung des Klägers im Prozesse nicht ausgeschlossen werden, indem in der Notariatsordnung sowohl §§. 1 und 2, als auch noch augenscheinlicher in dem 5. und 6. Hauptstücke derselben zwischen Notariatsakten und bloßen Notariatsbeurkundungen ein sehr wesentlicher und durchgreifender Unterschied gemacht werde, im §. 39 dem Notar bloß untersagt sei, aus einem von ihm aufgenommenen Notariatsakte eine der Parteien in einem Rechtsstreite vor Gericht zu vertreten, die Aufnahme eines Wechselprotestes aber nur zu den Notariatsbeurkundungen gehöre, und der von dem Oberlandesgerichte aufgestellte Begriff von Notariatsakten im engeren und weiteren Sinne, nach welchem letzteren auch die bloßen Notariatsbeurkundungen den Notariatsakten beizuzählen wären, deren der §. 39 der N.-O. erwähne, im Gesetze nicht begründet erscheine. Entsch. vom 23. April 1863 (Siebenhaar, Archiv für deutsches Wechselrecht und Handelsrecht, Bd. XIV, S. 71). Nach preußischem Rechte ist die Zulassung des Notars, welcher den Protest erhoben hat, zur Vertretung einer Partei in dem darauf folgenden Wechselprozesse im Allgemeinen unbestritten. Das Corpus juris Fridericianum und die A. G.O. hat dieses Verbot nicht aufgenommen und das vorliegende Gesetz ist auf dasselbe nicht zurückgegangen; der Grund des ersten Verbotsfalles (a) trifft hier auch nicht immer zu und sonach ist ein Notar nicht verhindert, in einem Prozesse sowohl zur Vertheidigung als zur Anfechtung einer von ihm verfaßten Urkunde als Rechtsanwalt aufzutreten. In dem zweiten Falle, wo der Anwalt berufen ist, seine eigene Notariatsurkunde anzufechten, fällt es freilich in die Augen, daß, namentlich wenn es sich um die formelle Gültigkeit derselben handelt, sein eigenes Interesse, welches er als Notar, wegen der ihn treffenden Verantwortlichkeit, an der Aufrechthaltung der Urkunde hat, mit seinen Pflichten, die ihm als Rechtsanwalt obliegen, in Kollision tritt; deshalb verletzt er seine Amtspflichten, welche durch Ehrenhaftigkeit, Redlichkeit und Anstand bedingt werden, wenn er in einem solchen Falle das Mandat zur Prozeßführung nicht ablehnt.

9a) Hier ist zu subintelligiren: „von einer dieser Parteien." Das Gesetz verbietet nicht etwa bloß die Aufnahme eines solchen Aktes unter oder zwischen den Betheiligten, sondern es verbietet ganz klar die Aufnahme jeder solchen Handlung der freiwilligen Gerichtsbarkeit dem Notar, der in seiner Eigenschaft als Anwalt einem der beim Prozesse Betheiligten, also der Prozeßparteien, gedient hat. Erk. des Obertr. vom 12. September 1864 (J.M.Bl. S. 387). Das Verbot trifft auch den Fall, wenn nur Einer der Kontrahenten Prozeßpartei ist oder war.

10) Dieser Fall findet hier sehr passend wieder gesetzlichen Ausdruck, er steht unter dem Prinzip von der Unzulässigkeit der Thätigkeit eines Notars als solchen in einer eigenen Sache (§. 5 und die Anm. dazu), weshalb auch nach den Grundsätzen des Gemeinen Rechts angenommen wird, daß Jemand, der zugleich Notar ist und die Besorgung fremder Geschäfte übernommen hat, wie z. B. ein Vormund, Kurator, Güterverwalter, Mandatarius u. dergl., in Angelegenheiten dieser Geschäftsführung eine Notariatsurkunde nicht aufnehmen könne, indem er, wenn er dies thue, offenbar in eigener Sache handele. L. 25 D. de testibus (XXII, 5); Oesterley a. a. O.

§. 7. In jeder Verhandlung hat der Notar entweder einen zweiten Notar[11],

---

Th. II, S. 253. Der Grundsatz wird, wie in manchen anderen Partikularrechten, auch in der preußischen Instruktion vom 11. Juli 1771 anerkannt, wo es im §. 4 heißt: „Die Notare dürfen bei den Handlungen, worüber sie ein Instrument aufnehmen sollen, nie die vices mandatarii einer Partei zugleich übernehmen.“ Das Corpus juris Frid. und die A. G.O. übergehen den Fall. Dennoch war aus allgemeinen Gründen unzweifelhaft, daß ein Spezial-Bevollmächtigter, welcher zugleich Notar ist, nicht eine Notariatsurkunde über das von ihm selbst, vermöge seines Auftrags, abgeschlossene Rechtsgeschäft aufnehmen könne; und dieses versteht sich auch jetzt von selbst, wenn auch die vorliegende neue Verordnung gleichfalls davon nichts erwähnt. Nur die weitere Folgerichtigkeit des Prinzips wurde angezweifelt, daß nämlich auch ein General-Mandatarius einer der Parteien, wenn er zugleich Notar ist, einen Notariatsakt nicht aufnehmen darf. Dieser Zweifel war sehr folgerichtig durch ein Reskript des Justizministers vom 11. Januar 1837 (Jahrb. Bd. XLIX, S. 222) gehoben worden und ein späteres Reskript vom 20. Oktober 1837 (Jahrb. Bd. L, S. 542) holte ergänzend nach, daß das Gesagte (das Verbot) auch von einseitigen Akten gelte. Hierdurch erhält die Schlußbestimmung des §. 6 ihre Erklärung; der Generalmandatar darf keine Notariatshandlungen, also auch keine einseitigen Akte, in den Angelegenheiten seines Mandanten aufnehmen. Die Glogauer Notare haben bei der oben (I. a. E.) erwähnten Entwerfung eines neuen Notariatsgesetzes keinen Grund zu der im §. 6 verordneten Ausschließung der Thätigkeit des Notars als vorhanden erkannt. Es sei nicht anzunehmen, daß ein Notar sich durch diese Verhältnisse von seiner Pflicht werde abwendig machen lassen. Wenn Jemand schwach genug sein sollte, wegen solcher Rücksichten seiner Pflicht ungetreu zu werden, dann sollte er nicht länger als Notar geduldet werden, indem es dann noch tausend weit triftigere Beweggründe gäbe, ihn von seiner Pflicht abzuziehen. So lange Jemand als Notar fungire, müsse ihm ein vorzügliches Vertrauen geschenkt werden. Der Fälle würden nur wenige sein, wo ein Notar aus solchen Rücksichten seine Amtspflichten verletzen sollte. Die Ausnahmen könnten aber nicht maßgebend für das Gesetz sein. Motive zu §. 16 des Entwurfs, S. 6. — Diese Betrachtungen und Erwägungen berühren den allerdings vorhandenen guten und erheblichen Grund der Ausschließung gar nicht. Der Grund ist nicht etwa böser Wille, Untreue, gegen deren Annahme gekämpft wird, sondern, wie die bisherige Darlegung zeigt, unwillkührliche menschliche Schwachheit, nämlich Mangel an Unbefangenheit, wenn eigenes Interesse und Amtspflichten in Kollision kommen. Keiner ist in eigenen Sachen unbefangen.

Die Verletzung des Verbots hat nicht Nichtigkeit des Notariatsinstruments als eines solchen, sondern Disziplinarstrafe zur Folge. Vergl. §. 41 und die Anm. 24 zu §. 9. Ob das Rechtsgeschäft selbst in dem einzelnen Falle rechtsbeständig, ist eine hiermit nicht entschiedene Frage.

11) In Italien war es gebräuchlich, bei wichtigeren Geschäften oder bei gewissen Arten der Beglaubigung mehrere Notare zuzuziehen. Auch in Deutschland war dies vor der R.-Not.-Ordn. v. 1512 gebräuchlich, aber in keinem Falle nothwendig. Oesterley a. a. O. Th. 1, S. 229, 230, 331 ff.; Th. II, S. 314. Gemeinrechtlich, wie partikularrechtlich, ist immer nur ein Notar nothwendig. Hiervon verschieden ist die Frage: ob statt der Zeugen ein zweiter Notar genüge. Gemeinrechtlich ist dies wenigstens zweifelhaft. Rambohr, juristische Erfahrungen, Bd. III, S. 439. Die Bejahung beruht auf der unerwiesenen Behauptung, daß der Notar allein so viel Glauben habe wie zwei Zeugen. Schlüssiger würde die Entscheidung sein, wenn man dem requirirten Notar freiwillige Gerichtsbarkeit zuschriebe und der zweite

oder zwei[12]) Zeugen zuzuziehen[12a]), in deren Gegenwart die Vorlesung

---

Notar als eine solche Person charakterisirt würde, welche die Funktionen des Gerichtsschreibers zu versehen hätte. Partikularrechte stellen es jedoch in die Willkühr der Parteien, ob sie sich zweier Notare, oder eines Notars und Zeugen bedienen wollen. Das thut auch das preußische Notariatsrecht und der §. 7 wiederholt nur die bisher in Geltung gewesenen Bestimmungen. Corpus juris Frid. Th. III, Tit. 7, §. 81; A. G.O. Th. III, Tit. 7, §. 63; Instr. v. 11. Juli 1771, §. 14.

12) Die Vorschrift des Röm. Rechts, daß bei der Aufnahme von Notariatsurkunden Zeugen zuzuziehen seien, ist auch in Deutschland zur Anwendung gekommen, aber über die Zahl der Zeugen läßt sich kein allgemeines Prinzip finden. Auch die Reichs-Not.-Ordn. von 1512 bestimmt darüber nichts. Man nahm gemeinrechtlich die Römische Rechtsregel an, daß zwei Zeugen genügen, wo über deren Zahl gesetzlich nichts bestimmt ist. L. 12 D. de testibus (XXII, 5); L. 9, §. 1 C. eodem (IV, 21). Vergl. cap. 4, 5, 10, 13 X. de testibus (II, 20). Daraus entwickelt sich der Grundsatz, daß auch bei jedem Notariatsakte wenigstens zwei Zeugen erforderlich sind. Derselbe ist in alle Partikularrechte übergegangen. Das Corpus juris Frid. a. a. O. drückt sich genau eben so aus: es müssen allemal und ohne Unterschied der Fälle ein zweiter Notarius, oder statt dessen wenigstens zwei Zeugen gegenwärtig sein. Die A. G.O. a. a. O. §. 63 und der §. 7 des vorliegenden Gesetzes lassen das Wort „wenigstens" aus, daraus ist jedoch nicht zu folgern, daß jetzt eine größere Anzahl unzulässig sei; wollen die Parteien mehr als zwei Zeugen zugezogen wissen, so sind sie daran nach heutigem Rechte ebenso unbehindert wie sie es früher waren.

12a) Es wird für die Abschaffung der Vorschrift des §. 7 agitirt. Schon 1852 wurde eine Petition um Aufhebung des §. 7 der damaligen zweiten Kammer vorgelegt. Eine gleiche Petition, von 33 Rechtsanwälten unterzeichnet, wurde bereits zur ersten Session des Jahres 1862 eingereicht und da dieselbe damals nicht zur Berathung gelangte, zur Session von 1863 wiederholt. Zur Motivirung ihres Antrages führen die Petenten an:

1) Nach §. 14 des Gesetzes müsse als der Sinn der betreffenden Vorschrift angenommen werden, daß die Zeugen das amtliche und legale Verfahren des Notars kontroliren sollten, um erforderlichen Falls sowohl für als gegen den Notar Zeugniß darüber abzulegen. Nur in sehr seltenen Fällen würden überhaupt Zeugen zu beschaffen sein, welche vermöge ihrer Bildung und Geschäftsgewandtheit eine wirkliche Kontrole über den Notar auszuüben im Stande seien. In der Wirklichkeit würden meistentheils zwei in der Nähe wohnende Personen geringeren Standes, die in Rücksicht auf den Verdienst der Zeugengebühren ihre Arbeit unterbrächen, zugezogen, und die dann ohne Kritik in vollem Vertrauen auf die Integrität des Notars ihre Unterschrift hinzufügten. Es möchte wohl noch nie vorgekommen sein, daß einer der zugezogenen Instrumentszeugen eine Erinnerung gegen die Richtigkeit des aufgenommenen Protokolls erhoben habe. Vom praktischen Standpunkte aus erscheine sonach diese Zuziehung als eine leere Formalität.

2) In nicht seltenen Fällen sei aber auch die Zuziehung von Instrumentszeugen, wie sie das Gesetz nach den oben allegirten Bestimmungen der §§. 7 und 8, verbunden mit §. 5, verlange, eine höchst lästige, mit großem Kosten- und Zeitaufwande verknüpfte Formalität, indem namentlich, wenn ein Notar auf ein Dorf gerufen werde, häufig dort derartige klassische, dem Notar von Person bekannte Zeugen nicht zu finden und dann erst von einem andern Orte solche Zeugen zu requiriren seien.

3) Nach §. 19 des betreffenden Gesetzes seien die Notare verpflichtet, über die Verhandlungen, bei denen sie mitgewirkt haben, Verschwiegenheit zu beobachten; den Zeugen

liege eine solche Verpflichtung nicht ob, und werde mithin durch deren Zuziehung vollständig vereitelt, was durch jene den Notaren auferlegte Verpflichtung bezweckt werde.

4) Endlich widerspreche diese den Notaren bei ihren Notariatsakten zugeordnete Kontrole den obwaltenden Verhältnissen. Der Notar habe gegenwärtig in der Regel längere Zeit bereits als Richter fungirt, ja in neuerer Zeit öfter sogar das Amt eines Kreisgerichts-Direktors, eines Raths bei einem Appellationsgerichte bekleidet, ehe ihm das Amt eines Rechtsanwalts und Notars übertragen worden; als Richter habe er schon viele Akte der freiwilligen Gerichtsbarkeit ohne solche Kontrole aufgenommen; nach solcher langjährigen richterlichen Thätigkeit solle er nun als Notar nicht mehr des Vertrauens würdig sein, was ihm als jungen, oft noch unerfahrenen Richter das Gesetz beilege. Der öffentliche Glaube, welchen das Gesetz den Notariatsakten zuspreche, könne nur in dem Glauben an die Integrität der Notare seine Wurzel haben. Der Notar sei gegenwärtig ein Beamter, das Notariat werde ihm nur anvertraut, wenn seine Integrität längere Jahre hindurch als Richter erprobt sei, über seine Unbescholtenheit und Pflichttreue wachten, außer der öffentlichen Meinung, seine eigenen Standesgenossen, namentlich aber das Organ des Ehrenraths. Die Zuordnung jener Kontrole, hiernach an sich unnöthig, schwäche jene Glaubwürdigkeit, die doch den Notaren beiwohnen solle. Es sei auch in der Gesetzgebung insofern keine Konsequenz, als bei Aufnahme von Wechselprotesten die vom Notar allein aufgenommene und ausgefertigte Urkunde sogar ohne Unterschrift eines Betheiligten vollen öffentlichen Glauben habe.

Von verschiedenen Mitgliedern der Kommission für das Justizwesen wurde dem Antrage, jedoch unter Ausschluß der Verhandlungen mit Personen, die nicht schreiben können, sowie der Motivirung, zugestimmt. Vor Allem durchgreifend erscheine das unter I, 4 hervorgehobene Moment. Nach §. 37 der Verordnung vom 2. Januar 1849 und Artikel XV des Gesetzes vom 26. April 1851 könne Jemand nur zum Rechtsanwalt und Notar bestellt werden, wenn er die dritte juristische Prüfung abgelegt habe. Nach §. 12, Tit. 7, Th. III der Allgemeinen Gerichtsordnung solle Niemand dazu bestellt werden, der nicht zuvor unverdächtige Proben von Geschicklichkeit und Betriebsamkeit abgelegt und sich übrigens jeder Zeit eines stillen, regelmäßigen und durchaus rechtschaffenen Verhaltens beflissen hat und gleiche Anforderungen mache auch der §. 9 a. a. O. In der Wirklichkeit habe es sich notorisch so gestaltet, daß die richterliche Laufbahn der Durchgang zur Praxis als Rechtsanwalt und Notar sei, daß derartige Stellen meistentheils nur solchen Justizbeamten konferirt würden, die bereits längere Zeit als Richter fungirt und sich bei diesen Funktionen bewährt hätten, und daß allerdings in einzelnen Fällen, wie die Petenten anführen, selbst Kreisgerichts-Direktoren und Appellationsgerichts-Räthe aus diesen Stellungen ausschieden, um Rechtsanwalte und Notare zu werden. Wenn nun auch dieser Praxis keineswegs das Wort geredet werden solle, und darauf, als auf einen vielleicht vorübergehenden Zustand, kein großes Gewicht gelegt werden könne, so trete doch dieses faktische Moment der an und für sich bestehenden Gleichberechtigung hinzu. Nach dieser gegenwärtigen Sachlage müßten daher Rechtsanwalte und Notare, was einestheils die wissenschaftliche Befähigung, anderntheils die dienstliche und moralische Erprobtheit anlange, als auf gleicher Linie mit den richterlichen Beamten stehend erachtet werden, und es liege mithin keine Veranlassung vor, ihren amtlichen Verhandlungen einen minderen öffentlichen Glauben beizulegen, als den richterlichen, und demnach ihre Verhandlungen unter eine Kontrole zu stellen, die für die Verhandlungen eines Richters nicht erfordert werde, es liege keine Veranlassung vor für diejenigen Verhandlungen, die ein Richter ohne Zuziehung eines vereidigten Protokollführers oder einer sonstigen Nebenperson, wie eines Beistandes für den Schreibensunkundigen, mit vollem öffentlichen Glauben vornehmen könne, dem Notar die Zuziehung eines zweiten Notars oder zweier Zeugen zur Pflicht zu machen, um dadurch erst seine Akte zum öffentlichen Glauben zu bestätigen.

Faktisch trete aber der durch diese Vorschrift herbeigeführte Widerspruch noch greller hervor; denn in der Wirklichkeit gestalte es sich allerdings so, daß ein junger Justizbeamter, wenn er nach abgelegter dritter Prüfung die richterliche Qualifikation erlangt habe, Verhandlungen mit vollem öffentlichen Glauben vor sich allein aufnehmen könne, und daß er, nachdem er längere Zeit als Richter fungirt, vielleicht sogar in distinguirte Aemter vorgerückt sei, und sich nach jeder Seite hin dabei bewährt habe, nunmehr, wenn er Notar werde, dieselben Verhandlungen nicht mehr vor sich allein gesetzlich aufzunehmen vermöge. Der hier hervorgehobene Grund spreche gegen jede Kontrole bei Notariatsakten, die nicht bei den gerichtlichen Akten vorgeschrieben sei, also sowohl gegen die Zuziehung eines zweiten Notars, als die Zuziehung zweier Zeugen, mithin für die Aufhebung der Vorschrift des §. 7 alleg. in Betreff dieser beiden alternativen Requisite. Was nun speziell die Zuziehung von zwei Zeugen anlange, so müsse ebenfalls dem beigepflichtet werden, was die Petenten in dieser Beziehung hervorhöben. Zwar könne nach den allegirten Bestimmungen der §§. 7, 13 und 14, Nr. 2 nicht angenommen werden, daß der zugezogene zweite Notar, resp. die zugezogenen zwei Zeugen das ganze Verfahren des instrumentirenden Notars und dessen Legalität zu kontroliren haben, in welchem Falle die Behauptung der Petenten, daß in den meisten Fällen den zuziehbaren Zeugen die Befähigung zu einer solchen Kontrole vollständig abgehen würde, durchaus begründet wäre, vielmehr könnten nach der Fassung der betreffenden Bestimmungen Zweck und Funktion der zuzuziehenden Nebenpersonen nur darin bestehen, die geschehene Vorlesung, Genehmigung und Vollziehung seitens der Interessenten zu bestätigen; zu diesem Behufe erscheine die Zuziehung überflüssig, da die eigenhändige Unterschrift, verbunden mit dem öffentlichen Glauben des Notars als Beamten, dies genügend feststellen müsse, die Identität aber von dem zweiten Notar oder den zwei Instrumentszeugen, denen, namentlich den letzteren, in vielen Fällen die Interessenten gar nicht von Person bekannt sein würden, nicht zu bescheinigen sei, diese Identität vielmehr durch die desfallsige Versicherung des instrumentirenden Notars oder, wenn ihm die Person nicht bekannt sei, durch besondere Identitätszeugen als solchen, nicht als Instrumentszeugen konstatirt würde. Richtig sei es ferner, daß, wenn ein Notar, namentlich nicht in seinem Wohnorte, die Verhandlung aufnähme, die Zuziehung von Instrumentszeugen, bei denen sich alle diejenigen Erfordernisse vereinigen, die durch die allegirten §§. 7 und 8, verbunden mit §. 5, vorgeschrieben seien, oft unausführbar oder doch mit Zeit- und Kostenaufwand verbunden sein würde, und ganz unläugbar stelle sich ein schroffer Widerspruch durch die Zuziehung der Zeugen mit der Bestimmung des §. 19 des betreffenden Gesetzes, (der dahin lautet: „Die Notare sind verpflichtet, über die Verhandlungen, bei denen sie mitgewirkt haben, Verschwiegenheit zu beobachten.") heraus, da diese Verschwiegenheit den Zeugen nicht zur Pflicht gemacht sei, und diese, da sie meistens Leute geringen Standes seien, auch keine desfallsige moralische Verpflichtung in sich fühlten und geneigt sein würden, sich über den Inhalt solcher Verhandlungen auszusprechen. Durch die Zuziehung der Zeugen werde mithin geradezu vereitelt, was §. 19 alleg. bezwecke. Sei sonach, um es zusammenzufassen, die Zuziehung eines zweiten Notars, resp. zweier Zeugen, eine bei der gegenwärtigen Stellung der Notare nicht würdige, den öffentlichen Glauben derselben verdächtigende und schädigende, sowie unnöthige Kontrole, außerdem aber eine leere, in vielen Fällen jedoch schwer durchführbare, mit der Bestimmnng des §. 19 alleg. in Widerspruch stehende, und den Zweck dieser Bestimmung vereitelnde Formalität, so dürfte dies Alles dafür sprechen, die Vorschrift des §. 7 des Gesetzes vom 11 Juli 1845 nebst den damit im Zusammenhang stehenden anderweitigen Vorschriften aufzuheben. Zwar würde damit eine Verschiedenheit der Formalität mit dem Verfahren in der Rheinprovinz herbeigeführt werden. Denn der Art. 21 der Verordnung für die Notarien in den niederrheinischen Provinzen vom 25 April 1822 (Gesetzsammlung de 1822 S. 109) schreibe ebenfalls die

Zuziehung eines zweiten Notars oder zweier Zeugen vor, aber abgesehen davon, daß nach dieser Notariatsordnung die Kompetenz der Notare eine weit ausgedehntere sei, namentlich sich auch auf Testamente erstrecke, und die Bedingungen, unter denen Justizbeamte nach dieser Verordnung zum Notariate gelangen können, viel leichter seien, so würde diese Differenz immer nicht entgegenstehen, die Vorschrift für das Rechtsgebiet der Allgemeinen Gerichtsordnung aufzuheben, wenn für dieses Rechtsgebiet sich die Aufhebung, wie dargethan sein dürfte, empföhle. Dagegen erscheine es nothwendig, die Aufhebung auf die Verhandlungen mit Schreibenskundigen zu beschränken, weil, wenn auch in Betreff der Verhandlungen mit Schreibensunkundigen die Aufhebung erfolge, die Notariatsakte an geringere Förmlichkeiten gebunden wären, wie sie in solchen Fällen für gerichtliche Verhandlungen ohne Zuziehung eines vereidigten Protokollführers vorgeschrieben seien, da bei diesen der Schreibensunkundige einen Beistand haben müsse. Es dürfte aber zweckmäßig sein, für solche Fälle, anstatt eine andere, resp. jene Modalität zu substituiren, es bei den bisherigen Bestimmungen des Gesetzes vom 11. Juli 1845 einfach zu belassen. — Auf diese Motivirung gestützt wurde der Antrag gestellt:

bei dem Hause zu beantragen, die Petition, unter Ausschluß der Verhandlungen mit solchen Personen, die nicht schreiben können, der Königlichen Staatsregierung zur Berücksichtigung zu überweisen.

Dagegen wurde geltend gemacht: Solle auch nicht im Entferntesten die wissenschaftliche und praktische Befähigung, sowie die volle Integrität des Standes der Rechtsanwalte und Notare angezweifelt werden, so bestehe dennoch ein Unterschied in der Stellung der Richter und der Notare zu derartigen Akten; die Richter fungirten bei denselben einzig und allein in Ausübung des ihnen obliegenden Amtes und ihrer Amtspflichten ohne jedes Nebeninteresse und ohne jede Nebenstellung; dies sei bei den Notaren nicht der Fall; wolle man auch kein besonderes Gewicht auf die ihnen persönlich aus der Vornahme solcher Akte zufließenden Gebühren legen, so sei doch ihr ganzes Verhältniß, mit Rücksicht auf ihre Nebenstellung als Rechtsanwalte und als Konsulenten und die daraus sich ergebende Identifizirung mit den Interessen Einzelner, kein rein amtliches, wenigstens werde dadurch der amtliche Charakter abgeschwächt und dem Publikum nicht so klar erkennbar; könne dies schon abstrakt und in sich die Nothwendigkeit bedingen, ihre Verhandlungen mit mehr Formalitäten zu umgeben, wie die gerichtlichen, so sei es jedenfalls mit Rücksicht auf das Publikum praktisch rathsam, und müsse dies selbst in dem wohlverstandenen eigenen Interesse der Notare liegen, um sie gegen jeden auch den leisesten Verdacht zu schützen, als sei bei ihren Verhandlungen nicht der eigenste Wille der Paciscenten zum Vollzuge gekommen. Ein anderer Unterschied der beiderseitigen Stellungen liege auch in dem äußerlichen Umstande, daß die Richter dergleichen Akte in den meisten Fällen an Gerichtsstelle, also unter einer gewissen dadurch bedingten Oeffentlichkeit und gewöhnlich in der Umgebung anderer Gerichtspersonen vornähmen, auch unter der Kontrole stets überwachender Vorgesetzten ständen, die Akte der Notare aber in deren Privatwohnung und ohne solche Kontrole vollzogen würden. Die Tendenz der Gegenwart dränge nach Oeffentlichkeit bei den Verhandlungen, es habe auch bei diesen Verhandlungen in früherer Zeit, selbst bei den gerichtlichen, eine gewisse Oeffentlichkeit bestanden; die Zuziehung von zwei Zeugen oder einem zweiten Notar sei bei den Notariatsakten gewissermaßen ein Surrogat solcher Oeffentlichkeit, und könne es sich daher nicht rathen, dies, wo es noch bestände, abzuschaffen, vielmehr könne es sich fragen, wie wenigstens von einer Seite geäußert wurde, ob es sich nicht empfehlen werde, auch die betreffenden gerichtlichen Akte wieder einer größeren Oeffentlichkeit zuzuführen, oder doch auch bei ihnen die Zuziehung eines vereidigten Protokollführers anzuordnen. Jedenfalls könne man, so lange das Institut der Rechtsanwaltschaft und des Notariats noch verbunden sei, so lange, wie gegenwärtig, es noch in Frage stehe, ob nicht die freiwillige Gerichtsbarkeit ganz von den richterlichen Funktionen abzulösen, die Rechtsanwaltschaft, unter Freigebung der Advokatur, von dem Notariate zu trennen, und das letztere in einem reinen, unvermischten amtlichen Charakter herzustellen, es nicht für an der Zeit halten, die gegenwärtigen Formalitäten der Notariatsakte zu modifiziren, da von der definitiven Entscheidung jener Frage auch die Modifikationen abhängig zu machen seien, und müsse man die Abschaffung der betreffenden Formalität bis nach dem Austrage jener Frage mindestens nicht für tempestiv erachten. — Diese Gegengründe führten zu dem Antrage auf Uebergang zur Tagesordnung. Bemerkt wird, daß bereits in der Session des Jahres 1852 eine Petition mit gleichem Antrage von der damaligen Zweiten Kammer dem Justizministerium zur Berücksichtigung überwiesen ist. (Verhandl. de 1852 S. 983.)

Mit Bezug hierauf erklärte der bei der Berathung anwesende Herr Vertreter des Justizministerii, der sich dem Antrage auf Tagesordnung anschloß: In Folge der im Jahre 1852 dem Staatsministerio überwiesenen Petition gleichen Inhalts sei von sämmtlichen Appellationsgerichten der alten Provinzen gutachtlicher Bericht über die angeregte Frage erfordert, und unter 19 Appellationsgerichten von 18 das Gutachten dahin ausgefallen: daß die Aufhebung der bestehenden Vorschriften unzweckmäßig sei. Nur das Kammergericht habe sich dafür ausgesprochen. Im Wesentlichen seien jene Gutachten durch die Erwägung motivirt gewesen, daß die bestehenden Vorschriften alt hergebrachte, in alle Notariatsordnungen aufgenommen seien, und man deshalb aus denselben nicht folgern könne, daß in der Zuziehung eines zweiten Notars oder zweier Zeugen ein Mißtrauen in die Ehrenhaftigkeit des Notars liege. Wenn auch die Hauptgarantie für die Richtigkeit der einzelnen Akte in der Rechtlichkeit des Notars zu finden sei, so gebe doch die Zuziehung des zweiten Notars oder der Zeugen den Kontrahenten eine Gewähr dafür, daß die Verhandlung denselben vorgelesen, von ihnen genehmigt und unterschrieben sei. Eine Abänderung dieser Vorschriften sei insbesondere so lange nicht anzurathen, als das Notariat noch mit der Rechtsanwaltschaft verbunden sei. In diesem Umstande liege ein wesentlicher Unterschied zwischen dem Notar mit dem Richter, der entgegenstehe, eine Vereinfachung der Formalitäten der Notariatsakte in gleichem Maße zuzulassen, wie bei den gerichtlichen. Außerdem stehe der Richter, selbst wenn er bei einer Kommission fungire, unter einer strengeren Kontrole als der Notar, für welche es keinen Ersatz gebe, wenn die jetzigen Formalitäten der Notariatsakte aufgehoben würden. Die Staatsregierung habe deshalb keinen genügenden Grund gefunden, auf eine Aenderung der bestehenden Vorschriften einzugehen. Nachrichtlich solle indeß bemerkt werden, daß im Jahre 1858 die Frage: ob eine Vereinfachung der Notariatsdokumente durch Weglassung der Zeugen herbeizuführen sei, bei Gelegenheit der Berathung über die Abänderung der Hypothekenordnung wiederholt erörtert, damals principaliter ein Bedürfniß zum legislativen Einschreiten nicht anerkannt, eventuell jedoch von dem damaligen Justizminister für zulässig erachtet sei, die Notariatsordnung dahin abzuändern, daß es in die Wahl der Kontrahenten gestellt werde, ob sie zu ihren vor dem Notar zu vollziehenden Akten die Zuziehung von Zeugen verlangen wollten oder nicht.

Bei der Abstimmung wurde der Antrag auf Uebergang zur Tagesordnung mit 9 gegen 4 Stimmen angenommen. Kommissionsbericht vom 24. Februar 1863 (Drucksachen des Abgg.-Hauses Nr. 56), S. 11 ff. Das Plenum beschloß demnächst den Uebergang zur Tagesordnung. Hervorzuheben ist, daß der Grund Nr. 4, auf welchen zur Begründung des Antrages das Hauptgewicht gelegt wird, hinfällig ist. Die Berufung darauf, daß ein gerichtlicher Akt von dem nicht besser als ein Notar qualifizirten Richter allein gültig aufgenommen werden könne, ist nicht zulässig, weil dies

der Verhandlung und die Beifügung der Unterschrift[13]), oder des Handzeichens derjenigen Interessenten, welche nicht schreiben können, erfolgen muß.

Die Zeugen müssen dem Notar von Person bekannte[14]) Inländer, männlichen Geschlechts, volljährig und des Schreibens und Lesens kundig sein[15]).

---

ein Ausnahmezustand ist. Ein gehörig besetztes Gericht besteht auch nach der A. G.O. Einl. §. 40; Tit. 10, §. 19 aus zwei Gerichtspersonen, dem Richter und dem Gerichtsschreiber, und Handlungen der freiwilligen Gerichtsbarkeit können nach Th. II, Tit. 1, §. 9 u. Tit. 2, §. 12 nur vor einem gehörig besetzten Gerichte vollzogen werden. Dies wurde aus finanziellen und Bequemlichkeitsgründen zur Ausnahme gemacht. Anh. z. A. G.O. §§. 2, 66 u. 421. Die daraus entstehenden Nachtheile veranlaßten zur halben Umkehr. Die Prozeßverordnungen v. 1. Juni 1833 u. v. 21. Juli 1846 führten für das Prozeßverfahren den Gerichtsschreiber allgemein wieder ein, und für die Handlungen der freiwilligen Gerichtsbarkeit geschah es bei dem Institute der Kreis-Justizräthe. Die Kreis-Justizräthe standen doch den Richtern (sie waren ja Richter) oder den Notaren an Befähigung oder Zuverlässigkeit gewiß nicht nach und doch fand es die Gesetzgebung für nothwendig, ihnen den alten Gerichtsschreiber wieder beizuordnen. Die Inkonsequenz der Gesetzgebung besteht in der Halbheit ihrer Anordnung; sie hätte den Gerichtsschreiber auch für die Handlungen der freiwilligen Gerichtsbarkeit wieder herstellen sollen, was mit der Zeit auch wohl geschehen wird. Dieser theilweise Mangel der Gerichtsverfassung kann gar nicht zur Begründung jener Petition, in welcher die Bedeutung der Instrumentszeugen verkannt ist, gebraucht werden.

13) Die Gegenwart des zweiten Notars oder der beiden Zeugen ist nur in dem Augenblicke erforderlich, wo die Verhandlung vorgelesen und von den Parteien unterzeichnet wird. Das war schon vorher preußisches Recht. Corp. jur. Frid. a. a. O. §. 81; A. G.O. a. a. O. §. 63. Nach Gemeinem Rechte und auch nach manchen Partikularrechten, z. B. der Bremenschen Not.-Ordn. von 1820, §. 12 und der Hamburgschen v. 1815, §. 8b, wird verlangt, daß der zweite Notar oder die beiden Zeugen bei der ganzen Handlung von Anfang an zugegen seien, weil nur dasjenige notariell festgestellt werden könne, was Notar und Zeugen unmittelbar wahrgenommen haben. R.-Not.-Ordn. von 1512, §. 6.

14) Sind sie ihm nicht bekannt, so werden sie dadurch ausgeschlossen, denn der Notar kann sonst die im § 10, Nr. 5 geforderte Versicherung nicht geben. Der §. 63 der A. G.O. stimmt hiermit überein.

15) Man unterscheidet gewöhnlich Beweiszeugen und Instruments-(Solennitäts-)Zeugen. Die Notariatszeugen sind jedoch eine besondere, also eine dritte Kategorie von Zeugen, denn sie sind weder Instruments- (Solennitäts-) Zeugen nur, noch sind sie bloße Beweiszeugen. Deshalb kann nicht Jeder, welcher als bloßer Instrumentszeuge noch tüchtig sein würde, als Notariatszeuge gebraucht werden, z. B. ein naher Verwandter der unmittelbar Betheiligten, oder ein solcher, welcher an dem Geschäfte, bei welchem er Solennität halber zugezogen wird, ein gewisses Interesse hat, oder welchem ein gewisses positives Erforderniß mangelt, noch ist jede als Beweiszeuge zulässige Person als Notariatszeuge zulässig, wie z. B. Frauenspersonen und Verschwender. Die Notariatszeugen sind beides; sie sind Instruments- und zugleich Beweiszeugen.

Daß die Notariatszeugen die in den Gesetzen vorgeschriebenen Requisite gültiger Instrumentszeugen haben sollen, fordert der §. 63, Tit. 7, Th. III der A. G.O. ausdrück-

Unfähig, als Zeugen zu dienen, sind:

lich, was auch das A. L.R. I, 12, §. 117 bei Testamentszeugen thut. Aber worin die Requisite gültiger Instrumentszeugen bestehen, ist nirgend gesagt. Das alte deutsche Recht fordert Schöffenbarkeit und das Römische Recht verlangt, daß sie fide digni seien. Der §. 63 der A. G.O. fordert außer den in den Gesetzen vorgeschriebenen Requisiten gültiger Instrumentszeugen, 1. daß sie lesen und schreiben können, 2. vornehmlich aber dem Notario als Leute von unbescholtenem Rufe bekannt und 3. in königlichen Landen angesessen seien, oder daselbst ein Amt bekleiden, oder Handlung, oder sonst ein ehrliches Gewerbe treiben. Diese besonders, außer jenen bereits in den Gesetzen vorgeschriebenen Requisiten, geforderten Eigenschaften gehören aber, mit Ausnahme der Schreibens- und Lesenskunde, die nach älterm Rechte zur Qualifikation eines Solennitätszeugen nicht erforderlich war, schon zu jenen Requisiten, dagegen wird das Geschlecht und das erforderliche Alter ganz übergangen. Ein R. v. 23. März 1832 (Ergänz. zu §. 49, Tit. 7, Th. III der A. G.O., Nr. 5) hält es für zweckmäßig, bloß ältere als 18jährige Personen als Notariatszeugen zuzuziehen. Das 18jährige Alter paßt jedoch nicht zu dem Erfordernisse der bürgerlichen Selbstständigkeit, welche die A G.O. unter Nr. 3 offenbar vorschreibt. Diese ungenügende Bestimmung will der §. 7 des vorliegenden Gesetzes, Absatz 2, ersetzen; er könnte als eine vollständige Bestimmung der Requisite eines bloßen Instrumentszeugen, der übrigens im heutigen Rechte in dem Sinne des alten Rechts nicht mehr gebraucht wird, genommen werden, wenn nicht das wesentliche Erforderniß der Selbstständigkeit und der Unbescholtenheit übergangen wäre. Denn die in den angehängten Ausnahmen bezeichneten Fälle betreffen meistens die Qualität eines Beweiszeugen, erschöpfen aber nicht den Begriff der Unbescholtenheit; wäre damals schon das Strafgesetzbuch von 1851 vorhanden gewesen, so würde das Erforderniß des Vollgenusses der bürgerlichen Ehrenrechte erschöpfend gewesen sein. Die Unfähigkeitsfälle Nr. 2, 3 u. 4, welche auf dasselbe Erforderniß hinauslaufen, erschöpfen den Begriff nicht. Die Volljährigkeit ist das von je erforderlich gewesene Alter eines gültigen Instruments- (Solennitäts-) Zeugen; die Kunde des Schreibens und Lesens aber gehört weder zu den Erfordernissen eines solchen, noch zu den eines Beweiszeugen, vielmehr ist sie ein eigenthümliches Erforderniß eines Notariatszeugen der Neuzeit; in früherer Zeit konnten die meisten gültigen Notariatszeugen nicht schreiben. Auch das A. L.R. erwähnt dieser Kunde bei Testamentszeugen nicht ausdrücklich, setzt sie jedoch I, 12, §§. 115, 116 voraus.

Daß die Notariatszeugen nicht nur Instruments-, sondern auch Beweiszeugen sein müssen, hat nicht allein in der Natur der Sache seinen Grund, sondern ist auch in Gesetzen theils vorausgesetzt, theils ausdrücklich ausgesprochen. Die Reichs-Not.-Ordn. v. 1512 setzt es voraus in der Vorschrift §. 20, daß, wenn das Protokoll zufällig verloren gegangen sei, der Notar die bei dessen Aufnahme zugezogenen Zeugen vernehmen lassen und darnach ein neues Protokoll aufnehmen solle. Die preußische Instruktion v. 11. Juli 1771 (N. C. C. Tom. V, Abth. 1, Kol. 271) fordert §. 8, Nr. 2, daß die Notariatszeugen in Absicht der vorzunehmenden Handlung bei einem darüber abzulegenden Zeugnisse unverwerfliche Zeugen sein würden. Diese Vorschrift ist zwar nicht in die A. G.O. §. 63 a. a. O. übergegangen, aber doch vorausgesetzt, indem schon das A. L.R. I, 12, §§. 118 ff. bei Testamentszeugen das gleiche Erforderniß vorgeschrieben und näher dahin bestimmt hatte, daß den Zeugen keiner derjenigen Mängel entgegen stehen dürfe, wegen welcher Jemand zur Ablegung eines jeden Zeugnisses überhaupt unfähig ist (§. 118), wogegen andere Erfordernisse, welche die Gesetze bei einem zulässigen oder gültigen Beweiszeugen vorschreiben, nicht nothwendig seien (§. 121). Zur ersten Kategorie gehören diejenigen, welche in den §§. 227, 228 u. 230, Th. I, Tit. 10 der A. G.O. bezeichnet sind;

1) Taube, Stumme[16]) und gerichtlich für Verschwender[17]) erklärte Personen;

2) diejenigen, welche wegen irgend eines Verbrechens Zuchthausstrafe erlitten haben, oder wegen Diebstahls, Unterschlagung, Betruges, Untreue, Fälschung oder Eidesbruchs zu irgend einer Strafe verurtheilt worden sind;

3) diejenigen, welche für unfähig erklärt worden, einen nothwendigen Eid zu leisten[18]);

4) diejenigen, denen in der Gemeinde, in welcher sie ihren Wohnsitz haben, das Gemeinde- oder Stimmrecht in Gemäßheit der Städte- oder Landgemeindeordnungen wegen Unwürdigkeit versagt oder entzogen ist[19]);

5) diejenigen, welche eines öffentlichen Amtes entsetzt worden sind[20]).

---

die andere Kategorie bilden die im §. 233 a. a. O. Verzeichneten. Diese können daher als Notariatszeugen zugezogen werden, es sind aber davon positiv ausgenommen und für unzulässig erklärt: 1. gerichtlich für Verschwender erklärte Personen (Nr. 1 des §. 7); 2. die Dienstboten und Gehülfen der Betheiligten und Notare, namentlich die Privatschreiber der Notare (§. 9). Die erste Ausnahme gehört schon zu den alten Erfordernissen eines Instruments-(Solennitäts-) Zeugen, und die zweite ist eine positive Eigenthümlichkeit der Notariatszeugen.

16) Warum nicht auch Blinde für unfähig erklärt sind, ist nicht erklärbar. Nach Gemeinem Rechte ist deren Unfähigkeit unzweifelhaft. (Marezoll in der Zeitschr. für Civilrecht u. Prozeß, Bd. IV, S. 58; Glück, Erläut. der Pand., Th. XXXIV, S. 295 ff.) Die A. G.O. Th. I, Tit. 10, § 227, Nr. 2 erklärt die Blinden für unzulässige Zeugen in Ansehung solcher Gegenstände, zu deren Kenntnißnahme der Sinn des Gesichts erfordert wird, wenn sie nicht diese Kenntniß schon erlangt haben, bevor sie blind geworden sind. Diese Ausnahme tritt bei Notariatszeugen niemals ein, das Erforderniß des Gesichtssinnes aber immer. Denn sie müssen sich von der Identität der Person der Betheiligten überzeugen und nothwendig sehen, daß ebendieselben bei der Vorlesung anwesend sind und das vorgelesene Protokoll unterzeichnen. Wenn sie das nicht sehen können, so vermögen sie nicht zu bezeugen, daß es wirklich geschehen. Deshalb halte ich die Zuziehung eines Blinden als Notariatszeugen für ganz unzulässig. In den meisten Fällen zwar wird sich die Zuziehung thatsächlich verbieten, weil die Blinden gewöhnlich nicht schreiben können; indeß kommt es doch vor, daß ein Blinder seinen Namen deutlich schreiben kann, so daß einem solchen Zeugen die Hand nur auf die rechte Stelle des Papiers gelegt zu werden braucht. Aber er sieht doch nicht und weiß folglich nicht aus eigener Ueberzeugung, was er unterschrieben hat. Wahrscheinlich hat man ihn im Gesetze nicht genannt, weil sich die Unfähigkeit desselben ganz von selbst versteht.

17) Oben Note 15. Der Grund, warum ein Verschwender nicht Solennitätszeuge sein konnte, war seine Unselbstständigkeit. Niemand, cui commercium erat interdictum, konnte der Mancipation, einer allgemeinen Rechtsgeschäftsform, welche vielen besonderen Geschäften zum Grunde lag, als Zeuge beiwohnen. Glück, Erläut., Th. XXXIV, S. 318.

18) Ueberhaupt Alle, welche die bürgerliche Ehre verloren haben, oder welchen die Ausübung der bürgerlichen Ehrenrechte untersagt ist. Strafg.-Buch §§. 12 u. 21.

19) Dies ist ein nicht der Qualität eines Beweiszeugen, sondern der eines Instrumentszeugen angehöriges Erforderniß. Vgl. oben Note 15.

20) Auch dieser Fall berührt nicht die Zulässigkeit oder Gültigkeit eines Instruments- oder eines Beweiszeugen, sondern ist ein positives Requisit für einen gülti-

§. 8. Die Bestimmungen des §. 5 finden auch auf den zweiten Notar und die Zeugen Anwendung.

Auch darf der Notar mit den Instrumentszeugen oder mit dem zugezogenen zweiten Notar in dem im §. 5 angegebenen Grade nicht verwandt oder verschwägert sein[21]).

§. 9. Die Dienstboten und Gehülfen der Betheiligten[22]) und Notare, namentlich die Privatschreiber der Notare[23]), dürfen bei den Ver-

---

gen Notariatszeugen. Vergl. §. 15. Nicht gleichbedeutend ist die hier gemeinte Entsetzung (Kassation) mit der im Disziplinarwege beliebten Entfernung vom Amte. Diese Disziplinarstrafe läßt die bürgerliche Ehre ganz unberührt.

21) Diesen Satz hat schon das A. L.R. I, 12, §. 120, in Beziehung auf Testamentszeugen, ausgesprochen, war jedoch in Betreff des zweiten Notars, welcher statt der Notariatszeugen bei der Aufnahme einer Notariatshandlung zugezogen, angezweifelt worden, weil weder nach der A. G.O., noch nach gemeinen Rechten das Verwandtschaftsverhältniß der Instrumentszeugen unter sich ihrer Glaubwürdigkeit nachtheilig sein könne. Das ist richtig (Can. 3, §. 21. C. IV, qu. 2 u. 3; — L. 17 D. de testibus, XXII, 5), beweiset aber für die gegentheilige Meinung nichts. Denn der instrumentirende Notar ist nicht Zeuge, vielmehr nimmt er den Stand des Richters bei Handlungen der willkührlichen Gerichtsbarkeit ein; er steht also zu dem als Zeugen fungirenden zweiten Notar nicht in dem Verhältnisse eines Nebenzeugen, sondern er hat diesen zweiten Notar zu seinem Zeugen, zum Zeugen seiner eigenen Handlung. Gleichwohl hat die Berufung auf das Gemeine Recht Grund. Denn das Gemeine Recht kennt die Verwandtschaft zwischen dem Notar und Zeugen wirklich nicht als ein solches Verhältniß, welches von der Theilnahme ausschl'eßt. de Cramer, Observat. Tom. V, obs. 1360, p. 310: „Quod vero filius vel scriba Notarii, qui in actu testandi adhibitus, testis esse nequeat, nusquam interdictum legimus." — Geiger und Glück, merkwürdige Rechtsfälle, Th. I, S. 59. Doch wird hiermit für das preußische Recht nichts bewiesen Zutreffend sagt das R. des Just.-Min. v. 24. März 1804, daß man sich auf die in die vorliegende Frage einschlagenden Vorschriften des Römischen Rechts bei Instrumentsvollziehungen nicht berufen könne, da das A. L.R. diese Grundsätze keineswegs angenommen habe, vielmehr Th I, Tit. 12, §. 120 vorschreibe, daß der Richter denjenigen, der in den eigenen Privatangelegenheiten desselben, wegen naher Verwandtschaft, oder persönlicher Verbindung, ein Zeugniß für ihn abzulegen unfähig sein würde, bei einem von ihm aufgenommenen Testamente als Zeugen nicht zuziehen dürfe. (Mathis, Bd. I, Abschn. 2. S. 128; Rabe, Sammlung, Bd. VIII, S. 23.) Der §. 8 setzt dies nun allgemein außer Zweifel, was hinsichtlich des zweiten Notars schon durch den aus diesem R. entnommenen §. 467 des Anhangs z A. G.O. geschehen war.

22) Schon auf Grund des §. 63, Tit. 7, Th. III der A. G.O. und §. 467 des Anh. z. A. G. O. hatte das Obertribunal, am 23. Januar 1846, in Sachen Schoff wider v. Galen angenommen, daß bei Prüfung der Qualifikation gültiger Instrumentszeugen nicht bloß deren persönliches Verhältniß zum instrumentirenden Notar, sondern auch ihr Verhältniß zu den Parteien selbst in Betracht komme. Nr. $\frac{102}{1218}$, III, 45.

23) Darüber war man vor diesem anderer Meinung Daß gemeinrechtlich das Verhältniß des Privatschreibers des Notars kein Grund zur Ausschließung desselben als Zeugen bei der Verhandlung war, bezeugt v. Cramer in der oben, Note 21, angeführten Stelle. Für das preußische Recht war ein Restr. des J. M. vom 21. Oktober 1822 maßgebend, wonach die Schreiber der Notarien, sofern sie nicht zu häuslichen Diensten wirklich in den Dienst genommen worden waren, als Instrumentszeugen zugezogen

handlungen nicht als Zeugen zugezogen werden[24]).

§. 10. Die von den Notaren aufzunehmenden Protokolle müssen nothwendig enthalten[25]):

werden durften (Jahrb. Bd. XX, S. 275), mit Ausnahme des Falles, wenn sein Prinzipal selbst Kontrahent war. R. v. 19. Mai 1826 (Ergänz. zu §. 49, Tit. 7, Th. III der A. G.O., Nr. 4, lit. b). Die rheinische Not.-Ordn. v. 25. April 1822 hatte im Art. 23 schon den Satz, daß die Gehülfen der Notarien bei den Verhandlungen nicht als Zeugen dienen können; dieser ist in das vorliegende Gesetz §. 9 aufgenommen, wodurch eine Neuerung in das altpreußische Recht eingeführt worden ist.

24) Die Frage ist, welche Folge es habe, wenn, der im §. 10, Nr. 5 vorgeschriebenen Versicherung ungeachtet, dennoch eines der Verhältnisse, welche von der Theilnahme an der Verhandlung nach §§. 5—9 ausschließen, vorhanden ist oder bei der Aufnahme der Verhandlung vorhanden war. Die Praxis hat angenommen: es ist der nach Errichtung einer Notariatsurkunde ermittelte Umstand, daß der Glaubwürdigkeit eines dabei zugezogenen Instrumentszeugen schon bei seiner Zuziehung eines derjenigen Verhältnisse entgegengestanden habe, die nach §. 7 ihn unfähig machen, als Zeuge zu dienen, als Mangel einer wesentlichen Förmlichkeit im Sinne der §§. 41, 42 nicht anzusehen, vielmehr ist in dieser Beziehung die Kraft der Notariatsurkunde als solcher lediglich von dem Vorhandensein der im §. 10, Nr. 5 vorgeschriebenen Versicherung abhängig. Erk. des Obertr. vermuthlich aus den letzten Monaten des Jahres 1855, da ein Appellationserk. vom 12. April 1855 vernichtet wird; die Herausgeber haben die Angabe des Datums vergessen. (Entsch. Bd. XXXII, S. 245.) In dem Fragefalle war einer der Zeugen ein bestrafter Dieb gewesen.

25) Die hier vorgeschriebenen Förmlichkeiten sind so wesentlich, daß eine Vernachlässigung in der Beobachtung derselben die Nichtigkeit des Instruments als Notariatsinstruments zur Folge hat. §§. 41, 42. Sie bilden den Eingang des Protokolls, worauf der Inhalt des Rechtsgeschäfts, auf welches die Urkunde sich bezieht, folgt. Diese den Eingang darstellenden Förmlichkeiten sind, in Vergleichung mit den in früheren Zeiten üblichen, sehr vermindert. Zur Zeit der Glossatoren und später bis zum 14ten Jahrhundert beginnen die Urkunden gewöhnlich mit Anrufung des göttlichen Namens (Anrufungsformel); hierauf folgt gewöhnlich die Angabe der Zeit, die jedoch auch am Schlusse der Urkunde erscheint; dann folgt in der Regel die gemeinrechtlich bis auf den heutigen Tag übliche Proklamationsformel, z. B. „Kund und zu wissen sei hiermit, daß" u. s. w., die man auch in allen preußischen, noch nach den Vorschriften der Allg. Gerichtsordnung ausgefertigten Urkunden lesen kann (in mittelalterlichen lateinischen Urkunden: omnibus praesens publicum instrumentum intuentibus notum facimus"; — „noverint universi et singuli hoc praesens publicum instrumentum visuri et audituri" — „per hoc praesens publicum cunctis pateat instrumentum quod anno" etc. und mehrere dergleichen Formeln, worüber Oesterley, Th. I, S. 459 nachzusehen). Manche Urkunden verbinden damit auch eine Begrüßungsformel, z. B. „omnibus ... salutem in deo sempiternam". Demnächst geschieht gewöhnlich der vorausgegangenen Rogation (Requisition) des Notars, die für so wesentlich galt, daß ein nicht ausdrücklich rogirter Notar nicht amtsthätig sein konnte, Erwähnung, wofür seit dem Anfange des 15ten Jahrhunderts eine Formel vorkommt. S. Oesterley a. a. O. S. 462. Sonst geschah der Rogation entweder in der Urkunde selbst, z. B. mit den Worten: „a partibus hinc inde diligenter rogatus", oder bei der Unterschrift, etwa mit den Worten: „requisitus signavi", — „meoquesigno consueto signavi rogatus" Erwähnung. A. a. O. S. 443, 228. Nach manchen Statuten wurde dadurch, daß eine Urkunde in das Protokollbuch des Notars gehörig eingetragen worden war, eine Rechtsvermuthung dafür gegründet, daß die we-

1) den Namen und Wohnort des Notars oder der Notare[26]);

2) den Namen, Stand und Wohnort der zugezogenen Instrumentszeugen und derjenigen Zeugen[27]), durch deren Angabe sich der Notar von der Identität ihm nicht bekannter Personen versichert hat;

sentlich erforderliche Rogation (Requisition), welche den Anfang des ganzen Geschäfts bildete, auf gehörige Weise erfolgt sei. (A. a. O. S. 230.) Nach Anderen mußte jedoch der Beobachtung dieser Formalität ausdrückliche Erwähnung geschehen. Zu den Partikularrechten dieser Kategorie gehört auch das preußische. Corpus juris Frid. Th. III, Tit. 7, §. 56 schreibt vor: „Dieses Protokoll muß enthalten: a) die an den Justiz-Kommissarius ergangene Requisition, wann und von welcher Partei solche geschehen sei." Die A. G.O. hat jedoch diese Formalität nicht wieder aufgenommen und dabei hat es auch der vorliegende §. 10 bewenden lassen. Es versteht sich von selbst, daß ein Notarius keine Verhandlung aufnehmen wird, ohne darum von den Parteien ersucht worden zu sein. Dieses Erforderniß muß daher vermuthet werden, wie es nach der anderen Kategorie der Partikularrechte geschieht. Es ist dabei nur der Umstand zu erwägen, daß dadurch nicht festgestellt wird: wann und von wem requirirt worden ist. Darauf ist jedoch kein Gewicht zu legen; deshalb ist die Weglassung dieser Formalität gerechtfertigt.

26) Diese Angabe ist nothwendig, um durch die Urkunde selbst festzustellen, ob sie die Kraft einer Notariatsurkunde, vermöge der ihm beigelegten Amtsautorität habe. Diese wird durch einen ihm zugewiesenen bestimmten Wirkungskreis geographisch begrenzt. Es ist ein alter Grundsatz, daß ein „notarius specialiter constitutus" nur als für den ihm angewiesenen Sprengel ernannt angesehen werden darf. Durantis, Specul. juris, L. II, partic. 2, §. 7, nr. 23. Dieser Grundsatz ist in der A. G.O. III, 7, §. 7 ausdrücklich anerkannt. Daher werden in Preußen die Notarien nur für den Bezirk desjenigen Appellationsgerichts bestellt, bei welchem sie immatrikulirt worden sind, und dieses wird mit seiner Ernennung zugleich öffentlich bekannt gemacht. Das ist lange hergebrachter, in manchen Partikularverordnungen besonders vorgeschriebener Gebrauch, um es den Betheiligten zu erleichtern, daß sie sich nur immatrikulirter und kompetenter Notare bedienten. Die Kompetenz richtet sich lediglich darnach, daß der Notar die Grenzen seines ihm angewiesenen Sprengels nicht überschreitet, der Wohnsitz der Parteien ist gleichgültig. In Partikularverordnungen findet sich auch die Vorschrift, daß dem Notar zur Ausübung seiner Praxis der Ort seines Wohnsitzes angewiesen ist. Das ist in Preußen nicht der Fall, hier kann der Notar an jedem Orte des ihm angewiesenen Appellationsgerichts-Bezirks, außerhalb seines Wohnorts, wenn er dazu requirirt worden ist, sein Amt verrichten, doch ist es nützlich, in dem Protokolle der geschehenen Requisition ausdrückliche Erwähnung zu thun, wenn dies auch auf die Gültigkeit der Urkunde einflußlos ist.

27) Ein Notariatsinstrument kann nach allen Richtungen volle Kraft als ein solches nur dann haben, wenn Notar und Zeugen Alles, was in demselben in die Erscheinung tritt, aus eigener unmittelbarer Ueberzeugung, sei diese in einer schon vorhandenen persönlichen Wissenschaft oder in der gegenwärtigen Sinneswahrnehmung begründet, bezeugen (beurkunden). Hierzu gehört wesentlich die Identität der handelnd auftretenden Personen. Deshalb fordern schon früh einzelne Statuten, z. B. die Statuten von Bologna, was schon Durantis rühmt, daß in jeder Notariatsurkunde die Bekanntschaft der Instrumentszeugen mit den Parteien ausdrücklich erwähnt, also die Identität derselben mit beurkundet werden müsse. Damit würden nun aber an dem Orte des Notars fremde Parteien ausgeschlossen sein, ihr Rechtsgeschäft notariell beurkunden zu lassen. Diesem Mißstande kann dadurch begegnet werden, daß man von den unbekannten Personen das Rechtsgeschäft, welches sie als

3) die Namen, den Stand und Wohnort der Interessenten;

---

unter sich abgeschlossen verlautbaren, beurkundet und es dahin gestellt sein läßt, ob sie die Personen, für welche sie sich ausgeben, sind. Das hat die Folge, daß, wenn nachher die eine oder andere der genannten Personen als Kontrahent in Anspruch genommen wird und bestreitet, daß er derjenige gewesen sei, welcher in der Notariatsurkunde als erschienen und handelnd aufgeführt ist, der Kläger dieses im Wege des ordentlichen Prozesses beweisen muß, woraus dann folgt, daß dem Notariatsinstrumente als einem solchen auf eingelegten Widerspruch vorläufig keine weitere rechtliche Folge gegeben werden kann. Ein solches Notariatsinstrument ist mithin als ein solches nicht vollgültig. Nun ist es aber in einem solchen Falle wichtig, auf die Mittel für eine solche später nothwendig werdende Beweisführung bedacht zu sein und diese wo möglich zu sichern. Zu diesem Zwecke ist es in neuerer Zeit durch die Praxis eingeführt und durch partikulare Gesetzesvorschrift bestätigt (Corp. jur. Frid. III, 7, §. 49; A. G.O. III, 2, §. 23 und Tit. 7, §. 48), daß der Notar sich von der Identität der Parteien, in sofern dies möglich, Ueberzeugung verschaffen und wie, nämlich durch welche Mittel, dieses geschehen, in der Urkunde vermerken solle. Als Mittel dient, in Ermangelung eigener persönlicher Bekanntschaft mit der Partei, Rekognition durch Zeugen; wenn diese nicht zu haben sind, können andere Mittel zur Anwendung kommen. Die A. G.O. schreibt a. a. O. vor: „Wenn fremde — von Person nicht hinlänglich bekannte Parteien sich zur Vollziehung eines Aktus melden, so muß der Notar darauf bestehen, daß ihm andere bekannte und unverdächtige Leute gestellt werden, welche die Identität der sich angebenden Parteien aus eigener Kenntniß bezeugen; oder er muß sich auf andere glaubwürdige Art von dieser Identität versichern." Von selbst versteht sich, daß bei zweiseitigen Rechtsgeschäften die gegenseitige Anerkennung der Parteien selbst gar kein solches Versicherungsmittel sein kann. R. v. 13. April 1829 (Ergänz. z. A. G.O. II, 2, §. 23, Nr. 2). Dagegen können, im Mangel glaubwürdiger Personen, auch Urkunden als subsidiäre Mittel dienen, wenn sie, wie Pässe u. dergl., eine Personenbeschreibung enthalten, oder wenn sie noch durch andere Umstände unterstützt werden. R. v. 21. Sept. 1829 (Erg. a. a O. Nr. 3). Ueberhaupt ist hierbei die Sicherung der möglichsten Beweismittel für den künftigen eventuellen Fall in die Vorsicht und Klugheit des Notars gestellt; in allen Fällen aber muß er vermerken, durch welche Mittel er sich von der Identität der Personen versichert habe. A. G.O. II, 2, §. 43, verb. mit Tit. 7, §. 48. Dieses schreibt, wenigstens in Betreff der Rekognitionszeugen, auch der §. 10, Nr. 2, bei Strafe der Nichtigkeit vor. Können die Parteien gar keine Ueberzeugungsmittel herbeischaffen, so muß der Notar zwar den Aktus aufnehmen, wenn die Parteien darauf bestehen; er muß aber den obwaltenden Mangel, sowie die von den Parteien auf die ihnen deshalb gemachte Vorhaltung abgegebene Erklärung in dem Protokolle deutlich und bestimmt vermerken. A. G.O. II, 2, §. 27, verb. mit Tit. 7, §. 48. Aus dem Gesagten erhellet, daß die Identität der Parteien durch die Notariatsurkunde nicht in allen Fällen vollständig und klar bewiesen werden kann. Man muß unterscheiden.

a) Vollständig und klar bewiesen wird die Identität durch das Notariatsinstrument, wenn in demselben die Bekanntschaft des Notars und der Notariatszeugen bestimmt beurkundet wird. In Frage kommt hier: ob es genüge, wenn nur dem Notar allein, oder nur den Notariatszeugen allein, die Partei als diejenige Person, für welche sie sich ausgiebt, bekannt ist oder bekannt wird. Darüber ist gemeinrechtlich und auch partikularrechtlich Meinungsverschiedenheit. Nach preußischem Rechte genügt die Bekanntschaft des Notars allein. Instr. vom 11. Juli 1771, §. 6; Corp. jur. Frid. III, 7, §. 49; A. G.O. III, 2, §. 23 verb. mit Tit. 7, §. 48; rheinische

4) den Ort, das Jahr, den Monat und Tag[28]), an welchem die Verhandlung aufgenommen ist;

Not.-Ordnung vom 25. April 1822: „beiden Notaren, wenn deren zwei zugezogen werden, oder dem Einen dazu berufenen Notar." Kennen nur die Notariatszeugen allein, so fungiren sie zugleich als Rekognitionszeugen, und es liegt der Fall b vor.

b) Wird die Identität durch Rekognitionszeugen festgestellt, so ist die Identität nicht vollständig bewiesen. Dazu würde erforderlich sein, daß der Notar zwei völlig glaubwürdige Beweiszeugen formell, d. h. nach Anhörung der Parteien über ihre Einwendungen, und eidlich vernommen hätte. Dazu ist jedoch der Notar nicht kompetent und deshalb kann diese Feststellung der juristischen Ueberzeugung bei der Aufnahme des Notariatsakts nicht eintreten. Man muß sich also mit einer einfachen Rekognition der zugezogenen Zeugen begnügen, welche Rekognition nur den Werth einer außergerichtlichen Bescheinigung hat. Hierbei kommt jedoch in jedem konkreten Falle die Qualifikation der zugezogenen Zeugen in Betracht. Manche Partikularverordnungen fordern, daß die Rekognitionszeugen alle für die Instrumentszeugen erforderlichen Eigenschaften haben. Dies hat jedoch nur die Bedeutung, daß alsdann die Notariatsurkunde auch über die Identität volle Beweiskraft habe. Baden'sche Notar.-Ordn. vom 3. Nov. 1806, Nr. 33; rhein-preuß. Not.-Ordn. vom 25. April 1822, Art. 24. Das preuß. Recht fordert nur „bekannte und unverdächtige Leute" §. 23, Tit. 2 a. a. O., folglich kann jeder tüchtige Beweiszeuge, wenn ihm auch die besonderen Eigenschaften eines Instrumentszeugen, z. B. das männliche Geschlecht, die Volljährigkeit, die Unabhängigkeit, abgehen, Rekognitionszeuge sein. Sind zwei dergleichen unverdächtige Zeugen zugezogen worden, so hat das Instrument auch in Betreff der Identität der Partei vorläufig, d. h. bis auf eintretenden Widerspruch, vollständige Beweiskraft, es kann mithin der Mandatsprozeß oder die Eintragung auf Grund desselben nicht ex officio beanstandet werden. Wird darauf aber von der betroffenen Person bestritten, daß sie der in der Urkunde als handelnd erscheinende Sejus sei, so muß dies im gewöhnlichen Prozesse von dem Gegner bewiesen werden, da nur eine Bescheinigung vorhanden ist.

c) Sind nicht zwei Zeugen zugezogen, oder sind die zugezogenen nicht „unverdächtige Leute", oder hat der Notar durch andere unzureichende Mittel eine nothdürftige Versicherung verschaffen müssen, oder hat ihm gar nichts über die Identität der Partei vorgelegt werden können, so kann, vielleicht mit Ausnahme des ersten Falles nach Bewandtniß der Umstände, dem Notariatsinstrumente keine rechtliche Folge gegeben werden. Dasselbe hat über das darin beurkundete Rechtsgeschäft zwar volle Kraft, aber ob es unter denjenigen Personen zu Stande gekommen sei, deren Namen ꝛc. die Parteien von sich angegeben haben, das ist ungewiß. Deshalb muß z. B. der auf Grund eines solchen Instrumentes in Antrag gebrachte Mandatsprozeß, wenigstens in dem zweiten und dritten Falle, beanstandet werden, um ein geordnetes Beweisverfahren möglich zu machen.

28) Andere Partikularverordnungen fordern auch die Angabe der Stunde. Das thut auch noch das Corpus juris Frid. Th. III, Tit. 7, §. 56, lit. b, wie sein Vorgänger, die Instr. vom 11. Juli 1771, §. 8. Die A. G.O. hat dieses Erforderniß fallen lassen, mit Recht, weil das Bedürfniß nicht mehr vorhanden ist, nachdem die alte Beschränkung hinsichtlich der Zeit aufgehört hat. Im Mittelalter, namentlich schon von Karl d. Gr. war es verboten, zur Nachtzeit bürgerliche Geschäfte vorzunehmen. Capit. V anni 803. cap. 2. Da ein Notariatsinstrument in sich alle wesentlichen Erfordernisse zu seiner Gültigkeit nachweisen muß und eine Vermuthung für die Legalität der Amtshandlung nirgend anerkannt, obgleich von Einigen geltend gemacht

5) die Versicherung, daß dem Notar, sowie dem zugezogenen zweiten Notar oder den Instrumentszeugen, keines der Verhältnisse entgegen-

---

wird, so war die Vorschrift, auch die Stunde anzugeben, eine konsequente Folge jener Beschränkung; die Leg. Longobard. Lotharii I, cap. 79 erklärten alle Urkunden für ungültig, die in der Zeitangabe mangelhaft waren. Jene Vorschriften bildeten auch in späteren Zeiten die Regel, namentlich findet sich in deutschen Urkunden gewöhnlich die Angabe der Stunde noch vor Erscheinung der R.-Not.-Ordn. v. 1512, welche, in Uebereinstimmung mit den bis dahin in Uebung gewesenen Gewohnheiten, im §. 3 ausdrücklich „die Jahrzahl unsers hails, Römisch zinszahl, indictio genannt, ... nam des Obersten Fürsten, darnach Monat, tag, stunt", zur vollständigen Zeitangabe rechnet. Die Zeit- und Ortsangabe ist von jeher für ein wesentliches Erforderniß angesehen worden, wovon die Nothwendigkeit im Allgemeinen darin ihren Grund hat, daß dadurch die Identität der beurkundeten Thatsachen, und der Beweis ihrer Verschiedenheit von andern, vielleicht auch unter denselben Parteien zu Stande gekommenen Rechtsgeschäften gesichert werde. Oesterley a. a. O. Th. II, S. 433; v. Globig, Theorie der Wahrscheinlichkeit, Th. II, S. 221. Wenn nun auch die nähere Zeitangabe durch Bezeichnung der Stunde heutzutage im Allgemeinen kein Bedürfniß mehr ist, obgleich freilich, wie man für die fortdauernde Nothwendigkeit hervorgehoben hat, durch den Mangel der Stundangabe der Beweis eines alibi erschwert wird (v. Trützschler, Anweisung zur vorsichtigen und förmlichen Abfassung rechtl. Aufsätze über Handlungen der willkührlichen Gerichtsbarkeit, Th. I, S. 156); so versteht sich doch, daß in Fällen, wo es von Interesse ist, die Tageszeit der beurkundeten Handlung näher festzustellen, die Angabe der Stunde nothwendig ist, wenn die Notariatsurkunde ihren Zweck erfüllen soll. Für ungültig wird zwar auch in solchen Fällen die Urkunde wegen des Mangels dieser näheren Zeitangabe nicht gehalten werden können, aber sie wird im Falle eines Streites über den Zeitpunkt nichts beweisen.

Das zuletzt Gesagte gilt auch von der Ortsangabe, ohne welche die Urkunde ungültig ist. In der Regel wird der Name der Stadt oder des Dorfes und die Bezeichnung des Hauses genügen; handelt es sich aber um eine bestimmte Oertlichkeit in oder bei einem Orte, so wird auch diese anzugeben sein.

Die Stelle für Ort und Datum in der Urkunde ist willkührlich. In älterer Zeit finden sich deren Angaben meistens am Ende vor den Unterschriften, seltener im Anfange. Oesterley a. a. O. Th. I, S. 295. Das war vor Erscheinung des vorliegenden Gesetzes auch in der preußischen Notariatspraxis üblich. Seit diesem Gesetze hat sich das Verhältniß umgekehrt, in Folge der vorgeschriebenen neuen Ausfertigungsweise des eigentlichen Instrumentes; denn das Protokoll (die Schede, Minute), welche der Ausfertigung des öffentlichen Instrumentes zum Grunde lag, fing auch vorher mit Ort und Datum an.

In der Regel steht vor Ort und Datum „actum" oder „datum", in ältern Urkunden auch mitunter „datum et actum". Das „datum" bezog sich in deutschen Urkunden auf eine hinzugetretene obrigkeitliche Verfügung; in italienischen Urkunden bezog sich das „datum" auf die Ausfertigung der Urkunde und auf die Aushändigung der Ausfertigung; das „actum" allenthalben auf die Zeit der Aufnahme der Verhandlung. Es kommt auch „factum" und „actum" in der nämlichen Urkunde vor; jenes bedeutet die Zeit, dieses den Ort. Oesterley a. a. O. Th. I, S. 295, 457, 458. In Italien findet sich das „actum" bloß am Ende und bedeutet dann, daß das Geschäft vollendet sei. Ebd. Th. II, S. 381, Note 24. — Wenn die Orts- und Zeitangabe sich am Anfange der Urkunde befindet, so wird am Ende darauf Bezug

steht, welche von der Theilnahme an der Verhandlung nach §§. 5—9 ausschließen[29]).

genommen, mit den Worten: „actum anno, indictione, mense . . . quibus supra“, oder „actum uti supra (a. u. s.)“, wodurch theils die Beendigung des Akts angedeutet, theils die Beobachtung der Einheit des Orts und der Zeit in der Errichtung desselben (unitas actus) bezeugt wird. Ebd. Th. I, S. 457; Th. II, S. 381, 391. Im preußischen Rechte ist die unitas actus kein wesentliches Erforderniß, auch hat das „actum“ und „datum“ in anderer Beziehung keine Bedeutung mehr. Doch bedient man sich am Anfange des Protokolls des „actum“ oder dafür „verhandelt“, „geschehen“, „aufgenommen“, und am Schlusse bald vor bald nach der Unterschrift der Parteien des „a. u. s.“ oder dafür „geschehen (verhandelt) wie oben“ (g. (v.) w. o.), dieser Ausdrücke noch ziemlich allgemein, sie sind aber eben wegen ihrer Bedeutungslosigkeit völlig überflüssig, und deshalb auch deren Gebrauch oder eines gleichbedeutenden Ausdrucks nirgend vorgeschrieben. In der Anleitung zum Instruiren rc. von Dr. Reusch, Heft IV, S. XXXV, wird behauptet, daß das „actum“ am Anfange und das „a. u. s.“ am Schlusse den Beweis gaben, daß das zwischen ihnen liegende Schriftstück ein Protokoll sei, und daß daher Meerkatz Unrecht habe, wenn er in seinem Handbuch der freiwilligen Gerichtsbarkeit, §. 43 annehme, daß das Aktum des Eingangs überflüssig sei. Der soeben mitgetheilte kurze Abriß der Geschichte des „actum“ und des „a. u. s.“ zeigt, auf welcher Seite das „Unrecht“ liegt. Es ist unmöglich, daß der Gebrauch dieser Ausdrücke beweisen könnte, die dazwischen stehende Schrift, etwa ein sentimentales Madrigal, sei ein Protokoll, und umgekehrt, daß der Nichtgebrauch zu beweisen vermöchte, ein wirkliches Protokoll sei kein Protokoll. Denn ein Protokoll ist ein Schriftstück, worin in Gegenwart des oder der Betheiligten von einem unbetheiligten Dritten die Erzählung einer vor ihm, dem Schreiber vorgegangenen und von ihm wahrgenommenen, Handlung oder Auslassung der Betheiligten oder ein Vorgang urkundlich niedergeschrieben ist. Vergl. Gensler, Anleitung zur gerichtlichen Praxis, Th. I, S. 160. Dies ist der heutige Begriff im weiteren Sinne; sonst hat der Ausdruck auch noch andere Bedeutungen, auf welche es hier nicht ankommt.

29) Diese Vorschrift bezweckt den mitwirkenden Personen die hindernden Verhältnisse besonders in Erinnerung zu bringen und sie zum Nachdenken darüber zu veranlassen: ob sie die geforderte Versicherung wirklich mit gutem Gewissen geben können. (8. A.) Die Vorschrift hat in zwei Beziehungen Zweifel und Meinungsverschiedenheiten in der Praxis erzeugt, nämlich: über die Stelle, an welcher die Versicherung in dem Instrumente vorkommen müsse, und darüber: wer von den bei Errichtung des Aktes mitwirkenden Personen die Versicherung abzugeben habe.

a) Stellung der Versicherung. Das Gesetz ist darüber deutlich. Der §. 10 sagt bestimmt: „Die von den Notaren aufzunehmenden Protokolle müssen nothwendig enthalten:“ — 5) die Versicherung rc. Manche Notare hatten jedoch in der ersten Zeit nach der Einführung der neuen Notariatsordnung die Versicherung nicht in das von den Parteien unterschriebene Protokoll, sondern in das nur von dem Notar und den Zeugen unterschriebene Schlußattest (§. 14) gesetzt. Die also gefaßten Instrumente waren von einzelnen Gerichten für nichtig erachtet worden und die darüber erhobenen Beschwerden hatten den Justizminister veranlaßt, die Frage den Obergerichten zur Begutachtung vorzulegen. Die Mehrzahl erachtete ein solches Notariats-Instrument für unkräftig. Der Justizminister war in seiner eigenen Ansicht der Meinung der Minderheit, welche sich für die Aufrechthaltung der Notariats-Akte ausgesprochen hatte, zugeneigt und begehrte auch noch die Meinung

§. 11. Hat ein Tauber oder ein Stummer eine Erklärung abzuge-

---

des Obertribunals zu vernehmen. Dessen Gutachten, vom 19. November 1846, fiel dahin aus, daß die vorgeschriebene Versicherung nothwendig in den von den Notaren aufzunehmenden Protokollen enthalten sein müsse, die Einrückung derselben in das, die Protokolle schließende Attest also nicht die im §. 41, 42 ausgedrückten Nachtheile abwenden könne. Dieses Gutachten ist durch die Allgemeine Verf. des Justizministers vom 2. Februar 1847 den Notaren und Gerichtsbehörden zur Kenntnißnahme mitgetheilt worden. (J. M. Bl. S. 43.) — Betreffs der Stelle des Protokolls, wo die Versicherung niedergeschrieben werden müsse, sagt das Obertr. a. a. O. S. 46: „Das freilich ist nicht vorgeschrieben, daß das Protokoll mit allen, im §. 10 des Gesetzes vorgeschriebenen Angaben beginnen müsse; doch wird auch nicht darüber gestritten: ob gleich am Anfang des Protokolls und vor aller sachlichen Erklärung der Parteien schon die Personalien der Instrumentszeugen niedergeschrieben werden sollen, und es ist nichts dagegen zu erinnern, wenn der Notar selbst das Geschäft vorweg nimmt und dann erst die Zeugen herbeiruft. Er soll aber alsdann auch, der Bestimmung unter Nr. 2 des §. 10 gemäß, Namen, Stand und Wohnort dieser Zeugen und die damit untrennbar zusammenhängende Versicherung gemäß Nr. 5 daselbst ins Protokoll aufnehmen und (nach §. 13) hierauf erst das Protokoll in Gegenwart der Zeugen den Interessenten vorlesen und von diesen unterzeichnen lassen."

b) Person des Versichernden. Diese ist in dem Gesetze nicht bezeichnet, man hat sich daher in dieser Beziehung an die menschliche Vernunft und an den Rechtsbegriff des Zeugen zu halten; denn die zur Errichtung einer öffentlichen Urkunde neben den Parteien zusammenwirkenden Personen (die Urkunds-Personen) sind wesentlich Zeugen, und der Notar ist zugleich der als solcher eidlich verpflichtete Altschreiber, außerdem ist er an sich, den Notariatszeugen gegenüber, nichts als ein Mitzeuge. Zeuge im juristischen Sinne ist eine Person, welche als Beweismittel dadurch dient, daß sie ihre durch unmittelbare Sinneswahrnehmung gewonnene Wissenschaft über Thatumstände aussagt. Testis est qui rei gerendae interfuit et fidem ejus testificari potest. Dirksen, Manuale latinitatis fontium juris civilis rom. pag. 955. Vergl. Decr. Grat. c. 15, Causa III, qu. 9. Die Definition trifft auch bei den Notariatszeugen zu, denn der sachliche Inhalt ihrer Aussage ist die Thatsache, daß in ihrer Gegenwart die niedergeschriebene Schrift den Betheiligten vorgelesen und darauf von denselben unterschrieben worden sei. Damit ihre Aussage glaubwürdig sei, müssen alle Zeugen diejenigen persönlichen Eigenschaften haben, welche das Gesetz von einem tüchtigen (klassischen) Beweiszeugen fordert, und sie dürfen hier unter sich und zu den Betheiligten nicht in einem derjenigen Verhältnisse stehen, welche das Gesetz als sie verdächtigend bezeichnet. Diese Glaubwürdigkeit muß sogleich bei der Vernehmung festgestellt werden, soweit es auf der Stelle möglich ist, und als Mittel dazu hat das Gesetz vorläufig das eigene Zeugniß über die Personalien und Verhältnisse des Zeugen vorgeschrieben. Dieses Zeugniß über die eigenen Angelegenheiten muß der Vernehmende dem Zeugen durch bestimmte Fragen abverlangen. (A. G.O. I, 10, §. 190.) So muß auch der Notar, als Schriftführer, mit seinen Nebenzeugen verfahren, er muß also jedem derselben die §§. 5—9 der Notariatsordnung vorhalten und auf jeden §. eine bestimmte Antwort fordern: ob der Zeuge in dem darin bezeichneten Verhältnisse stehe oder nicht stehe. Eine jede Zeugenaussage muß, wenn sie beweiskräftig sein soll, als wahr ausdrücklich und förmlich bekräftigt werden. Die Gesetze schreiben, je nach dem Gegenstande der Aussage, zwei Formen der Wahrheitsbekräftigung vor: die einfache Versicherung und die feierliche Eidesleistung. Beide Formen haben für den ihnen angewiesenen Bereich gleiche Kraft

ben, so muß die Beobachtung der in den §§. 4 u. 5, Tit. 3, Th. III der

und gleiche Folgen. Kann es als möglich zugegeben werden, daß es in Frage komme: wer die Wahrheitsbestätigung zu leisten habe? Was sollte von dem Geisteszustande eines wissenschaftlich geschulten Mannes gehalten werden, welcher ernstlich behauptete: die Wahrheit der Aussage und Angaben des Zeugen hat derjenige zu bekräftigen, welcher die Aussage an- und aufgenommen hat; der Vernehmende, der Richter muß die Wahrheit derselben versichern, resp. beschwören! Bei gerichtlichen Vernehmungen ist das Vorkommen einer solchen Verirrung zufällig positiv ausgeschlossen, denn das Gesetz sagt: der Zeuge habe seine Aussage zu beschwören (§. 202 a. a. O. u. Crim. Ordn. §. 333) und Eideshelfer haben wir nicht. — Und bei notariellen Verhandlungen? Ja, hier ist das Unglaubliche vorgekommen, daß man dem Notar jene Unmöglichkeit zugemuthet hat; denn es ist doch unmöglich, daß der Notar nach dem oben angegebenen Begriff von Zeugen über die persönlichen Umstände so wie die möglichen Beziehungen und Verhältnisse der andern Zeugen zu einander und zu dem ihm bisher vielleicht gänzlich unbekannten Interessenten etwas wissen kann, weil er die Verhältnisse von ihm ganz fremden, unbekannten Personen unmöglich aus eigener unmittelbarer Sinneswahrnehmung kennen kann, und die Kunde, welche er bei der Verhandlung durch die Mittheilung der Parteien und Zeugen erhält, unmöglich als ihrem Inhalte nach wirklich wahr versichert resp. beschworen werden kann. Dennoch ist dies verlangt worden. Der Fall ist folgender: Ein Notariats-Instrument enthält an gehöriger Stelle die vorgeschriebene Versicherung (§. 10 Nr. 5 u. §. 13) in nachstehender Fassung: „Diese Verhandlung ist in Gegenwart der zugezogenen — Instrumentszeugen NN und NN., welchen, so wie mir dem Notar, wie ein Jeder für sich versichert, keines der Verhältnisse entgegensteht, die nach den §§. 5 bis 9 des G. v. 11. Juli 1845 von der Theilnahme an dieser Verhandlung ausschließen, den Betheiligten laut vorgelesen, von ihnen genehmigt und, wie nachsteht, vollzogen worden.“ Das Instrument wird der Gerichtskommission zu Ujest zur Eintragung vorgelegt. Dieser Antrag wird zurückgewiesen, weil die Versicherung nicht vorschriftsmäßig sei; es dürfte nicht Jeder für sich versichern, sondern der Notar müßte für alle Urkundspersonen die Versicherung geben. Auf die gegen die Zurückweisung eingereichte Remonstration ergeht folgender Bescheid der II. Abth. des Kreisgerichts zu Gr. Strehlitz v. 30. Oktober 1866: „Kollegium bleibt bei der bisher festgehaltenen Ansicht stehen, daß die in Rede stehende Notariatsversicherung sich auch auf die Zeugen und Dolmetscher beziehen muß. — Die dagegen gerichteten Deduktionen sind einflußlos; — daß das Gesetz keine Nichtwissensversicherung verlangt, ist ebenso wahr, als daß es direkt eine Versicherung de veritate fordert“ (aber von wem?). Wenn diese Redensart gegenüber der hier vorliegenden Versicherung einen Sinn haben soll, so ist damit gesagt: der Notar solle auf sein Gewissen versichern, daß das, was ihm die Zeugen auf die Vorhaltung jener §§. 5—9 des Gesetzes über ihre Personalien geantwortet haben, wirklich wahr sei, daß z. B. der Zeuge, oder seine Frau, oder einer von seiner Frau Verwandten oder Verschwägerten ꝛc. nicht betheiligt sind, oder worin keine Verfügung zu Gunsten einer der genannten Personen getroffen wird (§. 5 u. 8), während er die Geschlechtstafel des Zeugen und dessen Frau und deren Verschwägerten gar nicht kennt, überhaupt von den verschiedenen Sippschaften dieser Leute nichts weiß, folglich für seine Person unmöglich eine Wahrheitsversicherung über die Frage geben kann, wenn er gewissenhaft ist. Billig darf wohl nach vernünftigen Gründen für eine solche unmögliche Zumuthung gefragt werden. Dergleichen finden sich nun in jenem Bescheide gar nicht, wenn man nicht die Worte: „Daß die gerügte Fassung noch niemals bemängelt worden sein soll, ist unrichtig, da ja in Folge derartiger Bemängelungen eine ganze Anzahl Reskripte speziell des App.-Gerichts zu Ratibor ergangen sind (Inhalt unbekannt), auch das Obertribunal seine Ansicht (was für eine?) ausgesprochen hat", dafür nehmen will. Die Partei geht nun an das gedachte Ratiborer Gericht und dieses bezeichnet mit Bescheid vom 1. Dezember 1866 die Beschwerde als unbegründet, „weil die im §. 10, Nr. 5 vorgeschriebene Versicherung von dem Notar ertheilt werden muß." Auf die Frage: wie denn so? wird gesagt: „wie sich unzweifelhaft ergiebt aus den Worten des Gesetzes in Verbindung mit §. 31, Nr. 2 und aus den (im J. M.Bl. von 1847, S. 43 ff. und Entsch. Bd. 32, S. 245 ff.) abgedruckten Materialien zu der Notariatsordnung." Auf die Autorität des Obertr. beruft sich der Bescheid nicht, es muß also wol mit jener unbekannten „Ansicht" desselben nichts sein. Dieß ist auch nach einer gelegentlichen Aeußerung des Obertr. sehr wahrscheinlich. In dem Gutachten über die Frage: an welcher Stelle in der Verhandlung die Versicherung erscheinen müsse, vom 19. November 1846, sagt das Obertr.: „Sie (die Versicherung) geht nicht von den Parteien aus, sondern vom Notar und resp. von den Zeugen, die dieser zuzuziehen verpflichtet ist." (J. M.Bl. 1847, S. 45.) Damals war also dem Obertr. der Gedanke des Ratiborer App.-G.: „die vorgeschriebene Versicherung muß von dem Notar (nicht auch von den Zeugen für deren Verhältnisse) ertheilt werden", noch nicht gekommen, und soviel bekannt geworden ist, hat dasselbe solchen sich auch später nicht angeeignet. Es bleiben sonach nur die angezeigten beiden Quellen übrig, in welchen das Ratiborer Gericht „unzweifelhaft" gefunden haben will, daß dem Notar jene sittliche Unmöglichkeit zuzumuthen sei. Die Eine sind „die Worte des Gesetzes (§. 10, Nr. 5) in Verbindung mit §. 31." In beiden Stellen steht davon kein Wort, es ist darin überhaupt kein Subjekt bezeichnet, von welchem die Versicherung ausgehen solle; das Obertr. sagt: „von dem Notar und resp. von den Zeugen." — Was die andere Quelle hierher Gehöriges ergiebt, aber von dem Ratiborer Gericht verschwiegen bleibt, ist das Folgende: Der erste dem Staatsrathe vorgelegte Entwurf des Gesetzes enthielt die Vorschrift wegen Aufnahme der in Rede stehenden Versicherung nicht. Ein Mitglied des Staatsraths beantragte:

> den Notar — zu verpflichten, jederzeit in der von ihm aufzunehmenden Verhandlung zu bescheinigen, daß zwischen ihm und den bei dem Gegenstande betheiligten Personen keines der in §§. 9 u. 10 (jetzt 5 u. 6 des G.) bezeichneten Verhältnisse vorwalte.

Das Plenum ging darauf ein und nahm zugleich den Antrag des Ref. an:

> daß diese von dem instrumentirenden Notar auszustellende Bescheinigung auf das im §. 10 des Entw. (jetzt §. 8 des G.) berührte Verhältniß des zweiten Notars und der Zeugen ausgedehnt werde.

Daß der Notar über die zwischen ihm und den Betheiligten vorwaltenden Verhältnisse die verlangte Bescheinigung selbst ertheilen muß, wenn solche Sinn haben soll, ist eine logische Nothwendigkeit. Aber wie man es sich gedacht habe, „daß diese von dem Notar auszustellende Bescheinigung auf das Verhältniß der Zeugen zu den Betheiligten ausgedehnt werde", ob man sich dabei noch etwas anderes als daß der Notar die Versicherung der Zeugen in das Protokoll zu setzen verpflichtet sei, gedacht habe: das ist nicht aufgeklärt. Eine Diskussion hat darüber nicht stattgefunden, es heißt in der Mittheilung (Entsch. Bd. XXXII, S. 255): „zu einer Beschlußnahme kam es nicht." Demnächst wurde beim §. 39 (jetzt 41 des G.) darauf hingewiesen, daß bei dessen Ueberarbeitung noch der ad §§. 9, 10 u. 13 des Entw. gefaßte Beschluß zu beachten sein werde, wonach es zu den wesentlichen Förmlichkeiten eines Notariats-Instruments gerechnet werden solle, daß darin der Notar die Versicherung ausspreche, wie weder er selbst, noch die Zeugen rc. auf die in jenen §§. angegebene Art bei der Sache persönlich interessirt seien.

Hieraus erhellet noch immer nicht die Absicht, daß der Notar die Aussage der Zeugen rc. über ihre Beziehungen bei der Sache ex officio auf sein eigenes Gewissen habe nehmen sollen: es ist nur so viel ersichtlich, daß man wollte, der Notar solle die fragliche Versicherung im Protokolle niederschreiben. Das Obertr. sagt in dem gedachten Gutachten (J. M.Bl. 1847, S. 48) bezüglich auf die fragliche Versicherung: „Jedenfalls muß das Gesetz in der Fassung, in welcher es von dem Gesetzgeber wirklich genehmigt und erlassen worden ist, entscheiden, und wenn dieß geschehen muß, selbst wenn die vorangegangenen Berathungen einen Zweifel über die richtige Fassung des definitiven Gesetzes aufkommen lassen möchten, so kann um so weniger im vorliegenden Falle etwas anderes als das klare Gesetz zur Richtschnur dienen, da die Materialien, wie gezeigt, erweisen, daß man die Fassung der Vorschrift der Schlußredaktion hat überlassen wollen. — Mit jenen in Betreff der Fassung unvollständigen Erörterungen kam die Sache an die Fassungs-Kommission, welche dem §. 16 (jetzt §. 10 des G.) den Satz hinzufügte:

5) Die Versicherung, daß dem Notar, sowie dem zugezogenen zweiten Notar, oder den Instrumentszeugen keins der Verhältnisse entgegenstehe, welche von der Theilnahme an der Verhandlung nach §§. 5—9 ausschließen.

Diese Redaktion wurde von dem Plenum des Staatsraths und nächstdem von dem Könige durch Vollziehung des Gesetzes vom 11. Juli 1845 genehmigt. Damit waren die in jenen Anträgen und Vorschlägen gebrauchten Ausdrücke: „den Notar zu verpflichten, zu bescheinigen, daß rc.“, „von dem Notar auszustellende Bescheinigung“, „daß der Notar die Versicherung ausspreche“, verworfen, die Worte: „der Notar“ in dieser Verbindung waren gestrichen. Demnach ist die Behauptung des Ratiborer App.-G.: „wie sich aus den Materialien unzweifelhaft ergiebt, daß die vorgeschriebene Versicherung von dem Notar ertheilt werden muß“, bodenlos, was die Materialien darüber enthalten, ist bei der Schlußredaktion bei Seite gestellt und zur Erklärung des Gesetzes in Betreff der vorliegenden Frage völlig unbrauchbar. Um zu dem Satze des Ratiborer App.-G., daß „sich aus den Worten des Gesetzes unzweifelhaft ergiebt“, daß die fragliche Versicherung von dem Notar ertheilt werden muß, zu kommen, würde so geschlossen werden müssen: die in den „Materialien“ vorkommenden Vorschläge enthalten die Worte: der Notar müsse die Versicherung aussprechen rc. Diese Worte sind in das Gesetz nicht aufgenommen, folglich ergiebt sich aus den Worten des Gesetzes unzweifelhaft, daß die Versicherung von dem Notar ertheilt werden muß. Der Logik dieses Gedankenganges ist jedoch nicht zu folgen. „Sie (die Versicherung) geht von dem Notar und resp. von den Zeugen aus“, sagt das Obertribunal a. a. O., und damit ist das Gesetz der Logik erfüllt.

Das praktisch Unzuträgliche einer derartigen Rechtsauffassung ist die Hemmung des Rechtsverkehrs. Vermöge des s. g. Legalitätsprinzips der preußischen Hypotheken-Ordnung ist es in die Hand des Hypotheken-Buchführers gegeben, einseitig und endgültig über die Rechtsgültigkeit eines Geschäfts ein Urtheil zu fällen und den Verkehr zu hemmen. Die Betheiligten sind völlig einig, der Hypothekenbuchführer verweigert aber die Eintragung in die öffentlichen Bücher aus irgend einem wunderlichen Bedenken, was ihm in Beziehung auf die Fassung der ihm vorgelegten Urkunde über das Rechtsgeschäft beikommt, während ihm doch nur obliegt, das Geschäft zu veröffentlichen (durch die Einschreibung), welches in der Urkunde verlautbart ist, wenn dieselbe keinen sichtbaren Fehler in der äußern Form hat. Das Schlimmste dabei ist, daß

Allgemeinen Gerichtsordnung vorgeschriebenen Formen aus dem Protokolle hervorgehen[30]).

---

den Betheiligten kein weiteres Rechtsmittel gegen die Hemmung ihres Hypotheken-Verkehrs zusteht; der §. 35 der V. vom 2. Januar 1849 schneidet jede Beschwerde an das Obertribunal und an das Justizministerium ab, und der Rechtsweg gegen den dienstverweigernden Beamten ist nicht gestattet.

Der praktischen Wichtigkeit der Frage wegen hatte ich diese ausführliche Erörterung besonders in der Schlesischen Zeitung vom 8. Februar 1867, Nr. 66, wo sie unter der Rubrik: „Gesetze, Verfügungen, Entscheidungen", abgedruckt ist, veröffentlicht. In dem am Ende desselben Jahres ausgegebenen 65. Bande des Striethorst'schen Archivs für Rechtsfälle (Berlin, bei Guttentag, 1868) wird S. 251 ff. ein Erkenntniß des Obertribunals, vom 14. Januar 1867, mitgetheilt, welches meine Auffassung bestätigt. Unter Anderem heißt es darin: „Das Gesetz selbst bestimmt nur über den Inhalt der Versicherung, nicht aber darüber, von Wem dieselbe ausgehen soll. Auch die Materialien des Gesetzes — geben keinen Anhalt dafür, daß der Gesetzgeber die Abgabe jener Versicherung unbedingt und ausschließlich von dem Notar habe fordern wollen." Nun folgt die Entstehungsgeschichte und dann heißt es weiter: „Hat es hiernach allerdings den Anschein, als ob bei der Berathung des Gesetzes — die Absicht vorgelegen habe, die Versicherung über die Einwandsfreiheit auch der Zeugen resp. des zweiten Notars von dem instrumentirenden Notar zu fordern, so muß doch gerade daraus, daß trotz dieser bestimmt ausgesprochenen Absicht von der Fassungs-Kommission die Bezeichnung der Person, welche die Versicherung abgeben soll, in das Gesetz nicht aufgenommen ist, — gefolgert werden, daß die Fassungs-Kommission von der Ansicht des Plenums abgewichen ist und daß sie die Abgabe jener Versicherung Seitens des Notars nicht für wesentlich erachtet hat. Für diese Auffassung spricht außerdem der Zweck der gesetzlichen Bestimmung. Derselbe ging — dahin: den Interessenten die möglichste Gewißheit für die Beobachtung der bezüglichen Vorschriften Seitens der bei Aufnahme der Verhandlung mitwirkenden Personen zu verschaffen und jeden Dritten in den Stand zu setzen, aus der Urkunde selbst sich zu überzeugen, daß eine Prüfung der Einwandsfreiheit der instrumentirenden Personen stattgefunden habe. Diese Prüfung wird rücksichtlich des zweiten Notars resp. der Zeugen naturgemäß nur in der Weise erfolgen können, daß den genannten Personen von dem instrumentirenden Notar die in den §§. 7 u. 8, Alinea 1 enthaltenen Fragen vorgelegt werden. Daß dieß geschehen, ist aber aus der Verhandlung selbst in dem Falle nicht ersichtlich, wenn dieselbe nur die Versicherung des Notars enthält, daß, soviel er wisse, dem zweiten Notar resp. den Zeugen keines jener Verhältnisse ꝛc. entgegenstehe; denn die Erklärung des Notars wird immer nur diesen negativen Inhalt haben können, da derselbe über das Nichtvorhandensein der in jenen Paragraphen aufgeführten Eigenschaften in der Person des zweiten Notars resp. der Zeugen aus eigener Wissenschaft keine Kenntniß haben kann. Wohl aber wird die Erörterung jener Fragen aus der Urkunde selbst ersichtlich sein, wenn die erwähnte Versicherung von den Zeugen selbst, die sie allein mit völliger Gewißheit abgeben können, abgegeben ist." — Das Obertr. tritt also eventuell auch der sonderbaren Prätension jener Gerichte entgegen, daß der Notar partout de veritate selbst die Versicherung geben müsse. Dieses Erk. ist auch in den Entsch. Bd. LIX, S. 454 mitgetheilt.

30) Diese Formalität ist eine wesentliche, deren Vernachlässigung Nichtigkeit der Notariatsurkunde als solcher zur Folge hat. §§. 41, 42. Die zu beobachtenden Vorschriften lauten:

§. 12. Die Protokolle müssen deutlich, ohne Abkürzungen[31]),

„§. 4. Wenn ein Tauber einen Kontrakt schließen will, so muß der Richter die Vorschläge und Erklärungen des anderen Kontrahenten, so wie die Fragen, die er selbst an ihn ergehen zu lassen, und die Bedeutungen, die er ihm zu thun nöthig findet, von Wort zu Wort niederschreiben, und ihm zum Lesen vorlegen; und eben so seine Antworten und Gegenerklärungen wörtlich niederschreiben: also, daß die mündlichen Unterhandlungen und Traktaten, von denen in gewöhnlichen Fällen nur die Resultate zum Protokolle genommen zu werden pflegen, demselben in einem solchen Falle in extenso einverleibt werden müssen. Das Protokoll selbst muß allemal, statt des gewöhnlichen Vorlesens, dem Tauben zum eigenen Durchlesen gegeben, und, daß solches geschehen, von ihm bei seiner Unterschrift ausdrücklich attestirt werden.

§. 5. Wenn ein Kontrahent stumm ist, so muß derselbe seine Vorschläge und Erklärungen, seine Aeußerungen auf die Anträge des anderen Theils, und seine Antworten auf die Fragen und Bedeutungen des Richters, eigenhändig in das Protokoll niederschreiben." –

Hieraus erhellet, daß Notare mit solchen Tauben oder Stummen, welche nicht schreiben und Geschriebenes nicht lesen können, nicht verfahren dürfen. Auch nicht mit Blinden oder mit solchen Personen, welche taub und stumm zugleich sind. A. L.R. I, 5, §. 171.

31) Die Abkürzungen sind nicht zu allen Zeiten verboten gewesen, aber sie kommen nur in dem ersten Stadium des Notariatsverfahrens der älteren Zeit vor. Damals war es Sitte, zuerst ein Konzept, „scheda", auch Protokollum, „abbreviatura", „imbreviatura" genannt, mit den Parteien zu verfertigen, in welchem die Verabredungen der Parteien kurz verzeichnet wurden. Diese war gewöhnlich mit Abbreviaturen geschrieben, woher der Name. Daraus wurde das solenne Instrument (Ausfertigung, mundum, grosse) verfertigt, welches man „complere", „absolvere" nannte. In diesem mußten alle Abkürzungen, welche die Schede enthielt, ausgefüllt werden, die solenne Urkunde durfte keine Abkürzungen enthalten. Oesterley a. a. O. I, 33, 77, 240, 252, 258, 372, 259, 267, 310, 312. Auf die Ausfertigungen bezieht sich die Vorschrift der R.-Not.-Ordn. v. 1512, daß die Notarien ihre Instrumente nicht sollen durch „zyffer, zaichen oder notas, sunderlich die nit gemainlich allen bekannt sein, dieweil dieselben gar leichtlich geändert und geselscht werden mögen, sunder mit ganzen gemainen, leßlichen und erkannten Buchstaben schreiben." §. 19. Die Schede oder das erste Protokoll brauchte nicht so ausführlich zu sein wie das ausgefertigte solenne Instrument. Die R.-Not.-Ordn. sagt darüber im §. 9: „Und wiewohl ain Prothocol so volkommenlich zu extendiern, als ain Instrument darvon gemacht, von unnöten ist, so sollen doch die Notarien zum minsten mit kurzen worten die hauptclauseln der substantz der handlung unn contracts oder handels natur oder gewonhait des selben orts anregen, unn sunderlich die clauseln von den verzaichungen" (Verzichten). Das Protokoll braucht auch nicht alle Formalitäten zu enthalten, welche für das solenne Instrument erforderlich sind, es hat aber auch mit dem daraus ausgefertigten solennen Instrumente nicht gleiche Beweiskraft im Publikum, wohl aber wird darauf im Falle eines Widerspruchs von den Parteien zurückgegangen. R.-Not.-Ordn. §. 5. Diese Grundsätze und Prozedur sind noch die der Allg. Gerichtsordnung III, 7, §§. 49, 50. Das ist durch das vorliegende Gesetz wesentlich geändert. Die besondere Ausfertigung des solennen Instruments in eigenthümlicher Form aus dem Protokolle fällt weg; das heutige solenne Instrument (Mundum, Grosse, Ausfertigung) ist weiter nichts als eine wörtlich gleichlautende Reinschrift des Protokolls mit der Beglaubigungs-(Ausfertigungs-) Formel unter derselben. (§. 16.) Das setzt voraus, daß das jetzige Notariatsprotokoll ganz vollständig und ausführlich, mit Beobachtung aller vorgeschriebenen Solennitäten, abgefaßt sein muß.

Lücken und Durchstreichungen[32]) geschrieben, Zusätze oder Abänderungen aber, welche nach aufgenommener Verhandlung nothwendig werden sollten, am Rande geschrieben, und ebenso wie das Protokoll selbst von den Interessenten unterzeichnet werden[33]). Summen und Zah-

32) Diese Bestimmung ist, mit Ausnahme der „Durchstreichungen", wörtlich aus der rheinischen Not.-Ordn. vom 25. April 1822 aufgenommen. Die A. G.O. a. a. O. §. 50 schrieb noch ausführlicher vor: der Notar muß „in dem Mundo keine Rasuren, Ausstreichungen, Interlineationen, Einschaltungen, oder andere Korrekturen, welche den Sinn verstellen, oder zweifelhaft machen können, dulden." Von den „Lücken", worunter man auch Zwischenräume zu verstehen haben wird, weiß die A. G.O. und die ältere Not.-Instr. v. 11. Juli 1771 nichts; die Not.-Ordn. v. 1512, §. 18 spricht vom „spatium", auf welches nichts geschrieben werden soll, ohne daß es besonders beglaubigt werde. Unter diesem spatium scheint jedoch der Rand gemeint zu sein. Das Verbot der Lücken bezweckt, die betrügliche Ausfüllung zu verhindern. Rasuren, Interlineationen und Einschaltungen sind übergangen, sie werden jedoch von dem Verbote mit betroffen, insofern sie Abänderungen enthalten und nicht vorgeschriebenermaßen am Rande durch Unterzeichnung beglaubigt sind. In dem Mundum müssen dergleichen Verstöße ganz vermieden werden, weil sich die Zusätze und Abänderungen nicht auf die vorgeschriebene Weise (Mitunterzeichnung der Interessenten) beglaubigen lassen. Kommen sie in wesentlichen Theilen der Urkunde, z. B. in Namen, Datum, Summen und dergl. vor, so hat die Ausfertigung keine Glaubwürdigkeit, wenn nicht etwa die Korrektur ꝛc. durch Wiederholung der korrigirten Worte an anderen Stellen unverdächtig wird. Auf die Gültigkeit der Originalverhandlung hat die Fehlerhaftigkeit der Ausfertigung natürlich keinen Einfluß. Rasuren ꝛc. in ganz unerheblichen Dingen können nicht immer die ganze Urkunde ungültig machen; es kommt dabei auf die eigenthümliche Natur des Falles und die besonderen Umstände an.

33) Wiederholung der Vorschrift der A. G.O. II, 2, §. 44, Abs. 2, verb. mit Tit. 7, §. 48, und des Art. 30 der rhein. Not.-Ordn. v. 25. April 1822, nur unvollständiger; denn es wird nur gesagt, daß die Zusätze und Abänderungen eben so wie das Protokoll von den Interessenten unterzeichnet werden sollen. Daraus ist der Zweifel entstanden: ob die Unterzeichnung der Interessenten genüge, oder ob auch die Unterschrift des Notars und der Zeugen hinzukommen müsse. Aus der Natur der Sache ergiebt sich die Nichtberechtigung des Zweifels. Denn wenn die Unterzeichnung der Interessenten genügte, so würde der Zusatz oder die Abänderung eine Schrift unter Privatunterschrift sein, mithin der öffentlichen Glaubwürdigkeit entbehren, indem es ungewiß ist, ob dieselbe in Gegenwart und unter Mitwirkung des Notars und der Zeugen hinzugefügt worden. Das findet in den positiven Quellen seine Bestätigung. Schon die R.-Not.-Ordn. v. 1512 verordnet im §. 11: „so die Schrift vollkommen und erfüllt ist, so mag alsdann nichts mehr hinzugesetzt, davon gethan oder geändert werden, obgleich die Parteien das verwilligten." Das hat Wissenschaft und Praxis so aufgefaßt, daß der Sinn der Bestimmung nicht dahin gehe, es könne eine solche Verhandlung nicht mehr abgeändert werden oder keine Zusätze erhalten, sondern dahin, daß solche Veränderungen nicht ohne Weiteres in der Urkunde selbst vorgenommen, vielmehr darüber eine anderweite Urkunde errichtet werde. Heise u. Cropp, jur. Abhandl. Th. I, S. 104; Oesterley a. a. O. Th. II, S. 729. Ist daher das Instrument noch nicht vollzogen, so kann die Abänderung ꝛc. am Ende nachgetragen und unter Einem mit vollzogen werden. Dieser Fall wird hier vorausgesetzt. Denn wenn die Urkunde einmal vollzogen ist, so versteht sich ungesagt, daß zur Abänderung ꝛc. ein neues Instrument erfordert wird. Diese Auffassung findet in den unmittel-

len[34]) müssen mit Buchstaben geschrieben werden[35]).

---

baren Quellen der Bestimmung des §. 12 ihre Bestätigung. Der §. 44 a. E. der A. G.O. verordnet: „Durchstreichungen und Zusätze am Rande des Protokolls müssen in der Regel nicht gemacht werden. Wenn es aber ja die Umstände erfordern, und es nicht eine ganz unbedeutende Kleinigkeit betrifft; so muß die am Rande beizusetzende Registratur ebenso, wie wegen des Protokolls selbst sogleich verordnet werden wird, unterzeichnet werden." Darauf schreibt der §. 45 vor, daß das Protokoll zuerst von den Parteien und sodann von dem Richter und Protokollführer ebenfalls unterzeichnet werden müsse. Das gilt noch heute für die gerichtlichen Protokolle und es ist ohne ausdrückliche Bestimmung nicht anzunehmen, daß der §. 12 für die Notariatsprotokolle eine geringere Vorsicht und Sicherheit habe einführen wollen. — Der Art. 30 der rhein. Not.-Ordn. verordnet, daß Randzusätze oder Veränderungen von den Betheiligten unterzeichnet, alsdann von den Zeugen und dem Notar unterschrieben werden. Hiernach erscheint es nicht zweifelhaft, daß in dem §. 12 hinter dem Worte „selbst" ein auch hinzugedacht werden muß.

34) Diese unbedingte Vorschrift ist aus dem Art. 26 der rheinpreuß. Not.-Ordn. von 1822 entnommen, ist jedoch nicht ausnahmslos ausführbar, namentlich nicht bei Ansätzen in Rechnungsverhandlungen, bei Auktionsprotokollen, Inventarien (A. G.O. III, 7, §§. 88, 89), worin unmöglich alle Ziffern, z. B. auch die laufenden Nummern, mit Buchstaben geschrieben werden können, ohne das Instrument äußerst schwerfällig zu machen und ihm alle Uebersicht zu nehmen. Die R.-Not.-Ordn. von 1512 schreibt im §. 19 auch allgemein vor, daß die Notare ihre Instrumente nicht durch „zyffer, sunder mit ganzen gemainen, leßlichen und erkannten Buchstaben schreiben" sollen. Dies versteht die Praxis jedoch nur so, daß der Gebrauch der Ziffern in wesentlichen Punkten unstatthaft sei, und Dokumente, worin sehr viele unwesentliche Zahlen vorkommen, pflegt man deshalb, weil diese nicht mit Buchstaben geschrieben sind, für ungültig zu halten. Die Bremen'sche Not.-Ordn. von 1820, §. 18 erkennt dies ausdrücklich an. Vergl. Oesterley a. a. O. Th. II, S. 455. Ein vernünftiger Grund ist nicht findbar, warum es nach preuß. Rechte nicht eben so sein könnte. Die Worte der Bestimmung stehen nicht entgegen, wie ich sogleich zeigen werde, nur müßte der Unterschied zwischen den wesentlichen und unwesentlichen Zahlen durch ein bestimmtes Merkmal bezeichnet werden. Darauf führt der Begriff „Zahl". Bekanntlich hat dieses Wort mehrere Bedeutungen, aber die Verbindung, in welcher es im §. 12 gebraucht wird, führt auf diejenige Bedeutung, in welcher das Wort zu nehmen ist. Die Zahl ist ein Begriff der Mehrheit und hier zusammengestellt mit Summen. Summen heißen in der Rechtssprache Mengen fungibler Sachen, mehrere individuelle Sachen nennt man nicht eine Summe, sondern eine Zahl oder Anzahl, z. B. eine Zahl oder Anzahl Pferde. Die Worte „Summen" und „Zahlen" haben hier mithin eine bestimmte Beziehung. Die Vorschrift bezieht sich daher auf den Fall, wenn eine bestimmte Summe fungibler Sachen, oder eine bestimmte Zahl (zehn, zwanzig rc.) individueller Sachen Gegenstand der Parteihandlung ist: diese Summen und Zahlen sollen mit Buchstaben geschrieben werden, und das Gleiche muß von solchen Zahlen behauptet werden, welche ein wesentliches Erforderniß des formellen (notariellen) Theils der Urkunde sind, wie Tag und Jahr. Dagegen bezieht sich die Vorschrift nicht auf Ordnungszahlen eines Verzeichnisses (laufende Nummern) und nicht auf Rechnungsziffern.

35) Diese im §. 12 vorgeschriebenen Förmlichkeiten sind nicht so wesentliche, daß eine Verletzung derselben das ganze Instrument unkräftig machte. §§. 41. 42. Ob aber die betreffende Veränderung, beziehungsweise der fragliche Zusatz gültig oder

§. 13. Das Protokoll muß in Gegenwart des zugezogenen zweiten Notars oder der Zeugen laut vorgelesen[36]) und hiernächst von den Interessenten unterschrieben werden[37]).

Personen, welche nicht schreiben können[38]), haben ihr Handzeichen

---

glaubwürdig sei, ist eine Frage für sich. Die rheinpreußische Not.-Ordn. von 1822, Art. 30 läßt unbedingt die Strafe der Nichtigkeit der betreffenden Zusätze und Veränderungen eintreten. Soweit geht das vorliegende Gesetz nicht, es schweigt über die sachlichen Folgen der Verletzung einer dieser Förmlichkeiten. Deshalb muß in jedem besonderen Falle nach dessen Beschaffenheit und nach Bewandtniß der Umstände erwogen werden: ob die betroffene Stelle beweiskräftig sei oder nicht, wobei die allgemeinen Grundsätze über den Urkundenbeweis maßgebend sind. Den Notar treffen die Disziplinarstrafen und Haftung für den Schaden der Interessenten. §. 43.

36) Warum die Verhandlung schlechterdings, bei Strafe der Nichtigkeit, laut vorgelesen werden muß, und warum die Betheiligten das Protokoll nicht mehr, wie es früher geschah (A. G.O. III, 7, §. 53) und nach der rheinpreußischen Not.-Ordn. von 1822, Art. 27 noch immerfort geschieht, selbst durchlesen mögen, ist nicht erklärlich und daher nicht begreiflich. Es ist ganz richtig gesagt worden, es sei den Interessenten oft höchst unangenehm, manche Erklärungen laut vorlesen zu hören. Außerdem aber giebt ja das Vorlesen den Betheiligten keinesweges die Ueberzeugung, daß das Protokoll durchgehends wirklich ihrer Intention und Vereinbarung gemäß abgefaßt sei. Der Notar kann die verschiedenen Vereinbarungen irrig abgefaßt oder unrichtig kombinirt haben, und der Betheiligte überhört das bei der raschen und monotonen Vorlesung. Ein solches Beispiel habe ich selbst bei Verlautbarung eines Kaufkontrakts erlebt. Das größtentheils rückständig verbleibende Kaufgeld sollte in drei fünfjährigen Raten bezahlt werden und der Zinssatz war verschieden bedungen. Die zunächst fällig werdende Rate sollte nur zu 4½ Prozent verzinset werden, die anderen langjährig gestundeten Raten sollten 5 Prozent tragen. Der Notar hatte den Zinssatz nicht bei jeder einzelnen Rate niedergeschrieben, sondern hinter der letzten Nummer vermerkt: „Die rückständigen Kaufgelder werden jährlich mit 4½ Prozent verzinset." Das war bei dem Vorlesen von dem Verkäufer überhört oder nicht in seinen verschiedenen Beziehungen in dem Augenblicke der Vorlesung aufgefaßt worden. Erst aus der ihm zugekommenen Ausfertigung ersah er die falsche Redaktion, durch welche er jährlich um 80 Thlr. gebracht worden war. So kann es bei allem guten Willen des Notars kommen, nicht zu gedenken des doch auch nicht unmöglichen Falles, wo der Notar vorsätzlich eine unrichtige Summe oder Zahl niederschreibt und bei dem Vorlesen die richtige ausspricht. Die Zeugen schützen hierbei gar nicht; sie wissen überhaupt nicht, was man vereinbart hat, weil sie dabei nicht zugegen sind; und was vorgelesen worden, haben sie nach einiger Zeit auch schon wieder vergessen, weil sie keine Veranlassung haben, sich die Einzelnheiten einzuprägen. S. auch unten die Anm. 42.

37) Bei Strafe der Nichtigkeit, §§. 41, 42, wenn nicht der Fall einer nothwendigen Ausnahme vorhanden ist. Anm. 39.

38) Oder nicht schreiben mögen. Wollte ein Betheiligter aus bloßer Sonderbarkeit nicht unterschreiben, sondern ein Kreuz oder ein anderes vielleicht lächerliches oder gar anstößiges Zeichen hinmalen, so möchte es der Amtsehre und Pflicht des Notars entsprechen, wegen Mangels der Ernstlichkeit bei dem Spaßmacher seine Mitwirkung zu versagen. Hat der schreibkundige Betheiligte einen ehrbaren Grund, warum er nicht schreiben will, sondern nur ein übliches Handzeichen macht, etwa weil ihm das Schreiben beschwerlich fällt, so kann die Vollziehung durch Handzeichen nicht beanstandet werden, wenngleich die Partei schreiben kann. — Das Obertr. hat in dem Erk. vom

beizufügen[39]), bei welchem der Notar[40]) oder einer der Zeugen bemerkt,

22. Nov. 1854 (s. die folg. Anm. 39) ausdrücklich ausgesprochen, daß der §. 13 auch den Fall umfasse, wenn der Betheiligte durch einen Zufall am Schreiben verhindert ist.

Die Bestimmung des §. 13, wegen Beifügung der Handzeichen, findet auf Personen, die weiter nichts als ihren Namen schreiben können (was ja der Notar gar nicht festzustellen vermag), und ihren Namen wirklich unterschreiben, keine Anwendung. Erk. des Obertr. vom 24. Februar 1851 (Archiv für Rechtsf. Bd. 1, S. 264).

39) Einer notariellen Verhandlung kann deshalb, weil der Betheiligte das die Unterschrift vertretende Handzeichen nicht selbstständig, sondern mit Hülfe eines Anderen gefertigt hat, die beweisende Kraft nicht versagt werden. Es genügt vielmehr, wenn der Betheiligte bei Fertigung des Handzeichens in einer Weise mitgewirkt hat, daß daraus sein Wille erkennbar ist, das Handzeichen als Zeichen seiner Genehmigung der aufgenommenen Verhandlung beizufügen. Erk. des Obertr. vom 22. November 1854 (Entsch. Bd. XXIX, S. 245). Der Ausspruch bezieht sich auf den ganz gewöhnlichen Fall, daß der Schreiber des Protokolls die Kreuze macht und der Interessent hierbei nur das obere Ende der Feder anfaßt. — S. die vor. Anm. 38, Abs. 2.

Der Fall, wenn ein Betheiliger auch ein Handzeichen nicht machen kann oder nicht machen will, ist übergangen. Das Nichtkönnen kommt vor bei Personen, welchen beide Hände fehlen, das Nichtwollen aus einem ehrbaren Grunde kann vorkommen, z. B. bei strenggläubigen Juden am Sabbath, wenn das Geschäft keinen Aufschub leidet. Aus der Uebergehung kann nicht gefolgert werden, daß die Notare in einem solchen Falle nicht mehr kompetent sein sollten, denn eine solche Uebergehung ist keine Aufhebungsart für ausdrückliche Gesetze. Die bestimmte Vorschrift des A. L.R. I, 5, §§. 172 u. 177 ist noch in voller Kraft. Der §. 172 räumt den Notaren die Konkurrenz mit den Gerichten ein in Fällen, wo es eines schriftlichen Kontrakts bedarf und ein Betheiligter schreibunkundig oder durch einen Zufall am Schreiben verhindert ist. Darauf sagt der §. 177: „Kann der Kontrahent auch keine solchen Zeichen beifügen, so muß ein von ihm gewählter Beistand die Unterschrift in seinem Namen leisten; und daß dieses geschehen sei, von dem Richter oder Justizkommissario (Notar attestirt werden." Unser §. 13 des vorliegenden Gesetzes sagt zwar am Schlusse: der Zuziehung besonderer Beistände bedarf es nicht. Das bezieht sich jedoch auf den unmittelbar vorher erwähnten Fall, wenn ein Betheiligter Handzeichen gemacht hat und dazu der Namen des Zeichnenden zu vermerken ist. Was für den in Rede stehenden Fall zu thun sei, ist im Not.-Gesetze nicht vorgeschrieben. Die rheinpreußische Notariats-Ordn. von 1822, Art. 29 verordnet: „Wenn die Betheiligten — auch keine Handzeichen machen können, oder wenn sie durch einen anderen Umstand verhindert werden, zu unterschreiben oder ihre Handzeichen zu machen, so muß ihrer desfallsigen Erklärung und der angeführten Ursache Erwähnung geschehen." Das ist Alles. Von einem Beistande und von der Unterschreibung des Namens des Betheiligten durch einen Andern ist nicht die Rede. Das gleiche Verfahren im Bereiche des vorliegenden Gesetzes von 1845 würde ich nicht anrathen, wiewohl auf Grund der Ausschließung der besonderen Beistände (§. 13 a. E.) in Verbindung mit Nr. 3 des §. 14 sich für die Beweiskraft einer so verfaßten Urkunde streiten läßt. Sicherer ist es, das subsidiarisch vorgeschriebene Verfahren des §. 177 des A. L.R. a. a. O. in Anwendung zu bringen.

40) Es ist ein alter Gebrauch, daß die Parteien, wie die Zeugen, die Urkunden mit ihrer Unterschrift, oder wenn sie nicht schreiben konnten, mit einem Handzeichen versahen. L. Rachis cap. 4 (in der Sammlung der longobardischen Gesetze von

wer dasselbe gemacht hat[41]). Der Zuziehung besonderer Beistände bedarf es nicht.

568—774): „Ideo decernimus, ut si quis chartam venditionis de aliqua re fecerit alicui, et a scriba publico scripta, vel a testibus idoneis roborata fuerit, et tam ipse venditor, quam testes in ipsa charta se subscripserint, *aut manum posuerint.*" Was das „manum posuerint" bedeutet, ist nicht genau zu bestimmen, es erinnert an das Sigle der Sultane, welches, heutzutage, nur noch entfernte Aehnlichkeit mit der Figur einer flachen Hand hat, und im Anfange der Herrschaft derselben vermuthlich ein Abdruck der flachen Hand des schreibunkundigen Sultans war, welche, wahrscheinlich gefärbt, von ihm unter seine Staatsurkunden, zum Zeichen seiner Genehmigung, gedrückt wurde. Also das „manum posuerint" bedeutet ein unter die Urkunde zu setzendes Handzeichen. Ob dazu von einem Schreibkundigen, und von wem der Name des Urhebers, zur Unterscheidung von anderen Handzeichen, gesetzt werden mußte, darüber schweigt die urkundliche Geschichte. In neuerer Zeit enthalten darüber die Partikularverordnungen Vorschriften. Die vorhergehenden preußischen Notariatsordnungen, namentlich das Corpus juris Frid. Th. III, Tit. 7, §. 58, Abs. 2 und die A. G.O. Th. III, Tit. 7, §§. 49 u. 58 schreiben vor, daß der zugezogene zweite Notar oder einer der Zeugen den Namen dabei schreiben muß. Hiernach ist es mehr als wahrscheinlich, daß §. 13 in der Vorschrift: „bei welchem der Notar oder einer der Zeugen bemerkt, wer dasselbe gemacht hat", nicht der instrumentirende Notar, sondern der nach §. 7 zuzuziehende zweite Notar gemeint sei. Die Praxis des Obertribunals hat jedoch schließlich (früher war die Meinung zur Geltung gebracht worden, daß die Nichtbefolgung dieser Vorschrift, insbesondere wenn der instrumentirende Notar den vorgeschriebenen Vermerk neben den Handzeichen gemacht hatte, dies zur Folge habe, daß dem Instrumente nicht die Wirkung einer Notariatsurkunde beigelegt werden könne, nach den Erkk. vom 27. Januar 1851 u. vom 8. Januar 1852, Archiv f. Rechtsf. Bd. I, S. 199 u. Bd. IV, S. 248) den Grundsatz angenommen, daß die Attestirung der Handzeichen Schreibensunkundiger durch den instrumentirenden Notar dem Instrumente nicht die Kraft einer notariellen Urkunde entzieht. Erk. v. 27. April 1855 (Entsch. Bd. XXX, S. 250), gestützt auf den Pl.-Beschl. v. 20. Dezember 1852, wonach schon unter der Herrschaft der früheren in der A. G.O. enthaltenen Notariatsordnung der Grundsatz festgestellt worden ist, weil dort eine Nichtigkeit auf die Verletzung der Formalität nicht angedroht ist. S. die folg. Anm. 41.

41) Den Notariatsakten, welche vor dem 1. Januar 1846, dem Eintritte der Gesetzeskraft der Verordnung über das Verfahren bei Aufnahme von Notariatsinstrumenten vom 11. Juli 1845, mit Parteien, die nicht schreiben und Geschriebenes lesen können, aufgenommen worden sind, wird bloß dadurch, daß neben den Kreuzen oder sonst gewöhnlichen Handzeichen des Analphabeten, dessen Namen nicht von dem zugezogenen zweiten Justizkommissarius oder von dem Zeugen selbst, sondern von dem instrumentirenden Notar geschrieben und von jenem vor seiner eigenen Namensunterschrift bescheinigt worden, daß der Analphabet die Handzeichen gemacht habe, noch nichts an ihrer verbindlichen Kraft benommen. Ang. von dem III. Senat des geheimen Obertribunals, am 7. November 1845, in Sachen Kricheldorf c/a Kricheldorf, ††† III, 44. Präj. 1651 (Entsch. Bd. XXIV, S. 86 u. Präjud. Samml. I, S. 434). — Ein Instrument verliert die Kraft eines notariellen dadurch allein nicht, daß daraus nicht erhellet, von wem der nach §. 13 bei dem Handzeichen eines Analphabeten erforderliche Vermerk beigefügt ist. Pl.-Beschl. (Pr. 2420) des Obertrib. vom 20. Dez. 1852 (J. M.Bl. 1853, S. 54 und Entsch. Bd. XXIV, S. 239). Dadurch ist der Rechtssatz, welchen der III. Senat durch das Erk. v. 10. September 1852 (Arch. f.

§. 14. Das Protokoll schließt mit dem Attest[41a]):

1) daß die vorstehende Verhandlung, so wie sie niedergeschrieben, stattgefunden hat;

2) daß sie in Gegenwart des Notars und des zugezogenen zweiten Notars oder der Zeugen den Betheiligten vorgelesen[42]), und von ihnen

---

Rechtsf. Bd. VII, S. 242) dahin: daß die Wirksamkeit einer notariellen Urkunde nicht dadurch bedingt sei, daß in der Verhandlung vermerkt stehe, wer die Handzeichen des schreibensunkundigen Theils bezeugt habe, festgestellt hatte, bestätigt worden.

Die Attestirung der Handzeichen schreibensunkundiger Personen durch den instrumentirenden Notar selbst, sowie die Aufnahme des Schluß-Attestes (§. 14) unmittelbar unter dem Protokolle vor dessen Vollziehung, entzieht der Urkunde die notarielle Eigenschaft. Erk. des Obertr. v. 27. Januar 1851 u. v. 8. Januar 1852 (Arch. f. Rechtsf. Bd. I, S. 199 u. IV, S. 248).

41 a) Dieses Schluß-Attest darf nicht unmittelbar unter dem Protokolle vor dessen Vollziehung, sondern muß erst unter den Unterschriften resp. Handzeichen der Betheiligten folgen, sonst hat die Urkunde nicht die Eigenschaft einer notariellen. Vergl. die Erk. v. 27. Januar 1851 und v. 8. Januar 1852 (Arch. f. Rechtsf., Bd. I, S. 199 und Bd. IV, S. 248.) In diesem Punkte sind die Erk. von dem Pl.-Beschl. v. 20. Dezember 1852 nicht betroffen. — Vergl. unten Anm. 14 zum Muster Nr. I, 1.

Die wörtliche Uebereinstimmung des Schluß-Attestes in allen seinen Einzelnheiten mit dem im §. 14 vorgeschriebenen Inhalte ist zur Gültigkeit der Notariatsurkunde nicht für erforderlich gehalten worden. Insbesondere ist angenommen, daß darin die von den Betheiligten erfolgte Genehmigung des Protokolls nicht ausdrücklich erwähnt zu werden brauche, vielmehr genüge, wenn das Protokoll vor seiner Vollziehung seitens der Betheiligten mit den Worten: „Vorgelesen, genehmigt und unterschrieben", schließt und in dem Schluß-Atteste bezeugt wird, daß die Verhandlung so, wie sie niedergeschrieben worden, stattgefunden habe. Erk. des Obertrib. v. 3. Februar 1854 (Arch. f. Rechtsf., Bd. XII, S. 97).

42) Gemeinrechtlich ist in Hinsicht der Vorlesung ein Unterschied zwischen dem Protokolle und dem solennen Instrumente. Das Protokoll mußte in Gegenwart der Parteien und Zeugen von dem Notar vorgelesen und daß solches geschehen, in dem Protokolle bemerkt werden. Berger, Occon. juris pag. 1073; de Berger, Responsa P. II, p. 407; Ejusd. Consilia p. 738 und v. A. Boehmer, Consultat. T. III, P. II, 508, nr. 7 verlangt sogar, die Zeugen müßten während des Vorlesens mit in die Schrift sehen, um dem Notar von Wort zu Wort zu folgen. Daß auch das auf Grund des Protokolls ausgefertigte Instrument vorgelesen werden müsse, ist nirgend vorgeschrieben, wird jedoch nach einem angeblichen Gerichtsbrauche verlangt. Spangenberg, Lehre von dem Urkundenbeweise, Th. I, S. 304, Note*; v. Trützschler, Anweisung rc. Th. I, S. 154. Die solenne Urkunde wurde in älterer Zeit den Zeugen und Parteien gewöhnlich zum Durchlesen gegeben, worauf die damals übliche Formel weist: „post traditam complevi". Vergl. Oesterley a. a. O. S. 310, 372. — Die preuß. Instruktion vom 11. Juli 1771 (N. C. C. Tom. V, Abth. 1, col. 271) setzt voraus, daß die Parteien das Protokoll selbst durchlesen, und verordnet §. 9: Können die Interessenten nicht lesen, so muß das Protokoll von dem Notar und von einem der Zeugen, also zwei Mal vorgelesen werden. Dadurch waren die Parteien gegen die in der Note 36 angedeuteten Uebelstände hinlänglich gesichert. Das hierauf folgende Corpus juris Frid. schreibt Th. III, Tit. 7, §. 57 nur vor: das Protokoll muß der Justizkommissarius

den Parteien langsam und deutlich vorlesen; und im §. 58: „Ist eine oder andere Partei des Schreibens nicht mächtig, so muß bei der Vorlesung des Protokolls — jedesmal ein zweiter Justizkommissarius, oder wenigstens ein Zeuge — zugezogen werden.“ Von jenem Sicherungsmittel, daß ein Anderer als der instrumentirende Notar vorlesen müsse, ist nicht Rede. Die A. G.O. wiederholt nur, daß der Notar das Protokoll langsam und deutlich vorlesen müsse. Th. II, Tit. 2, §. 44 verb. mit Tit. 7, §. 48. Aber im §. 57 und §. 67 war zusätzlich zum §. 58 des Corpus juris Frid. für den Fall, daß ein Kontrahent Geschriebenes nicht lesen könne, verordnet: daß der zweite Notar oder der statt dessen zugezogene Zeuge solchem Kontrahenten das Instrument langsam und deutlich vorlesen müsse. Hiernach war die Gültigkeit eines Notariatsinstruments der Analphabeten, welches nicht von einem Zeugen oder zweiten Notar vorgelesen worden war, streitig geworden. Dieser Streit ist durch den Plenarbeschluß (Pr. 2174) des Obertribunals, v. 4. Februar 1850 (Entsch. Bd. XVIII, S. 251), dahin erledigt, daß eine schon vor Erlaß der Notariatsordnung vom 11. Juli 1845 (also nach den Vorschriften der A. G.O.) mit einer des Lesens und Schreibens unerfahrenen Person aufgenommene Notariatsurkunde die Eigenschaft einer solchen deshalb noch nicht verliere, weil nicht einer der zugezogenen Zeugen oder ein zweiter Notar, sondern der instrumentirende Notar selbst das Dokument vorgelesen hat. Die Frage kann auf sich beruhen, denn für das nun geltende Recht interessirt sie nicht. Die vorliegende Notariatsordnung bestimmt nämlich nicht, wer die Urkunde vorlesen solle; die Vorlesung kann also geschehen durch wen immer, also auch durch den instrumentirenden Notar. Diese Abänderung des bisherigen Rechts ist nach dem Gesagten (Anm. 36) keine Verbesserung und paßt gar nicht zu der Aengstlichkeit, mit welcher man in anderen zum Theil gleichgültigen Dingen beengende Förmlichkeiten ohne praktischen Zweck bei Strafe der Nichtigkeit vorgeschrieben hat. Hier gerade wäre diese Strenge am Orte gewesen.

Uebrigens mag an diesem Orte die fehlende Einheit des Grundsatzes über das Erforderniß der Vorlesung bei Errichtung von authentischen Urkunden, je nachdem sie von einer richterlichen Person, oder von einem Notar aufgenommen werden, hervorgehoben sein. Notariatsurkunden sind als solche null und nichtig, wenn sie vor der Unterzeichnung nicht vorgelesen worden sind, oder der geschehenen Vorlesung nicht ausdrücklich Erwähnung geschehen ist. Das ist kein wesentliches Erforderniß bei Urkunden, welche ein Richter, mit dem doch der Notar, in der Regel, Konkurrenz hat, aufgenommen hat. §. 423 des Anh. z. A. G.O. (Th. II, Tit. 2, §. 44). Zu Notarien sollen aber nur Personen, welche in der gerichtlichen Praxis geübt und erfahren sind und sich als zuverlässig bewährt haben, angenommen werden. A. G.O. III, 7, §§. 9, 12. Nun hat, nach dieser Zwiespältigkeit des Grundsatzes, ein so eben fertig gewordener junger Gerichtsassessor den höchsten Grad der unfehlbaren Zuverlässigkeit und Glaubwürdigkeit, mag er sein Protokoll vorlesen oder nicht. Wird er nach langer Uebung morgen Notar, so hat er diese Eigenschaft, wie durch einen Zauberschlag der Circe, plötzlich verloren, während sein bisheriger jüngerer Kollege, dessen Mitbewerbung um dasselbe Amt wegen zweifelhafter Tüchtigkeit unberücksichtigt geblieben ist, seine fingirte Unfehlbarkeit und unbestreitbare Glaubwürdigkeit behält. Wo besteht da, frägt die Logik, der berechtigte Grund zu dieser auffallenden Zweiheit des Grundsatzes? In dem Mangel der Naturwüchsigkeit des Rechtssystems; dieses ist kein organisches Ganzes, es besteht aus einem Konglomerat von positiven Satzungen, wie sie dem augenblicklichen Gutdünken bei Erlaß der Verordnung über die einzelnen Materien oder Gegenstände eingefallen sind, ohne sie als ein harmonirendes Glied in das Ganze einzufügen.

genehmigt[42a]);

3) daß sie von den Betheiligten eigenhändig unterzeichnet, oder weshalb dies unterblieben und statt der Unterschrift ein Handzeichen beigefügt ist.

§. 15. Die solchergestalt geschlossene Verhandlung ist von den Notaren und Zeugen eigenhändig mit Vor- und Zunamen zu unterschreiben[43]).

§. 16. Die Urschrift dieser Verhandlung bleibt in den Hän-

42a) Die wörtliche Uebereinstimmung des Schlußattestes einer Notariatsurkunde in allen seinen Einzelheiten mit dem im §. 14 vorgeschriebenen Inhalte ist zur Gültigkeit jener Urkunde nicht erforderlich. Insbesondere braucht darin die von den Interessenten erfolgte Genehmigung des Protokolls nicht ausdrücklich erwähnt zu werden, vielmehr genügt, wenn das Protokoll vor seiner Vollziehung seitens der Interessenten mit den Worten: „Vorgelesen, genehmigt und unterschrieben", schließt und in dem Schlußatteste bezeugt wird, daß die Verhandlung so, wie sie niedergeschrieben worden, stattgefunden habe. Erk. des Obertr. v. 3. Februar 1854 (Arch. f. Rechtsf. Bd. XII, S. 97.)

43) Vor- und Zunamen müssen vollständig ausgeschrieben werden, sonst hat das Instrument nicht die Kraft einer Notariatsurkunde; die Anfangsbuchstaben der Vornamen vertreten nicht die vollständige Unterschrift. Erk. des Obertr. v. 8. April 1859 (Archiv für Rechtsfälle, Bd. XXXIII, S. 119).

Gemeinrechtlich war die Art und Weise, in der die Unterschrift des Notars erfolgen mußte, in keiner Zeit durch Gesetze näher bestimmt, sondern jeder Notar folgte in jedem einzelnen Falle seinen Ansichten über das Nothwendige, daher die Unterschrift desselben Notars nicht unter allen von ihm aufgenommenen Urkunden gleichlautend ist. Der Namen wird bald mit Vor- und Zunamen angegeben, bald nur mit dem einen oder anderen, auch nicht selten mit Hinzufügung des Geburts- oder Wohnorts. Oesterley, Th. I, S. 313, 465 und die dort beigebrachten Urkunden-Extrakte. Partikularrechte haben schon früher darüber Vorschriften gegeben. Die vorigen preußischen Notariatsordnungen (Corpus juris Frid. Th. III, Tit. 7, §. 73; A. G.O. III, 7, §. 56) verordneten, daß der Notar das solenne Instrument „mit seinem vollständigen Namen unterschreiben muß"; für das Protokoll war einfach die Unterzeichnung vorgeschrieben. Das neue Gesetz bestimmt im §. 15 näher, was unter dem „vollständigen Namen" zu verstehen ist.

An dem Mangel der gehörigen Fassung des Schlußattestes des instrumentirenden Notars und an der gehörigen Vollziehung der Verhandlung scheitert manches Notariatsinstrument. Unter einer von einem Notar aufgenommenen Urkunde befand sich zur Befolgung der Vorschrift des §. 15 folgendes Attest:

„Diese Verhandlung ist demnächst den Komparenten in Gegenwart des Notars und der Instrumentszeugen laut vorgelesen, von ihnen genehmigt und vom Verkäufer, welcher angab, des Schreibens nicht kundig zu sein, mit drei Kreuzen, von der Käuferin aber mit ihrer Namensunterschrift eigenhändig unterzeichnet worden.

Handzeichen ××× von August Heinrich Grüneberg, bescheinigt durch Aug. Repp.
Hanna Charlotte Busche."

Hieran schließt sich das Schlußattest und die Unterschrift der Zeugen und des Notars wie folgt:

„Daß die vorstehende Verhandlung so, wie sie niedergeschrieben worden, stattgefunden hat, den Komparenten in unserer Gegenwart laut vorgelesen, von ihnen

den des Notars[44]). Die Betheiligten erhalten Ausfertigungen der=

genehmigt und, wie vorsteht, eigenhändig unterzeichnet worden ist, attestiren wir hierdurch.

August Repp. Gottlob Zemisch.
a. u. s.
N. N. (Vor= und Zunahme des Notars)."

Dieser Urkunde hat das Obertribunal auf Grund der §§. 40, 41 die Eigenschaft eines Notariatsinstrumentes aberkannt und deshalb auch derselben die Wirkung von schriftlichen Verträgen in Ansehung des Grüneberg, der das Protokoll nur unterkreuzt hatte, abgesprochen, weil das bloß von den Instrumentszeugen vollzogene Attest nicht auch als ein Attest des Notars angesehen werden könne, folglich das im §. 14 erforderte Attest auf Seiten des Notars gänzlich fehle. Denn die von den Zeugen unterschriebene Versicherung gedenke des Notars mit keiner Silbe; die darin vorkommenden Worte: „in unserer Gegenwart", und: „attestiren wir hierdurch", ließen sich sprachlich, und da der Notar durch die Schlußformel „a. u. s." seine eigene Unterschrift von der der Zeugen geschieden habe, nur auf die Zeugen beziehen, deren Namen sich unmittelbar darunter vorfänden; und außerdem sei das von den Zeugen ausgestellte Attest der Vorschrift nicht einmal entsprechend, weil die Gegenwart des Notars darin übergangen. Der Appellationsrichter (welcher die Mängel unerheblich befunden hatte) folgere aus der Unterschrift des Notars N. N. und aus den ihr vorstehenden Buchstaben „a. u. s." mit Unrecht, daß das von den Instrumentszeugen vollzogene Attest auch als ein Attest des Notars anzusehen sei, diese Buchstaben deuteten die in der Praxis bei Aufnahme amtlicher Protokolle üblichen Worte „actum ut supra" an, schlössen eine Bezugnahme auf die am Anfange der Urkunde befindliche Zeit= und Ortsangabe in sich und hätten keinen andern Sinn, als: „verhandelt (oder geschehen) wie oben", womit auf die Beendigung des Aktes hingewiesen und die Einheit des Ortes und der Zeit in der Aufnahme des Aktes bezeugt werde. (Dabei wird auf S. 26, 27 der vorigen Ausgabe dieses Werkes von 1862 [S. 37, 38 der 7. Ausgabe] und auf das dort allegirte Werk von Oesterley Bezug genommen.) Eine Versicherung über den sonstigen Inhalt der Urkunde sei darin nicht zu finden. Erk. vom 30. Juni 1865 (Archiv für Rechtsfälle Bd. LIX, S. 281).

44) Ein sehr alter Grundsatz des Notariatsrechts ist es, daß von keiner Urkunde die Urschrift (Konzept, Schede, scheda, Protokoll) abgegeben werden darf, sondern sorgfältig aufbewahrt werden muß. Die Zeit der Durchbildung und Feststellung dieses Grundsatzes ist nicht zu bestimmen. Gefördert wurde die allgemeine Annahme des Grundsatzes durch die Vorschrift des kanonischen Rechts über die Aufbewahrung der Gerichtsakten. Cap. 11 X. de probat. (II, 19). Die praktischen Vortheile bestehen darin, daß später durch Vergleichung des Originals mit der daraus verfertigten solennen Urkunde jede Verfälschung oder sonstige Unrichtigkeit der letzteren erkannt und die Urkunde im Falle ihres Verlustes durch eine neue Ausfertigung ersetzt werden konnte. S. Oesterley a. a. O. I, S. 259. Zur Sicherung dieser Vortheile treffen viele alte Statute besondere Vorschriften und Einrichtungen zur Erhaltung der Original-Protokolle. Dazu diente auch das Verbot, dergleichen Originale zu kaufen oder zu verkaufen oder zu vernichten (zu vermakuliren) oder zu anderen Zwecken zu gebrauchen, oder abzuschaben, um das Material wieder zum Schreiben zu benutzen, sowie die Vorschrift, daß Notare Bürgschaft stellen sollten, daß sie ihre Protokolle nicht von dem Orte ihrer Amtsthätigkeit (im Falle einer Ortsveränderung) entfernen würden, und auch die Vorschrift, daß die Protokollbücher verstorbener Notare in dem öffentlichen Archive der Stadt aufbewahrt werden mußten. Oesterley a. a. O. S. 283. Diese letztere Vorschrift findet sich auch in dem vorliegenden Gesetze §. 37.

selben[45]; zu diesem Zwecke ist eine wortgetreue Abschrift der Verhandlung mit allen Unterschriften anzufertigen und darunter folgender Vermerk zu setzen:

Vorstehende in das Register unter Nr.... Jahr.... eingetragene Verhandlung wird hiermit für N. N. ausgefertigt[46].

---

45) Die Ausfertigungen kann in der Regel nur der ursprünglich requirirte und instrumentirt habende Notar ertheilen. Eine Ausnahme tritt ein im Verhinderungsfalle desselben. Wie es zu halten, wenn der Notar absolut und für immer verhindert ist, wird unten §§. 37—39 bestimmt. Der Fall einer vorübergehenden Verhinderung durch Krankheit oder Abwesenheit, deren Ende der Betheiligte nicht abwarten kann, ist übergangen. Dieser Fall hängt zusammen mit der Frage über die Zulässigkeit der Substitution für einzelne Aktus. Nach Röm. Rechte war eine derartige Vertretung schlechthin verboten. Nov. 44, cap. 1 pr. §§. 1 u. 2. Den Grund der Unstatthaftigkeit der Stellvertretung fand man darin, daß bei der Person des requirirten Notars gerade auf dessen „fides et industria", wie schon Joh. Andreae bemerkt, Rücksicht genommen sei. Durantis, Spec. juris Lib. II, P. 2, §. 9, nr. 15; Oesterley a. a. O. II, S. 324. Zu einer Abweichung von dieser Regel sollte selbst Krankheit nicht berechtigen, sondern für einen solchen Fall war dem Tabellio nur gestattet, bei dem magister census, also bei der Obrigkeit die Bestellung eines Stellvertreters, der jedoch in der Station des verhinderten Notars die Urkunden aufnehmen und ausfertigen mußte, nachzusuchen. Nov. 44, cap. 1, §. 4. In Deutschland kommt es jedoch vor der Reichs-Not.-Ordn. vor, daß der requirirte Notar aus dem von ihm aufgenommenen Protokolle die solenne Urkunde für die Partei durch einen anderen Notar ausfertigen ließ. S. die Urkunden bei Oesterley I, S. 444, Note 3. Die Not.-Ordn. v. 1512 gestattete jedoch eine derartige Substitution nicht, nur die Reinschrift der Ausfertigung erlaubte der §. 8 durch einen anderen „Getreuen", worunter ein Notar zu verstehen ist, indem die Notare sich „fideles" nannten, schreiben zu lassen, welche Nachsicht später auf jeden anderen Schreiber ausgedehnt wurde; doch mußte er selbst das Mundum durch seine Unterschrift vollziehen. Der Grund der Wiederaufnahme des Verbots war, daß die Aufnahme einer Notariatsurkunde ein auf persönlichem Vertrauen beruhendes Geschäft ist und daß auch große Nachtheile daraus entstehen können, wenn die verschiedenen Theile eines Notariatsaktes von verschiedenen Personen hergestellt werden. S. Oesterley II, S. 328 und den in der Note ang. J. Canis. — Für den Fall aber, wenn ohne Mitwirkung des rogirten Notars, „der selb sei lebend oder todt", aus dessen Protokolle ein anderer Notar eine Ausfertigung ertheilen soll, verordnet die R.-Not.-Ordn. §. 17, daß dieser dazu durch den Richter autorisirt werden muß und sich nicht erlauben darf, die in dem Protokolle vorkommenden Abkürzungen in der offenen Urkunde (Ausfertigung) nach eigenem Ermessen zu extendiren, sondern gehalten sei, von dem Richter einzuholen, „was — darin begriffen oder verstanden werde." In ähnlicher Art wird auch nach preußischem Rechte, und zwar nach Analogie des §. 39 zu verfahren sein. Vergl. auch über die Vertretung der Rechtsanwalte und Notare bei Reisen die allg. Verf. v. 29. Oktober 1853, Nr. 4 (J.M.Bl. S. 378).

46) Diese Ausfertigungsformel enthält viele überflüssige Worte. Die Formel: „Ausgefertigt für den . . . ." würde das Gleiche thun. Die Register-Nummer steht schon auf dem Originale und muß auf dem wortgetreuen Mundum wieder erscheinen. Die besondere Attestirung, daß die Verhandlung unter jener Nummer wirklich eingetragen worden sei, ist zwecklos.

Sind mehrere Exemplare ausgefertigt, so wird dies hier beigefügt[47]).

Unter diesen Vermerk muß der Ort, das Jahr, der Monat und Tag der erfolgten Ausfertigung gesetzt[48]), das Notariatssiegel, welches zugleich die Schnur, wodurch mehrere Bogen mit einander zu verbinden sind, halten muß[49]), beigedrückt, und diese Ausfertigung von dem Notar eigen-

---

Die durch den §. 16 in das preußische Notariatsrecht neu eingeführte Ausfertigungsform gehört der neueren Zeit an. Das Verfahren zur Errichtung einer Notariatsurkunde nach der alten Form bestand darin, daß der Notar erst ein Protokoll (scheda, imbreviatura) formlos aufnahm und vollziehen ließ, auch dann selbst unterzeichnete. Dies schreibt auch die R.-Not.-Ordn. v. 1512, §. 5 vor: „fürter so bevelhen wir, daß ain yeder Notarius in alle wege beflissen seyn soll, zu haben, mit höchstem fleiß zu verwaren, auch nach ym zu verlassen, ain Prothocol, darin alle und yede handlung vor ym ergangen, darzu er gebetten wirt, durch ym selbs vnd nit durch yemand andern nach yrer Ordnung beschriben." Aus diesem verfaßte er das selbstständige, ausführliche solenne Notariatsinstrument. Dazu machte er gewöhnlich ein Konzept; dieses wurde sauber (in alter Zeit auf Pergament) mundirt und das Mundum von den Parteien, den Zeugen und ihm selbst, unter Beidrückung seines Siegels, vollzogen, und so den Parteien ausgehändigt. Diese alte Form ist noch in der A. G.O. III, 7, §§. 48 ff. vorgeschrieben. Einen Uebergang zu der neuen Form vermitteln schon die Reskripte des J.M. v. 13. Mai 1822 (Jahrb. Bd. XIX, S. 321), v. 7. März 1834 (Erg. z. A. G.O. III, 7, §. 50, Nr. 1) und vom 11. Dez. 1835 (Jahrb. Bd. XLVI, S. 528), indem die Form des Notariatsprotokolls, in einer integralen Abschrift des Originals, für das solenne Instrument für zulässig erklärt wird. Doch ist das wesentliche Erforderniß der alten Form, daß nämlich die Reinschrift von den Parteien und Zeugen eigenhändig vollzogen sein muß, dabei aufrecht erhalten. Die neue Form besteht nicht in einer selbstständigen, aus dem Protokolle angefertigten Urkunde, sondern in einer wortgetreuen Reinschrift des Protokolls mit allen darunter befindlichen Unterschriften und Handzeichen, unter Hinzufügung der Ausfertigungsformel mit der verordneten eigenhändigen Unterschrift des Notars und Beidrückung seines Amtssiegels. Diese Form führt der §. 16 ein. Vorher war dieselbe als die regelmäßige Form schon in einigen Partikulargesetzen, z. B. der Bremenschen Not.-Ordn. von 1820, §. 17 und der Hamburg'schen von 1815, §. 9b vorgeschrieben. Vergl. rhein. Not.-Ordn. Art. 39. Die Notariatsinstrumente haben somit jetzt die Form der gerichtlichen Ausfertigungen.

47) Diese Formalität ist schon im §. 70, Tit. 7, Th. III der A. G.O vorgeschrieben, hat aber gar keinen praktischen Zweck. Daß auf dem Originale vermerkt werde: wann und wem eine Ausfertigung gegeben sei und wie viele Exemplare davon ausgefertigt worden, ist Sache der Ordnung und sowohl in italienischen Statuten wie in neueren Partikularrechten, z. B. Hamburger Not.-Ordn. v. 1815, g, Bremer Not.-Ordn. v. 1820, §. 14, rheinpreuß. Not.-Ordn. v. 1822, Art. 39, vorgeschrieben, eine Anordnung, die sich auch hier im §. 17 wiederfindet.

48) Auch wenn es derselbe Tag ist, an welchem das Protokoll aufgenommen; doch kann dann statt der wörtlichen Wiederholung auch die Formel gebraucht werden: „Geschehen am Orte, Tage und Jahr wie oben", eine Formel, welche schon im späten Mittelalter gebräuchlich war und gewöhnlich lautete: „actum anno, indictione, mense, die . . . quibus supra". Oesterley I, S. 457.

49) Aus Zweckmäßigkeitsgründen ist es alter Gebrauch, daß, wenn mehrere Bogen nöthig sind, diese so geheftet werden, daß man die Enden des Heftfadens durch das

händig mit Beifügung seines Amtstitels[50]) unterzeichnet werden[51]).

§. 17. Wieviel Exemplare der Verhandlung auszufertigen sind, hängt von den Anträgen der Parteien ab. Der Notar ist dafür verantwortlich, daß sämmtliche Exemplare genau mit einander übereinstimmen, und daß auf der Urschrift, sowie auf jedem Exemplare der Ausfertigung (§. 16) bemerkt wird[52]), wie oft die Verhandlung ausgefertigt und wem jedes Exemplar zugestellt worden.

Fernere Ausfertigungen, sowie beglaubigte Abschriften oder Auszüge darf der Notar an Niemand außer den Betheiligten, deren Erben oder Rechtsnachfolgern geben[53]).

Notariatssiegel befestigt. Mereau, zwei rechtlich praktische Abhandlungen, I. über die Fertigung der Notariatsinstrumente rc. (Jena 1787), §. 19. Derselbe Gebrauch wird auch von den Kanzleien der Gerichte beobachtet.

50) Die Beifügung des Amtstitels ist von jeher für nothwendig erachtet worden, um eine Notariatsurkunde äußerlich als solche darzustellen. Daher findet sich schon im zehnten und eilften Jahrhunderte bei der Unterschrift der Zusatz: „notarius", „notarius sacri palatii". Auch in späterer Zeit unterlassen die Notare nie zu bemerken, durch wessen Gewalt sie kreirt worden, um dadurch ihre Kompetenz nachzuweisen. Oesterley I, S. 465. Gewöhnlich nennen sie sich in ihren Unterschriften notarii publici, z. B. N. — publicus imperiali auctoritate et approbatus notarius (a. a. O. S. 467). Der Codex Frid. Th. I, Tit. 18, §. 2 und die Instruktion v. 11. Juli 1771 schrieben vor, daß der Notar bei seiner Unterschrift auch seinen Wohnort und wo er immatrikulirt sei, bemerke, damit die Parteien ihrer Reception und Kompetenz versichert seien. Alles dieses wird in der heutigen Notariatspraxis durch die der Unterschrift beigefügte Bemerkung ausgedrückt: „Königlicher (oder öffentlicher) Notar im Departement des Königl. Appellationsgerichts zu N."

51) Die Verletzungen der im §. 16 vorgeschriebenen Förmlichkeiten unterliegen nicht der Strafe der Unkräftigkeit der ganzen Urkunde. §. 41.

52) Vergl. oben Anm. 47.

53) Wenn es doch geschieht, so ist dies disziplinarisch zu rügen; Nichtigkeit der Urkunde folgt nicht aus der Uebertretung der Vorschrift. §. 41. Die rheinpreuß. Not.-Ordn. Art. 41 droht eine Geldbuße von 50 Thlr. und im Wiederholungsfalle Dienstentsetzung, außer der Verpflichtung zum Schadenersatze, an. Wem Ausfertigungen ertheilt werden dürfen, ist Gegenstand besonderer Bestimmung in vielen Partikularrechten. In der Regel wird die Bewilligung des Requirenten oder des Richters gefordert. Die Instr. v. 11. Juli 1771 schrieb im §. 13 vor: Dritten dürfen nie ohne richterlichen Befehl Abschriften ertheilt werden; und die A. G.O. III, 7, §. 103 verordnet, daß außer den Interessenten und deren Erben der Notar nicht befugt sei, irgend jemandem Abschrift eigenmächtig mitzutheilen, sondern er dazu den Befehl des vorgesetzten Landesjustizkollegii, welches die diesfällige Befugniß des Imploranten näher zu beurtheilen habe, abwarten müsse. Von dieser richterlichen Mitwirkung ist in dem neuen Gesetze keine Rede, wahrscheinlich, weil die nähere Beurtheilung der „diesfälligen Befugniß des Imploranten" auf dessen einseitigen Vortrag nicht thunlich ist. Denn die Frage: ob und unter welchen Voraussetzungen ein Notar verpflichtet sei, ein hinter ihm befindliches Protokoll auf Antrag eines Dritten zu ediren, ist nach den allgemeinen Grundsätzen über Urkundenedition zu entscheiden. Mevius, Decis. P. III, dec. 356; Oesterley a. a. O. II, S. 479. Vergl. Baden'sche Notar.-Ordn. v. 3. November

§. 18. Wird von einem der Betheiligten, deren Erben oder Rechtsnachfolgern eine anderweitige Ausfertigung erbeten, sei es, daß sie keine erhalten haben, oder daß sie einer neuen Ausfertigung bedürfen, so muß, wie im Falle des §. 17, der Name des Empfängers und der Tag der Verabfolgung auf der Urschrift vermerkt und in der Ausfertigungsklausel (§. 16) der Grund, weshalb die neue Ausfertigung ertheilt ist, angegeben werden[54]).

§. 19. Die Notare sind verpflichtet, über die Verhandlungen, bei denen sie mitgewirkt haben, die Verschwiegenheit zu beobachten[55]).

1806, Nr. 18, rheinpreuß. Not.-Ordn. v. 25. April 1822, Art. 41 a. E., und Bremen'sche Not.-Ordn. v. 1820, §. 16.

(8. A.) Ist ein Hypotheken-Instrument erst nachträglich über eine eingetragene Post für den Cessionar derselben unter Benutzung einer beglaubigten Abschrift des betr. Vertrages ohne Zuziehung des Schuldners gebildet, so kann sich der Cessionar gegen die Zahlungseinwendungen des Schuldners weder auf den §. 17 des G. vom 24. Mai 1853 noch auf §. 522, I, 20 des A. L.R. berufen. Erk. des Obertr. vom 31. März 1865 (Arch. f. Rechtsf. Bd. LIX, S. 36).

54) Vergl. oben Anm. 47. Auch diese Vorschrift steht nicht unter der Strafe der Nichtigkeit, §. 41; deren Nichtbefolgung ist disziplinarisch zu rügen, vorbehaltlich der Verpflichtung zur Schadloshaltung.

55) Zur Verschwiegenheit ist der Notar verbunden vermöge des Rechtsverhältnisses, in welches er zu den Parteien durch die Requisition (Rogation) tritt; denn die Verschwiegenheit ist ein Bestandtheil der Treue und Redlichkeit, welche die zweite seiner Kardinalpflichten ist. A. G.O. III, 7, §§. 19 u. 23. Darnach darf der Notar Privatgeheimnisse, welche ihm kraft seines Amtes anvertraut sind, unbefugterweise nicht offenbaren und die aufgenommenen Protokolle und Urkunden keinem dazu nicht besonders Berechtigten mittheilen. §. 23 a. a. O. Vergl. R.-Not.-Ordn. v. 1512, §. 22. Durch die Verletzung der Pflicht zur Verschwiegenheit vergeht sich der Notar nicht allein gegen die Betheiligten, sondern zugleich auch gegen den Staat, welchem gegenüber er die Verbindlichkeit übernommen hat, das ihm anvertraute Amt gesetzmäßig, treu und redlich und bereitwillig zu verwalten. A. G.O. a. a. O. §. 19. Dadurch ist der Staat berechtigt, gegen den pflichtvergessenen Notar auch ohne Parteiantrag strafend vorzugehen. Liegt ein eigentlicher Treubruch vor, so kommen die gemeinen Strafgesetze (Str.Ges.B. §. 155) zur Anwendung und es liegt dem Staatsanwalte ob, die Anklage im gewöhnlichen Strafprozesse zu erheben. Nach dem neuen Strafrechte (§. 155) ist es nicht klar, was in Ansehung des Vorsatzes zum Thatbestande des Treubruchs erforderlich ist. Gemeinrechtlich genügt dazu nicht jede absichtliche Mittheilung solcher Thatsachen, welche der Notar hätte geheim halten sollen, vielmehr ist erforderlich, daß die Verschwiegenheit gebrochen worden sei in der Absicht der Partei zu schaden. Gans, von dem Amte der Fürsprecher, S. 165, 171; Oesterley a. a. O. II, S. 279. Von diesem Merkmale weiß der §. 155 des Str.G.B. nichts: es heißt bloß: — — Personen, welche unbefugterweise Privatgeheimnisse offenbaren. Der Begriff der Offenbarung setzt ein bewußtes und vorsätzliches Handeln, nämlich die vorsätzliche Aufdeckung einer verborgenen Sache, voraus, der §. 155 fordert sonach für die Anwendung der angedrohten Strafe ein bewußtes und vorsätzlich unternommenes Bekanntgeben eines Geheimnisses. Aber die Beabsichtigung eines bestimmten Zwecks, die Absicht der Schadenszufügung durch die Offen-

§. 20. Bei den bestehenden Vorschriften, welche die Notare verpflichten, den Gerichten oder anderen Behörden beglaubigte Abschriften der Urkunden mitzutheilen oder davon Kenntniß zu geben, verbleibt es auch fernerhin[56]).

§. 21. Wollen die Interessenten nur die Unterschrift eines von ihnen vollzogenen Instruments anerkennen, so ist der Notar weder schuldig noch befugt, von dem Inhalte des Instruments Kenntniß zu nehmen.

In diesem Falle wird das über die Rekognition der Unterschriften aufzunehmende Protokoll, welches den in dieser Verordnung gegebenen Vorschriften entsprechen muß, unter die zu rekognoscirenden Unterschriften geschrieben.

Dieses Protokoll vertritt zugleich die in anderen Fällen nach §. 16 zu gebende Ausfertigung; der Notar hat sein Amtssiegel der Unterschrift, welche nach §. 15 erfolgt, beizufügen, und daselbst zugleich die Nummer des Registers, unter welcher die Verhandlung eingetragen ist, zu vermerken[57]).

---

barung, wird nicht gefordert, gehört also nicht zum Thatbestande einer strafbaren Offenbarung. — Fällt dem Notar eine Verletzung der Verschwiegenheit zur Last, ohne daß die Merkmale einer kriminalrechtlichen strafbaren Offenbarung (Treubruch) vorhanden sind; so kann eine solche Verletzung, unbeschadet der Entschädigungsansprüche der Interessenten, im Disziplinarwege geahndet werden. §. 43.

Die Ablegung eines Zeugnisses über die Verhandlungen, bei welchen er mitgewirkt hat, kann ein Notar nicht ablehnen. Erk. des Obertr. v. 6. Juni 1863 (J.M.Bl. S. 219).

56) Instruktion vom 12. Juni 1835 (Jahrb. Bd. XLV, S. 510). Dem R. vom 9. September 1834, wegen Anzeige der über das Eigenthum eximirter Grundstücke aufgenommenen oder anerkannten Verträge zu den Grundakten behufs Abnahme des Huldigungseides, wird durch Befolgung jener Instruktion genügt.

57) Dies ist eine Abart einer dritten gemeinrechtlichen Form zur Errichtung von Notariatsinstrumenten, welche durch den §. 13 der Not.-Ordn. v. 1512 veranlaßt worden ist. Das Verfahren hierbei, welches nicht dem §. 13 a. a. O. entspricht, und deshalb nur eine Abart der daselbst gestatteten Form ist, die gleichfalls in Uebung war und noch jetzt, im §. 22 des vorliegenden Gesetzes, aufrecht erhalten ist, ist folgendes: Die Betheiligten haben, ehe sie sich an den Notar wenden, über das verabredete Rechtsgeschäft eine Schrift aufgesetzt oder vielleicht durch den Notar selbst aufsetzen lassen, unterschreiben solche und erscheinen damit vor Notar und Zeugen, um die Unterschriften beglaubigen zu lassen. Oesterley a. a. O. II, S. 462. Hierbei nimmt der Notar von dem Inhalte keine amtliche Kenntniß. Diese Abart war von der preußischen Gesetzgebung aufgenommen worden und ist im Corp. jur. Frid. Th. III, Tit. 7, §§. 94—96, so wie in der A.G.O. Th. III, Tit. 7, §§. 75—77, weiter ausgebildet. Hiernach ist der Notar weder schuldig noch befugt, sich um den Inhalt des Schriftstücks, oder um die Legalität der darin vollzogenen Handlung zu bekümmern, doch hat die Notariatshandlung nur die Wirkung, daß dergleichen Instrument von den Parteien nachher nicht eidlich diffitirt werden kann. In allen anderen Stücken behält es die Qualität und Wirkung eines bloßen Privatinstruments. Die Zuziehung von Zeugen hierbei ist nicht überall erforderlich, namentlich nicht nach der Bremen'schen Not.-Ordn. v. 1820, §. 13, welche übrigens diese Form in den §§. 25, 26 aus-

In den Händen bleibt nur der Eintragungsvermerk im Register zurück.

§. 22. Wenn nicht bloß die Unterschrift, sondern auch der Inhalt der Urkunde anerkannt werden soll (A. G.O. Th. I, Tit. 10, §. 125), so wird die Urkunde in Gegenwart der Zeugen oder des zweiten Notars vorgelesen und, nachdem sie anerkannt worden, der im Verwahr des Notars verbleibenden Urschrift der Verhandlung angeheftet und mit derselben ausgefertigt[58]).

---

drücklich anerkennt. Die A. G.O. a. a. O. §. 76 aber fordert ausdrücklich die Zuziehung eines zweiten Notars oder zweier Zeugen. Das ist auch in dem vorliegenden §. 21, Abs. 2 beibehalten, wogegen das neue Gesetz über den Effekt der bloßen Rekognition der Unterschriften schweigt. Der darüber in der A. G.O. a. a. O. §. 77 ausgesprochene Grundsatz ist jedoch, ungeachtet der formellen Aufhebung der alten Vorschriften und namentlich auch dieses §. 77 (§. 45), keineswegs außer Kraft gesetzt, er wird gehalten durch den §. 133, Tit. 10, Th. 1 der A. G.O. und §. 26 a. E. Th. II, Tit. 3. Die Verletzung der im §. 21 vorgeschriebenen Förmlichkeiten hat Nichtigkeit der Rekognitionsurkunde zur Folge. §§. 41, 42.

58) Dies ist die wahre gemeinrechtliche Form, von welcher in der vor. Anm. 57 ausgegangen ist. Der §. 13 der R.-Not.-Ordn. v. 1512 fährt nach einer vorgängigen Warnung, daß die Notare ihre Protokolle nicht durch die Parteien oder dritte Personen extendiren und von diesen die Instrumente ingrossiren (mundiren) lassen sollten, welche ihnen dann nur zur Unterzeichnung vorgelegt würden, fort: „Aber ain anders were, wo zuvor unn ehe der contract oder handel abgeredt unn vollendt were, solich extensiones were von beiden contrahenten, oder yr ainem geschehen, vnd alßdan vor ynen vnd den gezeugen vnd Notarien verlesen, vnd solchs den partheyen, wie verlesen, gefellig were, vnd der Notarius darüber ersucht würde; dan alsdan so möcht der Notarius sie herlich schreiben, das sie (die) approbirten Form vor ym vnd den verordneten Zeugen contrahirt vnd gehandelt, vnd solchs zu andern in sein Prothocol schreiben, vnd Instrument darüber machen.“ Die Stelle lautet in der alten lateinischen Uebersetzung etwas klarer so: „Secus tamen esset, si, antequam contractus seu actus absolveretur seu concluderetur, talis extensio, sive ab ambobus contrahentibus, sive altero eorum fieret, et postea coram ipsis et notario et testibus legeretur, et, ubi sic contrahentibus placeret, ex tunc notarius rogaretur. Posset enim tunc notarius secure scribere partes juxta istam extensam formam ipsis lectam et approbatam, coram se et testibus requisitis contraxisse et egisse, ac ceteris prothocollis suis adjungere atque postea publicare.“ „Publicare“ heißt: zum öffentlichen Glauben (oder in öffentlich glaubwürdiger Form) ausfertigen. Das hiernach gebilligte Verfahren war schon zu Durantis' Zeit, wie er im Spec. jur. Lib. II, Partic. II, §. 8, Nr. 36 bezeugt, allgemein verbreitet, und bestand darin, daß die Parteien mit einem von ihnen oder einem Dritten verfaßten ausführlichen Aufsatze (extensio) über das verabredete Rechtsgeschäft sich zu dem Notar begaben, daß ihnen in dessen und der zugezogenen Zeugen Gegenwart der Aufsatz vorgelesen, von ihnen genehmigt und dann der Notar requirirt wurde, über diese Handlung ein Dokument zu verfassen; daß der Notar demgemäß hierüber ein Protokoll, dem jener Aufsatz einverleibt oder beigefügt wurde, aufnahm, und sodann daraus das solenne Instrument entwarf. Damit waren alle wesentlichen Förmlichkeiten eines Notariatsinstruments beobachtet. Mit der Zeit vernachlässigte man das wesentliche Erforderniß der Zurückbehaltung des Originals. Man legt in neuester Zeit dem Notar und den Zeugen die Reinschrift vor, diese wird von den Parteien, nachdem sie vorgelesen und von ihnen ge-

§. 23. In Ansehung der Formen der Wechselproteste[59]) und Vidi=

nehmigt worden, unterschrieben, und der Notar attestirt dann gewöhnlich nur, daß, nachdem er dazu requirirt, in seiner und der zugezogenen Zeugen Gegenwart zu der und der Zeit und an dem und dem Orte die vorstehende Urkunde vorgelesen sei, und daß die Parteien deren Inhalt durchgehends genehmigt und darauf die Urkunde eigenhändig unterschrieben hätten. Der Notar unterzeichnet dann mit den Zeugen dieses Attest, untersiegelt dasselbe und händigt so das Originalinstrument den Parteien aus. Ein besonderes Protokoll wird nicht aufgenommen. Oesterley a. a. O. II, S. 465. Vergl. Bremen'sche Not.-Ordn. von 1820, §§. 14, 29. Gewöhnlich behält der Notar eine Abschrift der ganzen Urkunde bei seinen Akten zurück; eine simple Abschrift kann jedoch das Original selbstverständlich nicht ersetzen und dient in den betreffenden Fällen zu nichts.

Dem vorigen preußischen Notariatsrechte war diese Form unbekannt, obgleich sie im materiellen Civilrechte, z. B. A. L.R. I, 13, §. 115; A. G.O. I, 10, §. 125, vorausgesetzt wird. Der vorliegende §. 22 führt dieselbe ganz neu ein und zwar mit sehr zweckmäßiger Wiederherstellung des alten Verfahrens in den wesentlichen Erfordernissen. Die Verletzung der vorgeschriebenen Förmlichkeiten hat hier gleichfalls Nichtigkeit der Notariatshandlung als solcher zur Folge. §§. 41, 42.

59) Eine allgemeine Regel ist, daß ein Notar nicht seine eigene Handlung beurkunden kann. Nach dieser Regel wäre zur Herstellung einer Protesturkunde erforderlich, daß vor dem Notar an dem Orte, wo die Präsentation des Wechsels vor sich zu gehen hat, der protestirende Wechselinhaber erschiene, dort die ihm obliegende Wechselhandlung vollzöge, d. h. den Wechsel dem Protestaten vorzeigte und sein Begehren stellte, und daß nun der Notar über den Vorgang, seiner Wahrnehmung gemäß, eine öffentliche Urkunde errichtete. Dies schreibt z. B. die Altenburg'sche Wechselordnung von 1750 auch wirklich vor. Durch Gewohnheit ist es jedoch jetzt wohl überall eingeführt, daß der Notar selbst den Auftrag des Wechselinhabers zur Verrichtung der betreffenden Handlung übernehmen und sowohl über diesen Auftrag wie auch über dessen Vollziehung eine öffentlich glaubwürdige Urkunde ohne Mitwirkung der Betheiligten aufnehmen darf. Hierin macht die Einlegung der Wechselproteste eine eigenthümliche Ausnahme von jener Regel. Zwei andere Ausnahmen von den regelmäßigen Formalitäten macht die Beurkundung der Wechselproteste darin, daß heutzutage, nach Art 87 der A. D. W.O. — vorher war es gemeinrechtlich und auch nach manchen Partikularrechten, nicht aber nach dem A. L.R. II, 8, §. 1036, anders — es der Zuziehung von Zeugen oder eines Protokollführers hierbei nicht bedarf, und daß auch die Unterschrift der Betheiligten nicht erforderlich ist. Hierauf bezieht sich die Vorschrift des vorliegenden §. 23, daß es in Ansehung der Formen der Wechselproteste bei den bestehenden Gesetzen verbleibe. Damit sind die Vorschriften der A. G.O. III, 7, §. 78 und des A. L.R. II, 8, §§. 1035 u. f. gemeint. An die Stelle des A. L.R. sind aber die Artt. 87 bis 90 der Allg. D. Wechsel-Ordn. getreten, insofern diese jene Paragraphen abändern; im Uebrigen sind sie Ergänzungen oder Zusätze zu denselben.

Das Verfahren ist folgendes: Der Notar empfängt von dem Wechselinhaber den Wechsel und den Auftrag, einen gewissen Protest zu erheben, begiebt sich zu dem Verpflichteten, präsentirt diesem den Wechsel, stellt an ihn das seinem Auftrage entsprechende Begehren, nimmt dessen Erklärung darüber entgegen, und fertigt über den Vorgang eine öffentliche Urkunde, gewöhnlich in Form eines Protokolls, aus, welches er unterschreibt und mit seinem Amtssiegel untersiegelt. Diese Beurkundung muß sogleich hintereinander, wenigstens an demselben Tage, an welchem die Handlung

mationen[60]) bleibt es bei den bestehenden Gesetzen.

---

vorgegangen ist, geschehen. A. D. W.O. Art. 88 und Erk. des Obertrib. vom 2. Mai 1854 (Entsch. Bd. XXVII, S. 444). Was die Protesturkunde wesentlich enthalten muß, schreibt der Art. 88 sehr bestimmt vor; jede Verletzung einer dieser wesentlichen Erfordernisse hat Nichtigkeit des Protestes zur Folge. — Eine bloße Ordnungsvorschrift, die sich schon in vielen Partikular-Wechselordnungen findet, ist die, daß alle Wechselproteste ihrem ganzen Inhalte nach in ein besonderes Protestbuch vom Notar eingetragen werden müssen. Diese Formalität schreibt die A. D. W.O. im Art. 90 als allgemeine Norm vor; die Vernachlässigung der Vorschrift wird disziplinarisch geahndet.

Die Absolvirung der Protesturkunde kann auf zwei verschiedene Weisen geschehen. Entweder so, daß der Notar sein Original-Protokoll als Konzept, aber gehörig unterschrieben, in das Protestbuch einschreibt und davon eine dem Requirenten auszuhändigende Reinschrift fertigt, diese gehörig unterschreibt und mit seinem Amtssiegel untersiegelt. Oder so, daß er das auf einen besonderen Bogen (Stempelbogen, wenn der Fall stempelpflichtig ist) geschriebene Original-Protokoll, gehörig unterschrieben und besiegelt, dem Requirenten aushändigt, nachdem er dasselbe ganz vollständig in das Protestbuch abgeschrieben hat. Diese Abschrift muß er jedoch durch seine eigenhändige Unterschrift beglaubigen, damit davon auf Erfordern Duplikate gegeben werden können. Wird auf die erste Weise die Protesterhebung beurkundet, also über den Vorgang ein vollständiges und gehörig vollzogenes Protokoll in einem Zuge aufgenommen und davon eine besondere zum Umlaufe oder Rücklaufe bestimmte förmliche Ausfertigung ertheilt, so schadet es nicht, wenn diese Ausfertigung erst nach Ablauf der Protestfrist vollendet, d. h. erst nach Ablauf dieser Frist mit der verordneten Unterschrift des beurkundenden Gerichts oder selbstständigen Beamten und mit dessen Amtssiegel in der Reinschrift versehen wird. Wird dagegen von der zweiten Verfahrungsart Gebrauch gemacht, d. h. wird der thatsächliche Vorgang der Protesthandlung in Form eines Protokolls sofort in Reinschrift gebracht und diese Reinschrift ohne besondere Ausfertigung als der zum Umlauf bestimmte Protest behandelt; so muß diese zum Proteste im eigentlichen Sinne bestimmte Originalschrift innerhalb der gesetzlichen Protestfrist mit der Unterschrift des Notars und dessen Amtssiegel versehen werden, um das Recht aus dem protestirten Wechsel zu konserviren. Erk. des Obertr. vom 27. September 1864 (Entsch. Bd. LIII, S. 224).

60) Zu Vidimationen ist die Zuziehung eines zweiten Notars oder zweier Zeugen, schon nach gemeinem Rechte, nicht erforderlich, sondern die bloße Unterschrift des vidimirenden Notars und die Beidrückung seines Siegels ist hinreichend, sagt der noch geltende §. 80 der A. G.O. Th. III, Tit. 7. Das Verfahren schreibt der §. 79 ebd. vor. Der Notar muß Beides, Original und Abschrift, aufmerksam durchlesen, von einer Periode zur anderen mit einander sorgfältig vergleichen, und bei richtigem Befunde die Uebereinstimmung unter der Abschrift attestiren; auch wenn im Originale sichtbare Mängel, als Rasuren, Korrekturen, Interlineationen u. dergl. befindlich sind, dieses am Rande der Abschrift, oder unter derselben, durch eine umständliche Registratur genau bemerken. Vergl. Th. II, Tit 3, §. 27. Ist das Original ein Privatinstrument, so muß die Rekognition desselben vor Notar und Zeugen vorhergehen, wenn die vidimirte Abschrift dem Originale gleichgestellt sein soll, wobei sich von selbst versteht, daß die erfolgte Rekognition des Originals aus der Abschrift erhellen muß. Th. III, Tit. 7, §. 81. — Daß Ort und Zeit der Beglaubigung anzugeben sei, wird nicht gesagt, gemeinrechtlich war es in der älteren Zeit ungewöhnlich. Oesterley a. a. O. I, S. 332, 334. In neuerer Zeit ist es üblich geworden, das

§. 24. Wenn die Interessenten oder auch nur einer der=

---

unter die Abschrift zu setzende Beglaubigungsattest mit allen Erfordernissen einer solennen Notariatsurkunde, namentlich also auch mit der Orts= und Zeitangabe zu versehen. Oesterley II, S. 512. Das Gleiche muß nach der Vorschrift der A. G.O. III, 7, §. 79, welche zur Beglaubigung ein „Attest" fordert, angenommen werden, wird übrigens auch von der Praxis gleichförmig beobachtet. Ohne Orts= und Zeitangabe würde die Kompetenz des Notars ungewiß sein.

Eine in den Vorschriften, auf welche der §. 23 dieses Gesetzes verweiset, ganz unberührte Frage ist die: wer berechtigt sei, die Anfertigung einer vidimirten Abschrift zu verlangen. Darüber gingen die Meinungen schon unter den Glossatoren weit auseinander. Während Einige nur den Betheiligten das Recht zuerkannten, eine Exemplifikation ihrer Notariatsurkunde bewerkstelligen zu lassen, räumten Andere es einem Jeden ein, welcher sich im Besitze der Urkunde befinde, oder doch nöthigenfalls vor dem Richter ein Interesse an einer beglaubigten Abschrift nachweisen könne. Durantis, Spec. jur. Lib. II, Partic. II, §. 4, No. 2 sqq. Vergl. Oesterley I, S. 330. Dabei sind jedoch nur einfache Beglaubigungen vorausgesetzt, welche nicht in allen Beziehungen dem Originalinstrumente gleichgestellt sind. Einen solchen Unterschied macht jedoch die A. G.O. nicht, vielmehr wird den beglaubigten Abschriften die volle Wirkung der Gleichstellung mit dem Originale zugeschrieben. Tit. 7, §. 81. Deshalb kann nicht einem Jeden die Befugniß eingeräumt werden, sich von einem Instrumente, welches er einem Notar vorlegen kann, eine beglaubigte Abschrift anfertigen zu lassen. In Beziehung auf diejenigen Urschriften, welche sich in Verwahrung des instrumentirenden Notars befinden, verbietet es der §. 17, Abs. 2 dieses Gesetzes ausdrücklich und es kann kein begründetes Bedenken haben, dieses Verbot als ein allgemeines auf alle anderen Fälle zu beziehen.

Es ist noch einer Beschränkung der Befugniß oder Kompetenz der Notare bei Beglaubigungen zu gedenken. Gemeinrechtlich wurde nach den Ansichten der italienischen Juristen unterschieden zwischen einfachen Beglaubigungen, welche nur das Andenken an das Original zu erhalten bestimmt waren und das Original nur hinsichtlich seines Inhaltes suppliren sollten, und solchen beglaubigten Abschriften, welche mit voller Wirkung die Stelle des Originals vertreten sollten. In diese letztere Kategorie gehört namentlich die s. g. refectio instrumenti, d. h. die Anfertigung eines neuen Instrumentes auf der alten Grundlage. Veranlassung dazu kann sein der Verlust oder die Zerstörung des Originals, oder auch die durch Einwirkung äußerer Einflüsse theilweise schadhaft oder unleserlich gewordene Beschaffenheit des noch vorhandenen Originals, dessen Unterlagen nicht mehr vorhanden sind. Der letzte Fall ist der wichtigste; wir nennen die in diesem Falle unternommene Herstellung einer dem Originale gleichgestellten Abschrift „Erneuerung oder Renovation" einer Urkunde. A. G.O. II, 3, §. 29. Manche Neuere halten diese Art der Exemplifikation für ein eigenthümliches Geschäft der freiwilligen Gerichtsbarkeit, wozu die Mitwirkung der Parteien erforderlich ist. Oesterley I, S. 339. Abgesehen hier von diesem Falle ist zur Herstellung einer mit dem Originale gleiche Kraft haben sollenden Abschrift wesentlich nothwendig, daß die Abschrift von dem Originale genommen worden und auch daß die als Original vorgelegte Urkunde echt sei, d. h. von demjenigen herrühre, welcher darin als Aussteller bezeichnet ist. Darauf beruhet die Beweiskraft des neuen Exemplars. Der Notar muß daher die Echtheit mit bezeugen und er thut dies, indem er attestirt, daß die Abschrift mit dem vorgelegten Original gleichlautend sei, das Attest schließt mithin selbstverständlich in sich, daß das Original echt gewesen sei. Der Notar muß also von der Echtheit überzeugt gewesen sein.

selben sich in deutscher Sprache[60a]) auszudrücken nicht im Stande

Hat er selbst das Original ausgefertigt, so ist dabei kein Zweifel, denn er rekognoscirt ja die Urkunde als eine solche, die von ihm herrührt. Ist das Original eine Privaturkunde, so wird seine Ueberzeugung durch die nothwendig vorangehende Rekognition der Parteien, worüber ein selbstständiger Akt aufgenommen wird, hergestellt. Mit öffentlichen Urkunden aber, welche von einer anderen öffentlichen Person herrühren, ist es anders, hier fehlen ihm die untrüglichen Ueberzeugungsmittel; hier kann die Ueberzeugung von der Echtheit der als Original vorgelegten Urkunde nur durch Reflexion und Schlußfolgerung, also nur durch ein Urtheil erlangt werden. Ein solches Urtheil zu fällen liegt nicht in dem Berufe und Amte eines Notars. Deshalb wurde dazu die Mitwirkung des Richters gefordert. Oesterley a. a. O. I, S. 330 ff.; II, S. 501 ff. und die dort Angeführten, und §. 10 der Reichs-Not.-Ordn. v. 1512: „. . . es gehört dem Richter, vnd nit dem Notarien zu, auff vermutung vnd presumption zu ermessen, sunder allain von dem zu schreiben, so mit leiblichen sinnen empfangen were . . . . dieweil er, der Notarius, ainem zeugen gleich schreiben sol." Und selbst das richterliche Ermessen ist, wenn der Richter den Aussteller nicht vernehmen kann, unsicher, weshalb nur diejenige öffentliche Behörde oder Person, von welcher die Originalurkunde herrührt, eine authentische Abschrift davon sollte geben können. Mit dieser Geschichte hangen zusammen die besonderen Vorschriften der A. G. O. über die in Rede stehende Kompetenz. Es werden hier ebenfalls unterschieden bloße (einfache) Vidimationen und solche vidimirte Abschriften, welche die Stelle des Originals vertreten, und mit demselben gleiche Kraft haben. Th. II, Tit. 3, § 28. Mit Beziehung hierauf ist verordnet:

a) Vidimirte Abschriften kann nur dasjenige Gericht, bei welchem die Ausfertigung des Originals geschehen ist, ertheilen; Notare sind nur zu bloßen (einfachen) Vidimationen befugt. Ebd. §. 28 u. Th. III, Tit. 7, §§. 80, 81.

b) Renovationen (Refektionen) können, unter Beobachtung eines bestimmten Verfahrens, mit voller Wirkung nur gerichtlich erfolgen. Th. II, Tit. 3, §. 29 u. Th. III, Tit. 7, §. 81. Die Quelle dieses eigenthümlichen Exemplifikationsprozesses, welchen einige Neuere schon für ein gemeinrechtliches Institut halten, hat man im cap 16 X de fide instrumentorum (II. 22) zu finden geglaubt. Claproth, theor. prakt. Rechtswissenschaft von freiwilligen Gerichtshandlungen, §. 247; Gensler, im Kommentar zu Martin's Prozeß, Th. I, S. 364; Linde, Abhandl. aus dem Gebiete des Civilprozesses, Bd. II, S. 8.

Die erste Beschränkung (a) ist durch die K.-O. v. 6. November 1834 (G.S. S. 180) aufgehoben. Nach derselben sollen beglaubigte Abschriften gerichtlich aufgenommener oder konfirmirter Instrumente, wenn sie auch nicht von demselben Gerichte, von welchem das Original aufgenommen oder bestätigt worden, sondern von einem anderen inländischen Richter oder von einem inländischen Notarius ausgefertigt sind, die Stelle des Originals mit voller Wirkung zu vertreten geeignet sein. In der ausschließlichen Kompetenz der Gerichte für Renovationen ist nichts geändert, weil hierzu obrigkeitliche Autorisation (imperium) erforderlich ist.

60a) Gestritten und widersprechend erkannt worden ist darüber: ob es zur Gültigkeit einer Notariatsurkunde, wenn ein Kontrahent nicht in der hochdeutschen, wohl aber in der plattdeutschen Sprache sich auszudrücken versteht, der Aufnahme eines Nebenprotokolls, beziehungsweise der Zuziehung eines Dolmetschers bedürfe. Das Obertribunal hat die Frage verneinend entschieden. Wer sich in plattdeutscher Sprache ausdrücken könne, drücke sich immer in deutscher Sprache aus und allein hierauf komme es an. Erk. vom 24. Juni 1864 (Entsch. Bd. LIII, S. 377). Die platt-

sind[61]), so muß die Aufnahme der Verhandlung jederzeit in deutscher Sprache und in derjenigen Sprache erfolgen, in welcher die Betheiligten sich auszudrücken im Stande sind[62]).

§. 25. Sind der Notar und die beiden Zeugen, oder, wenn keine Zeugen zugezogen sind, beide Notare der fremden Sprache, worin die Betheiligten sich auszudrücken im Stande sind, mächtig, so erfolgt die Aufnahme und Vollziehung des Protokolls in beiden Sprachen, ohne daß es der Zuziehung eines Dolmetschers bedarf[63]).

---

deutsche Sprache ist keine einheitliche deutsche Sprache und auch keine Schriftsprache, sie zerfällt in eine große Anzahl von Mundarten des Niederdeutschen, von welchen nur einige wenige in der Literatur von Einzelnen beachtet worden sind, z. B. der in einigen Gegenden von Schlesien übliche Dialekt (der nicht überall in Schlesien der gleiche ist) von v. Holtei, der mecklenburgische von Reuter. Ein Nebenprotokoll in einer allgemein üblichen plattdeutschen Sprache kann also nicht geführt werden, weil es eine solche Schriftsprache nicht giebt. Die Mundarten des Niederdeutschen, mit Ausnahme des Holländischen und Vlämischen, haben sich dem Hochdeutschen untergeordnet.

61) Gemeinrechtlich wird die Zuziehung von Dolmetschern nur dann für nothwendig gehalten, wenn die Kontrahenten weder die deutsche, noch die lateinische Sprache verstehen; denn es kann auch in der lateinischen Sprache instrumentirt werden. Nach preußischem Rechte aber ist die deutsche Sprache die obligate Gerichtssprache, welche dem Sprachunkundigen in dessen Sprache durch einen Dolmetscher übersetzt werden muß; hierüber ist die Privatwillkühr unstatthaft. §. 35. Das Verfahren mit Dolmetschern vor Notarien hat sich in der A. G.O. keiner besonderen Berücksichtigung zu erfreuen gehabt, nur durch die allgemeine Verweisung der Notare auf die den Gerichten im zweiten und dritten Titel des zweiten Theils gegebenen allgemeinen und besonderen Vorschriften und Anweisungen in Beziehung auf die Aufnehmung der Handlungen der freiwilligen Gerichtsbarkeit und der Protokolle darüber, §. 48, Tit. 7, Th. III, waren die Notare auf den §. 37, Th. II, Tit. 3 hingewiesen, wo vorgeschrieben ist, wie der Richter zu verfahren habe, wenn einer oder beide Theile, welche die Handlung vornehmen wollen, der deutschen Sprache nicht mächtig sind Zur Ergänzung dieser lückenhaften Vorschriften der A. G.O. über die Aufnahme von Notariatsurkunden in fremden Sprachen wurde das ausführliche Gesetz v. 9. Juli 1841 (G.S. S. 129) gegeben. Dieses ist, seinem wesentlichen Inhalte nach, größtentheils wörtlich, hier aufgenommen und in den §§. 24 bis 35 enthalten, und deshalb im §. 45 aufgehoben. Die Vorschriften der rheinpreuß. Not.-Ordn. vom 25. April 1822, Artt. 34 u. 35, weichen hiervon in zwei wesentlichen Punkten ab, nämlich darin, daß die Requirenten ihre in ihrer Sprache abgefaßte Erklärung dem Notar überreichen, in seiner und der Zeugen Gegenwart unterschreiben und zu deren Uebersetzung einen Dolmetscher wählen müssen; und darin, daß der Justizminister ermächtigt ist, für diejenigen Bezirke in den Rheinprovinzen, wo die deutsche Sprache nicht die gewöhnliche Landessprache ist, von dem Gebrauche der deutschen Sprache bei Abfassung der Notariatsurkunden Ausnahmen zu machen.

62) Die Verletzung dieser Vorschrift ist mit Nichtigkeit der Urkunde bedroht. §§. 41, 42.

63) Der §. 25 ist unter denjenigen genannt, deren Bestimmungen als wesentliche Förmlichkeiten anzusehen sind. §. 41. Das darf nicht auf den Schluß des §. 25 bezogen werden, nämlich auf den Fall, wenn alle Urkundspersonen die Sprache der Betheiligten

§. 26. Ist aber auch nur eine der bei Aufnahme der Verhandlung mitwirkenden Personen der fremden Sprache nicht mächtig, so muß ein Dolmetscher zugezogen werden, welchen die Parteien selbst wählen, oder durch den Notar wählen lassen[64]).

§. 27. Sind bei dem Geschäfte mehrere Personen, welche sich nur in fremder Sprache ausdrücken können, betheiligt, und ist die Sprache derselben verschieden, so ist für jede Sprache ein besonderer Dolmetscher nöthig; es soll jedoch die Zuziehung eines Dolmetschers genügen, wenn dieser die Sprache sämmtlicher Betheiligten versteht[65]).

§. 28. Der Dolmetscher muß als solcher vor Gericht vereidigt sein; den Betheiligten steht jedoch frei, sich über einen unvereidigten Dolmetscher zu vereinigen.

§. 29. Der Dolmetscher muß die Eigenschaften eines gültigen Instrumentszeugen haben (§§. 7, 8 u. 9). Das Verbot des §. 5 findet auch auf sein Verhältniß zu dem zugezogenen zweiten Notar oder den Instrumentszeugen Anwendung.

§. 30. Der Notar erforscht die Willensmeinung der Parteien durch den Dolmetscher, nimmt die Verhandlung in deutscher Sprache auf, läßt solche den Betheiligten durch den Dolmetscher in ihrer Sprache vortragen, und von dem Dolmetscher mit den Parteien unterzeichnen. Der Dolmetscher kann auch, wenn die der deutschen Sprache nicht mächtige Person des Lesens und Schreibens unkundig ist, deren Handzeichen nach §. 13 attestiren.

Der in deutscher Sprache aufgenommenen Verhandlung wird eine von dem Dolmetscher verfaßte Uebersetzung in der fremden Sprache beigefügt, die von denselben Personen zu unterzeichnen ist, welche die deutsche Verhandlung unterzeichnet haben[66]).

---

verstehen und doch ein Dolmetscher zugezogen worden ist. Hier gilt die Regel: superflua non nocent, und utile per inutile non vitiatur. Der §. 25 sagt auch nur: es bedarf der Zuziehung nicht, verbietet sie aber nicht. Die Androhung der Nichtigkeit bezieht sich auf den Fall, wenn nicht sämmtliche Urkundspersonen jener fremden Sprache mächtig sind und die Zuziehung eines Dolmetschers unterblieben ist (§. 26), oder wenn sie alle die Sprache verstehen, aber das Protokoll nicht in beiden Sprachen vollzogen ist. — Uebrigens ist darüber Meinungsverschiedenheit, ob in dem im §. 25 vorausgesetzten Falle gemeinrechtlich die Zuziehung von Dolmetschern nothwendig sei. Oesterley a. a. O. II, S. 457, Note 11.

64) Ist gleichfalls eine wesentliche Förmlichkeit. §. 41. Vergl. die vor. Note 63.

65) Der erste Theil des §. 27 ist eine wesentliche Förmlichkeit (§. 41); die Beobachtung des zweiten Theils ist fakultativ.

66) Die im §. 30 vorgeschriebenen Förmlichkeiten sind wesentliche. §§. 41, 42.

Notariatsverhandlungen müssen auch dann in der der Partei geläufigen fremden Sprache niedergeschrieben werden, wenn dieselbe zwar einige Kenntniß der deutschen Sprache hat, in derselben aber sich nur unvollständig auszudrücken vermag. Erk. des Obertr. vom 12. Oktober 1852 (Archiv f. Rechtsf. Bd. VII, S. 115).

§. 31. Das Protokoll muß außer demjenigen, was nach §. 10 erforderlich ist, enthalten:

1) den Namen, Stand und Wohnort des Dolmetschers;
2) die Bemerkung, daß derselbe gerichtlich vereidigt ist, oder daß die Parteien sich über die Zuziehung eines unvereidigten Dolmetschers vereinigt haben, und daß dem Dolmetscher keines der Verhältnisse entgegensteht, welche nach §§. 7 bis 9 und 29 von der Theilnahme an der Verhandlung ausschließen;
3) in dem Falle, wenn bei Parteien verschiedener Sprachen nur Ein Dolmetscher zugezogen worden, die Bemerkung, daß dieser die Sprache sämmtlicher Parteien versteht;
4) im Falle des §. 25 die Bemerkung, daß sämmtliche bei Aufnahme der Verhandlung mitwirkenden Personen der fremden Sprache mächtig sind[67]).

§. 32. Das unter das Protokoll nach §. 14 zu setzende Attest muß außer den daselbst Nr. 2 gedachten Personen auch des zugezogenen Dolmetschers erwähnen; dasselbe wird der deutschen Verhandlung, sowie der Uebersetzung, in deutscher Sprache beigefügt und nach §. 15 unter beiden Exemplaren unterzeichnet[68]).

§. 33. Bei den Ausfertigungen werden Unterschrift und Uebersetzung entweder nach einander oder in neben einander fortlaufenden Spalten geschrieben[69]), so daß sich der in deutscher Sprache beizufügende Ausfertigungsvermerk (§. 16) zugleich auf Urschrift und Uebersetzung bezieht[70]).

§. 34. Im Großherzogthume Posen bleibt es rücksichtlich des Attestes §. 32 und des Vermerks §. 33 bei der besonderen Vorschrift des §. IX der Verordnung vom 16. Juni 1834 (G.S. S. 75)[71]).

---

67) Alle diese Vorschriften sind wesentliche; die Verletzung auch nur einer der vorgeschriebenen Förmlichkeiten hat die Nichtigkeit der Notariatsurkunde zur Folge. §§. 41, 42.

68) Sind gleichfalls wesentliche Förmlichkeiten. §§. 41, 42.

69) In diesem Falle wird der vorgeschriebene Ausfertigungsvermerk über die ganze Blattseite durch beide Spalten durchgeschrieben.

70) Die im §. 33 vorgeschriebene Förmlichkeit ist gleichfalls eine wesentliche §§. 41, 42.

71) Diese Vorschrift lautet:

„Was den Gebrauch der polnischen Sprache betrifft, so enthält die Verordnung vom 9. Febr. 1817, Abschnitt IV, §§. 143—156 (G.S. S. 51 u. 53) die Bestimmung darüber. Es tritt hierbei nur die Abänderung ein:

daß, wenn irgend eine Verhandlung in polnischer Sprache aufgenommen, oder eine Verfügung in dieser Sprache erlassen worden, oder eine Vorstellung in derselben zu den Acten kommen soll, derselben allemal eine deutsche Uebersetzung zur Seite stehen muß, wofür jedoch keine besonderen Kosten erhoben werden dürfen.

Der Ausfertigungsvermerk darf hiernach nicht in deutscher Sprache durch beide Spalten des Blattes durchgeschrieben, sondern es muß derselbe unter der deutschen Spalte deutsch und unter der polnischen polnisch geschrieben werden. Wohl aber mag

§. 35. Es ist unstatthaft, die Notariatsurkunden bloß in der fremden oder bloß in der deutschen Sprache aufzunehmen und auszufertigen, selbst wenn die des Deutschen unkundige Partei das Eine oder das Andere ausdrücklich verlangen sollte[72]).

§. 36. Jeder Notar ist verpflichtet, ein von dem Vorstande des Untergerichts seines Wohnorts paginirtes und mit dessen Handzuge versehenes Register zu führen und in die verschiedenen Kolonnen desselben jede von ihm aufgenommene Verhandlung nach der Zeitfolge unter fortlaufenden Nummern, das Datum, die Natur und Beschaffenheit des Geschäfts, den Namen, Stand und Wohnort der Betheiligten einzutragen[73]).

In dem Register darf nichts radirt und zwischen die Linien eingeschaltet werden[74]).

Ort und Datum, indem der polnische Name des Orts und Monats in Parenthese beigefügt, quer durchgeschrieben und nur einmal das Amtssiegel darunter abgedrückt werden.

Die Nichtigkeit der Urkunde ist auf die Verletzung dieser Vorschrift nicht angedroht.

72) Die Verletzung dieser Vorschrift hat Nichtigkeit der Urkunde zur Folge. §§. 41, 42.

Vor Erscheinung des Gesetzes vom 9. Juli 1841 hatte der Justizminister durch ein R. v. 23. Februar 1813 (Jahrb. Bd. III. S. 31) es für zulässig erklärt, daß ein Notarius von Ausländern in deren Landessprache Instrumente zum Gebrauche in ihrem Lande aufnehme, weil dies durch kein Gesetz verboten sei und ohne Beleidigung der Nationalität nicht gehindert werden könne, wenn der Notar der fremden Sprache (es handelte sich in dem Spezialfalle um die englische) mächtig sei. Das Punktum ist hierbei völlig verkannt und das Kammergericht, dessen Ansicht hierdurch reprobirt wurde, hatte das ganz richtige Prinzip geltend gemacht, daß nur die Gerichts- und öffentliche Geschäftssprache auch von Notarien gebraucht werden dürfe. Wird es denn einem englischen Notar einfallen, über Verhandlungen eines Deutschen in deutscher Sprache zu instrumentiren, wenngleich er sehr gut deutsch versteht? Dieses Reskr. ist durch den §. 35 und vorher durch den §. 10 des Gesetzes v. 9. Juli 1841 beseitigt.

Notariatsverhandlungen müssen auch dann in der der Partei geläufigen fremden Sprache niedergeschrieben werden, wenn dieselbe zwar einige Kenntniß der deutschen Sprache hat, in derselben aber sich nur unvollständig auszudrücken vermag. Erk. d Obertr. v. 12. Oktober 1852 (Arch. f. Rechtsf. Bd. VII, S. 115).

73) Dieses Repertorium ist nicht gemeinrechtlich, es ist eine Eigenthümlichkeit des französischen Notariats. Darnach muß jeder Notar ein von dem Präsidenten des Tribunals erster Instanz paginirtes und mit dessen Handzuge auf jeder Seite oben neben der Seitenzahl versehenes (paraphirtes) Register halten, in welches nach Kolonnen von jedem von ihm aufgenommenen Akte nach der Zeitfolge und nach fortlaufenden Nummern das Datum, die Natur und Beschaffenheit desselben, der Name, Stand und Wohnort der Betheiligten eingetragen werden. Ges. vom 16. März 1803 (25. Ventose Jahr XI), Artt. 29, 30, abgedruckt bei J. B. Loret, élémens de la science notariale, Paris 1807, Tom. I, p. 154 ff. Von hier ist diese Ordnungsvorschrift in die rheinpreuß Notariatsordnung vom 25. April 1822, Art. 43, übergegangen und aus diesem ist der §. 36, Alinea 1 entstanden.

74) Dieses Alinea ist der Art. 44 der rheinpreuß. Not.-Ord., nur ist hier noch eine Strafe von 10 Thlrn. für jede Zuwiderhandlung angedroht.

Auf jeder Ausfertigung wird die Nummer vermerkt, unter welcher die Verhandlung in das Register eingetragen ist[75]).

§. 37. Bei dem Ausscheiden, dem Tode oder der Versetzung eines Notars in einen anderen Amtsbezirk hat das Untergericht, in dessen Bezirke der Notar seinen Wohnsitz hatte, alle das Amt desselben betreffenden Papiere (Urschriften, Register u. s. w.) nebst dem Dienstsiegel an sich zu nehmen und aufzubewahren. Dem vorgesetzten Obergerichte ist hiervon Anzeige zu machen[76]).

§. 38. Das Gericht, bei welchem nach der Bestimmung des §. 37 die amtlichen Papiere des Notars aufbewahrt werden, ist befugt, Ausfertigungen daraus unter seinem Siegel und seiner Unterschrift zu ertheilen[77]).

---

75) Die Stelle, wo die Nr. vermerkt sein soll, bestimmt oben der §. 16. Vergl. die Anm. 46 dazu

Dieses Alinea ist wörtlich gleichlautend mit dem Alin. 2 des Art. 43 der rheinpr. Not.-Ord., nur fehlen die Worte: „bei Vermeidung einer Geldbuße von drei Thalern".

Die Verletzung der Vorschriften des §. 36 hat nur Disziplinarstrafen zur Folge.

76) Die sichere Aufbewahrung der in den Händen des Notars verbleibenden Original-Protokolle nach dem Tode oder im Falle einer Ortsveränderung, oder der Amtsniederlegung desselben ist ein Hauptbedürfniß des volkswirthschaftlichen Lebens. Darüber finden sich schon Bestimmungen in der statutarischen Gesetzgebung vieler italienischer Städte. Zunächst lag es dem Notar ob, für die Uebertragung dieser Urschriften an einen anderen Notar zu sorgen. Im Falle des Todes des Notars behielt der Erbe, wenn er einen solchen, der Notar war, hinterließ, diese Urkunden. Hatte er solchen Erben nicht, so konnte er die Protokolle einem anderen Notar legiren. War keiner dieser Fälle vorhanden, so mußten die Protokolle der Stadtbehörde zur Verwahrung ausgeantwortet werden. S. Oesterley a. a. O. I, S. 271 ff. Gemeinrechtliche Bestimmungen hierüber finden sich in Deutschland nicht, aber es wurde jeder Notar für befugt erachtet, auf seinen Todesfall zu bestimmen, wer seine Protokolle in Verwahrung nehmen solle (Durantis, Spec. jur. Lib. II, partic. 2, §. 4, nr. 16), ein Grundsatz, welchen auch die R.-Not. Ordn. von 1512, §. 17. voraussetzt. Manche Partikularrechte verordnen, daß, wenn ein Notar verstirbt, dessen sämmtliche Notariatsakten in gerichtliche Verwahrung genommen werden müssen; nach anderen sollen sie einem anderen Notar überliefert werden. S. die bei Oesterley II, S. 342 in der Note 23 namhaft gemachten. Die alte preuß. Instr. v. 11. Juli 1771, §. 15 verordnet die Aufbewahrung bei den Gerichten. Nach der A. G.O. III, 6, §§. 95 ff. sollen die Notariatsakten in der gemeinschaftlichen Registratur des Notarien-Kollegii aufbewahrt werden. Da jedoch diese Einrichtung nicht zur Ausführung gekommen ist, so sollte die Ablieferung der Akten an die Gerichte geschehen. R. v. 3. Oktober 1830 (Erg. z. A. G.O. III, 7, §. 95, Nr. 2) und R. vom 14. Januar 1839 (J.M.Bl. S. 43). Dies ist es, was durch den §. 37 gesetzlich festgestellt wird. Nach der rheinpreuß. Not.-Ordn. v. 1822 Artt. 53 bis 57 ist noch das alte Prinzip vorherrschend, daß der abgehende oder verstorbene Notar oder dessen Erben denjenigen Notar, welcher die Akten erhalten soll, bezeichnen dürfen; an die Gerichte können die Akten, wegen der rheinischen Gerichtsverfassung, nicht abgeliefert werden.

77) Gemeinrechtlich kann der Notar, welcher die Protokolle eines andern Notars erhalten hat, davon keine Ausfertigungen oder Abschriften ertheilen, ohne daß dazu in jedem einzelnen Falle der Richter mitwirkt. Cap. 15 X. de fide instrumentorum (II

Dabei ist der Grund, weshalb die Ausfertigung von dem Gerichte ertheilt wird, anzuführen und die Vorschrift §. 18 zu beobachten[78]).

§. 39. Wird ein Notar vom Amte suspendirt, so hängt es von der Bestimmung des Obergerichts ab, ob schon während der Suspension sämmtliche Papiere an das betreffende Gericht abgegeben, oder diesem nur das Register nebst dem Notariatssiegel ausgeliefert und die einzelnen Urschriften, von welchen Ausfertigungen verlangt werden, vorgelegt werden sollen, um in Stelle des suspendirten Notars die Ausfertigungen zu ertheilen.

§. 40. Die von den Notaren innerhalb ihrer Kompetenz und mit Beobachtung der wesentlichen Förmlichkeiten aufgenommenen Urkunden, die Urschriften[79]) wie die Ausfertigungen, haben dieselbe Beweiskraft und Glaubwürdigkeit, wie die gerichtlich aufgenommenen Protokolle und Ausfertigungen[80]).

---

22); R.-Not. Ord. v. 1512, §. 17. Die erste Stelle spricht nur von dem Tode des requirirt gewesenen Notars, man stellte jedoch diesem Falle alle anderen Fälle gleich, in welchen der Notar dauernd verhindert war, selbst eine Ausfertigung von seinem Protokolle oder seiner Imbreviatur zu fertigen. Das erkennt auch die R.-Not.-Ord. §. 17 in den Worten an: „der selb sey lebend oder todt". Worin die Mitwirkung des Richters bestehe, ist nicht klar. Das Cap. 15 fordert eine auctoritas ordinarii judicis. Darunter könnte eine bloße Ermächtigung auf ein dem Richter vorgelegtes Gesuch des Requirenten verstanden werden, auf welche der Notar in der Ausfertigung Bezug zu nehmen hätte. Der §. 17 der R.-N.-O. weiset jedoch dem Richter eine bestimmte Thätigkeit dabei zu: der Notar soll sich keine Extension der Imbreviatur anmaßen, „dieweil solch extention, und was unter dem wörtlein oder zaichen ect. ob anderen gebrechenhaftigen vnd gekürzten worten, villeicht darin steende, begriffen, oder verstanden werde, zu des Richters, vnd nit seiner achtung steet." Der Richter soll mithin den fehlenden instrumentirenden Notar ersetzen, er muß folglich auch dem Notar in den genannten Punkten die erforderliche Anweisung geben und das Mundum prüfen, ob es so abgefaßt sei, wie es der ursprünglich rogirte Notar selbst verfaßt haben würde. Oesterley a. a. O. II, S. 518 und die dort in den Noten Angeführten. Die A. G.O. III, 7, §§. 102 u. 103 hatte dem Direktor der Notarien-Kollegien die Ertheilung von Abschriften von den in der gemeinschaftlichen Registratur niedergelegten Protokollen an die Interessenten und deren Erben zugewiesen; die richterliche Ermächtigung sollte nur erforderlich sein, wenn irgend eine andere Person dergleichen Abschrift verlangte. Da diese Einrichtung nicht überall ins Leben getreten ist und die Gerichte selbst die Aufbewahrung der Protokolle besorgen, so folgt aus der den Gerichten in Notariatsgeschäften zustehenden konkurrenten Befugniß, daß es zur Herstellung einer neuen Ausfertigung solcher Protokolle eines Notars nicht bedarf, indem sie von ihrer eigenen Befugniß Gebrauch machen, was kürzer zum Ziele führt.

78) Vergl. oben die Anm. 54.

79) Daß die Original-Protokolle mit den solennen Ausfertigungen gleiche Beweiskraft haben, ist neu (vergl. §. 49, Tit. 7, Th. III, der A. G.O.), aber folgerecht, indem nach dem neuen Notariatsverfahren sämmtliche Förmlichkeiten gerade bei der Aufnahme des Original-Protokolls beobachtet werden und die Ausfertigung nichts weiter als eine wortgetreue Abschrift davon ist. Oben, §. 16 u. die Anmerkungen dazu.

80) Durch diese Gleichstellung der Notariatsurkunden mit den gerichtlichen wird gleich-

§. 41. Als wesentliche Förmlichkeiten sind die in den §§. 10, 11, 13, 14, 15, 21, 22, 24 bis 27, 30 bis 33, 35 enthaltenen Bestimmungen anzusehen.

§. 42. Die Verletzung dieser wesentlichen Förmlichkeiten hat zur Folge, daß das Instrument nicht die Kraft einer Notariatsurkunde hat.

§. 43. Verletzungen der Vorschriften dieser Verordnung, sowie anderer das Notariat betreffender gesetzlicher Bestimmungen, sind an dem Notar, vorbehaltlich der Entschädigungsansprüche der Interessenten, wenn die Sache nicht zur Einleitung einer peinlichen Untersuchung angethan ist, nach Vorschrift des Gesetzes v. 29. März 1844[81]), im Wege des Disziplinar-Strafverfahrens zu ahnden. Dabei kann wegen Verletzung des §. 2, nach Umständen, auch schon im ersten Falle die Entfernung aus dem Amte ausgesprochen werden.

§. 44. Die Obergerichte haben von Zeit zu Zeit die Geschäftsführung jedes in ihrem Departement angestellten Notars revidiren zu lassen. Die Notare sind schuldig, den Kommissarien sämmtliche Urkunden und Register zur Einsicht vorzulegen[82]).

§. 45. Alle den Bestimmungen dieser Verordnung entgegenstehende gesetzliche Vorschriften, insbesondere die §§. 49 — 77, Tit. 7, Th. III der A. G.O. und das Gesetz vom 9. Juli 1841 (G.S. S. 129), werden aufgehoben; dagegen behält es bei allen anderen hier nicht abgeänderten Bestimmungen über Anstellung, Rechte und Pflichten der Notare sein Bewenden.

§. 46. Gegenwärtige Verordnung tritt mit dem 1. Januar 1846 in

---

falls ein unlogischer Grundsatz des bisherigen Rechts abgeschafft. A. G.O. I, 10, §. 130, 131.

81) An dessen Stelle ist die Verordnung über die Bildung eines Ehrenraths unter den Justizkommissarien, Advokaten und Notarien, vom 30. April 1847 (G.S. S. 196) getreten.

82) Der Staat ist vermöge des Oberaufsichtsrechts verpflichtet und befugt, durch seine dazu bestellten Organe davon Kenntniß zu nehmen, ob das Institut des Notariats zweckmäßig verwaltet wird. Zu diesem Zwecke ist die Staatsgewalt berechtigt, Geschäftsrevisionen durch ihre Abgeordneten bei den einzelnen Notaren vorzunehmen, und die Notare sind gehalten, über Alles, was die Geschäftsführung und das Notariat im Ganzen betrifft, Auskunft zu geben. Aber soweit geht dieses Aufsichtsrecht nicht, über konkrete Fälle spezielle Auskunft zu verlangen, welche der Notar vermöge seiner Pflicht zur Verschwiegenheit zu geben oder nehmen zu lassen nicht befugt ist, und der Staat hat als solcher kein Recht, ohne besonderen Rechtstitel ohne Weiteres die Rechtsverhältnisse zwischen einzelnen Privatpersonen kennen zu lernen. Andere Gesetzgebungen erkennen dies ausdrücklich an. Die Braunschweig'sche Verordnung v. 15. Juli 1752 verordnet, daß die Obrigkeiten untersuchen sollen, ob die Protokolle der Notare in guter Ordnung sind: „sie sollen sich aber enthalten, solche ganz oder zum Theil durchzulesen." Oesterley a. a. O. II, S. 107. So muß auch die Vorschrift des §. 44, daß den Kommissarien die Urkunden „zur Einsicht" vorgelegt werden sollen, verstanden werden.

Kraft. Alle vor diesem Tage aufgenommenen Notariatsurkunden werden lediglich nach den bisherigen Gesetzen beurtheilt und können insbesondere deshalb, weil abweichend von der Vorschrift des §. 9 dieser Verordnung Privatschreiber oder Gehülfen der Notare als Instrumentszeugen zugelassen sind, nicht als ungültig angefochten werden.

Urkundlich ꝛc. Gegeben Sanssouci, den 11. Juli 1845.

(L. S.) Friedrich Wilhelm.

v. Rochow. v. Savigny. Uhden.

Beglaubigt:
Bode.

Zweiter Abschnitt.

Zusammenstellung von Beispielen öffentlicher Urkunden über Rechtshandlungen.

Vorbemerkung.

Ein Beispiel ist ein einzelner Fall, welcher die Anwendung allgemeiner Wahrheiten zur sinnlichen Wahrnehmung bringen soll. Dieses angewendet auf Rechtshandlungen sind Beispiele Hilfsmittel zur praktischen Anwendung der einschlagenden Rechtswahrheiten und zur Beobachtung der vorgeschriebenen formellen Förmlichkeiten und Herstellung der materiellen Erfordernisse. Ein gutes und brauchbares Beispiel (Formular) einer Urkunde über ein Rechtsgeschäft wird daher dasjenige sein, welches die vorgeschriebenen äußeren (formellen) Förmlichkeiten und die wesentlichen Erfordernisse des vorliegenden Rechtsgeschäfts, in einer reinen, korrekten, allgemein verständlichen Sprache, frei von bedeutungslosen Formeln und nicht allgemein verständlichen Redensarten, darstellt. Ein solches Beispiel ist der rechtsverständigen, denkenden Urkundsperson für alle anderen Fälle der vorliegenden Art genügend. Die unendliche Mannigfaltigkeit der Fälle einer und derselben Gattung, welche der tägliche Verkehr erzeugt, liegt nicht in der Veränderung jener Förmlichkeiten und Erfordernisse, sondern in Zufälligkeiten und Nebendingen, welche der Willkühr der Parteien nach ihren Einfällen oder Zwecken unterliegen; jene Förmlichkeiten und Erfordernisse sind in allen Fällen unabänderlich. Die große Mannigfaltigkeit der Fälle liegt also darin, daß die natürlichen Folgen der nothwendigen Erfordernisse (Essentialien) willkührlich abgeändert werden (Accidentalien), oder daß Nebenbestimmungen, die an sich dem Hauptgeschäfte fremd sind, beigefügt werden. Daraus ergiebt sich, daß der Anspruch an ein Formularbuch, eine unbestimmt große Anzahl von Beispielen Einer Gattung zu bringen, völlig unberechtigt ist, und eine Vielzahl solcher Beispiele auch gar keinen praktischen Nutzen hat. Denn es leuchtet von selbst ein, daß, weil die Mannigfaltigkeit der Fälle nur in den angegebenen Umständen ihren Grund hat, die allergrößte Zahl von Beispielen derselben Gattung nicht dazu führen kann, für den gerade vorkommenden Fall ein passendes Muster zum gedankenlosen Abschreiben bereit zu halten. Wer sich darauf legen wollte, eine die möglichst größte Zahl verschiedener Fälle jeder Art umfassende Sammlung zusammenzubringen, würde sich einer unfruchtbaren und deshalb verwerflichen Buchmacherei schuldig machen. Dies, so überflüssig es ist, zu sagen habe ich eine besondere Veranlassung.

Die vorliegende Sammlung soll in jeder Materie die Lehren und Grundsätze durch Ein Beispiel in der praktischen Anwendung zur Erscheinung bringen. Dies genügt, um für jeden anderen Fall die Urkunde so nachzubilden, daß die Verabredungen der Parteien, mögen sie so verschieden von dem Beispiele sein wie sie wollen, so dargestellt werden, daß die Absicht der Parteien daraus vollständig erkannt werden kann. — Die Zusammenstellung muß nach irgend einem Systeme geordnet werden, um eine gewisse Uebersicht zu gewähren. Die Anordnung ist hier so getroffen, daß Beispiele, welche die formellen Förmlichkeiten, die im Allgemeinen bei der Errichtung einer jeden Urkunde zu beobachten sind, darstellen, in einer besonderen Gruppe voranstehen und daß darauf in einer anderen Abtheilung die einzelnen Rechtsgeschäfte folgen. Die für diese gegebenen Beispiele sind nach dem Systeme meines Lehrbuchs des Preuß. Gemeinen Privatrechts geordnet, und zwar unter Bezugnahme auf die entsprechenden Paragraphen, zu welchen das gegebene Muster als praktisches Beispiel dienen soll. Dieses Buch ist daher als ein praktischer Theil jenes Privatrechts anzusehen.

Erste Abtheilung.

Formelle Formulare für die allgemeinen Förmlichkeiten.

I.

Formulare von Notariats-Protokollen und deren Ausfertigung.

(Gesetz vom 11. Juli 1845. G.S. S. 487 flg.)

Durch die, in dem Gesetze vom 11. Juli 1845 gegebene, neue Notariatsordnung ist wiederum ein Vorschritt geschehen, den unsere westlichen Nachbarn, deren praktische Einrichtungen man von einer gewissen Seite her gern zurückweisen möchte, schon vor 50 Jahren zurückgelegt hatten[1]). Das Gesetz ist, gleich seinen Mustern, genauer als die Gerichtsordnung in der Bestimmung der wesentlichen Förmlichkeiten und in der Angabe der Erfordernisse einer vollständigen Notariatsurkunde.

1. Muster, wenn der Erklärende die Sprache des Notars und der Zeugen spricht.

a) Urschrift.

Register Nr. 20[2]).

Breslau, den Zehnten Januar Eintausend Achthundert Sechs und Vierzig.

Vor mir (uns) Christoph Gottfried Süßfreundlich, Königl. Preuß. Notar im Bezirke des Königlichen Appellationsgerichts zu Breslau, welcher zu Breslau in der Albrechtsstraße Nr. Sechszig seinen Wohn- und Amtssitz hat, (in Gegenwart der beiden am Schlusse genannten Zeugen)[3]), erschienen Hans Wohlgemuth, Bauer aus Schaffitz, und Gotthilf Pflugrad, Einwohner ebendaselbst, welche, da sie mir (uns) nicht bekannt sind, von den mir, dem Notarius, nach Namen, Stand und Wohnort bekannten beiden[4]) Zeugen, nämlich: ——————[5])

---

1) Man vergl. das Gesetz mit der Rhein. Not.-Ordn. vom 25. April 1822 (G.S. S. 109) und deren Vorgängerin vom 16. März 1803 (25. Ventose d. J. XI), Tit. 1, Absch. 2. Nach anderen fünfzig Jahren sind wir vielleicht auch bis zum ersten Abschn. dess. Tit. gekommen.

2) Diese Nummer sollte auch auf dem Original-Protokolle, wie hier angedeutet ist, stehen; das Gesetz vom 11. Juli 1845, §. 36, a linea 3, schreibt jedoch nur vor: „Auf jeder Ausfertigung wird die Nummer vermerkt, unter welcher die Verhandlung in das Register eingetragen ist." Deshalb setzen manche Notarien die Nummer nicht auf das Original, wodurch es kommt, daß, wenn das Konzept zur Ausfertigung zufällig nicht mehr Raum auf dem Bogen des Original-Protokolls findet, und das zum Konzept der Ausfertigung verwendete besondere Blatt von dem Protokolle getrennt wird, die Nummer, unter welcher solches eingetragen steht, in den Notariatsakten nicht zu finden ist. Doch ist Anstand genommen worden, diesen bei Revisionen bemerklich gemachten Mangel als ordnungswidrig zu rügen, wohl aber ist dessen Vermeidung für zweckmäßig erkannt worden.

3) Es ist nicht nothwendig, daß die Zeugen oder der zweite Notar der Verhandlung von Anfang an beiwohnen, sondern ihre Gegenwart bei der Vorlesung und Vollziehung des Akts genügt. §§. 7, 13 des Ges. v. 11. Juli 1845. Die hiergegen erhobenen Zweifel werden durch die Berathungen über den Gesetzentwurf im Staatsrathe vollständig widerlegt. J.M.Bl. für 1847, S. 296. Vergl. die folgende Anm. Nr. 13.

4) Die Franz. u. Rhein. Not.-Ordn. §. 24 verlangt zwei Zeugen, außer den Instrumentszeugen, und das Ges. v 11. Juli 1845 spricht §. 10, Nr. 2 gleichfalls in der Mehrzahl.

5) Die Protokolle dürfen keine Lücken haben. §. 12 das. — Vergl. Rhein. Not.-Ordn. Art. 26, und Franz. Art. 13. — Das Gesetz sagt: Die Protokolle müssen deutlich 2c. geschrieben werden. Man hat also Bedenken bei Lithographien, doch machen solche den Akt nicht unkräftig.

1) dem Kaufmanne Friedlieb Freundlich, Taschenstraße Nummer Zwei hieselbst wohnhaft,

2) dem Bürger und Schuhmachermeister Ernst Ahle, ebenfalls hierselbst am Ringe im goldnen Becher wohnhaft[6]),

für diejenigen, für welche sie sich ausgeben, anerkannt werden, worauf diese Zeugen, nach Vorlesung und Genehmigung dieser Angabe, sich wie folgt:

——— Friedlieb Freundlich. Ernst Ahle. ———

unterschrieben haben[7]), und verlautbarten folgenden unter ihnen zu Stande gekommenen Kaufkontrakt: ———

(Folgen die Verabredungen und der Antrag, wieviel Exemplare ausgefertigt werden sollen.)

Dieses Protokoll ist in Gegenwart der zugezogenen mir, dem Notar, bekannten Instrumentszeugen Gottfried Stahl, Schwertfeger, und Hans Bullrich, Schankwirth, Beide hier wohnhaft, welchen, sowie mir, dem Notar, wie ein Jeder für sich[8]) versichert[9]), keins der Verhältnisse entgegensteht, welche von der Theilnahme an dieser Verhandlung nach §§. fünf bis neun des Gesetzes vom Eilften Juli Eintausend Achthundert fünf und vierzig ausschließen[10]), laut vorgelesen[11]),

---

6) Die Angabe der Wohnung ist zur unterscheidenden Bezeichnung öfter vorkommender Namen zweckmäßig. A. G.O. II, 2, §. 43, Nr. 6 u. §. 51, verb. mit III, 7, §. 48.

7) Wird in solcher Weise die Identität durch Angabe von Zeugen festgestellt, so müssen die Instrumentszeugen (oder der zweite Notar) von Anfang zugegen sein, sonst ist die Angabe der Rekognoscenten nicht notariell aufgenommen.

8) Man ist in Zweifel darüber: wer die Versicherung zu geben habe, ob der Notar oder auch die Zeugen und eventualiter: ob ein Jeder nur für sich, oder auch zugleich für die Anderen. Es kann aber ein Jeder nur über seine eigenen Verhältnisse eine Wahrheitsversicherung geben, in Beziehung auf Andere könnte es nur eine Nichtwissens-Versicherung (de ignorantia) sein. Eine solche verlangt das Gesetz nicht. S. oben, Anm. 29 zu § 10 des Gesetzes.

9) Auch darüber hat man gezweifelt: ob es genüge, wenn der vorgeschriebene Inhalt der Versicherung in direkter Rede im Protokolle niedergeschrieben worden, und man hat gemeint, daß just das Wort „versichern" gebraucht werden müsse, etwa wie beim Eide das Wort „schwören". Davon steht nichts im Gesetze, vielmehr ist das Gegentheil daraus zu entnehmen, indem abwechselnd die Worte „Versicherung" und „Bemerkung" (§. 31) für die Angabe, daß keine hindernden Verhältnisse der Theilnehmenden obwalten, gebraucht werden. Deshalb war in den beiden ersten Ausgaben die direkte Bemerkung, daß kein solches Hinderniß entgegenstehe, in diesem Muster enthalten. Auch jetzt noch halte ich eine solche Bemerkung für genügend. S. auch J.M.Bl. für 1847, S. 298.

10) Diese Versicherung oder Bemerkung muß nothwendig in dem, von den betheiligten Parteien zu unterschreibenden Theile des Protokolls, und nicht in dem nach der Unterschrift folgenden Atteste stehen. Gutachten des Plenums des Geh. Ober-Tribunals v. 19. November 1846 (J.M.Bl. für 1847, S. 43). Vergl. oben, Anm. 29 zu §. 10 des Gesetzes.

11) Wer die Vorlesung verrichtet hat, braucht nicht erwähnt zu werden. Die eigene Durchlesung ohne laute Vorlesung würde aber Nichtigkeit sein.

und hiernächst von den Interessenten unterschrieben und beziehlich unterzeichnet. —

———— Hans Wohlgemuth. ————

———— † † † Handzeichen des Einwohners Gotthilf Pflugrad, welches

———— attestirt: Gottfried Stahl[12]). ————

Wir Notar und Zeugen attestiren, (und zwar ich der Notar), 1) daß die vorstehende Verhandlung, so wie sie niedergeschrieben, stattgefunden hat[13]), und wir Alle zusammen, 2) daß sie in Gegenwart des Notars und der Zeugen den Betheiligten vorgelesen und von ihnen genehmigt; und 3) daß sie von dem Hans Wohlgemuth eigenhändig unterschrieben, von dem Gotthilf Pflugrad aber, weil er nicht schreiben gelernt zu haben angab, mit drei Kreuzen unterzeichnet worden[14]). So geschehen wie oben[15]). ————

———— Gottfried Stahl. ————

———— Hans Bullrich. ————

———— Christoph Gottfried Süßfreundlich[16]).

Vermerk. Die Verhandlung ist zweimal, und zwar das Hauptexemplar auf ... Thlr. Werthstempel, das Nebenexemplar auf 15 Sgr. Ausfertigungsstempel ausgefertigt. Das Hauptexemplar ist dem Gotthilf Pflugrad und das Nebenexemplar dem Hans Wohlgemuth zugestellt worden, den 10 Jan.

---

12) Der Name eines Schreibunfähigen muß von dem zweiten Notar oder einem Zeugen beigefügt werden. M.Bl. 1847, S. 305. (6. A.) Die Praxis nimmt dies jedoch nicht an, indem sie es für zulässig hält, daß auch der requirirte (instrumentirende) Notar die Handzeichen attestiren darf. S. oben, Anm. 49 zu §. 13 des Gesetzes.

13) Dieses können eigentlich die Zeugen, wenn sie nicht von Anfang zugegen gewesen sind, nicht attestiren. Es scheint daher, als wenn man sich deren Gegenwart von Anfang gedacht hätte. Die rhein. Not.-Ordn. §. 21 verlangt, wie die französische Art. 9, allerdings die Gegenwart von Anfang, denn der Akt soll von zwei Notaren, oder von Einem mit Zuziehung zweier Zeugen aufgenommen werden. Das Ges. v. 11. Juli 1845, §§. 7 u. 13 hingegen fordert ausdrücklich nur bei der Vorlesung die Gegenwart dieser Personen; deshalb muß das Attest unter Ziffer 1 bloß auf den Notar bezogen werden, wenn die Zeugen nicht von Anfang zugegen gewesen sind.

14) Weil dieses als etwas schon Geschehenes attestirt wird, so dürfen die Unterschriften der Parteien nicht erst hinter dem Atteste folgen. Vergl. oben die Anm. 41a.

15) Ort, Tag und Jahr müssen zu Anfang oder in dem Theile der Verhandlung stehen, welcher von den Betheiligten unterschrieben wird, da die Gültigkeit des Notariatsakts als solches von der Richtigkeit dieser Umstände und Thatsachen abhängt. §§. 10 u. 41 des Gesetzes. Vergl. die Anmerkungen dazu.

16) Die Weglassung des Vornamens macht die Urkunde unkräftig. §§. 15, 41 des Gesetzes. Daß der Unterschrift unter der Urschrift auch der Amtstitel beigefügt werde, ist nicht vorgeschrieben und auch nicht nothwendig. Was für die entgegengesetzte Meinung im J.M.Bl. für 1847, S. 305 hervorgehoben wird, ist gegen die Gesetzesvorschrift ohne Gewicht: die Beifügung des Amtstitels wird nur bei der Vollziehung der Ausfertigung verlangt, folglich kann daraus, daß Etwas nicht gethan wird, was man nicht verlangt hat, keine Nichtigkeit entstehen. Der Mangel der Beifügung des Amtstitels, selbst unter der Ausfertigung, ist überhaupt keine Nichtigkeit. §. 41 des Gesetzes.

1846. Eine beglaubigte Abschrift ꝛc. ist an demselben Tage dem Gerichte eingesandt. S.

Kosten.

1) Der Werth des Objekts beträgt 300 Thlr.
2) Die Gebühren betragen (Ges. v. 11. und Tarif v. 16. Mai 1851)

a) nach §. 6 des Ges., §. 16 des Tarifs	1 Thlr.	15 Sgr.
b) nach §. 16 des Ges. für die Instrumentszeugen	— =	10 =
3) Dazu Stempelauslage	— =	15 =
Summa	2 Thlr.	10 Sgr.

Weiterer Vermerk. Auf den Antrag des Hans Wohlgemuth ist demselben am 26. März 1846 eine neue Ausfertigung auf 15 Sgr. Stempel ertheilt worden, weil ihm das Nebenexemplar vom 10. Januar 1846 angeblich verloren gegangen. S.

Kosten.

Ausfert. nach §. 16 des Ges. und §. 63 des Tarifs	. . . Thlr.	. . . Sgr.
Stempel	=	=
Summa	. . . Thlr.	. . . Sgr.

b) Ausfertigung.

(Es wird eine wortgetreue Abschrift der Urschrift mit allen Unterschriften gefertigt und darunter folgender Vermerk gesetzt:)

Vorstehende in das Register unter Nr. Zwanzig, Jahr Eintausend Achthundert Sechs und Vierzig, eingetragene Verhandlung wird hiermit für den Einwohner Gotthilf Pflugrad zu Schaffitz ausgefertigt. Eine zweite Ausfertigung ist dem Bauer Hans Wohlgemuth daselbst ertheilt worden. Breslau, den Zehnten Januar Eintausend Achthundert Sechs und Vierzig.

(L. S.)[17] Christoph Gottfried Süßfreundlich,

Königl. Notar im Departement des Königl. Appellationsgerichts

Kostennote. zu Breslau.

c) Nachträgliche Ausfertigung.

Vorstehende in das Register unter Nr. Zwanzig, Jahr Eintausend Achthundert Sechs und Vierzig, eingetragene Verhandlung wird hiermit von Neuem für den Bauer Hans Wohlgemuth zu Schaffitz ausgefertigt, weil ihm das unterm 10. Januar 1846 ertheilte Nebenexemplar angeblich verloren gegangen. Es sind nun drei Exemplare dieser Verhandlung ausgefertigt, außer dem gegenwärtigen nämlich am 10. Januar 1846 das Hauptexemplar für den Einwohner Gotthilf Pflugrad zu Schaffitz, und das angeblich verloren gegangene Nebenexemplar für den

---

17) Das Siegel muß die Schnur, wodurch mehrere Bogen mit einander zu verbinden sind, halten, doch ist der Mangel der Ansiegelung der Schnur keine Nichtigkeit. §§. 16 und 41 a. a. O.

Bauer Hans Wohlgemuth daselbst. Breslau, den Sechs und Zwanzigsten März, Eintausend Achthundert und Sechs und Vierzig.

(L. S.) Vollständige Unterschrift wie unter b.

Kostennote.

2. Muster eines Notariats-Protokolls über die Rekognition der Unterschriften vor zwei Notaren.

(Das Protokoll wird auf die Urkunde geschrieben und unmittelbar unter den Unterschriften angefangen.)

Heute, den Eilften Januar Eintausend Achthundert Sechs und Vierzig, erschien vor mir Franz Sicherlich, öffentlichem Notar im Departement des Königl. Appellationsgerichts zu Breslau, wohnhaft zu Breslau, am Ringe im goldenen Baume, der mir nach Namen, Stand und Wohnort bekannte Herr Benjamin Disconto, Wechsel-Kaufmann am hiesigen Orte, zeigte die vorstehende Urkunde vor und erklärte, daß er die darunter stehenden Namen Benjamin Disconto eigenhändig unterschrieben habe, und er nur die Unterschrift dieses von ihm vollzogenen Instruments, wie hiermit geschehe, anerkennen wolle.

Dieses Protokoll wurde dem Erschienenen, in Gegenwart des zugezogenen, mir wohlbekannten Herrn Notars Eliesar Knifflich, welcher seinen Wohn- und Amtssitz ebenfalls am hiesigen Orte hat, und dem, wie wir Beide, Jeder für sich, versichern, so wenig wie mir selbst eines der Verhältnisse entgegensteht, welche von der Theilnahme an dieser Verhandlung nach §§. fünf bis neun des Gesetzes vom eilften Juli Eintausend Achthundert Fünf und Vierzig ausschließen, laut vorgelesen, von ihm genehmigt und unterschrieben. ——————

—————— Benjamin Disconto. ——————

Ich der Notar Franz Sicherlich attestire, 1) daß die vorstehende Verhandlung, so wie sie niedergeschrieben, stattgefunden hat; und wir, die beiden genannten Notare, attestiren 2) daß sie in unserer Gegenwart dem Betheiligten vorgelesen und von ihm genehmigt; und 3) daß sie von Demselben eigenhändig unterschrieben ist. Die Verhandlung ist im Register unter Nr. Drei und Funfzig, Jahr Eintausend Achthundert Sechs und Vierzig eingetragen. So geschehen am oben gedachten Orte und Tage.

(L. S.) Franz Sicherlich,
Königl. Notar im Bezirke des Königl. Appellationsgerichts zu Breslau.
Eliesar Knifflich,
öffentlicher Notar im Departement des Appellationsgerichts zu Breslau.

Kostennote.

3. Muster, wenn nicht bloß die Unterschriften, sondern auch der Inhalt einer Urkunde anerkannt werden soll.

(A. G.O. I, 10, § 125.)

Register N. 46.

In der Amtsstube des Königl. Notars Ehrenfried Hurtig zu Breslau, Schweidnitzer Straße im blauen Hirsche, am Zwölften Februar Eintausend Achthundert Sechs und Vierzig, erschienen vor demselben, in Gegenwart der beiden zugezogenen Instrumentszeugen, Caspar Gabel und Hannibal Hacke, Beide Ackersleute, zu Morgenau wohnhaft, welchen so wie dem Notar, wie ein Jeder für sich versichert, keines der Verhältnisse entgegensteht, welche von der Theilnahme an dieser Verhandlung nach §§. fünf bis neun des Gesetzes vom Eilften Juli Eintausend Achthundert Fünf und Vierzig ausschließen: der Stellenbesitzer Michel Müde und der Tagearbeiter Tobias Rüstig, Beide ebendaselbst wohnhaft, Alle dem Notar nach Namen, Stand und Wohnort bekannt, und erklärten, daß sie eine Urkunde über einen unter ihnen zu Stande gekommenen Kaufkontrakt, welche sie vorlegten, anerkennen wollten. Diese Urkunde, welche einen Kauf über die Stelle Nr. Sechs zu Morgenau enthält, wurde den Betheiligten in Gegenwart der Zeugen laut vorgelesen, und nachdem der Inhalt und die darunter befindlichen Unterschriften für die ihrigen von ihnen anerkannt worden, dieser Verhandlung angeheftet. Hierauf wurde auch diese Verhandlung in Gegenwart der genannten Zeugen laut vorgelesen, genehmigt und von den Betheiligten unterzeichnet, wie folgt:

Michel Müde. Tobias Rüstig.

Wir Notar und Zeugen attestiren, 1) daß die vorstehende Verhandlung so, wie sie niedergeschrieben, stattgefunden hat; 2) daß sie in unserer Gegenwart den Betheiligten vorgelesen und von ihnen genehmigt; und 3) daß sie von den Betheiligten eigenhändig unterzeichnet worden ist.

Caspar Gabel. Hannibal Hacke. Ehrenfried Hurtig.

Nun folgt: 1. Der Vermerk über die Ausfertigung und
2. Die Kostennote.

4. Muster, wenn die Interessenten sich in deutscher Sprache nicht auszudrücken vermögen.

a) Deutsche Urschrift.

Register Nr. 50.

Breslau, den Dreizehnten Januar Eintausend Achthundert Sechs und Vierzig. Vor dem Königl. Notar George Ballhorn, welcher seinen Wohn- und Amtssitz zu Breslau Schmiedebrücke Nummer Zwölf hat, erschien der ihm nach Namen, Stand und Wohnort wohlbekannte Herr Eugen Boussavez, Weinkaufmann aus Marseille und daselbst wohnhaft, welcher sich in deutscher Sprache nicht hinlänglich auszudrücken vermag, wohl aber der französischen

Sprache mächtig ist, die dem Notar nicht geläufig. Deshalb wurde als Dolmetscher, dessen Wahl der Erschienene dem Notar überließ, der dem Notar nach Namen, Stand und Wohnort bekannte Herr Antoine Parlezvous, Lehrer der französischen Sprache, hierselbst wohnhaft, und als französischer Dolmetscher vor dem hiesigen Königl. Stadtgerichte vereidet, welchem, wie hiermit bemerkt wird[18]), keins der Verhältnisse entgegensteht, die nach §§. sieben bis neun und neun und zwanzig des Gesetzes vom Eilften Juli Eintausend Achthundert Fünf und Vierzig von der Theilnahme an der Verhandlung ausschließen, zugezogen. Durch denselben erklärte Herr Eugen Voussavez was folgt:

(Folgt die Erklärung.)

Diese Verhandlung wurde in Gegenwart des Notars und der beiden zugezogenen dem Notar nach Namen, Stand und Wohnort bekannten Instrumentszeugen Gottfried Angler und Christian Pantscher, Beide Fischer und hierselbst wohnhaft, welchen so wenig wie dem Notar, wie ein Jeder für sich versichert, eines der Verhältnisse entgegensteht, die von der Theilnahme an der Verhandlung nach §§. fünf bis neun des Gesetzes vom Eilften Juli Eintausend Achthundert Fünf und Vierzig ausschließen, dem Betheiligten durch den Dolmetscher Antoine Parlezvous in französischer Sprache vorgetragen, von ihm genehmigt und, weil er an der rechten Hand verwundet ist und mit der linken nicht schreiben kann, mit drei Kreuzen unterzeichnet. —

††† Handzeichen des Eugen Voussavez, welches attestirt:
Antoine Parlezvous, vereideter Dolmetscher.

Ich der Notar attestire, 1) daß die vorstehende Verhandlung, so wie sie niedergeschrieben, stattgefunden hat; und wir Notar und Zeugen attestiren, 2) daß sie in unserer Aller Gegenwart durch den Dolmetscher Herrn Antoine Parlezvous dem Betheiligten in französischer Sprache vorgetragen und von ihm genehmigt; und 3) daß sie der Betheiligte, weil er wegen eines an der rechten Hand angebrachten Verbandes nicht schreiben konnte, mit drei Kreuzen unterzeichnet hat.

Gottfried Angler. Christian Pantscher
George Ballhorn.

1. Vermerk wegen der Ausfertigung.
2. Kostennote.

b) Uebersetzung.

(Der Dolmetscher übersetzt das Protokoll bis zu dem Worte „unterzeichnet", worau der Betheiligte eigenhändig unterzeichnet und der Dolmetscher die Handzeichen attestirt und sich unterzeichnet. Dann folgt das Attest wie vorhin, wieder in deutscher Sprache[19]) und die Unterschrift der Zeugen und des Notars.)

---

18) Hier verlangt das Gesetz, §. 31, ausdrücklich nur die Bemerkung des Mangels der ausschließenden Hindernisse. S. o. S. 76, Note 9. Die hier erst in der dritten Ausgabe eingeschalteten Worte: „wie hiermit bemerkt wird", können unbeschadet der Kräftigkeit der Urkunde wegbleiben, denn die Erwähnung der Abwesenheit ausschließender Hindernisse ist eben die verlangte Bemerkung.

19) Im Großherzogthume Posen muß alle Mal, neben jeder deutschen Verfügung

c) Ausfertigung.

(Wortgetreue Abschrift des deutschen Protokolls mit allen Unterschriften.) (Wortgetreue Abschrift der Uebersetzung mit allen Unterschriften.)

Vorstehende, in das Register unter Nr. Funfzig, Jahr Eintausend Acht hundert Sechs und Vierzig eingetragene, Verhandlung wird hiermit für den Weinkaufmann Eugen Voussavez aus Marseille ausgefertigt. So geschehen am obengedachten Orte und Tage.

(L. S.) George Ballhorn,
Königl. Notar im Departement des Appellationsgerichts zu Breslau.

Kostennote.

5. Muster einer Vidimationsregistratur.

(A. G.O. Th. II, Tit. 2, §. 27; Th. III, Tit. 7, §. 81, verb. mit §. 23 des Notariats-Gesetzes und der Anm. 60 dazu.)

Bei Ausfertigungen beglaubter Abschriften von schon vorhandenen Urkunden haben gegenwärtig die Notarien mit den Gerichten eine unbeschränkte konkurrente Befugniß. Bei diesem Geschäfte kommt es vor Allem auf die Echtheit der als Original vorgelegten Urkunde an. Rührt diese von demselben Gerichte oder Notar her, welcher die vidimirte Abschrift ausfertigt, so wird die Echtheit durch die Vidimationsregistratur anerkannt und festgestellt. Kommt aber die Vorlage von einer anderen Urkundsperson her, so kann die Vidimationsregistratur weiter nichts feststellen, als daß dieselbe von dem Requirenten für das echte Original ausgegeben und daß sie als unverdächtig anerkannt worden ist. Dies ist in dem Vidimationsatteste stillschweigend enthalten.

Ueber die Ausfertigung wird kein Protokollführer, und von einem Notar auch kein zweiter Notar oder ein Zeuge zugezogen. A. G.O. Th. III, Tit. 7, §. 80.

Das Verfahren besteht darin, daß von der Vorlage eine wortgetreue Abschrift gemacht wird, in welcher der Stempel des Originals oben als Ueberschrift mit den Worten: „Original Funfzehn Sgr." (oder wieviel sonst) angedeutet, das Siegel mit dem Zeichen „(L. S.)" vermerkt und die sichtbaren Mängel, z. B. Rasuren, Korrekturen, Einschaltungen zwischen den Linien, Durchstreichungen und dergleichen, am Rande der Abschrift, oder unter ihr, in einer umständlichen Registratur genau bemerkt werden. Dies kann auch in der Abschrift selbst an der betreffenden Stelle in Parenthese geschehen, z. B. „(hier folgen die drei Worte ....., welche durchstrichen sind", oder: „hier folgen drei durchstrichene Worte, welche unleserlich sind)". Die Abschrift wird von der vidimirenden Urkundsperson durchgelesen und mit der Vorlage von Wort zu Wort verglichen und, wo nöthig, berichtigt; demnächst wird das Vidimationsattest darunter gesetzt, von der Urkundsperson gehörig unterschrieben und mit dem Amts-

---

oder Verhandlung, eine polnische Uebersetzung stehen. Ges. v. 11. Juli 1845, §. 34 u. V. v. 16. Juni 1834, §. IX (G.S. S. 75). Das Attest wird unter beiden Redaktionen durch die ganze Breite der Seite geschrieben, und erscheint mithin nur einmal, wie die Ausfertigung c zeigt.

siegel untersiegelt. Mehrere Bogen werden zusammengeheftet und die Enden des Heftfadens werden durch das Siegel befestigt.

Eine besondere Erwähnung erfordert die Beglaubigung durch ein kollegialisches Gericht. Wer ist hier die physische Person, welche für die Richtigkeit der Abschrift einzustehen hat? Es verhält sich hierbei nicht anders als bei Ertheilung der Ausfertigungen von einem Originalprotokolle. Der §. 27, Th. II, Tit. 3 der A. G.O. setzt zwar voraus, daß ein Mitglied des Gerichts von dem Vorsitzenden mit der Vidimation beauftragt worden sei, und schreibt vor, daß diejenige Gerichtsperson, welche die Vergleichung angestellt hat, das Attest unterschreiben und das Gerichtssiegel beidrücken soll. Das ist in der That das allein Richtige. Die Praxis verfährt jedoch hiernach nicht; die vidimirten Abschriften werden hinsichtlich der Vollziehung ebenso behandelt, wie alle übrigen Ausfertigungen, die gleichfalls mit dem Konzept kollationirt werden müssen. Dieses Verfahren hat die Gesetze der Logik für sich, aber es entzieht den Interessenten die verantwortliche Person. Diese ist eigentlich der Sekretär, welcher die Reinschrift kontrasignirt und dadurch deren Richtigkeit attestirt hat; diesem liegt auch die Kollationirung ob. A. G.O. Th. III, Tit. 5, §. 15. Die Unterschrift des Vorsitzenden des Kollegiums hat mithin keine andere Bedeutung, als die Unterschrift der eigentlichen Urkundsperson zu legalisiren, denn der Vorsitzende ist völlig außer Stande, die ihm täglich zur Unterschrift vorgelegten Reinschriften zu kollationiren, deshalb ist nur die Unterschrift des kollationirenden Beamten wesentlich erforderlich. Für die prozeßleitenden Verfügungen ist dies als Prinzip auch gesetzlich ausgesprochen. V. v. 1. Juni 1833, §. 72; Instr. v. 24. Juli 1833, §. 56. Für die Ausfertigung beglaubigter Abschriften sagt es der §. 27 der A. G.O. a. a. O. Dessen Anwendbarkeit wird jedoch bestritten. Ein Oberlandsgericht hatte die durch den Archivarius und Ingrossator eines anderen Oberlandesgerichts unter Beidrückung des öffentlichen Siegels bewirkten Vidimationen solcher Urkunden, die sich in beglaubten Abschriften bei den Hypotheken-Akten des letzteren befanden, nicht für ausreichend ansehen wollen, sondern die Beglaubigung von dem Kollegium selbst verlangt. Dieser Meinung gab der Justizminister durch ein R. v. 6. Novbr. 1834 Beifall, da für dieselbe der §. 27 a. a. O. spreche und unter der „Gerichtsperson" nur eine richterliche Person verstanden werden könne. Auf die Vorstellung, daß der Präsident oder Dirigent dergleichen Ausfertigungen oder beglaubte Abschriften unmöglich selbst mit den Originalen vergleichen könne, wird gesagt: es könne nur dem Ermessen des Präsidii oder derjenigen richterlichen Personen, welche die Vidimationsregistratur zu vollziehen haben, überlassen bleiben, in wiefern sie der von dem Ingrossator (Sekretär) erfolgten Vergleichung vertrauen wollen, oder vor der Vollziehung eine Selbstprüfung für nöthig halten. (Erg. z. A. G.O. II, 3, §. 27.) Dem kann nur in dem Einen Punkte beigestimmt werden, daß unter der „Gerichtsperson" eine richterliche Person zu verstehen sei, worüber sich jedoch auch noch streiten

6*

läßt. Uebrigens aber setzt sich das R. mit dem §. 27 in Widerspruch, denn dieser §. 27 verlangt die Beglaubigung gar nicht von dem Kollegium selbst, sondern nur von der kollationirenden „Gerichtsperson", und ferner befiehlt er, daß eben diese Person, welche unterschreiben soll, selbst die Vergleichung angestellt haben muß, keineswegs aber gestattet die Vorschrift, daß Jemand im Vertrauen auf die von einem Anderen erfolgte Vergleichung das Beglaubigungsattest unterschreiben dürfe. Ein solches Attest ist ganz werthlos. Das Unterschriftswesen ist einer anderen zuverlässigeren Einrichtung bedürftig. Inzwischen wird man die Beurkundungen unter der Firma des Gerichts mit der Unterschrift des Vorsitzenden fort und fort zu beglaubigen haben.

Attest

Daß vorstehende Abschrift mit dem vorgelegten Exemplar, welches der Producent für das Original der Urkunde ausgegeben hat, von uns von Zeile zu Zeile verglichen und wörtlich gleichlautend befunden worden ist, wird hiermit attestirt.

Oder:

Vorstehende Abschrift ist mit der als Originalausfertigung vorgelegten Urkunde durchgehends gleichlautend, welches auf Grund der angestellten wörtlichen Vergleichung attestirt wird.

Oder, wenn die Echtheit des Originals außer Zweifel ist:

Die wörtliche Uebereinstimmung der vorstehenden Abschrift mit dem vorgelegenen Originale wird auf Grund der angestellten Vergleichung beider Schriftstücke hiermit attestirt.

Ort und Datum.

(L. S.) Unterschrift.

II.

Gerichtliche Ausfertigungen und Bestätigungen.

Erst durch die Ausfertigung erhält eine gerichtlich aufgenommene Verhandlung die Eigenschaft[20]) einer öffentlich glaubwürdigen gerichtlichen Urkunde. Das Wesentliche der Ausfertigung besteht in der unter dem Siegel und der verordneten Unterschrift des Gerichts ertheilten Urkunde: daß der wörtlich anzuführende Akt sich vor diesem Gerichte oder dessen Deputirten (Kommissarien) wirklich zugetragen habe. Das Originalprotokoll

20) Damit ist nicht die auch den in den Akten aufbewahrten Urschriften und Entwürfen beiwohnende Beweiskraft in Prozessen zu verwechseln. A. G.O. I, 10, §. 124. Diesen Urschriften fehlt aber der Charakter der öffentlichen Glaubwürdigkeit, welcher eben durch die Unterschrift der Benennung des Gerichts und Vollziehung durch den Vorgesetzten desselben, und Beidrückung des Gerichtssiegels beigelegt wird.

muß bei den Gerichtsakten aufbewahrt werden, um bei entstehendem Zweifel über die Echtheit der Ausfertigung Beweis dafür zu geben.

1. Muster zur Ausfertigung.

Das Königl. Fürstenthumsgericht zu Neisse urkundet, daß vor dessen Deputirten der nachstehende Kaufkontrakt zwischen den darin genannten Kontrahenten errichtet und abgeschlossen worden:

(Hier folgt das Protokoll wörtlich.)

Urkundlich unter des Fürstenthumsgerichts Insiegel und der verordneten Unterschrift ausgefertigt.

So geschehen Neisse, den 3. April 1844.

(L. S.)

Königliches Fürstenthumsgericht.

Unterschrift des Dirigenten oder des Stellvertreters,

(Unten in der Ecke rechts) Unterschrift des Sekretärs [21]).

2. Ein anderes Muster.

Nachstehende Schriftstücke:

(folgen die verschiedenen Schriften)

sind urkundlich ausgefertigt.

Neisse, den 3. April 1844.

(L. S.)

Königliches Fürstenthumsgericht.

N.

3. Ein anderes Muster.

(Wortgetreue Abschrift des Originals mit allen Unterschriften und Zeichen, und darunter der Vermerk:)

Ausgefertigt.

N. den 3. April 1844.

Königl. Kreisgericht.

(L. S.) Name.

4. Muster einer gerichtlichen Bestätigung.

Nachstehender antichretischer Pachtkontrakt:

(folgt das Protokoll)

---

21) Dieser haftet für die Richtigkeit und seine Unterschrift ist eigentlich diejenige welche die Ausfertigung beglaubigt; die Unterschrift des Dirigenten dient zur Legalisirung der Unterschrift des Sekretärs. A. G.O. III, 5, §. 15. In der Gemeinen deutschen Gerichtspraxis (und auch in der französischen) reicht die Unterschrift des Aktuars oder Sekretärs noch jetzt allein aus. Sie sind in die Stelle der Gerichtsnotarien getreten, welche die eigentlichen Urkundspersonen waren; der Richter als solcher konnte keine öffentlichen Urkunden herstellen, sein eigenes Urtheil mußte von dem Gerichtsnotar (Aktuarius) beurkundet werden. Diese ganz verschiedenen Amtsthätigkeiten haben sich durch die Veränderungen in der Gerichtsverfassung und durch die konkurrente Befugniß der Gerichte in der Aufnahme von Notariatsurkunden verdunkelt.

wird urkundlich ausgefertigt und (unbeschadet den Rechten eines jeden Dritten) hiermit bestätigt.

Neisse, den 3. April 1844.

(L. S.)
Königliches Fürstenthumsgericht.
N.

Bemerkung. Die Klausel: „unbeschadet den Rechten eines jeden Dritten" versteht sich bei allen Bestätigungen von selbst und kann deshalb auch wegbleiben.

5. Muster einer obervormundschaftlichen Approbation.

Nachstehender Erbrezeß:

(Hier folgt der Rezeß.)

wird urkundlich ausgefertigt und rücksichtlich der drei minorennen August, Karoline und Karl, Geschwister von Saffroni, von Obervormundschaftswegen hiermit approbirt.

Neisse, den 3. April 1844.

(L. S.)
Königliches Fürstenthumsgericht.
N.

III.

Muster einer gerichtlichen Verlautbarung.*)

(A. G.O. Th. I, Tit. 10, §. 125, und Th. II, Tit. 3, §. 12.)

Neisse[22], den dritten April Eintausend Achthundert Vier und Vierzig[23].

Vor dem unterschriebenen Deputirten des Königl. Fürstenthumsgerichts erschienen:

1) der Gutsbesitzer Benjamin Frohriep aus Hohenstein,
2) der Pächter Caspar Sterz aus Monster,

Beide von Person bekannt und geschäftsfähig befunden.

Sie übergaben den beiliegenden, zwischen ihnen außergerichtlich abgeschlossenen Pachtkontrakt über das Gut Hohenstein, d. d. Hohenstein, den 8. März 1843, um denselben gerichtlich zu verlautbaren.

Der Gerichtsdeputirte las ihnen das Schriftstück laut und vollständig vor; sie genehmigten darauf dessen Inhalt, gelobten wiederholt die Festhaltung dieses Pachtkontrakts und erkannten die darunter befindlichen Unterschriften für ihre eigenhändigen an.

---

*) M. s. oben die Anm. 58 zu §. 28 des Not.-Gesetzes.

22) Die Protokolle pflegen immer mit dem „Actum" oder „Verhandelt" oder „Geschehen" anzufangen. Das Actum u. s. w. ist bedeutungslos und deshalb überflüssig. S. oben Anm. 28, Abs. 4 zu §. 10 des Not.-Gesetzes.

23) Es ist zweckmäßig, das Datum mit Buchstaben zu schreiben, doch thut der Gebrauch der Ziffern der Gültigkeit keinen Eintrag.

Unmittelbar unter dieselben wurde der Vermerk: „Gerichtlich verlautbart laut Protokolls vom dritten April 1844“, gesetzt und von dem Deputirten unterschrieben[24]).

Dieses Protokoll wurde Kontrahenten vorgelesen, von ihnen genehmigt und eigenhändig unterschrieben.

Benjamin Frohriep. Caspar Sterz[25]).

a. u. s.

B. N. N.

Königl. Fürstenthumsgerichts-Rath[26]). Aktuarius.

Bemerkung: Die Ausfertigung geschieht am besten nach dem obigen Formular II, 2. mit Einschaltung des übergebenen Schriftstücks und des Verlautbarungsprotokolls.

IV.

Renovationen schadhaft gewordener öffentlicher Instrumente können mit voller Wirkung nur gerichtlich erfolgen, weil zu diesem Geschäfte die Interessenten zugezogen und zu dem Verfahren (Exemplifikationsprozeß) förmlich vorgeladen werden müssen, unter der Verwarnung, daß bei ihrem Ausbleiben mit der Renovation dennoch verfahren, und in der Folge auf den Einwand, daß dieselbe ohne ihre Zuziehung geschehen sei, nicht mehr geachtet werden solle. A. G.O. II, 3, §. 29 u. III, 7, §. 81. Hierzu ist eine obrigkeitliche Gewalt (imperium), welche den Notaren fehlt, erforderlich, woraus von selbst folgt, daß das Verfahren vor den Richter gehört. Von der Entstehung und Entwickelung des „Exemplifikationsprozesses“ ist schon oben, in der Anm. 6) zu §. 23 des Not.-Gesetzes Rede gewesen, und das Verfahren selbst ist in dem §. 29 der A. G.O. a. a. O. ausführlich vorgeschrieben. In dem angeführten §. 81 ist nur der Renovation gerichtlich aufgenommener und konfirmirter Instrumente gedacht, das Verfahren findet jedoch auf alle öffentliche Urkunden, namentlich auch auf Notariatsinstrumente Anwendung, nicht allein deshalb, weil diese nun-

---

24) Dies verhindert den Austausch des Schriftstücks in der Zwischenzeit bis zur Ausfertigung. Die A. G.O. I, 10, §. 125 schreibt auch zweckmäßig vor, daß der Hergang unter der Urkunde selbst von den gegenwärtigen Gerichtspersonen gehörig zu attestiren sei. Dieses hat jetzt bei den Notariatshandlungen eine bestimmte Form erhalten. S. oben Nr. I, 3.

25) Die Cirkular-Verordnung vom 30. Dez. 1798, Abschnitt V, §. 2, sagt, es sei rathsam, in wichtigen Sachen, besonders bei Aufnahme von Verträgen, Schuldverschreibungen, Vollmachten u. s. w., außer der Namensunterschrift die Parteien noch eigenhändig niederschreiben zu lassen: „daß sie die Verhandlung durchgelesen und mit dem Inhalte überall einverstanden sind.“ Dies geschieht in der Praxis nicht.

26) Ist der Charakter der instrumentirenden Beamten nicht im Eingange des Protokolls ausgedrückt, sondern hat man sich der Bezeichnung „unterschriebene“ bedient, so erfordert die Vollständigkeit, daß der Charakter der Unterschrift beigefügt werde, damit die Eigenschaft der instrumentirenden Personen aus dem Akte selbst ersichtlich sei.

mehr durch den §. 40 des Notar.-Gesetzes den gerichtlichen gleichgestellt sind, sondern hauptsächlich deshalb, weil der §. 29 der A. G.O. a. a. O. nicht unterscheidet. Der vorausgesetzte Fall der Renovation ist jedoch immer der, daß die Urschrift des schadhaften Dokuments, nämlich das Protokoll oder das Konzept, nicht mehr vorhanden oder nicht bekannt ist. Denn ist dieses erreichbar, so ist auch eine neue Ausfertigung zu ermöglichen, und es bedarf des formellen Renovationsverfahrens nicht.

Muster eines Protokolls über Renovation einer Urkunde.

Neisse, den dritten April Eintausend Achthundert Vier und Vierzig.

Bei der im vorigen Jahre stattgefundenen Ueberschwemmung ist unter andern die Fideikommiß-Stiftungsurkunde über Altengrotte vom Wasser beschädigt und theilweise aufgelöst worden, so daß deren Erneuerung nothwendig geworden. Hierzu ist zufolge Antrags des derzeitigen Fideikommißbesitzers, Herrn Baron von Aussersich, auf heute, von dem unterschriebenen Deputirten des Königl. Fürstenthumsgerichts, ein Termin angesetzt, und sämmtliche aus dem Hypothekenbuche und den Fideikommißakten ersichtliche Interessenten sind dazu mit dem Bedeuten vorgeladen worden, daß bei ihrem Ausbleiben mit der Renovation dennoch verfahren, und in der Folge auf den Einwand, daß dieselbe ohne ihre Zuziehung geschehen sei, nicht mehr geachtet werden solle. In Folge dessen hatten sich eingefunden:

1) der Herr Baron Ehrenfried von Aussersich auf Altengrotte,
2) der Geheime Rath George von Sporen aus Breslau,
3) der Grenzbeamte Florian von Sporen aus Biala,
4) der Gutsbesitzer Herr Emmeran von Sporen auf Z.

Der Erstere ist eingetragener Fideikommißbesitzer, die drei Letzteren sind eingetragene Fideikommißanwarter. Ausgeblieben ist die Frau Cäcilia von Henne, geborne v. Sporen zu Frohburg, welche ebenfalls als Fideikommißanwarterin eingetragen ist. Das Dokument über die richtige Insinuation der Vorladung an sie befindet sich in den Akten.

Die zu erneuernde Urkunde ist ein Testament des Prälaten Heymann von Rosenbusch, datirt Altengrotte, den 3. Oktober 1687, und mit einer Bestätigungsurkunde des Kaisers Joseph, d. d. Wien, den 7. Januar 1713 versehen.

Von dieser ganzen Urkunde ist eine korrekte Abschrift auf Pergament gemacht, welche sammt dem Originale den Anwesenden vorgelegt wurde. Nachdem die Anwesenden das Original als die wahre und echte ursprüngliche Stiftungsurkunde über das Familienfideikommiß Altengrotte anerkannt hatten, wurde unter Zuziehung derselben die Abschrift mit diesem Originale von Zeile zu Zeile sorgfältig verglichen. Dabei fand sich auf der ersten Seite des sechsten Blattes, statt der zwölften und dreizehnten Zeile, ein leerer Raum, weil der Kanzlist A., nach seiner bei den Akten befindlichen Bemerkung, die Schriftzüge in dem Original nicht hat lesen können. Nach längerer Betrachtung dieser Stelle erkannte man mit Hülfe von Augengläsern zwar Schriftzüge, doch wurden sie verschieden gelesen, und zwar von dem Kommissarius für die Worte:

„und zwar nach Abgang des Mannsstammes auf die weibliche Linie nach derselben Prärogative";

von dem Herrn Geheimen Rath von Sporen:

„und zwar nach Abgang des Mannsstammes auf die weibliche Linie mit derselben Prärogative";

von dem Fideikommißbesitzer Herrn Baron von Aussersich hingegen:

„und zwar nach Abgang des Mannsstammes auch die weiblichen Linien dieselbe Prärogative".

Von dem zugezogenen Kanzelisten A. wurde die Leseart des Gerichtskommissarius in den Kontext, und die beiden anderen Lesearten, da eine Vereinigung nicht stattfand, daneben auf den Rand gesetzt, und zwar die des Herrn Geheimen Raths-Sporen voran, mit Beifügung dieses Vermerks:

„Die erstere Lesart ist von dem Herrn Geheimen Rath Sporen, und die andere von dem Herrn Baron Ehrenfried von Aussersich, als die richtige bei der Erneuerung dieser Urkunde behauptet worden".

Im Uebrigen wurde die Abschrift mit dem Originale wörtlich übereinstimmend befunden.

Man setzte unmittelbar unter die letzte Zeile der Abschrift die Worte:

„Erneuert, Neisse, den dritten April Eintausend Achthundert Vier und Vierzig."

und unterschrieb diesen Vermerk sowohl von Seiten der anwesenden Interessenten, als des Gerichtsdeputirten.

Dieses Protokoll wurde vorgelesen, genehmigt und, wie folgt, unterschrieben.

Ehrenfried Baron von Aussersich.
George von Sporen.
Florian von Sporen.
Emmeran von Sporen.

a. u. s.

B.

Königl. Fürstenthumsgerichts-Rath.

Bemerkung. Von diesem Protokolle wird der erneuerten Urkunde eine Ausfertigung angehängt.

V.

Muster eines mit einem Tauben, welcher lesen kann, aufgenommenen Kaufs.

(A. G.O. Th. II, Tit. 3, §§. 4 und 5.)

Gericht zu N. den u. s. w.

Vor dem Königl. Gerichtsrathe Verdrießlich, als Deputirten des Königl. rc. Gerichts, erschienen folgende, ihm nach Namen, Stand und Wohnort bekannte Personen:

1) der Brauer Eberhard Ohnehopfen,

2) der Fleischer Leberecht Weichlich,

Beide hieselbst wohnhaft. Sie wollten einen unter ihnen verabredeten Kaufkontrakt verlautbaren; da jedoch der Käufer Leberecht Weichlich ganz taub ist, aber Geschriebenes lesen kann, so wurden die Anträge des Verkäufers Eberhard Ohnehopfen wörtlich in das Protokoll geschrieben, dem Käufer zum Lesen vorgelegt und von ihm beantwortet wie folgt[27]):

Anträge des Eberhard Ohnehopfen.	Antworten des Leberecht Weichlich:
1) Ich verkaufe Ihnen mein Haus Nr. 8 auf der Kramerstraße hierselbst für 2000 Thlr.	Ich kaufe es Ihnen dafür ab.
2) Sie übernehmen in Anrechnung auf das Kaufgeld die eingetragene Post von 1000 Thlrn. nebst Zinsen von Ostern an und zahlen mir die übrigen 1000 Thlr. bei der Uebergabe.	Ja.
3) die Uebergabe geschieht den Montag nach Ostern d. J.	Ja, wir sind so einig.
4) Die Kosten des Kaufkontraktes tragen Sie allein.	Ja, aber Sie müssen die Kosten für die Uebergabeanerkennung zahlen.
5) Ich bin es zufrieden.	Gut.
6) Weiter haben wir nichts zu verabreden.	Nein, wir sind einverstanden.

Es wird nur eine Ausfertigung der Verhandlung verlangt. Dieses Protokoll wurde dem Verkäufer laut vorgelesen und von dem Käufer selbst durchlesen; Beide genehmigten dasselbe und unterzeichneten eigenhändig.

Eberhard Ohnehopfen. Leberecht Weichlich.

a. u. s.

Verdrießlich.

VI.

Die Rechtshandlungen der Taubstummen können gültig nur gerichtlich aufgenommen werden.

(A. L.R. I, 5, §. 171; A. G.O. II, 1, §. 9, N. I; u. II, 3, §. 7.)

Muster einer Verhandlung mit einem nicht bevormundeten Taubstummen.

Fürstenthumsgericht Neisse, den u. s. w.

Der taubstumme Einwohner N. N. hieselbst soll in der ihn mit angehenden

27) Dieses Verfahren ist auch von den Notaren zu beobachten. Ges. v. 11. Juli 1845 §. 11.

Nachlaßsache des zu Rotterdam verstorbenen Kaufmanns Peter Smitt eine Erklärung geben, welche, da er bisher noch nicht bevormundet worden ist und wegen der Dringlichkeit der Sache damit bis auf die förmliche Bevormundung nicht gewartet werden kann, von ihm selbst aufgenommen werden soll, indem behauptet wird, daß er, bei übrigens gehörig entwickelten Verstandeskräften, durch die Zeichensprache hinlänglich unterrichtet werden und seine Willensmeinung darüber deutlich machen könne.

Zur Aufnahme dieser Verhandlung ist auf Antrag des N. N. heute vor dem unterzeichneten Kommissario des ꝛc. Gerichts Termin angesetzt worden. Es wurden in demselben zuvörderst

1) der Hausbesitzer N. N.

2) der Schuhmachermeister N. N.

von hier als Zeugen über jene Behauptung gestellt, und nachdem sie mit dem Gegenstande ihrer Vernehmung bekannt gemacht und bedeutet worden waren, daß sie an Eidesstatt vernommen werden sollten, sich jedoch zur eidlichen Bestärkung ihrer Angaben, auf Erfordern, bereit halten müßten, und daß der Zeugeneid sich auch auf die ihre Person betreffenden Generalfragen beziehe, Einer nach dem Anderen und Jeder in Abwesenheit des Anderen, wie folgt, vernommen.

Erster Zeuge.

Ich heiße Benjamin N. N. u. s. w., nach den Vorschriften bei Zeugenvernehmungen ad generalia.

Zur Sache.

In bin der Nachbar des taubstummen Einwohners N. N. hieselbst seit vielen Jahren, und komme oft mit ihm zusammen; ich weiß daher aus eigner Wahrnehmung und Ueberzeugung, daß derselbe sich mit Anderen durch die Zeichensprache vollständig unterhalten kann und auch wohl unterrichtet und durchaus verständig ist, da er erst in späteren Jahren taubstumm geworden.

Die Wahrheit dieser Angabe versichere ich an Eidesstatt.

Vorgelesen, genehmigt und vollzogen.

Benjamin N. N.

Zweiter Zeuge. (Hier folgt dessen Aussage.)

Hierauf erschienen:

3) der taubstumme Einwohner N. N.

4) der Kaufmann N. N. von hier.

Der Letztere ist zum Kurator des Ersteren für dieses Geschäft ausersehen und übernahm die ihm erklärten Pflichten eines solchen, die er, mittelst Handschlags an Eidesstatt, getreu zu erfüllen gelobte.

Hiernächst beobachtete der Kommissarius den Gemüthszustand des N. N., während dessen der Kurator, welchem die Zeichensprache geläufig ist, sich mit ihm unterhielt. Der Letztere erklärte, daß er den N. N. befragt habe, ob er wohl wisse, wo sie sich befänden, und zu welchem Zwecke, auch ob er den Kommissarius des Gerichts kenne; und daß er darauf geantwortet: er wisse, daß dies hier das Gericht sei, und daß er zu dem Zwecke hierhergekommen, um seine Meinung über Etwas in der Erbschaftssache seines verstorbenen Vetters in Holland zu äußern: und der anwesende Herr sei eine ihm bekannte Gerichtsperson. Dabei erklärte der Kurator dem Gerichtsdeputirten die Zeichen, die er zur Befragung gebraucht, so wie auch die Zeichen, wodurch der N. N. geantwortet hatte. Nach dieser Einleitung wurden die als Dolmetscher vorgeschlagenen, ebenfalls erschienenen beiden Personen, nämlich:

5) der Diener des taubstummen N. N., Johann Langsam, 42 Jahr alt, evangelisch, ohne Interesse bei der Sache,

6) der Tafeldecker Ferdinand Hurtig, 48 Jahr alt, evangelisch, ehemaliger Bedienter des taubstummen N. N., ohne Interesse bei der Sache,

vorgelassen. Sie versicherten, mit der Zeichensprache des N. N. genau bekannt zu sein, was auch der Kurator bestätigte.

Um nun die Fähigkeit des N. N., Zeichen richtig zu verstehen und sich durch Zeichen passend zu erklären, zu prüfen, ließ der Gerichtskommissarius durch den Bedienten Langsam dem N. N. die schon von dem Kurator gethanen Fragen vorlegen: ob er wisse, wo man sich befinde, und wozu man sich hier befinde. Zur Frage und zur Antwort wurden dieselben Zeichen gemacht, wie bei der Verständigung mit dem Kurator, und die Antwort fiel eben so aus, wie vorhin der Kurator gesagt hatte. Dann ließ der Gerichtskommissarius durch den anderen Dolmetscher Hurtig den N. N. fragen: ob er wisse, wer er, der Gerichtsdeputirte, sei. Auch darauf wurden dieselben Zeichen gewechselt, die schon der Kurator dem Deputirten erklärt hatte, und die Antwort war wieder mit der durch den Kurator verdolmetschten übereinstimmend. Hieraus erlangte der Gerichtsdeputirte die Ueberzeugung, daß der Taubstumme N. N. bei vollkommenem Verstande und fähig sei, Zeichen zu verstehen und sich durch Zeichen zu erklären.

Nunmehr wurde zur Sache selbst geschritten und der N. N., wie folgt, vernommen:

Erste Frage durch den Bedienten Langsam vorgelegt:

ob u. s. w.

Der Inhalt dieses Protokolls, soweit er die Sache selbst betrifft, wurde dem N. N. durch die Zeichensprache nochmals vorgehalten und von ihm auf dieselbe Art genehmigt.

Vorgelesen, genehmigt und unterzeichnet.

††† Handzeichen des Einwohners N. N., welches attestirt N. N. als Kurator.

Johann Langsam. Ferdinand Hurtig.

a. u. s.

N. N.
Gerichtsdeputirter.

VII.

Willenserklärungen eines Blinden können ebenfalls nur vor Gericht gültig verlautbart werden.

(A. L.R. I, 5, §. 171; A. G.O. II, 1, §. 9, Nr. 1, II. 3, §. 8.)

Muster einer Verhandlung mit einem Blinden.

Gericht zu Neisse, den u. s. w.

Vor dem unterschriebenen, zur Aufnahme dieses Geschäfts besonders ernannten, Gerichtsdeputirten erschienen:

1) der Herr Hartlieb von Hunger, Erb= und Gerichtsherr auf Trübsal,

2) der Wirthschaftsbeamte Josua Brodkorb, wohnhaft zu Mehlsack,

Beide nach Namen, Stand und Wohnort bekannt, und erklärten, daß sie einen unter ihnen zu Stande gekommenen Pachtkontrakt über das, zu dem Gute Trübsal gehörige, Vorwerk Bringtnoth verlautbaren wollten.

Da der Herr von Hunger blind ist, so wurde ihm zuvörderst zu dieser Verhandlung in der Person des gleichfalls wohlbekannten Büreau=Vorstehers am hiesigen Gerichte, Herrn Ehrlieb Durst, ein Beistand zugeordnet. Hiernächst unterredete sich der Deputirte mit dem Herrn von Hunger darüber: ob er den Herrn Brodkorb kenne und wie er ihnen kennen gelernt habe. Es stellte sich heraus, daß Herr von Hunger den Herrn Brodkorb vor mehreren Jahren längere Zeit in seinem Dienste gehabt, und daß ihm dessen Stimme sehr wohl bekannt. Dadurch gelangte der Deputirte zu der Ueberzeugung, daß bei dem Herrn von Hunger kein Irrthum in Beziehung auf die Person, mit welcher er in das beabsichtigte Verhältniß treten will, vorwalte. Auch über den Umfang und die Beschaffenheit des Gegenstandes des Pachtkontrakts hatte derselbe genaue Kenntniß, wie der Deputirte aus dessen Angabe und dem vorgelegten, damit verglichenen Anschlage, entnahm.

Nach diesen Vorbereitungen verlautbarten die Betheiligten folgenden Pachtkontrakt:

(Hier folgen die Verabredungen.)

Das Protokoll wurde dem Herrn von Hunger durch seinen Beistand Durst, in Gegenwart des zuhörenden Herrn Brodkorb vorgelesen, von den Betheiligten genehmigt und für den Verpächter von dessen Beistande, von dem Pächter aber eigenhändig unterschrieben.

Ehrlieb Durst für den Herrn von Hunger. Josua Brodkorb.

a u. s.

Unverdrossen,
Königl. Gerichtsrath.

Zweite Abtheilung.
Beispiele von Urkunden über die einzelnen Rechtshandlungen und Geschäfte.

A. Urkunden bezüglich auf den Status.

Die Beispiele von Urkunden zur Feststellung des Familien-Status befinden sich unten in der Unterabtheilung „D. Urkunden bezüglich auf das Familienrecht", LXV a. Hier ist nur der juristischen Personen, insbesondere der Korporationen, zu gedenken, zu deren Gründung die Errichtung einer öffentlichen Urkunde (Statut) heutzutage erforderlich ist. Als Beispiel folgt hier das Statut einer neu gebildeten Handwerker-Innung, nach welchem jedes andere Statut gefaßt werden kann.

VII a.
Statut einer Innung.
Zu §. 65 a und flg.

a. Statut.
Statut der Schuhmacher-Innung zu Lederburg.

I. Allgemeine Bestimmungen.

§. 1. Für die Schuhmachermeister, welche am hiesigen Orte ihr Gewerbe treiben, wird eine Innung errichtet, welche die Schnurrwinkelsche Schuhmacher-Innung genannt wird.

§. 2. Dieselbe genießt, in Folge und kraft der zu hoffenden obrigkeitlichen Bestätigung, alle Rechte einer Korporation, insbesondere das Recht, Grundstücke und Kapitalien zu erwerben, sich als Eine Person nach außen durch ihren Obermeister und ihre Aeltesten vertreten zu lassen, und hat ihren Gerichtsstand vor dem hiesigen Ortsgerichte oder demjenigen Gerichte, welches etwa künftig an dessen Stelle treten sollte.

§. 3. Die Theilnahmerechte aller Mitglieder, während der Dauer ihrer Mitgliedschaft, sind gleichartig, unbeschadet einer ungleichen Theilnehmung an den Rechten und Lasten.

II. Bildung der Korporation.

§. 4. Zur ursprünglichen Bildung der neuen Korporation vereinigen sich die nachbenannten zwölf am hiesigen Orte wohnhaften Schuhmachermeister:

(Folgen die Namen.)

Sie und Alle, welche später in die Innung vorschriftsmäßig aufgenommen werden, bilden in ihrer Gesammtheit die Korporation.

§. 5. Jedem, welcher

a) großjährig und völlig verfügungsfähig ist,

b) seine Befähigung zum Betriebe des Schuhmacher=Handwerks nachweiset,
c) im Vollgenuß der bürgerlichen Ehrenrechte ist, nicht unter Kriminal=anklage steht und sich nicht durch seine Lebensweise die öffentliche Verachtung zugezogen hat,
d) das festgesetzte Eintrittsgeld bezahlt,

steht die Aufnahme in die Innung offen.

§. 6. Die Mitgliedschaft ist rein persönlich. Wittwen von Innungsgenossen daher, welche das Gewerbe ihres verstorbenen Mannes fortsetzen, haben kein Stimmrecht und sind von den Versammlungen ausgeschlossen, sie können auch nicht durch ihren Werkführer vertreten werden, bleiben aber im Genusse aller Vortheile, welche die Gewerbegesetze den Wittwen verstorbener Zunftgenossen zusichern. Dagegen haben sie die Hälfte der Beiträge eines Meisters, vom nächsten Ersten nach dem Tode des Mannes an, fortzuentrichten.

§. 7. Der Austritt aus der Innung findet in der Regel nur mit dem Ende des laufenden Kalenderjahres und in jedem Falle nur nach vollständiger Erfüllung der Verpflichtungen statt. Ausnahmsweise ist der Austritt auch im Laufe des Jahres im Falle einer Ortsveränderung des einzelnen Mitgliedes zulässig; die Korporationslasten müssen dann aber bis zum Ende des Quartals, in welchem der Austritt erfolgt, getragen werden.

§. 8. Die Gesuche um die Aufnahme in die Innung und um die Entlassung aus derselben müssen schriftlich an den Vorsteher oder Obermeister der Innung gerichtet werden; mündlichen Anträgen wird keine Folge gegeben.

§. 9. Das Aufnahmegesuch wird in der nächsten Versammlung mitgetheilt und dabei zugleich der Tag festgesetzt, an welchem über die Aufnahme Beschluß gefaßt werden soll. Die Abstimmung erfolgt durch Stimmzettel. Zur Aufnahme ist die absolute Stimmenmehrheit der Anwesenden erforderlich; bei Stimmengleichheit ist das Gesuch abgelehnt. In diesem Falle sind von den Widersprechenden Gründe für die Zurückweisung anzugeben, und wenn damit Niemand hervortritt, wird die Abstimmung durch Namensaufruf wiederholt. Bleiben sich die Stimmen wieder gleich, so muß jeder Verneinende seine Gründe angeben, sonst bleibt seine Stimme ungezählt. Die vorgebrachten Gründe, wenn sie erheblich erscheinen, werden untersucht, und wenn sie sich nicht als wahr erweisen, wird auf den sonach grundlosen Widerspruch nicht Rücksicht genommen.

Die Aufnahme geschieht in einer eröffneten Versammlung dadurch, daß dem Aufzunehmenden die Statuten vorgelesen werden, daß er sich deren Vorschriften zu unterwerfen erklärt und daß er das Protokoll mit unterzeichnet.

§. 10. Die Erklärung des Austritts wird gleichfalls vorgetragen; es wird gefragt: ob und was dagegen zu erinnern sei; über die Erheblichkeit der vorgebrachten Einwendungen wird offen abgestimmt und das Ergebniß wird in das Protokoll eingetragen. Einen Auszug hiervon erhält der Austretende als Bescheid, wenn er nicht zugegen ist.

III. Rechte und Pflichten der Mitglieder.

§. 11. Jedes Mitglied, welches sein Gewerbe während des vorhergehenden Jahres selbstständig betrieben hat, ist berechtigt, den gesetzmäßigen Versammlungen beizuwohnen, an den Berathschlagungen Theil zu nehmen und bei den Beschlüssen mitzustimmen. Gesetzmäßig ist die Versammlung, wenn sie der Kommunalbehörde wenigstens vier und zwanzig Stunden vorher angezeigt und ein Mitglied derselben anwesend ist.

§. 12. Das Stimmrecht wird nach dem Umfange des Gewerbebetriebes, wie folgt, abgestuft: Wer das Gewerbe im vergangenen Jahre ohne Gehülfen betrieben hat, hat Eine Stimme. Lehrlinge und Personen, welche außer dem Hause beschäftigt worden sind, werden nicht gerechnet. Wer beständig einen Gesellen beschäftigt oder doch in dem vergangenen Jahre durch den größten Theil desselben, wenn auch mit kurzen Unterbrechungen, beschäftigt hat, hat Zwei Stimmen. Auf jeden Gesellen bis zu Drei einschließlich hat man eine Stimme mehr; auf eine größere Zahl wird nicht Rücksicht genommen.

§. 13. Die Stimmrolle wird in jedem Jahre in einer im Dezember anzusetzenden Versammlung für das Jahr geordnet. Gegen den Beschluß findet der Rekurs des vermeintlich Verletzten an die Kommunalbehörde statt. Eine Kollektivbeschwerde ist unstatthaft.

§. 14. Zur Innungskasse müssen

a) von jedem Aufzunehmenden fünf Thaler Eintrittsgeld und zwei Thaler an Gebühren und Auslagen;

b) diejenigen Beiträge, welche alljährlich zur Bestreitung der Gemeinausgaben durch Innungsbeschluß für nöthig erachtet werden,

gezahlt werden. Behufs Feststellung dieser Beiträge haben die Vorsteher der Innung in der Dezember-Versammlung eines jeden Jahres einen Voranschlag der Ausgaben (Etat) zur Berathung zu bringen.

§. 15. Die Beiträge werden auf die Mitglieder nach Maßgabe ihres Stimmrechts vertheilt. Zu diesem Zwecke werden die sämmtlichen Mitglieder in vier Klassen getheilt, deren jede nach dem Verhältnisse beiträgt, daß ein Mitglied in der nächsten höheren Klasse die Hälfte dessen, was auf die Person der vorhergehenden niedrigeren Klasse trifft, mehr als diese bezahlt. Z. B.:

zahlt eine Person in der ersten Klasse 4 Sgr. auf jede Rate,
so zahlt sie in der zweiten = 6 =
= = = = = dritten = 9 =
= = = = = vierten = 13 = 6 Pf.

Wegen vermeintlicher Ueberschätzung findet der Rekurs an die Kommunalbehörde binnen vier Wochen nach der Zustellung der Ausschreibung statt. Bis zur Entscheidung muß der Rekurrent den auf ihn vertheilten Beitrag zahlen.

§. 16. Die Beiträge können im Verwaltungswege durch Exekution beigetrieben werden. Als Exekutor ist das jedesmalige jüngste Mitglied, nach der Anweisung des Obermeisters, unentgeltlich zu dienen verpflichtet; in Verhinderungsfällen bestellt der Obermeister ein and res Mitglied als Stellvertreter. Die abgepfändeten Sachen werden einem öffentlichen Auktionator zum Verkaufe überliefert.

§. 17. Zur Gründung eines Einrichtungs= und Verwaltungs=Fonds zahlt ein jeder der Vereinsgenossen (§. 4) die Summe von fünf Thalern, binnen vierzehn Tagen nach der ersten Versammlung, in die Innungskasse. Diese Beiträge können in dem §. 16 bestimmten Wege eingezogen werden.

IV. Einrichtung für die Verwaltung der gemeinschaftlichen Angelegenheiten.

§. 18. Die erste (konstituirende) Versammlung veranlaßt der im §. 4 unter Nummer 1 genannte Vereinsgenosse; er bestimmt auch den Ort der Versammlung.

§. 19. Die Verwaltung der Innungsangelegenheiten wird einem Vorstande, bestehend aus einem Obermeister und zweien Aeltesten, übertragen.

§. 20. Diese Innungsbehörde beschließt nach der Stimmenmehrheit über alle zu ihrem Ressort gehörigen Angelegenheiten der Innung, ohne Rücksprache mit den Mitgliedern der Innung, nach ihrem eigenen Ermessen. Der Obermeister hat den Vorsitz und entbietet die beiden Aeltesten zu einer Zusammenkunft, so oft er es für nothwendig hält.

§. 21. Die Innungsbehörde vertritt die Innung nach außen. Sie ist namentlich berufen und befugt:

a) zur Vollziehung aller Angelegenheiten und Geschäfte der Innung, zu welchen nach dem A. L.R. Th. I, Tit. 13, §§. 99 bis 109 eine Spezialvollmacht erfordert wird, kraft dieses Statuts und zufolge ihrer Anstellung, vorbehaltlich ihrer Verantwortlichkeit gegen die Innung, wenn sie ohne vorgängigen Beschluß derselben gehandelt hat;

b) zur Kassenverwaltung.

§. 22. Zur Aufbewahrung der Innungsurkunden und des Kassenbestandes muß ein feuer= und diebessicheres Behältniß angeschafft werden, welches der Obermeister in Verwahrung halten muß. Dasselbe muß mit drei unter sich verschiedenen Schlössern verschließbar sein. Die drei Schlüssel werden unter den drei Mitgliedern des Vorstandes vertheilt. Keiner darf seinen Schlüssel eigenmächtig einem Anderen anvertrauen. Ist ein Mitglied des Vorstandes in einem einzelnen Falle verhindert, bei der Kassenverrichtung mitzuwirken, so hat der Obermeister einen Innungsmeister zu benennen, welcher das verhinderte Mitglied vertreten soll. Dieser erhält eine schriftliche Anweisung, sich den Schlüssel aushändigen zu lassen und nach vollbrachtem Geschäfte denselben wieder an jenes abzuliefern. Ist der Obermeister selbst verhindert und die Sache leidet keinen Aufschub, so hat er seine Vertretung für den einzelnen Fall bei der Kommunalbehörde durch ein Mitglied derselben auszuwirken.

§. 23. Die gewöhnlichen Ausgaben, deren in dem jährlichen Anschlage gedacht worden ist, können, wenn sie demnächst wirklich erforderlich sind, auf Grund dieses Anschlages gemacht werden. Zu außergewöhnlichen Zahlungen ist ein vorgängiger Innungsbeschluß nothwendig.

§. 24. Jährlich, im Januar, legt der Vorstand der versammelten Innung die Rechnung über die Verwaltung der Gemeinkasse.

§. 25. Die Innung erwählt aus ihrer Mitte drei Glieder, die nicht zum Vorstande gehören dürfen, zur Abnahme der Rechnung. Die Kommission erstattet darüber in der nächsten Versammlung Bericht. Die Decharge wird nach Erledigung der Monita, oder mit Vorbehalt der unerledigt gebliebenen Erinnerungen, von der Innung ertheilt, wobei sich die Vorstandsmitglieder ihrer Stimme zu enthalten haben.

§. 26. Soll wegen der Verwaltung ein Rechtsanspruch gegen die Vorstandsmitglieder im Rechtswege geltend gemacht werden, so hat die Kommunalbehörde der Innung einen Rechtsanwalt zu bestellen und zur Prozeßführung zu autorisiren.

V. Bestellung des Vorstandes.

§. 27. Die Verwaltungsbehörde der Innung besteht aus Mitgliedern, welche aus der Innung auf sechs Jahre gewählt werden. Alle zwei Jahre scheidet Einer aus, welcher vor Ablauf der ersten sechs Jahre durch das Loos bestimmt wird. Der Ausscheidende ist wieder wählbar. Die Austretenden werden alle zwei Jahre, und die, welche durch den Tod oder andere Ereignisse abgehen, jährlich durch Neuwahl ersetzt, welche am Jahrestage der ersten Wahlversammlung stattfindet.

§. 28. Die Wahl wird durch sämmtliche stimmberechtigte Mitglieder im Innungshause vollzogen.

Die Berufung zur ersten Wahl geschieht durch den im §. 4 zuerst genannten Vereinsgenossen.

Abwesende können ihre Stimmen weder einsenden, noch die Ausübung ihres Stimmrechts auf einen Anderen übertragen; sie werden durch den Beschluß der Mehrheit der Anwesenden gebunden.

§. 29. Wählbar ist jedes aktive Mitglied der Korporation ohne Rücksicht auf den Umfang seines Stimmrechts, oder auf seine Religion.

§. 30. Für jedes zu wählende Mitglied wird besonders abgestimmt. Die Wahl erfolgt durch unterschriebene Stimmzettel, weil ohne Unterschrift des Wählers die Zählung der Stimmen nicht möglich ist. Nicht unterschriebene Stimmzettel zählen für eine Stimme. Unbeschriebene oder unpassend beschriebene Stimmzettel sind ungültig. Hierüber entscheidet das Wahl-Comité, welches von dem Vorsteher oder dessen Stellvertreter und zwei von ihm zugezogenen Mitgliedern gebildet wird.

§. 31. Wird die absolute Mehrheit bei der ersten Abstimmung nicht erreicht, so werden diejenigen zwei Personen, auf welche die meisten Stimmen gefallen sind, auf eine engere Wahl gebracht. Ergiebt sich nun Stimmengleichheit, so entscheidet der Vorsteher.

§. 32. Wer gewählt wird, darf die Annahme des ihm übertragenen Amtes und Geschäfts nur aus einem der im A. L.R. Th. II, Tit. 18, §§. 208 u. 209 bezeichneten Entschuldigungsgründe ablehnen. Auch die Ausscheidenden sind zur Annahme der sofortigen Wiederwahl nicht verpflichtet; erst nach Ablauf von drei Jahren nach ihrem Austritte treten sie in dieser Beziehung wieder in ihre Pflicht.

§. 33. Wer ohne rechtmäßigen Entschuldigungsgrund die Annahme der auf ihn gefallenen Wahl oder eines ihm vom Obermeister gemachten Auftrages verweigert, verfällt, wenn er nach Verlauf von acht Tagen noch bei seiner Weigerung verbleibt, in eine Strafe von drei Thalern zur Innungskasse und muß bis zur nächsten Wahl seine Beiträge doppelt zahlen. Im zweiten Weigerungsfalle verfällt er in dieselbe Strafe, muß den doppelten Beitrag fortentrichten und verliert bis zum nächsten zweijährigen Wahltermine die Ausübung seines Stimmrechts; und im dritten Falle kann er von dem Vorstande gänzlich aus der Innung ausgeschlossen werden.

Gegen diesen Ausschluß findet Berufung auf einen Innungsbeschluß statt, und gegen diesen steht nur der Rekurs an die Kommunalbehörde binnen vier Wochen offen.

§. 34. Wer sich den mit seinem Amte verbundenen Pflichten geflissentlich zu entziehen sucht, oder wer sich in der Erfüllung derselben nachlässig zeigt, insbesondere die Versammlung des Vorstandes ohne Entschuldigungsgrund mehr als einmal versäumt, wird von dem Obermeister an die Wahrnehmung seiner Pflichten erinnert, im Wiederholungsfalle mit Einem bis drei Thalern Ordnungsstrafe, welche zur Innungskasse fließt, belegt, und kann durch Innungsbeschluß abgesetzt werden. In diesem Falle treffen ihn die Nachtheile, welche im §. 33 auf die unentschuldbare Weigerung der Annahme der Wahl angedroht sind. Der Rekurs an die Kommunalbehörde innerhalb vier Wochen bleibt auch hier vorbehalten.

§. 35. Die Gewählten heißen Aeltesten. Sie wählen aus ihrer Mitte alle zwei Jahre einen Vorsteher (Obermeister). Die Wiederwahl des Abtretenden, wenn er im Vorstande bleibt, ist zulässig. Der Vorsteher hat in den Vorstandssitzungen und in den Innungsversammlungen den Vorsitz, leitet die Geschäfte, unterschreibt die nach der Stimmenmehrheit gefaßten Innungsbeschlüsse mit dem Beisitzer (Abgeordneten der Kommunalbehörde) und führt sie demnächst aus. Die Beschlüsse des Vorstandes werden in ein festgebundenes Buch geschrieben, von allen drei Mitgliedern unterschrieben und von dem Obermeister ausgeführt. Alle drei haben gleiches Stimmrecht in den Sitzungen des Vorstandes.

Vater und Sohn, Schwiegervater und Schwiegersohn, Brüder und Schwäger, Oheim und Neffe, dürfen nicht zugleich Mitglieder des Vorstandes sein; sonst sind dessen Beschlüsse nichtig.

VI. Ordnung in den Versammlungen.

§. 36. Der Vorsteher hält in den Versammlungen der Innung und der Aeltesten auf Ruhe, Ordnung und Anstand; er hält die auf der Tagesordnung stehenden Vorträge und läßt über die zu fassenden Beschlüsse abstimmen. Die Abstimmung über Anträge, welche der Vorsteher zu formuliren hat, geschieht durch Aufstehen und Sitzenbleiben, und durch Handaufheben.

§. 37. Die Ruhestörer müssen auf Geheiß des Vorstehers die Versammlung sogleich verlassen. Außerdem kann der Vorstand dieselben in eine, zur Innungskasse fließende Ordnungsstrafe bis zu Einem Thaler nehmen. Gegen den Strafbeschluß des Vorstandes steht binnen vier Wochen der Rekurs an die Kommunalbehörde offen.

§. 38. Ordentliche Verhandlungen finden jährlich fünf statt, nämlich vier Quartalsversammlungen am ersten Montage eines jeden Quartals, und die Wahl- und Schlußversammlung am ersten Montage des Dezembers. Außerordentliche Versammlungen veranlaßt der Vorsteher nach Bedürfniß. Zu jeder Versammlung ladet der Vorsteher durch ein Cirkular, worin die zur Tagesordnung stehenden Gegenstände angegeben werden müssen, die Mitglieder ein. Dem jüngsten Mitgliede liegt das Geschäft der Vorzeigung ob.

Die Vorstandsmitglieder beruft der Vorsteher zur Sitzung, so oft es die Geschäfte erfordern.

§. 39. In keiner Innungsversammlung ist ein Durcheinandersprechen Mehrerer zulässig. Wer etwas vortragen will, hat von dem Vorsteher das Wort zu begehren, und seinen Vortrag stehend, an den Vorsteher gerichtet, zu halten.

Der Sprecher darf von Niemand unterbrochen werden; nur dem Vorsteher steht es zu, den Sprecher zur Ordnung zu rufen oder zu erinnern, bei der Sache zu bleiben, oder ihm das Wort zu entziehen.

VII. Suspension und Verlust der Mitgliedschaft.

§. 40. Die Ausübung der Rechte der Mitgliedschaft ist unterbrochen:

a) wenn das Mitglied unter Kuratel gestellt wird,

b) wenn Konkurs zu dem Vermögen desselben eröffnet wird,

c) wenn dasselbe wegen eines Verbrechens oder Vergehens unter Anklage gestellt wird.

§. 41. Die Untersagung der Ausübung der Rechte hört auf:

a) durch Aufhebung der Kuratel;

b) durch vollständige Abfindung der Konkursgläubiger, sei es durch Akkord oder vollständige Befriedigung;

c) durch Freisprechung von der Anklage oder durch eine solche Verurtheilung, welche nicht den Verlust der bürgerlichen Ehre oder die Untersagung der Ausübung der bürgerlichen Ehrenrechte zur Folge hat.

§. 42. Die Rechte der Mitgliedschaft gehen verloren:

a) durch den Tod,

b) durch freiwilligen Austritt aus der Innung (§. 7),

c) durch einen Beschluß der Innung. Auf einen solchen Beschluß anzutragen ist jedes Mitglied befugt, welches seinen Antrag durch Thatsachen, die zur Rechtfertigung der Ausschließung geeignet sind, und durch Anzeige der Beweismittel begründet.

VIII. Von Lehrlingen und Gesellen.

§. 43. Die Verträge, welche Innungsmitglieder über die Annahme der Lehrlinge eingehen, sollen schriftlich abgeschlossen und in einem Exemplar dem Vorstande eingereicht werden.

§. 44. Die Annahme von Lehrlingen ist zwar an sich selbst eine der Willkühr anheimgestellte Privatangelegenheit. Wenn es sich aber um die Unterbringung des Sohnes eines verstorbenen Innungsmitgliedes handelt und der Vormund des Jünglings sich dieserhalb an den Vorstand wendet, so ist dasjenige Mitglied, welches von dem Vorstande zur Aufnahme ausersehen wird, gehalten, diesen Lehrling anzunehmen und den Vertrag nach den von dem Vorstande vorgeschriebenen Bedingungen unweigerlich abzuschließen. Die Weigerung ist ein Grund zur Ausschließung von der Innung.

§. 45. Die Aufnahme des Lehrlings geschieht in der nächsten Innungsversammlung durch Vorstellung des Lehrlings durch den Meister, durch Anerkennung des eingereichten Vertrages und durch Einschreibung in das Lehrlingsregister. Von diesem Tage fängt die Lehrzeit an.

Für diese Aufnahme wird ein Pauschquantum von funfzehn Silbergroschen als Auslagen für Schreibgebühren und Botengänge an die Innungskasse, sonst keine Gebühr entrichtet. Der etwa erforderliche Stempel ist besonders anzuschaffen.

§. 46. Der Lehrherr muß sich die Ueberwachung der Aeltesten in Erfüllung seiner übernommenen Verbindlichkeiten nach allen Richtungen des Verhältnisses gefallen lassen und die Erinnerungen und Weisungen in Abwesenheit des Lehrlings mit Achtung aufnehmen. Er kann von dem Vorstande, wegen Vernachlässigung seiner Pflichten und übler Behandlung des Lehrlings, in Ordnungsstrafen bis zu Einem Thaler, welche zur Innungskasse fließen, genommen werden, vorbehaltlich der privatrechtlichen Folgen. Hiergegen ist kein Rekurs zulässig; nur eine Remonstration an den Vorstand findet statt, gegen dessen abschläglichen Bescheid kein ferneres Rechtsmittel stattfindet.

§. 47. Der Lehrherr kann das Lehrverhältniß nicht ohne vorgängige Untersuchung seiner Gründe durch den Vorstand, bei welcher der Vormund des Lehrlings und der Lehrling selbst gehört werden müssen, und demnächstige

Billigung des Vorstandes, einseitig auflösen. Die ungebilligte, eigenmächtige Entlassung des Lehrlings zieht, unbeschadet der privatrechtlichen Folgen, eine Ordnungsstrafe bis zu Einem Thaler nach sich. Hiergegen findet kein Rechtsmittel statt.

§. 48. Die Freisprechung des Lehrlings zum Gesellen nach vollständiger Erfüllung des Lehrvertrags erfolgt vor der Innung, nach abgelegter Prüfung in der nächsten darauf folgenden Quartalversammlung.

Dafür werden keine Gebühren, sondern nur die Stempelgefälle, 2 Thlr. Diäten für die Prüfungsabgeordneten der Innung und 1 Thlr. Schreibgebühren und Botengebühren entrichtet. Die Berichtigung noch anderer Auslagen ist selbstverständlich. Für diese Entrichtungen muß dem neuen Gesellen auch das Zeugniß und die s. g. Kundschaft von dem Vorstande der Innung ausgefertigt werden.

§. 49. Die Innungsältesten (Obermeister und Aeltesten) sind verpflichtet, sich die Schlichtung von Streitigkeiten zwischen den Innungsgliedern mit ihren Gesellen und Lehrlingen über den Antritt, die Fortsetzung und Aufhebung des Verhältnisses, oder über die gegenseitigen Leistungen während der Dauer desselben, ganz besonders angelegen sein zu lassen und, vor der, unter dem Vorsitze eines Mitgliedes der Kommunalbehörde zu treffenden formellen Entscheidung, die Sühne zu versuchen. Die Innungsmitglieder sind bei einer, zur Innungskasse zu zahlenden Ordnungsstrafe von funfzehn Silbergroschen gehalten, der Vorladung des Obermeisters dazu Folge zu leisten.

§. 50. Den zuwandernden Gesellen, welche sich nach der Handwerkssitte bei dem Obermeister melden und sich gehörig legitimiren, muß der Obermeister die ihm bekannten Gelegenheiten zur Beschäftigung nachweisen. Diejenigen, welche Arbeit suchen und nicht finden, sind mit einer Wegzehrung von fünf Silbergroschen ohne Aufenthalt weiter zu schicken. Dem s. g. Fechten im Orte ist kräftig entgegenzuwirken, allenfalls mit Hülfe der Polizei.

§. 51. Jedes Mitglied der Innung ist verpflichtet, einen Gesellen oder Lehrling auf die Aufforderung des Vorstandes sofort zu entlassen, wenn dieses aus solchen Gründen geschieht, welche bei den Mitgliedern der Innung Ausschließung rechtfertigen würden. Der Rekurs an die Kommunalbehörde bleibt binnen vier und zwanzig Stunden nachgelassen. Bis zur Entscheidung darauf kann die Vollziehung der Aufforderung des Vorstandes auf sich beruhen.

IX. Von Meisterwittwen.

§. 52. Wenn das Gewerbe eines Innungsgenossen nach dessen Tode von der Wittwe oder für Rechnung der nachgebliebenen minderjährigen Kinder fortgesetzt werden soll; so sind die Aeltesten verpflichtet, ohne Verzug aus der Zahl der vorhandenen Gesellen des Orts den Geschicktesten zum Werkführer auszusuchen und mit Zuziehung der Wittwe oder des Vormundes für die Werkstatt anzunehmen. Der Meister desselben hat die Pflicht, ihn zu diesem Zwecke ohne Umstände zu entlassen.

Die Aeltesten müssen auch die Geschäftsführung in technischer Hinsicht beaufsichtigen und dem Werkführer mit ihrem Rathe zu Hülfe kommen. In der Ausübung dieser Liebespflicht haben sich alle Drei zu unterstützen, und in dem unmittelbaren Besuche der Werkstatt nach gewissen Perioden zu alterniren.

Insbesondere müssen die Aeltesten ihr Augenmerk auf die Lehrlinge einer solchen Werkstatt richten, und auf eine richtige Behandlung so wie auf eine gründliche Unterweisung dieser Lehrlinge halten.

X. Auflösung der Innung.

§. 53. Wird die Innung auf irgend eine Weise aufgelöst, so soll der nach Berichtigung aller Schulden und Erfüllung sämmtlicher Verbindlichkeiten bleibende Ueberschuß unter die zu der Zeit vorhandenen Mitglieder, nach Maß der in dem letzten Jahre ausgeschriebenen Beiträge getheilt werden. Die Antheile derjenigen, welche auf ihr Theilnahmerecht verzichten, erhält die Ortsgemeindekasse.

§. 54. Erlischt die Innung durch den Abgang sämmtlicher Mitglieder, so geht das ganze Vermögen auf die Kasse der Ortsgemeinde über.

Lederburg den ....

(Folgen die Unterschriften.)

b. Rekognitions-Protokoll.

(Oben, Erste Abtheilung, Nr. I, Muster 3.)

A a. Urkunden über Willenserklärungen zur Bekräftigung von Rechtsgeschäften.

VII b.

Genehmigung (Anerkenntniß.)

Zu §. 133. Vergl. unter Nr. LXIV.

Eingang. (S. Erste Abtheilung.)

Der Erschienene erklärte:

Mein Sohn N. N. hat während meiner Abwesenheit, ohne meinen Auftrag, dem Baumeister Eckstein zu .... den Wiederaufbau eines zusammengestürzten Speichers auf meinem Gute Storchnest, hiesigen Kreises, nach dem übergebenen Verdingungsvertrage und Anschlage, mit Vorbehalt meiner Genehmigung, in Verdung gegeben. Dieses in meinem Namen abgeschlossene Rechtsgeschäft genehmige ich dergestalt, daß ich durch dasselbe eben so gebunden sein will, als wenn ich den Kontrakt persönlich abgeschlossen hätte. Ich genehmige auch Alles, was zur Ausführung dieses Wiederaufbaues, wenn es auch nicht mit dem Buchstaben des Kontrakts genau übereinstimmt, bis heute geschehen ist, und bitte

um einmalige Ausfertigung dieser Erklärung.

Schluß und Vollziehung wie gewöhnlich.

B. Urkunden bezüglich auf das Sachenrecht.

VIII.
Kautionsbestellung.

Zu §. 204.

Muß nur dann gerichtlich aufgenommen werden, wenn die Kaution für einen Anderen bestellt wird und der Kautionsbesteller eine Frauensperson ist.

1. Kautionsbestellung für einen Königl. Kassenbeamten.

Neisse, den Ersten Dezember Eintausend Achthundert Sieben und Vierzig, auf dem Königl. Kreisgerichte erschien vor dem unterzeichneten Königl. Justizrathe Mürrisch, als dem zur Aufnahme dieses Rechtsgeschäfts ernannten Deputirten des Königl. Kreisgerichts hieselbst, das nach Namen, Stand und Wohnort wohlbekannte und geschäftsfähig befundene Fräulein Rosamunde Sogerne von hier, und erklärte:

Der zum Salarienkassen-Rendanten bei dem hies. Königl. Kreisgerichte ernannte bisherige Buchhalter Benjamin Pünktlich hat eine Amtskaution von Eintausend Thalern zu bestellen. Diese Summe habe ich aus meinem Vermögen heute an die Dienstbehörde des neuen Rendanten, behufs Beförderung an die General-Staatskasse, eingezahlt und ich will mit dieser ganzen Summe, doch nicht weiter, für die Erfüllung der Pflichten, welche dem Rendanten Benjamin Pünktlich vermöge der ihm jetzt sowie später übertragenen Amtsgeschäfte obliegen, und für alle von ihm aus seiner Amtsführung zu vertretenden Schäden und Mängel an Kapital und Zinsen, sowie an gerichtlichen und außergerichtlichen Kosten der Ermittelung des Defekts und der Schäden, ingleichen der etwanigen Stellvertretung des Rendanten Pünktlich, soweit solche aus dessen zurückbehaltenem Gehalte nicht gedeckt werden, einstehen, dergestalt, daß die Dienstbehörden wegen alles dessen, was in dieser Hinsicht der Rendant Pünktlich zu ersetzen haben wird und aus seinem zurückbehaltenen Gehalte nicht gedeckt werden kann, ohne Weiteres sich bezahlt zu machen berechtigt sein sollen.

Dem Fräulein Rosamunde Sogerne wurde auseinandergesetzt, daß diese ihre Erklärung die Folge habe, daß die Dienstbehörde an die eingezahlten Eintausend Thaler wegen der Defekte, Schäden, Mängel, gerichtlichen und außergerichtlichen Ermittelungskosten und wegen der Stellvertretung sich wirklich halten werde, so daß sie die Summe, so weit sie zum Ersatze erforderlich sei, also erforderlichen Falls gänzlich verliere, und daß sie, wenn sie nun gleichwohl bei ihrer Erklärung beharre und dieses Protokoll unterschreibe, sich nicht auf Unwissenheit über die möglichen Folgen und darauf, daß sie sich einen so schlimmen Ausgang nicht vorgestellt habe, berufen könne. Das Fräulein Rosamunde Sogerne blieb aber dennoch bei ihrer Erklärung stehen und ließ sich die ihr vorgehaltenen nachtheiligen Folgen davon gefallen [1]).

Weiter wurde dem genannten Fräulein gesagt, daß die Kaution seitens der Staatsbehörde von ihr nicht werde angenommen werden, wenn die eingezahlten Eintausend Thaler die Hälfte ihres Vermögens übersteigen. Das Fräulein Rosamunde Sogerne versicherte jedoch, daß die bestellte Kaution von Eintausend Thalern die Hälfte ihres Vermögens nicht übersteige. Ihr wurde nun bekannt gemacht, daß sie mit dieser Versicherung zugleich auf alle und jede Nachsicht bei der etwanigen Einziehung und Verwendung der bestellten Kaution Verzicht leiste [2]). Auch hiermit war das Fräulein Rosamunde Sogerne völlig einverstanden.

Vorgelesen, genehmigt und wie folgt

Rosamunde Sogerne

vollzogen.

a u. s.

Mürrisch.

2. Kautionsbestellung für ein Mindergebot bei Lizitationen.

Kann in das Lizitationsprotokoll eingerückt oder auch in einem besonderen Akte aufgenommen werden. Bei diesem Beispiele ist der erste Fall vorausgesetzt. Der Passus würde dann so zu fassen sein:

Der Rentier Herr Gottfried Störrig widersprach dem Zuschlage an den Wirthschafter Josua Streichbrett für dessen Meistgebot von Achttausend Thalern. Zur Begründung dieses Widerspruchs erklärte er, daß er für dieses Gebot von Achttausend Thalern, für allen Nachtheil und für die Kosten haften wolle [3]), und daß er dafür mit seiner, auf dem subhastirten Wirthschaftshofe Rubr. III. Nr. 3 eingetragenen Forderung von Dreitausend Thalern, aus der Schuldverschreibung des Besitzers desselben, Ehrenfried Geduld, vom 8. November 1839, Sicherheit bestelle, dergestalt, daß man sich daraus wegen des etwanigen Ausfalls, der Nachtheile und der Kosten, welche eine Folge seines Widerspruchs sein würden, bezahlt machen könne.

Derselbe übergab hierbei dem Deputirten das über diese Post lautende Hypothekeninstrument und trug darauf an:

einen neuen Bietungstermin anzusetzen.

1) Diese Belehrung fällt weg, wenn der Kautionsbesteller eine Mannsperson ist.

2) K.O. v. 2. Februar 1815 (G.S. für 1815, S. 9).

3) Ohne diese Erklärung, haften zu wollen, kann der Widerspruch nicht begründet, d. h. die Sicherheitsbestellung nicht für gehörig bewerkstelligt angesehen werden; die bloße Niederlegung des Kautionsobjekts genügt nicht. Entscheidungen des Obertribunals, Bd. X, Nr. 38.

3. Kautionsgesuch eines Untersuchungsgefangenen zur Befreiung von der persönlichen Haft.

Zur Kriminalordnung §§. 224 ff.

Die Kriminalordnung kennt, nach dem Zwecke der verhängten persönlichen Verhaftung, zwei Kautionen, gegen deren Bestellung sie, unter gewissen Umständen und Voraussetzungen, die Befreiung von der persönlichen Haft gestattet: die cautio de judicio sisti, wenn die Haft die Festhaltung der Person bezweckt (§§. 224—230), und die cautio de non amplius turbando, wenn durch die Einsperrung die Fortsetzung der verbrecherischen Handlungen gegen Andere hat verhindert werden sollen (§§. 231—233).

a) Cautio de judicio sisti.

Neisse, den Vierten November Eintausend Achthundert Drei und Funfzig.

Der in der Untersuchungshaft befindliche Elias Sehtmirnach, Handelsmann in Allerwelt, wurde vorgeführt und ihm auf sein Entlassungsgesuch vom 1. d. M. der Bescheid des Gerichts dahin eröffnet, daß er gegen eine Kautionsleistung von 500 Thalern in baarem Gelde zur Sicherheit des von ihm abzulegenden Versprechens, sich auf jedesmaliges Erfordern dem Gerichte zu gestellen, auf freien Fuß gestellt werden solle. Auf sein Ansuchen wurde ein Bote mit einem Billet des Inhaftaten an den Bankier Saul Kennimus abgesendet, welcher alsbald mit einem Päckchen, adressirt an den Inhaftaten zurückkehrte, in welchem sich 500 Thaler in Kassenanweisungen befanden. Diese Summe zählte Elias Sehtmirnach auf; sie wurde sogleich nach seinem Verlangen zum Asservatorium offerirt und zur Asservation, laut besonderer Quittung der Asservatarien, angenommen, worauf derselbe erklärte:

Ich verspreche, mich, wenn ich auf freien Fuß gestellt worden bin, auf jedesmalige Aufforderung des hiesigen Kreisgerichts oder dessen Kommissarius in der wider mich eingeleiteten Untersuchung wegen ꝛc. prompt zu gestellen und mich weder der ferneren Untersuchung, noch der Vollstreckung der etwa gegen mich erkannten Strafe zu entziehen, mich auch ohne Wissen und Erlaubniß des Gerichts nicht aus dem Gerichtsbezirke vor ausgemachter Sache zu entfernen. Für dieses Versprechen, sowie für die mir etwa zur Last fallenden Untersuchungskosten, leiste ich mit der eingezahlten Summe von Fünfhundert Thalern hiermit Sicherheit dergestalt, daß das Gericht sich an dieselben wie an ein Unterpfand zu halten befugt sein soll.

Elias Sehtmirnach wurde bedeutet, daß, im Falle er sich der ferneren Untersuchung oder der Vollstreckung der Strafe entziehen werde, die niedergelegte und verpfändete Summe sofort zum Kriminalfonds eingezogen werden solle, insofern nicht nach den bereits geschehenen Ausmittelungen[4]), oder nach Beendigung der in den dazu geeigneten Fällen in contumaciam fortzusetzenden Untersuchung auf Freisprechung, oder auf eine Geldstrafe erkannt werden sollte, welche die Kautionssumme nicht erreicht.

Elias Sehtmirnach unterwarf sich diesen Folgen seines Wortbruchs.

Das Protokoll wurde laut vorgelesen und, wie folgt, vollzogen.

Elias Sehtmirnach.

a. u. s.

Grimmig,	Fälscher.
Untersuchungsrichter.	Kriminal-Aktuar.

b) Cautio de non amplius turbando.

Neisse u. s. w.

Der wegen Zerstörung eines Kornfeldes in Untersuchungshaft befindliche Simson Wüthrich, Einwohner zu Thimnath, hat seine Freilassung aus der Haft gegen Kautionsleistung nachgesucht und es ist dem Gesuche gewillfahrt worden, wenn er eine Kaution von 500 Thalern zur Sicherheit für sein zu leistendes Versprechen, daß er seine Freiheit nicht zu fortgesetzter Beleidigung der Einwohner zu Thimnath mißbrauchen werde, bestellt haben würde. Heute sind zu seiner Verfügung 500 Thaler von dem Bankhause Ephraim Dan eingegangen und er wurde vorgeführt, um ihn damit bekannt zu machen. Derselbe erklärte:

Ich verspreche, meine Freiheit nicht wieder dazu zu benutzen, den Einwohnern zu Thimnath Schaden zu machen oder sonst meine Mitbürger zu beleidigen. Zur Versicherung dieses meines Versprechens überweise ich hiermit die für mich eingegangenen Fünfhundert Thaler und räume daran der Gerichtsbehörde ein Pfandrecht ein, dergestalt, daß, wenn ich mein Versprechen breche, diese Summe verfallen sein soll.

Der Gefangene wurde bedeutet, daß, wenn er seinem so eben gegebenen Versprechen zuwider handeln sollte, nicht allein die niedergelegte Kautionssumme zur etwanigen Entschädigung der Beleidigten verwendet und der Ueberrest für verfallen geachtet, sondern er selbst auch zum Arreste gezogen werden würde.

Derselbe erklärte, daß er sich diesen Folgen seines Wortbruchs unterwerfe.

(Vollziehung.)

c) Kaution für beide Fälle.

Wird die Kaution auf beide Fälle (a und b) bestellt, so werden beide Promissionen vereinigt und beide Bedeutungen zusammengefaßt.

---

4) Diese im §. 226 vorgeschriebene Bedeutung paßt auf das heutige Verfahren nicht; denn es wird, wenn der Angeklagte im Verhandlungstermine nicht erscheint nicht nach Lage der Voruntersuchungsverhandlungen, wie es die Kriminalordnung

VIII a.
Protestation zur Erhaltung des Zurückbehaltungsrechtes.

Zu §§. 207 und 209.

N. den u. s. w.

Vor dem ständigen Deputirten des rc. Gerichts erschien der bekannte Maschinen-Fabrikant N. und erklärte:

Ich habe auf Bestellung des Gutsbesitzers A. zu Hübel eine Dreschmaschine gebaut, welche zwar schon seit 4 Wochen zur Ablieferung bereit gestanden hat, jedoch von mir zurückgehalten worden ist, weil mir die vollständige Bezahlung des Preises und der Kosten verweigert wurde. Inzwischen hat der Besteller gegen meinen früheren Kompagnon B., bei dem die Bestellung gemacht worden war, auf Herausgabe der Maschine geklagt, und dieser ist, weil er Zahlung erhalten hat, dazu verurtheilt worden. Wewohl derselbe die Maschine gar nicht in seinem Gewahrsam hat, und ich mein Fabrikat, da ich jenen nicht vertreten habe, nur gegen Bezahlung herauszugeben brauche; so hat mir das rc. Gericht doch anbefohlen. bei Vermeidung der Exekution die Maschine an den Gutsbesitzer A. herauszugeben. Um es nicht auf den Zwang ankommen zu lassen, habe ich gestern die gedachte Maschine an ihn verabfolgt. Ich protestire aber hiermit gegen die Abforderung derselben, behalte mir mein Zurückbehaltungsrecht an derselben und meine Gerechtsame wegen Arbeitslohnes, Schäden und Kosten gegen den Gutsbesitzer A. und jeden Inhaber der Maschine ausdrücklich vor, und trage darauf an:

diese Protestation dem Gutsbesitzer A. zu insinuiren.

Vorgelesen, genehmigt und vollzogen.

Unterschriften.

VIII b.
Entsagung.

Zu §§. 212. 213.

Gewöhnlicher Eingang.

Mein verstorbener Vater, der Kolon Kasper Mühsal, hatte das ihm von der Grundherrschaft unentgeltlich verliehene erbliche Nutzungsrecht an dem Anwesen, der verlorene Hof genannt, zu Wasserdorf, an der wüthenden Neisse. Dieser Hof ist an mich übergegangen und der Besitztitel ist für mich, nach Ausweis des Hypothekenbuchs, berichtigt. Ich entsage meinem Nutzungsrechte an dieser Besitzung unbedingt und unwiderruflich, und stelle dieselbe der Grundherrschaft zu Wasserdorf zur freien Verfügung, verzichte auch auf alle Ansprüche wegen Verbesserungen. Ich trage darauf an:

der Grundherrschaft eine Ausfertigung dieser Erklärung zuzustellen.

Schluß und Vollziehung.

---

voraussetzt, erkannt, sondern der Angeklagte wird in contumaciam verurtheilt. Deshalb kann die splendid gedruckte Stelle wegbleiben.

IX.
Uebergabe-Vertrag.
Zu §§. 252 und 256.

N. den u. s. w.

Der Gutsbesitzer A. beabsichtigt, heute das dem Gutsbesitzer B. verkaufte hiesige Rittergut gerichtlich zu übergeben, und hat zu diesem Zwecke die Abordnung eines Kommissarius bei dem rc. Gerichte nachgesucht. Der unterschriebene Gerichtsrath, als Deputirter zu diesem Geschäfte abgeordnet, hatte sich heute hierher verfügt und sowohl den Gutsbesitzer Herrn A. als den Gutsbesitzer Herrn B., ihm beide von Person bekannt, hier anwesend getroffen.

Herr A. ist noch Willens, sein hiesiges Rittergut N. N. dem Herrn B. auf Grund und zur Erfüllung des mit demselben abgeschlossenen Kaufkontrakts, vom 8. März d. J., sogleich zu übergeben, und Herr B. ist bereit die Uebergabe auf Grund dieses Titels anzunehmen.

Der Gerichtskommissarius begab sich mit beiden Kontrahenten, in Gemäßheit ihres Antrages, auf die Feldmark und in Stall- und Wirthschaftsgebäude, und nach vollendeter Besichtigung erkannte Herr B. an, daß sich Alles in kontraktlichem Zustande und in verabredeter Menge vorfinde.

Nun erklärte Herr A., daß er sich in Folge des mit Herrn B. abgeschlossenen Kaufkontrakts, vom 8. März dieses J., dieses Ritterguts N. N. nebst Zubehör und Beilaß zum Vortheil des Herrn B. entschlage; und Herr B. erklärte, daß er den erledigten Besitz dieses Gutes nebst Zubehör und Beilaß ergreife, und damit die Uebergabe desselben für kontraktmäßig vollzogen annehme, mithin seinem Herrn Verkäufer über gehörig geleistete Uebergabe vollständig quittire.

Hierauf wurden die Dorfgerichtspersonen, die Wirthschaftsbeamten und das Hofgesinde zusammenberufen, und es wurde ihnen Herr B. als ihr neuer Gutsherr vorgestellt.

Vorgelesen, genehmigt und vollzogen.
Unterschriften.

IX a.
Wiederinkurssetzung eines auf den Inhaber lautenden Papiers.
Zu §. 253.

1. Protokoll.

N. den u. s. w.

Vor dem unterzeichneten Gerichtskommissarius erschien der Kaufmann Wilhelm N. von hier, nach Namen, Stand u. Wohnort bekannt, produzirte den Schlesischen landschaftlichen Pfandbrief Blumenthal Nr. 6 über 1000 Thlr., auf dessen Kehrseite der Privatvermerk:

„Dieser Pfandbrief gehört mir, Tobias Sicher"

stand, und eine Ausfertigung des Testaments des hieselbst verstorbenen Pfandleihers Tobias Sicher, mit folgender Erklärung:

Nach dem vorgelegten Testamente des Tobias Sicher bin ich dessen Alleinerbe. In dessen Nachlasse hat sich der vorgelegte, ihm zugehörig gewesene Pfandbrief, Blumenthal Nr. 6 über 1000 Thlr., vorgefunden, welcher durch den eigenhändigen Privatvermerk des Erblassers außer Kurs gesetzt ist. Ich will den Pfandbrief wieder in Kurs setzen und trage darauf an:

die Außerkurssetzung wieder aufzuheben.

Vorgelesen und genehmigt.

Unterschriften.

2. Attest.

Wieder in Kurs gesetzt von dem Erben des verstorbenen Tobias Sicher.

N. den u. s. w.

Königliches Fürstenthumsgericht.

(Siegel in schwarzer Farbe.) Unterschrift.

Anm. Geschieht die Wiederinkurssetzung von demjenigen, welcher den Privatvermerk darauf gesetzt hat, selbst, so lautet das Attest bloß:

„Wieder in Kurs gesetzt durch N. N."

X.

Lehnsurkunden.

Zu §. 269.

1. Lehnskontrakt.

Zur ursprünglichen Begründung des Rechtsverhältnisses ist schriftliche und wenn unbewegliche Güter der Gegenstand sind, gerichtliche Abschließung wesentlich nothwendig. Werthstempel wie beim Kaufmuster.

Eingang.

§. 1.

Seine fürstliche Gnaden, Melchior Casper, Herr der mediatisirten Lande Samarien, verspricht, seinem bisherigen Schloßhauptmanne Gabriel Uriel die Vogtei Himmelreich, mit allen dazu gehörigen Rechten, Gerechtigkeiten, Ober- und Niedergerichten, Ehrungen, Roboten, Diensten, Wäldern, Büschen, Gärten und Wiesen, Häusern, Wasser und Wasserläuften, Teichen, Mühlen, Mühlstätten, Aeckern, freier Schaftrift, Hütung, Trieb, Rüttig und Strüttig, Freiheiten und Beschwerden, nichts davon ausgenommen, zu einem wahren Mannlehn für ihn und seine männlichen Leibes- und Lehnserben zu verleihen, und ihm lehnsherrlichen Schutz zu gewähren.

§. 2.

Der Amtshauptmann Gabriel Uriel hat dafür eine Summe von Zwanzigtausend Thalern an die fürstliche Rentkasse bezahlt, worüber ihm quittirt wird; und er macht sich und seine Lehnsnachfolger verbindlich, dem Lehnsherrn mit zwei Pferden auf Verlangen zu dienen, oder wenn die Naturaldienste nicht begehret würden, jährlich zu Martini für jedes Pferd Vierzig Thaler an die fürstliche Rentkasse zu zahlen; ferner dem Lehnsherrn gehörige Lehnstreue zu leisten und bei jeder Veränderung in der Person des Lehnsherrn, auch im Falle Einem von mehreren in Gemeinschaft gewesenen Lehnsherren das Obereigenthum gegen Abfindung der Anderen allein überlassen wird, sowie in der Person des Vasallen in gleicher Ausdehnung, die Lehen zu erneuern und jedesmal Einhundert Dukaten Lehnsgebühr zu entrichten.

§. 3.

Die Investitur erfolgt am nächsten Heiligendreikönigstage.

§. 4.

Die Nachfolge in das Lehn ist ungetheilt, nach den Regeln der Primogenitur, und der Lehnsfolger darf aus dem Lehn durchaus keine Abfindung an irgend ein Geschwister geben. Ist der Erstgeborne nicht lehnsfähig und hat auch noch nicht lehnsfähige Nachkommen, so soll es von dem Befinden des Lehnsherrn abhängen: ob er die Lehnsdienste von einem Stellvertreter annehmen, oder vielmehr einen Nachgeborenen zur Lehnsfolge berufen will. Das Lehn fällt mit allen Verbesserungen dem Lehnsherrn anheim, wenn der Lehnsbesitzer ohne männliche Leibes- und Lehnserben stirbt, und die nachgebliebenen Töchter so wenig wie die vorhandenen Seitenlinien haben irgend einen Anspruch auf Abfindung oder Wiederverleihung.

Schluß.

2. Lehnbrief.

(Namen und Titel des Lehnsherrn) thun kund, daß Wir den Edlen Esau Natanael und Hans Tobias Gebrüdern von Uriel, Unseren lieben Getreuen, nach erfolgtem Ableben Ihres Vaters Gabriel Uriel, Unseres Vasallen und Lehnsträgers des Uns pflichtigen Mannslehns Himmelreich, und nachdem Sie binnen der gesetzlichen Zeit das Lehn gehörig gemuthet, um Verleihung desselben an Sie, als ehemalige Leibes- und Lehnserben, zur gesammten Hand gebeten, Uns auch das gewöhnliche Vasallagium geleistet haben, das genannte Lehngut Himmelreich, nebst allen Zubehörungen, Rechten und Gerechtigkeiten, wie solches Ihr verstorbener Vater Gabriel Uriel seither besessen und in dem von Unserer Kommission unterm 12. Juli 1724 errichteten Lehnsinventarium beschrieben ist, zur gesammten Hand verliehen haben; verleihen auch solches Denselben und ihren männlichen Leibes- und Lehnserben hiermit, daß Sie es zu einem rechten und wahren Mannlehn nach Lehnrecht und Lehnsgewohnheiten besitzen und genießen. Dahingegen sollen Dieselben Uns und Unseren Nachfolgern allezeit getreu und gewärtig sein, Unser Frommen und

Bestes möglichst befördern, Arges und Schaden wenden und Alles thun, was getreue Vasallen zu thun schuldig.

So geschehen in Unserem Schlosse Engelsburg, am fünften Mai, Eintausend Achthundert und Fünf und Vierzig.

(L. S.) Melchior Casper.

3. Lehnsrevers.

Wir Esau Natanael und Hans Tobias, Edle von Uriel, thun kund, daß, nachdem der Hochwürdigste Durchlauchtigste Fürst und Herr, Melchior Casper rc., uns auf unser gebührliches Bitten mit dem Sr. fürstlichen Gnaden pflichtigen, von unserm Vater Gabriel Uriel besessenen Lehngute Himmelreich, sammt allem Zubehör, investirt und belehnt hat, wie solches der von Wort zu Wort also lautende Lehnbrief näher besagt:

(folgt der Lehnbrief)

wir diese Investitur zur gesammten Hand dankbar angenommen, und dagegen das Lehn Himmelreich in allen und jeden nach Lehnrechte erforderlichen Fällen wieder zu muthen und zu releviren für uns und unsere Lehnsnachfolger angelobet, auch Sr. fürstl. Gnaden und deren Nachfolger allezeit getreu, hold und gewärtig zu sein, alle den Vasallen von Rechts und Gewohnheits wegen obliegende Pflichten zu leisten und Alles zu thun und zu lassen, was eine mehr liebenden Lehnsmanne wohl zusteht und gebührt, fest versprochen haben, versprechen solches Alles auch hiermit und kraft dieses unseres Reversalbriefes, welchen wir eigenhändig unterschrieben und mit unserm Petschafte besiegelt haben. So geschehen auf der fürstlichen Residenz Engelsburg, am fünften Mai, Eintausend Achthundert Fünf und Vierzig.

(L. S.) Esau Natanael von Uriel.
(L. S.) Hans Tobias von Uriel.

4. Lehnsmuthung und Rekognition darüber.

Zu §. 275.

Die fürstliche Regierung zu Neyß, als Lehnhof für die fürstlichen Lehne, thut kund, daß der Herr Habakuk Edler von Uriel, nach dem Ableben seines Vaters Hans Tobias von Uriel, Besitzers des Lehnguts Himmelreich, dieses ihm angefallene Lehn vorschriftsmäßig und rechtzeitig gemuthet, und die ihm obliegenden Lehnspflichten anerkannt hat, wie folgt:

„Hochlöbliche Regierung.

Durch das Ableben meines Vaters, des Lehngutsbesitzers Hans Tobias Edlen von Uriel, bin ich zum Besitze des Lehnguts Himmelreich gelangt. Es liegt mir ob, das Lehn vorschriftsmäßig zu muthen. Ich erneuere demnach hierdurch das Anerkenntniß der Lehnspflichten, und indem ich dem Lehnsherrn die schuldige Ehrfurcht, Treue und gewissenhafte Erfüllung meiner Lehnspflichten angelobe, bitte ich:

mir über die erfolgte Lehnsmuthung Rekognition zu ertheilen.

Zu meiner Legitimation als rechtmäßiger Lehnsnachfolger überreiche ich das Kirchenattest über den Tod meines Vaters, den Trauschein meiner Eltern, und meinen Geburtsschein, mit dem Antrage:

mir noch die eidesstattliche Versicherung, daß mir keine älteren männlichen Nachkommen meines Vaters bekannt sind,

abnehmen zu lassen. Lehn Himmelreich, den 13. März 1746.

Habakuk Uriel."

Worüber gegenwärtige Rekognition ertheilt wird.

Urkundlich unter dem größeren Insiegel und der verordneten Unterschrift.

Gegeben Schloß Neyß, den 20. Mai 1746.

Fürstliche Regierung.

(L. S.) Kilian Gelassen,

Präses.

5. Konsens zur Verpfändung des Lehns.

Zu §. 285.

a) Des Lehnsherrn.

Zur Aufnahme eines landschaftlichen Pfandbrief-Kredits von Eintausend Achthundert Thalern auf die Substanz des Lehnguts Deutsch Eilpe, behufs der Wiederherstellung des auf demselben befindlichen Wohnhauses, auf einen Zeitraum von Zwei und Zwanzig Jahren dergestalt, daß nach Ablauf von Zehn Jahren die allmählige Rückzahlung des konsentirten Darlehns in gleichmäßigen Terminen beginnen und mit Ablauf der letzten Zwölf Jahre vollendet sein muß, ertheile ich hierdurch meinen lehnsherrlichen Konsens.

K., den 6. März 1844.

Melchior Casper.

b) Eines Agnaten.

Eingang.

Mein Oheim, der Königl. Major und gegenwärtige Besitzer des Lehnguts Deutsch Eilpe, Herr Hieronymus von K., beabsichtigt, auf die Substanz dieses Lehnguts, behufs Erbauung eines neuen Wohnhauses, einen landschaftlichen Pfandbrief-Kredit von Eintausend Achthundert Thalern zu suchen. Ich habe mich von der Nothwendigkeit dieses Neubaues überzeugt, erkläre mich damit einverstanden und willige als Lehnsagnat darin, daß mein Herr Oheim, der genannte Lehnsbesitzer, auf die Substanz des Lehnguts Deutsch Eilpe ein Kapital von Eintausend Achthundert Thalern in landschaftlichen Pfandbriefen, behufs Erbauung eines neuen Wohnhauses, aufnehme und im Hypothekenbuche eintragen lasse. Doch willige ich in die Verpfändung der Substanz so wie der künftigen Revenüen nur auf eine Zeit von Zwei und Zwanzig Jahren in der Art, daß nach Ablauf der ersten zehn Jahre die konsentirte Schuld allmählig in gleichmäßigen Terminen, nämlich alle Jahre mit Einhundert und Funfzig Thalern, zurückgezahlt und mit Ablauf der letzten Zwölf Jahre vollständig wieder abgetragen sein muß. Auch bedinge ich mir aus, daß der Bau des neuen Wohnhauses binnen Drei Jahren vollendet werde; sonst betrachte ich meinem Konsens für nicht gegeben.

Schluß.

XI.

Fideikommiß-Stiftung.

Zu §. 300.

Fideikommiß-Stiftungen können durch Verträge, oder durch einseitige Erklärungen unter Lebendigen, oder durch letztwillige Verordnungen errichtet werden. Die Stiftungsurkunden müssen gerichtlich verlautbart und bestätigt werden. Das kompetente Gericht ist, wenn das Fideikommiß in einem Grundstücke besteht, das Gericht der Sache, sonst der persönliche Richter des Stifters.

(A. L R. Th. II, Tit 4, §§. 28 ff. und 63.)

Werthstempel 3 vom Hundert des Werths des Gegenstandes, welcher durch die Stiftung zum Fideikommisse bestimmt worden.

Vergl. K. O. v. 18. Juli 1845. (G.S. S. 506.)

(8. A.) Der Stempel ist ein Urkundenstempel. Bei einem Geldfideikommisse wird die Stempelsteuer von dem ganzen in der Stiftungsurkunde dazu bestimmten Kapitale auch dann erhoben, wenn dasselbe dort nicht sofort für das Fideikommiß in seiner vollen Höhe angewiesen ist, diese vielmehr erst durch Zuschlagung der Zinsen des bereit gestellten Kapitales allmählig erreicht werden soll. Erk. des Obertr. vom 27. November 1868 (Entsch. Bd. LXI. S. 253).

Die in Folge der autonomischen Befugnisse der Standesherren errichteten Fideikommisse sind stempelpflichtig. Die Stempelsteuer ist nicht unter die direkten oder, wie es in der Instruktion vom 30. Mai 1820, §. 13, lit. b heißt, unter die ordentlichen Personalsteuern, welche unmittelbar von der Person erhoben werden, zu begreifen; sie ist vielmehr den indirekten Steuern beizuzählen. Erk. dess. vom 16. Dezember 1867 (Arch. f. Rechtsf Bd. LXIX. S. 233).

Muster.

N., den u. s. w.

Auf den Antrag des Freiherrn von H. auf Julienthal ist der unterschriebene Rath und der mitunterschriebene Referendarius dazu deputirt worden, um eine Fideikommiß-Urkunde aufzunehmen, und es hatten sich dazu eingefunden:

1) der Herr Freiherr Alexander von H.,

2) dessen beide Söhne, nämlich:

a) der Königl. Landrath Herr Freiherr Adam von H. aus T.,

b) der Kgl. Regierungsassessor Herr Freiherr Ludw. von H. aus O.,

sämmtlich von Person bekannt und verfügungsfähig, und verlautbarten folgenden unter sich verabredeten Vertrag:

§. 1.

Der Herr Freiherr Alexander von H. errichtet hiermit aus seinem Vermögen ein beständiges Fideikommiß für seine Familie, und widmet dazu als Hauptgegenstand sein schuldenfreies, im K...er Kreise unter der Gerichtsbarkeit des hiesigen ꝛc. Gerichtsbelegenes, Allodialrittergut Julienthal, nebst allen Zubehörungen, Rechten und Gerechtigkeiten dergestalt, daß dasselbe von nun an die Eigenschaft eines Familien-Fideikommißgutes haben und für immer behalten soll.

§. 2.

Diesem Fideikommisse schlägt der Herr Freiherr Alexander von H. noch zu:

1) sein in der Stadt Breslau am Ringe belegenes, im stadtgerichtlichen Hypothekenbuche Vol. Fol. eingetragenes Haus Nr. 200, sammt den darin befindlichen, in dem beiliegenden Verzeichnisse No. I aufgeführten Möbeln und Hausgeräthe;

2) seine, auf dem Gute Julienthal befindliche, in dem hierbei übergebenen Kataloge No. II verzeichnete Bibliothek,

3) die in dem Verzeichnisse No. III aufgeführten, in dem Schlosse zu Julienthal befindlichen Möbel und Hausgeräth, Silbergeschirr, Tischzeug, Küchengeräth und Porzellan, nicht minder die verzeichneten Weinvorräthe;

4) das in dem Verzeichnisse sub No. IV aufgeführte, zum Fideikommißgute gehörige Vieh-, Feld- und Wirthschaftsinventarium, nebst Futter- und Getreide-Vorräthen.

Diese vier Verzeichnisse haben die Anwesenden, nach ihrer Erklärung, gemeinschaftlich an Ort und Stelle verglichen und richtig befunden, und zum Zeichen dessen jetzt eigenhändig unterschrieben.

§. 3.

Der jedesmalige Fideikommißbesitzer hat hinsichtlich des ihm zustehenden nutzbaren Eigenthums die gesetzlich bestimmten Rechte und Pflichten mit folgenden besonderen Bestimmungen:

1) Auf die Bibliothek muß er alle Jahre Einhundert Thaler verwenden u. s. w.

2) Von den Möbeln muß alle Jahre der zehnte Theil erneuert werden, und zwar in dem alsdann vorherrschenden Geschmacke, und in dem von der Mode vorzugsweise empfohlenen Stoffe, jedoch so, daß dieses Zehntel nicht etwa in einzelnen Stücken, sondern in einem zu einander passenden Ameublement ganzer Zimmer besteht.

3) Bei Prozessen, welche die Substanz betreffen, ist er nicht schuldig, Anwärter zuzuziehen, vielmehr muß die ganze Familie und jeder andere Fideikommißbesitzer gelten lassen, was in einem von dem Fideikommißbesitzer ordnungsmäßig geführten Prozesse entschieden worden ist. Vergleiche soll er allein aber nicht schließen können.

4) Tauschgeschäfte mit einzelnen Substanz- und Pertinenzstücken soll er, wenn das eingetauschte Stück, nach der Taxe, eben so viel werth ist, als das vertauschte, ohne einen Familienschluß gültig machen und vollziehen können.

5) ꝛc. ꝛc. ꝛc.

§. 4.

Das Fideikommiß soll eine Primogenitur, d. h. solches Fideikommiß sein, worin die Succession nach Linien mit dem Rechte der Erstgeburt stattfindet, mit Ausschließung aller Nachgebornen, dergestalt, daß durch alle Geschlechtsfolgen immer der erstgeborne Sohn des Besitzers und dessen eheliche Nachkommen die nachgebornen Brüder oder übrigen Verwandten ausschließen.

Wenn die gesammte männliche Nachkommenschaft des Herrn Freiherrn Alexander v. H. erlischt, so ist die weibliche Nachkommenschaft nach denselben Regeln, also die erstgeborne Tochter des letzten Besitzers und deren männliche Nachkommenschaft u. s. w. zum Fideikommisse berufen, jedoch nur unter der Bedingung, daß dieselbe verheirathet ist, und deren Ehemann den Geschlechtsnamen der Freiherrn v. H. annehmen darf und auch wirklich annimmt, so daß derselbe durch ihre männlichen Nachkommen fortgeführt wird. Ist die Erstgeborne zur Zeit der Eröffnung unverheirathet, so geht das Fideikommißfolgerecht auf die nächste nachgeborne Schwester über, welche sich in dem gedachten Falle befindet. Ist keine verheirathete Tochter des letzten Besitzers vorhanden, so soll das Fideikommiß aufhören und als freies eigenthümliches Vermögen auf die Intestaterben des letzten Besitzers übergehen. Dasselbe findet statt, wenn der Mann der hiernach zur Folge berufenen Tochter den Namen des Freiherrn v. H. nicht annehmen will oder darf. Verstürbe aber die solchergestalt zum Fideikommisse gelangte Tochter des letzten Besitzers, ohne männliche Nachkommen mit dem Namen des Freiherrn v. H. zu hinterlassen, so soll das Fideikommiß als freies Eigenthum an die Intestaterben ihres Vaters herausgegeben werden.

§. 5.

Nach dieser Successionsordnung gelangt denn, nach dem Tode des Freiherrn Alexander v. H., dessen ältester Sohn, der Königliche Landrath Herr Freiherr Adam v. H., als erster Fideikommißfolger zum Fideikommisse.

Dagegen entsagt derselbe allen Ansprüchen auf den künftigen Allodial-Nachlaß seines Herrn Vaters zu Gunsten und zum Zwecke der Abfindung seines Herrn Bruders Ludwig v. H. — Sollte dieser Allodial-Nachlaß, nach Abzug aller Schulden, weniger als Zehntausend Thaler betragen, so soll, so viel daran fehlt, auf die Substanz des Fideikommisses aufgenommen und binnen Jahresfrist an den Herrn Regierungsassessor Freiherrn Ludwig v. H. gezahlt werden. Diese Schuld muß in Zehn Jahren in gleichen Theilzahlungen aus den Einkünften wieder abgetragen werden.

§. 6.

Wird der Fideikommißbesitzer für einen Verschwender erklärt, so ist mit dem Tage die Rechtskraft des Urtels die Fideikommißfolge eröffnet und es gelangt derjenige Berechtigte zum Fideikommisse, welcher an diesem Tage der nächste ist. Dabei behält es sein Bewenden, wenn auch später die Vormundschaft aufgehoben wird.

Der abgehende Verschwender erhält bis an seinen Tod zu seinem Unterhalte jährlich Fünfhundert Thaler aus den Einkünften, worüber jedoch nur der Vormund verfügen kann.

Weiter soll etwas Besonderes nicht angeordnet werden.

Den Betheiligten wurde diese Verhandlung vorgelesen; sie genehmigten dieselbe und trugen darauf an:

die Stiftungsurkunde auszufertigen und zu bestätigen und sodann die nöthigen Eintragungen in das Hypothekenbuch zu bewirken,

worauf sie, wie folgt, unterschrieben.

Unterschriften.

XI. a.

Auseinandersetzungs-Rezeß zwischen einem Lehnsfolger und dem Allodialerben.

Zu §. 291 u. f.

N., den u. s. w.

Vor dem unterzeichneten Kommissario des Königl. Kreisgerichts zu N. erschienen in der Lehnsabsonderungs-Sache von Triebsand

1) der jetzige Lehnsbesitzer von Triebsand, Joachim v. Dürreseel,
2) der Handelsherr Gottlieb Feistleib von hier, als legitimirter Bevollmächtigter seiner Ehefrau Greislinde, geborenen Freiin v. Gernhold.

Der Erstere ist als legitimirter Lehnsfolger bereits in den Besitz des Lehnguts Triebsand gesetzt und die Frau Feistleib ist die einzige Allodialerbin des verstorbenen Lehnbesitzers Ehrenreich Freiherr v. Gernhold.

Bei der Uebergabe des Lehnguts an den Lehnsfolger sind von beiden Seiten mehrere Ansprüche an einander erhoben worden. Nachdem über die einzelnen Streitpunkte rechtskräftig entschieden, ist auf heute Termin dazu anberaumt worden, die Absonderung des Lehns vom Erbe endgültig zu reguliren. Nach Verhandlung der Sache kam folgender Rezeß zu Stande:

§. 1.

An einem Verzeichnisse der Lehnspertinenzien fehlt es, und man hat darüber gestritten: ob das Lehn überhaupt ursprünglich mit Beilaßstücken verliehen worden sei. Die Entscheidung ist zum Vortheile des Lehnsfolgers ausgefallen. Bei der Uebergabe des Lehngutes an denselben hat ihm die Allodialerbin die Beilaßstücke, welche in der Beilage A zu diesem Rezesse verzeichnet sind, mit Vorbehalt ihrer Rechte vorläufig übergeben. Es wird nun anerkannt, daß diese Stücke als Lehnsstücke zu dem Lehngute gehören und bei demselben verbleiben.

Der Lehnsträger behauptet jedoch, daß das Inventarium unvollständig sei und zur nothdürftigen Bewirthschaftung noch

1) Zwei Pferde,
2) sechs Ochsen,
3) zwei Wagen mit allem Zubehöre,
4) drei Pflüge,
5) acht Eggen,
6) zwei Pferde= und sechs Ochsengeschirre,
7) eine Kornfege,
8) zwanzig Säcke

erfordert würden.

Die Allodialerbin erkennt dieses an und findet sich zur Vergütigung dieser Defekte bereit.

Beide Theile einigen sich über den Geldbetrag derselben auf 300 Thlr. schr. Dreihundert Thaler.

§. 2.

Das Feldinventarium sollte nach den stattgefundenen Ermittelungen mit einer Bestellung von

200 Schffl. Roggen und } in frischer Düngung und mit
100 = Weizen }

200 Morgen zur Sommerung vorbereitet in einjährigem Düngungszustande übergeben werden. Es sind aber nur übergeben:

150 Schffl. Roggensaat in einjähriger Düngung,
60 = Weizen in frischer Düngung und
150 Morgen gepflügt in einjährigem Düngungszustande.

Wegen dieser Defekte vereinigen sich beide Theile auf eine Vergütigung von 250 Thlrn. schr. Zweihundert und Funfzig Thalern, welche die Allodialerbin an den Lehnsfolger zu zahlen hat.

§. 3.

Der verstorbene Lehnsbesitzer hat das Lehngut erweitert durch den Ankauf einer angrenzenden Wiese von 100 Morgen, welche für 500 Thlr. angekauft und seitdem in wirthschaftlicher Verbindung mit dem Gute gestanden hat. Eine Einverleibung ist nicht erfolgt. Der Lehnsfolger will dieses Pertinenzstück behalten. Zu diesem Zwecke ist es gerichtlich abgeschätzt worden und die Taxe ist auf 660 Thlr. ausgefallen. Da es die Allodialerbin für diesen Preis nicht überlassen will, so hat der Lehnsfolger sich mit der Allodialerbin um die Summe von 700 Thlrn. schr. Siebenhundert Thalern vereinigt, für welchen Preis die in Rede stehende Wiese dem Lehnsfolger hierdurch übereignet wird. Er befindet sich bereits im Besitze.

§. 4.

Von einem früheren Lehnsbesitzer, Herald von Prodiger, ist ein Ackerstück, die s. g. Fettlehde, vor etwa 100 Jahren ohne Konsens der Lehnspersonen veräußert worden. Diese hat der letzte Lehnsbesitzer in nothwendiger

Subhastation für 200 Thlr. erstanden und wieder mit dem Lehn verbunden. Der jetzige Lehnsfolger und verstorbene Vasall stammen gemeinschaftlich von dem Veräußerer ab. Der Lehnsfolger ist daher gehalten, der Erbin die Anschaffungskosten zu vergüten. Diese betragen, nach einer aufgelegten Rechnung, 215 Thlr. Der Lehnsfolger erkennt seine Verbindlichkeit zur Erstattung dieser Zweihundert und Funfzehn Thaler an.

§. 5.

Auf dem Lehngute haften 5000 Thlr. Substanzschulden, wovon eine Post von 500 Thlrn. auf den Rentier Habakuk Schwindelmann gediehen war. Diese hat der Erblasser bezahlt. Die Erbin ist im Besitze des noch ungelöschten Instruments mit der Quittung, und der Erblasser hat bei der Zahlung überdies den Ersatz an seinen Erben vorbehalten. Der Lehnsfolger erkennt an, zur Erstattung dieser 500 Thlr. verbunden zu sein. Herr Feistleib übergiebt demselben das Instrument zur uneingeschränkten Verfügung über die in Rede stehenden Fünfhundert Thaler. Herr v. Dürresel reservirt seinen Erben den künftigen Ersatz dieser von ihm bezahlten Post, auch für den Fall, daß er dieselbe löschen lassen sollte.

§. 6.

Die Lehnsgebäude sind während der Besitzzeit des Erblassers bis auf das Wohnhaus und den Viehstall abgebrannt. Die abgebrannten Gebäude sind aus der Versicherungssumme wieder aufgebaut worden und befinden sich in gutem Baustande. Das Wohnhaus aber und der Viehstand sind dergestalt vernachlässigt, daß sie einer Hauptreparatur bedürfen. Die streitig gewesene Verbindlichkeit zur Hergabe der Ausbesserungskosten von der Erbin ist zu deren Nachtheil rechtskräftig entschieden. Diese Kosten sind für das Haus auf 500 Thlr. und für den Rindviehstall auf 800 Thlr. veranschlagt worden. Herr Feistleib erklärt sich zur Bezahlung dieser 1300 Thlr. an den Lehnsfolger bereit.

§. 7.

Der Erblasser hat den Garten mit 400 Stück verschiedenartiger Obstbäume bepflanzt erhalten. Der Garten ist nicht gepflegt worden und von den Bäumen sind 200 Stück ausgegangen, und nicht wieder ersetzt worden. Die Allodialerbin erkennt ihre Verpflichtung an, dafür Ersatz zu leisten, und beide Theile vereinigen sich auf ein Pauschquantum von 100 Thlrn. schr. Einhundert Thalern dafür.

§. 8.

Zu dem Lehngute Triebsand gehörte zur Zeit die Abtretung des Besitzes seitens des Erblassers ein Kieferwald von 1600 Morgen.

Nach dem angenommenen 80jährigen Turnus sollten davon jährlich 20 Morgen zum Abtriebe kommen und wieder besaamt werden. Durch die 20-

jährige Besitzzeit des Erblassers würden daher nach forstwirthschaftlichen Grundsätzen 400 Morgen abgeholzt und in Schonung gelegt worden sein. Der Erblasser hat aber 600 Morgen abtreiben lassen und nicht wieder besaamt. Die noch vorhandenen 800 Morgen können, nach jenem Turnus, erst nach Verlauf von 25 Jahren wieder einen Ertrag geben. Wegen Ausmittelung des Betrages dieser Verwüstung sind die Verhandlungen noch nicht geschlossen. Es ist aber unstreitig, daß der Ertrag des Lehns in anderen Rubriken sonst nicht erhöhet worden ist, als daß von den abgetriebenen 600 Morgen Forstgrund 200 Morgen urbar gemacht worden sind und der Rubrik des Ackerbaues hinzutreten, wogegen die übrigen 400 Morgen nur eine magere Schafweide geben und sich nur zur Besämung mit Nadelholz eignen. Nach dem Gutachten der Sachverständigen ist der Ertrag des ganzen Lehns, in Folge dieser Wirthschaft, nicht vermindert worden, indem die 200 Morgen urbar gemachten Landes, welches ein guter Kornboden ist, und der Ertrag von 400 Morgen Schafweide den jährlichen Ausfall an der Forstwirthschaft decken. Der Lehnsfolger vermeint jedoch, dafür Ersatz fordern zu können, daß durch 25 Jahre kein Holz zu schlagen sei. Um diesem Streite ein Ende zu machen, bietet Herr Feistleib dem Herrn von Dürreseel, in Berücksichtigung der niedrigen Holzpreise in der hiesigen Gegend, eine Entschädigungssumme von 200 Thlrn. schr. Zweihundert Thalern, womit Herr v. Dürreseel zufrieden ist.

§. 9.

Außer den bisher regulirten Punkten ist noch die Theilung der Revenüen aus dem letzten Wirthschaftsjahre zu erledigen. Jeder hat für die Zeit seiner Bewirthschaftung Rechnung gelegt und das Defektatorium ist noch nicht geschlossen. Um auch diesen noch allein übrigen Streitpunkt schließlich zu beseitigen, kommen beide Theile dahin überein, daß der Lehnsfolger der Allodialerbin noch 300 Thlr. schr. Dreihundert Thaler herauszugeben verpflichtet sein soll. Dadurch sind beide Defektatorienprozesse beendigt; die Akten sollen reponirt und die Kosten kompensirt werden.

§. 10.

Nach diesen Vereinbarungen hat zu erhalten:

I. der Lehnsfolger von der Erbin

aus §. 1	300	Thlr.
= §. 2	250	=
= §. 6	1300	=
= §. 7	100	=
= §. 8	200	=
überhaupt	2150	Thlr.

II. die Erbin von dem Lehnsfolger

aus §. 3	. . . .	700 Thlr.
= §. 4	. . . .	215 =
= §. 5	. . . .	500 =
= §. 9	. . . .	300 =
zusammen	. . . .	1715 Thlr.
Der Lehnsfolger behält mithin noch zu fordern		435 Thlr.

Herr Feistleib zahlte an Herrn v. Dürreseel sofort diese Vierhundert Fünf und Dreißig Thaler baar, welche der Letztere in Empfang nahm, darüber quittirend.

§. 11.

Beide Theile erklären sich hiermit in Ansehung des Lehnsnachlasses für vollständig auseinandergesetzt; sie verzichten gegenseitig auf alle und jede Nachforderungen, wie sie Namen haben mögen, und quittiren sich wechselseitig.

§. 12.

Die gerichtlichen Kosten der Auseinandersetzung, in so weit sie noch nicht berichtigt sind oder in einzelnen Prozessen hinsichtlich der Kosten nichts anderes rechtskräftig entschieden oder in dem gegenwärtigen Rezesse festgesetzt worden ist (§. 9), tragen beide Theile jeder zur Hälfte; die außergerichtlichen Kosten werden kompensirt.

Dieser Rezeß soll mit der Beilage A, welche von beiden Theilen unterschrieben worden ist, für jeden Theil ausgefertigt werden.

Vorgelesen und genehmigt.

Folgen die Unterschriften.

XII.

Familienschluß.

Zu §. 301.

Ein Familienschluß muß gerichtlich aufgenommen und bestätigt werden, und zwar vom Fideikommißrichter. Mit dem Gesuche um die Aufnahme des Familienschlusses muß ein Entwurf zu demselben und ein möglichst vollständiges und genaues Verzeichniß der Anwarter eingereicht werden.

(Gesetz v. 15. Febr. 1840, G.S. S. 20. — A. L.R. II, 4, §§. 29 ff.)

Muster.

N. den u. s. w.

In der Fideikommiß-Sache von Blumenhain wird beabsichtigt, einen Theil des Vorwerks Vorderhof im Einzelnen zu veräußern, und es soll darüber ein Familienschluß gefaßt werden. Zur Aufnahme desselben ist vor den unterschriebenen Gerichtskommissarien heute Termin angesetzt, zu welchem die bekannten Betheiligten, unter abschriftlicher Zufertigung des von dem Fideikommißbesitzer Herrn N. N. eingereichten Entwurfs zu dem Familienschlusse, mit der Warnung vorgeladen worden, daß, wer dem Familienschlusse bis zum Termine nicht widerspräche, für zustimmend werde erachtet werden. Es hatten in Folge dessen sich eingefunden:

1) der Fideikommiß-Besitzer Herr N. N.,
2) der Königl. Landrath Herr Ferdinand v. P. aus O.,
3) der Königl. Rittmeister Herr August Ewald v. B. aus F.,
4) die Frau Hauptmann v. S., Caroline Ida, geborne v. P., im Beistande ihres Ehegatten, des Königl. Hauptmanns im 50. Infanterie-Regimente, Herr Eduard v. S. aus C.,
5) der Herr Oberlandesgerichts-Assessor Friedrich v. P. aus B.,
6) der Gutsbesitzer Herr Johann v. P. auf Z. bei M.,

sämmtlich von Person bekannt und geschäftsfähig.

Ausgeblieben war nur der Herr Regierungsrath v. P. zu K., von welchem bis heute keine Erklärung eingegangen, obwohl ihm die Vorladung nach dem bei den Akten befindlichen Behändigungsschreiben richtig und zeitig insinuirt worden ist.

Die Anwesenden erkannten sich gegenseitig als Mitberechtigte an, und versicherten an Eidesstatt, daß ihnen keine anderen Berechtigten, als die bereits namhaft gemachten, bekannt seien.

Der von dem Fideikommißbesitzer Herrn N. N. eingereichte Entwurf zu dem Familienschlusse wurde vorgelegt, durchgegangen und berathen, und die anwesenden Berechtigten beschlossen, ganz nach dem Vorschlage des Entwurfs einstimmig:

daß u. s. w.

Der Fideikommißbesitzer, Herr v. N. N., machte den Antrag:

diesen Familienschluß nach Ablauf der gesetzlichen Frist zu bestätigen.

Vorgelesen, genehmigt und vollzogen.

Unterschriften.

Vermerk. Ergeben sich Vermuthungen, daß außer den Angezeigten noch andere Fideikommißberechtigte vorhanden sind, so muß ein Aufgebots- und Präklusionsverfahren der Bestätigung des Familienschlusses vorangehen. Ges. v. 15. Februar 1840, §§. 9 ff. Für dieses Verfahren sind die Appellationsgerichte, welche durch das Ges. v. 5. März 1855 (G.S. S. 175) zu Fideikommißbehörden eingesetzt sind, nicht kompetent. Deshalb hat dieser Fideikommißrichter das gedachte Verfahren bei dem Gerichte erster Instanz auszuwirken, und die Rechtskraft des von demselben gesprochenen Präklusionserkenntnisses abzuwarten, ehe er hinsichtlich der Bestätigung des Schlusses weiter vorgehen kann.

XIII.

Erbzins-Kontrakt.

Zu §. 311.

Dieser Kontrakt kommt nicht mehr vor, nachdem das Obereigenthum des Erbzinsherrn ohne Entschädigung aufgehoben worden, und bei erblicher Ueberlassung eines Grundstücks nur die Uebertragung des vollen Eigenthums zulässig ist. Gesetz vom 2. März 1850, §. 2, Nr. 2 und §. 91

(G.S. S. 77). Das Muster eines solchen Kontrakts hat daher kein praktisches Interesse mehr, weshalb es in dieser Ausgabe weggelassen ist.

XIV.

1. Bestellung eines Nießbrauchs.

Zu §. 321.

Der Titel eines Nießbrauchs kann so verschieden sein, als es überhaupt verschiedene Erwerbstitel giebt. Deshalb ist die Bestellung eines Nießbrauchs kein eigenthümliches Geschäft; denn das dingliche Recht wird, auf Grund eines Titels, durch Uebergabe (Besitz) erworben. Die Vorführung eines Musters zu solchem Titel würde daher unterbleiben, wenn die möglichen Geschäfte, welche der Erwerbung eines Nießbrauchs zum Grunde liegen können, dargestellt werden wollten. Aber der hier zu nehmende Gesichtspunkt sind die Verabredungen, welche sich auf das dauernde Rechtsverhältniß zwischen dem Nutznießer und dem Eigenthümer (Besteller) beziehen, und welche bei jedem Geschäfte, wodurch ein Nießbrauch übertragen werden soll, als Nebenabreden zu treffen sind.

Muster.

Stadtgericht N., den u. s. w.

Vor mir, dem Königl. Stadtgerichtsrathe Leberecht Durchsieht, zur Aufnahme dieser Verhandlung ernannten Deputirten, erschienen:

1) der Gutsherr Herr Joseph v. Splendid, auf Sandbergen,
2) der Königl. Lieutenant in der 99sten Legion der leichten Infanterie, Herr Siegfried Held, wohnhaft zu Friedensburg,

Beide nach Namen, Stand und Wohnort bekannt, und erklärten:

Ich, der Gutsherr v. Splendid, habe meinem gegenwärtigen Schwiegersohne Held, um die Nachsuchung des Heirathskonsenses zu begründen, zugesagt, ihm bis dahin, wo er eine dem Gehalte eines Hauptmanns gleichkommende, jährliche Einnahme haben wird, zur Bestreitung seiner Haushaltungskosten eine jährliche Zulage von Sechshundert Thalern zu geben. Wir sind übereingekommen, daß ich ihm, statt dieser Geldsumme, den Nießbrauch an meinem, in der Nähe von Friedensburg belegenen Rittergute Kasematta einräume, und wir haben dieserhalb folgende Verabredungen getroffen:

§. 1.

Der Gutsherr v. Splendid räumt ein und überträgt seinem Schwiegersohne Held den Nießbrauch von seinem Rittergute Kasematta bei Friedensburg, wogegen Dieser sich wegen der ihm von Jenem versprochenen jährlichen Zulage von Sechshundert Thalern für befriedigt erklärt. Die Uebergabe soll am Ersten des nächsten Monats, nach einer Beschreibung und einem Inventarium, geschehen.

§. 2.

Der Nießbraucher hat während der Dauer des Rechts folgende Rechte und Pflichten:

1) Er muß nicht bloß, wie sich von selbst versteht, alle schon aufgelegten Lasten, Abgaben und Pflichten, die Feuerkassenbeiträge und die Zinsen der schon eingetragenen Pfandbriefe und Hypotheken, sondern auch alle noch künftig aufzulegenden ordentlichen und außerordentlichen Lasten, Kontributionen, Einquartirungen, Lieferungen und was man überhaupt von den Gutsbesitzern fordern möchte, ohne anderen Ersatz dafür fordern zu können, als von Seiten des Staats dafür gegeben werden möchte, entrichten und tragen; nicht weniger auch die von den Nutzungen zu leistenden persönlichen Prästationen.

2) Die Gebäude muß er nicht allein im Baustande halten, sondern er ist auch schuldig, die ohne seine Schuld zerstörten Gebäude wieder herzustellen, ohne die gemachten Verwendungen vor Beendigung des Nießbrauchs erstattet zu erhalten. Es ist ihm erlaubt, auf seine Kosten Neuerungen mit Veränderung der bisherigen Gestalt vorzunehmen, doch so, daß dadurch der Werth und auch die Räumlichkeit nicht vermindert wird.

3) Es steht ihm frei, eine andere Wirthschaftsart anzufangen, selbst wenn die bisher üblich gewesene, in Folge der Veränderung, sich nicht wieder herstellen ließe; doch muß er überall nach den Grundsätzen einer vernünftigen Landwirthschaft und wie ein guter Wirth verfahren.

4) Für die Berichtigung aufgekündigter Kapitalien ist er zu sorgen nicht schuldig; diese Sorge liegt dem Eigenthümer ob.

5) Er ist berechtigt und verpflichtet, alle die Substanz betreffenden Prozesse auf eigene Kosten zu führen, wobei er sich nach den Vorschriften des Eigenthümers, wie ein Mandatar, richten muß.

§. 3.

Der Nießbraucher ist nicht berechtigt, das Gut zu verpachten oder das Wohnhaus zu vermiethen; es steht ihm frei, dasselbe durch einen Verwalter bewirthschaften zu lassen, der jedoch eine bestimmte Summe als Gehalt, nicht etwa eine Quote der Einnahme erhalten muß.

§. 4.

Der Nießbrauch hört auf:

1) wenn die Ehe des Nießbrauchers, sei es durch den Tod eines der Eheleute, oder durch Richterspruch, getrennt wird;

2) Wenn der Nießbraucher zu einer, dem Einkommen eines Hauptmanns zweiter Klasse von der Infanterie gleichkommenden, Einnahme gelangt oder doch hätte gelangen können, wenn solches nicht durch seine Schuld vereitelt worden wäre;

3) wenn der Nießbraucher den Abschied fordert oder erhält;

4) wenn der Eigenthümer das Gut verkauft und in diesem Falle den

Nießbrauch gegen Wiedergewährung der jährlichen Zulage von Sechshundert Thalern zurücknehmen will.

In allen diesen Fällen soll jedoch die Rückgabe erst am Ende des Wirthschaftsjahres erfolgen und die ganze Jahreseinnahme dem Nießbraucher oder dessen Erben verbleiben. Einer Ansage der erwarteten Rückgabe (Aufkündigung) bedarf es nur in dem vierten Falle.

§. 5.

Verbesserungen werden schlechterdings nicht erstattet; nur das Recht der Wegnahme, so weit es ohne Nachtheil für das Gut ausgeübt werden kann, ist gestattet. Dagegen müssen alle Verschlechterungen, nach dem Gutachten Sachverständiger, ersetzt werden.

§. 6.

Sämmtliche Kosten des Kontrakts, der Uebergabe und der künftigen Rückgabe trägt der Eigenthümer; die Kosten für Ausmittelung der Verschlimmerungen hingegen der Nießbraucher.

Die Verhandlung ist den Betheiligten vorgelesen, von ihnen genehmigt und unterschrieben worden.

Joseph v. Splendid. Siegfried Held.

a. u. s.

Leberecht Durchsieht.

2. Entsagung eines Nießbrauchs.

Zu §. 327.

S. oben No. VIII b.

XV.

Erbpacht.

Zu §. 329.

Dieses Rechtsverhältniß ist aus dem praktischen Rechtsgebiete verschwunden. Das Gesetz vom 2. März 1850, §. 2, Nr. 2 hat, bei den damals bestandenen Erbpachten, das Eigenthum dem Erbverpächter ohne Entschädigung genommen und dem Erbpächter beigelegt, und künftig ist die Erbpacht eine nicht mehr zulässige Form erblicher Ueberlassung eines Grundstücks (§. 91 a. a. O.), weshalb das Muster dieses Kontrakts weggelassen ist.

XVI.

Aussetzung eines Grundstücks zur Kultur.

Zu §. 332 a.

Das Kolonat und diesem ähnliche Besitz- und Nutzungsverhältnisse können seit dem Gesetze vom 2. März 1850 (G.S. S. 77) nicht mehr vorkommen; daher fällt auch dieses Muster weg.

XVII.
Bestellung eines Vorkaufsrechts.
Zu §. 333.

Die gewöhnliche Einräumung eines Vorkaufsrechts durch Vertrag geschieht nebenbei; selten mag der Fall vorkommen, wo dasselbe der alleinige Gegenstand eines Vertrags ist.

Muster.

N. den u. s. w.

Vor dem Gerichtshalter am hiesigen Orte erschienen:

1) der Guts= und Gerichtsherr Herr Samuel Vorsorge und

2) der Windmüller Jonas Angst,

Beide hier wohnhaft und persönlich bekannt, und verlautbarten folgende Uebereinkunft:

I. Der Windmüller Jonas Angst räumt ein und bestellt dem Gutsherrn Samuel Vorsorge, für ihn und seine Nachfolger im Besitze des hiesigen Ritterguts, das Vorkaufsrecht auf seine, hierselbst am herrschaftlichen Garten belegene, Windmühle nebst dem Hause und Ackerstücke.

II. Dagegen räumt Herr Vorsorge dem Jonas Angst für dessen Person und Hausgenossen, so lange er die gedachte Windmühle besitzen wird, die Befugniß ein, den Fußweg von dem Mühlgrundstücke nach der Kirche durch den herrschaftlichen Garten und Hof zu nehmen. Die persönliche Vergünstigung wird nicht eingetragen und fällt auch mit der Veränderung in der Person des Gutsherrn weg, wenn nicht der Besitznachfolger Erbe des Vorbesitzers ist.

Die Verhandlung ist vorgelesen, von den Betheiligten genehmigt und wie folgt vollzogen.

Unterschriften.

XVIII.
Errichtung einer Servitut.
Zu §. 339.
(Werthstempel ein Procent*).

Muster.

Im Königl. rc. Gerichte zu N., den u. s. w.

Vor dem Kommissario des Königl. rc. Gerichts erschienen:

1) der Bauer Anton Haßlieb mit seiner Ehefrau, Catharine geborenen Lang, welche Beide in ehelicher Gütergemeinschaft leben;

2) der Bauer George Puffmann,

*) Die Stempel werden bei Gerichten nicht mehr in Natur verbraucht, sondern unter den Kosten angesetzt und zur Salarienkasse als Sporteln verrechnet.

Alle zu Habersitz wohnhaft und dem Deputirten nach Namen, Stand und Wohnort bekannt.

Sie errichteten folgenden Kontrakt:

§. 1.

Die Haßlieb'schen Eheleute räumen ein und bestellen dem George Puffmann, als Besitzer des Bauerhofes Nr. 4 zu Habersitz, für ihn und seine Nachfolger im Besitze, eine Fahrwegs- und Durchtriebsgerechtigkeit durch den Hof ihres Bauergutes Nr. 3 dergestalt, daß die Besitzer des gedachten Bauerhofes Nr. 4 von jetzt an für alle Zeiten berechtigt sein sollen, von der Dorfstraße nach ihrem Hofe und umgekehrt über den Hof des Bauergutes Nr. 3 zu fahren, zu reiten, zu gehen und Vieh an Stricken zu führen, ohne jedoch dabei willkürlich anhalten zu dürfen.

§. 2.

Für die Bestellung und Einräumung dieser Dienstbarkeit zahlt George Puffmann einen Preis von Einhundert Thalern, und es wird von den Haßlieb'schen Eheleuten über bereits erfolgte richtige Zahlung quittirt.

§. 3.

Die Besitzer des dienstbaren Hofes Nr. 3 sind verpflichtet, die Bedeckung des hinteren und vorderen Hofthores zu allen Zeiten in einer solchen Höhe zu erhalten, daß ein vollständig beladener, mit vier Pferden bespannter Heu- und Erntewagen ungehindert durchfahren kann, auch versteht es sich, daß beide Thore die dazu erforderliche Weite im Lichten haben müssen.

§. 4.

Wenn die Thore verschlossen gehalten werden, so sind die Besitzer des berechtigten Hofes befugt, auf eigene Kosten einen Schlüssel zu führen, aber auch verpflichtet, jedesmal bei Einem Thaler Konventionalstrafe und Ersatz des entstehenden Schadens, die verschlossen gefundenen Thore oder das verschlossen angetroffene Thor auf der Stelle nach dem Durchgange gerade wieder in den angetroffenen Zustand zu bringen. Auch soll überhaupt die Dienstbarkeit nur bei Tage, und zwar im Sommer von Sonnenaufgang bis Sonnenuntergang, und im Winter von sieben Uhr früh bis um fünf Uhr des Abends ausgeübt werden dürfen.

§. 5.

Dem Besitzer des berechtigten Hofes ist gestattet, den Weg durch den dienenden Hof in einer Breite von fünf Fuß auf eigene Kosten pflastern oder kunststraßenmäßig einrichten zu lassen; er ist aber alsdann auch schuldig, diesen Weg immer gehörig im Stande zu halten, widrigenfalls der Besitzer des dienenden Hofes berechtigt sein soll, auf Kosten des Berechtigten entweder die Ausbesserung zu bewirken oder auch, wenn es ihm beliebt, das Steinpflaster ganz wegreißen zu lassen.

§. 6.

Der Besitzer des dienenden Hofes darf den Weg nicht durch beladene Wagen oder andere schwer zu bewegende Gegenstände versperren; wenn es sich jedoch trifft, daß leere Wagen oder sonst Acker- und Wirthschaftsgeräthe bei der Durchfahrt oder dem Durchtriebe auf dem Wege stehen, so muß der Berechtigte dergleichen Gegenstände, ohne sie zu beschädigen, bei Seite schieben oder stellen.

§. 7.

Die Kosten dieses Kontrakts übernimmt George Puffmann[1]).

Dieses Protokoll wurde den Kontrahenten vorgelesen und gehörig verständiget; sie genehmigten dasselbe in allen Punkten und vollzogen es eigenhändig mit dem Antrage:

jedem Theile eine Ausfertigung zu ertheilen.

Unterschriften.

XIX.

Forst- u. Weide-Rezesse.

Zu §§. 344, 346.

1. Forst- und Weide-Rezeß.

Bei Forsten steht das Nutzungsrecht selten einer einzelnen Person ausschließlich zu. Die Streitigkeiten zwischen den mehreren Theilnehmern bewegen sich um sehr verschiedenartige Gegenstände; die hauptsächlichsten betreffen das Eigenthum, die Weide, die verschiedenen Holzungsrechte, das Mastrecht, der vielen untergeordneten Servituten nicht zu gedenken. Der Gegenstand des hier gegebenen Musters ist ein Forst, welchen zwei benachbarte Gutsherrn in Anspruch nehmen, bald als Miteigenthümer, bald als Nutzungs- oder Servitut-Berechtigte. Diesen Mißhelligkeiten soll durch nachfolgenden Rezeß ein Ende gemacht werden*).

Muster.

Zwischen der Gutsherrschaft zu Grüneiche, dem Rittmeister v. Gabeljürge, einerseits und der zu Dürrsitz, dem Fabrikherrn Schlichte, andererseits ist über den zwischen ihren benachbarten Feldmarken belegenen, bisher von ihnen benutzten Forst Moorlache, zur Beseitigung der unter ihnen bestehenden Irrungen und Mißhelligkeiten, nachstehender Rezeß vereinbart worden:

---

1) Diese Bestimmung bezieht sich bloß auf das Verhältniß zwischen den Parteien; den instrumentirenden Beamten oder das Gericht bindet sie nicht; diesem gegenüber haften die Parteien für die Gebühren und Stempel solidarisch.

*) Vergl. Justus Claproth, Rechtswissenschaft von richtiger u. vorsichtiger Eingehung der Verträge u. Contracte (3. A. Gött. 1786) I. Th. §. 80.

Art. 1.

Herr Schlichte erkennt den Herrn v. Gabeljürge in der Eigenschaft als Gutsherrn von Grüneiche für den alleinigen Eigenthümer des Forstes Moorlache in seinem ganzen Umfange und seinen unbestrittenen Grenzen und Malen an und räumt ihm die forstherrliche Gewalt ein.

Art. 2.

Derselbe räumt dem Herrn v. Gabeljürge folgende Nutzungen ausschließlich ein:

1. Alle unterirdischen Nutzungen an Sand-, Lehm-, Thon-, Mergel-Gruben, Stein-, Kreide- und Kalkbrüchen, und alle sonstigen unterirdischen Schätze, desgleichen Stein- und Braunkohlen und Torflager, mögen sie bereits aufgeschlossen sein oder noch aufgeschlossen werden;

2. Die Hut und Weide für sein eigenes Rindvieh, welches jedoch nicht 25 Haupt, einschließlich der Jungen, übersteigen darf;

3. Alle Holznutzung, mit der Bedingung, daß der Forst in 85 Schläge getheilt und jährlich nur Ein Schlag abgeholzt und neu kultivirt wird. Das Ausschlagen anderer Schläge (die s. g. Plänterwirthschaft) ist nicht gestattet, ausgenommen die kulturmäßige jährliche Durchforstung, welche jedoch im Mai beendet werden muß;

4. Alle Mastung, doch so, daß bei voller Mast nicht mehr als 400 Schweine zur gewöhnlichen Zeit eingetrieben werden sollen und nach diesem Verhältniß auch die $^3/_4$, $^1/_2$ und $^1/_4$ Mast bestimmt wird. Das Eicheln- und Eckernschlagen und Lesen, soweit es nicht zur nothwendigen Besaamung erforderlich, ist nicht gestattet;

5. Die Jagd gebührt der Gutsherrschaft von Grüneiche ausschließlich.

Art. 3.

Der Gutsherrschaft von Dürrsitz gebührt hingegen jure servitutis

1. Die unbeschränkte Hut und Weide mit Rindvieh und Schafen im ganzen Umfange des Forstes, mit Ausnahme der Schonungen, für deren Beschädigung sie nach den Bestimmungen der Feldpolizei-Ordnung haftet. Ziegen und Gänse dürfen nicht eingetrieben werden, widrigenfalls der Jäger sie erschießen darf; die erschossenen Stücke können binnen 48 Stunden gegen Erlegung des Schußgeldes von 1 Thlr. für die Ziege und 10 Sgr. für die Gans in Empfang genommen werden, nach Ablauf dieser Zeit werden sie für derelinquirt erachtet;

2. jährlich 20 Kl. Kiefern-Klobenholz gegen Erlegung des Schlägerlohns und nach erfolgter Anweisung;

3. Die Eicheln- und Buchelnlese in den Jahren, wo keine Mast ist, d. h. keine Schweine eingetrieben werden, vorbehaltlich der dem Forstherrn zur Besaamung nothwendigen Quantität;

4. Der Bedarf an Lehm, Sand und Kalksteinen zum Bau der hinfälligen oder abgebrannten Vorwerks- oder Hofgebäude zu Dürrsitz, ausschließ-

lich des Herrenhauses, frei zu holen aus den im Forste aufgeschlossenen Lehm- und Sandgruben und Kalksteinbrüchen, nach vorheriger Anmeldung.

Art. 4.

Die Kosten und Stempel dieses Rezesses trägt jeder Theil zur Hälfte; jeder Theil erhält eine Ausfertigung.

Vollziehung und Schluß.

2. Muster eines Hütungs-Rezesses.

Zwischen der Gutsherrschaft zu N. und der Bauerschaft daselbst ist zur Beseitigung der in Beziehung auf die Behütung der Feldmark vielfach vorgefallenen Irrungen, und zur Einführung einer bestimmten Ordnung bei Ausübung des gemeinschaftlichen oder wechselseitigen Hütungsrechts, folgender Rezeß zu Stande gekommen:

§. 1.

Die Betheiligten erkennen die von dem Feldmesser A. aufgenommene, in drei Exemplaren gefertigte Karte von der ganzen Dorffeldmark für richtig an. Das eine Exemplar soll bei der Urschrift dieses Rezesses bleiben und die beiden übrigen Exemplare sollen den zwei Ausfertigungen desselben, wovon jeder Theil Eine erhält, angehängt werden. Die Betheiligten erkennen ferner an, daß von den herrschaftlichen Aeckern das s. g. große Feld, auf der Karte gelb aufgetragen, frei ist von aller und jeder Hütungsberechtigung der Bauerschaft; daß hingegen die ganze übrige Feldmark, herrschaftliche und bäuerliche Grundstücke, der Koppelhut beider Theile unterliegen. Das Theilnahmeverhältniß wird, für den Fall einer künftigen Theilung, in der Art bestimmt, daß die Gutsherrschaft Vier Siebentel und die Bauerschaft Drei Siebentel der ganzen, der Koppelhutung unterworfenen, Feldmark zur ausschließlichen Behütung erhalten muß. Nach diesem Verhältnisse muß auch während der Dauer der Koppelweide die Zahl des vorzutreibenden Viehes bestimmt und beziehlich beschränkt werden. Es darf aber nicht mehr Vieh auf die Weide gebracht werden, als mit eigen gewonnenem Futter durchgewintert worden ist; sonst werden für jedes überzählige Stück Rind 5 Thlr., für jedes Schaf 2 Thlr. und für jedes Schwein 3 Thlr. Weidegeld an den anderen Theil gezahlt. Die Gutsherrschaft hat dabei kein Interesse, von welchen Einwohnern die Bauerschaft Vieh in ihre Heerde aufnimmt, wenn nur die Summe das Verhältniß nicht überschreitet, doch darf sie in keinem Falle Vieh aus einem anderen Orte, oder aus dem Orte gegen Weidemiethe, namentlich nicht von Metzgern Schlachtvieh aufnehmen oder auftreiben lassen. Soll eine Gattung Vieh für die andere aufgetrieben werden, so gelten zehn Schafe für ein Pferd oder Rind, und zwei Schweine für zehn Schafe. Ziegen dürfen gar nicht vorgetrieben werden. Dreißig Gänse kommen auf zehn Schafe.

§. 2.

Ganz unbehütet zu allen Jahreszeiten bleiben die jetzt vorhandenen Gartenländer, welche eingezäunt werden dürfen, und alle Wiesen. Die Hirten werden für jede Uebertretung polizeilich bestraft und wenn sie auf Befehl gehandelt haben, muß von Demjenigen, welcher die Aufhütung anbefohlen hat, für jedes Stück Vieh, groß oder klein, ein halber Thaler Strafe an die Ortsarmenkasse bezahlt werden, unbeschadet der dem Beschädigten gebührenden Entschädigung.

§. 3.

Der Anfang dieser Hutung im Winter- und Sommerfelde wird in jedem Jahre von dem Gutsherrn, nach vorheriger Besprechung mit den Dorfgerichtspersonen, besonders bestimmt werden.

§. 4.

Die Gutsherrschaft sowohl wie die Bauerschaft muß für jede Viehgattung einen tüchtigen Hirten halten, nur Pferde und Rindvieh können zusammen geweidet werden. Wer Vieh ohne solche Hirten auftreibt, zahlt für jedes Stück, groß oder klein, Zehn Sgr. Strafe an die Ortsarmenkasse.

§. 5.

Folgende Zugordnung soll beobachtet werden: Zuerst weiden die Schafe vier Tage; dann folgt das Zug- und Rindvieh acht Tage; hiernächst kommen Schweine und Federvieh untereinander. Keinem von beiden Theilen steht eine Vorhut zu.

§. 6.

Es soll weder durch den s. g. Hunger- oder Schmachtharken, noch durch Aehrenlesen dem Viehe die Stoppelweide verschlechtert werden; der Auftrieb kann gleich nach der Abführung der Mandeln erfolgen.

§. 7.

Die Saat darf nur bei Frostwetter mit Schafen behütet werden und der Gutsherr soll jedes Mal bestimmen: ob der Auftrieb geschehen kann.

§. 8.

Wenn der eine oder andere Theil wegen Viehkrankheit, nach den bestehenden Polizeigesetzen, verhindert wird, sein Vieh auf die Weide zu bringen, ist der andere Theil berechtigt, die ganze Feldmark allein zu behüten; der andere Theil darf kein fremdes Vieh auftreiben.

§. 9.

Im Brachfelde darf jeder säen, was ihm beliebt, und die Früchte dürfen bei feldpolizeilicher Strafe und Schadensersatz nicht durch Abhütung oder Niedertreten beschädigt werden.

§. 10.

Es steht jedem Betheiligten frei, Feldstücke in Wiesen und Wiesen wieder in Acker zu verwandeln, oder auch beide Gattungen zu Holzungen oder Teichen einzurichten, ohne daß dem Anderen wegen angeblicher Schmälerung der Weide ein Widerspruchsrecht zusteht, oder eine Beschädigung durch Aufhüten erlaubt ist. Die neu eingerichteten Wiesen und Holzanlagen sind von der Hütung befreit, wogegen die aus Wiesen entstandenen Ackerstücke wieder unter die

Koppelhutung fallen. Neue Gartenanlagen dürfen nicht gemacht werden. Es dürfen auch Feldstücke, welche der Aufhütung unterliegen, nicht mit Zäunen und Gräben, bei 20 Thlrn. Strafe an die Ortsarmenkasse und Herstellung des früheren Zustandes auf Kosten des Zuwiderhandelnden, umgeben werden.

§. 11.

Ferner ist jedem Betheiligten gestattet, auf seinen Gründen Lehm-, Sand-, Mergel-, Thon-, Kies- und dergleichen Gruben oder Steinbrüche anzulegen, ohne daß ihm von der Seite des Anderen unter dem Vorwande des Weideganges ein Hinderniß in den Weg gelegt oder Schadensersatz angesonnen werden darf. Die entstandenen Gruben müssen aber an den Seiten, wo sie steile Abhänge haben, umrückt werden, widrigenfalls das durch Niederstürzen zu Schaden gekommene Vieh von dem Eigenthümer der Grube zu ersetzen ist.

§. 12.

In Ansehung des Schäfereirechts soll Folgendes gelten: 1) die Bauerschaft ist berechtigt und verpflichtet, einen eigenen Schäfer zu halten, muß aber ihre Schafe in Einen Haufen zusammenbringen und darf nicht verschiedene Abtheilungen oder Haufen auftreiben. 2) Der Gutsherr darf so viele Haufen abgesondert weiden lassen, wie es ihm beliebt. 3) Wenn die gutsherrlichen Schafe auf dem Felde übernachten, dürfen sie nicht auf das herrschaftliche Feld getrieben werden, sondern müssen auf dem Bauernfelde bleiben, wenn sie an dem Tage überhaupt auf dasselbe gekommen sind. 4) Soll die Saat behütet werden, so darf die herrschaftliche Heerde, oder ein Theil davon, nicht eher ausgetrieben werden, als bis die desfallsige Bestimmung zur Kenntniß des Scholzen gebracht worden ist; widrigenfalls der Gutsherr 20 Thlr. Strafe an die Ortsarmenkasse zu zahlen hat.

§. 13.

Die auf der Feldmark vorhandenen Holzungen, welche auf der Karte in drei Stücken unter I. II. und III. grün aufgetragen stehen, sollen mit aller und jeder Hütung ganz verschont bleiben; auch ist alles Holzlesen, Grasschneiden, Laub- und Moosrechen unter den gesetzlichen Forststrafen untersagt.

Vollziehung.

3. Muster eines Weide-Ablösungsrezesses[1].

Zwischen der Gutsherrschaft zu Poggenpfuhl, in der Person des Gutsbesitzers Immanuel Hasenblum, einerseits, und den acht Bauern daselbst, namentlich:

(Folgen die Namen mit Angabe der Nummern der Besitzungen)

andererseits, ist über die Ablösung der, der Gutsherrschaft auf den bäuerlichen Grundstücken zustehenden, Schafhutungsberechtigung, und zugleich über die Zusammenlegung der Grundstücke, nachstehender Rezeß, auf

1) Alle Ablösungsrezesse müssen bekanntlich von der Generalkommission zur Regulirung der gutsherrlich-bäuerlichen Verhältnisse bestätigt werden.

Grund der Gemeinheitstheilungs-Ordnung vom 7. Juni 1821 zu Stande gekommen:

§. 1.

Die Gutsherrschaft von Poggenpfuhl verzichtet für sich und ihre Besitznachfolger auf alle und jede Hutungsberechtigung, welche der Gutsherrschaft von Poggenpfuhl nach den Bestimmungen des vorhandenen Urbarii, konfirmirt am 15. Okt. 1787, auf den Grundstücken der Eingangs Litt. B. No. 1 bis incl. 8 namentlich aufgeführten Besitzer der 8 Bauergüter zu Poggenpfuhl zuständig gewesen, sie mögen bestanden haben, worin sie wollen, auf immer.

§. 2.

Dagegen gewähren die Besitzer der Bauergüter Hypotheken-Nr. 3, 4, 5, 6, 8, 9 und 10 der Gutsherrschaft eine Entschädigung von 27 Schffl. 11 $\frac{5}{32}$ Metzen, sage Sieben und Zwanzig Scheffeln Eilf Fünf Zwei und Dreißigstel Metzen jährlicher Roggenrente, nach §. 73 der Gemeinheitstheilungs-Ordnung vom 7. Juni 1821 in Gelde abführbar, der Besitzer des Bauergutes Nr. 7 aber eine jährliche fixirte Geldrente von Fünf Thalern Sechs und Zwanzig Silbergroschen Sechs Pfennigen.

§. 3.

Zu der von den Besitzern der Bauergüter Nr. 3, 4, 5, 6, 8, 9 und 10 der Gutsherrschaft zugesicherten Roggenrente trägt nach Maßgabe des Ackerbesitzes bei:

1) der Besitzer von Nr. 3, Ezel Goliath . . . 4 Schffl. 9 $\frac{31}{32}$ Metzen;
2) der u. s. w.

Diese Rente wird von Jedem für seinen Theil zu Johannis jeden Jahres, jedoch nicht in Natur, sondern in Gelde, nach den Grundsätzen der Gemeinheitstheilungs-Ordnung §§. 73 und 74, abgeführt und zwar zum ersten Male zu Johannis Eintausend Achthundert und Vierzig.

§. 4.

Die Schafhütung hat nach vorläufiger Uebereinkunft bereits den 21. Aug. 1833 aufgehört. Aus diesem Grunde versprechen für die Vergangenheit, ein Pauschquantum ein für alle Mal, nachzuzahlen:

1) Ezel Goliath, Besitzer von Nr. 3 . . .	30 Thlr.	27 Sgr.	11 Pf.
2) Michel Knorrig, Besitzer von Nr. 4 . .	20 =	1 =	10 =
3) u. s. w.			
Zusammen	222 Thlr.	16 Sgr.	8 Pf.

Die Zahlung wird in zwei Terminen, nämlich zu Johannis d. J. zur Hälfte und zu Weihnachten 1840 zur anderen Hälfte, geleistet.

§. 5.

Die von der Bauerschaft der Gutsherrschaft hiernach schuldige Rente ist nach den Vorschriften der Gemeinheitstheilungs-Ordnung §. 75 durch Kapital ablösbar; es muß jedoch über diese Ablösung zu seiner Zeit ein besonderer Rezeß errichtet und zur Bestätigung vorgelegt werden.

§. 6.

Insofern vorstehend nicht etwas Anderes bestimmt worden, wird seitens der bäuerlichen Reluenten, bezüglich der Abgaben und des sonstigen Verhältnisses, durch diese Auseinandersetzung nichts geändert, vielmehr bleiben dieselben zu allen landespolizeilichen und Kommunal-Leistungen, und zu den auf ihren Besitzungen haftenden Real- und anderweitigen Verpflichtungen nach wie vor verbunden.

§. 7.

Die Austauschung und Zusammenlegung der Grundstücke findet auf den Grund der hierüber ergangenen rechtskräftigen Bescheide in nachstehender Art statt:

A. Von der Austauschung bleiben gänzlich ausgeschlossen alle die Grundstücke von dem Wege nach Gibeon, hinter den Gärten anfangend, bis an den neu angelegten 2½ Ruthen breiten Trieb, und es bleiben dieselben den Besitzern unverändert nach wie vor.

B. Die Gutsherrschaft tritt das Grundstück Nr. 4 schwarz der Brouillon-Karte an die Bauern ab, und erhält dafür ihre Entschädigung, der Bonität nach, von den Grundstücken der Bauern Bileam Nr. 1 und Eleaser Nr. 2 schwarz der Karte, soviel davon erforderlich ist, und wie solches die Zeichnung der neuen Pläne auf der Brouillon-Karte nachweist.

Hierauf folgt:

C. der Ackerplan des Bauern Zebeck, welcher, seiner ganzen Länge nach von den Ackerstücken Nr. 2, 3 und 4 der Karte genommen und der Gutsherrschaft angelegt wird.

An diesen schließt sich an u. s. w.

§. 8.

Was die anzulegenden neuen Wege und Triebe betrifft, so wird hierüber Folgendes festgesetzt:

1) Von demjenigen Wege, welcher im alten Besitzstande das gutsherrschaftliche Feld von dem Grundstücke des Bauern Bileam Nr. 1 schwarz der Karte trennt, und zugleich den Kommunikationsweg nach dem benachbarten Dorfe Jericho bildet, bis an die Grenze der Feldmark von Poggenpfuhl, ist in gerader Linie ein Trieb von 2½ Ruthen Breite angelegt worden, damit die Bauern auf ihre Grundstücke mit ihrem Viehe den nöthigen Auftrieb haben, und sowohl diese als auch die Gutsherrschaft die, außer Theilung bleibenden, Sträucher und Wiesen gehörig mit dem Viehe behüten können. Dieser Trieb dient zugleich für sämmtliche Interessenten als Kommunikationsweg.

2) Da der neue Besitzstand sämmtlicher Interessenten seine Abdachung nach dem vorstehend erwähnten Triebe und Kommunikationswege hat, so wird festgesetzt, daß auf beiden Seiten dieses Triebes ein 3 Fuß breiter und eben so tiefer Graben angelegt, und dieser an den außer Theilung bleibenden, der Gutsherrschaft zu dem sogenannten Drachen-Gute gehörigen Wiesen bis an den schon daselbst befindlichen Wassergraben geführt werden soll. Zugleich ver-

pflichtet sich die Gutsherrschaft, diesen Graben, soweit er die Wiese desselben berührt oder durchschneidet, auf alleinige Kosten anzulegen und zu unterhalten.

3) Im alten Besitzstande hat sich bisher jeder der 8 Bauern auf seinen Grundstücken nach der ganzen Länge desselben einen Weg liegen lassen, und da diese Wege weder durch Steine verunreinigt, noch durch Wasserrisse verunstaltet, vielmehr mit den links und rechts daneben liegenden Acker- und Wiesen-Klassen von einerlei Güte sind, so sind dieselben auch bei der Zutheilung nach diesem Verhältnisse berechnet worden. Da jedoch die Bauern Arabarbel und Joel nun ihren sämmtlichen neuen Besitzstand von den Grundstücken des, der Gutsherrschaft gehörig gewesenen sogenannten Lindwurm'schen Bauergutes erhalten, und auf den die Ackerstücke durchschneidenden Wiesenschluchten sich verschiedene sumpfige Stellen befinden, so sollen die, über diese Punkte anzulegenden Wege von sämmtlichen Interessenten gemeinschaftlich angelegt, und in völlig brauchbaren Zustand gesetzt werden.

§. 9.

Zu dem, im vorstehenden Paragraphen sub No. 1 und 2 erwähnten Triebe und Graben wird das erforderliche Ackerland sowohl von der Gutsherrschaft als auch von den Bauern, nach dem Besitzstande jedes Einzelnen, hergegeben, und nach eben diesem Verhältnisse auch zu den Kosten der Anlegung und Unterhaltung derselben beigetragen, da diese Anlagen zum Vortheile sämmtlicher Interessenten gereichen.

In gleicher Art werden auch diejenigen Kosten aufgebracht, welche die neue Anlegung der vorstehend sub No. 3 erwähnten Wege durch die sumpfigen Stellen der Wiesen erfordert. Die Unterhaltung dieser Wege bleibt in Zukunft Sache derjenigen Besitzer, auf deren Grundstücken sich dieselben befinden.

Der Kommunikationsweg nach Gibeon aber bleibt unverrückt in seinem alten Verhältnisse, und wird auch ferner in der bisherigen Art unterhalten.

§. 10.

Die Ausführung dieser Auseinandersetzung ist durch den rechtskräftigen Bescheid des Königl. Ministerii des Innern vom 16. September, publizirt den 6. Nov. 1839, auf den 1. März 1840 festgesetzt. Da aber beide Theile das Winterfeld für das Jahr 1840 auf ihren alten Grundstücken bereits bestellt und auch den nöthigen Klee schon angebaut haben: so würde es störend auf ihre wirthschaftlichen Verhältnisse einwirken und gegenseitig kostspielige Entschädigungsberechnungen zur Folge haben, wenn mit der Zutheilung sogleich die Uebergabe stattfinden sollte. Dieses zu vermeiden, ist Folgendes näher bestimmt und festgesetzt worden:

1) Die Zutheilung der neuen Ackerpläne soll mit dem 1. März 1840 durch den Feldmesser geschehen, auch soll die Abpfählung auf dem Felde erfolgen und jedem Interessenten die Grenzen seines neuen Ackerplanes gehörig angezeigt werden, um sich mit dem Ausfahren des Düngers und den sonstigen Vorarbeiten zur Wintergetreide-Saat darnach richten zu können, wogegen

2) Die Natural-Uebergabe des neuen Besitzstandes, so wie das Ausfahren der Grenzraine, erst alsdann erfolgen soll, wenn die Ernte des Winter- und Sommergetreides, so wie der Hülsenfrüchte erfolgt ist.

3) Da die Brachfrüchte, namentlich aber Wicken, Kartoffeln, Kohl, Rüben und sonstige Wurzelgewächse später als die Kornfrüchte reifen, so wird bestimmt: daß diese Früchte mit dem 15. Oktober 1840 von den Grundstücken jedes Besitzers eingeerntet sein müssen. Wer mit dem 15. Oktober seine Brachfrüchte nicht eingeerntet hat, muß sich gefallen lassen, wenn ihm dieselben von dem neuen Besitzer durch das Umfahren des Ackers verdorben werden, ohne dafür zu einer Entschädigungsforderung berechtigt zu sein.

§. 11.

Dasjenige Holz, welches mit zur Theilung kommt, und am Tage der Naturalübergabe noch auf den Stöcken steht, ist jeder alte Besitzer verpflichtet, im nächsten Winter abzuhauen, aber nicht zu roden. Dafür verbleiben die Stöcke dem neuen Besitzer.

§. 12.

Eine Steuer-Ab- und Zuschreibung findet bei dieser Auseinandersetzung nicht statt, und eben so wenig erleidet durch diesen Vertrag die Verpflichtung zur Tragung anderer Staats- und Kommunallasten, Gemeindearbeiten und sonstiger Abgaben irgend eine Abänderung.

Vollzogen zu Poggenpfuhl am ....

(Die Vollziehungsförmlichkeiten s. u. bei Nr. XXI.)

XX.

A. Umwandlung und Ablösung von Reallasten.

Zu §. 354.

N., den u. s. w.

In dem Verfahren, betreffend die Ablösung der Laudemien von dem Freigute Katzenberg hiesigen Kreises steht heute Termin zur Verhandlung an, in welchem die Betheiligten, namentlich u. s. w., dem unterschriebenen Kommissario nach Namen, Stand und Wohnort bekannt, sich einfanden. Die auf Grund der Ermittelungen, nach den bestehenden Grundsätzen angelegte Entschädigungsberechnung wurde durchgegangen und besprochen, und es kam in Folge dessen folgender Rezeß zu Stande:

§. 1.

Von dem Freigute Katzenberg ist seither, bei jedesmaliger Besitzveränderung, von dem Kauf- oder Annahme-Preise ein Laudemium von Zehn Prozent an die Gutsherrschaft von Dunkelau entrichtet worden. Diese Reallast soll vom 1. Januar 1844 an für immerwährende Zeiten aufgehoben und erloschen sein.

§. 2.

Die der Grundherrschaft grundsätzlich dafür zukommende Entschädigung besteht in einer jährlichen Rente von 9 Thlrn. 17 Sgr. 4 Pf., welche seit der letzten Besitzveränderung, den 20. März 1802, mit 400 Thlrn. 4 Sgr. 2 Pf. nachzuzahlen ist. Statt dieser Nachzahlung vereinigen sich die Betheiligten auf eine jährliche Rente von 16 Thlrn., so daß die ganze Rente jährlich 25 Thlr. 17 Sgr. 4 Pf. beträgt. Der Besitzer des Freiguts Katzenberg, N. N., bestellt für sich und seine Besitznachfolger in diesem seinem Freigute, anstatt der aufgehobenen Laudemialverpflichtung, der Gutsherrschaft zu Dunkelau eine jährliche Grundrente von Fünf und Zwanzig Thalern Siebenzehn Silbergroschen Vier Pfennigen, welche, neben dem schon auf dem Freigute haftenden Grundzinse von 8 Thlrn. 24 Sgr., vom Jahre 1844 an, in zwei Terminen, nämlich halb zu Ostern und halb zu Michaelis jeden Jahres, an die Gutsherrschaft nach Dunkelau gezahlt wird.

§. 3.

Außer dieser Umwandlung erleiden die Abgaben, Lasten, Rechte und Verpflichtungen des Freiguts Katzenberg keine Aenderung.

§. 4.

Die Kosten dieser Regulirung tragen beide Theile zur Hälfte, mit Ausnahme derjenigen für die Vermerkung im Hypothekenbuche, die jeder Theil für sich trägt.

Die Betheiligten halten die Angelegenheit durch diesen Rezeß für erledigt. Sie wurden darauf aufmerksam gemacht, daß durch denselben, wenn er von ihnen vollzogen und von der Königl. Generalkommission u. s. w. (folgt die Belehrung wie unten bei No. XXI in dem Vollziehungsprotokolle).

Diese Verhandlung ist den Betheiligten vorgelesen, von ihnen genehmigt und, wie folgt, unterzeichnet worden.

Unterschriften.

B. Ablösung sämmtlicher Reallasten eines Orts durch Vermittelung der Rentenbank.

Nach dem jüngsten Reallasten-Ablösungsgesetze vom 2. März 1850 und dem Rentenbank-Gesetze vom 2. März 1850 muß sich die Ablösung auf alle Lasten einer Ortschaft zugleich erstrecken und die ausgemittelte Rente wird, wenn die Ablösung durch Vermittelung der Rentenbank erfolgt, bis auf geringe Bruchtheile, der Rentenbank überwiesen. Von großem praktischen Interesse ist daher ein Rezeß dieser Art, wovon ein Beispiel hier zur Anschauung gegeben wird. Die Rechtsgültigkeit ist bekanntlich durch die Bestätigung der zuständigen Generalkommission bedingt.

Muster.

Moorlaache, den 8. März 1851.

Zwischen

I. dem Herrn Jeremias Moorpilz, als Besitzer des Ritterguts Moorlaache, N . . schen Kreises,

II. den im §. 4. aufgeführten Verpflichteten, als Besitzern der eben daselbst aufgeführten Grundstücke,

ist nachstehender Ablösungs- und Auseinandersetzungsrezeß geschlossen worden.

§. 1.

Die im Anhange zu §. 4 angeführten Grundbesitzer sind dem Rittergute Moorlaache zu den, ebendaselbst Kolonne 5 bis 8 gedachten Reallasten verpflichtet. Diese Reallasten werden durch Vermittelung der Rentenbank für die Provinz Schlesien, nach den Bestimmungen des Rentenbank-Gesetzes vom 2. März 1850, aufgehoben.

§. 2.

Der Berechtigte erhält für die Verzichtleistung auf die nach §. 4 ihm zustehenden Rechte die nach Kolonne 11 ermittelte Jahresrente von 213 Thlrn. 14 Sgr., schreibe Zweihundert dreizehn Thalern Vierzehn Silbergroschen, und zwar:

1) zum zwanzigfachen Betrage einer Jahresrente von 213 Thlrn. . . . in Worten: Viertausend Zweihundert und Sechszig Thaler in Rentenbriefen;	4260 Thlr.				
2) zum zwanzigfachen Betrage einer Jahresrente von 13 Sgr. 4 Pf. baar von der Rentenbank mit . . . d. i. Acht Thaler Sechs und Zwanzig Silbergroschen Acht Pfennige;	8	=	26 Sgr.	8 Pf.	
3) zum achtzehnfachen Betrage einer Jahresrente von 8 Pf. baar von den Verpflichteten und zwar von jedem der betreffenden Verpflichteten den achtzehnfachen Betrag des bei seinem Namen im §. 4 Kolonne 14 auf der zweiten Querlinie ausgeworfenen Rentenbetrages, zusammen mit . . i. e. Zwölf Silbergroschen.	—	=	12	= —	=
Dieses giebt die Summe der Jahresrente von . . . . . 213 Thlr. 14 Sgr. und des Kapitalbetrages von . . .	4269 Thlr.		8 Sgr.	8 Pf.	

in Worten u. s. w., und balancirt mit der Zusammenstellung am Schlusse des §. 4.

§. 3.

Die Verpflichteten übernehmen gegen Erlaß der im §. 4 gedachten, auf ihren Grundstücken haftenden Reallasten, die Zahlung der im §. 4 Kolonne 13 ausgeworfenen jährlichen Renten an die Rentenbank für Schlesien.

Diejenigen Verpflichteten, deren an die Rentenbank zu entrichtenden jährlichen Rentenbeträge nicht in ganzen Silbergroschen abrunden, lösen diese Beträge unter Einem Silbergroschen durch Baarzahlung an den Berechtigten ab. Für diese Verpflichteten sind im §. 4 Kolonne 14 die von jedem Einzelnen zu zahlenden Kapitalsbeträge angegeben.

§. 4.

In der am Ende dieses Paragraphen angehängten tabellarischen Zusammenstellung sind:

1) in Kolonne 2 und 3 die verpflichteten Grundbesitzer und die von ihnen besessenen belasteten, bei dieser Auseinandersetzung betheiligten Grundstücke aufgeführt;
2) in Kolonne 5 bis 8 die Reallasten, welche Gegenstand dieser Ablösung sind, auf der ersten Querlinie ausgeworfen; auf der darunter befindlichen zweiten Querlinie die jährlichen Geldwerthe dieser Reallasten angegeben.

Zur Erläuterung wird Folgendes bemerkt:

1) Die Grundzinsen und die Dienstgelder haben als bereits festgestellte Beträge einer Abänderung nicht unterliegen können.
2) Die Mastung eines Schweines bei der Stelle Hypotheken-Nummer 15 wird schon seit einer Reihe von Jahren immer mit 2 Thlrn. vergütet, folglich behielt es auch hierbei sein Bewenden.
3) Die Besitzer der Stellen Hypotheken-Nummer 2, 10, 15, 18 mußten bei jeder Besitzveränderung 10 Prozent Laudemium entrichten. Die Abfindung dafür ist vergleichsweise festgestellt, wie sie Kolonne 8 in der zweiten Querlinie ausgeworfen.
4) Die Gegenleistungen bestehen darin, daß den sämmtlichen Stellenbesitzern der Stammochse gegen Vergütigung von 7 Sgr. 6 Pf. pro Kuh gewährt, ihnen auch ein Rinderplatz in der Lehmgrube eingeräumt werden mußte, in welcher sie sich auch gleichzeitig Lehm holen konnten, und zwar so lange, als solcher dort vorhanden. Der Werth dafür ist vergleichsweise in Kolonne 9 auf der zweiten Querlinie ausgeworfen.
5) Kolonne 11 weist den ganzen Jahreswerth sämmtlicher Leistungen der Verpflichteten nach. Die Gegenleistungen sind davon schon in Abzug gebracht.
6) Kolonne 13 weist den Betrag von $^9/_{10}$ des Jahreswerthes, so weit er in ganzen Silbergroschen abrundet, nach. Diese $^9/_{10}$ des Jahreswerthes bilden die künftig an die Rentenbank abzuführenden jährlichen Beträge.
7) Die Kolonne 14 weist die Beträge unter Einem Silbergroschen nach, welche gemäß §. 11 des Rentenbank-Gesetzes vom 2. März 1850 durch Baarzahlung des achtzehnfachen Betrages abgelöst werden müssen. Die dafür zu zahlenden Kapitalsbeträge sind auf der zweiten Querlinie in dieser Kolonne ausgeworfen.

1. Laufende No.	2. Namen der Verpflichteten.	3. Bezeichnung der belasteten Grundstücke.	4. Hypothekenbuchs		5. Grundzins.			6. Dienstgeld.			7. Mastpflicht.			8. Laudemien.		
					rth.	sgr.	pf.	rth.	sgr.	rf.	St.	–	–			
	Gemeinde Moorlaache.		Vol.	No.	rth.	sgr.	pf.	rth.	sgr.	pf.	rth.	sgr.	pf.	rth.	sgr.	pf.
1	Karl Rost	Freigärt=	I.	2	5	10	—	2	25	—	—	—	—	10	pro	Ct.
		nerstelle			5	10	—	2	25	—	—	—	—	—	8	—
2	Michael Kuhnert=	Roboth=	I.	3	1	2	—	10	6	—	—	—	—	—	—	—
	sche Erben	stelle			1	2	—	10	6	—	—	—	—	—	—	—
3	Joseph Franke	dto.	I.	4	1	2	—	10	6	—	—	—	—	—	—	—
					1	2	—	10	6	—	—	—	—	—	—	—
4	Johann Schück	dto.	I.	5	1	2	—	10	6	—	—	—	—	—	—	—
	und seine Ehefrau geborene Freitag				1	2	—	10	6	—	—	—	—	—	—	—
5	Karl Zirkel und	dto.	I.	6	1	2	—	10	6	—	—	—	—	—	—	—
	seine Ehefrau Bar= bara geb. Thomas				1	2	—	10	6	—	—	—	—	—	—	—
6	Anton Gittler	dto.	I.	7	1	2	—	10	6	—	—	—	—	—	—	—
					1	2	—	10	6	—	—	—	—	—	—	—
7	Franz Lontscher	dto.	I.	8	1	2	—	10	6	—	—	—	—	—	—	—
					1	2	—	10	6	—	—	—	—	—	—	—
8	Franz Scharf	dto.	I.	9	1	2	—	10	6	—	—	—	—	—	—	—
					1	2	—	10	6	—	—	—	—	—	—	—
9	Franz Ertelt	Freigärt=	I.	10	18	—	—	3	15	—	—	—	—	10	pro	Ct.
		nerstelle			18	—	—	3	16	—	—	—	—	1	3	—
10	Joseph Langer	Roboth=	I.	11	1	2	—	10	6	—	—	—	—	—	—	—
		stelle			1	2	—	10	6	—	—	—	—	—	—	—
11	Franz Losse und	dto.	I.	12	1	2	—	10	6	—	—	—	—	—	—	—
	seine Ehefrau Anne Maria geb. Kubitzky				1	2	—	10	6	—	—	—	—	—	—	—
12	Amand. Ratzke und	dto.	I.	13	1	2	—	10	6	—	—	—	—	—	—	—
	seine Ehefrau The= resia geb. Scharf				1	2	—	10	6	—	—	—	—	—	—	—
13	Johann Jupe und	dto.	I.	14	1	2	—	10	6	—	—	—	—	—	—	—
	seine Ehefrau The= resia geb. Klose				1	2	—	10	6	—	—	—	—	—	—	—
14	Florian Kynast	Freistelle	I.	15	35	—	—	3	—	—	1 Schwein			10	pro	Ct.
					35	—	—	3	—	—	2	—	—	1	10	—
15	Franz Kuhnert	Roboth=	I.	17	1	2	—	10	6	—	—	—	—	—	—	—
		stelle			1	2	—	10	6	—	—	—	—	—	—	—
16	Alois Scholz	Freistelle	I.	18	1	18	—	8	15	—	—	—	—	10	pro	Ct.
					1	18	—	8	15	—	—	—	—	—	29	—
	Summa der Leistungen				72	22	—	140	7	—	1	—	—	—	—	—
	Summa des Jahreswerthes				72	22	—	140	7	—	2	—	—	3	20	—

9. Werth der Gegenleistungen.			10. Werth der Leistungen.			11. Werth der Leistungen nach Abzug der Gegenleistungen.			12. $^1/_{10}$ von der Kolonne 11 ausgeworfenen Rente beträgt.			13. Die in $^9/_{10}$ bestehende ganze Jahresrente, welche an die Rentenbank zu zahlen, beträgt			14. Rentenbeträge unter 1 Sgr. u. das dafür zu zahlende Kapital zum 18fachen Betrage.		
rth.	sgr.	pf.	rth.	sgr.	pf.	rth.	sgr.	pf.	rth.	sgr.	pf.	rth.	sgr.	pf.	rth.	sgr.	pf.
1	13	—	—	—	—	—	—	—	—	—	—	—	—	—	—	—	—
1	13	—	8	13	—	7	—	—	—	21	—	6	9	—	—	—	—
—	8	—	11	8	—	11	—	—	1	3	—	9	27	—	—	—	—
—	8	—	11	8	—	11	—	—	1	3	—	9	27	—	—	—	—
—	8	—	11	8	—	11	—	—	1	3	—	9	27	—	—	—	—
—	8	—	11	8	—	11	—	—	1	3	—	9	27	—	—	—	—
—	8	—	11	8	—	11	—	—	1	3	—	9	27	—	—	—	—
—	8	—	11	8	—	11	—	—	1	3	—	9	27	—	—	—	—
—	8	—	11	8	—	11	—	—	1	3	—	9	27	—	—	—	—
—	3	—	22	18	—	22	15	—	2	7	—	20	7	—	—	9	6
—	8	—	11	8	—	11	—	—	1	3	—	9	27	—	—	—	—
—	8	—	11	8	—	11	—	—	1	3	—	9	27	—	—	—	—
—	8	—	11	8	—	11	—	—	1	3	—	9	27	—	—	—	—
—	8	—	11	8	—	11	—	—	1	3	—	9	27	—	—	—	—
—	10	—	41	10	—	41	—	—	4	3	—	36	27	—	—	—	—
—	8	—	11	8	—	11	—	—	1	3	—	9	27	—	—	—	—
—	3	—	11	2	—	10	29	—	1	2	10	9	26	—	—	3	2
5	5	—	218	19	—	213	14	—	21	10	4	192	3	—	—	12	8

Bemerkungen.

Nach Kolonne 11 beträgt die Gesammt-Jahresrente . . . . . 213 Thlr. 14 Sgr. — Pf.,
welche der Berechtigte von der Rentenbank zum 20fachen Betrage vergütet
erhält mit . . . . 4268 „ 26 „ 8 „
Hiervon $4^1/_2$ Prozent sind . . . . 192 „ 3 „ — „
Die von den Verpflichteten nach Kolonne 13 zu zahlende jährliche Rente beträgt 192 Thlr. 3 Sgr. balancirt.

§. 5.

Die Leistungen, welche nach §. 4 aufgehoben werden, sind zum letzten Male für den bis zum 1. Oktober 1850 eingetretenen Fälligkeitstermin zu entrichten.

Die Renten, welche die Verpflichteten zu entrichten haben, fangen von diesem Tage an zu laufen.

Bis zu dem Zeitpunkte, an welchem die Rentenbank die für sie festgesetzten und an dieselbe seitens des Berechtigten hiermit überwiesenen Renten übernimmt, und den Berechtigten nach §. 2 mit Rentenbriefen, resp. Baarzahlung absindet, haben die Verpflichteten die ganze in Kolonne 11 ausgeworfene Jahresrente in halbjährigen Terminen, am 1. April und 1. Oktober, unmittelbar an den Berechtigten zu zahlen.

Dagegen laufen von diesem Zeitpunkte ab, welcher den Verpflichteten durch die Rentenbank bekannt gemacht wird, die an die Rentenbank zu zahlenden Renten, welche in $\frac{9}{10}$ der gesammten Jahresrente bestehen.

Zu eben diesem Zeitpunkte müssen die betreffenden Verpflichteten die Kolonne 14 für die Renten unter Einem Silbergroschen, welche auf die Rentenbank nicht überwiesen werden können (§. 11 des Rentenbank-Gesetzes), ausgeworfenen Kapitalsbeträge an den Berechtigten baar zahlen.

§. 6.

Mit dem 1. Oktober 1850 hört das Recht zur Nutzung des Stammochsen unter gleichzeitiger Kompensation des bisher auf die Kuh gezahlten Sprunggeldes von 7½ Sgr. auf, und von diesem Tage an geht der Rinderplatz oder die sogenannte Lehmgrube an den Besitzer des Rittergutes Moorlaache zum freien Eigenthume über, so daß damit auch das Holen von Lehm für immer aufhört.

§. 7.

Die Verpflichteten zahlen die der Rentenbank zustehenden Renten in monatlichen Raten postnumerando durch 56$\frac{1}{12}$ Jahre.

Mit Ablauf dieses Zeitraums hört die fernere Verpflichtung zu Rentenzahlung ohne Entschädigung auf. Den Verpflichteten steht es jedoch frei, ihre Renten schon früher durch Kapital ganz oder zum Theil abzulösen. Die Rentenbeträge, welche durch Kapital abgelöst werden sollen, dürfen jedoch nicht unter 5 Sgr. betragen.

§. 8.

Der Berechtigte und die Verpflichteten bewilligen und beantragen die Berichtigung des Hypothekenbuchs dahin, daß:

1) im Hypothekenbuche des berechtigten Gutes unter Löschung des eingetragenen vorläufigen Vermerks vom 26. Juni 1850 die stattgefundene Ablösung mit den Verpflichteten zu Moorlaache durch Kapital vermerkt werde;

2) im Hypothekenbuche der verpflichteten Grundstücke die nach §. 4 abgelösten Reallasten, so weit sie eingetragen sind, nach Maßgabe des §. 18 des Rentenbank-Gesetzes vom 2. März 1850 gelöscht werden.

Beide Theile erklären zugleich, daß durch die nach §. 2 festgestellte Entschädigung alle im Hypothekenbuche der belasteten Grundstücke eingetragenen Reallasten aufgehoben seien, wenn sie dort auch unter anderer Bezeichnung, oder in anderen Beträgen, oder sonst anders vermerkt sein sollten, als sie im §. aufgeführt sind. Sie beantragen daher nicht bloß die Löschung der nach §. 4 aufgehobenen Verpflichtungen, sondern aller und jeder im Hypothekenbuche der verpflichteten Grundstücke für das berechtigte Gut eingetragenen, nach dem Gesetze über Ablösung der Reallasten vom 2. März 1850 ablösbaren Reallasten.

§. 9.

Die Kosten dieser Auseinandersetzung tragen zur einen Hälfte der Berechtigte, zur anderen Hälfte die Verpflichteten. Die Letzteren tragen unter einander nach Verhältniß der Werthe, mit welchen sie bei dieser Auseinandersetzung betheiligt sind, bei.

In dem heutigen Termine, in welchem der vorstehende Rezeß aufgenommen wurde, waren die am Schlusse dieses Protokolls aufgeführten Personen erschienen. Ueber die Identität und Dispositionsfähigkeit derselben ist kein Zweifel. Dieselben erkennen zugleich die im §. 1 und 4 aufgeführten Interessenten als Besitzer ihrer in diesem Rezesse gedachten Grundstücke für legitimirt an, und bemerken, daß diejenigen, deren Ehefrauen bei der Sache betheiligt sind, zugleich als deren gesetzliche Vertreter in dieser Auseinandersetzungssache auftreten.

Den Erschienenen wurde der vorstehende Auseinandersetzungsrezeß langsam und deutlich vorgelesen, und sie wurden dahin belehrt:

> daß durch diesen Rezeß das Auseinandersetzungsverfahren dergestalt abgeschlossen werde, daß die zur Sache gezogenen Interessenten nicht nur mit keinen Einwendungen wegen der hierin bestimmten Gegenstände, sondern auch mit keinen Nachforderungen auf Rechte, welche ihnen hinsichtlich dieser Regulirung zuständig gewesen und dabei übergangen worden wären, weiter gehört werden können.

Sie erklären, dies wohl verstanden zu haben, genehmigen diese Verhandlung mit allen darin enthaltenen Festsetzungen, und tragen an:

> diesen Rezeß einmal für den Berechtigten, einmal für die Verpflichteten und einmal für die Rentenbank auszufertigen.

Die Ausfertigung für die Verpflichteten soll dem zeitigen Ortschulzen Kilian in Kraft der Publikation zugefertigt werden.

Zum Zeichen der Genehmigung haben die Erschienenen dieses Protokoll nachstehend da, wo sie mit ihren Namen als erschienen aufgeführt sind, eigenhändig unterschrieben und resp. unterzeichnet.

No.	Aufführung der Erschienenen.	Hypotheken-Nummer.	Unterschrift der Erschienenen.
1	Gutsbesitzer Jeremias Moorpilz	—	Jeremias Moorpilz.
2	Karl Rost.	2	Karl Rost.
3	Michael Kuhnert'sche Erben, und zwar:	3	† † † Handzeichen der Anna Maria verwittweten Kuhnert geb. Ziegler.
	a) die Wittwe Kuhnert Anna Maria geb. Ziegler;		
	b) die Kinder der Kuhnert, und zwar:		
	aa) die majorenne Anna Marie;		Maria Kuhnert.
	bb) die Therese verehelichte Franke, vertreten durch ihren Ehemann Joseph Franke;		† † † Handzeichen des Joseph Franke.
	cc) Katharina majorenn;		Katharina Kuhnert.
	dd) für die drei minorenen Johann, Joseph und Dorothea, deren Vormund Anton Gittler.		Anton Gittler.
4			

a. u. s.

N.
Königl. Spezial-Oekonomie-Kommissarius.

N.
vereideter Protokollführer.

XXI.
Muster eines Dienstablösungs-Rezesses.
Zu §. 362.

Zwischen der Gutsherrschaft N. N. einerseits und den nachbenannten 23 Freigärtnern und Häuslern zu Bösendorf (folgen die Namen und die Nummern der Besitzungen) andererseits ist über die Ablösung derjenigen Handdienste, welche die Letzteren an die Erstere in der Feldgetreideernte auf der Feldmark des Ritterguts Hochwitz zu leisten verpflichtet sind, so wie über die dafür von Seiten der Herrschaft schuldigen Belohnungen, folgender Rezeß geschlossen worden.

§. 1.

Die namentlich genannten 23 Freigärtner zu Bösendorf waren bisher verpflichtet, der Gutsherrschaft von Hochwitz, und zwar 22 derselben Jeder in der Feldgetreideernte Sechs Handdiensttage, der Häusler Ignatz Hering von der Besitzung Nr. 63 aber Zwei Handdiensttage zu leisten, und sie erhielten dafür ein Jeder für einen geleisteten Arbeitstag von der Gutsherrschaft eine Belohnung von einem Brote, deren 48 aus einem Scheffel Roggenmehl, alt Breslauer Maß, gebacken werden, und einem Altbreslauer Quart Bier. Diese Dienste und die Gegenleistungen dafür sind vom 1. Januar Eintausend Achthundert Neun und Dreißig ab für alle Zeiten aufgehoben.

§. 2.

Zur Ergänzung der Entschädigung für die aufgehobenen Dienste erhält die Gutsherrschaft, vom 1. Januar 1839 an, von Jedem der Zwei und Zwanzig Gärtner, welche Sechs Diensttage zu leisten hatten, eine jährliche Geldrente von Zwanzig Silbergroschen, und von dem Besitzer der Stelle Nr. 63, jetzt Ignatz Hering, eine dergleichen Rente von Sechs Silbergroschen Acht Pfennigen, und zwar vom 1. Januar 1839 ab postnumerando, so daß sie das erste Mal am 31. Dezember dieses Jahres 1839 gezahlt wird.

§. 3.

Die Gutsherrschaft und die Gärtner sind übereingekommen, daß die Ablösung der Rente mit dem fünf und zwanzigfachen Kapitale in drei Terminen, und zwar jedesmal mit einem Drittel erfolgen soll, und zwar so, daß die Zahlung des ersten Drittels den 31. Dezember 1840, die des zweiten Drittels den 31. Dezember 1841, und die des letzten Drittels den 31. Dezember 1842 geleistet werden soll. Von diesem letzten Tage an hört, wenn die Zahlung geschehen, die Rente auf, und es versteht sich zugleich von selbst, daß durch Zahlung des ersten und zweiten Drittels die Rente sich in demselben Maße vermindert. Die Verpflichteten sind darüber belehrt worden, daß sie sich durch Einzahlung des Kapitals ad depositum judiciale des Königl. 2c. Gerichts zu N. gegen alle Ansprüche der Hypothekengläubiger der Gutsherrschaft sichern könnten.

§. 4.

In Folge der verabredeten Ablösung durch Kapitalszahlung ist, da die abgelösten Dienste bisher von der Gutsherrschaft versteuert worden sind, und die Steuer davon, als eine Grundsteuer, nach den bestehenden Grundsätzen auf die befreiten Besitzungen übergeht, eine Ab- und Zuschreibung an der Grundsteuer nothwendig, wogegen die Reluenten das Steuerkapital an dem Ablösungskapitale in Abzug bringen können. Das ganze Steuerkapital beträgt 21 Thlr. 22 Sgr. 1 Pf. Wie viel ein Jeder an Steuern übernimmt und wie viel er an Entschädigung dafür vom Ablösungskapitale von dem ersten Drittel abzieht und sonach noch zu zahlen hat, zeigt nachstehende Tabelle.

(Folgt die Tabelle.)

Die Uebertragung der Grundsteuer von der Gutsherrschaft auf die Reluenten ist ohne Einfluß auf die Gemeindelasten, auch bleibt im Uebrigen in allen Staats-, Kommunal-, gutsherrlichen oder sonstigen Lasten und Abgaben, deren in diesem Rezesse keine abändernde Erwähnung geschehen, Alles unverändert.

§. 5.

Die Kosten dieser Auseinandersetzung, insofern sie durch das ordnungsmäßige Verfahren, und die durch die Vollziehung des Rezesses entstehen, werden von jedem Theile zur Hälfte getragen; was aber diejenigen Kosten betrifft, welche durch die Eintragungen in die Hypothekenbücher erwachsen: so trägt jeder Theil die mit der Eintragung in das ihn betreffende Grundbuch verbundenen Kosten für sich allein.

Vollzogen zu Bösendorf, den ....

(Folgen die Unterschriften).

Gerichtlich vollzogen laut Protokolls vom ....

(L. S.) Zeitrechner,

Königl. Kreis-Justizkommissarius.

Vollziehungs-Protokoll.

Bösendorf, den u. s. w.

In der Dienstablösungssache von Bösendorf hatte der unterschriebene Kreis-Justizkommissarius sich heute hierher begeben, um den entworfenen Rezeß den Betheiligten vorzulesen und zur Vollziehung vorzulegen. Vor demselben erschienen: (folgen die Namen.)

Den Erschienenen wurde der Rezeß laut und deutlich vorgelesen und erläutert. Dann wurden sie darauf aufmerksam gemacht[1]), daß durch diesen Rezeß, wenn er von ihnen vollzogen und von der Königl. General-Kommission bestätigt worden, das Auseinandersetzungsverfahren dergestalt abgeschlossen werde, daß die zur Sache gezogenen Betheiligten nicht nur mit keinen Einwendungen, sondern auch mit keinen Nachforderungen auf Rechte, welche ihnen hinsichtlich dieser Regulirung zuständig gewesen wären und dabei übergangen sind, weiter gehört werden könnten, mit alleiniger Ausnahme der im §. 171 der Gemeinheitstheilungsordnung genannten Gegenstände, wegen welcher, insoweit sie überhaupt das vorliegende Verfahren angehen, wie namentlich der Kostenpunkt, wenn darüber in dem Rezesse nichts bestimmt worden, innerhalb Jahresfrist, nach der Ausführung, noch eine Nachverhandlung mit eben der Wirkung stattfinde, als ob sich die Sache noch in derselben Lage befände, worin sie zur Zeit der Auseinandersetzung gewesen.

Darauf erklärten die Betheiligten: Wir genehmigen den uns vorgelesenen

1) Muß, wenn vollständig instrumentirt wird, wörtlich ins Protokoll gesetzt werden. Der Vermerk: „der Inhalt des §. 169 seq. der Verordnung vom 20. Juni 1817 ist uns mitgetheilt worden, und haben wir denselben wohl verstanden", ist ungenügend.

Rezeß, und sind es zufrieden, daß durch denselben diese Angelegenheit völlig beendet werde[2]).

Die Betheiligten vollzogen nun den Rezeß eigenhändig, genehmigten auch dieses ihnen vorgelesene Protokoll und unterzeichneten wie folgt.

Unterschriften.

XXII.

Verpfändungs-Urkunden.

A. Verpfändung einer Forderung.

Zu §. 365, Nr. II, 3.

N., den u. s. w.

Auf dem Königl. Kreisgerichte hieselbst erschienen vor dem unterzeichneten ständigen Kommissario zur Aufnahme von Handlungen der freiwilligen Gerichtsbarkeit folgende bekannte und handlungsfähige Personen:

1) der Strumpffabrikant Anton Stricker,

2) der Rentier Jakob Zinshahn,

Beide hier wohnhaft.

Der Erstere legte eine Hypothek- und Schuldverschreibung des hiesigen Hauseigners Elias Grundmann über 1000 Thlr. zu 4 Prozent verzinslich, v. 2. Jan. 1851, eingetragen auf dem Hause Nr. 1000 der hiesigen Stadt, Rubr. III Nr. 2, vor, und erklärte:

Ich bin dem Herrn Jakob Zinshahn aus einem Darlehnsgeschäfte 500 Thlr. sage Fünfhundert Thaler, mit sechs Prozent zu verzinsen, schuldig geworden, worüber er einen besonderen Schuldschein vom 1. Febr. d. J. hat. Dafür will ich ihm durch Verpfändung der beschriebenen, auf meinen Namen eingetragenen Hypothekenforderung Sicherheit bestellen. Ich verpfände ihm demzufolge für seine Forderung von Fünfhundert Thalern aus dem gedachten Schuldscheine, und zwar für Kapital, Zinsen und Einziehungskosten, die ganze mir zustehende, auf dem Hause 1000 hieselbst, aus der Verschreibung vom 2. Januar 1851 Rubr. III Nr. 2 des Hypothekenbuchs eingetragene Forderung an Elias Grundmann, von Eintausend Thalern, nebst den Zinsen davon, hiermit dergestalt, daß er berechtigt sein soll, sich daraus wegen Kapitals, Zinsen und Kosten bezahlt zu machen. Ich ermächtige ihn auch ausdrücklich, die Zinsen davon zu erheben, und sich davon wegen seiner sechs Prozent Zinsen bezahlt zu machen, mit dem Vorbehalte, daß er mir den Ueberschuß von 10 Thlrn. zustelle.

---

2) Manche Kommissarien lassen nun noch die Entsagung „aller dagegen zulässigen Einwendungen, sie haben Namen wie sie wollen, insbesondere dem Einwande des Irrthums, des Betrugs, der Ueberlistung und Ueberredung" u. s. w. folgen, was zwecklos ist. Denn wäre wirklich Betrug vorgefallen, so würde die Willenserklärung, trotz der Entsagung, ungültig sein. Die A. G.O. Th. II, Tit. 2, §. 52 verbietet auch ausdrücklich dergleichen unnütze Klauseln und wirkungslose Renunciationen.

Ich mache den Antrag:

diese Verpfändung auf meine Kosten hinter dem Hypothekeninstrumente auszufertigen und ihm alsdann das Dokument auszuhändigen:

Ich konsentire auch darin, daß die Verpfändung auf seinen Antrag im Hypothekenbuche neben der verpfändeten Post vermerkt werde.

Herr Jakob Zinshahn nimmt die Verpfändung an mit der Erklärung, daß er gegen Aushändigung des Instruments die Kosten, mit Vorbehalt des Ersatzes, berichtigen werde.

Gewöhnlicher Schluß.

Anm. Bei einer theilweisen Verpfändung wird eben so instrumentirt wie bei einer Partialzession. Siehe Nr. XXXIII. 2.

B. Bestellung eines Hypothekenrechts an Immobilien.

Zu §. 380.

Ein Hypothekenrecht kann nicht durch bloße Willenserklärung begründet werden; die Verpfändungserklärung ist nur ein Titel, die Erwerbungsart ist die Handlung der Eintragung in das Grundbuch durch die dazu bestellte öffentliche Person. Der Titel ist auch kein selbstständiger, er setzt ein von dem Hypothekenrechte verschiedenes Hauptrecht voraus. Deshalb kommt eine Verpfändungserklärung selten alleinstehend vor, meistens wird sie in die Urkunde über das Hauptrecht, gleichzeitig mit dem Hauptgeschäfte, aufgenommen, und dergleichen Urkunden gehören an die Stelle, wo das Rechtsgeschäft im Systeme vorkommt. Der Vollständigkeit wegen mag hier jedoch das Beispiel einer alleinstehenden Verpfändungserklärung folgen.

Muster.

Gewöhnlicher Eingang.

Der N. N. hat mir ein Reitpferd, Fuchswallach, für 500 Thlr. (Fünfhundert Thaler) verkauft und übergeben. Das Kaufgeld hat er mir auf Ein Jahr gestundet und ich will ihn wegen desselben sicherstellen. Zu diesem Zwecke bestelle ich dem Herrn N. N. für diese Fünfhundert Thaler Kaufgeld Hypothek mit meinem hieselbst am Paradeplatze belegenen, im Hypothekenbuche der Stadt, Vol. X, Nr. 45 verzeichneten Hause, unter ausdrücklicher Verpfändung dieses Grundstückes, und trage darauf an:

diese Erklärung auszufertigen und auf Grund derselben die gedachten 500 Thlr. einzutragen.

Schluß und Vollziehung.

Vermerk. Seit dem Gesetze vom 24. Mai 1853 (G.S. S. 521) ist es nicht mehr erforderlich:

1) eine besondere Einwilligung zur Eintragung in das Hypothekenbuch (Intabulations-Klausel) außer der Verpfändungserklärung §. 8),

2) die Erklärung, daß die Hypothek auch für die Kosten der Kündigung, Ausklagung und Beitreibung haften solle (§. 29),

in die Verpfändungsurkunde aufzunehmen.

C. Bestellung eines Pfandrechts an Mobilien ohne Besitz.

Zu §. 381.

Der Pfandkontrakt hat seinen Platz im Obligationenrechte; hier kommt nur die Handlung vor, wodurch ohne Uebergabe ein Pfandrecht an beweglichen Sachen erworben werden kann. Zur Bestellung eines Pfandbesitzes an Immobilien ist körperliche Uebergabe erforderlich, worüber behufs der Eintragung eine öffentliche Urkunde errichtet werden muß, nach dem oben Nr. IX gegebenen Beispiele.

1. Verpfändung eines Schiffs.

Zu §. 382.

Diese Handlung muß vor dem Gerichte, welches das Schiffsregister führt, vor sich gehen. Sie besteht in drei Stücken: 1) in der Willenserklärung, 2) in der Eintragung in das Schiffsregister, welche der Eintragung im Grundbuche bei Grundstücken entspricht, 3) in dem Vermerke der Eintragung auf der Verpfändungsurkunde und auf dem Certifikat, und zwar hier auf der letzten Seite. Einf.-Ges. vom 24. Juni 1861 §. 57 (G.S. S. 449) und Allg. Verf. des J. M. vom 25. März 1868 Nr. 5 lit. f. (J. M. Bl. S. 98).

a) Erklärung.

Eingang. Der Herr N., Rheder zu Danzig, erklärte: Ich bekenne, daß mir der Herr N. N. auf mein Schiff, Wallfisch genannt, welches ich im vorigen Jahre auf der hiesigen Rhede habe bauen lassen, und welches nach dem Messebriefe vom . . . ungefähr . . . Lasten (oder Tonnen) hält, ein Darlehn von Achttausend Thalern, welche ich mit Fünf Prozent Zinsen nach Ablaufe eines Jahres, von heute an gerechnet, zurückzuzahlen habe, vorgestreckt hat. Ich verpfände meinem Herrn Gläubiger das bezeichnete Schiff hiermit, dergestalt daß ihm frei stehet, bei ausbleibender Zahlung meiner Darlehnsschuld wegen Kapitals, Zinsen, Schäden und Kosten sich aus dem verpfändeten Schiffe bezahlt zu machen.

Vollziehung.

b) Vermerk auf dem Certifikat[1]) und auf dem Kaufkontrakte.

Das Schiff, genannt der Wallfisch, ist von dem derzeitigen Eigenthümer, Rheder N. zu Danzig, dem Großhändler N. N. daselbst, für ein Darlehn von Achttausend Thalern, nebst 5 Prozent Zinsen, Schäden und Kosten verpfändet, und es ist diese Verpfändung in das Schiffsregister bei No. 23 fol. 100 eingetragen zufolge Verfügung vom . . . .

Königl. Handelsgericht.

(L. S.) Unterschrift.

---

1) Bei Stromschiffen vertritt der Messebrief die Stelle des Certifikats. Präjudiz des Obertribunals, Nr. 1877, v. 17. Mai 1847 (Entscheidungen, Bd. XIV, 465).

2. Verpfändung von Waaren, welche in gemiethetem Raume eines Speichers lagern.

(Schriftliche Form genügt.)

Zu §. 383.

a) Bescheinigung des Speicher-Vermiethers (in duplo).

Ich Gottfried Festhalter bescheinige, daß in meinem Speicher Nr. 8 an der Langfahrt hieselbst, in dem Raume zwei Stiegen hoch, für Rechnung des Kaufmanns Israel Henoch hieselbst Zweitausend Scheffel Raps lagern.

N. den u. s. w.

b) Verpfändung, hinter der Bescheinigung zu schreiben.

Ich, der Kaufmann Israel Henoch, verpfände hiermit die Zweitausend Scheffel Raps, welche nach der vorstehenden Bescheinigung für meine Rechnung in dem Speicher des Herrn Gottfried Festhalter, Nr. 8 an der Langfahrt allhier, lagern, dem Banquier Elias Goldmann hieselbst für ein mir auf drei Monate heute vorgestrecktes Darlehn von Zweitausend Thalern, nebst Fünf Prozent Zinsen, dergestalt, daß er bei ausbleibender Zahlung sich aus dem Pfande wegen Kapitals, Zinsen, Schäden und Kosten bezahlt zu machen berechtigt sein soll. Von dieser Verpfändungsurkunde sind zwei Exemplare ausgefertigt, wovon das eine dem Herrn Pfandnehmer und das andere dem Eigenthümer des Speichers, Herrn Gottfried Festhalter, ausgehändigt worden ist.

Ich, der Pfandnehmer Elias Goldmann, bin hiermit einverstanden.

N. den u. s. w.

Israel Henoch. Elias Goldmann.

c) Erklärung des Speicherschließers.

Ich, Gottfried Festhalter, der ich selbst die Aufsicht über meinen Speicher Nr. 8 an der Langfahrt hieselbst führe und die Schlüssel dazu verwahre, bekenne, daß mir von dem Banquier Herrn Elias Goldmann, unter Zustimmung des Kaufmanns Herrn Israel Henoch, aufgetragen worden ist, weder dem Herrn Israel Henoch, noch einem Dritten Etwas von den, für Rechnung des gedachten Herrn Henoch in meinem Speicher liegenden, Zweitausend Scheffeln Raps, ohne Vorzeigung des in den Händen des Herrn Elias Goldmann befindlichen Exemplars meiner Bescheinigung vom ..., und ohne Abschreibung auf demselben verabfolgen zu lassen, und daß ich diesen Auftrag angenommen habe. Ich verpflichte mich hiermit, diesen Auftrag bei eigener Vertretung genau zu befolgen. N. den u. s. w.

3. Urkunde über die Verpfändung von Waaren in Niederlagen unter öffentlicher Aufsicht.

Zu §. 383, Nr. 4.

Das unterzeichnete Königl. Amt bescheinigt, daß der Kaufmann Eduard Sorgsam hieselbst die stattgefundene Verpfändung der für ihn in der rc. Niederlage lagernden Einhundert Ballen Baumwolle, gezeichnet E. S. △, an den

Rentier Ehrenfried Pfennigfuchs für ein Darlehn von Eintausend Thalern, nebst Fünf Prozent Zinsen und Kosten, angezeigt hat, und diese Verpfändung in den Büchern der Niederlage, auf dem Folio des Herrn Sorgsam, Bd. X, Seite 211, vermerkt worden ist. Es wird hiermit das Versprechen gegeben, daß von den gedachten Einhundert Ballen Baumwolle an Niemand ohne Vorwissen des Rentiers Ehrenfried Pfennigfuchs Etwas soll verabfolgt werden. N. den u. s. w.

4. Verpfändung von Waaren, welche in der Zurichtung befindlich sind.

Zu §. 383, Nr. 5—7.

Diese Verpfändung muß gerichtlich oder notariell geschehen.

Muster.

Eingang des Protokolls, wonach 1) ein Kaufmann, welcher 500 Schock feine Leinwand in der Bleiche hat, 2) der Bleichmeister von der Anstalt, und 3) ein Rentier erscheinen. Von diesen wird folgender Akt aufgenommen:

Der Kaufmann N. beabsichtigt, die für seine Rechnung auf der Bleiche, die grüne Wiese genannt, angeblich befindlichen 500 Schock Leinen zu verpfänden. Zu diesem Zwecke gab zuvörderst der Bleichmeister und Verwalter von dieser Anstalt, N., zu vernehmen: Es ist richtig, daß seit einigen Wochen Fünfhundert Schock reine Leinen für Rechnung des Kaufmanns Herrn N. auf meiner Bleiche sich befinden, und daß diese Waare meines Wissens noch nicht verpfändet ist.

Hierauf erklärte der Kaufmann Herr N.:

Ich verpfände hiermit diese mir gehörigen Fünfhundert Schock Leinen dem hier gegenwärtigen Rentier Herrn N. für ein mir heute vorgestrecktes und binnen sechs Wochen mit Fünf Prozent Zinsen zurückzuzahlendes Darlehn von Dreitausend Thalern, übergebe ihm zur Bekräftigung dessen den zwischen mir und dem hier gegenwärtigen Bleichmeister N. über die Bleichung geschlossenen Kontrakt mit der darunter befindlichen Bescheinigung über die Einlieferung der Waare, und gebe ihm die Befugniß, sich daraus bei ausbleibender Zahlung wegen Kapitals, der Zinsen und Kosten bezahlt zu machen.

Der Rentier Herr N. nahm den Kontrakt in Empfang und genehmigte die Pfandbestellung.

Der Bleichmeister N. hatte von dieser in seiner Gegenwart vorgegangenen Verpfändung Kenntniß genommen und wurde angewiesen, von den in Rede stehenden Fünfhundert Schock Leinen, ohne Vorwissen und Genehmigung des Pfandnehmers, Rentier N., weder dem Verpfänder, Kaufmann N., noch einem Dritten, bei eigener Vertretung, Etwas zu verabfolgen. Er versprach, dieses zu befolgen.

Vollziehung.

Anmerk. Von dieser Verhandlung erhält der Pfandnehmer eine Ausfertigung und der Bleichmeister eine Abschrift.

5. Verpfändung von Waaren, welche auf dem Transporte befindlich sind.
(§. 384)

Beispiel.

Eingang. Als erschienen treten auf: 1) der Kornhändler Kornwurm und der Rentier Miser.

Der Erstere legte vor: eine Faktur des Handlungshauses Kneiper und Komp. zu Stettin, vom 15. v. M., wonach dasselbe an ihn 100 Wispel Weizen auf den Oderkahn 58 A, Schiffer Ruder, verladen hat; und das Konnoissement des Schiffers Ruder, wonach dieser 100 Wispel Weizen von Kneiper und Komp. zur Beförderung an den Kornhändler Kornwurm hier, am 20. v. M., mit einer vierwöchentlichen Frist, in Ladung genommen, und erklärte unter Aushändigung dieser beiden Urkunden an Herrn Miser:

Der Rentner Herr Miser hat mir heute 500 Thlr. schreibe Fünfhundert Thaler baar vorgeliehen und ich habe versprochen, ihm dieselben von heute über vier Wochen zurückzuzahlen und bis dahin mit Sechs Prozent zu verzinsen. Zur Sicherheit desselben wegen Kapitals, Zinsen und Einziehungskosten verpfände ich ihm die Einhundert Wispel Weizen, welche gegenwärtig sich nach dem ihm eingehändigten Konnoissement auf dem Transporte an mich befinden, hiermit und durch Uebergabe der ihm eingehändigten Urkunden; ich ermächtige ihn zugleich, diese Waare von dem Schiffer in Empfang und in Verwahrung zu nehmen, mit dem Vorbehalte, daß ich dabei zugezogen, d. h. von der bevorstehenden Entladung des Schiffes und der Aufspeicherung des Weizens in Kenntniß gesetzt werde, was durch einen offenen Zettel durch Privatbestellung in meinem Komptoir geschehen kann, im Falle der Schiffer auf die ihm bevorstehende Benachrichtigung sich nicht zuerst an mich wenden sollte und demnächst die Nachricht von der Ankunft des Kahns von mir an den Herrn Miser vermittelt würde.

Der Rentner Herr Miser erkennt den Empfang der Faktur und des Konnoissements an.

Schluß und Vollziehung.

D. Urkunden behufs der Bepfandbriefung eines Gutes.
Zu §. 388.

Behufs der Bepfandbriefung eines Gutes ist entweder eine ursprüngliche Verpfändung (Verhypothecirung) oder eine Abtretung bereits eingetragener Hypothekenposten an das Kreditinstitut erforderlich, um die cedirten alten Hypotheken in Pfandbriefe umzuschreiben.

Nach den alten Landschafts- resp. Kreditreglements war über die ursprüngliche Verpfändung eine förmliche öffentliche Urkunde nicht erforderlich, sondern es genügte dazu die formlose schriftliche Anzeige des Kreditsuchenden, daß und auf was für eine Summe und wieviel Stück er Pfandbriefe auf sein Gut verlange. K.O. vom 29. August 1769. Vergl. Schles. Landschaftsreglement vom 9. und 15. Juli 1770, Th. III, Kap. 1, §§. 1, 2, und Chur- und Neumärk. ritterschaftliches Kreditreglement vom 14. Juni 1777, §. 129. In diesem Punkte sind die in der neuesten Zeit zusätzlich entstandenen Kreditwerke vorsichtiger und formeller.

Die Verordnung vom 8. Juni 1835 über das (nun schon wieder geschlossene) königl. Kreditinstitut für Schlesien (G.S. S. 101 ff.) forderte §. 21, daß der Antragende über den Betrag der ihm bewilligten Summe, nebst Fünf Prozent Zinsen und Kosten, eine Schuldverschreibung an das Kreditinstitut unter Verpfändung des betreffenden Gutes, nach dem ihm mitzutheilenden Formulare, entweder vor einem Mitgliede des Instituts, oder gerichtlich, oder vor einem Notar ausstelle und einreiche. Dieses Formular war anfangs ein entsetzlich weitschweifiges Opus voller Klauseln und mit allen möglichen Vorbehalten; später klärte es sich einigermaßen ab, und es mag so, wie es zuletzt in Gebrauch war (vielleicht zur wieder nöthig werdenden praktischen Verwendung), hier folgen (1). Das Gleiche verlangt das durch den königl. Erlaß vom 4. Mai und 11. Mai 1849 (G.S. S. 182) eingeführte ostpreußische und schlesische Rustikal-Pfandbriefs-Institut. Die jüngste Erweiterung des alten landschaftlichen Kreditinstituts ist das neugegründete Kreditwerk zur landschaftlichen Beleihung der dem schlesischen landschaftlichen Kreditverbande inkorporirten Güter auf das vierte Sechstel der Taxwerthe und zur Emission von besonderen Pfandbriefen Littera C. Das Regulativ vom 22. November 1858 darüber (G.S. S. 583 ff.) verlangt im §. 6 eine ausführliche Verbriefung seiner Verbindlichkeiten, sowohl für den Fall der primitiven Verpfändung, wie auch für den der Umschreibung alter Hypotheken in neue Pfandbriefe, und zwar durch eine gerichtliche, oder notarielle, oder vor einem Landschaftssyndikus ausgestellte Urkunde. Von beiderlei Urkunden folgt ein Beispiel (2 und 3).

1. Verschreibung an das Königl. Schlesische Kreditinstitut.

In Folge der Allerhöchsten Verordnung vom 8. Juni 1835 (Gesetz-Sammlung Nr. 1619) hat das Königl. Kreditinstitut für Schlesien mir auf mein Ansuchen gestattet:

> auf mein im Dünkelspieler Kreise belegenes, im Hypothekenbuche des Königl. Kreisgerichts zu Dünkelspiel Vol. XII. Nr. 57 verzeichnetes Rittergut Mondschein

die Summe von 5000 Thlrn. schr. Fünftausend Thalern in Pfandbriefen Litt. B. aufzunehmen, und ich bin zu diesem Zwecke die im §. 21 der allegirten Verordnung vorgeschriebene Schuldverschreibung an dasselbe auszustellen bereit.

Demgemäß bekenne ich mich für den Schuldner des Königl. Kreditinstituts für Schlesien auf Höhe von 5000 Thlrn. in Worten Fünf Tausend Thalern Preußisches Kourant in Pfandbriefen Litt. B., über deren Empfang ich hiermit quittire, und verpflichte mich, dieselben vom Tage der erfolgten Eintragung ab, mit Fünf Prozent jährlich in vierteljährlichen Terminen zu verzinsen, die Zinsen jederzeit im Laufe des Quartals und spätestens am 15. März, 15. Juni, 15. September und 15. Dezember an den Bankier Säckelmann zu Breslau oder wohin ich sonst mit der Zahlung werde gewiesen werden, pünktlich zu berichtigen, das Kapital selbst aber den Bestimmungen der Verordnung vom 8. Juni 1835 gemäß zu tilgen und zurückzuzahlen.

Für das Kapital, die Zinsen und die Kosten der Eintragung, Kündigung und Wiedereinziehung verpfände ich dem Königl. Kreditinstitute mein oben bezeichnetes Rittergut Mondschein mit allem Zubehör und begebe mich dabei des einem Schuldner nach dem Allgemeinen Landrechte Theil I, Titel 20, §§. 46 und 47 zustehenden Rechts, seinen Hypothekengläubiger zuerst an das speziell verpfändete Grundstück und dessen Früchte verweisen oder die Verzichtleistung auf das Hypothekenrecht von ihm verlangen zu dürfen, bevor er das übrige Vermögen desselben in Anspruch nehmen kann, in Beziehung auf dies Darlehn hiermit ausdrücklich.

Ich willige auch darin, daß diese Schuldverschreibung und die in Folge derselben auszufertigenden Pfandbriefe Litt. B. auf das bezeichnete Rittergut Mondschein in das Hypothekenbuch eingetragen werden.

Zugleich erkenne ich an, daß die in der Verordnung vom 8. Juni 1835 ausgesprochenen Verpflichtungen eines Pfandbrief-Schuldners des Königl. Kreditinstituts mir vollständig bekannt sind und unterwerfe mich denselben hiermit.

Außerdem verpflichte ich mich:

1) von jedem von mir beabsichtigten außergewöhnlichen Holzschlage dem Königl. Kreditinstitute noch dergestalt zeitig Nachricht zu geben, daß dasselbe sich vor dessen Ausführung von der Zweckmäßigkeit des Unternehmens, sowie davon überzeugen kann, daß die Sicherheit der Pfandbriefe Litt. B. dadurch nicht gefährdet werde;

2) dem Königl. Kreditinstitute von jeder Verpachtung des verpfändeten Rittergutes oder einzelner Theile desselben innerhalb acht Tagen nach derselben, Anzeige zu machen und den Pachtkontrakt zur Einsicht vorzulegen, auch die von dem Pächter bestellte oder zu bestellende Kaution dem Königl. Kreditinstitute auf eine demselben genügende Weise sicher zu stellen, widrigenfalls ich mich der ganzen oder theilweisen Kündigung der mir bewilligten Pfandbriefe unterwerfe. Ich gestatte auch

3) daß von jeder weiteren Verpfändung meines oben bezeichneten Rittergutes Mondschein dem Königl. Kreditinstitute von der Hypothekenbehörde sofort Nachricht gegeben werde.

2. Urkunde behufs primitiver Verpfandbriefung mit Schlesischen Pfandbriefen Littera C.

Neisse, den 31. Mai 1861.

Heute erscheint der Rittergutsbesitzer Herr (Vor- und Zunamen) auf Lattichfeld und erklärt:

Ich (Vor- und Zunamen) bekenne, von der Neisse-Grottkauer Fürstenthums-Landschaft auf Grund des landesherrlich bestätigten Regulativs vom 22. November 1858 und unter den darin festgesetzten Modalitäten ein Darlehn von 5000 Thlrn. d. i. Fünftausend Thalern erhalten zu haben. Indem ich über den richtigen Empfang der Darlehns-Valuta quittire, verpflichte ich mich:

a) für dies Darlehn eine fortlaufende Jahreszahlung von Fünf und ein halb Prozent nebst Quittungsgroschen à ein Zwölftel Prozent in gleichen halbjährigen Raten an Johannis und Weihnachten postfrei zur Kasse der bezeichneten Fürstenthums-Landschaft zu entrichten;

b) das Darlehnskapital selbst oder Theilbeträge desselben nach sechsmonatlicher Aufkündigung — welche mir selbst unbedingt, der Landschaft nur in dem Falle zustehen soll, wenn das Darlehn nicht mehr die vorschriftsmäßige hypothekarische Sicherheit genießt, oder wenn aus der Valuta ein Pfandbrief-Gläubiger befriedigt werden muß — durch Baarzahlung des Nennwerthes zurückzuzahlen; wobei mir jedoch das Recht vorbehalten bleiben soll, im Falle ich die Darlehnsschuld oder einen Antheilsbetrag derselben aus freier Entschließung abzustoßen bezwecken sollte, Pfandbriefe Litt. C. (nebst den noch nicht fälligen Kupons) zum Nennwerthe als Ablösungsvaluta einzuliefern.

Ich verpflichte mich ferner

c) im Falle der Zahlungssäumniß den Rückstand nach dem Satze von Vier Prozent aufs Jahr zu verzinsen, und die zu Deckung des antheiligen Pfandbrief-Zinsenbetrages von der Landschaft etwa aufgewendeten höheren Kosten derselben zu erstatten;

ich unterwerfe mich

d) der exekutivischen Beitreibung des Rückstandes ohne ein vorgängiges prozessualisches Verfahren nach den Vorschriften des schon angeführten Regulativs, sowie

e) überhaupt den Bestimmungen dieses Regulativs.

Zur Sicherstellung meiner Gläubigerin, der Neisse-Grottkauer Fürstenthums-Landschaft wegen des Darlehnskapitals, der Zinsen davon, der Rückstandszinsen, und aller aus der Einziehung von Kapital oder Zinsen ihr entstehenden Schäden und Kosten verpfände ich derselben mein im hiesigen Kreise belegenes Rittergut Lattichfeld. (Die hier gewöhnlich folgende Intabulationsklausel kann wegbleiben.)

Schluß und Vollziehung.

3. Urkunde behufs Umschreibung alter Hypotheken in schlesische Pfandbriefe Littera C*).

Neisse, den 31. Mai 1861.

Heute erscheint der Rittergutsbesitzer Herr (Vor- und Zunamen) auf Lattichfeld und erklärt:

Ich beabsichtige, die Umschreibung der auf meinem, im hiesigen Kreise belegenen Rittergute Lattichfeld haftenden, im Hypothekenbuche sub Rubr. III Nr. Funfzig eingetragenen, zu Fünf Prozent verzinslichen Hypothekenforderung von 2000 Thlrn. d. i. Zweitausend Thalern Preuß. Kourant in ein landwirthschaftliches Darlehn nach dem Regulativ vom 22. November 1858 (G.S. 1858 S. 583) herbeizuführen.

Nachdem die Hypothek zu dem Zwecke bereits von dem bisherigen Inhaber an die Neisse-Grottkauer Fürstenthums-Landschaft abgetreten worden ist, nehme ich die genannte Fürstenthums-Landschaft nunmehr zu meinem neuen Gläubiger an; ich will das in Rede stehende Kapital per Zweitausend Thaler fortan diesem neuen Gläubiger als ein Darlehn verschulden; ich will das zur Sicherstellung der Forderung bereits bestehende Hypothekenrecht auch für die neue und sogleich näher zu präzisirende Verbindlichkeit übernehmen, und ich verpflichte mich dem neuen Gläubiger gegenüber

a) für das Darlehn eine fortlaufende Jahreszahlung von Fünf und ein halb Prozent nebst Quittungsgroschen à ein Zwölftel Prozent in gleichen halbjährigen Raten an Johannis und Weihnachten postfrei zur Kasse der bezeichneten Fürstenthums-Landschaft zu entrichten;

b) das Darlehnskapital selbst oder Theilbeträge desselben nach sechsmonatlicher Aufkündigung, — welche mir selbst unbedingt, der Landschaft aber nur in dem Falle zustehen soll, wenn das Darlehn nicht mehr die vorschriftsmäßige hypothekarische Sicherheit genießt, oder wenn aus der Valuta ein Pfandbriefgläubiger nach §. 20 des Regulativs befriedigt werden muß — durch Baarzahlung des Nennwerthes zurückzuzahlen; wobei mir jedoch das Recht vorbehalten bleiben soll, im Falle ich die Darlehnsschuld oder einen Antheilsbetrag derselben aus freier Entschließung abzustoßen bezwecken sollte, Pfandbriefe Litt. C. (nebst den noch nicht fälligen Kupons) zum Nennwerthe als Ablösungs-Valuta einzuliefern.

---

*) (8. A.) Der Stempelfiskal hatte zu einer Urkunde dieser Art, zu welcher der Ausfertigungsstempel verbraucht worden war, monirt, daß dazu zu verwenden gewesen seien: 5 Sgr. für die Cessionen, welche der Gutsbesitzer an die Landschaft geleistet, und außerdem $^{1}/_{12}$ Prozent zu der neuen Schuldverschreibung mit 21 Thlr. 25 Sgl., u. verlangte die Nachbringung mit 21 Thlr. 10 Sgr., welche auch mit Vorbehalt gezahlt wurden. Die Rückforderungsklage wurde von dem Richter I. Instanz abgewiesen. Das Appellations-Gericht erkannte reformatorisch auf Rückzahlung der 21 Thlr. 10 Sgl. u. die hiergegen von dem Fiskus eingelegte Nichtigkeitsbeschwerde wurde durch Erk. des Obertr. vom 20. Januar 1868 zurückgewiesen. (Entsch. Bd. LIX. S. 353.)

Ich verpflichte mich ferner

c) im Falle der Zahlungssäumniß den Rückstand nach dem Satze von Vier Prozent aufs Jahr zu verzinsen, und die zur Deckung des antheiligen Pfandbrief-Zinsen-Betrages von der Landschaft etwa aufgewendeten höheren Kosten derselben zu erstatten;

ich unterwerfe mich

d) der exekutivischen Beitreibung des Rückstandes ohne ein vorgängiges prozessualisches Verfahren, nach den Vorschriften des schon angeführten Regulativs, sowie

e) überhaupt den Bestimmungen dieses Regulativs.

Ich bewillige die Eintragung dieser meiner Erklärung im Hypothekenbuche.

Schluß und Vollziehung.

XXIII.

Verleihung von Gerechtigkeiten.

Zu §. 391.

1. Privilegium über eine Marktgerechtigkeit.

Wir ꝛc. ꝛc. thun kund ꝛc. ꝛc. Nachdem uns vorgetragen worden, daß die Abhaltung von Kram- und Viehmärkten in dem Dorfe Sahra, im Kreise Ubitopien, die dortige Gegend beleben und den Verkehr heben würde, und wir geneigt sind, dem dortigen Gutsherrn Liebegott von Allzutreu, unserm Kammerherrn, für die unserer Allerhöchsten Person bewiesene besondere Anhänglichkeit und geleisteten treuen und wichtigen Dienste, einen Beweis unseres allergnädigsten Wohlwollens zu geben, ertheilen wir unserm besagten Kammerherrn von Allzutreu, für ihn und seine Nachfolger im Besitze des Rittergutes Sahra, auf ewige Zeiten die Befugniß, in dem genannten Dorfe Sahra jährlich drei Kornmärkte zu den von unseren zuständigen Behörden zu bestimmenden Zeiten, und jedes Mal Tages vorher Pferde- und Viehmarkt zu halten; und von Jedem, welcher an diesen Tagen auf der Straße oder in Gebäuden Waaren, Dienste oder Schaugegenstände feil hält, ein Standgeld von 5 bis 15 Sgr. zu erheben; wogegen er aber verpflichtet sein soll, auf seine Kosten den Marktplatz in einem solchen Zustande, daß er auch bei nassem Wetter einen festen und zum Ablaufen des Wassers gehörig abgedachten Boden bietet, zu unterhalten, so wie die Marktpolizei nach den allgemeinen Vorschriften zu handhaben. Urkundlich u. s. w.

2. Vertrag über die Berechtigung zur Anlegung einer Brücke.

Eingang.

I. Der Gutsbesitzer N. erhält die Befugniß und er verpflichtet sich, auf dem Wege von A nach B, über den Vielefluß eine hölzerne Pfahlbrücke auf eigene Kosten zu erbauen und den noch in diesem Jahre zu beginnenden Bau, bei Dreihundert Thalern Konventionsstrafe, bis zu Johannis künftigen Jahres dergestalt zu vollenden, daß die Brücke dem Publikum zur Passage eröffnet werden kann.

II. Er ist schuldig, sich bei dem Baue nach den Vorschriften des mit der Leitung und Beaufsichtigung desselben beauftragten Königl. Baubeamten zu richten, widrigenfalls ihm der Bau abgenommen und für seine Rechnung vollendet werden wird. Bevor von Seiten der Regierung dazu die Einwilligung gegeben worden, darf die Brücke dem Publikum nicht eröffnet werden; vielmehr ist, sobald der Bau vollendet, eine Prüfungskommission nachzusuchen.

III. Die Brücke wird mit dem Augenblicke, wo sie von der Prüfungskommission für tauglich erklärt und abgenommen wird, Staatseigenthum, nichts destoweniger ist der Gutsbesitzer N. für sich und seine Nachfolger im Besitze des Guts N. verbunden, dieselbe für immerwährende Zeiten, auf eigne Kosten, im gehörigen Baustande zu erhalten, und in dieser Hinsicht die wegepolizeilichen Anordnungen der Landesbehörde unweigerlich und unverzüglich zu befolgen. Diese Verbindlichkeit soll im Grundbuche des Guts N. als eine beständige Last eingetragen werden.

IV. Dagegen erhält der Gutsbesitzer N. für sich und seine Besitznachfolger die Berechtigung, von den Passanten einen Brückenzoll nach folgenden Sätzen zu erheben: (folgt der Tarif.)

V. Ferner wird demselben und dessen Nachfolgern die Zusicherung gegeben, daß der Weg, auf welchem die Brücke erbauet worden, niemals verlegt, auch daß die Anlegung eines anderen oder Nebenweges in derselben Richtung, wodurch der Uebergang an einem anderen Punkte des Bieleflusses erfolgen würde, nicht zugelassen werden soll. Sollte im Verlaufe der Zeiten die Verlegung der Straße schlechterdings nothwendig werden, worüber die Landesregierung zu befinden hat, so soll der Besitzer des Guts N. für den dadurch entstehenden Ausfall am Brückengelde aus Staatsfonds entschädigt werden. Der Betrag der Entschädigung soll in der Differenz bestehen, welche sich aus der Vergleichung des Durchschnitts einer fünfjährigen Einnahme vor der Verlegung der Straße mit einem fünfjährigen Durchschnitte der Einnahme nach der Verlegung ergiebt. Der Beweis der Einnahme kann nicht anders als durch ordentlich geführte Heberegister geführt werden, welche auf Erfordern eidlich zu bestärken sind.

VI. Das Privilegium zur Erhebung des Brückengeldes ist, wie die Verbindlichkeit zur Instandhaltung der Brücke, von dem Rittergute N. unzertrennlich.

VII. Wenn der Tarif zur Erhebung des Brückengeldes von demselben Besitzer des Guts N. oder dessen Einnehmer im dritten Wiederholungsfalle überschritten, oder wenn in Folge vernachlässigter Instandhaltung der Brücke ein Unglücksfall eintritt, oder wenn der Gutsbesitzer zu N. die ihm gehörig bekannt gewordenen Anordnungen des Wegebaubeamten, bezüglich auf die Besserung der Brücke, nicht unverzüglich ausführt; oder wenn wiederholte und be-

Zeitung u. s. w. bezeichnet werden, so muß doch auch in anderen Fällen, wo der Zweck der Beschlagnahme durch eine solche Einschränkung nicht beeinträchtigt wird, ebenso verfahren werden. Nach dem Geiste des ganzen Reichspreßgesetzes, welches darin einer früher vielfach geübten schlimmen Praxis entgegentritt, bedarf es kaum der Hervorhebung, daß irgend welche Nebenzwecke materieller Erwerbsschädigung, welche allerdings durch eine andere Uebung des Beschlagnahmerechts (vgl. z. B. die oben aus Bayern mitgetheilten Maßregelungen früherer Jahre) erreicht werden können, fortan absolut bei Seite zu setzen sind; ihre Betreibung würde eine flagrante Verletzung des Gesetzes sein. Wo im Einzelfall für die Befolgung dieser Gesetzesvorschrift die praktische Grenze zu ziehen ist, müssen die Behörden selber zu ermessen wissen, und gegen Mißgriffe und Böswilligkeit liegt die Remedur in dem Beschwerdewege und äußersten Falls in der öffentlichen Rüge vor den gesetzgebenden Gewalten.

§ 28.

Während der Dauer der Beschlagnahme ist die Verbreitung der von derselben betroffenen Druckschrift oder der Wiederabdruck der die Beschlagnahme veranlassenden Stellen unstatthaft.

Wer mit Kenntniß der verfügten Beschlagnahme dieser Bestimmung entgegenhandelt, wird mit Geldstrafe bis fünfhundert Mark oder mit Gefängniß bis zu sechs Monaten bestraft.

I. 1. Die gesetzliche Forderung, daß während der Dauer der Beschlagnahme, worunter sowohl die vorläufige nichtrichterliche, als eine vom Richter bestätigte oder angeordnete zu verstehen ist, die ganze Druckschrift, wenn diese mit Beschlag belegt wurde, nicht ferner verbreitet werde, ist an sich ebenso gerechtfertigt als das Verbot des Wiederabdrucks der beschlagnahmten Stellen, welche aus einer solchen herausgegriffen sind. Die Beschlagnahme hat ja gerade den Zweck, die Verbreitung im einen wie im anderen Falle zu hindern.

2. Nicht verboten ist dagegen der Wiederabdruck einer Schrift, z. B. Broschüre oder Zeitung mit Hinweglassung der als Ursache der Beschlagnahme bezeichneten Stellen, was besonders für Zeitungen von großer Wichtigkeit ist. Nachdem darüber schon in der Kommission auf die Anfrage des Abg. Majunke der Regierungskommissar v. Brauchitsch

gründet befundene Klagen über unnöthigen Aufenthalt der Reisenden, besonders zur Nachtzeit, eingehen: so kann das Privilegium zur Erhebung des Brückengeldes ohne Entschädigung eingezogen werden, doch fällt in diesem Falle auch die Verbindlichkeit zur baulichen Unterhaltung der Brücke weg. Will der Gutsbesitzer von N. die ihm von der Regierungsbehörde angekündigte Einziehung des Privilegiums sich nicht gefallen lassen, so findet der ordentliche Weg Rechtens statt, bis zu dessen Ausgange der Berechtigte sich die Sequestration der Brücke auf seine Kosten gefallen lassen muß. Will die Landesbehörde von der Einziehung des Privilegiums keinen Gebrauch machen, so kann sie in jedem Falle, wo dieselbe würde haben stattfinden können, eine Ordnungsstrafe bis auf Einhundert Thaler verhängen; doch soll auch hiergegen rechtliches Gehör gewährt werden.

VIII. Der Gutsbesitzer N. und dessen Besitznachfolger haben nicht die Befugniß, auf das Privilegium mit der Wirkung zu verzichten, daß damit auch die Verbindlichkeit zur Instandhaltung der Brücke erlischt, oder daß in einem gegebenen Falle die verwirkte Ordnungsstrafe wegfällt.

Vollziehung.

XXIII a.

Beurkundung der Beschlüsse der Generalversammlungen von Aktien-Gesellschaften.

Zu §. 394.

Werden Beschlüsse gefaßt, zu welchen die landesherrliche Bestätigung nachgesucht werden muß, so sind sie in die gerichtliche oder notarielle Form zu bringen. Die einfachste Weise ist die, daß der Beschluß oder die Beschlüsse in das über die Generalversammlung abzuhaltende Protokoll selbst, als ein Bestandtheil desselben, aufgenommen werden. Es ist aber auch der Weg beliebt worden, daß man dem Beschlusse der Generalversammlung einen besonders abgefaßten und der Verhandlung beigefügten Entwurf zum Grunde gelegt hat. In mehreren Fällen aber, in welchen eine solche Verhandlung mit der Beilage behufs der landesherrlichen Bestätigung eingereicht worden ist, hat diese Bestätigung um deshalb nicht beantragt werden können, weil man in der Verhandlung nicht erwähnt hatte, daß der beiliegende Entwurf vorgelesen worden sei, wodurch Wiederholungen solcher Verhandlungen nothwendig geworden und mancherlei Weiterungen entstanden sind. Das hat den Justizminister veranlaßt, die zum Zwecke der Aufnahme solcher Verhandlungen deputirten richterlichen Beamten und Notare anzuweisen, darauf genau zu achten, daß der erwähnte Mangel vermieden werde. Allg. V. vom 13. Dezember 1858 (J.M.Bl. S. 386). Für einen wesentlichen Mangel kann der in Rede stehende Umstand überall gar nicht angesehen werden, wenn das Protokoll selbst enthält, daß der beiliegende Entwurf zum wirklichen Beschlusse erhoben worden sei, und dann dieses Protokoll vorgelesen, genehmigt und gehörig vollzogen worden ist. Wer dieses Protokoll unterschreibt, kennt auch den beiliegenden Entwurf, auf welchen das Protokoll verweist, wenn man ihn für dispositionsfähig halten muß. Berechtigter würde die Forderung der Mitvollziehung der Beilage sein, um die Identität festgestellt zu sehen; denn durch die begehrte bloße Vorlesung des Entwurfs, die ganz sicher geschehen muß, wenn der Entwurf zum Beschlusse erhoben worden ist, wird für die Feststellung der Identität gar nichts gethan. In einer weiteren allgemeinen Verfügung vom 11. August 1866 (J. M. Bl. S. 218) rügt der Justizminister wiederholt die Nichtbeobachtung der Vorschriften über die Beurkundung der Beschlüsse und sagt: „Nach den Artt. 208 und 214 des Allg. deutschen Handelsgesetzbuchs soll bei Aktiengesellschaften über die Errichtung und den Inhalt des Statuts eine gerichtliche oder notarielle Urkunde aufgenommen, und jeder die Fortsetzung der Gesellschaft oder eine Aenderung des Statuts betreffende Beschluß der Generalversammlung notariell oder gerichtlich beurkundet werden. Das letztere ist auch bei Aktiengesellschaften, welche vor Einführung des Handelsgesetzbuchs errichtet sind, für maßgebend zu erachten. Nicht selten werden aber bei Aufnahme der desfallsigen Urkunden die gesetzlichen Vorschriften nicht beobachtet, und dadurch Unzuträglichkeiten und kostspielige Weiterungen veranlaßt. So wurde in einem Falle, anstatt, wie das Gesetz erfordert, einen selbstständigen Akt aufzunehmen, von dem zugezogenen Notar die von dem Gesellschaftsvorstande nach Vorschrift des älteren Statuts aufgenommene Verhandlung als in seiner Gegenwart gepflogen beglaubigt. In einem anderen Falle war am Schlusse gesagt, daß das Protokoll denjenigen, welche dasselbe unterschrieben, vorgelesen sei, anstatt zu konstatiren, daß die Vorlesung an die Versammelten, soweit sie sich inzwischen nicht entfernt hätten, geschehen sei. Ferner ist vorgekommen, daß nicht die Verhandlung der Generalversammlung, sondern nur die Erklärung des von dieser dazu in nicht amtlicher Urkunde beauftragten Vorstandes aufgenommen wurde. Endlich giebt das übliche Verfahren, nach welchem zunächst ein vollständiger Entwurf der zu fassenden Beschlüsse angefertigt und der notariellen oder gerichtlichen Verhandlung zu Grunde gelegt wird, oft zu Unregelmäßigkeiten und Nichtigkeiten Anlaß. Ein solcher Entwurf kann zwar bei Aufnahme der Urkunde benutzt, aber nicht als selbstständige Urkunde behandelt werden. Am zweckmäßigsten ist er wörtlich in das notarielle oder gerichtliche Protokoll aufzunehmen, jedenfalls aber mit demselben in solche Verbindung zu bringen, daß er als integrirender Theil sich darstellt, und klar zu erkennen ist, daß er mit demselben auch vorgelesen wurde. Indem die Gerichte und Notarien aufgefordert werden, diese und ähnliche Verstöße gegen die gesetzlichen Vorschriften bei Aufnahme der fraglichen Urkunden sorgfältig zu vermeiden, wird von den vorgesetzten Behörden der betreffenden Beamten erwartet, daß sie jede Nachlässigkeit derselben einer ernsten Rüge unterziehen werden." Auch diese Bemängelungen betreffen lauter unwesentliche Dinge. Ein allgemeines

Beispiel

eines Protokolls über die Verhandlungen einer Generalversammlung läßt sich nicht geben. Alle solche Protokolle haben nur das Eine gemeinsam, daß sie das Resultat der Abstimmung über jeden zur Berathung und Beschlußnahme gebrachten Gegenstand enthalten müssen. Im Uebrigen aber, was den formellen Theil des Protokolls betrifft, z. B. wie die Zahl der in der Generalversammlung repräsentirten Stimmen auszudrücken und wie die Stimmen zu berechnen und festzustellen; wer darin als anwesend namhaft zu machen; ob die erschienenen Aktionäre und Vertreter, unter Beifügung ihrer Stimmenzahl, im Protokolle aufzuführen oder dem Protokolle ein vollzogenes und von wem vollzogenes Verzeichniß derselben beizufügen; wie die Legitimation zu führen und die Identität der Personen festzustellen; von wem das Protokoll zu vollziehen sei u. dergl.: darüber enthält in der Regel ein jedes Statut seine eigenthümlichen, oft ganz besonderen Bestimmungen, wonach es ein Leichtes ist, das Protokoll in jedem einzelnen Falle zu fassen.

XXIV.
Prokura.
Zu §. 411.

Das Handelsgesetzbuch Art. 41 schreibt drei Formeln vor, von welchen eine bei Ertheilung der Prokura nothwendig angewendet worden sein muß, wenn das Vorhandensein einer Prokura im Sinne des Handelsgesetzbuchs angenommen werden soll. Das Schriftstück muß nämlich entweder ausdrücklich als „Prokura" bezeichnet sein, oder es muß den Bevollmächtigten ausdrücklich als „Prokuristen" bezeichnen, oder es muß denselben ermächtigen, „per procura die Firma des Prinzipals zu zeichnen."

Beispiel.

Ich NN., Bankier am hiesigen Orte, bestelle hiermit den Herrn Benjamin Perzentche zum Prokuristen für meine, unter der Firma Wucherer u. Söhne am hiesigen Platze bestehende, Wechselhandlung, und beauftrage ihn, in meinem Namen und für meine Rechnung dieses Handelsgeschäft zu betreiben und per procura die gedachte Firma zu zeichnen. Berlin den u. s. w.

Ein anderes Beispiel.

Durch diese meine Prokura ermächtige ich den Herrn NN., in meinem Namen und für meine Rechnung mein am hiesigen Platze unter der Firma: Wucherer u. Söhne, bestehendes Wechselhandelsgeschäft zu betreiben, und per procura diese Firma zu zeichnen. Berlin den u. s. w.

XXV.
Frachtbrief.
Zu §. 414.

Herrn NN. zu N.

Frankfurt a. M. den 25. Mai 1845.

Hierbei sende ich Ihnen durch Fuhrmann Hans Krafft aus Gernheim im Lohn zu 50 Thlrn. Pr. Kourant in ganzer Fracht, in 28 bis 30 Tagen bei Verlust der Fracht, abzuliefern, wobei er aber für allen entstehenden Schaden zu haften hat:

K. O. 305, ein Faß versteuerten Wein im Ueberfaß,
brutto Sechs Ctr. Zwanzig und Acht Pfund.

Der Frachtführer ist für den angelegten Verschluß verantwortlich. Nach richtiger, guter und zu rechter Zeit geschehener Ablieferung belieben Sie dem oben genannten Fuhrmanne die bedungene Fracht zu bezahlen und mit dem Gute nach unserem Avis-Briefe zu verfahren.

Gebrüder Stückfaß.

XXVa.
Anmeldung einer Firma.
Zu §. 415.

Jeder Kaufmann hat das Recht, seine Handelsgeschäfte unter einem angenommenen Namen, Firma genannt, zu führen, ist aber verpflichtet, seine Firma in das Handelsregister (Firmenregister) eintragen zu lassen. Zu diesem Behufe muß er dieselbe bei dem Handelsgerichte, in dessen Bezirke seine Handelsniederlassung sich befindet, anmelden und dort nebst seiner persönlichen Unterschrift entweder in Person zeichnen oder die Zeichnung derselben in beglaubter Form einreichen.

Beispiel.

Handelsgericht Utopia, den 6. November 1865.

Vor dem unterzeichneten Gerichtskommissar erschien der hier ansässige, von Person bekannte Handelsmann Elias Buchfinke, erklärend, daß er für seine hierorts neu begründete Handelsniederlassung die Firma, deren Inhaber er selbst sei,

Rosenmüller & Finke

angenommen habe, welche er hiermit behufs Eintragung in das Firmenregister anmelde. Er werde zeichnen:

Rosenmüller & Finke.

Die vorstehende Zeichnung schrieb Herr Buchfinke eigenhändig und unterzeichnete darauf dieses ihm vorgelesene Protokoll mit seiner persönlichen Unterschrift wie folgt:

Elias Buchfinke.

a. u. s

Genau, Handelsrichter. Richtig, Gerichtsschreiber.

Die Angabe, daß der Inhaber der Firma verheirathet oder unverheirathet sei, oder daß er mit seiner Ehefrau in getrennten Gütern lebe, ist hierbei ganz überflüssig. Nothwendig ist die Anzeige Behufs der Eintragung in das Register zur Eintragung der Ausschließung oder der Aufhebung der ehelichen Gütergemeinschaft (Anlage D zu §. 83 der Instr. vom 12. Dezember 1861) nur in dem Falle, wenn an dem Orte der Niederlassung des Kaufmanns eheliche Gemeinschaft der Güter oder des Erwerbes nach Provinzialgesetzen oder Statuten besteht und dieselbe ausgeschlossen oder aufgehoben worden ist.

Das vorstehende Beispiel genügt, um danach jede beliebige andere Anmeldung zu fassen; die Anmeldungen der Handelsgesellschaften, sind weiterhin unter L. 3. zu jedem Handelsgesellschaftsvertrage besonders formulirt. Nur auf den Fall der Erwerbung einer bestehenden Firma durch Singular-Succession ist hier aufmerksam zu machen, um den Uebernehmer vor Schaden und Prozessen zu bewahren. Der Art. 23 des H. G. B. schreibt vor: „Die Veräußerung einer Firma als solcher, abgesondert von dem Handelsgeschäfte, für welches sie bisher geführt wurde, ist nicht zulässig.“ Es kann also nur die Handelsanstalt oder Einrichtung als Ganzes, als ein Inbegriff einzelner Sachen, als Begriffsganzes Gegenstand der Veräußerung resp. Erwerbung sein. In den weitaus meisten Fällen wird der Erwerbstitel Kauf sein. Dafür bedarf es hier keines besonderen Musters, es kann auf die unter No. LII vorgeführten Beispiele verwiesen werden. Was aber besonders hervorzuheben bleibt, ist die Verabredung in Betreff der Aktiva und Passiva. Es kommen viele derartige Verkäufe vor, in welchen ausgemacht ist, daß der Käufer die ausstehenden Handelsforderungen und die Handelsschulden nicht übernimmt. Diesem Abkommen wird die rechtliche Wirkung, gegenüber den Handelsgläubigern, abgesprochen. Das Obertribunal hat erkannt: daß der Uebernehmer einer Handelsfirma für die von dem früheren Inhaber dieser Firma eingegangenen Handelsschulden und Wechselverbindlichkeiten als Selbstschuldner zu haften habe. Erk. vom 1. November 1866 (Entsch. Bd. LVII. S. 349). Eine gleiche Entscheidung ist getroffen in dem Erkenntniß desselben vom 2. Juli 1868 (Archiv f. Rechtsf. Bd. LXX, S. 356), desgleichen in dem Erk. dess. vom 19. November 1868 (Arch. f. Rechtf. Bd. LXXI, S. 350). Was sich dagegen vom Standpunkte des geltenden Rechts einwenden läßt, findet sich in meiner Anmerkung 37 zu Art. 23 des H. G. B. Dieses schützt aber den Käufer nicht gegen die souveräne Meinung des Obertribunals, er muß sich selbst wahren durch eine geeignete Geschäftsklausel. Zwar ist er schon durch die Nichtübernahme der Schulden, seinem Verkäufer gegenüber, gesichert, denn dieser muß ihm auf Grund des Kontrakts Gewähr leisten. Indeß wird er dadurch seiner ihm durch die Jurisprudenz aufgebürdeten Verpflichtung nicht ledig und es fragt sich dann: ob sein Verkäufer zahlungsfähig ist. Wer also eine Handelsfirma ohne Aktiva und Passiva kauft, muß sich von dem Verkäufer Realsicherheit gegen die etwaigen Ansprüche der Gläubiger desselben bestellen und einen Aufruf der Unbekannten ausbringen lassen.

XXVI.
Schiffs-Urkunden.

Zu §. 420.

Bis zur Einführung des Allg. Deutschen Handelsgesetzbuchs galt in Preußen der Beilbrief als das Haupt-Schiffsdokument. Nach dem H. G. B. und dem Einführungsgesetz ist diese Einrichtung durch das Institut des Schiffsregisters ersetzt. Die zum Erwerbe durch die Seefahrt bestimmten Schiffe sollen in ein Schiffsregister eingetragen, über die Eintragungen sollen Certifikate, d. h. „eine mit dem Inhalte der Eintragung übereinstimmende Urkunde," welche überall den wesentlichen Inhalt des Registers wiedergiebt,*) ertheilt werden, und diese Certifikate sollen fortan die Urkunden sein, wodurch die Nationalität der Schiffe und das Recht, die preußische Flagge zu führen, nachgewiesen wird. Beilbriefe in dem bisherigen Sinne und in der bisherigen Form werden nicht mehr ertheilt, die Certifikate sind an deren Stelle getreten. Hierdurch werden jedoch die zum Ausweise für Schiff, Besatzung und Ladung sonst erforderlichen Papiere (Art. 480 des H. G. B.) nicht erübrigt. In der Regel gehören dazu der Meßbrief, das Schiffsinventar, die Musterrolle, das Ladungsmanifest und unter Umständen zu Kriegszeiten auch der Seepaß.

1. Register-Certifikat.

Für dieses hat der Bundesrath ein Formular vorgeschrieben und angeordnet, daß dasselbe nur in den von der Staatsdruckerei zu Berlin hergestellten Druckexemplaren zur Anwendung gelange. Dasselbe muß nach Inhalt des Schiffsregisters ausgefüllt werden, wozu die Allg. V. vom 25. März 1868 Nr. 7 (s. Note*) genaue Anweisung giebt.

2. Messebrief.

Das Königl. Haupt-Steuer-Amt in der Königl. Preußischen See- und Handelsstadt Arkona attestirt auf Grund der von vereideten Messern ausgeführten Vermessung, daß das auf der hiesigen Rhede im Sommer d. J. für Rechnung des Rheders N. hierselbst neuerbaute zweimastige Schiff, „die Seeschlange" genannt, eine Größe von ..... Schiffslasten hat.

Arkona, den u. s. w.

---

*) Bundesges. vom 25. Oktober 1867 §. 8 (B. Ges.-Bl. S. 37) u. Allg. Verf. des J. M. vom 25. März 1868 lit. e. u. Absatz „Bei der Ausfertigung" lit. c. (J. M. Bl. 96 u. 97.)

3. Musterrolle.

Die Volks- oder Musterrolle ist ein von der Hafen- oder Musterungs-Behörde beglaubigtes Verzeichniß der Schiffsmannschaft und darf niemals an Bord fehlen; denn sie dient hauptsächlich dazu, die Nationalität der Besatzung darzuthun, und ist als Beweisdokument hierüber, sowohl in Kriegsfällen, um das Schiff gegen Aufbringung zu schützen, als im Frieden, um demselben die Theilnahme an den traktatmäßigen Vortheilen zu sichern, von Wichtigkeit. (Hamburger Prot., S. 1965.) Sie enthält: a) das Namensverzeichniß der an Bord gehenden Leute nach ihrer verschiedenen Qualifikation mit Inbegriff ihrer Nationalität, b) den mit jedem Einzelnen geschlossenen Heuervertrag, c) die Angabe der gegenseitigen Rechte und Pflichten beider Theile. Die Anfertigung geschieht nach einem in der Ministerial-Instruktion vorgeschriebenen gedruckten Formular, weshalb es keines Musters bedarf.

4. Seepaß.

In Preußen werden, seitdem der Beilbrief zum Haupt-Schiffsdokumente landrechtlich erhoben ist und eine dem entsprechende Einrichtung erhalten hat, Seepässe in der Regel, d. h. in Friedenszeiten nicht mehr ertheilt. Mit der Einführung des Allgemeinen Deutschen Handelsgesetzbuchs ist zwar das Register-Certifikat an die Stelle des Beilbriefes getreten, doch hat dadurch in sachlicher Hinsicht der bisherige, den Ausweis der Nationalität der Seeschiffe betreffende Rechtszustand keine erhebliche Aenderung erlitten, so daß auch jetzt der Seepaß in Friedenszeiten kein nothwendig erforderliches Schiffspapier ist. Aus Anlaß des (1861) in den Vereinigten Staaten von Nordamerika eingetretenen Kriegszustandes hat jedoch die kompetente Behörde in W a s h i n g t o n verfügt, daß Niemand in den Vereinigten Staaten landen darf, ohne einen von einem amerikanischen Minister oder Konsul, oder von seiner Heimathsbehörde ausgestellten Paß zu besitzen und daß Pässe der Heimathsbehörde mit dem Visum eines amerikanischen Ministers oder Konsuls versehen sein müssen. In Folge dessen ist, mit Rücksicht auf den zwischen Preußen und den Vereinigten Staaten von Nordamerika unter dem 11. Juli 1799 abgeschlossenen Freundschafts- und Handelsvertrag, nach dessen Art. 14 unter den Urkunden der Handelsschiffe in Kriegszeiten ein Seepaß in erster Stelle genannt ist, welcher den Namen, den Eigenthümer, sowie die Tragfähigkeit des Schiffes und den Namen, sowie den Wohnort des Kapitäns enthalten, in guter beweisgültiger Form ausgestellt und jedesmal erneuert werden soll, wenn das Schiff in seinen Hafen zurückgekehrt ist, — verordnet, daß während der Dauer des in den Vereinigten Staaten von Nordamerika eingetretenen Kriegszustandes den Rhedern auf Verlangen besondere Seepässe ertheilt werden können. Die Ertheilung liegt dem Gerichte ob, welches über das betreffende Schiff die Beilbriefs-Akten (jetzt das Schiffs-Register) führt. Vor der Ertheilung des Seepasses hat das Gericht zu prüfen, ob seit der Ausfertigung oder Vervollständigung des Beilbriefes Veränderungen in den Eigenthumsverhältnissen des Schiffes oder in der Nationalität der Eigenthümer eingetreten sind. Veränderungen in den Eigenthumsverhältnissen sind vorher vorschriftsmäßig auf dem Beilbriefe (Certifikate) zu vermerken. Hat das Schiff durch einen Eigenthumswechsel oder durch Veränderung der Nationalität eines Eigenthümers das Recht, die preußische Flagge zu führen, verloren, so darf der Seepaß nicht ertheilt werden. Zur Feststellung, daß Veränderungen der bezeichneten Art seit der Ausfertigung oder Vervollständigung des Beilbriefes (Certifikats) nicht eingetreten sind, ist in der Regel und sofern keine besonderen Verdachtsgründe obwalten, die zum gerichtlichen Protokolle aufzunehmende eidliche Versicherung des Rheders, und wenn mehrere Rheder vorhanden sind, die eidliche Versicherung eines jeden Rheders rücksichtlich seiner Part, für genügend zu erachten. Bei einer großen Anzahl von Parten kann eidliche Versicherung des Korrespondent-Rheders, daß ihm von einer Veränderung jener Art nichts bekannt geworden sei, für ausreichend angenommen werden. — Der Seepaß soll nach beigedrucktem Formulare in deutlicher lateinischer Schrift ausgefertigt, also darin ausdrücklich auf den Beilbrief (oder das Certifikat) und auf den Meßbrief Bezug genommen, der erneuerten Untersuchung der Eigenthums- und Unterthanen-Verhältnisse erwähnt, außer den Eigenthümern und deren Nationalität auch Namen und Wohnort des Kapitäns angegeben, und die Reise, für welche der Seepaß ertheilt wird, im Allgemeinen bezeichnet werden. Diese Ausfertigung ist von dem Gerichte unmittelbar an den Minister der auswärtigen Angelegenheiten zur Beglaubigung zu senden, und erst, wenn die letztere erfolgt ist, dem Rheder zuzustellen. Allg. Verf. des J.M. v. 13. August 1861 (J.M.Bl. S. 180).

Seepaß.

Seiner königlichen Majestät von Preußen Unseres Allergnädigsten Königs und Herrn verordnete Direktor und Räthe des ...... ersuchen durch diesen offenen Brief alle Civil- und Militärbehörden und insbesondere alle Befehlshaber zu Wasser und zu Lande, das ...... Schiff ...., welches nach dem ihm von dem Königlich Preußischen .... unter dem ten ...... ertheilten Meßbriefe eine Tragfähigkeit von ..... Preußischen Normallasten hat und in Gemäßheit des ihm von uns (von dem Königlich Preußischen ....) unter dem ...... ertheilten (und unter dem ...... vervollständigten) Beilbriefes (Certifikats) in dem ausschließlichen Eigenthume des (der) Preußischen Unterthanen .... sich befindet, somit als ein Preußisches Schiff und als berechtigt zur Führung der Preußischen Flagge anerkannt ist, nachdem bei der jüngst angestellten Untersuchung, namentlich durch eidliche Vernehmung zum gerichtlichen Protokolle vom .... festgestellt worden ist, daß in den zuvor bezeichneten Eigenthums- und Unterthanen-Verhältnissen keine Aenderung eingetreten und das Schiff vor wie nach als ein Preußisches Schiff und als berechtigt zur Führung der Preußischen Flagge anzusehen ist, ingleichen der zur Führung des Schiffs bestellte Kapitän .... wohnhaft zu ......, sowie die in der Musterrolle verzeichnete Schiffsmannschaft nebst den am Borde des Schiffs etwa befindlichen Reisenden und Gütern auf seiner Reise von ...... bis zur Rückkehr in seinen Hafen, auf allen Meeren und Gewässern, in allen Häfen und an allen Orten frei passiren zu lassen, auch dem Führer des Schiffs auf sein Ersuchen Schutz und Beförderung, wenn er dessen benöthigt sein sollte, zu gewähren.

Zur Beglaubigung dessen und in Gemäßheit der darüber geltenden Bestimmungen ist dieser Seepaß unter unserem Siegel ausgefertigt und unterschrieben worden.

...... den ....

(L. S.) Königlich Preußisches ....

Der vorstehende Seepaß wird von dem unterzeichneten Königlich Preußischen Minister der auswärtigen Angelegenheiten auf den Antrag des .... (Gerichts) hierdurch beglaubigt.

Berlin den ....

(L. S.) (Unterschrift).

XXVII.
Schifferkontrakt.
Zu §. 423.

Zwischen dem Rheder N., Eigenthümer des Schiffs „die Seeschlange" und dem Schiffskapitän Absalon Purmuchel, wohnhaft zu Arkona, ist folgender Schifferkontrakt geschlossen.

§. 1.

Der Rheder N. nimmt den Schiffskapitän Absalon Purmuchel auf unbestimmte Zeit zum Schiffer für sein neues Schiff, „die Seeschlange" genannt, an, und ermächtigt; denselben, ihn, den Rheder, und beziehlich die Ablader, in allen die Schifffahrt und die Beförderung der Ladung betreffenden Angelegenheiten zu vertreten.

§. 2.

Der Schiffskapitän Absalon Purmuchel verspricht, in seinen Obliegenheiten den möglichsten Fleiß und die größte Sorgfalt anzuwenden und für allen an Schiff und Ladung auf der Reise entstehenden Schaden einzustehen, wenn er nicht nachzuweisen vermag, daß derselbe durch höhere Macht verursacht worden; und sich überhaupt in allen Stücken so zu verhalten, wie einem einsichtigen und rechtschaffenen Schiffer gebührt. Er erkennt zugleich an, daß ihm das Schiff, „die Seeschlange" genannt, bereits gestern, nach einem Inventarium, vollständig übergeben worden.

§. 3.

Während des Stillliegens erhält der Schiffer keine Heuer; auf der Reise hingegen erhält er, wenn vor dem Auslaufen keine andere Verabredung getroffen wird, monatlich ... Thaler und das übliche Kaplaken, welches jedoch nicht über 25 Prozent der Fracht bedungen werden darf.

§. 4.

Der Schiffer muß, wenn er das Verhältniß aufgeben will, was in allen Fällen nur nach vollendeter Reise zulässig ist, drei Monate vorher aufsagen. Der Rheder darf das Verhältniß plötzlich aufheben, muß dann aber, wenn das Schiff auf einer Reise ist, für die freie Reise des entlassenen Schiffers nach der Heimath sorgen; wenn das Schiff im Hafen von Arkona liegt, und der Rheder ferner von den Diensten des Schiffers keinen Gebrauch machen will, muß er ihm solches so zeitig ankündigen, daß noch wenigstens vier Wochen vor Eröffnung der Schifffahrt im Frühjahr übrig sind, widrigenfalls er ihm eine einmonatliche Heuer zu zahlen hat.

§. 5.

Der Schiffer ist im Allgemeinen mit der Annehmung der Fracht, auch im Hafen von Arkona, beauftragt, wobei er den Vortheil des Rheders gewissenhaft wahrzunehmen hat. Ihm ist die Kajüte zur Verfügung überlassen, und er darf darin so viel an Waaren für eigene Rechnung aufnehmen, als der Raum gestattet, ohne daß er für seine Person und seine Sachen ein anderes Unterkommen im Schiffsraume zu suchen genöthigt wird, widrigenfalls er den Werth des vierten Theils der in der Kajüte aufgenommenen Waaren als Strafe an den Rheder zu entrichten hat. Außer dem Kaplaken darf er von den Befrachtern Nichts an Schreibgebühren oder unter einem anderen Titel fordern.

Arkona, den u. s. w.

XXVIII.

Charte-Partie.

Zu §. 432.

Der Rheder N. zu Arkona verfrachtet sein Schiff, „die Seeschlange" genannt, Kapitän Purmuchel, fünf und funfzig Last groß, an den Großhändler Jeremias Großhans hieselbst, um mit ehestem eine rechte und gute Ladung von Kaufmannswaaren und Getreide abzuladen und damit rekta nach Stockton in England zu segeln, wo nach glücklicher Ankunft binnen acht Tagen gelöscht und das Schiff von dieser Befrachtung völlig befreit werden muß. Nach glücklicher Ankunft und wohlkonditionirter Lieferung der Ladung hat der Schiffer von jeder Last der Größe des Schiffes (von fünf und funfzig) an Fracht und Ungeldern ... Thaler, nebst .... Thalern Kaplaken zu empfangen. Das Schiff ist von morgen an in vierzehn Tagen zuzuladen, für jeden, die bedungene Abladungs- und Löschungszeit überschreitenden Liegetag sind .... Thaler Liegegeld zu zahlen. Wird keine volle Ladung geliefert, so darf der Rheder Stückgüter einnehmen, ohne daß der Befrachter deshalb an der bedungenen Fracht einen Abzug machen kann. Mit Haverei und Pilotage wird es nach Seebrauch gehalten.

So geschehen Arkona u. s. w.

XXIX.
Konnoissement.

Zu §. 435.

Ich Absalon Purmuchel, wohnhaft zu Arkona, Schiffer des Schiffes, „die Seeschlange" genannt, welches im Hafen zu Arkona, woselbst es einheimisch ist, segelfertig liegt, um mit dem ersten guten Winde nach Stockton, woselbst meine rechte Löschung sein soll, zu segeln, erkenne an, in dieses mein Schiff nachbenannte Waaren:

(folgt das genaue Verzeichniß der eingenommenen Waaren, nach Maß, Gewicht, Gattung, mit Angabe der Packe, Kisten, Tonnen u. s. w. und deren Bezeichnung)

Alles trocken und wohl verpackt, für Rechnung des Befrachters, Herrn Jeremias Großhans, Großhändlers zu Arkona, empfangen zu haben. Ich verspreche, diese Güter dem Herrn Benjamin Greif[1]) in Stockton, oder an den rechtmäßigen Erwerber und Inhaber dieses Konnoissements, gegen Erlegung von ... Thalern Fracht, ... Thalern Kaplaken und Haverei nach Seebrauch, zu überliefern. Von diesem Konnoissemente habe ich drei gleichlautende Exemplare ausgefertigt, wovon das eine in meinen Händen verblieben und die beiden anderen dem Befrachter ausgehändigt worden, welche gegen Ablieferung der Waare zurückgegeben und kassirt werden müssen.

So geschehen Arkona, den ....

Absalon Purmuchel.

XXX.
Protest wegen verweigerter Abnahme der Ladung.

Zu §. 437.

Heute den Sechsten Februar des Jahres Eintausend Achthundert Sieben und Vierzig Vormittags, um Eilf Uhr, erschien vor mir, Barrabas Kniffton, Notar, wohnhaft zu Stockton, der Herr Absalon Purmuchel, Schiffer des hier vor Anker liegenden Schiffes, die Seeschlange genannt, aus Arkona, legte mir folgendes Konnoissement vor:

(folgt die Abschrift desselben)

und trug darauf an, wegen verweigerter Abnahme der Ladung bei dem Konsignatär Benjamin Greif hieselbst Protest aufzunehmen. Ich begab mich in das Geschäftslokal des Herrn Greif, hieselbst in der Sackgasse Nr. 4 belegen, traf denselben dort an, legte ihm das Konnoissement vor und fragte ihn: ob er die darnach an ihn konsignirten Waaren von dem Schiffer Absalon Purmuchel aus

1) Der Befrachter kann auch selbst der Konsignatär sein.

Arkona annehmen wolle. Darauf erhielt ich keine Antwort, und als ich die Frage wiederholte, antwortete er: er finde für gut, sich darauf nicht einzulassen. Hierauf habe ich wegen verweigerter Annahme der Ladung protestirt und dem Herrn Requirenten, sowie Jedem, der sonst dabei interessirt, gegen alle und jede aus der Befrachtung des Schiffes „die Seeschlange" Verpflichtete ihre Gerechtsame nach Seerecht wegen Fracht, Zinsen, Schäden, Unkosten und Liegegelder vorbehalten. Auf Befragen: ob er geneigt sei, diesen Akt zu unterzeichnen, antwortete Herr Benjamin Greif, das Komtoir verlassend: man würde doch wohl verstanden haben, daß er ganz und gar nicht inkommodirt sein wolle.

Zu Urkunde dessen ist dieser Protest, auf Grund des besonders darüber aufgenommenen Protokolls, von mir ausgefertigt. So geschehen am obengedachten Orte und Zeitpunkte.

(L. S.) Barrabas Kniffton, Königl. Großbritannischer Notar.

XXX a.

Ueberfahrts- (Passage-) Vertrag.

Zu §. 437 a.

Passagier ist ein Jeder, welcher zum Behuf einer Reise sich auf dem Schiffe befindet und weder bei der Ladung interessirt ist, noch zur Equipage des Schiffs gehört, mag er für seine Ueberfahrt bezahlen oder umsonst mitfahren. Sein Verhältniß zur Rhederei und zum Schiffer wird nach den Grundsätzen des römischen receptum nautarum et cauponum beurtheilt. Der Vertrag muß nach dem A. L.R. II, 8, §§. 1744, 1745 schriftlich geschlossen werden, sonst hat der Schiffer nur eine Entschädigungsforderung auf das wirklich Geleistete, nach dem Gutachten der Sachverständigen.

Beispiel.

Eingang.

§. 1. Der in Bremerhafen mit seinem Schiffe „die holde Schöne" in Ladung nach Neu-York liegende Schiffskapitän Kilian Anker aus Bremen nimmt den Kaufmann Julius Tschäpmen aus Helgoland an Bord seines Schiffes zur Ueberfahrt nach Neu-York in Nordamerika, räumt ihm eine Schlafstelle sowie beliebigen Aufenthalt in seiner eigenen Kajüte während der Reise ein, und beköstigt ihn an seinem Tische von da an, wo er an Bord kommt, bis zur Landung in Neu-York.

§. 2. Der Kaufmann Tschäpmen bezahlt dagegen ein Passagegeld von 200, sage Zweihundert Dollar, und zwar die Hälfte bei seiner Ankunft an Bord, und den Rest bei seiner Landung in Neu-York. Dafür hat er zwei Centner Bagage frei; für Uebergewicht zahlt er Zwei Dollar per Centner. Er ist berechtigt, zu verlangen, daß der Kapitän Anker diejenigen Effekten, welche er ihm überliefern will, zur Aufbewahrung übernehme.

§. 3. Die Abfahrt ist auf Sonntag den funfzehnten d. M., Mittags 12 Uhr bestimmt. Der Kaufmann Tschäpmen wird mit seinen Effekten vom

Lande frei an Bord geholt, wenn er sich dazu eine halbe Stunde vorher einfindet. Er unterwirft sich von dem Augenblicke, wo er das Boot betritt, der Schiffsordnung und haftet für alle Nachtheile, welche wegen Mängel seiner Reisepapiere entstehen möchten.

§. 4. Wird die Zeit der Abfahrt nicht über eine Woche verlängert, so muß sich Herr Tschäpmen zur Entschädigung mit der freien Beköstigung und Wohnung an Bord in der bedungenen Art begnügen. Verzögert sich die Abfahrt länger, gleichviel ob durch Zufall oder Verschuldung, so ist Tschäpmen berechtigt, von diesem Vertrage zurückzutreten und vollständige Schadloshaltung zu fordern. Hierzu gehört namentlich freie Wohnung und Beköstigung im Gasthofe zum goldenen Schiffe in Bremerhafen bis dahin, wo sich eine andere Gelegenheit von hier zur Ueberfahrt nach Neu-York findet, sowie Erstattung dessen, was für solche Ueberfahrt, unter den gleichen Bedingungen, wie die hier verabredeten, über Zweihundert Dollar bezahlt werden muß.

Vollziehung.

XXXI.

Dispache[1]) über den Schaden eines von St. Domingo nach Danzig bestimmten, durch Räuber verfolgten Schiffs und Ladung.

Zu §. 444.

Danzig, den 28. Oktober 1842.

Der Schiffer N. N., welcher mit dem ihm anvertrauten Danziger Schiffe Auguste am 2. d. M. im hiesigen Hafen eingelaufen ist, hat sogleich dem hiesigen Admiralitätskollegium Anzeige von erlittener großer Haverei gemacht, und auf Ausmittelung und Vertheilung des Schadens angetragen. Die hierauf verhandelten Akten ergeben Folgendes:

Das Danziger Schiff Auguste wurde in St. Croix angenommen, um zu St. Leogane, auf St. Domingo, eine Ladung für preußische Rechnung einzunehmen. Es segelte den 15. Juni 1841 nach St. Leogane, nahm daselbst 200 Oxhoft Zucker und 1000 Säcke Kaffee ein, und segelte am 2. Juli bei hellem Wetter mit günstigem Winde ab. Den 7. September wurde es von einem Seeräuberschiffe angerufen, und da der Schiffer willens war, den Versuch zu machen, dem Räuber zu entgehen, und der gehaltene Schiffsrath ihm beistimmte, so wurden alle Segel beigesetzt, und das Schiff geprangt. Nach einer Stunde bemerkte man, daß der Seeräuber sich nähere, und es wurde durch gehaltenen Schiffsrath beschlossen, die Anstrengung zu vermehren und

1) Vergleiche die von Benecke im System des Assekuranz- und Bodmereiwesens Bd. IV, S. 219 ff. mitgetheilten Auszüge aus Dispachen. — Das Verfahren schreibt der Art. 57 des Einführungsgesetzbuches zum Handelsgesetzbuch, vom 24. Juni 1861 (G.S. S. 449) vor.

das Schiff zu erleichtern. In Folge dieses Beschlusses wurden 400 Säcke Kaffee C. C. et Comp. geworfen, wodurch die Schnelligkeit des Schiffes so gesteigert wurde, daß die Entfernung zwischen ihm und dem Räuber wieder zunahm. Nach dreiviertelstündigem Hartsegeln brach ein heftiger Windstoß den Besanmast in zwei Stücke und warf ihn mit Zubehör ganz über Bord, und man mußte, um frei zu werden, das Zeug und Tauwerk wegkappen, wodurch die stehende und laufende Takelage des Schiffes, die Wandten nebst den daran befestigten abgebrochenen Enden, mit Segel und Blockwerke fast unbrauchbar wurden. Der Seeräuber war in diesem Augenblicke dem bloßen Auge nicht mehr sichtbar, und man setzte alle Kräfte daran, einen Nothmast zu machen, wozu ein Giek und viele Segel und Tauwerk zerschnitten wurden. Nach einer halben Stunde kam der Seeräuber wieder in Sicht, wenige Augenblicke darauf aber erschien am fast entgegengesetzten Horizont ein Schiff, auf welches man nun den Kurs richtete. Bald erkannte man daran ein englisches Kriegsschiff, bei dessen Ansicht der Seeräuber flüchtete. Die „Auguste" segelte nun mit Hülfe des zu Stande gebrachten Nothmastes nach Port Royal auf Jamaika, wo sie am folgenden Tage eintraf. Das Schiff war so beschädigt, daß es auch nach Erneuerung des Besanmastes die Reise nicht hätte fortsetzen können; man mußte die Ladung löschen und das Schiff wurde gekielholt und kalvatert. Der Schiffer konnte nur einen kleinen Theil der nöthigen Geldmittel durch Anleihe aufbringen und sein Gesuch, von der Ladung so viel als möglich zu verkaufen, wurde ihm zugestanden. In Folge dessen wurden 200 Säcke Kaffee und 15 Oxhofte beschädigter Zucker verkauft, der übrige Theil der Ladung aber wurde wieder an Bord gebracht, mit Ausnahme von 6 Sack Kaffee, welche fehlten und vermuthlich gestohlen worden waren, da die Ladung im Freien hatte liegen müssen. Den 8. Juli d. J. segelte das Schiff von Jamaika ab und erreichte am 2. Oktober seinen Bestimmungsort.

Berechnung der Kosten in Jamaika.

Die in Jamaika durch den Schiffer bezahlten Kosten sind folgende:

1) Löschungs- und Einladungskosten nebst Provision . . .	3100 Thlr.
2) Rechnung des Schiffers	600 „
3) Heuer für den Aufenthalt vom 8. September v. J. bis zum 8. Juli d. J., laut Musterrolle monatlich 400 Thlr., welches auf 6 Monate beträgt	2400 „
4) Kostgeld für dieselbe Zeit, dem Schiffer 10 Sgr., dem Matrosen 5 Sgr. täglich, macht	650 „
5) Gerichtskosten	50 „
Zusammen	6800 Thlr.

Die Anschaffung dieser Gelder in Jamaika hat Folgendes gekostet:

1) Der Schiffer hat in Port Royal einen Vorschuß von 2500 Thlr. erhalten, wofür
   a) die Provision, Zinsen und Kosten der Remesse und Assekuranzcourtage . . . . 180 Thlr.
   betrugen und
   b) 3000 Thlr. Havereigelder versichert wurden zu 10 Prozent, macht . . . . 300 =

2) In Port Royal sind zur Anschaffung der Geldmittel von der Ladung 200 Säcke Kaffee verkauft, welche in Danzig gewogen haben würden netto 21000 Pfd. und dort à 6 Sgr. für . . . . 4200 Thlr.
   hätten verkauft werden können. Davon ab auf Kosten, welche in Danzig hätten bezahlt werden müssen für Zoll, Aufbringungen, Arbeitslohn, Courtage ꝛc. . . . . . . 200 =
   Bleiben . . . . 4000 Thlr.
   In Port Royal ist der Kaffee verkauft worden für . . . . 2800 =
   mithin ist der Schaden durch den Verkauf . . . . . 1200 =

3) Ferner sind von der Ladung 15 Oxhofte beschädigter Zucker verkauft, welche laut Faktura 700 Arroben gewogen haben. Unbeschädigt würden sie in Jamaika für . 2415 Thlr.
   verkauft worden sein; beschädigt sind sie verkauft für brutto . . . . 1610 =
   also sind durch die Beschädigung . . . 805 Thlr.
   oder $\frac{1}{3}$ des Werthes verloren. Von den eingenommenen . . . . 1610 Thlr.
   sind auf Kosten abgegangen . . . . . . 50 =
   so daß der reine Ertrag . . . . 1560 Thlr.
   gewesen ist.

   Wäre dieser Zucker unbeschädigt nach Danzig gekommen, so würde er dort netto 25000 Pfd. gewogen haben und hätte verkauft werden können à Pfd. 5 Sgr. für . . . . . 4166$\frac{2}{3}$ Thlr.
   Davon ab für Kosten . . . . 166$\frac{2}{3}$ =
   Bleiben . . . . 4000 Thlr.
   davon $\frac{2}{3}$, weil $\frac{1}{3}$ durch Beschädigung verloren gegangen . . . . 2666$\frac{2}{3}$ =
   Hiervon den reinen Erlös des Verkaufs in Port Royal mit . . . . 1560 =

Uebertrag 1680 Thlr.

Uebertrag 1680 Thlr.

abgezogen, ergiebt einen durch den Verkauf entstandenen Schaden von . . . . $1106\frac{2}{3}$ =

Die Anschaffungskosten von . . . . . 6860 Thlr.

betragen also . . . . $2786\frac{2}{3}$ Thlr.

oder für jedes Hundert $40\frac{2}{3}$ Thlr.

Berechnung der großen Haverei.

I. Berechnung des Schadens.

1) Von den in Port Royal entstandenen Kosten gehören hierher die Kosten für die Ausbesserung derjenigen Beschädigungen am Schiffe, welche durch das Prangen entstanden sind; und diese betragen nach der Spezialrechnung	400 Thlr.		
2) Löschungs- und Einladungskosten . . .	3100 =		
3) Heuer	1500 =		
4) Kostgeld	400 =		
5) Gerichtskosten	50 =		
Zusammen	5450 Thlr.		
6) Kosten für Anschaffung dieser Summe, à 40 Thlr. 20 Sgr. Prozent	2216 Thlr.	10 Sgr.	
7) Werth der geworfenen 400 Sack Kaffee .	8133 =	— =	
8) Kosten	200 =	20 =	
Zusammen	16000 Thlr.	— Sgr.	

II. Berechnung des beitragspflichtigen Kapitals.

1) Werth des Schiffes nach überstandener Gefahr bei seiner Ankunft in Port Royal, laut Taxe			6000 Thlr.
2) Werth der Ladung, und zwar:			
a) der geretteten Waaren nach dem Marktpreise in Danzig bei der Ankunft des Schiffes, laut spezieller Schätzung, nach Abzug der kleinen Haverei, der Ausladungskosten und anderer Ungelder	56000 Thlr.		
b) der geworfenen 400 Säcke Kaffee nach demselben Preise	8133 =		
c) der beschädigten 15 Oxhofte Zucker, nach dem Erlöse durch den Verkauf in Jamaika	1560 =		
			65693 =
3) Die Fracht nach Abzug der noch rückständigen Volksheuer			8307 =
		In Summa	80000 Thlr.

III. Vertheilung des Schadens.

Der auf 16000 Thlr. ausgemittelte Schaden, auf 80000 Thlr. vertheilt, giebt für jedes Hundert 20 Thlr.

Demzufolge verurtheilt das Admiralitätskollegium den Rheder (Schiffer) und die Einlader, den auf 16000 Thlr. festgesetzten Betrag der Schäden und Kosten den Beschädigten zu ersetzen, und zwar wie folgt:

I. Die Rheder (den Schiffer)

1) von 6000 Thlr. Schiffswerth zu 1200 Thlr. — Sgr.

2) von 8307 Thlr. Fracht zu . . 1661 = 12 =

Zusammen 2861 Thlr. 12 Sgr.;

II. Die Einlader, und zwar:

(Hier folgt die weitere Vertheilung.)

So geschehen, Danzig, wie oben.

Unterschriften.

XXXII.
Bodmerei-Urkunden.

Zu §. 447.

1. Verklarung.

In den vorhergegangenen Ausgaben heißt diese Urkunde „Seeprotest". Dieser war eine Art von Verklarung und als ein Erforderniß zur Feststellung der Nothwendigkeit der Bodmerei in dem Seerechte des Allg. Landrechts vorgeschrieben. Hierüber herrschen nämlich in den verschiedenen Seerechten verschiedene Weisen. Nach einigen soll die Feststellung schon vor Eingehung des Geschäfts, nach anderen kann solche erst im Wege des gewöhnlichen Beweisverfahrens, wenn es zu einem Prozesse über das Geschäft kommen sollte, geschehen. Zu den Seerechten des ersten Systems gehörte das landrechtliche. In älteren Seerechten dieses Systems war behufs Feststellung der Nothwendigkeit die Zuziehung des Schiffsraths vorgeschrieben. Diese ist außer Gebrauch gekommen und an deren Stelle ist in neueren Seerechten dieser Kategorie ein anderes Verfahren vorgeschrieben. Das A. L.R. bestimmte, der Schiffer müsse sich, wenn er Bodmerei nehmen wolle, an das Seegericht wenden, dort die Umstände, welche ihn in Verlegenheit setzten, vortragen und mit dem Steuermanne und zweien Schiffsleuten beschwören, ein Instrument darüber errichten lassen, somit eine Art Verklarung ablegen; im Unterlassungsfalle aber die Nothwendigkeit des eingegangenen Geschäftes, dem Rheder und Befrachter gegenüber, vollständig beweisen (§§. 1502, 1503). Dieses Instrument wird Seeprotest oder Verklarung genannt. (Benecke, Assekuranz- und Bodmereiwesen, Bd. IV, S. 356.) In anderen Gesetzgebungen findet sich dieses Verklarungssystem zwar gleichfalls, aber überdies ist die Einholung einer behördlichen Autorisation zur Eingehung des betreffenden Geschäfts vorgeschrieben, wie zum Beispiel im französischen, spanischen und holländischen Seerecht. Das englische und amerikanische enthalten solche Vorschriften nicht und auch in den norddeutschen Seestaaten sind dergleichen Formvorschriften nicht überall in Uebung gewesen, auch in dem „königl. preußischen Seerechte" von 1727 fehlen solche. Der preußische Entwurf zum Handelsgesetzbuch war bei dem Verklarungssystem stehen geblieben. In der Hamburger Versammlung sprach die Mehrzahl sich jedoch gegen die Aufnahme derartiger Bestimmungen aus und schließlich wurde die allgemeine Frage: ob Formvorschriften über die Feststellung der Nothwendigkeit der Bodmerei in das Gesetz aufzunehmen seien, verneint. (Prot. S. 1898—1901.) Die Nothwendigkeitsfrage ist darnach nur zwischen Schiffer und Rheder eine offene; es ist Sache des Schiffers, sich mit den erforderlichen Beweismitteln zu versehen; gelingt ihm der Beweis der Nothwendigkeit nicht, so muß er auf die Grundsätze der Geschäftsführung ohne Auftrag zurückgehen. Die Gültigkeit des Rechtsgeschäfts ist von der vorgängigen Ablegung der Verklarung nicht mehr abhängig, der s. g. Seeprotest gehört somit nicht mehr zu den Bodmerei-Urkunden; indeß scheint mir dieser Umstand kein zureichender Grund zu sein, der „Verklarung", welche der Schiffer über alle Unfälle abzulegen hat, eine andere Stelle anzuweisen.

Beispiel.

Verhandelt im Handelsgerichte zu N. den u. s. w.

Der am 1sten d. M. mit dem Barkschiffe „Seeschlange" im hiesigen Hafen eingelaufene Schiffskapitän Purmuchel hat unter Vorlegung seines Journals und eines Verzeichnisses aller Personen der Schiffsbesatzung sogleich nach dem Einlaufen bei dem hiesigen Handelsgerichte Verklarung angemeldet und es ist zur Aufnahme derselben vor dem unterzeichneten Richter-Kommissar auf heute Termin angesetzt worden, welcher dem genannten Schiffskapitän mit der Auflage bekannt gemacht worden ist, in demselben sich selbst, den Steuermann, den Maschinisten und drei Schiffsleute zu gestellen; auch ist dieser Termin in der hier üblichen Weise durch Aushang im Seemannshause und Einrückung im Tages-Anzeiger öffentlich bekannt gemacht worden. Es fanden sich ein:

1. der Kapitän Ephraim Purmuchel aus Danzig,
2. der Steuermann Lebrecht Pinne aus Lübeck,
3. der Maschinist Benjamin Schraube aus Hamburg,
4. der Matrose Jonathan Spille aus Wismar,
5. der Matrose Cajetan Rahe aus Altona.

Außerdem erschienen als Betheiligte

6. der Rheder Ignatz Wal aus Arkona und
7. der Kaufmann Spitzohr aus Stettin, Befrachter der Seeschlange.

Die zuerst genannten fünf Personen wurden darauf aufmerksam gemacht, daß es ihre Pflicht sei, ohne alle Nebenrücksichten die lautere und die ganze Wahrheit über Alles, worüber sie würden befragt werden, nach bestem Wissen gewissenhaft auszusagen, und daß sie, nach Ablegung ihrer Aussage, zu schwören hätten, von Allem, worüber sie vernommen worden, nach ihrem besten Wissen die reine Wahrheit gesagt und wissentlich weder Etwas verschwiegen noch hinzugesetzt zu haben; daß sich dies auch auf die allgemeinen Fragen, welche über ihre persönlichen Verhältnisse würden an sie gerichtet werden, beziehe.

Nach dieser Vorbereitung wurden die genannten Schiffsleute jeder einzeln in Abwesenheit der Uebrigen, auf Grundlage des Journals, in Gegenwart der beiden Betheiligten, wie folgt vernommen:

(Hier folgen die einzelnen Aussagen und Fragstellungen nach Art der Zeugenvernehmungen.)

Hierauf wurden alle Fünf vorgelassen, an die Heiligkeit und Wichtigkeit des Eides und die Folgen des Meineides durch Vorlesung der Vorhaltung bei Zeugeneiden erinnert, und, nachdem jeder Einzelne erklärt hatte, daß er bei seiner Aussage stehen bleibe, mit dem in der Verordnung vom 28. Juni 1844 vorgeschriebenen Zeugeneid, welchen Jeder nach den Gebräuchen seiner Kirche körperlich ableistete, belegt.

Jeder der beiden Betheiligten verlangt eine beglaubigte Abschrift der Verhandlung. Vollziehung.

2. Bodmerei-Brief.

Die schriftliche Form genügt, die Unterschrift des Schiffers muß jedoch auf Verlangen beglaubigt werden. H. G.B. Art. 684.

a) Muster einer Verbodmung des Schiffes.

Ich Absalon Purmuchel, Schiffer des Schiffes „die Seeschlange" genannt, aus Arkona, welches jetzt am Zwölften Mai des Jahres Eintausend Achthundert Sechs und Vierzig hier im Hafen von Kopenhagen segelfertig vor Anker liegt, um mit dem ersten guten Winde nach Stockton in England zu segeln, woselbst meine rechte Löschung sein wird, bekenne durch diesen Bodmereibrief, von dem Herrn N., Großhändler zu Kopenhagen, nachdem ich darlehnsweise kein Geld zur Fortsetzung der Reise habe erhalten können, die Summe von .... Thalern zur Bestreitung der Kosten für die Reise von hier direkt nach Stockton in England, auf das obenbezeichnete Schiff, nach Bodmereirecht und auf die rechte Seeavanture, bis Vier und Zwanzig Stunden, nachdem ich auf der Rhede oder im Hafen von Stockton Anker geworfen haben werde, empfangen zu haben. Ich verspreche, die gedachte Summe und die bedungene Prämie für die übernommene Seegefahr von .... Thalern, zusammen .... Thalern, oder so viel das Schiff bei Ablauf der vorhin bestimmten Zeit weniger werth sein wird, an den gedachten Herrn N. oder dessen Ordre, binnen vier und zwanzig Stunden nach der Löschung, im Orte Stockton zu bezahlen, und verschreibe zur Versicherung dessen mein oben bezeichnetes Schiff nebst Zubehör nach Bodmereirecht.

Ich, der Großhändler N., genehmige diese Verschreibung und übernehme die bezeichnete Seegefahr.

Der gegenwärtige Bodmereibrief ist dreifach ausgefertigt, ein Exemplar ist dem Bodmeristen Herrn N. ausgehändigt, das andere ist für den Rheder,

Herrn N. zu Arkona, bestimmt, und das dritte verbleibt in des Bodmereinehmers Händen.

So geschehen zu Kopenhagen zur oben bezeichneten Zeit.

Absalon Purmuchel,
Schiffer des Schiffes „die Seeschlange" aus Arkona.
N., Großhändler.

b) Muster einer Waarenverbodmung.

Ich N. N., Schiffer des Schiffes, „die Seeschlange" genannt, aus Arkona, bekenne, von Herrn N., wohnhaft zu N., nachdem ich in den Nothfall gekommen, die ganze Ladung wegen inneren Verderbs zu löschen und beziehungsweise umzustauen, und keine Gelegenheit zur darlehnsweisen Erwerbung der hierzu erforderlichen Gelder gefunden habe, die Summe von .... Thalern, nach Bodmereirecht auf rechte Seeavanture, gegen Verbodmung nachbenannter, auf dem gedachten Schiffe, welches gegenwärtig im Hafen segelfertig liegt, um mit erstem guten Winde nach Stockton in England zu segeln, wo die rechte Löschung sein soll, verladener Waaren:

(folgt das Verzeichniß der Güter)

empfangen zu haben. Indem ich diese Güter dem gedachten Herrn N. für Kapital und Aufgeld nach Bodmereirecht verschreibe, verspreche ich, die empfangene Summe nebst .... Prozent Aufgeld für die Seegefahr, welche auf der Reise von hier nach Stockton in England von heute an bis nach Ablauf von acht Tagen nach der Landung im Hafen oder auf der Rhede von Stockton von dem Herrn Bodmeristen übernommen worden, zusammen .... Thaler, welche, insofern die verbodmeten Güter bei Ablauf der Zeit, auf welche die Seegefahr dafür übernommen ist, so viel werth sein werden, an den Herrn N. oder dessen Ordre, binnen vierzehn Tagen nach guter Ueberkunft der Güter zu Stockton ebendaselbst zu bezahlen. Zur Versicherung des Bodmeristen ist diese Bodmerei auf dem in meinen Händen befindlichen Konnoissemente vermerkt, an dasselbe ein Exemplar dieses Bodmereibriefes angeheftet und diese Urkunde, nach vorheriger Vollziehung, dem Bodmereigeber, Herrn N., ausgehändigt worden. Außerdem sind noch zwei Exemplare des Bodmereibriefes ausgefertigt, wovon das eine an den Befrachter und Eigenthümer der Waaren, N. zu N., versendet wird, und das andere in meinen Händen bleibt.

Ich, der Bodmereigeber N., bin hiermit einverstanden und habe die bezeichnete Seegefahr übernommen.

So geschehen zu N., den u. s. w.

Unterschriften.

C. Urkunden bezüglich auf Obligationen.

XXXIII.

Stundungs-Vertrag.

Zu §. 482.

Eingang, wonach A. und B. erscheinen und erklären:

Der Gutsbesitzer A. ist dem Rentner B. Eintausend Thaler aus einem

Darlehn schuldig, zu deren Bezahlung er durch das rechtskräftige Erkenntniß vom 1. Mai v. J. verurtheilt worden ist. Zur Befolgung dieses Erkenntnisses giebt Herr B. dem Herrn A. hiermit Nachsicht bis zum Ersten Dezember dieses Jahres, dergestalt, daß die Verjährungsfrist in Betreff der exekutorischen Kraft des Erkenntnisses erst von dem Ersten Dezember an gerechnet werden soll.

Der Gutsbesitzer A. nimmt diese Stundung dankend an, und bittet:

das Protokoll für jeden Theil auszufertigen.

Schluß und Vollziehung.

XXXIII a.

Akkord mit Konkursgläubigern.

Zu §. 505 u. Konk.-Ordn. §§. 183, 184.

Der Akkord must gerichtlich geschlossen werden und bedarf der gerichtlichen Bestätigung.

Kreisgericht N., den u. s. w.

In der Gutmacher'schen Konkurssache hat der Gemeinschuldner einen Akkord vorgeschlagen, und es ist, nachdem sämmtliche angemeldete Forderungen richtig festgestellt worden sind, auf heute ein Termin zur Verhandlung und Beschlußfassung über den Akkord angesetzt worden, welcher nach der Vorschrift öffentlich bekannt gemacht, sowie dem Gemeinschuldner, dem Verwalter der Masse und allen Gläubigern angezeigt worden ist. Der Staatsanwalt ist von dem Termine besonders in Kenntniß gesetzt.

Es waren erschienen:

I. der Gemeinschuldner Kaufmann Gutmacher, in Begleitung des Bankiers Leerbeutel von hier, der dem unterzeichneten Kommissar persönlich bekannt ist;

II. der Verwalter der Masse, Herr Rechtsanwalt Scharf;

III. der Staatsanwalt Herr Faßmann;

IV. von den Gläubigern

(folgt deren Verzeichniß nach Namen, Stand und Wohnort)

sämmtlich stimmberechtigt.

Der Kommissarius trug die Lage der Sache vor, insbesondere legte er den beiliegenden Stand der Aktivmasse vor, wonach der gegenwärtige, aus dem Verkaufe des Mobiliars und der Waarenvorräthe herrührende, baare Bestand 1500 Thlr. beträgt, ein Haus, am Marktplatze hierselbst belegen, auf 7000 Thlr. taxirt, aber mit 4000 Thlrn. Hypotheken belastet, vorhanden ist, und 5000 Thlr. unsichere Forderungen, in 800 einzelnen kleinen Posten von 1 bis 10 Thlrn., ausstehen, deren Verzeichniß durchgenommen wurde. Der Nominalbetrag stellt sich hiernach, wenn von dem Hause nach Abzug der Hypotheken 3000 Thlr. eingehen, auf 9500 Thlr. Die Passivmasse beträgt nach der durchgenommenen tabellarischen Nachweisung 20000 Thlr.

Die Ergebnisse, welche von einer Fortsetzung des Konkurses im Allgemeinen zu erwarten sein möchten, lassen sich bei der großen Menge kleiner, großentheils zweifelhafter und unsicherer Forderungen nicht als günstig bezeichnen, und es ist, nach Abzug der wachsenden Kosten, kaum auf 30 Prozent Dividende mit Sicherheit zu rechnen.

Der Verwalter der Masse äußert sich mit dem Vortrage des Kommissars über die Lage der Sache einverstanden und hebt hervor, daß der Werth des größten Theils der Aktivmasse, nämlich der ausstehenden Forderungen, sich gar nicht, auch nicht annähernd, schätzen lasse. Die Einklagung und der Versuch der Eintreibung der vielen kleinen Posten könne von der Verwaltung nicht unternommen werden, weil die Kosten wegen der Zweifelhaftigkeit vieler Forderungen und wegen der Unsicherheit der meisten Schuldner vielleicht mehr betragen könten, als der erzielte Erfolg. Deshalb würde nur der Verkauf sämmtlicher Forderungen als einziges Mittel, daraus etwas zu gewinnen, übrig bleiben, und welchen Erfolg der Versuch haben würde, lasse sich nicht voraussehen. Deshalb könne auf die Außenstände wenig gerechnet werden.

Den Gläubigern wurde noch mitgetheilt, daß der Gemeinschuldner wegen einfachen Bankerutts in Untersuchung sei. Dies veranlaßte den Herrn Staatsanwalt, im Allgemeinen vorzutragen, daß die stattgehabten Ermittelungen noch nicht zu einem bestimmten Ergebnisse geführt hätten, die Lage der Sache jedoch so sei, daß diese Untersuchung der Beschlußfassung über den Akkord nicht entgegenstehe.

Hierauf macht der Gemeinschuldner folgende

Akkordvorschläge:

1) Der Gemeinschuldner übernimmt sämmtliche Kommunkosten.

2) Er zahlt sämmtlichen Gläubigern, deren Forderungen weder mit einem Hypothekenrechte, Pfandrechte oder anderen Absonderungsrechte, noch auch mit einem Vorzugsrechte versehen sind, mögen sie sich bereits gemeldet haben oder später noch melden, Drei und dreißig Ein Drittel Prozent des bereits als richtig festgestellten oder noch festzustellenden Betrages ihrer Forderungen, vier Wochen nach der rechtskräftigen Bestätigung des Akkords.

   Das Gleiche gilt von solchen Forderungen, welche durch ein Hypothekenrecht, ein Pfandrecht oder ein anderes Absonderungsrecht gesichert sind, insoweit dieselben durch die zu ihrer abgesonderten Befriedigung dienenden Gegenstände nicht gedeckt werden und der Gemeinschuldner persönlich dafür zu haften hat.

3) Die Forderungen der Massegläubiger und diejenigen Forderungen, für welche ein Vorzugsrecht geltend gemacht und festgestellt wird, werden durch diesen Akkord nicht berührt.

4) Der Akkord befreit den Gemeinschuldner von der Verpflichtung, den Ausfall zu ersetzen, nicht vollständig, vielmehr wird der Gemeinschuldner

gehalten bleiben, bei verbesserten Umständen noch Drei und dreißig Ein Drittel Prozent nachzuzahlen.

5) Hiergegen erhält der Gemeinschuldner das Verwaltungs- und Verfügungsrecht über sein Vermögen zurück, vorbehaltlich der zur Sicherung der Erfüllung der akkordmäßigen Verpflichtungen zu treffenden Maßregeln.

Zur Befriedigung der Massegläubiger und der bevorzugten Gläubiger soll der Verwalter der Masse den vorhandenen Depositalbestand, soweit er dazu erforderlich ist, verwenden.

6) Zur Sicherung der Erfüllung der akkordmäßigen Verpflichtungen wird die selbstschuldnerische Bürgschaft des anwesenden Bankiers Leerbeutel und die Eintragung auf das zur Masse gehörige Haus angeboten.

Das bis hierher vorgeschrittene Protokoll wurde den Anwesenden vorgelesen, besonders wurden die Vorschläge zum Akkorde mit den Interessenten durchgegangen, erörtert und berathen. In der Diskussion wurde von einer Seite besonders betont, daß die Zumuthung des Gemeinschuldners an die Gläubiger, daß sie Ein Drittel ihrer Forderungen ganz verlieren sollten, zu groß sei, und der Gemeinschuldner, wenn er wirklich wieder in bessere Umstände komme, was man mit großer Wahrscheinlichkeit zu vermuthen Grund habe, ebenso gut das dritte Drittel nach und nach bezahlen könne, wie er das zweite Drittel auf solchen Fall angeboten habe.

Als nach geschlossener Diskussion zur Abstimmung geschritten werden sollte, entfernten sich mehrere Gläubiger. Anwesend blieben folgende Gläubiger mit den ihren Namen auf Grund der tabellarischen Nachweisung beigefügten, zum Mitstimmen berechtigenden Forderungen:

1)	der	Herr	A.	mit einer	Forderung	von	. 2500	Thlrn.
2)	"	"	B.	"	"	"	. 500	"
3)	"	"	C.	"	"	"	. 200	"
4)	"	"	D.	"	"	"	. 300	"
5)	"	"	E.	"	"	"	. 1000	"
6)	"	"	F.	"	"	"	. 400	"
7)	"	"	G.	"	"	"	. 150	"
8)	"	"	H.	"	"	"	. 50	"
9)	"	"	J.	"	"	"	. 100	"
10)	"	"	K.	"	"	"	. 600	"
11)	"	"	L.	"	"	"	. 1400	"
12)	"	"	M.	"	"	"	. 3200	"
13)	"	"	N.	"	"	"	. 1600	"

Summa aller zum Mitstimmen berechtigenden Forderungen 12000 Thlr.

Nachdem die Akkordvorschläge, wie sie vorhin von Nr. 1 bis 6 aufgestellt worden sind, nochmals vorgelesen worden waren, wurde die Frage

Werden diese Akkordvorschläge angenommen?

zur Abstimmung mit Ja oder Nein gestellt. Es stimmten

I. mit Ja:

1)	Herr	A.	wegen	seiner	Forderung	von .	2500	Thlrn.
2)	=	E.	=	=	=	= .	1000	=
2)	=	G.	=	=	=	= .	150	=
4)	=	K.	=	=	=	= .	600	=
5)	=	L.	=	=	=	= .	1400	=
6)	=	M.	=	=	=	= .	3200	=
7)	=	N.	=	=	=	= .	1600	=
	Sieben mit					. . . .	10450	Thlrn.

II. mit Nein:

1)	Herr	B.	wegen	seiner	Forderung	von .	500	Thlrn.
2)	=	C.	=	=	=	= .	200	=
3)	=	D.	=	=	=	= .	300	=
4)	=	F.	=	=	=	= .	400	=
5)	=	H.	=	=	=	= .	50	=
6)	=	J.	=	=	=	= .	100	=
	Sechs mit					. . . .	1550	Thlrn.

Hiernach hat mithin die Mehrzahl der anwesenden stimmberechtigten Gläubiger für die Vorschläge gestimmt und die Gesammtsumme der ihnen zustehenden Forderungen beträgt mehr als drei Viertheile der Gesammtsumme aller zum Mitstimmen berechtigenden Forderungen. Der Akkord ist also als geschlossen anzusehen.

Nun erklärte der Bankier Herr Joel Leerbeutel auf Verlangen des Gemeinschuldners:

Ich trete zur Sicherung der Erfüllung der von dem Gemeinschuldner in dem vorstehenden Akkorde übernommenen Verpflichtungen, die ich aus der wiederholten Vorlesung genau kenne, für den Gemeinschuldner als Bürge, und zwar als selbstschuldnerischer Bürge, unter Entsagung der Rechtswohlthat der vorgängigen Exekution gegen den Gemeinschuldner oder in die von ihm noch zu bestellende Hypothek, hiermit ein und unterwerfe mich, gleich dem Hauptschuldner, der gesetzlich zulässigen Exekution.

Diese Bürgschaftsleistung acceptiren die Gläubiger.

Sodann erklärte der Gemeinschuldner:

Für die sichere Erfüllung der von mir in dem vorstehenden Akkorde übernommenen Verpflichtungen bestelle ich den Gläubigern auf den Betrag von 5000 Thlrn., schreibe Fünftausend Thalern, hierdurch Hypothek mit meinem hierselbst am Marktplatze belegenen, im Hypothekenbuche der Stadt Vol. V, fol. 105 verzeichneten Hause No. 7. Diese Hypothek bezieht sich auch auf das zweite Drittel der Forderungen, welches ich zu zahlen versprochen habe, wenn ich zu besseren Vermögensumständen gelangt sein werde, worüber zu seiner Zeit der Richter zu befinden haben wird. Wenn vorher die nothwen=

dige Subhastation ausgebracht wird, so tritt das zu einer Spezialmasse zu nehmende Perzipiendum, welches auf diese Hypothek entfällt, in die Stelle derselben, bis die Frage: ob die Voraussetzung der Zahlung eingetreten, zum Austrage gebracht sein wird.

Die Gläubiger acceptiren diese Hypothekbestellung, bitten um Eintragung, verzichten jedoch auf die Ausfertigung eines Hypothekeninstrumentes.

Schluß und Vollziehung.

XXXIII b.

Cession.

Zu §§. 525, 530.

1. Cession einer Hypothekenforderung.

Neisse, am dritten September Eintausend Achthundert Zwei und Vierzig.

Vor dem Königl. Kreis-Justizrathe, Neisser Kreises, und dessen Aktuarius erschien der Königl. Hauptmann a. D., Herr Arnold Muthig, wohnhaft hierselbst, nach Namen, Stand und Wohnort bekannt und geschäftsfähig, und erklärte:

Auf dem Rittergute Ohnewerth stehen für mich aus der Darlehns- und Hypothekenverschreibung des Eduard Großheim, Rubr. III, Nr 4, Zweitausend Thaler, zu Fünf Prozent verzinslich, eingetragen. Diese Forderung nebst Zinsen seit Johannis dieses Jahres cedire ich dem Geldwechsler Aaron Wucherer hierselbst, so daß derselbe dieses Forderungsrecht von nun als das Seinige auszuüben befugt sein soll. Den Werth habe ich, der Verabredung gemäß, baar bezahlt erhalten.

Vorgelesen, genehmigt und vollzogen.

Arnold Muthig.

a. u. s.

K. H.

Anmerkungen.

1) Die Einwilligung des Cedenten in die Eintragung der Cession ist nicht erforderlich.

2) Das Bekenntniß des Empfanges der Valuta ist auch kein wesentliches Erforderniß der Cession. (8. A.) Wird die Zahlung, wenn auch in einer bestimmten Summe, versprochen, so muß zu dem Cessions-Instrumente, außer dem Cessionsstempel, doch nicht auch noch ein besonderer Stempel zu ein zwölftel Prozent von jenem Betrage, nach der Tarifposition „Schuldverschreibungen" verwendet werden. Erk. des Obertr. vom 1. Dezember 1865. (Entsch. Bd. LVI. S. 425.)

3) Die Ausfertigung wird nicht mehr mit dem Schuldinstrumente verbunden. G. v. 24. Mai 1853, § 9.

2. Partial-Cession.

Diese besteht aus drei Stücken: aus dem Protokolle über die Cession, aus der Ausfertigung des Zweiginstruments, und aus dem Vermerke auf dem Originalinstrumente.

a) Protokoll.

N., den u. s. w.

Vor dem ꝛc. erschien der Königl. Hauptmann a. D., Herr Wilhelm Tapfer, hierselbst wohnhaft, nach Namen, Stand und Wohnort bekannt, auch dispositionsfähig befunden, und erklärte:

Auf dem Rittergute Kornwald stehen für mich Rubr. III, Nr. 3 Zehntausend Thaler rückständige Kaufgelder, zu Fünf Prozent verzinslich, aus dem Kontrakte vom 18. Oktober 1840 eingetragen. Davon cedire ich, mit dem Vorzuge vor dem Ueberrest, die Summe von Achttausend Thalern, nebst Zinsen seit dem 24. Juni d. J., dem Kaufmanne George Gablonski zu Breslau, dergestalt, daß derselbe das abgetretene Theilforderungsrecht von nun an als das Seinige auszuüben befugt sein soll. Den verabredeten Preis habe ich baar erhalten.

Gelesen, genehmigt und vollzogen.
Wilhelm Tapfer.
a. u. s.
K. H.

b) Ausfertigung des Zweiginstruments.

Nachstehende Abschrift:

(Hier folgt die Abschrift des Original-Hypothekeninstruments wörtlich, von Anfang bis zu Ende.)

ist mit dem vorgelegten Originale wörtlich gleichlautend und zu dem Zwecke gefertigt worden, um als ein selbstständiges Dokument für den Kaufmann George Gablonski zu Breslau, über die ihm von der Hypothekenforderung von Zehntausend Thalern, worüber das Original lautet, cedirten Achttausend Thaler mit dem Vorzuge vor dem Reste, nebst Zinsen seit dem 24. Juni d. J., zu dienen, so daß das in den Händen des Cedenten, des Hauptmanns a. D. N. zu Neisse, verbliebene Originalinstrument nur noch über Zweitausend Thaler gültig ist.

Neisse, den 3. September 1842.

L. S.
Königl. Kreis-Justizrath für den Neisser Kreis.
Unterschrift.

(Unmittelbar hinter diesem Atteste folgte sonst die Ausfertigung der Cession, wovon wenigstens die Anfangsworte auf dieselbe Seite zu schreiben waren; seit dem Ges. v. 24. Mai 1853, §. 9 wird die Cession mit dem Schuldinstrumente nicht mehr verbunden.)

c) Vermerk.

Auf dem Originalinstrumente, unmittelbar hinter der Kontraktsausfertigung (nicht hinter dem Hypothekenscheine), anzufangen.

Von den aus dem vorstehenden Instrumente dem Hauptmanne a. D. N. zustehenden Zehntausend Thalern rückständigen Kaufgeldern hat derselbe Achttausend Thaler mit dem Vorzuge vor dem Reste, nebst Zinsen seit dem 24.

Juni 1842, dem Kaufmanne George Gablonski zu Breslau, laut Urkunde von heute, cedirt, und es ist für den Cessionarius darüber ein Zweiginstrument ausgefertigt worden, so daß dieses in den Händen des Cedenten verbleibende Originalinstrument nur noch über Zweitausend Thaler gültig ist.

Neisse, den 3. September 1842.

(L. S.)

Königl. Kreis-Justizrath für den Neisser Kreis.

Unterschrift.

3. Richterliches Ueberweisungsdekret*).

Von dem Königl. ꝛc. Gerichte wird dem Bürger und Sattler Samuel Frühauf hierselbst, auf seinen Antrag und in Vollziehung des rechtskräftigen Urtels in seiner Prozeßsache wider den Agenten Saul Zähe hierselbst, vom 6. April 1845, die Forderung desselben an den Ackerbauer Jörge Späte zu Veilchengrund, aus einem Lieferungsgeschäfte, im Belaufe von Eintausend Thalern mit den Wirkungen einer (freiwilligen) Cession überwiesen.

N., den u. s. w.

4. Ueberweisung an Zahlungsstatt.

Von dem ꝛc. Gerichte zu N. wird dem ꝛc. auf seinen Antrag diejenige Forderung (oder die Summe von .... Thlrn. mit dem Vorzuge vor dem Reste als ein Theil derjenigen Forderung), welche der N. N. aus einem Darlehn nach dem Schuldscheine vom .... an den .... angeblich zu fordern hat, auf seine rechtskräftige Forderung an den N. N., von .... Thlr. nebst 5 Prozent Zinsen seit dem 1. April 1845, im Wege der Exekution an Zahlungsstatt, mit den Wirkungen einer Cession, überwiesen.

N., den u. s. w.

XXXIV.
Assignation.

Zu §. 535.

Herr Peter Meppert zu Schmalsitz zahle (die mir nach dem Schuldscheine vom 6. April 1845 aus einem Darlehn schuldigen) Eintausend Thaler an Herrn Gabriel Dürftig, Handelsmann zu Schleebusch. N., den u. s. w.

Abraham Guthaber.

Anmerkung. Wenn der Assignat nicht Schuldner des Assignanten ist, so fallen die eingeklammerten Worte weg.

*) Diese Cession wird gewöhnlich so bewerkstelligt, daß der Prozeßrichter einen Dritten durch ein Dekret beauftragt, die Cessionsurkunde Namens des Exequendus zu verlautbaren, was jedoch viel umständlicher und kostspieliger ist.

XXXV.
Novationen.

1. Einfache Novation.

Zu §. 541.

Eingang.

Der Handelsmann Nikolaus Emsich soll dem Kaufmanne Anselm Gemächlich aus dem Wechsel vom 8. Januar v. J. eine seit vier Wochen fällige Schuld von Fünfhundert Thalern zahlen. Beide Theile sind darin übereingekommen, daß diese Wechselschuld in eine einfache aber verzinsliche Darlehnsschuld umgewandelt werde. Der Handelsmann Nikolaus Emsich erklärt demzufolge:

Anstatt der Fünfhundert Thaler, welche ich dem Kaufmanne Anselm Gemächlich aus dem Wechsel vom 8. Januar v. J. schuldig bin, bekenne ich mich für den Schuldner desselben wegen eines Darlehns von Fünfhundert Thalern, welche ich nach dreimonatlicher Kündigung zu bezahlen und bis dahin mit Fünf Prozent zu verzinsen verspreche. Den Werth habe ich durch Befreiung von der gedachten Wechselschuld und Zurückempfang des Wechsels vom 8. Januar 1845 erhalten.

Der Kaufmann Anselm Gemächlich acceptirt diese Erklärung und nimmt die dadurch begründete Darlehnsschuld des Nikolaus Emsich von Fünfhundert Thalern und die Zinsenverbindlichkeit an Stelle der bisherigen Wechselschuld desselben von gleichem Belaufe, aus dem zurückgegebenen Wechselbriefe vom 8. Januar 1845 an, wodurch diese Wechselschuld von selbst erloschen.

Vollziehung.

2. Delegation.

Zu §. 543.

Neisse, den Siebenzehnten Oktober Eintausend Achthundert Zwei und Vierzig.

Vor dem unterschriebenen Deputirten des Königl. Fürstenthumsgerichts hierselbst erschienen folgende, persönlich bekannte und dispositionsfähig befundene Personen:

1) der Gastwirth Herr Karl Wilhelm R. von hier,

2) die Frau v. Z., Magdalena geb. von B. aus N., im Beistande ihres Ehegatten, des Königl. Steuerinspektors von Z. zu N.

3) der Partikulier Herr August von B. hier.

Der Gastwirth Herr R. erklärte:

Ich habe von der Frau von Z. aus einem Kaufgeschäfte Fünftausend Thaler zu Fünf Prozent in halbjährigen Terminen verzinslich, und mit einjähriger Frist aufkündbar, zu fordern und bin dagegen beim Partikulier Herrn August von B. Fünftausend Thaler, ebenfalls zu

Fünf Prozent verzinslich und nach dreimonatlicher Kündigung zahlbar, schuldig; ich überweise diesem meinem Gläubiger meine bisherige Schuldnerin, die Frau v. Z., dergestalt, daß dieselbe meine Schuld an ihn auf sich nehme und dagegen von ihrer Schuld an mich befreit werde, zu welchem Ende ich dieselbe daraus hiermit entlasse.

Die Frau v. Z. erklärte mit Zustimmung ihres Ehegatten:

Ich bin hiermit einverstanden und übernehme die Schuld des Gastwirths R. an den Partikulier August von B., im Betrage von Fünftausend Thalern Erbgelder nebst Zinsen von heute ab, an Stelle der Fünftausend Thaler Kaufgelder nebst Zinsen, welche ich dem Gastwirthe R. bisher schuldig gewesen, als Selbstschuldnerin, und erkenne nun den Partikulier August von B. für meinen Gläubiger an.

Der Partikulier Herr August von B. erklärte sich hiermit zufrieden und nahm die Frau von Z. zu seiner alleinigen Schuldnerin an Stelle des Gastwirths Karl Wilhelm R. an.

Vorgelesen, genehmigt und vollzogen.

Karl Wilhelm R. Magdalena v. Z. geb. v. B.
August v. B.

a. u. s.

B.

3. Expromission.

Zu §. 544.

Die Form ist in der Regel die Schrift; wenn aber eine Frauensperson expromittiren will, muß es gerichtlich geschehen.

Muster.

N., den u. s. w.

Vor dem Königl. Kreis-Justizrathe des N.'er Kreises und dessen Aktuarius erschienen:

1) der Königl. Oberst a. D. Herr Siegfried v. Ehrenfeld,

2) der Kaufmann Herr Nathan Scheiloch, beide hierselbst wohnhaft und nach Namen, Stand und Wohnort bekannt. Der Erstere erklärte:

Mein Neffe, der Königl. Lieutenant Aeneas Thatenreich, ist dem anwesenden Kaufmanne Nathan Scheiloch aus einem Darlehn die Summe von Eintausend Thalern, zu Fünf Prozent in halbjährigen Terminen, Michaelis und Ostern, verzinslich und nach sechsmonatlicher Aufkündigung zahlbar, schuldig. Diese Schuld übernehme ich hiermit, an Stelle meines genannten Neffen, als Selbstschuldner, in der Absicht und mit der Wirkung, daß dadurch mein Neffe von dieser Schuld befreit, und ihm auch das dafür eingelegte Pfand, bestehend in einer Lebensversicherung der Berliner Lebensversicherungsgesellschaft über 2000 Thlr., zurückgegeben werde.

Der Kaufmann Nathan Scheiloch acceptirte diese Erklärung, nahm den Herrn Oberst von Ehrenfeld zu seinem alleinigen Schuldner hinsichtlich der bezeichneten Darlehnsschuld von 1000 Thlrn. nebst Zinsen an, bewilligte und erklärte die Entlassung des ersten Schuldners*), versprach demselben das gedachte Pfand zurückzugeben, und händigte seinem neuen Schuldner den Schuldschein seines alten Schuldners, d. d. N., den ... über 1000 Thlr., aus.

Vorgelesen, genehmigt und vollzogen.

v. Ehrenfeld. Nathan Scheiloch.

a. u. s.

K. H.

XXXVI.
Wechselseitiger Dissens.
Zu §. 567.

Ist der aufzuhebende Vertrag gerichtlich geschlossen, so muß auch der Dissens gerichtlich sein.

Muster.

N., den u. s. w.

Vor ... erschienen .... und erklärten:

Zwischen uns ist unterm 6. v. M. ein gerichtlicher Kaufkontrakt über das Rittergut Faulbruch hierselbst geschlossen worden, wonach der Käufer dafür ..... Thaler bezahlen und dagegen am Ersten des künftigen Monats die Uebergabe empfangen soll. Wir sind übereingekommen, diesen Kontrakt wieder aufzuheben, heben ihn hiermit auf und erklären uns wechselseitig frei von jeder Verbindlichkeit daraus. Von keinem Theile ist darauf schon Etwas geleistet, es ist daher zwar nichts zurückzuerstatten, und wegen der Kosten, welche jeder Theil gehabt und bezahlt hat, oder noch schuldig ist, hat er an den Anderen keinen Anspruch. Indeß ist unter uns ausgemacht, daß ich, der Käufer, dem Verkäufer die Summe von Zehntausend Thalern für die Wiederaufhebung des Kaufs zahle, wegen welcher ich ihn binnen Acht Tagen vollständig zu befriedigen verspreche.

Vollziehung.

XXXVII.
Urkunden einer Zahlung.
Zu §. 578.

1. Quittung.

N., den u. s. w.

Vor dem unterschriebenen Deputirten des 2c. Gerichts erschien der Bürger und Hausbesitzer N. von hier, nach Namen u. s. w. bekannt, und erklärte:

---

*) S. Pl.-Beschl. des Obertrib. vom 4. Juli 1859. u meine Anm. 88 zu §. 400, Tit. 14, Thl. I d. A. L.R.

Auf dem Bauerngute Nr. 4 zu Heidorf stehen für mich aus der Schuldverschreibung des Bauers Jonas, vom 6. Mai 1821, Rubr. III, Nr. 2, Eintausend Thaler Darlehn eingetragen. Diese hat mir der jetzige Besitzer des verpfändeten Bauergutes, der Bauer Hans Maig, nebst allen Zinsen zurückgezahlt; ich quittire darüber, unter Zurückgabe des Instruments, ohne Vorbehalt und willige in die Löschung.

Vorgelesen, genehmigt und vollzogen.

Unterschriften.

Anmerkungen.

1) Die Löschungseinwilligung wird gewöhnlich mit ausgedrückt, sie kann aber fehlen; denn zur Löschung einer bezahlten Post genügt die Quittung allein, versteht sich unter Vorlegung des Instruments. Hypothekenordnung, §. 244. Nur wenn eine nicht bezahlte Post gelöscht werden soll, muß der Gläubiger dazu seine Einwilligung geben (einen Löschungskonsens ertheilen).

Vergl. A. L.R. Th. I, Tit. 20, §. 525.

2) Der Quittungsstempel beträgt ein Zwölftel Prozent des Betrags, worüber quittirt wird; wenn aber unmittelbar unter dem Instrumente quittirt wird, so ist die Quittung stempelfrei: jedoch gilt dies nicht von gerichtlichen oder notariellen Ausfertigungen hinter dem Instrumente; diese müssen mit dem Stempel versehen sein, und zwar wenigstens mit dem Ausfertigungsstempel von 15. Sgr., wenn der Quittungsstempel weniger betragen würde.

3) Im Geltungsbereich des Gemeinen Rechts müssen Quittungen, die, wenn sie als von einem Notar amtlich aufgenommen oder anerkannt, nach dem Tarife zum Stempelgesetze vom 7. März 1822, Position „Quittungen" Abs. 2, der Steuer von einem Zwölftel Prozent unterliegen sollen, vor Notar und zwei Zeugen ausgestellt sein. Registraturen des Notars in folgender Fassung:

Protokollum gehalten auf dem Hofe ꝛc., am u. s. w., in Gegenwart ꝛc. (folgen die Namen).

(Zum Kontext findet sich der Vermerk, daß dem Pächter resp. Verpächter die angegebenen Geldsummen ausgezahlt worden u. daß die Empfänger darüber in besonderen Dokumenten quittirt haben; u. ihr Schluß lautet:)

Vorgelesen und genehmigt.

a. u. s. resp. in fidem

(L. S.) C. W. F., Königl. Notar in Stralsund. Die Unterschriften der Betheiligten fehlen u. Instrumentszeugen sind keine zugezogen.

sind nicht als Quittungen stempelpflichtig. Erk. des Obertr. vom 12. März 1869 (Entsch. Bd. LXI, S. 278).

2. Mortifikations-Schein.

N, den u. s. w.

Der von Person wohlbekannte und verfügungsfähige Partikulier Herr Ambrosius Knausrig von hier erklärte vor dem unterschriebenen Wochendeputirten des Königl. ꝛc. Gerichts Folgendes:

Der Spediteur Herr Carl Richtrecht hierselbst hat mir unterm 8. Aug. 1841 eine gerichtliche Schuldverschreibung über ein ihm gegebenes Darlehn von Zweitausend Thalern, zu Fünf Prozent verzinslich und mit dreimonatlicher Frist aufkündbar, ausgestellt; und diese Urkunde ist mir verloren gegangen. Ich mortificire dieselbe hiermit und bekenne, daß der darin gegründeten Verbindlichkeit vollständig genügt worden.

Vorgelesen, genehmigt und unterschrieben.

Unterschriften.

XXXVIII.

Angabe an Zahlungsstatt.

Zu §. 581.

N., den u. s. w.

Vor dem unterschriebenen, zur Aufnahme dieser Verhandlnng bestimmten Mitgliede des 2c. Gerichts erschienen:

1) der Gutsbesitzer Friedrich Gruß aus Hahnenwald,

2) der Branntweinbrenner Ludwig Habersam aus Buchland,

Beide persönlich bekannt und verfügungsfähig, und erklärten:

Ich, der Branntweinbrenner Habersam, bin dem Gutsbesitzer Herrn Gruß für von ihm erkauftes und richtig übergeben erhaltenes Getreide im Mai v. J. Fünfhundert Thaler schuldig geworden und habe ihm dafür gestern zum Preise von 500 Thlrn.

1) Zehn Eimer Spiritus,

2) Vier Mastochsen,

3) Zehn fette Schweine

in Zahlung gegeben.

Ich, der Gutsbesitzer Gruß, habe diese Gegenstände gestern richtig erhalten und von dem 2c. Habersam zu dem gedachten Preise als Zahlung für die mir auf Getreide schuldig gebliebenen Fünfhundert Thaler Kaufgelder angenommen; ich erkläre mich dadurch wegen meiner gedachten Forderung für vollständig befriedigt und quittire meinem gewesenen Schuldner Habersam ohne Vorbehalt.

Vorgelesen, genehmigt und vollzogen.

Unterschriften.

XXXIX.

Remissionsvertrag.

Zu §. 585.

Eingang.

Der Kaufmann A., welcher an den hier gegenwärtigen Tischlermeister B. eine Forderung von Eintausend Thalern für auf Kredit an ihn verkaufte und gelieferte Bretter hat, erläßt demselben, auf Verlangen des Herrn N. N. und um sich gegen diesen für geleistete unschätzbare Freundschaftsdienste dankbar zu erweisen, diese Forderung an Kapital und rückständigen Zinsen ohne Vorbehalt, und giebt ihm den darüber lautenden Schuldschein vom 8. März 1844 zurück.

Der Tischlermeister B. empfängt diesen Schuldschein und nimmt den Erlaß an.

Vollziehung.

XL.
A. Reine Schenkungen.
Zu §. 608, 609.

1) Das Wesentliche der Schenkung besteht in der unentgeltlichen Ueberlieferung eines Gegenstandes, oder in der Zusicherung irgend eines Vermögensvortheils ohne Vergeltung von der einen Seite, und in der ausdrücklichen oder stillschweigenden Annahme von der anderen Seite. Gehört der Beschenkte zu den Personen, welche ihren Willen zu erklären für unfähig gehalten werden (Kinder, Rasende und Wahnsinnige), so kann jeder Dritte ohne Bevollmächtigung für ihn acceptiren. Die Schenkung kann bestehen: 1) in einem dare, 2) in einem obligare, welches entweder in der Verbindlichkeit des Schenkers selbst, oder in der Verschaffung einer Obligation gegen einen Dritten besteht, 3) in einem liberare, welches wieder in der Befreiung des Beschenkten von einer Verbindlichkeit gegen den Schenker, oder von der gegen einen Dritten durch Zahlung, Expromission oder durch passive Cession (Uebernahme der fremden Schuld bloß gegen den Schuldner, ohne Zuziehung oder Beistimmung des Gläubigers) geschieht.

Die Schenkungen sollen vor Gericht verlautbart (gerichtlich insinuirt) werden; es ist aber jedwedes Gericht und jeder selbstständige Gerichtskommissarius, z. B. die sonst in Sachsen, jetzt auch in anderen Provinzen vorkommenden Lokal=Gerichtskommissarien, zur Aufnahme des Aktes befugt.

2) Zur Ausfertigung wird ein Stempel nach den Sätzen des Erbschaftsstempels, oder wenn nach dem Verwandtschaftsverhältnisse kein Erbschaftsstempel zu entrichten sein würde, der gewöhnliche Ausfertigungsstempel von 15 Silbergroschen genommen.

1. Muster zur Urknnde über ein unentgeltliches Geben.

Fürstenthumsgericht Neisse, den Zweiten August Eintausend Achthundert Zwei und Vierzig.

Vor dem Fürstenthumsgerichtsrathe B. und dem Protokollführer N., als Deputirten des hiesigen Königl. Fürstenthumsgerichts, erschienen:

1) der Gutsbesitzer Ferdinand von G. auf S.,

2) dessen Bruder, der Oekonom August v. G., ebendaher.

Beide waren dem Deputirten nicht bekannt, und wurden deshalb von den herbeigeholten bekannten Bürgern A und B., die solche persönlich zu kennen versicherten, für diejenigen, wofür sie sich ausgaben, anerkannt, worauf die Rekognoscenten hier unterzeichneten:

gez. A. B.

und sich dann wieder zurückzogen.

Der Gutsbesitzer Herr Ferdinand v. G. erklärte mit Zustimmung seines Herrn Bruders:

Ich habe meinem hier anwesenden Bruder[1]) August v. G. mein Rittergut Jordansmühl, im Grottkauer Kreise, nebst Zubehör, am verwichenen 1. d. M. geschenkt und übergeben. Ich schließe und bekräftige diese Schenkung hiermit unwiderruflich, und will, daß mein Bruder über das Gut als über sein Eigenthum zu verfügen berechtigt sei[2]).

Dem Ferdinand v. G. wurde erklärt,

daß ihm freistehe, diese gerichtlich geschlossene und durch die Uebergabe vollzogene Schenkung innerhalb dreier Jahre soweit zu widerrufen, als dies Geschenk die Hälfte seines Vermögens überstiegen habe; daß er jedoch von dieser Befugniß zum Widerrufe keinen Gebrauch machen könne, wenn er gegenwärtig ganz ausdrücklich erkläre, daß das Geschenk die Hälfte seines Vermögens nicht übersteige[3]),

worauf derselbe sagte:

Ich erkläre hiermit, daß das meinem hier anwesenden Bruder August v. G. geschenkte Gut Jordansmühl die Hälfte meines Vermögens nicht übersteigt; ich entsage deshalb der Befugniß zum Widerrufe wegen Uebermaßes[4]).

Dieses Protokoll wurde vorgelesen, genehmigt und zur Unterschrift vorgelegt.

Ferdinand v. G. August v. G.

a u. s.

B. N.

2. Muster zur Schenkungsurkunde über ein obligare des Schenkers.

a) Schenkung einer Kapitalsforderung an den Schenker.

Neisse, den u. s. w.

Vor den unterschriebenen, zur Aufnahme dieser Verhandlung bestimmten, Deputirten des Königl. Fürstenthumsgerichts hierselbst erschienen von Person und auch als geschäftsfähig wohlbekannt:

1) der Kaufmann Herr Gottlieb A.,

2) der Handelsbeflissene Herr Friedrich B.,

Beide von hier.

Der Erstere erklärte:

Ich verspreche hiermit, aus reiner Freigebigkeit, dem anwesenden mit mir nicht verwandten Handelsbeflissenen, Herrn Friedrich B., die Summe von Zehn tausend Thalern zu schenken und von heute über drei Monate baar zu zahlen.

Dem Herrn Gottlieb A. wurde von dem Richterkommissarius erklärt:

---

1) Das Verwandtschafsverhältniß muß zur Bestimmung des Stempelsatzes erhellen.

2) Die Konsenserklärung, daß der Besitztitel berichtigt werden könne, wird nirgend gefordert und ist deshalb ganz überflüssig. Vergl. darüber auch den Plenarbeschluß des Obertribunals vom 16. Januar 1846. (J.M.Bl. S. 38.)

3) A. L.R. Thl. I, Tit. 11, §. 1095.

4) Der Entsagung der Befugniß zum Widerrufe bedarf es nicht ausdrücklich, sie liegt schon in der Antwort auf die Erklärung des Richters.

daß es ihm freistehe, diese Schenkung innerhalb dreier Jahre soweit zu widerrufen, als die versprochene Summe die Hälfte seines Vermögens übersteige, daß er jedoch von dieser Befugniß zum Widerrufe keinen Gebrauch machen könne, wenn er jetzt ausdrücklich erkläre, daß das Geschenk die Hälfte seines Vermögens nicht übersteige.

Darauf sagte derselbe:

Ich erkläre hiermit, daß die dem Herrn Friedrich B. versprochenen Zehntausend Thaler die Hälfte meines Vermögens nicht übersteigen.

Herr Friedrich B. nahm das Versprechen an.

Den Stempel und die Kosten übernahm der Herr Schenker allein.

Das Protokoll wurde vorgelesen, genehmigt und unterzeichnet.

Gottlieb A. Friedrich B.

a. u. s.

B. N.

Königl. Fürstenthumsgerichts-Rath. vereideter Aktuar.

b) Schenkung des Unterhalts (donatio alimentorum).

Neisse, am Zweiten Dezember Eintausend Achthundert Sieben und Vierzig, auf dem Königl. Fürstenthumsgerichte

Erschienen vor dem unterzeichneten Deputirten des Königl. Fürstenthumsgerichts

1) der Gastwirth Herr Caspar Neugierd aus Thule,

2) der zum Civil-Supernumerarius bei dem Königl. Appellationsgerichte zu Thule angenommene Gymnasiast Gottlieb Wartenoch, noch minderjährig, Sohn des Einwohners Wartenoch hieselbst,

Beide nach Namen, Stand und Wohnort wohlbekannt.

Der Erstere erklärte:

Der miterschienene Gottlieb Wartenoch soll der Dienstbehörde die Mittel seines Unterhalts während der Zeit seiner praktischen Ausbildung für den Justiz-Subalternendienst nachweisen. Ich verspreche ihm, ohne alle und jede Vergeltung und in der Absicht zu schenken, den täglichen Mittagstisch an meinem eigenen Familientische, sowie eine Stube zur Wohnung in meinem Hause, die erforderliche Heizung und Bedienung, auch Frühstück und Abendbrot, wie es in meiner Familie gebräuchlich ist, und außerdem monatlich Fünf Thaler baares Geld zu seinen sonstigen Bedürfnissen an Kleidung, Wäsche und dergleichen, zahlbar pränumerando an jedem Ersten des Monats, und zwar dieses Alles auf Drei Jahre von gestern an gerechnet.

Unterrichtet, daß ihm freistehe, diese Schenkung innerhalb dreier Jahre so weit zu widerrufen, als der Werth der versprochenen Leistungen die Hälfte seines Vermögens übersteige, daß er aber von dieser Befugniß zum Widerrufe keinen Gebrauch machen könne, wenn er jetzt ausdrücklich erkläre, daß dieser Werth die Hälfte seines Vermögens nicht übersteige, erklärte Herr Neugierd:

Der Werth dessen, was ich dem Gottlieb Wartenoch hier zu geben und zu leisten verheißen habe, beträgt zusammen nicht die Hälfte meines Vermögens.

Gottlieb Wartenoch erklärte:

Ich nehme das Versprechen meines Wohlthäters, des Herrn Caspar Neugierd mit Dank an.

Das Protokoll wurde laut vorgelesen, von den Betheiligten genehmigt und zur Vollziehung vorgelegt.

Caspar Neugierd. Gottlieb Wartenoch.

Eigenhändig unterschrieben am Orte und Tage wie oben.

Sauertopf,
Königl. Justizrath.

3. Muster zur Urkunde über die freigebige Verschaffung einer Obligation gegen einen Dritten.

Neisse, u. s. w.

Erschienen u. s. w.

1) der Kaufmann Herr Gottlieb A. von hier,

2) der Gutsbesitzer Herr Valentin B. aus Sorge,

3) der Maler Herr Friedrich C. von hier.

Der Erstere gab dem Zweiten die Summe von 10000 Thlrn., schreibe Zehntausend Thalern, als ein Darlehn mit der Bestimmung, daß derselbe solches künftig dem Dritten zurückzahle, und bis dahin mit fünf Prozent verzinse, indem er diese Forderung an Kapital und Zinsen dem Maler Herrn Friedrich C. hiermit schenke.

Der Gutsbesitzer Herr Valentin B. nahm diese Summe als Darlehn an und versprach, dasselbe an den Maler Herrn Friedrich C. nach gesetzlicher Kündigung zurückzuzahlen und ihm auch bis dahin mit fünf Prozent zu verzinsen.

Der Richter erklärte dem Kaufmanne Herrn Gottlieb A.,

daß er diese Schenkung innerhalb dreier Jahre widerrufen könne, so daß alsdann nicht der Maler Friedrich C. Gläubiger der Forderung an den Herrn Valentin B. bleiben, sondern er selbst Gläubiger davon werden würde, in soweit nämlich das Kapital der 10000 Thlr. die Hälfte seines Vermögens übersteige; daß er jedoch von dieser Befugniß zum Widerrufe keinen Gebrauch machen könne, wenn er jetzt ausdrücklich erkläre, daß das Geschenk die Hälfte seines Vermögens nicht übersteige,

worauf der Herr Gottlieb A. sagte:

Die so eben ausgeliehenen und beziehungsweise verschenkten 10000 Thaler übersteigen die Hälfte meines Vermögens nicht.

Von den Kosten übernahm Herr Gottlieb A. den Schenkungsstempel, und Herr Valentin B. den Darlehnsstempel und die übrigen Kosten.

Der Maler Herr Friedrich C., der mit dem Schenker nicht verwandt ist, erklärt sich mit Allem einverstanden.

Vorgelesen, genehmigt und vollzogen.

Gottlieb A.

Valentin B.

Friedrich C.

a. u. s.

Murr,

Königl. Justizrath.

Anmerkungen.

1) Diese Urkunde würde auf 883 Thlr. 10 Sgr. Stempel, nämlich 800 Thaler Schenkungs-, und 83 Thlr. 10 Sgr. Darlehnsstempel auszufertigen sein.

2) Soll eine schon vorhandene Forderung geschenkt werden, so wird sie cedirt und der Cedent dabei wegen des Widerrufes belehrt.

4. Muster zur Urkunde über eine schenkungsweise Befreiung.

Neisse, u. s. w.

Als erschienen werden aufgeführt A. und B., nicht verwandt.

A. erklärte:

B. ist mir ein, auf seinem Gute N., Rubr. III, No. 1 aus dem Schuldinstrumente vom 6. Juli 1830 eingetragenes Darlehn von 1000 Thlrn., schreibe Tausend Thalern, schuldig. Diese Schuld nebst allen Zinsen schenke ich ihm hiermit, erkläre ihn demzufolge davon für völlig befreit, und bewillige bei Zurückgabe des Instruments die Löschung.

A., der hierbei dem B. das Instrument übergab, wurde mit dem Gesetze dahin bekannt gemacht:

daß u. s. w.

worauf er erklärte:

diese Tausend Thaler übersteigen nicht die Hälfte meines Vermögens.

Herr B. nahm die Schenkung an und übernahm die Kosten.

V. g. u.

A. B.

a. u. s.

Murr,

Königl. Justizrath.

Anmerkung. Dieser Akt ist auf 80 Thlr. auszufertigen.

5. Muster zur Urkunde über eine Schenkung mittelst Abnahme einer Schuld an einen Dritten.

Neisse, u. s. w.

Vor dem 2c. erschienen von Personen bekannt und geschäftsfähig:

1) der Gastwirth Wilhelm R.,

2) der Zimmermeister Karl M.,

3) der Kürschner Augustin W.,

sämmtlich von hier, und schlossen folgendes Rechtsgeschäft.

Der Gastwirth Wilhelm R. übernimmt die Schuld des Zimmermeisters Karl M., der sein Oheim ist, an den Kürschner Augustin W., von 1000 Thalern, schreibe Tausend Thalern, aus dem Darlehn, worüber das Schuldinstrument vom 8. Juli 1841 lautet, als Selbstschuldner in der Absicht, ihn von dieser Schuld umsonst und um ihm dadurch eine Schenkung zu machen, zu befreien.

Der Zimmermeister Karl M. nimmt den Gastwirth R. wegen der bezeichneten Schuld von 1000 Thlrn., anstatt des Kürschners W., zu seinem alleinigen Schuldner an, und entläßt solchergestalt den Letzteren seiner bisherigen Verbindlichkeit.

Dem Gastwirthe Wilhelm R. wurde vorgestellt,

daß er die Schenkung innerhalb dreier Jahre soweit widerrufen könne, als die übernommenen Tausend Thaler die Hälfte seines Vermögens übersteigen, welches dann zwar nicht die Folge habe, daß er gegen den Kürschner Augustin W. frei werde, wohl aber die, daß er von dem befreieten Schuldner Karl M. Vergeltung oder Wiederfreimachung fordern könne; daß er aber diese Befugniß zum Widerrufe verliere, wenn er jetzt ausdrücklich erkläre, daß das Geschenk die Hälfte seines Vermögens nicht übersteige.

Er erklärte dennoch:

Diese übernommenen 1000 Thlr. erreichen nicht die Hälfte meines Vermögens.

Der Kürschner Augustin W. war überall einverstanden und übernahm die Kosten.

V. g. u.

Folgen die Unterschriften.

6. Muster zur Urkunde einer Schenkung ohne Novation.

Neisse, u. s. w.

Es erscheinen A. und B. und schließen folgende Schenkung:

§. 1.

A. verspricht dem B., ihn von der Schuld von 1000 Thlrn., welche derselbe dem C. aus dem Hauskaufkontrakte vom 8. Dezember 1841 rückständig ist, umsonst und um ihn dadurch zu beschenken, binnen drei Monaten gänzlich zu befreien und ihm auch, wenn er deshalb verklagt oder sonst verfolgt werden sollte, all: Kosten, und was von ihm beigetrieben werden möchte, zu erstatten.

§. 2.

Die Kosten dieses Vertrages übernimmt der Geschenkgeber.

§. 3.

Dem Schenker wurde erklärt:

daß er diese Schenkung innerhalb dreier Jahre soweit widerrufen könne, als die übernommene Schuld von 1000 Thlrn. nebst Kosten die Hälfte seines Vermögens übersteige; daß er jedoch diese Befugniß zum Widerrufe verliere, wenn er jetzt, bei der Abschließung des Schenkungsvertrages, ausdrücklich erkläre, daß dieses Geschenk die Hälfte seines Vermögens nicht übersteige;

und darauf sagte derselbe:

ich erkläre gleichwohl, daß dieses Geschenk die Hälfte meines Vermögens nicht übersteigt.

V. g. u.

Folgen die Unterschriften.

B. Besondere Arten von Schenkungen.

Zu §. 611.

1. Belohnende Schenkung.

Die belohnende Schenkung erfordert wesentlich die Bezeichnung der Handlung oder des Dienstes, die belohnt werden sollen, und ist wegen Uebermaßes widerruflich, gleich einer simpeln Schenkung.

Muster.

Ort und Datum.

Vor dem rc. erschienen

1) der Königl. Kriegsrath Herr R.,

2) der Gensd'arm Friedrich B.,

Beide von hier, persönlich bekannt und geschäftsfähig.

Der Herr Kriegsrath erklärte:

Am vergangenen 1. d. M. fiel ich auf einer Reise zu Pferde von hier nach Johannisberg auf einem wenig besuchten Seitenpfade, in Folge eines Schwindels, vom Pferde und muß lange bewußtlos gelegen haben. Als ich zu mir selbst kam, fand ich mich von dem hier gegenwärtigen Fußgensd'armen B. getragen, indem er mich nach dem nächsten Orte zu schaffen in Begriffe war. Wiewohl derselbe mich wegen meiner bedeutenden Schwere nur mit der äußersten Anstrengung fortbringen konnte, so schaffte er mich doch in höchst möglichster Eile nach dem Bestimmungsorte, wo ich von Kontraktion der Glieder glücklich geheilt wurde. Es fand sich, daß, wenn der Gensd'arm nicht persönlich mich auf seine Schultern genommen und sich beeilt, sondern erst Träger herbeigeschafft hätte, die ärztliche Hülfe zu spät gekommen sein würde, indem ich, wenn auch nicht gestorben, doch vielleicht gelähmt geblieben wäre; er hat mir also einen unschätzbaren Dienst geleistet. Dafür will ich ihn belohnen, und in dieser Absicht verspreche ich ihm als eine belohnende Schenkung eine jährliche Rente von Zweihundert Thalern auf seine Lebenszeit, vom 1. d. M. anfangend, in vierteljährlichen Terminen voraus zahlbar.

Der Herr Kriegsrath R. wurde auf das Gesetz, bezüglich auf den Widerruf einer Schenkung wegen Uebermaßes, dahin aufmerksam gemacht:

daß ihm freistehe, diese Schenkung innerhalb dreier Jahre, von heute an gerechnet, in soweit zu widerrufen, als das Geschenk die Hälfte von seinem Vermögen übersteige; daß er jedoch von dieser Befugniß zum Widerrufe keinen Gebrauch machen könne, wenn er jetzt, bei Abschließung dieses Schenkungsvertrages, ausdrücklich erkläre, daß das Geschenk die Hälfte seines Vermögens nicht übersteige,

worauf er sagte:

dieses Geschenk übersteigt die Hälfte meines Vermögens keineswegs.

Der Gensd'arm B. stimmte der Erklärung des Herrn Kriegsraths N. bei und nahm die Schenkung an.

V. g. u.

N. B.

a. u. s.

B.

Königl. Justizrath, als Deputirter des ꝛc. Gerichts.

2. Schenkung zu einem Zwecke (sub modo).

Die Schenkung sub modo ist ein lästiges Geschäft und daher unwiderruflich; sie erfordert nicht nothwendig die gerichtliche Abschließung und es bedarf keiner Belehrung des Geschenkgebers.

Muster.

Neisse, u. s. w.

Vor dem Kreisjustizrathe des Neisser Kreises und dessen Aktuarius erschienen, von Person bekannt und geschäftsfähig:

1) der Königl. Generalmajor von N.,

2) der Artillerielieutenant Herr Z., Beide von hier.

Der Erstere überlieferte dem Anderen die beiden Staatsschuldscheine Lit. A, Nr. .... und Lit. A, Nr. ...., jeden über Eintausend Thaler, nebst Koupons seit den 1. Juli d. J., und erklärte:

Diese beiden Staatsschuldscheine nebst Koupons schenke ich dem Herrn Lieutenant Z. mit der Bestimmung und dem Zwecke, daß derselbe persönlich, binnen Jahr und Tag, die eigentliche Quelle der Weichsel aufsuche und das Ergebniß seiner Bestrebungen, mit genauer Beschreibung der zur Erreichung des Endzwecks unternommenen Reisen und Untersuchungen durch den Druck öffentlich bekannt mache.

Der Herr Lieutenant Z. nahm dieses Geschenk an und versprach den Zweck zu erfüllen.

Vorgelesen, genehmigt und unterzeichnet.

v. N. Z.

a. u. s.

K. H.

3. Schenkung von Todeswegen.

a) Muster einer Schenkung auf den Todesfall überhaupt.

Eingang.

Der Herr N. erklärte:

Meine Bibliothek, wie sie zur Zeit meines Todes sein wird, nebst allem Zubehör, schenke ich dem hier gegenwärtigen Kandidaten Weißviel dergestalt, daß ihm dieselbe sechs Wochen nach meinem Tode von meinen Erben übergeben werden soll; doch behalte ich mir den Widerruf dieser Schenkung bis zu meinem Tode ausdrücklich vor. Stirbt der Geschenknehmer vor mir, so erlischt damit die Schenkung von selbst.

Der Herr Kandidat Weißviel nahm diese Schenkung dankend an.

Vollziehung.

b) Muster einer Schenkung auf den Fall einer bevorstehenden Todesgefahr.

Eingang.

Der Herr N. erklärte:

Ich stehe im Begriffe, nach dem Kaukasus zu reisen und mich als Freiwilliger der Russischen Armee während des bevorstehenden Feldzuges anzuschließen. Auf den Fall, daß ich die damit verbundenen Todesgefahren nicht überlebe, oder daß ich auf der Hin- oder Rückreise sterben sollte, schenke ich meinem Freunde, dem Herrn A., mein im hies. Kreise belegenes Rittergut Steinfeld, wie es bei meinem Tode stehen und liegen wird; und meine Erben sollen schuldig sein, ihm dasselbe sechs Wochen nach Bekanntwerdung meines Todes zu übergeben, wenn er zu der Zeit nicht mehr in der Verwaltung des Guts, welche er besonders übernommen hat, sich befinden sollte; denn im Falle er alsdann das Gut noch inne hätte, soll er berechtigt sein, den Besitz auf Grund dieser Schenkung für sich zu ergreifen und zu behalten.

Herr A. nahm diese Schenkung an.

Vollziehung.

c) Muster einer Schenkung aus Anlaß einer instehenden Todesgefahr.

Eingang.

Der Oberst von Sarras erklärt:

Da ich im Begriffe stehe, einen Zweikampf zu unternehmen, und der Ausgang ungewiß ist: so schenke ich meinem Adjutanten, dem Lieutenant Tollkühn, meine beiden Reitpferde nebst Sattel und Zeug, welche er von meinen Erben übergeben erhalten wird.

Der Lieutenant Herr Tollkühn nimmt die Schenkung dankend an.

Vollziehung.

XL a.

Pactum de mutuo dando.

Zu §. 613.

Dieses Paktum gehört eigentlich in die Klasse der zufällig zweiseitigen Verträge; denn es erzeugt zwar wesentlich nur eine Hauptklage für den Darlehnsnehmer gegen den Promittenten auf Zahlung des Darlehns, aber zufällig kann auch dieser eine Klage gegen den Borger auf Schadloshaltung erwerben, wenn derselbe sich weigert, die versprochene Summe anzunehmen.

Muster.

Ort und Datum.

Vor dem u. s. w. erklärte:

der wohlbekannte Rentier, Herr S. von hier

gegen den miterschienenen Hausbesitzer Ferdinand K.:

Ich verspreche dem Hausbesitzer Ferdinand K. heute über vier Wochen zweitausend Thaler zum Darlehn gegen Fünf Prozent Zinsen und Bestellung einer Hypothek mit seinem Hause, und zwar gleich hinter der jetzt schon eingetragenen Post von 1000 Thlrn. zu geben.

Ferdinand K. nahm dieses an und versprach die Kosten für diesen Akt zu entrichten.

V. u. g.

Anmerkungen. 1. Zur Ausfertigung dieses Akts ist ein Stempel von 15 Sgr. zu verwenden.

2. Das Paktum kann außergerichtlich, durch bloße Privatschrift geschlossen werden.

XLI.

Darlehns-Kontrakt.

Zu §. 613.

Das Darlehn für sich bedarf gar keiner Urkunde zu seiner Rechtsverbindlichkeit, aber die gewöhnlich damit verbundenen Nebenverträge über Zinsen und Hypothekenbestellung bedürfen der schriftlichen, und wegen der letzteren auch der notariellen oder gerichtlichen Form.

Die allgemeine Gerichtsordnung schreibt Th. II, Tit. 3, §. 13 vor, der Richter und beziehungsweise der Notarius solle, wenn das Darlehn als bereits gegeben anerkannt werde, den Schuldner gehörig bedeuten, welche nachtheilige Folgen ein dergleichen wiederholtes gerichtliches Empfangsbekenntniß, wenn es der Wahrheit nicht gemäß sein sollte, für ihn haben würde; und dieses Alles in dem Protokolle gehörig niederschreiben. Was mit dem „wiederholten" gemeint wird, ist nicht bekannt, denn nirgend ist von einem schon vorhandenen ersten Anerkenntnisse Rede, und ein wiederholtes Anerkenntniß ändert nach §. 735,

Tit. 11, Th. I des A. L.R. in dem Rechtsverhältnisse nichts. Daß man Alles, was der vorsichtige Richter oder Notar dem Darlehnsschuldner zur Warnung zu sagen hat und auch sagen wird, in die Urkunde schreibe, ist zur Rechtsgültigkeit nicht nothwendig, denn es gehört nicht zum Wesentlichen; und daß es als etwas Ueberflüssiges hineingeschrieben werde, ist nicht rathsam, weil es einestheils unnöthig weitläufig macht und anderentheils bei Nichtkennern des Rechts die irrige Meinung erzeugen kann, daß, wenn Etwas daran fehlt, das Geschäft oder die Urkunde ungültig sei. Kürze und Bündigkeit, ohne Unvollständigkeit, ist überall vorzuziehen.

Muster.

Ort und Datum.

Eingang.

Der Kaufmann N. hierselbst[1]) hat mir Fünftausend Thaler[2]) heute als Darlehn gegeben; ich verspreche, dieselben nach vorheriger Aufkündigung, deren gerichtliche und außergerichtliche Kosten ich erstatten werde, an dem jedesmaligen Aufenthaltsorte[3]) des Darlehnsgebers oder dessen Erben oder Cessionars auf meine Kosten zurückzuzahlen, und bis dahin mit fünf Prozent in vierteljährigen Terminen[4]), von heute an gerechnet, zu verzinsen.

Zur Sicherheit meines Gläubigers bestelle ich wegen Kapitals, Zinsen und Schäden (gerichtlicher und außergerichtlicher Kosten der Kündigung, Ausklagung und Beitreibung der Forderung)[5]) Hypothek mit meinem, im hiesigen Kreise belegenen, im Hypothekenbuche des Fürstenthumsgerichts hierselbst Vol.

---

1) Der Gläubiger muß nothwendig persönlich bezeichnet werden, weil ein Privatus nicht Schuldscheine au porteur ausstellen kann. Ges. v. 17. Juni 1833. (G.S. 1833, S. 75.) — Ist der Darlehnsgeber ein Bevormundeter, so muß der Name des oder der mehreren Pflegebefohlenen genannt werden. Der Gebrauch „die N.'sche Depositalmasse" oder die „N.'sche Pupillenmasse" als Gläubigerin zu bezeichnen, ist ungenügend und führt künftig zu kostspieligen Legitimationen.

2) Wenn nicht auf die Spezies der Geldmünzen gesehen worden ist, was höchst selten vorkommt, da das Geld nur als Zahlungsmittel zur Entrichtung gewisser Summen bei Darlehen in Betracht kommt, so ist es ganz unnütz, die Geldsorten zu bezeichnen, z. B. daß das Darlehn in $\frac{1}{1}$ oder $\frac{1}{6}$ gegeben worden sei. Wird hingegen just auf die Spezien der Geldmünzen, z. B. auf gewisse Gold- und Thalerstücke gesehen, so ist das Geschäft nur ein uneigentliches Darlehn, etwa so, wie wenn Jemand 100 Scheffel weißen Weizen verleihet. Vergleiche §. 485, Bd. II, S. 14 flg.

3) Ist darüber nichts bestimmt, so muß an dem Orte, wo der Gläubiger zur Zeit des geschlossenen Kontrakts wohnte, zurückgezahlt werden. (A. L.R. Thl. 1, Tit. 11, §. 769.)

4) Fehlt die Verabredung darüber, so sind die Zinsen erst nach Ablauf des Jahres zu entrichten. (A. L.R. Thl. I, Tit. 11, §. 822.)

5) Die eingeklammerte Stelle war nach §. 484, Tit. 20, Th. I des A. L.R., wonach die Hypothek für die Kosten nicht haftete, wenn sie dafür nicht ausdrücklich mit verschrieben war, nothwendig. Das Gesetz vom 24. Mai 1853 §. 29 (G.S. S. 521) hat diese Bestimmung dahin abgeändert, daß die Hypothek, wenn von den Betheiligten

XIV. No. 26 verzeichneten, Rittergute Z., und willige darin, sowie ich auch zugleich darauf antrage[6]):

daß diese Hypothek für den gedachten Gläubiger im Hypothekenbuche eingetragen werde.

V. g. u.

Unterschriften.

Anmerkungen.

1) Viele Notarien, nicht alle, und die meisten Gerichte setzen noch eine Belehrung des Schuldners, bezüglich auf die ihm freistehende Protestation wegen nicht gezahlter Valuta, in das Protokoll; sie ist jedoch kein nothwendiges Erforderniß einer gültigen Hypothekverschreibung und auch aus dem Gesichtspunkte der Nützlichkeit entbehrlich; denn während meiner viertelhundertjährigen Praxis ist mir noch kein Fall vorgekommen, wo sie einem Schuldner nützlich geworden wäre. Will man sie hineinschreiben, so faßt man sie einfach so:

Der 2c. wurde damit bekannt gemacht, daß, wenn etwa das Darlehn noch nicht wirklich an ihn bezahlt sein sollte, er binnen 38 Tagen vom Tage der Eintragung eine Protestation wegen nicht gezahlter Valuta eintragen lassen könne, widrigenfalls er sich des Einwandes der nicht erhaltenen Zahlung gegen einen Dritten nicht bedienen dürfe.

2) Zur Ausfertigung ist ein Stempel von $\frac{1}{12}$ Prozent, wenigstens aber von 15 Sgr. erforderlich.

XLII.

Schuldverschreibung einer Ehefrau.

Zu §. 112, Nr. 2 d; §. 572, No. II, 2 und §. 749, III.

Ehefrauen sind, nach der dem Allg. Landrechte zu Grunde liegenden Rechtsansicht, geschäftsunfähig und stehen in dem Mundium des Mannes,

---

nicht ein Anderes verabredet wird, auch für die Kosten der Kündigung, Ausklagung und Beitreibung hafte. Es bedarf also dafür keiner ausdrücklichen Hypothekenbestellung mehr und die eingeklammerten Worte können aus der Hypothekverschreibung wegfallen. Das könnte auch hinsichtlich der „vorbedungenen Zinsen" beobachtet werden, doch wäre alsdann auch die Spezialisirung des Kapitals zu unterlassen, um nicht darüber Zweifel zu erregen, ob nicht absichtlich die Hypothek auf das Kapital habe beschränkt werden sollen. Der „Schäden" müßte aber doch ausdrückliche Erwähnung geschehen. Der Passus ließe sich dann etwa so fassen: „Zur Sicherheit meines Gläubigers wegen seiner Forderung aus dieser Verschreibung, und etwaiger Schäden, bestelle ich ihm Hypothek mit meinem" u. s. w. Die bisherige Fassung kann aber auch ohne Nachtheil beibehalten werden. — Hinsichtlich der selbstverständlichen Mithaftung der Hypothek für die Kosten s. unten die Anm. 5 zu Nr. LII.

6) Diese ausdrückliche Einwilligung ist nach §. 403, Tit. 20, Thl. I des A.L.R. verbunden mit §§. 143, 145, 146—148, Tit. 2 der Hyp.-Ordn. nur bei Darlehen und ähnlichen Kontrakten, nicht aber bei gestundeten Kaufgeldern und überhaupt auch nur in dem Falle erforderlich, wenn nicht der Hypothekbesteller selbst auf die Eintragung anträgt; es kann also, je nach den Umständen, die Einwilligung (sog Intabulationsklausel), oder der Antrag, die hier beide mit einander verbunden sind, fehlen. (Pr. des Obertr, 1850 vom 4. Mai 1847.) Nach dem Gesetze vom 24. Mai 1853, §. 8. (G S. S. 521) ist die Aufnahme der Intabulationsklausel in den Schuld- und Verpfändungsurkunden, außer der Verpfändungserklärung, überhaupt nicht mehr erforderlich.

sie können sich daher, außer in Beziehung auf vorbehaltenes Vermögen, auch nicht einmal naturaliter verpflichten, ohne daß der Mann seine Zustimmung giebt. Durch diese Einwilligung aber macht sich der Mann, wenn er sich nicht dagegen ausdrücklich verwahrt, persönlich verbindlich, so daß der Gläubiger zwei solidarische Schuldner erhält; die Ertheilung des Konsenses erfordert deshalb Vorsicht. Nur wenn der Gläubiger sich ein besonderes Unterpfand aus dem Vermögen der Frau, gleichzeitig oder später, was gleichviel ist, hat bestellen lassen oder wenn die Einkünfte des besonderen, von der Frau betriebenen Gewerbes, in welchem die Frau die Schuld kontrahirt, ihr vorbehalten worden sind, ist der Mann befreit. Rathsam bleibt es jedoch in allen Fällen, der Einwilligung die Verwahrung gegen persönliche Haftung beizufügen.

Muster.

Ort und Datum.

Vor dem ꝛc. erschien

die Putzhändlerin Frau N., Marie geborene N., in Begleitung ihres Ehemannes, des Bürgers Augustin N. von hier,

ꝛc. und erklärte:

Ich bekenne, daß mir der Handelsmann Mendel Moses hierselbst am 1. d. M. die Summe von Eintausend Thalern, gegen fünf Prozent Zinsen und sechsmonatliche Aufkündigung, baar vorgeliehen und gezahlt hat; ich verspreche, ihm dieses Darlehn nach vorheriger, beiden Theilen zustehender, sechsmonatlicher Aufkündigung wiederzubezahlen und bis dahin mit Fünf-Prozent in vierteljährigen Terminen, vom 1. d. M. an, zu verzinsen.

(Soll Hypothek bestellt werden, so folgt hier die Hypothekbestellung, wie im vorigen Muster.)

Der Ehemann erklärte:

Ich gestatte meiner Ehefrau, sich durch das aufgenommene Darlehn von 1000 Thlrn. in der so eben ausgedrückten Art verbindlich zu machen, will jedoch durch diesen Konsens durchaus nicht meine Person oder mein Vermögen belasten und verwahre mich gegen solche Selbsthaftung.

Vorgelesen, genehmigt und zur Vollziehung vorgelegt.

Unterschriften.

XLIII.

Korreal-Schuldverpflichtungen einer Manns- und einer Frauensperson.

Das Gesetz, betreffend die Aufhebung der besonderen, bei Intercessionen der Frauen geltenden Vorschriften vom 1. Dezember 1869 (G.S. S. 1169) hat die besonderen Förmlichkeiten bei Korreal-Schuldverpflichtungen der Frauenspersonen in Wegfall gebracht.

XLIV.
Wechselrechtliche Urkunden.

1. Muster eines trassirten Wechsels,*) mit Indossamenten, Acceptation und Prolongation.
Zu §§. 620, 623, 624, 626. 633.

Breslau, den 2. Januar 1846.
1000 Thlr. in Pr. Kour.

Drei Monat nach Dato zahlen Sie gegen diesen meinen Primawechsel (Sekunda nicht) an den Herrn Benjamin Luft zu Leipzig, oder dessen Ordre, die Summe von Eintausend Thalern Preuß. Kourant. Den Werth davon habe ich empfangen[1]); Sie stellen mir solchen in Rechnung laut Bericht[2]).

Joseph Windmacher.

An den Herrn Josua Blase[3]), in Leipzig.

---

*) (8. A.) Die Kab.-Ordre vom 3. Januar 1830 (G.S. S. 9). schreibt über den Wechselstempel vor:

„1. Wechsel, welche im Auslande ausgestellt u. auf einen Ort im Auslande gezogen, innerhalb der diesseitigen Staaten in Umlauf kommen, sind nicht stempelpflichtig." Diese Bestimmung — führt das Obertr. aus — bezieht sich nur auf die sogenannten Transitowechsel, das heißt solche Wechsel, die von einem Orte des Auslandes auf einen Handelsort des Auslandes gezogen sind, also die Preußischen Staaten nur während ihres Kurses berühren; die Stempelfreiheit ist aber nicht auf solche domizilirte Wechsel auszudehnen, bei denen der Acceptant im Inlande wohnt, u. der Wechsel im Auslande domizilirt ist. Erk. vom 15. Januar 1866 (Arch. f. Rechtsf. Bd. LX. S. 320).

„2. Der zu gezogenen Wechseln erforderliche Stempel wird auf die Hälfte des gegenwärtigen Tarifsatzes, mithin bei Summen bis 400 Thlr. auf 5 Sgr., über 400 Thlr. bis 800 Thlr. auf 10 Sgr. u. s. w. ermäßigt. Dieselbe Ermäßigung des Stempelbetrages tritt für diejenigen trockenen Wechsel ein, welche nach drei Monaten oder in kürzerer Frist zahlbar sind. Prolongationen innerhalb dieser Frist bleiben unberücksichtigt."

Die im §. 29. des Stempelgesetzes vom 7. März 1822 angedrohte Strafe muß gegen jeden Aussteller eines ungestempelten Wechsels, ohne Unterschied, ob er als solcher allein, oder mit anderen Ausstellern gemeinschaftlich am Umlaufe des gedachten Papiers Antheil genommen hat, besonders und ganz ausgesprochen werden. Pr. des Obertr., Senat für Strafsachen Nr. 293, vom 19. Juni 1865 (Entsch. Bd. LV, S. 95*). Dadurch ist das frühere Pr. 2020, vom 22. Juni 1848 (Saml. I, S. 343 u. Entsch. Bd. XIV, S. 506), welches das Gegentheil aussprach, außer Kraft gesetzt.

1) Das Empfangsbekenntniß der Valuta ist überflüssig.

2) Diese Weisung dient bloß zur Notiz für den Trassaten, welcher, wenn der Wechsel präsentirt wird, ersehen soll, daß er noch Avis erhalten muß, falls dieser Brief noch nicht eingegangen.

3) Ist es nicht ein trassirt-eigener Wechsel (A. W.O. Art. 6, Satz 2), so lautet die Adresse an den Aussteller selbst, in dem vorliegenden Muster also würde sie lauten: „An mich selbst", oder: „An Herrn Joseph Windmacher, zu Breslau".

Acceptirt. Josua Blase, Leipzig, den 10. Januar 1846.

(Auf der Kehrseite.)

Für mich an die Ordre des Herrn Peter Schaum in Dresden. Werth erhalten. Leipzig, den 27. Januar 1846.

Benjamin Luft.

Für mich an die Ordre des Herrn Abel Wasser in Leipzig.

Dresden, den 1. Febr. 1846.

Peter Schaum.

(Unter dem Wechsel.)

Vorstehender Wechsel ist Dato bis zum ersten Mai dieses Jahres prolongirt worden. Leipzig, den 6. April 1846.

Josua Blase.

Oder auch schlechtweg:

Prolongirt den (Datum der Prolongation) bis den (Datum der neu festgesetzten Verfallzeit).

2. Proteste.

Zu §. 630.

Wechselproteste können von einer Gerichtsperson, als welche auch ein Aktuarius oder Sekretär deputirt werden kann, oder von einem Notarius ohne Zeugen aufgenommen werden; im Bezirke des Appellationsgerichts zu Köln auch von einem Gerichtsvollzieher. Gesetz, betreffend die Einführung der A. D. W.O., vom 15. Februar 1850, §. 3.

a) Nachforschungs- oder Perquisitionsprotest.

Heute den Funfzehnten Februar Eintausend Achthundert und Ein und Funfzig, Vormittags um 10 Uhr, erschien bei mir, dem unterschriebenen öffentlichen Notar im Sprengel des Appellationsgerichts zu Ratibor, Hans Bartel Spitznas, wohnhaft zu Neisse am Freiheitsplatze, der hiesige Kaufmann Moritz Fürsichtig, übergab mir eine Originaltratte, welche mit einem Stempelbetrage von 15. Sgr. gestempelt (mit einer Stempelmarke von 15 Sgr. versehen) ist u. lautet[4]):

---

4) Die Aufnahme der Abschrift des Wechsels in den Kontext der Protesturkunde gehört, nach der Meinung des Obertribunals, zu den wesentlichen Erfordernissen eines Wechselprotestes. Die bloße Hinweisung in diesem auf eine, auf der Rückseite des Protestes befindliche Abschrift des Wechsels genügt nicht. Präj. des Obertr. 1273, v. 18. März 1843. (Entsch. Bd. VIII, S. 368.) Neuerdings hat aber das Obertr. diese Meinung geändert und ausgesprochen, daß die Abschrift des Wechsels nicht unbedingt und unmittelbar in dem Kontexte der Protesturkunde stehen müsse. Erk. des Obertr. v. 15. März 1853. (Siebenhaar, Arch. f. deutsches Wechselrecht. Bd. III, S. 351.)

Es genügt auch nicht, wenn bei Protestirung mehrerer Wechsel in einem Instrumente nur ein Wechsel nach seinem ganzen Inhalte abgeschrieben, der Inhalt der anderen aber durch die Bemerkung: „Er lautet ebenso", oder auch durch Angabe der

Acceptirt den 6. Januar 1851 für 1000 Thaler zahlbar zu Neisse. Gottlieb Kommtnich.

(15. Sgl. Stempel.) Polkwitz, den 2. Januar 1851.

Am nächsten Faschingsmarkte zu Neisse zahlen Sie daselbst gegen diesen meinen Solawechsel an Herrn Moritz Fürsichtig zu Neisse oder dessen Ordre die Summe von Eintausend. Thalern Kourant.

An Herrn Gottlieb Kommtnich. Liebetreu Spassig.
zu Breslau.

mit dem Ersuchen, gegen den Handelsmann Gottlieb Kommtnich aus Breslau, weil derselbe an dem heutigen Faschingsmarkte hierselbst nicht zu finden sei, einen Nachforschungsprotest aufzunehmen.

Ich verfügte mich, mit dem Wechsel, auf den Marktplatz, fand dort aber unter den Buden und Gewölben der Krämer und Handelsleute weder den Gottlieb Kommtnich aus Breslau in Person, noch konnte ich einen Stellvertreter desselben ausforschen; der Standplatz, den er an Markttagen hier gewöhnlich einzunehmen pflegt, war unbesetzt.

Ich begab mich nun auf das Polizeiamt und erhielt dort auf meine Frage: ob der Handelsmann Gottlieb Kommtnich aus Breslau zum heutigen Jahrmarkte hergekommen sei oder sich überhaupt in der hiesigen Stadt befinde, von dem dort fungirenden Polizeiinspektor Witterer die Antwort:

„Kommtnich ist nicht gekommen."

Worüber ich zur Verwahrung der Gerechtsame des Herrn Requirenten die gegenwärtige Urkunde unter meinem Amtssiegel und unter meiner Unterschrift ausgefertigt habe.

So geschehen wie oben.

(L. S.) Bartel Spitznas,
öffentlicher Notar im Sprengel des Appellationsgerichts zu Ratibor.

---

etwaigen Verschiedenheiten bezeichnet wird; vielmehr müssen sämmtliche protestirte Wechsel vollständig aufgenommen werden. Präj. 1282, vom 8. April 1843. (Entsch. Bd. VIII. S. 373.)

(8. A.) Die Kabinetsordre vom 3. Januar 1830, Nr. 8 (G.S. S. 8) verordnet, daß Gerichtspersonen u. Notarien, welche Wechselproteste ausfertigen, bei Vermeidung einer Strafe von 1 Thlr. in dem Proteste ausdrücklich bemerken sollen, mit welchem Stempelbetrage der protestirte Wechsel gestempelt, oder, daß er mit einem inländischen Stempel gar nicht versehen sei. Man hat wahrgenommen, daß die instrumentirenden Beamten nicht selten dieser Vorschrift dadurch zu genügen glauben, daß in die wörtliche Abschrift des Wechsels, welche der Protest nach Art. 88, Nr. 1 der A. D. W. O, enthalten muß, auch die etwanigen Vermerke u. Zeichen, aus welchen sich die Verwendung des Stempels ergiebt, aufgenommen werden. Der Justizminister tritt dem entgegen, u. erklärt durch eine Allgemeine Verfügung vom 20. Februar 1866, daß dadurch die Beobachtung der Eingangs erwähnten Vorschrift nicht überflüssig gemacht werde. Denn diese erheische die eigene Erklärung des instrumentirenden Beamten über den Betrag des verwendeten Stempels, u., falls die Stempelung des Wechsels gänzlich unterblieben, die ausdrückliche Angabe, daß kein Stempel verwendet worden sei. (J. M. Bl. S. 54.)

b) Sicherheits- oder Sekuritätsprotest und Protest Mangels Annahme.

Heute, Donnerstag den neunten November, im Jahre Eintausend Achthundert Acht und Vierzig (und im ersten Jahre der glorreichen Regierung Sr. Majestät des Kaisers von Oesterreich Franz Joseph)[1]), Vormittags um 10 Uhr, begab ich mich, der unterschriebene öffentliche Notar im Sprengel des Appellationsgerichtes von Niederösterreich, Appollyon Griepdenkerl, wohnhaft zu Wien auf der Brigittenau, Nr. 00, auf Ersuchen des Freibürgers Herrn Ulbert Brom von hier, nach dem Geschäftslokale des Bankhauses Ferdinand Troddel, Nr. 0 an der Hofburg hierselbst, um gegen dasselbe, weil es seine Zahlungen eingestellt und sein Gewölbe geschlossen haben soll, einen Sekuritätsprotest aufzunehmen, wegen einer von dem gedachten Bankhause angenommenen Originaltratte, welche mir eingehändigt wurde, mit keinem Stempel versehen ist, und wörtlich lautet, wie folgt:

(Kein Stempel.) Wien, den 14. März 1848.

Per 500 Souverains.

Ein Jahr nach heute zahlen Sie gegen diesen Solawechsel an die Ordre der Herren Völker et Comp. die Summe von Souverains Fünfhundert. Den Werth in uns selbst; Sie stellen solchen auf Rechnung Fr. et Fr. W., laut Bericht.

Herrn Ferdinand Troddel in Wien. | Acceptirt für Fünfhundert Souverains. Ferdinand Troddel. | Michel Deutsch.

Nöthigenfalls bei Sofius Wittwe daselbst.

(Auf der Kehrseite.)

Für uns an die Ordre der Herren Wiener und Söhne zu Wien.

Wartenberg, den 20. März 1848. Völker et Comp.

Für uns an die Ordre der Herren Gebrüder Deutschländer in Frankfurt a. M.

Wien, den 18. Juni 1848. Wiener und Söhne.

Für uns an die Ordre des Herrn Ulbert Brom.

Frankfurt a. M., den 1. November 1848.

Gebrüder Deutschländer.

Ich fand das mir wohlbekannte Geschäftslokal des Bankhauses Ferdinand Troddel, Nr. 0 an der Hofburg, fest verschlossen und konnte deshalb keinen Eingang erhalten. Deshalb ging ich in die Wohnung des mir bekannten Chefs dieses Hauses, Herrn Ferdinand Troddel, in demselben Hause, traf dort denselben an und, ihm den gedachten Originalwechsel vorzeigend, fragte ihn im Namen des Herrn Ulbert Brom: ob es richtig sei, daß er seine Zahlungen eingestellt habe. Er antwortete:

1) In einigen Ländern, z. B. Oesterreich und Baiern, muß in öffentlichen Urkunden auch das Regierungsjahr des Regenten angegeben werden.

„Ich kann thun, was ich will, ich habe mein Geschäft geschlossen."

Ich forderte ihn nun auf, für die acceptirte Summe von Fünfhundert Souverains und alle Kosten und Schäden Sicherheit zu bestellen; ich erhielt zur Antwort:

„Lassen's mich in Ruh'."

Ich protestirte deshalb Namens des Herrn Ulbert Brom wegen verweigerter Sicherstellung.

Nun begab ich mich auf weiteren Antrag in das Geschäftslokal der auf dem Wechsel vermerkten Nothadresse des Handlungshauses Sofius Wittwe, traf dort den bekannten Handlungsdisponenten Herrn Schwindi an und präsentirte ihm den vorbezeichneten Originalwechsel zur Annahme, erhielt aber zur Antwort:

„Wir acceptiren den Wechsel nicht."

Ich protestirte deshalb auch wegen verweigerter Annahme und behielt dem Herrn Requirenten gegen alle und jede aus dem gedachten Wechsel Verpflichtete seine Gerechtsame vor.

Zum Beweise dessen ist diese Urkunde unter meinem Amtssiegel und unter meiner Unterschrift ausgefertigt worden.

So geschehen wie oben.

(L. S.) Appollyon Griepdenkerl,

öffentlicher Notar im Sprengel des Appellationsgerichts von Niederösterreich.

c) Interventionserklärung.

(Anhang hinter vorstehenden Protest zu setzen.)

Heute den neunten November des Jahres u. s. w. erschien vor mir, dem unterschriebenen öffentlichen Notar im Bezirke des u. s. w. Gerichts, in meiner Wohnung, Brigittenau Nr. 0, der mir wohlbekannte Herr Ehrenfest Kuhtoß von hier, legte mir den vorstehenden Protest vor und erklärte, daß er den in demselben bezeichneten Wechselbrief zu Ehren der Unterschrift des Herrn Michel Deutsch angenommen habe. Worauf er sich, nach lauter Vorlesung dieses unter den Protest gesetzten Anhangs, eigenhändig unterschrieb.

Ehrenfest Kuhtoß.

Zum Beweise dessen ich diesen Nachtrag unter meinem Amtssiegel und meiner Unterschrift ausgefertigt habe. So geschehen wie oben.

(L. S.) Appollyon Griepdenkerl,

öffentlicher Notar im Bezirke des u. s. w. Gerichts.

d) Wechselprotest, Mangels Zahlung.

Heute, am Vierten Mai Eintausend Achthundert Sechs und Vierzig, Nachmittags um vier Uhr, habe ich mich auf Ersuchen des Kaufmanns Herrn Abel Wasser in Leipzig in das hierselbst am Marktplatze Nr. 51 belegene Komptoir des Herrn Josua Blase begeben, um den Primawechsel, welcher mit 10 Sgr. bestempelt ist und wie folgt lautet:

(Hier folgt der Vermerk: (10 Sgr. Stempel) und unmittelbar darunter eine vollständige Abschrift des Wechsels mit allen darauf befindlichen Vermerken. Wenn mehrere Wechsel präsentirt werden, so müssen sie alle wörtlich hier folgen, selbst wenn sie ganz gleichlautend wären.)*)

zur Zahlung zu präsentiren. Ich traf daselbst den Herrn Moritz L. persönlich an und legte ihm diesen Wechsel unter Eröffnung des Auftrages mit der Frage vor: ob und in welcher Art er oder Herr J. Windmacher den Wechsel zu zahlen gesonnen sei. Darauf habe ich von ihm die Antwort erhalten:

„Ich bezahle den Wechsel nicht, wegen Mangels an Deckung, auch weiß ich nicht, daß Herr J. Windmacher oder ein Prokuraführer anwesend ist, um den Wechsel zu decken."

Deshalb habe ich wegen nicht erfolgter Zahlung protestirt, den Herrn Requirenten gegen alle und jede aus obigem Primawechsel Verpflichtete seine Gerechtsame wegen Wechsel, Rückwechsel, Kapital, Zinsen, Kosten und Schäden ausdrücklich vorbehalten, und zur Beglaubigung alles dessen gegenwärtigen Protest ausgefertigt. So geschehen zu Leipzig, am Vierten Mai Eintausend Achthundert Sechs und Vierzig, Nachmittags vier Uhr.

(L. S.) Joseph Sturm,
öffentlicher Notar im Gerichtsbezirke des Königl.
Oberlandesgerichts zu Leipzig.

Bemerkung.

Die Unterschrift des Protestaten oder der Vermerk: daß er dazu erfolglos aufgefordert worden, ist nach Art. 88 der Allg. D. W.O. nicht erforderlich. Nach früherem Rechte behaupten Einige die Nothwendigkeit der Unterschrift; diese ist jedoch in den meisten Fällen nicht einmal zu erlangen, und aus dem Grunde kein Erforderniß eines Protestes, weil der Protest eine Willenserklärung des Protestirenden ist, welche er zur Verwahrung seines Rechts rechtzeitig ausdrücken, und nachher beweisen muß. Da nun derjenige, gegen welchen er solche Erklärung abzugeben hat, in der Regel nicht geneigt sein wird, ihm darüber eine Bescheinigung zu geben, so wird gerade durch den öffentlichen Beamten die Thatsache, daß und in welcher Art die Verwahrung stattgefunden hat, festgestellt, mithin ersetzt das amtliche Zeugniß dieses Beamten gerade die Bescheinigung des Betheiligten.

3. Eigener Wechsel.

Zu §. 635.

Gasburg, den 2. Januar 1846.
500 Thlr. Preuß. Kour.

Vier Monate nach Dato zahle ich gegen diesen meinen Wechselbrief an den Herrn Friedrich Docht in Dille, oder dessen Ordre, die Summe von Fünfhundert Thalern Preuß. Kourant. Valuta habe ich baar empfangen[1]) und leiste zur Verfallzeit prompte Zahlung nach Wechselrecht.

Johann Lebrecht Kessel.

An mich selbst in Gasburg, oder
wo ich sonst zu finden bin.

*) Entscheidungen des Obertribunals, Bd. VIII, Nr. 19.

1) Bei eigenen Wechseln ist die baare Zahlung der Valuta kein Erforderniß mehr,

XLV.
Kommodat.
Zu §. 644.

Der Leihkontrakt wird schon durch die Uebergabe der geliehenen Sache zu dem verabredeten Gebrauche rechtsverbindlich geschlossen; die schriftliche Form ist nur dann erforderlich, wenn eine unbewegliche Sache oder ein Recht der Gegenstand ist. Zum Wesen gehört landrechtlich die Bestimmung des Gebrauchs und der Dauer entweder durch Zeitangabe, oder durch die Art, oder den Zweck des eingeräumten Gebrauchs. Erheblich ist es auszudrücken: ob der Verleiher das Geschäft dem Anderen angetragen, oder ob er daraus Vortheil habe, weil dies auf den Grad des von dem Leiher zu vertretenden Versehens Einfluß hat.

Muster.

Ort und Datum.

Vor dem ꝛc. erschien der Kaufmann N. von hier und bekannte, daß ihm der Gutsherr Z. auf Haberland ein Gespann Pferde, und zwar zwei sechsjährige Füchse ohne Abzeichen, und seinen halb bedeckten, in Federn hängenden Reisewagen nebst Kasten, zu einer bloß mit seiner Frau und einem Diener zu machenden Reise nach Petersburg auf drei Monate, von heute an gerechnet, ohne alles Entgeld und auf Bitte geliehen und heute übergeben habe; und daß er versprochen, diese Gegenstände mit dem Ablaufe der Zeit dem Verleiher wohlbehalten zurückzustellen und auch nicht allein die gewöhnlichen, sondern auch alle, während seiner Gebrauchszeit erforderlich werdenden außerordentlichen[2]) Erhaltungskosten ohne Vergütung zu tragen; desgleichen, daß er, weil der Verleiher, um ihm zu dienen, sich auf drei Monate anders eingerichtet habe und durch frühere Zurückgabe der Pferde in Nachtheil kommen würde, die Pferde bei früherer Rückkehr von der Reise bis zum Ablaufe der drei Monate bei sich in Futterung und Verpflegung behalten wolle, ohne sie unterdessen weiter zu gebrauchen.

Vorgelesen, genehmigt und vollzogen.

a. u. s.

Unterschriften.

daher davon auch nicht mehr Erwähnung gethan zu werden braucht. A. D. W.O. Art. 96. Das Empfangsbekenntniß der Valuta hat auch sonst keinen besonderen Nutzen, da ein verjährter oder präjudizirter Wechsel selbst nicht mehr als Schuldschein gebraucht werden kann. Art. 83. Das Obertribunal hat in dieser Hinsicht jedoch eine entgegengesetzte Meinung zur Geltung gebracht, wodurch es sich mit anderen deutschen höchsten Gerichten in Widerspruch gesetzt hat.

2) Diese fallen ohne besondere Verabredung dem Leiher nicht zur Last, er muß sie unter Umständen bloß vorschießen und kann Ersatz fordern.

XLVI.
Depositum.

Da dieses Geschäft durch die Niederlegung rechtsverbindlich abgeschlossen wird, so hat eine darüber aufgesetzte Schrift bloß den Zweck des Beweises; werden Accidentalien festgesetzt, so ist die schriftliche Form erforderlich.

1. Depositen-Schein.

Zu §. 647.

Ich, der Kaufmann N., erkenne an, daß mir Herr A. einen, mit seinem Wappen versiegelten Beutel, worin Fünfhundert Friedrichsd'or sein sollen, zur Verwahrung gegeben hat; und verspreche, denselben, sobald es verlangt wird, in demselben Zustande an den Niederleger zurückzugeben.

Ich, der A., gestatte dem Herrn N. auf den Fall, daß er den beabsichtigten Gutskauf abschließen sollte, das Geld zur Bezahlung des Kaufgeldes zu gebrauchen, wenn er mir eine zu Fünf Prozent verzinsliche Hypothek dafür mit dem Gute bestellt. Er soll in diesem Falle den Beutel vor Notar und Zeugen öffnen und das Geld zählen.

Dieser Depositenschein ist in zwei Exemplaren ausgefertigt, und jeder Theil hat ein Exemplar, nach geschehener Vollziehung, an sich genommen.

So geschehen N., den . . . .

2. Bestellung eines Sequesters.

Zu §. 649.

Rittergut Kaisersbart, den . . . .

In Sachen ꝛc. ist auf Antrag des Klägers die Sequestration des streitigen Ritterguts Kaisersbart verfügt worden und die Parteien haben sich darüber geeinigt, daß der Oekonom Eduard Behaltegern aus Sichersitz zum Sequester bestellt werde, der sich zur Annahme dieses Postens auch bereit erklärt hat. Heute ist zur Einführung desselben ein Termin angesetzt worden, und der unterschriebene Gerichtsdeputirte hat sich hierher verfügt. Es fanden sich ein

1) der gedachte Oekonom Eduard Behaltegern,

2) die Parteien, nämlich (folgen die Namen ꝛc.).

Der Erstere war bereit, das Gut Kaisersbart zu übernehmen und als Sequester, gegen ein jährliches Salarium von Dreihundert Thalern und freien Unterhalt auf der Wirthschaft zu verwalten. Die beiden streitenden Parteien sagten ihm solches zu und bewilligten, daß derselbe sich dieses Salarium in vierteljährigen Raten postnumerando aus der Wirthschaftskasse entnehmen und gehörig in Ausgabe stellen könne; bedangen sich aber Kautionsbestellung mit seinem Freigute Windhofe auf die Summe von 1000 Thalern aus, wozu Behaltegern sich willig verstand.

Zuvörderst wurde nun Herr Eduard Behaltegern mit den Pflichten eines Güterpflegers bekannt gemacht; er gelobte mittelst Handschlages an Eides-statt, dieselben gewissenhaft zu erfüllen.

Hierauf wurde ihm das Gut wie folgt übergeben:

(Nun folgt die ausführliche Uebergabeverhandlung von Rubrik zu Rubrik, wie unten das Muster bei der Pachtung eines Landguts No. LIX, 2, b zeigt.)

Herr Eduard Behaltegern quittirte über die richtige Uebergabe. Er versprach, alljährlich zu Johannis Rechnung zu legen, und künftig demjenigen der darüber streitenden Theile das Gut zu übergeben, welchem dasselbe zugesprochen werden wird, und zwar ohne allen weiteren Verzug, indem er unter keinem Vorwande ein Retentionsrecht ausüben will und auch nicht auf eine Kündigungsfrist Anspruch hat.

Zur Sicherung für alle Forderungen, welche dem obsiegenden Theil an ihn aus der Verwaltung entstehen möchten, bestellt er demselben mit seinem Freigute Windhose auf den Betrag von Eintausend Thalern Hypothek, und willigt in die Eintragung derselben.

Folgen die Unterschriften.

XLVII.
Pfandkontrakt.

Zu §. 650 flg.

1. Pfandkontrakt über bewegliche Sachen.

Bei beweglichen Sachen ist keine Form erforderlich; es verhält sich mit der darüber gegebenen Schrift wie bei dem Kommodate; sie vertritt jedoch, wenn das Hauptgeschäft darin zugleich gehörig bezeichnet wird, die Stelle des fehlenden schriftlichen Hauptkontrakts, wenn sie der Schuldner angenommen hat. Bei unbeweglichen Sachen ist die schriftliche Form vorgeschrieben.

Muster.

Ort und Datum.

Erschien der NN. und erklärte:

Der Kaufmann N. habe ihm einen Centner Indigo als Unterpfand für ein Darlehn von fünfhundert Thalern, welches er demselben zu Fünf Prozent Zinsen auf Sechs Monate vorgeliehen, in einer in seiner Gegenwart verschlossenen und mit dem Petschafte des Pfandgebers versiegelten Kiste verpackt, gestern übergeben; er bescheinige den richtigen Empfang und verspreche die Rückgabe nach geschehener Tilgung der Darlehnsschuld an Kapital, Zinsen und Kosten.

V. g. u.

Unterschriften.

2. Antichretischer Pfandkontrakt.

Zu §. 653.

Wird eine fruchttragende Sache zum Unterpfande gegeben, so muß der Pfandnehmer sie verwalten und Rechnung legen, die Ueberschüsse aber alljährlich zuerst auf die Zinsen und dann auf das Kapital abrechnen. Bei dieser Art des Pfandkontrakts kann wegen Meliorationen und Deteriorationen keine Bestimmung getroffen werden, weil der Pfandbesitzer Verwalter für fremde Rechnung ist und nur seine eigenen Verwendungen fordern kann, die Verbesserungen aber mit den Mitteln des Prinzipals bewirkt: hinsichtlich der Verschlechterung hingegen, außer dem Falle der Vernachlässigung, nichts zu ersetzen hat, indem die dadurch gemachten Ersparungen nicht ihm, sondern dem Pfandgeber zu Gute kommen. (Muster A.)

Wird aber die Rechnungslegung im Voraus erlassen, so hat das Geschäft Aehnlichkeit mit der Pacht. Es muß dann die Dauer bestimmt und Verabredung wegen der Konservation der Substanz getroffen werden. Geht die Verabredung bloß dahin, daß die Nutzungen statt der Zinsen gezogen werden sollen, so ist nicht nöthig, die Dauer im Voraus zu bestimmen, weil bei ermangelnder Bestimmung der Dauer der Gläubiger auf Kündigung und gegen Befriedigung abziehen muß; soll hingegen auch wegen des Kapitals Befriedigung durch die Nutzungen erfolgen, so ergiebt sich von selbst, daß die Dauer nothwendig vorausbestimmt werden muß. Diese Art des Pfandkontrakts, wo der Pfandnehmer von der Rechnungslegung befreit sein soll, muß nothwendig nach vorheriger Prüfung gerichtlich bestätigt werden. Kompetent dazu ist sowohl der Richter der Sache, als der persönliche Richter des Schuldners, so wie der Richter, vor welchem der Kontrakt geschlossen worden ist, wenn ihnen die zur Prüfung erforderlichen Nachrichten vorgelegt werden. Ohne diese Bestätigung gilt der Kontrakt nur als ein gewöhnlicher antichretischer Pfandkontrakt, wonach der Pfandinhaber Rechnung legen muß. (Muster B.)

Muster. A.

Ort und Datum.

Eingang.

§. 1.

Der Gutsbesitzer Gebhart von Z. hat dem Gutsbesitzer Lebrecht K. ein Darlehn von Zehntausend Thalern am 24. v. M. gegen Verzinsung von Fünf Prozent vorgestreckt und ausgezahlt. Herr Lebrecht K. erkennt dies an und hat sein im hiesigen Kreise belegenes Rittergut G. . . . dem Herrn Gebhart von Z. zu einem nutzbaren Pfande an demselben Tage, nach einem davon aufgenommenen Inventarium, welches beide Theile hierbei übergeben und anerkennen, übergeben, damit derselbe solches wirthschaftlich verwalte und die nach Abzug der Kosten und Lasten verbleibenden Nutzungen zuerst auf die Zinsen und sodann auf das Kapital behalte und abrechne. Herr Lebrecht K. willigt[1]) auch darin, daß dieses Pfandrecht für den Herrn v. Z. in das Hypothekenbuch eingetragen werde.

§. 2.

Herr v. Z. quittirt über die nach der Anlage gehörig vollzogene Uebergabe und verspricht, die Rechnung jährlich mit dem 24. Juni abzuschließen und binnen 14 Tagen darauf dem Herrn K. zu überliefern.

§. 3.

Herr von Z. erhält jährlich ein Verwaltungshonorar von Einhundert und Funfzig Thalern aus den Revenüen, und kann dasselbe am Ende des Wirthschaftsjahres in der Rechnung in Ausgabe stellen.

§. 4.

Der Pfandschuldner hat sich vorbedungen, daß der Gläubiger seine Befriedigung an Kapital und Zinsen bloß aus den Nutzungen des verpfändeten Guts soll nehmen können; die Rückgabe des Guts hängt daher von der Befriedigung des Gläubigers ab und soll erfolgen, sobald derselbe den Rest seiner Forderung aus dem Bestande der Wirthschaftskasse zu nehmen im Stande ist. Da diese Modalität aber zum Besten des Schuldners getroffen ist, so steht diesem frei, zu allen Zeiten seinen Gläubiger nach vorheriger vierwöchentlicher Kündigung vollständig zu befriedigen, und der Gläubiger soll dann das Gut unverzüglich zurückgewähren. Das Honorar des laufenden Jahres soll in diesem Falle nach Verhältniß der Zeit entrichtet werden.

§. 5.

Von den Vorschüssen, welche der Herr Gläubiger etwa machen möchte, soll er sich keine Zinsen berechnen dürfen.

§. 6.

Die Kosten dieses Kontrakts und der Rückgabe übernimmt der Schuldner; die Kosten der geschehenen Uebergabe werden kompensirt.

V. g. u.

Unterschriften.

Muster B.

§. 1.

Der Gutsbesitzer Gebhart v. Z. hat dem Gutsbesitzer Lebrecht K. ein Darlehn von Zehntausend Thalern vorgestreckt und am 24. v. M. baar gezahlt; Herr Lebrecht K. hat ihm dagegen sein Landgut G. . . . im hiesigen Kreise zum Pfandbesitze eingeräumt und an demselben Tage übergeben. Herr Lebrecht K. quittirt über den Empfang der Zehntausend Thaler, und Herr Gebhart v. Z. erkennt an, daß ihm das Gut G. . . nach dem davon aufge-

1) Diese Einwilligung zur Eintragung (Intabulationsklausel) ist in keiner Schuld- und Pfandverschreibung mehr erforderlich. G. v. 24. Mai 1853, §. 8. (G.S. S. 521.)

nommenen Inventarium, welches als Beilage hierzu übergeben und von beiden Theilen für richtig anerkannt wird, richtig übergeben worden sei.

§. 2.

Der Herr v. Z. soll das Gut nach wirthschaftlicher Art verwalten und die nach Abzug der Kosten- und Lasten verbleibenden Nutzungen, statt der Zinsen, ohne Rechnungslegung genießen.

§. 3.

Die Dauer des Pfandverhältnisses ist auf Sechs Jahre verabredet, vor deren Ablaufe keiner von Beiden abgehen kann; die Rückgabe geschieht auf Johannis 1848, jedoch nur gegen Befriedigung des Gläubigers wegen seiner Kapitalsforderung und wegen der im §. 4 gedachten Verwendungen. Unterbleibt die Befriedigung, so behält der Gläubiger den Pfandbesitz, bis solche erfolgt, jedoch muß derselbe alsdann von Johannis 1848 an Rechnung legen und die Nutzungen zuerst auf die Zinsen und hiernächst auf das Kapital abrechnen.

§. 4.

Für Verschlimmerungen haftet der Pfandgläubiger nach den Grundsätzen, welche von den Pachtverhältnissen gelten. Für Verbesserungen erhält er keine Vergütung, aber das bei der Rückgewähr vorhandene Plus am Vieh-, Feld- und Wirthschaftsinventarium kann und muß er gegen Erstattung des Werths zurücklassen. Das Plus oder Minus wird gefunden lediglich durch Vergleichung der Gesammtsumme der Taxe vom ganzen Inventarium gegen die in dem hier beiliegenden Verzeichnisse ausgeworfene und aufgerechnete Gesammtsumme, so daß sich die verschiedenen Sorten einander decken und ausgleichen. Bei der Taxe ist auf den marktgängigen Preis gesehen worden und nach dem künftigen Marktpreise soll auch bei der Rückgabe taxirt werden. Stroh- und Heubestände werden nicht taxirt; was künftig an Menge weniger abgeliefert wird, muß nach dem Marktpreise ersetzt werden; und verkaufen darf der Pfandbesitzer kein Heu oder Stroh. Ein Plus an Aussaaten und Pflugarten wird nicht vergütet; ein Minus aber muß der Pfandbesitzer, und zwar die Winteraussaat nach dem Martini-Marktpreise des vorigen Jahres, und die Sommeraussaat, so wie Kartoffeln, nach dem Durchschnittsmarktpreise des Aprils in der Kreisstadt; die Bestellungskosten aber mit 10 Sgr. pro Scheffel und Furche, bei Kartoffeln mit 15 Sgr. für den Scheffel Aussaat vergüten. Im Uebrigen kommen bei entstehenden Uneinigkeiten die vom Pachtverhältnisse geltenden Regeln zur Anwendung. Alle Reparaturen an Gebäuden müssen, während der Dauer der Pfandnutzung ohne Rechnungslegung, auf Kosten des Pfandbesitzers geschehen, und was am Ende der Sechs Jahre noch zu repariren ist, muß der Pfandbesitzer nach dem Anschlage Sachverständiger bezahlen.

Alles, was hiernach für den Fall der Rückgabe am 24. Juni 1848 auszumitteln, festzustellen und zu berechnen ist, muß auch dann geschehen, wenn wegen ausbleibender Befriedigung des Gläubigers der Pfandbesitz auf Rechnung fortgesetzt wird, weil von da an der Pfandbesitzer nur als Verwalter für Rechnung des Schuldners, rücksichtlich der Bewirthschaftung des Guts, in Betracht kommt.

§. 5.

Kosten und Stempel dieses Kontrakts, so wie die Kosten der künftigen Rückgewähr trägt der Schuldner allein.

Schluß und Unterschriften.

Anmerkungen.

1) Die Bestätigung des Richters hat die Natur der Einwilligung, ohne welche der Kontrakt nicht perfekt ist. Der Richter kann diese Einwilligung mit Gewissenhaftigkeit nicht eher geben, als bis er sich überzeugt hat, daß der nach wirthschaftlichen Grundsätzen ausgemittelte reine Ertrag die erlaubten höchsten Zinsen nicht um mehr als ein Drittel übersteigt, und um diese Ueberzeugung zu gewinnen, muß er sich einen Nutzungsanschlag vorlegen lassen. Nur wenn der Ertrag hauptsächlich vom Zufalle abhängt, wie z. B. bei Bergwerken, Gütern, welche sehr große, wilde Fischereien haben und daraus eine Hauptrubrik machen, u. dgl., kann dies nicht maßgebend sein, sondern das Geschäft ist ein gewagtes. Die Bestätigung wird, wenn diese durch den instrumentirenden Richter geschieht, füglich mit der Ausfertigungsformel verbunden, etwa in dieser Art:

Vorstehender Kontrakt wird hierdurch bestätigt und ist urkundlich ꝛc. ausgefertigt.

2) Zur Ausfertigung des Hauptexemplars muß der Werthstempel verwendet werden, der nach dem für Pachtkontrakte vorgeschriebenen Satze von einem Drittel Prozent des Betrages der Vortheile, welche der Nutznießer dem Eigenthümer für die Nutzungen gewährt, bestimmt wird. Diese Bestimmung paßt jedoch nur für den Pfandbesitz ohne Rechnungslegung, das Stempelgesetz unterscheidet aber nicht. Die zu versteuernde Summe sind die landüblichen Zinsen von dem geliehenen Kapitale, wenn nämlich die Nutzungen statt der Zinsen gezogen werden sollen; wenn aber in einer gewissen Zeit auch das Kapital durch die Nutzungen getilgt werden soll, so muß auch dieses dazu gerechnet werden.

XLVIII.

Vollmachtsauftrag.

Zu §. 655 flg.

Vollmachten können in der Regel vor Notar und Zeugen ausgestellt werden, ausgenommen 1) solche, wodurch Auftrag zur Zurücknahme eines Testamentes gegeben wird, 2), solche, wodurch Auftrag gegeben wird, den Bräutigam bei Eingehung des Verlöbnisses zu vertreten, und 3) solche wodurch Jemand bevollmächtigt wird, einen Eid in die Seele des Auftraggebers zu schwören oder eine eidesstattliche Versicherung für ihn abzugeben, in welchem Falle die Formel des Eides oder die Versicherung, wie sie der Bevollmächtigte aussprechen soll, wörtlich angegeben werden muß, damit sie für den Auftraggeber bindend sei, und er, wenn sie falsch wäre, als Autor des Meineids oder der falschen Versicherung angesehen werden könne. Diese Vollmachten müssen gerichtlich ausgestellt werden; doch hat das Gesetz betreffend die Ausstellung gerichtlicher Erbbescheinigungen vom 12. März 1869, §. 3 (G.S. S. 473) die notarielle Aufnahme der eidesstattlichen Versicherung der Richtigkeit der Erbeslegitimationserklärung gestattet. Desgleichen mußten sonst 4) alle Vollmachten der Dorfgemeinden gerichtlich ausgestellt werden. Diese Form ist durch das G. v. 14. April 1856, §. 10 (G.S. S. 359) abgeschafft; aber sie müssen sich immer auf einen ordentlich gefaßten Beschluß gründen und erfordern Aufmerksamkeit: denn sie sind ungültig, wenn bei der Zusammenberufung nicht der Gegenstand der Berathung bekannt gemacht worden ist, und nicht alle Mitglieder gehörig vorgeladen sind, oder nicht die erforderliche Zahl zusammengewesen ist. Daß die Vollmacht, welche von dem Schulzen und den Schöppen, unter Beidrückung des Gemeindesiegels, unterschrieben sein muß, auf den Grund eines ordnungsmäßigen Gemeindebeschlusses, zu welchem alle Stimmberechtigte gehörig eingeladen worden, ausgestellt sei, muß von Schulzen und Schöppen bei der Unterschrift bescheinigt sein.

1. Muster einer Vollmacht, worin eine eidesstattliche Versicherung aufgetragen wird.

Ich 2c. bevollmächtige, unter Ertheilung der Befugniß zur Ernennung eines Substituten, den Herrn N., vor dem Königl. 2c. Gerichte zu . . . ., in der Nachlaßsache meiner Mutter NN., meine Gerechtsame wahrzunehmen, insbesondere meine Erbeslegitimation zu führen und in meine Seele an Eidesstatt zu versichern, daß mir außer mir und meinen vier Geschwistern von der Mutterseite, namentlich: (folgen die Namen), so wie zwei Neffen von der vorverstorbenen Schwester N., namentlich 2c., keine näheren oder gleich nahen Verwandten meiner verstorbenen Mutter bekannt sind; ferner sich über die Antretung der mir angefallenen mütterlichen Erbschaft zu erklären, das Inventarium zu bemängeln oder für richtig anzunehmen; das Theilungsgeschäft für mich zu verhandeln, den Erbrezeß abzuschließen und zu vollziehen, und den auf mich fallenden Erbtheil, er bestehe worin er wolle, in Empfang zu nehmen und überhaupt Alles zu thun, was zur vollständigen Regulirung der Verlassenschaft und Auseinandersetzung der Erben erforderlich ist. Namentlich soll er, wenn die Einziehung oder der Verkauf der Nachlaßforderungen vor der Theilung beliebt wird, zur Quittungsleistung, zu Cessionen und zur Empfangnahme von Zahlungen befugt sein, so wie auch die wegen Erbschaftsforderungen oder Schulden entstehenden Prozesse für mich zu führen, die Entscheidungen in Empfang zu nehmen, und Alles zu thun, was die Gerichte von dem Bevollmächtigten einer anwesenden Partei zu fordern berechtigt sind. Sollte der Verkauf der Grundstücke behufs der Theilung in Antrag kommen, den er auch selbst anbringen kann, so soll er mich in den Subhastationen zu vertreten, für mich mitzubieten und zu erstehen, auch die Urtelsausfertigungen zu empfangen, und bei der Kaufgelderbelegung für mich zu handeln befugt sein.

Was nun mein Herr Bevollmächtigter vermöge dieses Auftrags für mich thun wird, verspreche ich genehm zu halten.

Vollziehung.

Anmerkung.

Man kann den Inhalt der Vollmacht in das gerichtliche Protokoll aufnehmen, welches dann gewöhnlicher Maßen auf einem 15 Silbergroschen-Stempelbogen ausgefertigt wird. Ist jedoch die Vollmacht in einer besonderen Urkunde enthalten, welche vor Gericht bloß rekognoscirt wird, so muß zur Vollmacht und auch zur Ausfertigung des Rekognitionsakts ein Stempel von 15 Sgr. verwendet werden. Die Ausfertigung des Rekognitionsakts wird unter die Vollmachtsurkunde gesetzt, und zwar entweder in Form einer Ausfertigung des Protokolls, oder in der eines Attestes, etwa in folgender Fassung:

Attest.

Daß der NN. zu NN. die vorstehende Vollmacht vor einem Deputirten des unterzeichneten Gerichts ihrem Inhalte nach genehmigt und eigenhändig unterschrieben (oder, wenn sie schon unterschrieben war, die darunter befindliche Namensunterschrift für seine eigenhändige anerkannt) hat, wird auf Grund des darüber aufgenommenen gerichtlichen Protokolls vom 2. Dezember 1847 hierdurch attestirt.

N., den u. s. w.

Königl. ꝛc. Gericht.

(L. S.) Unterschrift.

2. Muster einer Gemeinde-Vollmacht.

Obgleich die gerichtliche Form bei Dorfgemeinde-Vollmachten abgeschafft ist, so kommt es doch noch vor, daß die Aufnahme einer solchen Vollmacht bei dem Gerichte nachgesucht wird, weshalb das Beispiel stehen geblieben ist.

Im Schulzenamte zu Kunzendorf, den Dreißigsten August Eintausend Achthundert und Zwei und Vierzig, Vormittags um 10 Uhr.

Das hiesige Dorfgericht hat bei dem Königl. Fürstenthumsgerichte zu Neisse eine Deputation zur Aufnahme einer Vollmacht von der Dorfgemeinde hierselbst nachgesucht, und es war heute das abgeordnete unterschriebene Mitglied des Kollegiums dieses Gerichts zu dem genannten Zwecke hier eingetroffen. In dem zur Amtshandlung bestimmten Schulzenamte fand er die Dorfgerichtspersonen, nämlich:

1) den Schulzen, Bauer Christian A.,
2) den Gerichtsmann, Bauer Jakob B.,
3) den Gerichtsmann, Bauer Michel C.,

alle von Person wohl bekannt, anwesend.

Die hiesige Gemeinde besteht nach dem, dem Deputirten aus dem Archive des Fürstenthumsgerichts vorliegenden, Possessionenverzeichnisse aus funfzehn Mitgliedern, und zwar aus acht Bauern und sieben Halbbauern. Der Schulze A. legte den beiliegenden Umlauf vor, wodurch

die Gemeindeglieder aufgefordert werden, sich heute um 9 Uhr zu einer außerordentlichen Versammlung im Schulzenamte zusammenzufinden, um zu berathen und zu beschließen: ob Jemand und wer zur Vertretung der

Gemeinde in einem wider die Gutsherrschaft wegen Pfarr- und Schulbauten anzustrengen beabsichtigten Prozesse zu bevollmächtigen sei, oder ob die ganze Rechtssache auf sich beruhen bleiben solle.

Dieser Umlauf war, nach den darunter befindlichen Unterschriften und dem Insinuationsvermerke des Gemeindedieners, allen übrigen Zwölf Gemeindegliedern vorgezeigt worden. Eingefunden haben sich aber nur Vier, nämlich:

1) der Bauer Caspar D.,
2) der Bauer Joseph E.,
3) der Halbbauer Benjamin F.,
4) der Halbbauer Hans G.,

wogegen die übrigen Acht Mitglieder, und zwar:

1) die Bauerwittwe Marie H.,
2) der Bauer Ludwig J.,
3) der Bauer Natan K.,
4) der Halbbauer George L.,
5) der Halbbauer Heinrich M.,
6) der Halbbauer Melchior N.,
7) der Halbbauer Samuel O.,
8) die Halbbauerwittwe Elisabeth P.,

ausgeblieben waren, ohne sich entschuldigen zu lassen. Die anwesenden oben genannten sieben Gemeindemitglieder gaben keine Ursachen des Ausbleibens der fehlenden acht Mitglieder an; sie vermutheten nur, daß sie vielleicht durch die Ernte abgehalten werden möchten. Der Deputirte hatte durchaus keinen Verdacht, daß die Erschienenen beabsichtigten, die ausgebliebenen Mitglieder zu entfernen, und fand daher keine Veranlassung, auf deren Herbeirufung zu dringen, zumal dem Rufe keine Folge zu geben sein würde.

Von den anwesenden sieben Mitgliedern waren zwei, nämlich der Schulze A. und der Halbbauer F., der Meinung, daß kein Bevollmächtigter zu ernennen, vielmehr die Sache auf sich beruhen bleibe, weil sie keinen günstigen Erfolg von dem Prozesse hofften. Die übrigen Fünfe aber waren darüber einig, daß die Klage anzustellen und mit der Führung des Prozesses der Rechtsanwalt Unklar zu Neisse zu beauftragen sei. Da hiernach der gesetzmäßige Beschluß der Gemeinde für die Ausstellung der Vollmacht ausfiel, so erklärten die anwesenden 7 Gemeindeglieder:

Wir Endesunterschriebene, als die gesetzmäßige Gemeindeversammlung, bevollmächtigen Namens der hiesigen Dorfgemeinde den Herrn Rechtsanwalt Unklar zu Neisse, gegen die hiesige Gutsherrschaft, den Grafen Willnicht, auf Leistung von Beiträgen zu den hiesigen Kirchen-, Pfarr- und Schulbauten zu klagen, in dem bei dem Fürstenthumsgerichte zu Neisse anhängig zu machenden Prozesse die hiesige Gemeinde durch alle Instanzen zu vertreten und alles dasjenige in deren Namen zu thun, was die Gerichte von dem Bevollmächtigten einer abwesenden Partei zu fordern berechtigt sind; insbesondere auch die ergehenden Definitiventscheidungen für die Gemeinde in Empfang zu nehmen und sich einen Substituten zu bestellen.

Vorgelesen, genehmigt und vollzogen.

A. B. C. D. E. F. G.

a. u. s.

B.,

Königl. Fürstenthumsgerichts-Rath.

Anmerkungen.

1) Dieses Protokoll wird auf 15 Sgr. Stempel ausgefertigt. Wird aber ein gestempeltes Formular ausgefüllt und vollzogen, so muß darunter über die auf Grund eines gesetzmäßigen Gemeindebeschlusses erfolgte gerichtliche Vollziehung ein Attest, worin anzugeben ist, aus wieviel Mitgliedern die Gemeinde bestehe und in welcher Art der von einer geringeren Zahl gefaßte Beschluß rechtsgültig zu Stande gekommen. auf einen besonderen 15 Sgr. Stempel gesetzt; es kann aber auch das Vollziehungsprotokoll hinter der Vollmacht auf 15. Sgr. ausgefertigt werden.

2) (8. A.) Prozeßvollmachten können von Schreibkundigen außergerichtlich, auf 15 Sgr. Stempel in stempelpflichtigen Sachen ertheilt werden. Ein Rechtsanwalt ist nach den Bestimmungen des Stempelgesetzes vom 7. März 1822 für den Stempel der zu seiner Legitimation von ihm eingereichten Prozeßvollmacht, sofern deren Aussteller nicht Stempel- oder Sportelfreiheit genießt, persönlich verhaftet. In dieser Verpflichtung ist durch die neuere Sportelgesetzgebung keine Aenderung eingetreten. Erk. des Obertr. vom 14. Dezember 1866 (Entsch. Bd. LVII. S. 269).

3) (8 A.) Der Aussteller einer ungestempelten Vollmacht zu seiner Vertretung in einer Untersuchung hat die Stempelstrafe nicht verwirkt, wenn die Vollmacht innerhalb 14 Tagen nach der Ausstellung dem Gerichte eingereicht und der Stempel innerhalb dieser Frist nicht nachgebracht wird. Pr. 289 des Obertr. Sen. f. Strafs., vom 28. November 1864 (Entsch. Bd. LIII. S. 59 *). Vorher war in mehreren Entscheidungen, namentlich in den Erkk. vom 7. November 1855 u. vom 10. Dezember 1856 (Goltdammer Arch. Bd. IV, S. 227 u. Bd. V, S. 255) immer auf Stempelstrafe gegen den Aussteller erkannt worden.

Die dem Vertreter des Angeschuldigten in einer Untersuchung wegen Stempel-Kontravention ertheilte Vollmacht bedarf nicht ohne Rücksicht auf die Höhe der für den vorliegenden Fall im Gesetze angedrohten Geldstrafe eines Stempels. Erk. dess. vom 21. November 1864 (Entsch. Bd. LII, S. 372).

Attest.

Daß die Dorfgemeinde aus Kunzendorf nur aus funfzehn Mitgliedern besteht, sämmtliche Mitglieder zu einer außerordentlichen Versammlung unter Bekanntmachung des Gegenstandes der Berathschlagung vorgeladen worden, daß in dieser Versammlung sieben Mitglieder erschienen sind, und in Folge eines gefaßten Beschlusses die vorstehende Vollmacht ausgestellt und eigenhändig vollzogen haben, solches wird auf Grund des darüber aufgenommenen gerichtlichen Protokolls vom 13. August 1842 hierdurch attestirt. N. den u. s. w.

XLIX.

Verwaltungskontrakt.

Zu §§. 662, 663.

Im Preuß. Rechte wird dieser Kontrakt für eine besondere Art zweiseitigen Vertrags angesehen; er erfordert als ein Vertrag über Handlungen die schriftliche Form. Da es nach dem Allg. Landrechte zweifelhaft sein kann, ob der Verwalter auch für ein mäßiges Versehen einzustehen habe, so ist es zweckmäßig, dieses jedenfalls im Vertrage auszudrücken.

Muster.

Ort und Datum.

Eingang.

§. 1.

Der Oekonomiekommissarius Y. macht sich verbindlich, das dem Herrn von X. gehörige Rittergut Dungpfühl bis zu einer, jedem Theile zu allen Zeiten freistehenden, dreimonatlichen Aufkündigung zu verwalten und dabei für jedes Versehen einzustehen; er erkennt auch an, daß ihm dieses Gut, nach einem darüber aufgenommenen Verzeichnisse, welches hierbei übergeben und von beiden Theilen für richtig anerkannt wird, am vergangenen 1. d. M., vollständig und richtig übergeben worden ist, und er verspricht, die Rechnung alle Vierteljahre in den ersten 14 Tagen des nächsten Quartals zu legen.

§. 2.

Derselbe erhält als Besoldung für sich und seine Familie freie Wohnung im herrschaftlichen Nebenhause, und freien Unterhalt, soweit derselbe aus den Gutserzeugnissen in Natur bestritten wird, und außerdem jährlich 400 Thlr., schreibe Vierhundert Thaler in vierteljährigen Terminen.

§. 3.

Er bestellt dem Prinzipal zur Sicherheit wegen aller aus diesem Verhältnisse entstehenden Forderungen desselben an ihn eine baare Kaution von Eintausend Thalern. Der Herr von X. bekennt, diese Summe bereits gezahlt erhalten zu haben, verspricht dem Herrn Verwalter davon Vier Prozent Zinsen zu zahlen, und bestellt ihm zur Sicherheit für Kapital und Zinsen Hypothek mit dem Gute Dungpfühl.

§. 4.

Durch den eintretenden Tod des Prinzipals wird der Kontrakt nicht aufgehoben oder auch nur von selbst aufgekündigt. Der Verwalter soll schuldig sein, auf Verlangen des Prinzipals auf der Stelle abzuziehen, alsdann aber muß ihm der Prinzipal für den Verlust der Kündigungsfrist eine Entschädigung von Einhundert Thalern, weiter aber nichts, zahlen. Der Verwalter soll auch nicht das Retentionsrecht wegen seiner Forderungen ausüben, er soll aber eine gerichtliche Abnahme des Guts und der Verwaltungsgeschäfte auf Kosten des Prinzipals verlangen und abwarten dürfen, bevor er das Gut zu räumen hat.

Unterschriften.

Anmerkung.

Dieser Vertrag erfordert an sich den gewöhnlichen Ausfertigungsstempel von 15 Sgr.; wegen der in dem Muster vorkommenden Quittung über die Kaution würde aber zu dem Exemplare für den Verwalter ein Stempel von 25 Sgr. zu verwenden sein.

L.
Gesellschaftsvertrag.

Zu §§. 665—668.

Der Gesellschaftsvertrag erfordert wesentlich die schriftliche Form, und wenn es eine Gesellschaft in Beziehung auf den ganzen Erwerb sein soll, die gerichtliche Form, auch, damit diese Gesellschaft Dritte verbinde, öffentliche Bekanntmachung durch Anschlag an der Gerichtsstelle des Wohnorts sämmtlicher Kontrahenten und durch Einrückung in die Zeitungen und Intelligenzblätter der Provinz. Sind die Gesellschafter Personen, welche eine Handelsgesellschaft schließen, so bedarf es zur Gültigkeit des Gesellschaftsvertrages der schriftlichen Abfassung oder anderer Förmlichkeiten nicht. Handelsgesetzbuch Art. 85. Im Bereiche des Allg. Landrechts ist diese für Handelsgesellschaften gebräuchliche oder vorgeschriebene Form auf civilrechtliche Gesellschaftsverträge unanwendbar. Denn die mündliche Vereinbarung begründet keine Gesellschaftsrechte unter Nichtkaufleuten und durch Eintragung in das Handelsregister läßt sich ein Surrogat für die schriftliche Abschließung nicht schaffen, weil die Gerichte einen Gesellschaftsvertrag über ein Unternehmen, dessen Gegenstand nicht Handelsgeschäfte sind, nicht eintragen. Erfolgte jedoch einmal eine solche Eintragung, so würde darum doch die Gesellschaft nicht als Handelsgesellschaft gelten können. Die Aufhebung und Auseinandersetzung geschieht durch einen besonderen Vertrag, den Theilungsrezeß. Es folgen hier Muster

1) eines einfachen Gesellschaftskontrakts,
2) eines Kontrakts über eine allgemeine Erwerbsgesellschaft,
3) der verschiedenen Handlungsgesellschaftskontrakte nebst Anmeldungen zum Handelsregister,
4) eines Theilungsrezesses.

1. Kontrakt über eine Spezialgesellschaft.

Neisse, den ersten Juli Eintausend Achthundert Zwei und Vierzig.

Vor dem Kreis-Justizrathe des Neisser Kreises und dessen Aktuarius erschienen, von Person und als dispositionsfähig bekannt,

1) der Königl. Landrath Herr August X., von hier,
2) die Frau Gutsbesitzer Y., Caroline geborene Z., im Beistande ihres Ehemannes, des Gutsbesitzers Franz Y. aus Gossow,
3) der Gutsadministrator Herr Konstantin Z. aus Gossow,

und schlossen folgenden Gesellschaftskontrakt:

§. 1.

Der Landrath August X., die Frau Y. und der Gutsadministrator Z. vereinigen sich zu einer Gesellschaft, um mit gemeinsamen Mitteln und beziehungsweise Kräften das, im hiesigen Kreise belegene, Rittergut Nieder-Dz. auf gemeinschaftlichen Gewinn landwirthschaftlich zu benutzen. Als Einlage zu den Gesellschaftsmitteln geben der Landrath X. und die Frau Y. das ihnen gemeinschaftlich gehörige Rittergut Nieder-Dz., und außerdem Jeder zur gemeinschaftlichen Kasse die Summe von Einhundert Thalern zur Benutzung, also mit Vorbehalt des Eigenthums, her, und der Gutsadministrator Z., welcher nicht Miteigenthümer des Fonds, leistet die Dienste des Verwalters; die Antheile aller drei Gesellschafter am Gewinne sind gleich. Bleibt nach Abzug der Kosten und aller auf dem Rittergute jetzt haftenden Lasten und Hypothekenzinsen kein Gewinn, so erhält der Dienste leistende Gesellschafter Z. nichts; entsteht Verlust, d. h. bleibt nach Abzug der gedachten Kosten und Schäden bei der definitiven Theilung (§. 5) weniger als der zusammengebrachte Fond übrig, so trägt er zu dem Verluste nichts bei.

§. 2.

Damit der Gutsadministrator Z. die übernommenen Dienste leisten könne, muß er auf dem Gute beständig anwesend sein und darf seinen Posten ohne vorherige Genehmigung der beiden anderen Gesellschafter, bei 10 Thlr. Konventionalstrafe für jeden Uebertretungsfall, nicht verlassen, ausgenommen, wo es ein vernünftiger und ordnungsmäßiger Wirthschaftsbetrieb mit sich bringt, doch darf er auch in diesem Falle bei gleicher Strafe nicht zwei Nächte hintereinander abwesend sein. Für solche Gesellschaftsreisen, welche er hiernach ohne besondere Erlaubniß thun kann, erhält er, wenn er nothwendig über Nacht ausbleiben muß, auf baare Auslagen ein Pauschquantum von 15 Sgr., für Tagesreisen erhält er nichts auf Reisekosten vergütigt. Er hat sämmtliche Lebensbedürfnisse für seine Person aus den Gutseinkünften zu bestreiten, doch passirt auf Artikel, welche das Gut nicht hervorbringt, als z. B. Kaffee, Zucker, Wein, monatlich nur ein Pauschquantum von 3 Thalern. Für diesen freien Unterhalt zahlt er zur gemeinschaftlichen Kasse jährlich Zweihundert Thaler, und stellt sie in vierteljährigen Terminen in Rechnung. Die Rechnung hat er alle halbe Jahre und zwar mit dem letzten Juni und dem letzten Dezember zu schließen und vorzulegen, und der darnach sich ergebende Bestand soll, soweit er nicht zum Wirthschaftsbetriebe erforderlich ist, in den nächsten acht Tagen vorläufig (§. 5) getheilt werden.

§. 3.

Diese Gesellschaft hat gestern angefangen; der Administrator Z. erkennt an, daß ihm die beiden Gesellschafter das Gut Nieder-Dz. nebst Zubehör, nach einem darüber aufgenommenen Verzeichnisse, welches als Beilage hierzu übergeben und von allen drei Gesellschaftern seinem Inhalte nach und als von ihnen eigenhändig unterschrieben anerkannt wird, richtig übergeben haben: er erkennt auch an, daß dieselben, und zwar Jeder zur Wirthschaftskasse Einhundert Thaler an ihn gezahlt haben, worüber auch diese beiden Gesellschafter sich gegenseitig quittiren.

§. 4.

Vor dem 1. Juli 1845 soll keinem Gesellschafter der Austritt gestattet sein. Kündigt keiner drei Monate vor diesem Termine den Austritt an, so muß das

Verhältniß wieder bis zum 1. Juli des folgenden Jahres fortgesetzt werden; denn die Auseinandersetzung soll nur nach Ablauf des Wirthschaftsjahres erfolgen, weshalb der Austritt nach Ablauf der ersten drei Jahre immer nur mit Ende des Juni jeden Jahres geschehen kann, jedoch bis zum 1. April angekündigt sein muß. Diese Abrede bezieht sich lediglich auf die einseitige Renunziation; bei allen übrigen gesetzlichen Aufhebungsgründen behält es sein Bewenden.

§. 5.

Die definitive Theilung geschieht nach folgenden Grundsätzen: Zuerst nehmen die beiden Gesellschafter Herr X. und Frau Y. ihr Gut nebst Zubehör zurück. Dabei wird das beiliegende Verzeichniß nebst Taxe zum Grunde gelegt und eine neue Taxe nach den dann üblichen Kaufs= und Marktpreisen von den Inventarienstücken aufgenommen, und der Zustand der Gebäude und Aecker mit der in dem Verzeichnisse vorangeschickten Beschreibung verglichen. Das sich bei der Taxe ergebende Minus und die von Sachverständigen zu schätzende Verringerung der Gebäude, Felder und Saaten, gegen den jetzigen Zustand, wird ebenfalls aus dem vorhandenen Fond zurückgenommen, das sich ergebende Plus hingegen wird zugelegt. Desgleichen werden von denselben vorweggenommen die jetzt gemachten Einlagen von Zweihundert Thalern. Tritt der Fall ein, daß ein Minus am Inventarium oder eine Verschlechterung der Gebäude und Aecker zu erstatten, und reicht der zur Zeit der Theilung vorhandene Fond dazu und zur Erstattung der Einlage nicht hin, so muß der Administrator Z. den dritten Theil des Defizits so weit tragen und erstatten, als die aus früheren Theilungen empfangenen Dividenden zusammen reichen; was durch diese Summe an dem Drittel des Defizits nicht gedeckt wird, hat er nicht zu tragen (§. 1). Sodann wenn diese Einlagen und Beiträge vorweggenommen und beziehungsweise die etwa für Plusinventarium zu erstattende Vergütung zugerechnet sind, wird der Ueberschuß als Gewinn unter die drei Gesellschafter vertheilt. Gesellschaftsschulden werden von Jedem für seinen Theil bezahlt; was er, dem Gläubiger gegenüber, mehr hat zahlen müssen, haben ihm die anderen beiden verhältnißmäßig zu erstatten. Der Administrator Z. ist aber, im Verhältniß zu den anderen Gesellschaftern, nicht mehr Schulden zu tragen verbunden, als der von ihm gezogene Gewinn zusammen beträgt.

Vorgelesen, genehmigt und zur Unterschrift vorgelegt.

August X. Caroline Y. geb. Z. Franz Y. Konstantin Z.

a. u. s.

K. H.

2. Kontrakt über eine allgemeine Erwerbsgesellschaft.

Ort und Datum.

Gewöhnlicher Eingang §. 1.

Der Rentier Benjamin Schaffer und der Hausbesitzer Ernst Haber vereinigen sich zu einer allgemeinen Erwerbsgesellschaft dergestalt, daß Alles, was vom heutigen Tage, womit diese Gesellschaft beginnt, an, von Einem oder dem Anderen von ihnen erworben wird, ihnen gemeinschaftlich gehören soll. Sie werfen zu diesem Zwecke ihr beiderseitiges Vermögen, worüber die beiden, hierbei übergebenen, von ihnen dem Inhalte nach und als von ihnen eigenhändig unterschrieben anerkannten Inventarien, nebst Taxen, als Beilagen zu diesem Kontrakte gelten sollen, zum gemeinschaftlichen Gebrauche zusammen und werden mit ihren Familien in dem Hause des Ernst Haber, jede Familie in einem der beiden Stockwerke, wohnen.

§. 2.

Zu der Gemeinschaft des Erwerbes sollen auch alle Gewinnste, Erbschaften und Vermächtnisse, desgleichen alle auf einer bloßen Freigebigkeit beruhenden Geschenke, welche der Eine oder der Andere bis zur Ankündigung der darauf auch wirklich erfolgenden Aufhebung der Gesellschaft machen oder erwerben sollte, gehören, jedoch daß bei dem Anfalle einer Erbschaft der Andere seine Zustimmung zur Erwerbung geben muß.

In Ansehung der Schulden wird nur das Besondere bestimmt, daß, wenn eine in dem Inventarium nicht angegebene, jetzt schon vorhandene Schuld aus der Gemeinschaft bezahlt werden muß, der betroffene Gesellschafter das der Gemeinschaft dadurch entzogene Quantum sogleich ersetzen oder mit fünf Prozent zur gemeinschaftlichen Kasse verzinsen muß. Ebendasselbe gilt von Schulden, welche während der Gemeinschaft durch unerlaubte oder durch bloß freigebige Handlungen entstehen.

§. 3.

Was die Verwaltung betrifft, so wird über Einnahme und Ausgabe ein ordentliches Journal geführt, welches dem Rentier Schaffer zu thun obliegt; und Ernst Haber kann eine Kontrole führen. Gelder und geldwerthe Papiere der Gemeinschaft werden in einem besonderen Kasten, welcher in einem ausschließlich dazu bestimmten Gewölbe steht und wozu Jeder einen Schlüssel hat, aufbewahrt. Ueber Einnahme und Ausgabe hat Schaffer auf Grund seiner Journale Rechnung zu führen, alle Vierteljahre abzuschließen und mit den Belägen dem Anderen vorzulegen. Jeder ist schuldig, am Ende jeder Woche über die von ihm gemachten oder eingeleiteten Geschäfte dem Anderen eine Uebersicht zu geben und Rechnung zu legen, auch den in seinen Händen befindlichen Bestand zur gemeinschaftlichen Kasse einzuliefern. Zu diesem Zwecke hat Jeder ein Tagebuch zu führen und bei diesen Abrechnungen vorzulegen.

§. 4.

Wenn ein Gesellschafter in Erwerbsangelegenheiten Reisen macht, so erhält er ohne Nachweis auf jeden Tag 2 Thlr. Reisekosten; was er davon erübrigt, gehört von selbst der Gemeinschaft.

§. 5.

Jede Familie erhält zur Bestreitung der Haushaltungskosten jeden Ersten eines Monats dreißig Thaler und muß darüber ein ordentliches Wirthschaftsbuch führen und an jedem Ersten vorlegen. Was darnach nicht ausgegeben ist und also für erübrigt gilt, gehört der Gemeinschaft; was mehr ausgegeben wird, gilt für eine unerlaubte Schuld, welche nach der im §. 2 getroffenen Abrede behandelt wird.

§. 6.

Die Aufhebung der Gesellschaft findet auf einseitigen Rücktritt zu allen Zeiten, sogleich ohne Abwartung einer Frist, statt.

§. 7.

Bei der Auseinandersetzung nimmt Jeder die in die Gemeinschaft gebrachten, alsdann noch vorhandenen Gegenstände in Natur zurück; es wird dabei nur darauf gesehen, ob sie für ihren Zweck noch brauchbar sind, auf Verschlechterungen kommt nichts an; fehlende und unbrauchbar gewordene Stücke werden nach dem in dem Inventarium angesetzten Werthe vergütet. Was nach dieser Vorwegnahme des Eingebrachten übrig bleibt, wird zu gleichen Theilen getheilt. Ergiebt sich Einbuße, so muß dieselbe ebenfalls zu gleichen Theilen getragen und beziehungsweise ersetzt werden.

Schluß und Unterschriften.

Anmerkung. 1. Dieser Vertrag muß nothwendig gerichtlich abgeschlossen oder doch seinem Inhalte nach anerkannt werden; es ist aber ein jedes Gericht dazu kompetent, auch bedarf es keiner öffentlichen Bekanntmachung.

A.L.R. Th. I, Tit. 17, §§. 181, 182. — Gesetz vom 30. März 1837. (Gesetzsammlung von 1837 S. 63.)

2. Zur Ausfertigung ist nur ein Stempel von 15 Sgr. erforderlich. Selbst in dem Falle, wenn ein Socius Güter in die geschlossene Societät als Societätsfonds bringt, so daß diese Güter nach §§. 198. bis 200, Tit. 17, Th. I des A. L.R. gemeinschaftliches Eigenthum der Kontrahenten werden, unterliegt der Societätsvertrag nicht dem Kaufstempel, wenn auch jene Güter zum Zwecke der künftigen Auseinandersetzung zu einem bestimmten Preise angeschlagen werden. R. des Finanzministers vom 6. Juli 1842 (Schmidt, Kommentar zu dem Stempelgesetz, 2. A. von 1855, Nachtr. S. 306).

3. Handelsgesellschafts-Verträge.

a) Vertrag einer offenen Gesellschaft.

Zur Gültigkeit des Gesellschaftsvertrages bedarf es der schriftlichen Abfassung oder anderer Förmlichkeiten nicht. Handelsgesetzbuch, Art. 85.

Eingang.

§. 1.

Der Kaufmann Friedrich Reich und der Kaufmann Gottfried Arm vereinigen sich mit dem heutigen Tage zu einer Handelsgesellschaft unter der angenommenen Firma: Reich und Arm, zum Zwecke des gemeinschaftlichen Handels mit Wollen- und Seidenwaaren aller Art, am hiesigen Orte.

§. 2.

Zu dem gemeinschaftlichen Fond giebt Jeder der beiden Gesellschafter die

Summe von Zehntausend Thalern nach und nach, wie es der Geschäftsbetrieb erfordern wird, in der Art, daß zu jeder, nach der Meinung auch nur des Einen von ihnen erforderlichen, Summe Jeder di: Hälfte giebt.

§. 3.

Die Geschäftsführung übernimmt Friedrich Reich mit gänzlicher Ausschließung des Gottfried Arm, der seine schon bestehende Tuchhandlung, wie bisher, unter seinem alleinigen Namen fortsetzt; dagegen werden dem Friedrich Reich für seine Mühwaltung dreihundert Thaler in vierteljährlichen Raten aus dem gemeinschaftlichen Fond zugesichert.

§. 4.

Alle zwei Jahre, am Ende des Monats Juli, soll ein Inventarium über das gesammte Societätsvermögen aufgenommen, darauf ein Abschluß aus den Handlungsbüchern angefertigt und nach demselben Gewinn oder Verlust getheilt werden. Bei Aufnahme des Inventariums soll von allen Waaren der Anschaffungspreis angenommen, von den Artikeln aber, die schon ein Jahr im Lager sind, ein Abzug von Zehn Prozent gemacht werden; von den Geräthschaften, welche sich durch den Gebrauch abnutzen, wird bei dem ersten Male der Anschaffungspreis mit Fünf Prozent Abzug, und jedes folgende Mal werden die schon einmal inventarisirten Stücke mit dem in dem letzten Inventarium angenommenen Werthe mit Zehn Prozent Abzug, neue Stücke aber immer zum Anschaffungspreise mit fünf Prozent Abzug angesetzt. Die zweifelhaften oder uneinziehbaren ausstehenden Forderungen werden in Natur getheilt und Jedem seine Hälfte zur eigenen Einziehung überwiesen. Von dem eingelegten Kapitale erhält Jeder Vier Prozent Zinsen und zwar in halbjährigen Terminen, den 1. Juli und den 2. Januar.

§. 5.

Stirbt ein Gesellschafter, so nimmt die Gesellschaft mit demselben Tage ihr Ende; die Erben des Verstorbenen sind weder befugt noch verpflichtet, für ihren Erblasser einzutreten und die Gesellschaft fortzusetzen.

Will außerdem der Eine oder der Andere die Gesellschaft aufheben, so genügt eine dreimonatliche Aufkündigung, nach welcher keine neuen Einkäufe, und Verkäufe nur gegen baare Bezahlung, gemacht werden dürfen. Die bisherige Firma geht in diesem Falle auf Friedrich Reich über; im ersteren Falle auf den überlebenden Gesellschafter. Bei anderen Aufhebungsgründen soll die Firma ganz unterdrückt werden.

Schluß.

Anmeldung zum Gesellschafts-Register.

Einem königl. Handelsgerichte zeigen wir behufs Eintragung in das Gesellschafts-Register ergebenst an, daß wir unter uns mit dem heutigen Tage eine offene Gesellschaft zum Zweck des gemeinschaftlichen Handels mit Wollen- und Seidenwaren aller Art gegründet haben.

Gesellschafter sind:

1) Ich Friedrich Reich, Kaufmann zu Neisse wohnhaft,

2) Ich Gottfried Arm, Kaufmann, wohnhaft zu Finstergasse bei Neisse.

Die Firma dieser Gesellschaft ist

Reich & Arm,

und hat in Neisse ihren Sitz.

Die Gesellschaft hat mit dem heutigen Tage, den 1. März 1870, begonnen; sie soll nur durch Einen der Gesellschafter, nämlich durch Friedrich Reich, nach Außen vertreten werden; der Kaufmann Gottfried Arm ist von der Befugniß, die Gesellschaft zu vertreten, ausgeschlossen. Friedrich Reich wird die Firma eigenhändig zeichnen:

Reich & Arm. Friedrich Reich.

Neisse, den 1. März 1870.

Fr. Reich. Gottfr. Arm.

Hierunter folgt eine notarielle Beglaubigung. (Vergl. Not. Ges. §. 23, Note 60 und Abth. I Nr. 5.)

b) Vertrag einer Kommandit- (oder neuen stillen) Gesellschaft.

Die Kommanditgesellschaft ist eine jüngere eigenthümliche Form der Handelsgesellschaft, daher auch neue stille Gesellschaft genannt. Das Wesen derselben besteht darin, daß Einer oder Mehrere der Gesellschafter als persönlich Haftende auftreten (Komplementare) und die Uebrigen (Kommanditisten) nicht persönlich, sondern nur mit den geleisteten oder bedungenen Einlagen den Handelsgläubigern haften. Die Letzteren unterscheiden sich von dem stillen Gesellschafter (der alten stillen Gesellschaft) (H.G.B. Art. 250 ff.) dadurch, daß der Komplementar oder die Komplementare nicht Eigenthümer der Einlagen werden, diese vielmehr ein von dem Vermögen des Komplementars gesondertes gemeinschaftliches Vermögen der sämmtlichen Gesellschafter bilden, welches dem Publikum gegenüber durch die Firma des Handelsetablissements dargestellt und durch den ausschließlich zur Geschäftsführung befugten Komplementar vertreten wird, und daß die Kommanditisten als Mittheilhaber des Handelsgeschäftes und des Handelsnamens, daher als Mitglieder einer und derselben Gesellschaft erscheinen. Sämmtliche Gesellschafter, Komplementare und Kommanditisten, sind verpflichtet, die Errichtung der Gesellschaft persönlich oder in beglaubigter Form zur Eintragung in das Handelsregister anzumelden, doch unterbleibt bei der Bekanntmachung die Angabe der Namen und des Betrages der Einlagen der Kommanditisten. (H. G. B. Art. 151.) Die Eintragung geschieht, um das Publikum vor Fiktionen und Täuschungen zu sichern und eine feste Grundlage für den Kredit der Gesellschaft herzustellen, indem die Eintragung vorbeugt, daß einem Kaufmann durch heimliche Einschüsse großer Kredit verschafft wird, welche, wenn die Lage desselben ungünstig wird, eben so heimlich zurückgezogen werden.

Der Gesellschaftsvertrag bedarf keiner schriftlichen Abfassung, die Schriftform ist jedoch nützlich. (Nürnberger Prot. S. 1162. Mein H.G.B., Anm. 1 zu Buch II, Tit. 2. H.G.B. Art. 150 ff.)

Muster

Unter den nachbenannten Betheiligten ist der hier folgende Vertrag geschlossen worden.

§. 1.

1) Der Kaufmann Martin Schneller zu Bogen,

2) der Kaufmann Nickel Preller zu Harmbrunn,

3) der Rentner Josua Pfennigfuchser zu Luchsburg,

4) der Gutsbesitzer Gottlieb Gutsmuth auf Dachsbau

haben unter einander eine Kommandit-Gesellschaft zum Betriebe des Handelsgewerbes in allerlei Pelzwaaren und fertigen Pelz-Kleidungsstücken errichtet, welche ihren Sitz hier in Neisse haben, den 1. April 1870 beginnen und die Firma

Preller & Schneller

führen wird.

§. 2.

Nickel Preller und Martin Schneller sind die persönlich haftenden Gesellschafter, und Josua Pfennigfuchser und Gottlieb Gutsmuth sind Kommanditisten, welche sich nur mit Vermögenseinlagen betheiligen, und an dem Orte, wo die Firma ihren Sitz hat, der Gesellschaft in ihrem Handelszweig keine Konkurrenz machen dürfen, sei es für eigene oder für fremde Rechnung.

§. 3.

Zum Gesellschaftsvermögen haben Nickel Preller, Josua Pfennigfuchser und Gottlieb Gutsmuths jeder Fünftausend Thaler zusammengeschossen, worüber die Gesellschafter sich gegenseitig quittiren. Martin Schneller macht keine Vermögenseinlage, sondern leistet der Gesellschaft nur persönliche Dienste, insbesondere liegt ihm ob, die Handelsbücher zu führen, die Bilanz zu ziehen und vierteljährlich Rechnung zu legen, welche Preller abnehmen wird, und jeder Kommanditist einzusehen berechtigt ist.

§. 4.

Der Gewinn nach Abzug der Zinsen von den Einlagen und eines jährlichen Honorars von 200 Thlr., welches dem Martin Schneller gut geschrieben wird, wird unter sämmtliche Gesellschafter nach der Kopfzahl gleich getheilt.

Der Verlust wird nach Verhältniß der Einlagen und nur soweit er deren Betrag übersteigt, von den beiden persönlich haftenden Gesellschaftern zu gleichen Theilen getragen.

Schluß und Vollziehung.

Anmerkung. Das Beispiel bestimmt nur Punkte, welche das H.G.B. nicht regelt; es ist also vorausgesetzt, daß es im Uebrigen bei den gesetzlichen Bestimmungen bewendet. Von selbst versteht sich, daß, wo das H.G.B. nur subsidiäre Vorschriften giebt, wie z. B. in den Artikeln 157 bis 162, die Betheiligten andere Vereinbarungen treffen können.

Anmeldung.

Wir Endesunterschriebene, nämlich:

1) der Kaufmann Martin Schneller zu Bogen,

2) Der Kaufmann Nickel Preller zu Harmbrunn,

3) der Rentier Josua Pfennigfuchser zu Luchsburg,

4) der Gutsbesitzer Gottlieb Gutsmuth auf Dachsbau,

haben unter uns den 25. März d. J. eine Kommanditgesellschaft zum Betriebe des Handelsgewerbes in allerlei Pelzwaaren und fertigen Pelzkleidungsstücken errichtet.

Der Sitz der Gesellschaft ist in Neisse und der Geschäftsbetrieb hat heute den 1. April 1870 begonnen.

Der Kaufmann Martin Schneller und Nickel Preller sind persönlich Gesellschafter und werden die Firma eigenhändig zeichnen:

Schneller: Preller & Schneller. Martin Schneller.

Preller: Preller & Schneller. Nickel Preller.

Der Rentier Josua Pfennigfuchser und der Gutsbesitzer Gottlieb Gutsmuth sind Kommanditisten, welche jeder eine Vermögenseinlage von 5000 Thlr. gezahlt haben.

Wir stellen die Eintragung in das Handelsregister anheim.

Neisse, den 1. April 1870.

(Folgen die vier Unterschriften und der Beglaubigungsvermerk.)

c) Vertrag einer Kommanditgesellschaft auf Aktien.

Die Kommanditgesellschaft auf Aktien ist eine weitere Ausdehnung der gewöhnlichen Kommanditgesellschaft. (Art. 150.) Diese Handelsgesellschaftsform wird nicht erst neu in Preußen eingeführt, sondern ist bereits seit geraumer Zeit aus Frankreich herüber gekommen und weiter ausgebildet worden. In einem Theile von Preußen beruhete das Institut auf ausdrücklicher gesetzlicher Anerkennung, in anderen Theilen des Staates hatte es sich ohne solche Grundlage im Handelsleben ausgebildet, und war deshalb in dem preußischen Entwurfe von dem Standpunkte praktischer Anschauung in die Reihe der verschiedenen Formen von Handelsgesellschaften aufgenommen und näher geregelt worden. Diese Spezies von Handelsgesellschaft unterscheidet sich von der gewöhnlichen Kommanditgesellschaft (lit. b) durch weiter nichts als daß die Einlagen der Kommanditisten durch Aktien, welche auf Namen lauten, dargestellt werden; sonst hat die Gesellschaft ebenfalls ihre Komplementare, welche persönlich haften, während die Haftung der Kommanditisten sich auf die Einlagen (Aktien) beschränkt. Der Unterschied der Kommandit-Aktiengesellschaft und der Aktiengesellschaft (H.G.B. Artt. 207 ff.) besteht darin, daß, während bei dieser die sämmtlichen Gesellschafter nur mit bestimmten Einlagen betheiligt sind und nur auf den Betrag derselben für die Verbindlichkeiten der Gesellschaft haften, so daß den Gesellschaftsgläubigern keine andere Sicherheit gegeben ist, als diejenige, welche das Gesellschaftsvermögen gewährt, bei jener persönlich haftende Gesellschafter an der Spitze stehen, die außer dem Gesellschaftsvermögen mit ihrem ganzen Privatvermögen und mit ihrer Person für die Verbindlichkeiten der Gesellschaft aufkommen müssen. (Mot. zum Art. 10 des Einf.-Ges. vom 24. Juni 1861, S. 23, 24; meine Anm. 25 zu Buch II, Tit. 2, Absch. 2. H.G.B. Artt. 173 ff.) — Zur Gültigkeit ist gerichtliche oder notarielle Form erforderlich (Art. 174, 198 a. a. O.), jedoch nur da, wo es staatlicher Genehmigung bedarf, was in Preußen nicht der Fall ist (Art. 206 a. a. O. und Einf.-Ges. Art. 10); hier bedarf es keiner Schriftform. S. lit. a.

Muster.

Eingang.

§. 1.

Die erschienenen Kaufleute Ferdinand Pflücker und Casper Pflocker, beide hierorts seßhaft, gründen eine Kommanditgesellschaft auf Aktien, welche hier ihren Sitz haben und die Firma „Pflücker & Pflocker" führen wird.

§. 2.

Der Gegenstand des Unternehmens ist der Eisen- und Kohlenhandel.

§. 3.

Die Zeitdauer des Unternehmens ist auf keine bestimmte Zeit beschränkt.

§. 4.

Das Unternehmen wird ausgestattet mit einem Kapital von 200,000 Thlr., vertheilt auf 100 Aktien à 200 Thlr. Diese werden zur öffentlichen Zeichnung zum Pari-Course aufgelegt, mit deren Zeichnung die Gesellschaft konstituirt ist.

Außerdem legen wir beide persönlich haftende Komplementare jeder 2000 Thlr. Kapitalsantheile in das Gesellschaftsvermögen.

§. 5.

Die Kommanditisten wählen in einer binnen 4 Wochen durch uns zu berufenden Generalversammlung einen Aufsichtsrath von mindestens fünf Mitgliedern aus der Zahl der Kommanditisten und berathen ein Statut, worin zugleich die Einzahlungen auf die Aktien bestimmt werden.

§. 6.

Die Aktien werden auf Namen ausgestellt, sind untheilbar und können ohne Zustimmung der übrigen Gesellschafter auf andere Personen übertragen werden; doch sollen nicht über fünf Aktien in Einer Hand vereinigt sein; jede in dem Register eingetragene gewährt in der Generalversammlung eine Stimme.

§. 7.

Die Zusammenberufung der Generalversammlung der Kommanditisten geschieht durch eine öffentlich bekannt zu machende Einladung, welche von beiden Komplementaren zu erlassen ist.

Die in der Generalversammlung gefaßten Beschlüsse und die von der Gesellschaft ausgehenden Bekanntmachungen werden von dem Aufsichtsrath erlassen und dreimal von 8 zu 8 Tagen in die beiden Breslauer Zeitungen, nämlich in die Schlesische und in die Breslauer Zeitung eingerückt.

Wird dabei um 8 Tage gefehlt, oder unterbleibt die Aufnahme in einer dieser Zeitungen gänzlich, so ist die darauf abgehaltene Generalversammlung ungültig.

§. 8.

In allen übrigen Punkten, worüber der Abschnitt 2, Tit. 2, Buch II. (§§. 173 ff.) des H.G.B. subsidiäre Bestimmungen giebt, hat es dabei sein Bewenden, bis die Generalversammlung in ihrem Statute etwas Anderes festsetzt.

(Schluß und Unterschriften.)

Anmerkungen.

1) Was die Gesetzgebung subsidiarisch vorgesehen hat, kann in Mustern nicht voraus vorgeschrieben werden; jeder Betheiligte muß darüber selbst befinden. Eben so wenig hat es Zweck, aufzunehmen, was sich von selbst versteht, z. B., daß die Aktionäre nicht über den Nominalbetrag ihrer Aktien haften.

2) Der gewöhnliche Hergang bei Gründung einer Kommanditgesellschaft auf Aktien ist der, daß die Personen, welche als Komplementare auftreten wollen, sich vereinigen und die wesentlichen Bedingungen feststellen. Von Zuziehung der Kommanditisten kann dabei nicht Rede sein, weil man noch keine hat. Daher verlangt auch das H.G.B. deren Namhaftmachung weder im Vertrage (Art. 175); noch in der Anmeldung behufs der Eintragung (Art. 177); und daher kann der Vertrag nicht im Voraus vorschreiben, was sich die Kommanditisten gefallen lassen müssen, ohne denselben zu haben, z. B. der Besitz eines Aktientitels schließt die Anerkennung der Statuten in sich; denn diese Statuten sollen noch erst mit den Kommanditisten vereinbart werden, der Vertrag zwischen den Komplementaren besteht vorläufig nur unter ihnen. Deshalb müssen diese, nachdem die aufgelegten Aktien gezeichnet sind, unverzüglich zur Einberufung der ersten Generalversammlung schreiten, um das erste Mal den Aufsichtsrath zu wählen und zur Konstituirung der Gesellschaft durch Genehmigung des vorgelegten Statuts zu gelangen. Erst jetzt kann die Anmeldung der Gesellschaft behufs Eintragung in das Handelsregister erfolgen.

Anmeldung.

Wir, die Kaufleute Ferdinand Pflücker und Casper Pflocker hierselbst, zeigen behufs Eintragung in das Handelsregister an, daß wir durch Vertrag vom 1. März 1870 eine Kommanditgesellschaft auf Aktien gegründet haben, deren Unternehmen auf Eisen- und Kohlenhandel gerichtet ist, und welche hier ihren Sitz hat mit der Firma:

„Pflücker und Pflocker".

Wir, als die alleinigen persönlich haftenden Gesellschafter, werden zeichnen:

ich Pflücker: Pflücker und Pflocker. Ferdinand Pflücker;

ich Pflocker: Pflücker und Pflocker. Casper Pflocker.

Die Zahl der Aktien beträgt 100 à 200 Thlr., und die Form, in welcher die von der Gesellschaft ausgehenden Bekanntmachungen erfolgen, ist die öffentliche, und die Blätter, in welche dieselben aufzunehmen sind, sind die Schlesische Zeitung und die Breslauer Zeitung in Breslau.

Dieser Anmeldung fugen wir bei:

1) die Bescheinigung des Notar Schnüffler, welcher sich durch Einsicht der Subskriptionslisten überzeugt hat, daß der gesammte Betrag des Aktienkapitals der Kommanditisten durch Unterschriften gedeckt ist;
2) die Bescheinigung desselben darüber, daß er sich durch Einsicht unserer ihm vorgelegten Handelsbücher überzeugt habe, wie nach dem darin aufgenommenen Auszuge aus denselben mindestens ein Viertheil des von jedem Kommanditisten gezeichneten Betrages von ihm eingezahlt ist;
3) das Protokoll der ersten Generalversammlung der Kommanditisten, vom 25. März d. J., wonach der Aufsichtsrath nach Inhalt des Vertrages gewählt ist.

Neisse, den 1. April 1870.

Ferdinand Pflücker. Casper Pflocker.

(Beglaubigung.)

d) Statut einer Aktiengesellschaft.

Der Unterschied der Aktiengesellschaft (H.G.B. §. 207 ff.) und einer Kommandit-Gesellschaft auf Aktien besteht, wie gesagt (s. lit. c.), darin, daß bei der Aktiengesellschaft die sämmtlichen Gesellschafter nur mit bestimmten Einlagen betheiligt sind und nur auf den Betrag derselben für die Verbindlichkeiten der Gesellschaft haften, so daß den Gesellschaftsgläubigern keine andere Sicherheit gegeben ist als diejenige, welche das Gesellschaftsvermögen gewährt. Diese Gesellschaft kann nur mit staatlicher (landesherrlicher) Genehmigung errichtet werden und über die Errichtung und den Inhalt des Gesellschaftsvertrages oder des Statuts ist die Aufnahme einer gerichtlichen oder notariellen Urkunde zur Erwirkung der landesherrlichen Genehmigung erforderlich. Ein Beispiel für ein solches Statut vorzuschreiben, wäre Zeit, Raum und Geld weggeworfen, die Gesetzsammlungen sind voll von mustergültigen Statuten der verschiedensten Art. Nur über die Beurkundung der Beschlußfassung der Generalversammlung, über die Genehmigung des Vertrages, wäre hier Einiges zu bemerken, und darüber ist bereits das Nöthige gesagt oben im Art. XXIII a. Selbstverständlich muß man aber schon vor Errichtung des Statuts wissen, wer zur Generalversammlung einzuberufen. Gewöhnlich vereinigen sich einige Personen unter dem sich selbst gegebenen Titel eines Gründungs-Komite's oder einem ähnlichen und machen einen Plan bekannt mit der Einladung zur Subskription. Dieß ist die Grundlage. Wer subskribirt oder mit anderen Worten auf Aktien zeichnet, ist durch eine schriftliche Erklärung gebunden (Art. 208, Alin. 3), und wird zur Generalversammlung, wenn es überhaupt soweit kommt, einberufen. In der ersten Versammlung wird das Statut vereinbart und in einer folgenden wird dasselbe genehmigt, wozu unter ausdrücklicher Bekanntmachung des Gegenstandes der Verhandlung eingeladen wird.

e) Vertrag einer stillen oder s. g. deutschen Gesellschaft.

Zur Gültigkeit des Vertrages bedarf es der schriftlichen Abfassung oder sonstiger Förmlichkeiten nicht. Unter den sonstigen Förmlichkeiten ist die Anmeldung bei dem Handelsgericht und die Eintragung in das Handelsregister gemeint. Es finden auf diese Gesellschaft auch die im II. Buche des H.G.B. enthaltenen allgemeinen Vorschriften nicht Anwendung. H.G.B. Artt. 250—265.

Muster.

Eingang.

§. 1.

Der Rentier Habakuk Wipper hierselbst betheiligt sich, von heute an, an dem Betriebe des Handelsgewerbes des hier angesessenen Kaufmanns Jonas Kipper mit einer Vermögenseinlage von 5000 Thlrn., mit Worten Fünftausend Thalern, gegen Antheil an Gewinn und Verlust, statt der Zinsen. Diese Einlage der 5000 Thlr. ist heute an Kipper baar bezahlt, worüber dieser dem Wipper quittirt.

§. 2.

Herr Kipper darf den Namen des Herrn Wipper nicht in seiner Firma führen, bei 1000 Thlr. Konventionalstrafe, welche sofort an diesen zu zahlen ist. Außerdem steht dem Herrn Wipper frei, die stille Gesellschaft beliebig aufzulösen.

§. 3.

Die Höhe der Betheiligung des Herrn Wipper an Gewinn und Verlust bestimmt sich nach Verhältniß seiner Einlage zu dem Aktivvermögen des Handelsfonds am Jahresschlusse. Auf das Passivvermögen wird nur dann Rücksicht genommen, wenn sich nach dessen Abzug Verlust ergiebt.

§. 4.

Der von Herrn Wipper nicht erhobene Gewinn vermehrt dessen Einlage vom Tage der Berechnung an.

§. 5.

Durch den Tod des Herrn Kipper wird die Gesellschaft nicht aufgelöst, vielmehr soll sie mit den Erben des Verstorbenen fortbestehen.

§. 6.

Dieser Vertrag ist auf Lebenszeit geschlossen; die Aufkündigung kann Drei Monate vor Ablauf des Geschäftsjahres erfolgen.

Unterschriften.

f) Vertrag über eine Vereinigung zu einem einzelnen Handelsgeschäft für gemeinschaftliche Rechnung.

In Ansehung der Form und der sonstigen Förmlichkeiten gilt hier dasselbe, was zu dem vorhergehenden Vertrage gesagt worden ist. H.G.B. Art. 266.

Muster.

Eingang.

§. 1.

Der Kaufmann Elias Holzwurm und der Kaufmann Jakob Borkenkäfer, in Neisse wohnhaft, vereinigen sich zum gemeinschaftlichen Ankauf, Behufs des Abtriebes und der Verwerthung des Holzes, einer Forstparzelle (folgt deren nähere Bezeichnung) auf gemeinschaftliche Rechnung.

§. 2.

Zu diesem Unternehmen trägt Elias Holzwurm Ein Drittel und Jakob Borkenkäfer Zwei Drittel des Gesammtbetrages. Dagegen liegt dem Elias Holzwurm allein die Beaufsichtigung des Abtriebes, der Abfuhr und des Aufstapelns des Holzes ob, ohne daß dem Borkenkäfer verwehrt wäre, die Arbeitsplätze beliebig zu besuchen und dem Holzwurm seine Wahrnehmungen dabei mitzutheilen oder den Arbeitern Anweisungen zu geben. Diäten und Reisekosten können von keinem liquidirt werden.

§. 3.

Die Einlagen werden nicht verzinst, und der Gewinn oder Verlust nach Köpfen vertheilt.

§. 4.

Nach Beendigung des gemeinschaftlichen Geschäfts legt Jakob Borkenkäfer, welcher die Kasse führt und an welchen die eingehenden Zahlungen geleistet werden, unter Mittheilung der Beläge Rechnung. Er besorgt auch die Liquidation. Er hat so wenig wie Holzwurm Vergütung oder Provision zu fordern.

Unterschriften.

g) Vertrag einer eingetragenen Genossenschaft.

Genossenschaften heißen solche Gesellschaften von nicht geschlossener Mitgliederzahl, welche den Zweck haben, den Kredit, den Erwerb oder die Wirthschaft mittelst gemeinschaftlichen Geschäftsbetriebes zu fördern, namentlich: 1) Vorschuß- und Kreditvereine, 2) Rohstoff- und Magazinvereine, 3) Vereine zur Anfertigung von Gegenständen und zum Verkauf der gefertigten Gegenstände auf gemeinschaftliche Rechnung (Produktivgenossenschaften), 4) Vereine zum gemeinschaftlichen Einkauf von Lebensbedürfnissen im Großen und Ablaß in kleineren Partien an ihre Mitglieder (Konsumvereine), 5) Vereine zur Herstellung von Wohnungen für ihre Mitglieder. Lassen sich dergleichen Gesellschaften in das Genossenschaftsregister, welches eine Abtheilung des Handelsgerichts ist, eintragen, so erwerben sie die in dem Bundesgesetze vom 4. Juli 1868 (Bundesgesetzblatt S. 415) bezeichneten Rechte einer „eingetragenen Genossenschaft". Zur Gründung ist erforderlich: 1) die schriftliche Abfassung des Gesellschaftsvertrages (Statuts), 2) die Annahme einer gemeinschaftlichen Firma, welche vom Gegenstande der Unternehmung entlehnt und die zusätzliche Bezeichnung „eingetragene Genossenschaft" enthalten muß. Ein Personenname darf darin nicht vorkommen, die Firma muß eine s. g. Sachfirma sein. Das Statut soll also schriftlich nur abgefaßt sein, „zum Beitritt der einzelnen Genossenschafter genügt die schriftliche Erklärung". Sie genügt, ist aber nicht geboten, d. h. diejenigen, welche der Verhandlung über den Vertrag anwohnen und denselben schließen, also die eigentlichen Gründer, werden denselben unterschreiben, die später Hinzutretenden werden eine schriftliche Erklärung abgeben; wer nicht schreiben kann oder nicht Deutsch versteht, wird seine Erklärung gerichtlich oder notariell aufnehmen lassen. Genossenschaftsges. §§. 1 und 2.

Statut.

Am heutigen Tage, den 3. März 1870, ist aus Anlaß einer öffentlichen Aufforderung einiger hiesiger Einwohner eine Anzahl Personen zusammengetreten, welche einen Konsumverein unter nachfolgenden Bestimmungen zu gründen beschlossen:

§. 1.

Als Firma der Gesellschaft soll geführt werden:

Neisser Konsumverein. Eingetragene Genossenschaft,

welche in Neisse ihren Sitz hat.

§. 2.

Der Gegenstand des Unternehmens ist gemeinschaftlicher Einkauf von Lebensbedürfnissen im Großen und Ablaß in kleineren Partien an die Mitglieder der Gesellschaft.

§. 3.

Die Zeitdauer ist auf Zehn Jahre bestimmt. Vier Wochen vor Ablauf dieses Zeitraums wird eine Generalversammlung berufen, um besonders darüber zu berathen und zu beschließen: ob und auf wie lange die Genossenschaft fortbestehen soll. In dieser Generalversammlung wird der Beschluß nach der einfachen Mehrheit der Erschienenen gefaßt. Stimmengleichheit gilt für Verneinung der Verlängerung.

§. 4.

Die Mitgliederzahl ist nicht geschlossen. Zum Eintritt in die Genossenschaft geeignet ist jede handlungsfähige Person ohne Unterschied des Geschlechts, welche im Vollbesitz der bürgerlichen Ehrenrechte ist und den Bedingungen betreffend die Einzahlung des Betrages der Geschäftsantheile Genüge leistet, auch die vorgeschriebene Beitrittserklärung vor dem Vorstande abgiebt.

Der Austritt kann nur mit dem Schluß des Geschäftsjahres stattfinden, wenn derselbe drei Monate vorher angekündigt worden ist. Ausgeschlossen kann ein Mitglied aus wichtigen Gründen werden; ob die vorgebrachten Gründe wichtig sind, darüber befindet die Generalversammlung nach freiem Ermessen durch einfache Stimmenmehrheit.

§. 5.

Der Maximalbetrag der Geschäftsantheile ist auf 100 Thlr. festgestellt. Darauf müssen mit dem Eintritt zugleich 25 Thlr. baar eingezahlt werden. Das Uebrige kann durch monatliche Zahlungen nicht unter 1 Thlr. und durch Zuschreibung von Dividenden aufgebracht werden, auch nach Belieben unberichtigt bleiben; es können aber nie mehrere Antheile in Einer Hand vereinigt sein. Tritt unvorbereitete Vereinigung, etwa durch Erbanfall oder Schenkung, ein, so muß binnen Jahresfrist der eine Antheil, gleichviel welcher, an einen von dem Vorstande genehmigten Anderen veräußert werden, widrigenfalls durch den Vorstand der Ausschluß des angefallenen Antheils zu beschließen ist. Andere Uebertragungen sind unzulässig.

(NB. Der Gegenstand dieser Bestimmung erscheint in der Praxis in großer Mannigfaltigkeit.)

§. 6.

Die Bilanz ist binnen 8 Tagen nach der Eröffnung des Gewerbebetriebs von dem Vorstande der Genossenschaft aufzunehmen und von ihm zu unterschreiben. In derselben sind die vorhandenen Waarenbestände zum Anschaffungspreise zu verzeichnen, der Betrag des vorhandenen baaren Geldes und die vorhandenen anderen Vermögensstücke mit Beifügung des Werthes anzugeben und die ausstehenden Forderungen mit Benennung der Schuldner zu verzeichnen; desgleichen sind die Schulden mit Angabe der Gläubiger und des Grundes der Forderungen aufzuführen und das Aktivvermögen ist mit dem Passivvermögen durch einen Abschluß zu vergleichen. Demnächst hat der Vorstand in jedem Jahre innerhalb 4 Wochen nach dem Schluß des Geschäftsjahres ein solches Inventar und eine solche Bilanz des Genossenschaftsvermögens neu aufzunehmen, wobei zweifelhafte Forderungen nach ihrem wahren Werthe anzusetzen und uneinbringliche Forderungen abzuschreiben sind.

Als Gewinn wird der Betrag angesehen und berechnet, welcher sich als Ueberschuß über den Betrag der Einlagen darstellt. Die Zahlung desselben an die einzelnen Genossenschafter oder die Zuschreibung zu den einzelnen Einlagen erfolgt den 2. Januar.

Die Prüfung der Bilanz erfolgt durch den Aufsichtsraths in der Weise, daß die einzelnen Posten mit den Beständen, den Büchern und der Kasse verglichen und darnach, wenn nöthig, berichtigt werden, worauf die Bilanz kalkulatorisch festgestellt wird.

§. 7.

Die Wahl des Vorstandes, bestehend aus drei Mitgliedern und deren Stellvertretern, erfolgt in einer Generalversammlung durch Wahlzettel in geheimer Abstimmung, nach absoluter Stimmenmehrheit, auf drei Jahre. Zettel mit unleserlichen Namen und unbeschriebene Zettel, sowie Zettel mit Namen, deren Träger nicht Mitglieder der Genossenschaft sind, sind ungültig. Fällt nicht im ersten Wahlgange die Mehrheit der Stimmen auf dieselbe Person, so kommen die Zwei, welche die meisten Stimmen haben, in die engere Wahl. Haben mehr als Zwei gleiche Stimmen, so werden davon Zwei für die engere Wahl durch das Loos bestimmt. Wählbar sind nur Genossenschafter, welche der Schreib- und Rechnenkunst völlig mächtig sind.

Die Zusammensetzung des Vorstandes geschieht in der Ordnung, in welcher die Wahl erfolgt, so daß der zuerst Gewählte Direktor, der Zweitgewählte erster Beisitzer, der Drittgewählte zweiter Beisitzer ist.

In dieser Art wurde sofort zur Wahl des ersten Vorstandes geschritten und solchergestalt

der Herr A. zum Direktor und der Herr AA. zu dessen Stellvertreter,

der Herr B. zum ersten Beisitzer und der Herr BB. zu dessen Stellvertreter,

der Herr C. zum zweiten Beisitzer und der Herr CC. zu dessen Stellvertreter,

bestellt. Diese Herren nahmen die Wahl an und versprachen sich in Ausübung ihrer Rechte und in Erfüllung ihrer Pflichten nach den Vorschriften des Gesetzes vom 4. Juli 1868 zu richten.

§. 8.

Zur Legitimation des jetzt gewählten Vorstandes bei dem Handelsrichter behufs der Eintragung dient die Vorlegung des gegenwärtigen, von sämmtlichen Mitgliedern der Genossenschaft unterschriebenen Vertrags; künftig dient zu diesem Zweck das Wahlprotokoll, welches nur von dem Vorstande und dem Schriftführer vollzogen wird. Die Wiederwahl ist zulässig.

§. 9.

Dem Vorstande zur Seite steht ein Aufsichtsrath von 5 Mitgliedern, welcher alle 2 Jahre neu gewählt wird, und zwar in gleicher Weise wie der Vorstand und unter den gleichen Bedingungen der Wählbarkeit. Der erste sofort gewählte Aufsichtsrath besteht aus den Herren u. s. w.

Dieselben nahmen die Wahl mit der gleichen Erklärung an, welche die Vorsteher im §. 7 abgegeben haben und es gilt auch von ihrer Wiederwahl das Gleiche wie von der der Vorsteher.

§. 10.

Die Generalversammlungen und die Gegenstände der Verhandlungen werden durch zweimalige Einrückung, welche in gleich aufeinanderfolgenden Blättern des Neisser Anzeigers erfolgt, öffentlich bekannt gemacht.

§. 11.

In den Generalversammlungen hat jeder Genossenschafter ohne Unterschied des Geschlechts und ohne Rücksicht auf den Betrag seines Geschäftsantheils eine Stimme. Weder gesetzliche Vertreter noch Bevollmächtigte sind zulässig. Wer bei dem Gegenstande der Abstimmung ein Sonderinteresse oder ein dem Interesse der Genossenschaft entgegenstehendes Parteiinteresse hat, darf nicht der Berathung beiwohnen und nicht mitstimmen.

Abgesehen von Wahlen (§§. 7 u. 9) und wenn es sich nicht um Abstimmung über einen Antrag auf Ausschließung eines Genossenschafters handelt, wo gleichfalls durch Stimmzettel abgestimmt wird, wird die Mehrheit durch Handerheben oder Aufstehen und Sitzenbleiben mit Probe und Gegenprobe festgestellt. Erklärt ein Vorstandsmitglied oder ein Mitglied des Aufsichtsraths den Ausfall der Abstimmung für zweifelhaft, so wird durch zwei von dem Vorsitzenden ernannte Zähler gezählt. Namentliche Abstimmung ist ausgeschlossen.

§. 12.

Ueber Anträge auf Aenderung der Statuten muß in zwei mit einer Zwischenzeit von mindestens vier Wochen anzusetzenden Generalversammlungen uud mit einer Mehrheit von zwei Dritteln der Anwesenden dafür gestimmt werden.

§. 13.

Die Bekanntmachungen der Genossenschaft werden unter der Firma derselben und der Unterschrift des Vorstandes erlassen und in die beiden städtischen Blätter zu Neisse, nämlich ꝛc., sowie durch Aushang im Verkaufslokal öffentlich bekannt gemacht.

§. 14.

Alle Genossenschafter haften für die auch vor ihrem Eintritt kontrahirten Verbindlichkeiten der Genossenschaft solidarisch und mit ihrem ganzen Vermögen.

Dieses Statut ist von allen Anwesenden, nach lauter Vorlesung, genehmigt und eigenhändig unterschrieben. Neisse, wie oben.

(Folgen die Unterschriften sämmtlicher Anwesenden.)

Spätere Beitrittserklärung.

Ich NN. erkläre hiermit meinen Beitritt zu dem unter der Firma: „Neisser Konsumverein. Eingetragene Genossenschaft" hierselbst bestehenden Konsumvereine, von dessen Statut d. d. Neisse den 3. März 1870 ein Exemplar sich in meinen Händen befindet, mit dessen Inhalt ich bekannt bin.

Neisse, den u. s. w.

(Unterschrift mit vollständigen Vor- und Zunamen und Bezeichnung der Lebensstellung.)

Anmeldung behufs Eintragung in das Genossenschaftsregister.

Neisse den 4. März 1870.

Auf dem Bureau des hiesigen Handelsgerichts erschienen die persönlich bekannten hiesigen Bürger

1) }
2) } (Vor- und Zunamen, Stand und Gewerbe),
3) }

und meldeten den am gestrigen Tage, den 3. März, am hiesigen Orte, gegründeten Konsumverein zur Eintragnng in das Genossenschaftsregister an. Zu diesem Behuf überreichen sie

1) den schriftlichen, nach §. 3 des Gesetzes vom 4. Juli 1868 abgefaßten Gesellschaftsvertrag, aus dessen §. 7 ihre Legitimation als erwählter Vorstand der Genossenschaft hervorgehe;
2) das Verzeichniß der zur Zeit der Genossenschaft angehörenden Genossenschafter.

Vorgelesen, genehmigt und unterschrieben.
(Folgen die Unterschriften.)

Anmerkung.

Es ist nicht vorgeschrieben, daß die Vorsteher persönlich die Anmeldung bei Gericht machen sollen; daher kann dieselbe auch schriftlich eingereicht werden.

4. Theilungsrezeß, wobei der Kontrakt Nr. 2 vorausgesetzt ist.

Nach dessen Beispiel ist auch der Theilungsvertrag über eine zufällige Gemeinschaft (communio incidens) zu fassen. Ueber dessen Form s. m. unten die Anmerkung Nr. 2. die Uebertragung des Antheils eines Miteigenthümers an einem gemeinschaftlichen Immobile auf den Anderen zum Zwecke der Auseinandersetzung unter festgesetzten lästigen Bedingungen, bei welchen keiner der in den Kabintes-Ordres vom 21. Juni 1844 und 16. September 1845 vorgesehenen Fälle eintritt, unterliegt als Kaufgeschäft der Stempelsteuer*).

Eingang.

§. 1.

Die zwischen dem Rentier Benjamin Schaffer und dem Hausbesitzer Ernst Haber nach dem Kontrakte vom .... bestandene allgemeine Erwerbsgesellschaft hat durch den, von Seiten des Haber gestern erklärten Rücktritt aufgehört.

§. 2.

Von den, nach den dem Kontrakte beigefügten Verzeichnissen in die Gemeinschaft zum Gebrauche eingebrachten, Gegenständen hat Jeder die noch vorhanden gewesenen brauchbaren Stücke zurückgenommen; unbrauchbar geworden sind und gefehlt haben aber

I. dem Benjamin Schaffer:

1) der halbbedeckte Wagen zu	150 Thlr.
2) das gefallene Gespann Pferde zu	200 =
zusammen	350 Thlr.

II. dem Ernst Haber:

1) sechs Stühle zu	6 Thlr.
2) zwei Kühe à 15 Thlr.	30 =
3) ein Frachtwagen zu	50 =
zusammen	86 Thlr.

*) (S. A.) Erk. des Obertr. vom 22. November 1864 (Arch. f. Rechtsf. Bd. LVI. S. 244).

Das noch vorhandene zur Gemeinschaft gehörige Aktivvermögen besteht:

1) in Baarem . . . . 5000 Thlr.

2) in ausstehenden Forderungen, und zwar:

a) an den Kornhändler Z. hierselbst für geliefertes Korn . . . . 500 Thlr.
b) an den Kaufmann A. Frachtlohn . 200 =
c) an den Gutsbesitzer B. Proxenetikum 100 =
d) an den Kaufmann C. aus einem Darlehn 200 =

zusammen . . . . . . 1000 Thlr.
macht . . . . 6000 Thlr.

Davon ist die Einbuße an Sachen und zwar

1) dem Benjamin Schaffer mit . . . . . 350 Thlr.
2) dem Ernst Haber mit . . . . 86 =

zusammen . . . . . . 436 =

zu erstatten, mithin bleiben . . . . 5564 Thlr.
zu theilen, wovon auf Jeden die Hälfte für seinen Antheil, also 2782 = kommen**). Danach muß erhalten:

I. Benjamin Schaffer:

a) für abgegangene Sachen . . . . 350 Thlr.
b) seinen Antheil vom Bestande . . . . 2782 =

zusammen 3132 Thlr.

Darauf erhält er:

1) die Hälfte von jeder der vier ausstehenden Forderungen zur eigenen Einziehung, mit . . 500 Thlr.
2) vom Baaren . . . . 2632 =

macht . . . . . . 3132 Thlr.

Er nimmt hierbei aus dem vorhandenen baaren Bestande die Summe von Zweitausend Sechshundert Zwei und Dreißig Thalern in Empfang und quittirt darüber.

II. Ernst Haber:

1) für ihm abgegangene Sachen . . . . 86 Thlr.
2) seinen Theil vom Aktivbestande mit . . . . . . 2782 =

zusammen 2868 Thlr.

Darauf erhält er:

1) die Hälfte der ausstehenden vier Forderungen zur eigenen Einziehung mit . . 500 Thlr.
2) vom Baaren . . . . 2368 =

Sind . . 2868 Thlr.

**) (8 A.) Zu den Erfordernissen eines vollständigen Theilungsvertrages zwischen Miteigenthümern gehört nicht nur die Bestimmung, wie getheilt werden soll, sondern es müssen auch die einzelnen Theile festgestellt und überwiesen werden. Erk. des Obertribunals vom 27. September 1866 (Arch. f. Rechtsf. Bd. LXV, S. 19).

Er nimmt die ihm zukommenden Zweitausend Dreihundert Acht und Sechszig Thaler ebenfalls in Empfang und quittirt darüber.

§. 3.

Sämmtliche noch ungetilgte, bekannte und unbekannte Gesellschaftsschulden hat jeder Gesellschafter, dem anderen gegenüber, zur Hälfte zu tragen, und was der Eine oder der Andere mehr zu bezahlen von den Gläubigern genöthigt werden sollte, muß ihm von dem Anderen erstattet werden. Sicherstellung verlangt dieserhalb Keiner von dem Anderen.

Schluß.

Anmerkungen. 1. Zur Ausfertigung wird ein Stempel von 15 Sgr. verwendet, selbst in dem Falle, wenn der eine Socius bei der Auflösung der Societät das ganze gemeinschaftliche Gesellschaftsvermögen allein übernimmt, und den ausscheidenden Socius für seinen bisherigen Antheil daran durch eine bestimmte Geldsumme abfindet; Auseinandersetzungen zwischen Gesellschaftern unterliegen niemals, gleich Kaufkontrakten, dem tarifmäßigen Werthstempel von einem, bezüglich einem Drittel Prozent. Erk. des Obertr. vom 18. Mai 1863 (Entsch. Bd. LI. S. 323). (8. A.) Diese Ansicht ist aufgegeben. Das Obertr., I. Senat, hat nun als Rechtsgrundsatz festgestellt: Die bei Auflösung einer Societätshandlung unter den Gesellschaftern, behufs ihrer Auseinandersetzung, wegen des gemeinschaftlichen Vermögens getroffenen Verabredungen unterliegen der tarifmäßigen Stempelsteuer für Kaufverträge in soweit, als sie die Kennzeichen eines wirklichen Kaufes oder Tausches an sich tragen. Erk. vom 14. Mai 1866 (Entsch. Bd. LVII, S. 256). Diesen Grundsatz hatte schon der V. (rhein.) Senat in seinem Erk. vom 30. April 1864 (Arch. f. Rechtsf., Bd. LIV, S. 146) ausgesprochen.

2. (8. A.) Nach §. 111, I, 17 des A. L.R. ist die Kraft und Gültigkeit einer Privattheilung nach dem Regale von Vergleichen zu beurtheilen u. bei diesen, soweit sie das Eigenthum einer unbeweglichen Sache oder einer Grundgerechtigkeit betreffen, nach §. 407, I, 16 a. a. O. die schriftliche Form erforderlich. Erk. des Obertr. vom 27. September 1866 (Arch. f. Rechtsf. Bd. LXV, S. 19).

LI.

Grenzregulirung.

Zu §. 671.

Die Grenzen zwischen zwei aneinanderstoßenden Grundstücken sind entweder verdunkelt und ungewiß, oder sie sind unstreitig und sollen nur gegen künftige Verdunkelung gesichert werden. Der erste Fall ist der der Grenzscheidungsklage (actio finium regundorum) und gehört in den Prozeß. Bei diesem Verfahren kommt, zum Zwecke der Ausmittelung der verdunkelten Grenzen, gewöhnlich oder doch oft die Aufsuchung und Eröffnung der alten Grenzhügel vor. Dieser Akt ist nichts weiter, als Erhebung des Beweises und eignet sich nicht zur Aufnahme unter Beispielen von Willenserklärungen; da indeß der Grenzregulirung hier überhaupt

Erwähnung geschieht, so mag ein Beispiel solches Eröffnungsprotokolls beigefügt werden. Ist der Grenzstreit, sei es durch Erkenntniß oder Vergleich, entschieden, so muß die Entscheidung ausgeführt, d. h. der verglichene oder erkannte Grenzzug muß gezogen werden. Die darüber aufgenommene Urkunde heißt Grenzrezeß[1]). Der zweite Fall ist die Grenzerneuerung, ebenfalls ein prozessualisches Verfahren, welches durch den Richter, auf den Antrag eines jeden Besitzers der aneinanderstoßenden Grundstücke, selbst gegen den Willen der Uebrigen, in der in der Prozeßordnung vorgeschriebenen Art vollzogen wird. Welche Personen in jedem dieser beiden Verfahren zugezogen werden müssen, ist aus dem oben allegirten §. 671 und aus dem A. L.R. Th. I, Tit. 17, §§. 385 ff. zu ersehen.

1. Grenzscheidung.

a) Protokoll über die Eröffnung der Grenzhügel.

Schulzenamt zu Stolzenburg, den 16. Oktober 1842.

In der Grenzscheidungssache des Ritterguts Stolzenburg wider das Rittergut Güntersau ist heute Termin zur Einnehmung des Augenscheins angesetzt, zu welchem sich der unterschriebene Kommissarius auf die streitige Grenze begeben hatte, wo er um 10 Uhr eingetroffen war. Es fanden sich bald vor ihm ein:

1) der Königliche Regierungskondukteur N., als zugezogener Sachverständiger,
2) der Königliche Rechtsanwalt A. für den Besitzer von Stolzenburg, Fürsten von Y.,
3) der Verwalter B. für den Besitzer von Güntersau, Reichsgrafen von X.

Die Bevollmächtigten der Parteien erkennen sich gegenseitig durch die bereits zu den Akten gebrachten Vollmachten für legitimirt an.

Der Rechtsanwalt A. führte zu dem Streitorte. Dieser fängt an bei dem Hügel, der auf der, mit der Klage eingereichten, Sch—schen Karte mit der Zahl 30 bezeichnet ist, und neben einem Sumpfe, der Froschteich genannt, liegt, sehr deutlich und wohlerhalten ist, und von beiden Theilen für einen unstreitigen Grenzhügel anerkannt wird. Von dem Besitzer von Stolzenburg wird behauptet, daß die Grenzlinie von hier an in nördlicher Richtung geradeaus nach einer, 1100 Fuß entfernten, sehr flachen, etwa 1½ Fuß im Durchmesser großen, ganz mit Rasen bewachsenen Erderhöhung laufe, von hier in einem rechten Winkel sich rechts nach Osten wende, und in gerader Linie auf den, 1000 Fuß entfernten, unstreitigen Grenzeckhügel Nr. 1 gehe. Der Kondukteur Herr N. trug diese Prätensionslinie in der Sch—schen Karte gelb auf und bezeichnete den angeblichen Grenzhügel mit 31.

Von Seiten des Guts Güntersau hingegen wird dieser Zug durchaus bestritten und vielmehr behauptet, daß die richtige Grenze die gerade Linie zwischen den beiden unstreitigen Grenzhügeln 30 und 1 sei, und auf derselben sich nach einer unerweislichen Tradition in der Mitte noch ein Hügel befun-

1) A. G.O. Thl. I, Tit. 42, §. 30 ff.

den haben solle, welcher durch das in der Gegend in nassen Jahren stehende Wasser verwaschen worden sei.

Man verfolgte zuvörderst den, von der Stolzenburgschen Partei angegebenen Zug, bis zu der angeblichen, heute unter Nr. 31 gelb aufgetragenen Erderhöhung, ohne etwas Auffälliges wahrzunehmen. Die scheinbar veraltete, äußerlich unverletzte, mit Rasen überzogene Erderhöhung wurde durch mitgebrachte Arbeiter bis auf zwei Fuß Tiefe in den angewachsenen Boden aufgegraben, ohne irgend einen fremdartigen Körper oder sonst etwas Anderes als dem Boden gleichartige schwarze Erde zu finden. Man verfolgte den behaupteten Zug bis zum Hügel 1, fand aber auch dabei kein Merkmal. Sodann unternahm man es, auf der geraden Linie zwischen den unstreitigen Hügeln 1 und 30 nach einem Grenzmale zu suchen. Auf derselben fielen zwei fast unmerkliche, sehr sanfte Erhöhungen auf, welche das Aussehen auseinandergeflossenen Teiges oder eines Kuchens hatten, wovon die erste 400 Fuß vom Hügel 1 und die andere noch 500 Fuß weiter zu auf den Hügel 30 sich befand, und jede einen Durchmesser von 16 Fuß hatte. Beide waren mit dem Rasen der Hutung, auf der sie liegen, gleichmäßig und dicht überzogen. Auf diesen Stellen beschloß der Kommissarius einschlagen zu lassen.

Nachdem man auf der ersten Stelle, welche dem Hügel 1 zunächst liegt, einen Fuß tief gegraben hatte, stießen die Arbeiter auf harte Körper. Man nahm die Decke vorsichtig weg und fand, gerade in der Mitte des sanft erhöhten Kreises

sechs Boden von Glasflaschen und

sechs halbe Ziegelsteine, wovon zwei und zwei zu einem Ganzen genau zusammenpaßten;

welche Gegenstände in einer grauen, nach allen Richtungen nur zwei Fuß im Durchmesser einnehmenden Erdschicht, deren Farbe von der des schwarzen Bodens auffallend abstach, sich befanden. Der Herr Kondukteur N. erklärte diese Erdart für Asche. Der Kommissarius ließ die Glasscherben und Ziegelsteine sammt einem Spatenstiche der grauen Masse in einen Sack thun und versiegelte denselben mit dem Kommissionssiegel; denn der Stellvertreter der Stolzenburgschen Partei wollte weder die graue Masse für Asche, noch das Zusammenpassen der Ziegelstücke anerkennen.

Auf der zweiten Stelle fand man, nachdem man auch etwa einen Fuß tief eingedrungen war, folgende Gegenstände u. s. w.

Der Regierungskondukteur, Herr N., trug in der Karte die Linie zwischen den beiden Hügeln 30 und 1 roth auf, vermaß die Entfernung der aufgegrabenen Stellen und trug die Lage derselben unter Beifügung der Entfernungen mit den Buchstaben a und b roth auf. Die Entfernung von 1 bis a ist 400, von a bis b 500 und von b bis 30 ebenfalls 500 Fuß.

Hiermit war das Geschäft beendigt.

Vorgelesen, genehmigt und vollzogen.

Unterschriften.

b) Grenzrezeß.

Grenze zwischen Stolzenburg und Güntersau, den 8. Mai 1843.

In der Stolzenburg-Güntersauer Grenzscheidungssache ist durch das Revisionsurtel vom 8. Februar d. J. rechtskräftig erkannt, daß auf der streitigen Grenze die gerade Linie zwischen den beiden unstreitigen, auf der Sch—schen Karte vom Jahre 1760 mit den Nummern 30 und 1 bezeichneten Hügeln für den richtigen Grenzzug zu halten, und es ist der heutige Lokaltermin dazu bestimmt, hiernach die Grenze zu reguliren. Zu diesem Zwecke hatte sich der unterschriebene Gerichtskommissarius mit dem ihm als Sachverständigen zugeordneten Feldmesser Herrn N. auf die bezeichnete Grenze verfügt, wo sich auch die Parteien, namentlich:

1) u. s. w.

einfanden. Der Sachverständige war der Meinung, daß, da die gerade Linie zwischen den beiden unstreitigen Grenzhügeln 30 und 1 die Grenze zwischen den beiden Feldmarken von Stolzenburg und Güntersau sein soll und die Entfernung zwischen beiden Punkten nach der von ihm vorgenommenen Vermessung nur 1400 Fuß betrage, der Boden auch eben sei, Ein Hügel genüge. Die Parteien waren damit einverstanden und es wurde in der Mitte der gedachten Linie, 700 Fuß von jedem der beiden Hügel 30 und 1 entfernt, eine zwei Fuß tiefe, runde Vertiefung, zwei Fuß im Durchmesser, gegraben, auf den Boden eine Schicht Hammerschlag geschüttet, auf dieselbe ein rother Granitwürfel von einem Kubikfuße gelegt, auf dessen oberer Fläche ein + gemeißelt ist, und um diesen Würfel herum die Vertiefung mit Schmiedeschlacken ausgefüllt, sodann aber darüber die Erde ringsum zu einem ordentlichen Grenzhügel, drei Fuß hoch und fünf Fuß im Durchmesser, angehäuft[1]). Der Feldmesser Herr N. trug denselben in der Sch—schen Karte auf der, zwischen den Hügeln 30 und 1 roth markirten, Linie auf und bezeichnete ihn mit der Ziffer 31.

Hiermit ist das Revisionsurtel vollzogen.

Vorgelesen, genehmigt und vollzogen.

Unterschriften.

2. Grenzerneuerung.

Herrschaftliches Schloß zu Dz., den 24. Oktober 1842.

Der Besitzer des Ritterguts Dz., Herr Rittmeister a. D. N., hat bei dem Königl. Fürstenthumsgerichte zu Neisse auf Erneuerung seiner Gutsgrenzen mit seinen Nachbarn angetragen, und es ist dazu heute eine Gerichtskommission in der Person des Fürstenthumsgerichts-Raths N. und des ihm zugeordneten Feldmessers Herrn A. hierher abgeordnet worden.

Die angegebenen Grenznachbarn sind:

1) der Gutsbesitzer B. auf X.,

1) Wie zu verfahren, wenn mehrere Grenzmale zu setzen, ergiebt das folgende Beispiel.

2) der Gutsbesitzer C. auf Y.,

3) die Stadt Z. wegen ihrer Kämmereiäcker auf der städtischen Feldmark, welche zu dem heutigen Termine vorschriftsmäßig vorgeladen worden. Es hatten sich eingefunden:

1) der Provokant, Herr Rittmeister a. D., N.,

2) der Gutsbesitzer B. auf X.,

3) der Gutsbesitzer C. auf Y.,

4) von den Mitgliedern des Magistrats zu Z.:

a) der Herr Bürgermeister D. und

b) der Herr Stadtsyndikus E.,

welche sich durch anliegende Vollmacht als gesetzlich abgeordnete Stellvertreter der Stadtgemeinde zu Z. auswiesen.

Die Anwesenden sind dem Kommissario sämmtlich bekannt, und die drei Gutsbesitzer übergaben zu ihrer Legitimation jeder einen Hypothekenschein von ihren Gütern, d. d. Neisse, den 20. Oktober 1842. Die Provokaten hatten gegen die Grenzerneuerung nichts einzuwenden.

Der Feldmesser Herr A. hatte bereits auf Grund der Angaben der Interessenten die Grenzen vermessen und eine Karte davon angefertigt. Man bereiste zunächst mit den Interessenten unter Führung des Provokanten die Grenzen und verglich dabei die Karte genau; es ergab sich, daß die Interessenten über den größtentheils sehr undeutlichen und an einzelnen Stellen ganz verdunkelten Grenzzug völlig einverstanden waren, und daß auch die Karte, so wie die darauf mit rother Farbe angedeutete Grenze von ihnen für richtig anerkannt wurde. Darauf wurde nach dem Antrage der Interessenten mit der Renovirung der Grenze, durch Setzung neuer Grenzmale, wie folgt, verfahren:

1) Auf der Ecke, wo die Feldmarken der drei Rittergüter Dz., X. und Y., zusammenstoßen, wurde ein dreiseitiger Stein[1]), von rothem Sandsteine, vier Fuß lang, und auf jeder Seite einen Fuß breit, drei Fuß tief in die Erde gesetzt, so daß er einen Fuß über der Erde hoch ist. Auf der inneren Seite sind eingehauen: Nr. I. die Jahreszahl 1842 und das Wappen des Rittmeisters N. N.; auf der Seite auswärts zur Rechten ist das Wappen des Herrn B., und zur Linken das des Herrn C. eingehauen.

2) Von hier ging man neben dem zum Gute X. gehörigen Ackerfelde im 128. Grade 24 Ruthen weit, und setzte genau an dieser Stelle einen zweiseitigen gleich langen Stein, welcher auf der inneren Seite mit Nr. II. und auf der äußeren mit dem Wappen des Besitzers von X., des Herrn B., bezeichnet ist.

*) (8. A.) Die Grenzsteine müssen so gesetzt werden, daß ihre Rückenseite oder sogenannte Nase, wenn man einen geraden Stock horizontal anlegt, in der Richtung hinweist, in welcher der Grenzzug läuft. Unbehauene und unbezeichnete Steine oder Grenzhaufen bedürfen der Eyer oder Urkunden, d. h. unverwesliche Gegenstände, als: Asche, Kohlen, Scherben von Glas oder Porzellan, kleine Steine, Kupfermünzen u. dergl., zur Unterlage.

3) Von hier geht die Richtung im 141. Grade 40 Minuten mit 30 Ruthen über die Landstraße von N. nach Z. bis an den Wald, wo man einen Läufer von derselben Steinart und von gleicher Größe setzte, welcher bloß mit III. bezeichnet ist.

4) Von hier geht die Grenze in gerader Linie 15 Ruthen 10 Fuß in den Wald hinein, wo man einen gleichen Stein setzte, der auf der inneren Seite mit IV. und auf der äußeren wie Nr. II. markirt ist.

5) Von da geht die Richtung im 120. Grade 15 Minuten 23 Ruthen weit hinaus an die Wiesen der Stadt Z., wo man einen gleichen Stein, auswärts mit dem Stadtwappen von Z. und auf der inneren Seite mit V. bezeichnet, setzte.

6) u. s. w.

12) Von da geht der Grenzzug in einem Winkel von 136 Grad 22 Ruthen 6 Fuß, wo man einen eben so beschaffenen, mit XII. bezeichneten Stein setzte, welcher in einem Winkel von 106 Grad mit 30 Ruthen 1 Fuß auf den Eckstein Nr. 1 weiset, und die Figur, so wie die Besteinung schließt.

Alles, was man auf dem Grenzzuge als scheinbare oder wirkliche Grenzhügel antraf, wurde demolirt und dem Boden gleich gemacht.

Der Feldmesser Herr A. trug diese gesetzten Steine in der Karte auf und bezeichnete sie mit den Zahlen, welche die Steine selbst an sich haben, von No. I. bis XII., worauf sämmtliche Interessenten die Karte, nachdem darauf der Ort Dz. und das heutige Datum verzeichnet worden, mit ihrer Namensunterschrift versahen.

Die Kosten wollen alle vier Interessenten zu gleichen Theilen tragen.

Die Betheiligten tragen an: diesen Rezeß für Jeden mit einer Kopie der Karte auszufertigen.

Vorgelesen, genehmigt und unterschrieben.

Unterschriften.

LII.

Kaufkontrakt.

Zu §§. 674 flg.

Zur Rechtsgültigkeit genügt jetzt in allen Fällen, mit Ausnahme der Parzellirungen, die schriftliche Form, und es ist nur zur Eintragung in die Hypothekenbücher, der Beglaubigung wegen, gerichtliche und notarielle Anerkennung, gleichviel vor welchem inländischen Gerichte oder inländischen Notar, erforderlich. Es folgen hier Muster zu einigen Arten.

1. Gutsverkauf.

Neisse, den Zweiten September Eintausend Achthundert und Zwei und Vierzig.

Vor dem Kreisjustizrathe für den Neisser Kreis und dessen Aktuarius erschienen, von Person bekannt und geschäftsfähig:

1) der Rittergutsbesitzer Friedrich Traugott Kowallek auf Hausdorf,
2) der Lieutenant a. D. Ewald Fechter aus Neustadt,

und schlossen folgenden Kaufkontrakt:

§. 1.

Der Gutsbesitzer Kowallek verkauft sein im hiesigen Kreise belegenes Rittergut[1]) Hausdorf an den Lieutenant Fechter nach dem Anschlage nebst Verzeichnisse, welcher als Beilage zu diesem Kontrakte übergeben und von den Kontrahenten als ihnen dem Inhalte nach wohl bekannt anerkannt wird, für

---

1) (8. A.) Ist der Gegenstand ein Haus mit einer darin auf Grund einer dem Besitzer ertheilten Koncession eingerichteten Apotheke, so wird für den darauf gerechneten Theil des Kaufgeldes nicht 1 Prozent Kaufstempel, sondern nur der Cessionsstempel mit 15 Sgr. berechnet. Erk. des Obertr. vom 25. Februar 1867 (Entsch. Bd. LVIII, S. 397). Sonst sind Wohnhäuser überhaupt, welche zur fortdauernden Benutzung dienen u. zum Abbruch nicht bestimmt sind, auch für den Fall mit unter den in der Tarifposition „Kaufverträge" gedachten „Grundstücken" enthalten, wenn dieselben auf fremdem Grund u. Boden sich befinden. Erk. dess. vom 13. Juli 1868 (Arch. f. Rechtsf. Bd. LXXII, S. 72).

Ist der Gegenstand ein bisheriges Erbpachtsgut, so ist der zwanzigfache Betrag als der Kapitalswerth des Erbpachtskanons, welcher auf dem Gute als Reallast haftet, dem Kaufgelde, behufs Bestimmung des Kaufstempels nicht hinzuzurechnen. Erk. dess. vom 9. September 1862 u. vom 13. Februar 1863 (Entsch. Bd. LI, S. 307). Den 28. November 1864 hat dasselbe nach diesem Grundsatze wieder erkannt, daß der auf einem verkauften Grundstücke haftende Erbpachts- (Erbzins-) Kanon dem Kaufstempel nicht unterliege. (Arch. f. Rechtsf. Bd. LV, S. 314.)

Die Kohlenbaugerechtigkeit im Geltungsbereiche des Kurfürstlich Sächsischen Mandats vom 19. August 1743 ist für eine Grundgerechtigkeit im Sinne des Stempeltarifs zu erachten und unterliegt beim Verkaufe dem Immobiliarstempel.

Die Stempelpflichtigkeit eines Kaufkontraktes hängt nicht davon ab, ob der Käufer auf Grund desselben sowohl rechtlich in die Lage gesetzt ist, das Eigenthum der den Gegenstand des Vertrages bildenden Sache seinerseits als bereits erworben zu betrachten, als auch physisch nicht gehindert gewesen ist, über deren Substanz aus eigener Macht zu verfügen. Erk. dess. vom 22. Juni 1866 (Entsch. Bd. LVII, S. 224).

Die Stempelpflichtigkeit der schriftlichen Punktation eines Kaufkontraktes, welche an u. für sich nach ihrem Inhalte eine Klage auf Erfüllung des als vollendet anzusehenden Vertrages begründen würde, wird dadurch nicht ausgeschlossen, daß der Vertrag demnächst wegen Umstände, welche aus der Urkunde nicht zu ersehen waren, ungültig befunden und die Klage auf Erfüllung verworfen wird. Erk. dess. von 7. November 1864 (Entsch. Bd. LIII, S. 287).

Enthält eine Punktation alle wesentlichen Bestandtheile eines Kaufkontraktes u. ist in derselben selbst nicht gesagt, daß die Kontrahenten den Abschluß des gültigen Vertrages ausdrücklich sich noch vorbehalten, stellt vielmehr die Urkunde das Geschäft als definitiv abgeschlossen dar, so genügt dies zur Begründung der Stempelpflichtigkeit, abgesehen davon, daß auch der §. 125, I, 5 des A. L.R. eine Punktation für bloße Traktaten nur dann erklärt, wenn in derselben, also in der Punktation selbst, die Parteien die Verabredung von Nebenbedingungen sich ausdrücklich vorbehalten haben, so daß also die Punktation nicht dadurch zu Traktaten herabsinkt, wenn ein derartiger Vorbehalt nur mündlich gemacht ist. Erk. dess. vom 16. November 1866 (Arch. f. Rechtsf. LXV, S. 143).

Einmalhundert Tausend Thaler, und verspricht, dasselbe am 1. Oktober d. J. zu übergeben[2]).

§. 2.

Auf das Kaufgeld

1) hat der Käufer, wie der Verkäufer hierbei ausdrücklich anerkennt, ... 50000 Thlr.
schreibe Fünfzig Tausend Thaler an denselben baar bezahlt;

2) übernimmt der Käufer als Selbstschuldner[3])

a) die eingetragenen Pfandbriefe von . . . . 30000 =
nach dem Nennwerthe, nebst Zinsen vom Tage der Uebergabe,

b) die sub. Rubr. III, Nr. 2 für den Geldwechsler Benjamin eingetragenen . . . . 5000 =
nebst Zinsen von demselben Tage mit der Verpflichtung, binnen drei Monaten entweder den Verkäufer von der persönlichen Verbindlichkeit freisprechen zu lassen, oder dem Gläubiger die Post zu kündigen und zu bezahlen;

3) verspricht der Käufer am zweiten Januar des künftigen Jahres . . . . 10000 =
zu bezahlen, und der Verkäufer behält sich auf den Fall der ausbleibenden Zahlung das Eigenthum des verkauften Guts vor[4]);

4) bleiben die übrigen . . . . 5000 =
schreibe Fünftausend Thaler als rückständige Kaufgelder stehen, und der Käufer verspricht, dieselben nach sechsmonatlicher Kündigung und zwar kostenfrei an dem auch veränderten Wohnorte des Verkäufers oder dessen Cessionars zu bezahlen, und bis dahin mit Sechs Prozent in halbjährigen Terminen zu verzinsen; der Ver-

Uebertrag 100,000 Thlr.

---

2) Der gewöhnlich angehängte Konsens zur Berichtigung des Besitztitels ist unnöthig. Wer Eigenthümer ist, kann den Besitztitel für sich einschreiben lassen. Vergl. den Pl.-Beschl. des Obertr. vom 16. Januar 1846 a. E. (J.M.Bl. 1846 S. 38). — Die sog. Intabulationsklausel ist überhaupt nicht erforderlich. G. vom 24. Mai 1853, §. 8 (G.S. S. 521).

3) (S. A.) Die schriftliche Erklärung des Erwerbers eines Gutes, wodurch er eine auf diesem Gute hypothekarisch haftende, auf Rechnung des seinem Verkäufer stipulirten Kaufgeldes übernommene Kapitalsforderung, dem Hypothekengläubiger als Selbstschuldner übernimmt, unterliegt nicht nach der Tarifposition „Schuldverschreibungen" dem Stempel von 1/12 Prozent des übernommenen Kapitalsbetrages. Erk. des Obertr. vom 24. Mai 1867 (Entsch. Bd. LVIII, S. 390).

4) Pactum reservati dominii. §. 723 a. a. O. und Recht der Forderungen (2. A.) §. 378.

Uebertrag 100,000 Thlr.

käufer behält sich wegen des Kapitals, der Zinsen und der Einziehungskosten die Hypothek an dem verkauften Gute Hausdorf vor.

Dadurch sind die . . . . 100000 Thlr.
Kaufgeld erfüllt.

§. 3.

Der Verkäufer vertritt alle in dem Anschlage nicht abgezogenen gemeinen Lasten vollständig, obgleich das Kaufgeld unter dem angeschlagenen Werthe ist; dagegen soll der Verkäufer nicht schuldig sein, für die im Anschlage angegebenen Flächen und Quantitäten einzustehen. Werden bis zur Uebergabe neue Lasten aufgelegt, so soll weder der Verkäufer dafür etwas nachlassen müssen noch soll der Käufer von dem Vertrage zurückzutreten befugt sein. Im Uebrigen behält es, bezüglich auf die Gewährleistung, bei den Naturalien des Geschäfts, d. h. bei dem, was die Gesetze mit sich bringen, sein Bewenden.

§. 4.

Dem Einwande der enormen Verletzung entsagt zwar der Käufer nicht; wenn er aber aus diesem Grunde das Geschäft mit Erfolg anfechten sollte, so sollen bei der künftigen Auseinandersetzung die Zinsen des Kaufgeldes gegen die Nutzungen aufgehoben und dem zurücktretenden Käufer soll kein Ueberschuß wegen geringeren Ertrages herausgegeben werden.

§. 5.

Dem Verkäufer und dessen Erben bleibt der Wiederkauf vorbehalten, welcher zu allen Zeiten soll ausgeübt werden dürfen[5]). Der Wiederkaufspreis soll nach dem Werthe, wie er alsdann sein wird, durch zwei vereidigte Sachverständige, deren Angaben in Ermangelung einer Vereinigung nach dem Durchschnitte zu nehmen sind, bestimmt werden, und der Wiederverkäufer soll nur die Hälfte baar gezahlt verlangen können, wogegen die andere Hälfte gegen landübliche Zinsen wenigstens Zehn Jahre auf dem Gute stehen bleiben muß. Die Kosten des Wiederkaufs tragen beide Theile zur Hälfte.

§. 6.

Gleichermaßen wird dem Verkäufer für sich und seine Erben das Vorkaufsrecht[6]) für alle zur Ausübung desselben gesetzlich geeignet befundene Fälle eingeräumt, mit der Bestimmung, daß die Ausübung des Vorkaufsrechts in keinem Falle dadurch soll vereitelt werden können, daß die Kontrahenten von dem verabredeten Kontrakte wieder abgehen, vielmehr soll der künftige Verkäufer verbunden sein, einen einmal geschlossenen, aber durch wechselseitige Einwilligung wieder rückgängig gemachten Kontrakt mit dem Vorkaufsberechtigten abzuschließen. Der Käufer willigt in die Eintragung dieses Vorkaufsrechts.

§. 7.

Der gegenwärtige Kaufkontrakt soll für den Verkäufer erst alsdann ver-

5) Privatrecht, §. 612 und Recht der Ford. §. 246, Bd. III, S. 213 ff.

6) §. 334 und Recht der Ford. §. 242, Bd. III, S. 202 ff.

bindlich sein, wenn bis zum Tage vor dem Uebergabetermine, diesen letzten ganzen Tag mitgerechnet, ihm kein Anderer vortheilhaftere Bedingungen bietet[7]). Beide Theile sind einverstanden, daß diese Abrede als eine aufschiebende Bedingung anzusehen ist.

§. 8.

Der Käufer hingegen soll das Recht haben, bis zu eben demselben Tage Mittags zwölf Uhr von diesem Kaufe willkührlich wieder abzugehen[8]), und in diesem Falle soll der Verkäufer schuldig sein, ihm die bereits bezahlten 50000 Thlr. Kaufgeld, nebst Fünf Prozent Zinsen vom 1. d. M. ab, binnen Vier Wochen zurückzuzahlen. Zur Sicherheit bestellt ihm der Verkäufer für Kapital, Zinsen und Einziehungskosten[9]) Hypothek mit dem Gute Hausdorf.

Vorgelesen, genehmigt und unterzeichnet.

Friedrich Traugott Kowallek. Ewald Fechter.

a. u. s.

K. H.

2. Parzellen-Verkauf.

Die Gesetzgebung über dieses Rechtsgeschäft hat in letzter Zeit mehrmals gewechselt. Bis zur Erscheinung des Gesetzes, betreffend die Zerstückelung von Grundstücken und Gründung neuer Ansiedelungen, vom 3. Januar 1845 (G.S. S. 25), waren die Verträge über Theile von Grundstücken lediglich den allgemeinen Regeln über die Vertragsformen unterworfen. Dieses Gesetz verordnete, daß bei Strafe der Nichtigkeit die Zerstückelungsverträge vor dem das Grundbuch führenden Gerichte geschlossen werden sollten. Die V. vom 2. Januar 1849 §. 31. hob dies auf. Dergleichen Veräußerungsverträge jeder Art, durch welche Grundstücke zertheilt, von einem Grundstücke einzelne Theile abgezweigt oder Grundstücke, welche Zubehör eines anderen Grundstücks sind, von diesem abgetrennt werden, sollten von jedem Gerichte und Notario aufgenommen werden können, nur sollten sie von dem Gerichte oder Notario, vor welchem sie abgeschlossen oder ihrem Inhalte oder der Unterschrift nach anerkannt worden, unmittelbar nach ihrer Aufnahme demjenigen Gerichte zugesendet werden, welches das Hypothekenbuch der betroffenen Grundstücke zu führen hat, sofern dieses Gericht von dem ersteren verschieden war. Zu vergl.

7) In diem addictio. §. 724 und Recht der Ford. §. 379.

8) Pactum displicentiae (Reuvertrag). §. 706 und Recht der Ford. §. 381.

9) Es bedarf der ausdrücklichen Hypothekbestellung für die Kosten nicht mehr, nach dem G. v. 24. Mai 1853, §. 29. (G.S. S. 521.) Vergl. oben, Anm. 5 zu Nr. XLI. Vorausgesetzt ist, daß über den Zahlungsort nichts Besonderes, d. h. von den Naturalien des Geschäfts Abweichendes festgesetzt worden ist. Denn die sich von selbst verstehende Mitverpfändung für die Kosten bezieht sich nicht auf solche Kosten, welche durch einen besonders verabredeten, vielleicht weit entfernten Zahlungsort verursacht werden und welche, zumal bei großen Summen, sehr bedeutend werden können.

G. v. 24. Februar 1850 (G.S. S. 68). Das ist abermals aufgehoben. Das G. v. 24. Mai 1853, zur Ergänzung des G., betr. die Zerstückelung von Grundstücken ꝛc. ꝛc., v. 3. Januar 1845 (G.S. 1853, S. 241), stellt jenen Satz wieder her, daß, wenn Grundstücke durch Kauf- oder andere Veräußerungsverträge zertheilt, von einem Grundstücke einzelne Theile abgezweigt, oder Grundstücke, welche Zubehör eines anderen Grundstückes sind, von diesem getrennt werden sollen, der Vertrag vor demjenigen Gerichte, welches das Hypothekenbuch des Grundstückes zu führen hat, oder vor einem Kommissarius dieses Gerichtes geschlossen werden muß, bei Strafe der Nichtigkeit. Haben mehrere Gerichte als hypothekenbuchführende Behörden bei einem solchen Vertrage zu wirken, so ist jedes dieser Gerichte zur Aufnahme des Vertrages befugt. §§. 2 und 3*). Der §. 4 fügt noch die Beschränkung bei, daß die Aufnahme des Vertrages erst dann erfolgen darf, wenn der Veräußernde entweder:

1) seinen Besitztitel bereits in das Hypothekenbuch hat eintragen lassen, oder

2) schon ein Jahr lang sich im Besitze des Grundstücks befindet und bei Aufnahme des Vertrages gleichzeitig die Berichtigung seines Besitztitels beantragt. In diesem Falle hat der Hypothekenrichter diese Berichtigung für den Veräußernden erforderlichen Falls nach der Vorschrift der K.O. v. 6. Oktober 1833 (G.S. S. 124) zu betreiben. Ausnahmen von diesen Bestimmungen §§. 2—4 machen 1) Grundstücke, welche im Besitze des Fiskus oder in der Verwaltung der Staatsbe-

*) (8. A.) Gegenwärtig (1869/70) liegt dem Landtage der Entwurf einer neuen Grundbuchordnung zur verfassungsmäßigen Berathung und Beschlußfassung vor, worin dieses Gesetz wieder aufgehoben wird. Die Vorlage ist jedoch bis zum Schlusse des Landtages nicht erledigt worden.

Die Formfrage ist streitig geworden. Nach Vorschrift der §§. 2 u. 3 des Gesetzes vom 24. Mai 1853 soll bei Strafe der Nichtigkeit der Abschluß eines Parzellirungsvertrages vor dem Hypothekenrichter geschehen. Der §. 22. II. 3 der Allg. Gerichtsordnung stellt den seinem Inhalte u. der Unterschrift nach gerichtlich anerkannten außergerichtlichen Vertrag dem gerichtlich aufgenommenen gleich. Die Gerichte haben darüber: ob diese Gleichstellung auch von Parzellirungsverträgen gelte, widersprechend erkannt. Im Jahr 1862 erkannte das Kreisgericht in Carthaus in einer Sache verneinend, das Appellationsgericht zu Marienwerder bejahend und der III. Senat des Obertr. trat dem letzteren bei Erk. vom 17. Oktober 1862 (Arch. f. Rechtsf. Bd. XLVII, S. 102). In einer 1868 anhängig gewordenen Sache stimmten das Kreisgericht zu Delitzsch u. das Appellationsgericht zu Naumburg in der Verwerfung der Gleichstellung überein; das Obertr. III. Senat aber hielt seinen Rechtsgrundsatz aufrecht, führte ihn eingehend auf die Gründe des Für u. Wider aus und vernichtete das Appellationsurtel wegen Verletzung des Rechtsgrundsatzes: dem im §. 3 des Gesetzes vom 24. Mai 1853 erforderten gerichtlichen Abschlusse von Parzellirungs-Verträgen steht die gerichtliche Verlautbarung eines solchen außergerichtlich geschlossenen Vertrages u. das Bekenntniß zu seinem Inhalte vor dem Hypothekenrichter ganz gleich. Erk. vom 3. Mai 1869 (Entsch. Bd. LXI. S. 456).

hörden sind; 2) Grundstücke, welche auf der städtischen Feldmark außerhalb einer Stadt oder Vorstadt liegen; 3) Theilungen von Grundstücken zwischen Miterben und zufälligen Gemeinschaftern; 4) Ueberlassungen einzelner Theile von Grundstücken, seitens der Eltern an ihre Descendenten; 5) Expropriationen, wenn sie auch durch freien Vertrag bewirkt werden; 6) Theilungen, welche durch eine gutsherrlich-bäuerliche Regulirung, eine Ablösung oder eine Gemeinheitstheilung veranlaßt werden; oder bei Gelegenheit solcher Geschäfte (§. 8 der V. v. v. 30. Juni 1834) vorkommen. §. 5. Gemischte Verkäufe, d. h. solche, wo ein selbständiges Grundstück ganz und eine Parzelle von einem anderen Grundstücke unter Einem für ein ungetheiltes Pretium verkauft wird, machen keine Ausnahme.

Muster.

Neisse, den Zweiten Dezember Eintausend Achthundert Sieben und Vierzig, auf dem Königl. Fürstenthumsgerichte erschienen

1) als Verkäufer der Bauergutsbesitzer Gotthilf Faulpelz mit seiner Ehefrau, Marie Elise geb. Träge, aus Gutliegen,
2) als Käufer der Einwohner Friedrich Rasch, ebendaher.

Die Komparenten waren nach Namen, Stand und Wohnort nicht bekannt, und wurden deshalb von dem hiesigen Gerichtsboten Willig rekognoszirt. Gegen ihre Dispositionsfähigkeit fand sich kein Bedenken.

Die Komparenten verlautbarten nachstehenden Kaufkontrakt:

§. 1.

Es verkauft der Bauer Gotthilf Faulpelz, mit Genehmigung seiner mit ihm in ehelicher Gütergemeinschaft lebenden Ehefrau, von den zu seinem Bauergute Nr. 1 zu Gutliegen gehörigen Ländereien

1) Ein Stück Acker von zehn Morgen im Mittelfelde, die Schweinskampe genannt,
2) eine für sich belegene Wiese, die Weitewiese genannt, von ungefähr Fünf Morgen,

an den Einwohner Friedrich Rasch für ein Kaufgeld von Fünfhundert Thalern, in Pausch und Bogen, wie die beiden Grundstücke liegen.

§. 2.

Das Kaufgeld wird in folgender Art berichtigt u. s. w.

§. 3.

Der Verkäufer verpflichtet sich, die Löschung der auf dem Bauergute und den davon abverkauften Stücken eingetragenen Hypothekenschulden, oder die Entlassung der Trennstücke aus dem Hypothekenverbande, binnen Vier Wochen auf seine Kosten zu bewirken.

§. 4.

Der Käufer übernimmt von allen auf dem Bauergute des Verkäufers eingetragenen Königlichen, Dominial-, Kommunal-, Kirchen-, Schul- und anderen öffentlichen Lasten, Abgaben und Prästationen diejenigen Beträge, welche von den betreffenden Behörden auf die erkauften Trennstücke werden repartirt werden, unbeschadet des Kaufgeldes.

Zu einer Ablösung der Dominialabgaben wollte keiner der Kontrahenten sich verstehen.

§. 5.

Ohne Anrechnung auf das Kaufgeld übernimmt der Käufer

1) von dem Rubr. III, No. 1 für die Martin und Elisabeth Alt'schen Eheleute eingetragenen Auszuge, mit Ausnahme der dem Restbauergute allein zur Last bleibenden Wohnung, den dritten Theil;
2) von den Rubr. III, Nr. 2 eingetragenen Ausstattungen der beiden Geschwister Johann und Elisabeth Alt gleichfalls ein Drittel.

Behufs Berechnung des Werthstempels veranschlagen die Betheiligten diese übernommenen Privatlasten auf Einhundert Thaler Kapitalswerth.

§. 6.

Zur Sicherheit der rückständigen Kaufgelder im Betrage von dreihundert Thalern nebst Zinsen, Schäden und Kosten, auch etwaigen Verzugszinsen, verpfändet der Käufer die erkauften beiden Grundstücke.

§. 7.

Die beiderseitigen Kontrahenten bekennen, daß die beiden verkauften resp. gekauften Grundstücke dem Käufer übergeben worden sind. Der Letztere quittirt hiermit über die richtig erfolgte Uebergabe.

§. 8.

Der Käufer übernimmt die durch Errichtung dieses Kontrakts, Abschreibung der erkauften Trennstücke, Berichtigung des Besitztitels und Eintragung der Verpfändung entstehenden Kosten, sowie den Werthstempel.

Die Kontrahenten tragen an:

1) dieses Protokoll für jeden Betheiligten auszufertigen;
2) die verkauften resp. gekauften Grundstücke von dem Folio des Bauerguts Nr. 1 zu Gutliegen abzuschreiben;
3) dafür ein neues Folium anzulegen; und
4) den Besitztitel für den Käufer zu berichtigen und die Verpfändung nach §. 6 in dem Hypothekenbuche einzutragen.

Es wurde den nicht schreibfähigen Verkäufern der Herr Registrator Lustig und dem Käufer der Herr Büreaugehülfe Wohlgemuth zu Verhandlungszeugen bestellt, in deren Gegenwart das Protokoll vorgelesen, genehmigt und unterschrieben, resp. unterkreuzt.

Folgen die Unterzeichnungen.

3. Kauf einer künftigen Sache.

Zu §. 677.

Dieser Kontrakt erfordert jetzt nicht mehr die gerichtliche Form, wenn der Kaufpreis mehr als 100 Thlr. beträgt.

Muster.

Ort und Datum.

Eingang.

§. 1.

Der Gutsbesitzer A. verkauft das ganze Kern- und Steinobst, welches in seinem, zum Rittergute Tasdorf gehörigen, hinter dem herrschaftlichen Hause belegenen Obstgarten in diesem Jahre wachsen wird, an den Obsthändler B. für Zweihundert und Funfzig Thaler, worauf der Obsthändler B. bereits Einhundert Thaler bezahlt hat, und die übrigen Einhundert und Funfzig Thaler zu Michaelis d. J. zu bezahlen verspricht.

§. 2.

Die Uebergabe geschieht den 1. Juni dadurch, daß der Käufer ein ihm zum Gebrauche bis zum 15. Oktober einzuräumendes Zimmer im Gartenhause bezieht und mit diesem Augenblicke die Obhut über die Bäume übernimmt. Das Sammeln des Obstes bleibt ihm überlassen, er darf sich aber dazu nicht der vorhandenen Gartengeräthschaften bedienen.

§. 3.

Beim Einsammeln muß der Käufer mit höchster Vorsicht und Schonung der Bäume verfahren und hat für jeden durch ihn oder seine Leute abgebrochenen Zweig eine Konventionalstrafe von Zehn Silbergroschen zu erlegen.

Schluß.

4. Gülten- oder Rentenkauf.

Zu §. 681.

Der Kontrakt erfordert bloß zur Beglaubigung, behufs der Eintragung, gerichtliche oder notarielle Anerkennung. Stempel 1/2 Prozent des Kaufgeldes.

Muster.

Eingang.

§. 1.

Der Gutsbesitzer Theobald Nimmt verkauft dem Partikulier Gottfried Giebt eine aus seinem Rittergute Bringtnichts zu entrichtende, immerwährende jährliche Rente von Fünfhundert Thalern, welche als eine beständige Last auf dieses Gut gelegt und in vierteljährlichen Terminen, am 2. Januar, 1. April, 1. Juli und 1. Oktober, jedesmal mit Einhundert Fünf und Zwanzig Thalern, und zwar das erste Mal den 1. künftigen Monats Oktober gezahlt wird; er willigt in die Eintragung dieser dem Gute aufgelegten Rente, wofür dasselbe als Unterpfand eingesetzt wird[1]).

§. 2.

Dafür ist ein Kaufpreis von Zwölftausend Thalern verabredet; der Ren-

1) Jede von diesen beiden Erklärungen, die Intabulationsklausel und die Verpfändungserklärung, genügt für sich allein zur Pfandbestellung und Eintragung. Ges. vom 24. Mai 1853, §. 29. (G.S. S. 521.)

tenverkäufer erkennt an, dasselbe von dem Käufer bereits vollständig bezahlt erhalten zu haben und quittirt darüber.

§. 3.

Dem Rentenkäufer soll freistehen, das Rentenrecht aufzukündigen und das bezahlte Kaufgeld zurückzufordern, wenn die Rente durch vier hintereinanderfolgende Termine rückständig bleibt; und dem Rentenschuldner soll in keinem Falle freistehen, auf die Renten zu kompensiren.

Schluß.

5. Erbschaftskauf.

Zu §. 682.

Auch der Erbschaftskauf erfordert nicht mehr die gerichtliche Form. Sind Immobilien in der Erbschaft, so muß der Werthstempel wie bei Käufen über Grundstücke entrichtet werden, insofern der Werth der in der Erbschaft befindlichen Gegenstände anderer Art nicht besonders angegeben ist, wo der Mobiliarstempel noch hinzutritt[2]).

2) (S. A.) Das Stempelgesetz vom 7. März 1822 enthält keine besondere Vorschrift über den bei Erbschaftskäufen zu verwendenden Stempel. Der Stempelfiskal hatte daher bei einer Stempelrevision von einem Erbschaftskaufvertrage, in welchem der Preis für die Immobilien besonders u. für die Gegenstände anderer Art ebenfalls besonders angegeben war, von der ganzen Summe zusammen den Stempel mit 1 Prozent verlangt. Darüber kam es zum Prozeß u. das Obertr. erkannte im Einverständniß mit dem Appell.-Gericht, daß, wenn in einem Erbschaftskaufvertrage das Kaufgeld zwar in einer ganzen Summe festgesetzt ist, dabei aber für die zur Erbschaft gehörigen Grundstücke u. ebenso für die übrigen darin befindlichen Gegenstände besondere Werthsbeträge angegeben worden sind, nicht vom ganzen Kaufpreise der Immobiliar-Kaufstempel erhoben werde. Erk. vom 19. Dezember 1864 (Entsch. Bd LII, S. 379).

Die K.O. vom 21. Juni 1844 (G S. S. 253), welche an die Stelle des durch die K.O. vom 24. Dezember 1834 aufgehobenen §. 10 des Stempelgesetzes vom 7. März 1822 getreten ist, indem sie zugleich diese K.O. vom 24. Dezember 1834 wieder aufhebt, schreibt vor, daß Kauf- u. Tausch-Verhandlungen, welche zwischen den Theilnehmern an einer Erbschaft zum Zwecke der Theilung der zu letzterer gehörigen Gegenstände abgeschlossen werden, einer Werthstempelabgabe nicht mehr unterliegen sollen, u. die K.O. vom 26. September 1845, deren Publikation durch die G.S. nicht für nöthig erachtet, welche aber den Gerichten durch das J. M. R. vom 10. November 1845 (J.M. Bl. S. 213) mitgetheilt worden ist, — deklarirt dieß dahin, daß zu den erwähnten Theilnehmern an einer Erbschaft auch der überlebende Ehegatte, welcher mit den Erben des verstorbenen Ehegatten gütergemeinschaftliches Vermögen zu theilen hat, gerechnet werden soll. (Hoyer, die preußische Gesetzgebung S. 98.) Nun hatte der Wittwer, welcher mit seiner verstorbenen Ehefrau in Gütergemeinschaft gelebt hatte, dem Einen von den zwei Erben seiner Ehefrau dessen Antheil an der Erbschaft abgekauft u. der Notar hatte zu diesem Vertrage den Rezeßstempel von 2 Thlr. verwendet. Der Stempelfiskal hatte aber noch 10 Thlr. Prozentstempel von dem Werthe der erkauften Gegenstände gefordert u. einziehen lassen, indem der Fall nicht unter jener K.O. stehe, weil das Geschäft nicht die ganze Gemeinschaft erschöpfe u. nicht zwischen allen Theilnehmern zu Stande gekommen sei. Das Obertr. hat jedoch auf

Muster.

Neisse, den Fünften September Eintausend Achthundert und Zwei und Vierzig.

Vor dem unterschriebenen Deputirten des Königl. Fürstenthumsgerichts hierselbst erschienen:

1) der Gasthofsbesitzer Albrecht A.,

2) der Kattunfabrikant Valentin B.,

Beide von hier, persönlich bekannt und geschäftsfähig, und verlautbarten folgenden Erbschafts-Kaufkontrakt.

§. 1.

Der Gasthofsbesitzer Albrecht A. verkauft die ihm durch Testament angefallene und von ihm angenommene Erbschaft der am 1. des vergangenen Monats hierselbst verstorbenen Wittwe N.N., und zwar in dem Zustande, wie sich diese Erbschaft an dem heutigen Tage befindet, dem Kattunfabrikanten Valentin B. für Zehntausend Thaler, wovon 8000 Thlr. auf die darin befindlichen Grundstücke und 2000 Thlr. auf die Mobilien verabredet sind.

§. 2.

Er ist verpflichtet, ihm sämmtliche zur Erbschaft gehörige Gegenstände, namentlich auch Papiere, soweit sich solche in seinem Gewahrsame befinden, nach einem auf Verlangen eidlich zu manifestirenden Verzeichnisse, binnen vier Wochen auszuliefern. Ueber die ihm bekannten ausstehenden Forderungen und anderswo befindlichen Sachen, sowie die noch vorhandenen Pachtschulden hat er dem Erbschaftskäufer ein bloß zur Beschreibung dienendes Verzeichniß bereits eingehändigt, und er verspricht, ihm dasjenige, was ihm in dieser Beziehung noch nachträglich bekannt werden sollte, mitzutheilen.

§. 3.

Das Kaufgeld ist zur Hälfte bezahlt, worüber der Verkäufer quittirt. Die übrigen Fünftausend Thaler werden drei Monate zinsenfrei gestundet.

Vorgelesen, genehmigt und vollzogen.

Albrecht A. Valentin B.

a. u. s.

B.

---

die Rückforderungsklage erkannt, daß die Anwendbarkeit der K.O. vom 21. Juni 1844 u. vom 26. September 1845 nicht auf solche Verkäufe beschränkt sei, welche bei Gelegenheit u. zur Erleichterung einer die ganze vorhandene Gemeinschaft erschöpfenden u. zwischen allen Theilnehmern zu Stande gekommenen Theilung geschlossen worden. Erk. vom 23. Februar 1864 (Arch. f. Rechtsf. Bd. LII. S. 284) u. vom 5. Dezember 1865 (Bd. LXIV, S. 51).

6. Oeffentliche Versteigerung. (Subhastation und Auktion.)

Zu §. 683.

Nothwendige Subhastationen sind Prozesse und gehören in eine Anleitung zum prozessualischen Verfahren; freiwillige Subhastationen können nach Preußischem Rechte auch außergerichtlich geschehen, nur muß dann der zu Stande gekommene Kauf zur Beglaubigung notariell oder gerichtlich anerkannt werden. Gerichtliche freiwillige Subhastationen gehören vor den Richter der Sache; dabei findet die Abfassung eines Zuschlagsbescheides nicht mehr statt, sondern das Lizitationsprotokoll wird an Stelle des Kaufkontrakts ausgefertigt.

Nothwendige Auktionen sind ebenfalls durch ein bestimmtes prozessualisches Verfahren bedingt, wogegen freiwillige Auktionen an keine Form gebunden sind.

Muster.

a) Lizitationsprotokoll über eine freiwillige Subhastation.

Fürstenthumsgericht Neisse, den fünften September Eintausend Achthundert und Zwei und Vierzig.

Das den Erben des verstorbenen Bürgers Y. gehörige, in der hiesigen Stadt am Ringe belegene, im Hypothekenbuche Vol. IV. pag. 200, No. 26, verzeichnete Haus ist, behufs Theilung, zur freiwilligen Subhastation gestellt worden, und es steht heute der Bietungstermin an. In demselben erschienen die Y.'schen Erben, namentlich:

1) der Kaufmann George Y.,
2) die Frau Z., Maria geborene Y., im Beistande ihres Ehemannes, des Baumeisters Z.,
3) der Gastwirth Y.,

sämmtlich von hier, persönlich bekannt und geschäftsfähig. Der heutige Termin sollte, nach dem Antrag der Interessenten, durch Aushang eines Proklama und durch dreimalige Einrückung in das hiesige Stadtblatt von 4 Wochen zu 4 Wochen, bekannt gemacht werden, es fehlen jedoch an dieser Frist 16 Tage. Die genannten Erben erklärten aber, daß darauf nichts ankommen, vielmehr mit der Lizitation vorgeschritten werden solle, und machten folgende Bedingungen:

1) der Verkauf geschieht in Pausch und Bogen, und Gefahr wie auch die Lasten gehen mit der Abschließung des Kontrakts, Eigenthum und Nutzungen aber mit der Uebergabe auf den Käufer über.
2) Das Kaufgeld bleibt zur Hälfte auf dem Hause hypothekarisch versichert, zu Fünf Prozent vom Tage der Uebergabe an verzinslich, stehen und darf nicht vor fünf Jahren von dem einen oder dem anderen Theile gekündigt werden; die andere Hälfte wird bei der Uebergabe, welche binnen acht Tagen gerichtlich geschieht, an die Y.'schen Erben gezahlt.

3) Die sämmtlichen Kosten trägt der Käufer.

Von den erschienenen Kaufliebhabern wurden als Bieter ohne Kautionsstellung zugelassen:

1) der Kaufmann Moritz A.,
2) der Möbelhändler August B.,
3) der Kattunfabrikant Carl C.,

alle von hier und persönlich bekannt, und mit den vorstehenden Bedingungen bekannt gemacht; auch wurde die von dem zu verkaufenden Hause aufgenommene Taxe zur Einsicht vorgelegt.

Darauf boten:

1) der Kattunfabrikant Carl C.	5000 Thlr.
2) der Möbelhändler August B.	5500 =
3) der ꝛc. Carl C.	5800 =
Hier erschien noch	
4) der bekannte Apotheker Gottfried D. von hier, und bot unter den ihm eröffneten Bedingungen	6000 =
nachdem ihn die Y.'schen Erben als Bieter angenommen hatten	
5) der Kaufmann Moritz A.	6500 =
6) der Apotheker Gottfried D.	7000 =

Weiter erfolgte kein Gebot und die Bieter entfernten sich nach und nach, bis auf Herrn Gottfried D. Dieser blieb bei seinem Gebote stehen, und die anwesenden Y.'schen Erben erklärten einstimmig, daß sie dessen Gebot von Siebentausend Thalern annähmen und ihm für diesen Preis das ausgebotene Haus überließen.

Mit den Interessenten wurde der 12. September, um 10 Uhr, im verkauften Hause, als Uebergabetermin, verabredet.

Vorgelesen, genehmigt und vollzogen.
Folgen die Unterschriften.

b) Uebergabeprotokoll.

Neisse, den 12. September 1842.

Der unterschriebene Gerichtskommissarius hatte sich heute um die neunte Stunde in das den Y.'schen Erben gehörige Haus, Nr. 26 am Ringe, begeben, und dort anwesend gefunden:

1) die genannten Erben, namentlich:
   a) den Kaufmann George Y.,
   b) die Frau Z., Marie geborene Y., im Beistande ihres Ehemannes, des Baumeisters Z.,
   c) den Gastwirth Peter Y.,
2) den Ersteher, Apotheker Gottfried D.

Dem Letzteren wurden, nachdem er die zufolge der Verkaufsbedingungen bei der Uebergabe zu zahlende Hälfte des Kaufgeldes, nämlich Dreitausend

Fünfhundert Thaler, aufgezählt hatte, die Schlüssel zum Hause und zu sämmtlichen verschließbaren Behältnissen, so wie auch die Erwerbungsdokumente des verstorbenen letzten Besitzers Y. und dessen Vorbesitzers präsentirt. Die Y.'schen Erben nahmen die Dreitausend Fünfhundert Thaler gemeinschaftlich in Empfang, erklärten den Besitz zum Vortheile des Erstehers für eröffnet und der Apotheker D. übernahm die Schlüssel und Papiere; beide Theile quittirten sich wechselseitig und erklärten, nach vorheriger Herumführung des Käufers in dem Hause, die Uebergabe desselben an den neuen Erwerber für vollzogen.

Der Apotheker Gottfried D. bestellte darauf für die noch schuldigen Dreitausend Fünfhundert Thaler, nebst den von heute an laufenden Zinsen, mit dem ihm so eben übergebenen Hause, hiermit Hypothek.

Vorgelesen, genehmigt und vollzogen.

Unterschriften.

Anmerkung. Das Lizitationsprotokoll und das Uebergabeprotokoll zusammen wird einmal für den Käufer als Erwerbungsinstrument auf 70 Thlr. Werthstempel und einmal für die Y.'schen Erben als Schuldinstrument über 3500 Thlr. auf 15 Sgr. Stempel ausgefertigt.

c) Auktionsprotokoll.

Neisse, den 6. September 1842, in dem Z.—schen Hause eine Stiege hoch.

Heute soll das zum Nachlasse des verstorbenen Königl. Majors v. M. gehörige Mobiliare verauktionirt werden. Der Termin ist durch Anschläge an die Stadtthore und die Hauptstraßenecken, durch einmalige Einrückung in den öffentlichen Anzeiger des Oppelner Amtsblattes und durch dreimalige Einrückung in das hiesige Stadtblatt bekannt gemacht worden, und die Beläge darüber sind eingegangen. Von den Erbinteressenten, welche von dem Termine besonders in Kenntniß gesetzt worden sind, war Niemand erschienen; dagegen hatte sich eine große Menge Personen zum Bieten eingefunden. Diesen wurde durch den Proklamator D. eröffnet:

1) der Verkauf geschieht gegen sofortige Bezahlung;
2) wer das Kaufgeld nicht sogleich bezahlt, auf dessen Gefahr wird die Sache noch einmal ausgeboten, und was weniger dafür gegeben wird, muß von ihm ersetzt werden;
3) wenn Mehrere das Gebot, wofür ein Stück zugeschlagen worden ist, gethan zu haben behaupten, so wird das Stück zum Weiterbieten nochmals ausgeboten.

Unter diesen Bedingungen wurde mit dem Verkaufe, wie folgt, verfahren:

Laufende Nr.	Nr. des Inventar.	Benennung des Gegenstandes.	Taxe. Thlr.	Sgr.	Ersteher.	Meistgebot. Thlr.	Sgr.	Pf.	Bemerkungen.
1	Tit. IX. 12	ein Kaffeetisch v. Mahagoniholz.	5	—	Trödler. Gier.	5	6	—	Bezahlt eod.
2	3	½ Dtzd. Rohrstühle v. demgl.	12	—	Möbelhdlr. Knausig.	13	15	—	Bezahlt eod.
3	Tit. III. 2	eine messingene Wanduhr.	3	—	Trödler Genau.	2	15	—	Bezahlt
4	Tit. XI. 1	ein blautuchener Civiloberrock.	8	—	Handelsm. Itzig.	6	—	—	Bezahlt
6	2	eine alte Uniform u. s. w.	1	15	Derselbe.	1	2	—	Bezahlt
Hiermit waren alle vorhandenen, zum Verkaufe bestimmt gewesenen Sachen verkauft; das Kaufgeld dafür beträgt zusammen						50	12	6	

a. u. s.

K. H. D.

Auktionskommissarius. Aktuarius. Proklamator.

Anmerkung. Zu dem Auktionsprotokolle muß ein Werthstempel von ⅓ Prozent verwendet werden.

LIII.
Tauschkontrakt.

Zu §. 684.

Neisse, den siebenten September Eintausend Achthundert Zwei und Vierzig.

Vor dem Kreis-Justizrathe des Neisser Kreises und dessen Aktuarius erschienen:

1) der Gutsbesitzer Ferdinand v. J. auf G.,

2) der Gutsbesitzer Adolph v. S. auf F.,

Beide nach Namen, Stand und Wohnort bekannt, und schlossen folgenden Tauschkontrakt:

§. 1.

Der Gutsbesitzer Ferdinand v. J. und der Gutsbesitzer Adolph v. S. vertauschen wechselseitig an einander ihre Rittergüter, und zwar Ferdinand v. J. sein im hiesigen Kreise belegenes Rittergut G. an den Adolph v. S., und der Adolph v. S. sein ebenfalls im hiesigen Kreise belegenes Rittergut F. an Ferdinand von J., und zwar beide Güter in Pausch und Bogen, wie jetzt Alles darauf steht und liegt, dergestalt, daß ein Jeder für sein Gut durch das Gut des Anderen vollständige Vergeltung erhält, und auf den käuflichen oder taxmäßigen Mehr- oder Minderwerth des Einen und des Anderen nichts ankommt.

§. 2.

Die wechselseitige Uebergabe geschieht am 1. Oktober d. J.

§. 3.

Beide Theile entsagen der Anfechtung des Geschäfts wegen enormer Verletzung, wohl wissend, daß, wenn das eine Gut mehr denn noch einmal so viel als das andere werth wäre, dieses die Vermuthung eines Irrthums für den Verletzten begründen würde, aus welchem das Geschäft aufzurufen gestattet wäre.

§. 4.

Auf beiden Gütern stehen zwar Schulden eingetragen, es macht sich aber Jeder dem Anderen verbindlich, soviel wie auf dem eingetauschten Gute weniger als auf dem vertauschten haftet, binnen Jahresfrist löschen zu lassen.

§. 5.

Wird ein Gut theilweise entwährt, so soll zur Bestimmung dessen, was dafür zu leisten ist, der jetzige Taxwerth der Güter als Preis zum Grunde gelegt werden, und beide Theile erkennen an, daß G. auf 50000 Thaler und F. auf 40000 Thaler im vergangenen Jahre taxirt worden ist, und seitdem sich nichts verändert hat.

Vorgelesen, genehmigt und vollzogen.

Ferdinand v. J. Adolph v. S.

a. u. s.

K. H.

Anmerkung. Von diesem Kontrakte würde das eine Exemplar auf 500 Thlr. Werthstempel und das andere auf 15 Sgr. Stempel auszufertigen sein, indem der Werthstempel nach demjenigen Grundstücke, wofür der höchste Werth zu ermitteln ist, zu 1 Prozent entrichtet werden soll.

LIV.
Leibrenten-Kontrakt.
Zu §. 686.

Dieser Kontrakt muß in allen Fällen schriftlich geschlossen werden, um verbindlich zu sein; der notariellen oder gerichtlichen Form bedarf es nur der Beglaubigung wegen zum Gebrauche beim Hypothekenbuche. Er ist dem Werthstempel unterworfen, welcher Ein Prozent von dem 12½fachen Werthe der dem Leibrentenkäufer zugesicherten jährlichen Vortheile beträgt; dieser Werth muß, wenn er nicht in einer Geldsumme ausgedrückt worden, zunächst von den Kontrahenten als Steuerpflichtigen angegeben (deklarirt) werden. — (8. A.) Im Sinne des Stempelgesetzes, Tarifposition „Leibrenten-Verträge" sind aber unter diesem Namen nicht bloß die landrechtlichen Rentenkäufe, sondern überhaupt alle Verträge zu verstehen, wodurch Jemand gegen Entgelt — dieser bestehe in einer bestimmten Geldsumme, oder in einer Hingabe von Sachen zu einem nach deren

Geldwerthe vereinbarten Preise (Aequivalente), oder aber in der Uebernahme von Leistungen oder Verpflichtungen — von einem Anderen eine auf die Lebenszeit eines Menschen bestimmte Abgabe (Leibrente) **erwirbt**. Die Singularbestimmung für den, die Natur eines Mutationsstempels habenden Erbschafts- resp. Schenkungsstempel findet selbstredend auf, dem Urkundenstempel unterliegende, lästige Verträge überhaupt keine Anwendung, also auch nicht auf Verträge, wodurch Leibrenten gegen Entgelt erworben werden, **selbst wenn sie dem Erwerber erst in Zukunft gezahlt** (erhöht) werden sollen. Der Stempel muß also sofort nach dem höchsten wenn auch unter einer Bedingung versprochenen Betrage der Leibrente entrichtet werden. Erk. des Obertr. vom 8. Juli 1867 (Arch. f. Rechtsf. Bd. LXVII, S. 323).

Muster.

Neisse, den neunten September Eintausend Achthundert Zwei und Vierzig.

Vor dem unterschriebenen Deputirten des rc. Gerichts erschienen, von Person und als geschäftsfähig bekannt,

1) der Gutsbesitzer Caspar Bonstädt aus Z.,
2) der Freibauer George Tzschaus aus W.,

und schlossen folgenden Leibrentenkontrakt:

§. 1.

Der Gutsbesitzer Caspar Bonstädt verkauft dem Freibauer George Tzschaus für dessen Person eine jährliche Leibrente, bestehend

1) in einer Summe Geldes von Vierhundert Thalern,
2) in freier Wohnung in dem auf dem Gute Z. neben dem herrschaftlichen Hause stehenden sogenannten Gärtnerhause, welches ihm ausschließlich eingeräumt werden soll,
3) in der Befugniß, sich seinen Bedarf an Feuerungsmaterial von den Vorräthen des Gutsbesitzers Bonstädt unbeschränkt zu nehmen,
4) in der Befugniß, ein Paar Pferde zu halten, welche ihren Stand im herrschaftlichen Stalle haben und von einem dazu besonders angestellten, immer zur Verfügung des Rentenkäufers stehenden Kutscher frei gefuttert, gepflegt und gewartet werden müssen, wozu nicht weniger als drei Metzen Hafer, zehn Pfund Heu täglich für jedes Pferd, und das erforderliche Hechsel- und Streustroh, gegeben werden müssen.

Diese Naturalleistungen werden zur Bestimmung der Stempelsteuer auf 200 Thlr. angegeben.

§. 2.

Diese Rente fängt mit dem 1. Oktober d. J. an, und dauert auf Lebenszeit des Leibrentenkäufers; das baare Geld wird in vierteljährigen Terminen voraus bezahlt, und der Rentenverkäufer ist bei Eintritt des Todes des Käufers nicht schuldig, die Rente noch für das ganze laufende Jahr, vielmehr das baare Geld nur für das angefangene Quartal, in welchem der Tod erfolgt, zu zahlen und die Naturalleistungen nur noch für den laufenden Monat, in welchem der Tod eingetreten ist, und für den zunächst folgenden Monat, zu entrichten.

§. 3.

Der Verkäufer stellt dem Rentenkäufer zur Sicherheit für die ganze Leibrente, Verzugszinsen und Interessen, aber nicht für die Einziehungskosten, Hypothek mit seinem Gute Z.

§. 4.

Der Preis für diese Leibrente ist auf Zehntausend Thaler bestimmt. Zu dessen Berichtigung giebt der Leibrentenkäufer sein Freibauergut zu W., ganz schuldenfrei, sonst wie es steht und liegt in Zahlung, und der Rentenverkäufer erkennt an, daß ihm dasselbe zu seiner Zufriedenheit bereits übergeben und er dadurch befriedigt worden.

§. 5.

Wird der Tod des Leibrentenkäufers durch die, wenn auch nur geringste Schuld des Rentenverkäufers, oder eines seiner Verwandten, Erben, Hausgenossen, Offizianten oder Gesinde, auch nur mittelbar verursacht, so gilt dieses Ereigniß für eine auflösende Bedingung, und die Auseinandersetzung der Erben des Rentenkäufers mit dem Rentenverkäufer oder dessen Erben geschieht nach den gesetzlichen Bestimmungen.

Vorgelesen, genehmigt und vollzogen.

Caspar Bonstädt. George Tzschaus.

a. u. s.

B.

LV.

Vitalitien-Vertrag.

Zu §. 687.

Neisse, den neunten September Eintausend Achthundert Zwei und Vierzig.

Vor dem unterschriebenen Gerichtsdeputirten schlossen

1) der Hausbesitzer Christoph Hungrich, und

2) der Rentier Caspar Hättich,

beide von hier, von Person bekannt, selbstständig und dispositionsfähig befunden, folgenden Kontrakt.

§. 1.

Der Rentier Caspar Hättich macht sich verbindlich, den Christoph Hungrich von heute an, so lange derselbe leben wird, in allen Lebensbedürfnissen ohne Ausnahme, standesmäßig zu versorgen und freizuhalten, ihm in seinem Hause am Neumarkte Nr. 60, eine Stiege hoch, nach vorn heraus, eine besondere Stube zur Wohnung einzuräumen und überdies auch ein monatliches Taschengeld von fünf Thalern pränumerando zu zahlen.

§. 2.

Dagegen überträgt Christoph Hungrich den ganzen Inbegriff seines gegenwärtigen Vermögens, weiter nichts davon ausgenommen, als seine Kleider, Betten, Leib- und Bettwäsche, also auch mit Einschluß des dazu gehörigen, in der Friedrichsstraße hierselbst belegenen Hauses Nr. 6, auf den Caspar Hättich, und dieser erkennt an, daß alle zu diesem Vermögensinbegriffe gehörigen körperlichen Sachen, soweit der Christoph Hungrich sich solche nicht, wie vorhin gedacht worden, vorbehalten hat, zu seiner Zufriedenheit übergeben worden sind.

§. 3.

Veräußert Caspar Hättich sein Haus am Markte Nr. 60, so soll er dem Christoph Hungrich eine andere Wohnstube am Markte, vorn heraus und nicht über eine Treppe hoch, die aber auch keine Kellerwohnung sein darf, verschaffen und anweisen, wenn es Christoph Hungrich vorzieht, nicht bei dem Caspar Hättich zu wohnen. Es versteht sich, daß in solchem Falle dem Christoph Hungrich in seiner abgesonderten Wohnung die erforderliche Bedienung und Pflege verschafft werden muß.

Zum Zwecke der Bestimmung des Werthstempels schätzen beide Theile die dem Christoph Hungrich zugesicherten jährlichen Leistungen auf 250 Thaler.

Vorgelesen, genehmigt und vollzogen.

Christoph Hungrich. Caspar Hättich.

a. u. s.

B.

LVI.
Gutsabtretungs- und Altentheils-Vertrag.

Zu §. 688.

Zur Verbindlichkeit eines solchen Vertrages ist die gerichtliche Form nicht erforderlich, die schriftliche, mithin auch die notarielle Form genügt, und zwar bei freien, eigenthümlichen Bauerstellen durchaus. Bei uneigenthümlichen, robotpflichtigen Stellen hingegen hatte früher die außergerichtliche Form nur den Erfolg, daß der Vertrag, sowohl was die Abtretung als was die Gegenleistung betrifft, die Kontrahenten verband, so jedoch, daß das Ausgedinge in quanto erst noch durch den Richter näher bestimmt (regulirt) werden mußte, und die Kontrahenten sich diese Regulirung gefallen lassen mußten. Diese Mitwirkung der Gerichte fällt jetzt ganz weg.

Muster.

Neisse, u. s. w.

Vor dem unterzeichneten Gerichtsrathe als Kommissario des Königl. 2c. Gerichts erschienen

1) der Bauer Caspar Hackauf aus Lehmgruben,
2) dessen bereits selbstständiger Sohn, der Tagelöhner Michael Hackauf, eben daher,

Beide persönlich bekannt, um einen unter sich verabredeten Gutsabtretungs- und Auszugsvertrag über das, von dem Caspar Hackauf bisher bewirthschaftete uneigenthümliche, robotpflichtige Bauergut Nr. 4 zu N. abzuschließen. Da beide Theile nicht schreiben können, so wählte der Bauer Caspar Hackauf den an Gerichtsstelle anwesenden Justizkommissarius Y. zu seinem Assistenten, und dem Michael Hackauf wurde der Büreauvorsteher X. zum Beistande von Amtswegen zugeordnet.

Das Bauergut Nr. 4 besteht aus einer Hufe Landes und muß wöchentlich zwei Tage Spanndienste mit zwei Personen auf dem herrschaftlichen Hofe leisten. Der Uebernehmer ist damit, so wie mit den sonst auf dem väterlichen Bauerhofe haftenden Lasten wohlbekannt, und es wird darüber Folgendes vereinbart:

Der Bauer Caspar Hackauf tritt sein gedachtes Bauergut mit Schiff und Geschirr, wie Alles steht und liegt, seinem Sohne Michael Hackauf zu denselben Rechten, womit er selbst solches bisher besessen und benutzt, hiermit ab, und der Michael Hackauf erkennt an, daß die Uebergabe zu seiner Zufriedenheit bereits geschehen sei.

§. 2.

Michael Hackauf verspricht, zur Vergeltung dessen, was sein Vater an diesem Bauergute gewirkt und gebessert, Zweihundert Thaler, und zwar, nach der Anweisung seines Vaters, an seine Schwester Catharina mit Einhundert und Fünfzig Thalern, sobald sie solches fordern wird, und an seinen Vater Fünfzig Thaler nach und nach zu den von ihm verlangten Summen und Zeiten zu bezahlen.

§. 3.

Außerdem verbindet sich der Michael Hackauf, seinem abgehenden Vater nachbenannten Auszug zu entrichten:

1) freie Wohnung, nebst Feuerung, in dem Hinterstübchen,
2) freie Kost am Tische des Wirths, oder statt derselben, nach dem Willen des Auszüglers, nachbenannte Naturalien:
   a) u. s. w.
3) freie Wartung und Pflege in gesunden wie in kranken Tagen,
4) freie Wäsche,
5) u. s. w.

Der abgehende Caspar Hackauf war damit überall zufrieden.

Der Auszug wird übrigens zum Zwecke der Werthstempelbestimmung von den Kontrahenten auf 60 Thlr. jährlich geschätzt*).

Vorgelesen, genehmigt und vollzogen.

††† Handzeichen des Caspar Hackauf, welches attestirt Y.

††† Handzeichen des Michael Hackauf, welches attestirt X.

a. u. s.

B.

*) Wenn der Vertrag zwischen Aszendenten und Deszendenten geschlossen wird, so bedarf es dieser Angabe nicht mehr. Das Gesetz vom 22. Juli 1861 (G.S. S. 754) bestimmt über den Stempel von solchen Uebertragsverträgen:

LVII.
Verlagskontrakt.
Zu §. 690.

Dieser Vertrag erfordert schriftliche Abfassung und 15 Sgr. Stempel.

§. 1.

Der Professor Dr. A. giebt seine neue Schrift:

Die Lehre u. s. w.

---

1. Dergleichen lästige Verträge unterliegen dem gesetzlichen Kaufstempel. Es kommen jedoch für die Festsetzung des stempelpflichtigen Erwerbspreises nicht in Rechnung:
   a) die von dem Erwerber übernommenen Schulden des Uebertragenden, sowie die auf den übertragenen Vermögensstücken haftenden beständigen Lasten und Abgaben;
   b) der zu Gunsten des Uebertragenden und dessen Ehegatten in dem Vertrage festgesetzte Altentheil, die denselben vorbehaltenen Nutzungen, Leibrenten und sonstigen lebenslänglichen Geld- oder Natural-Präsentationen, sowie die denselben zugesicherten Alimente;
   c) die Abfindungen, Alimente und Erziehungsgelder, welche der Erwerber nach Inhalt des Vertrages an andere Deszendenten des Uebertragenden zu entrichten hat; endlich
   d) derjenige Theil des Erwerbspreises, welcher dem Uebernehmer als sein künftiges Erbtheil angewiesen wird.
2. Wenn die von dem Uebernehmer übernommenen Gegenleistungen lediglich in den unter Nr. 1, lit. a bis d einschließlich aufgeführten Verpflichtungen bestehen, so ist der Vertrag einer Schenkung unter Lebenden gleich zu achten und bleibt daher vom Kaufstempel frei.
3. Wenn in einem solchen Vertrage dem Uebernehmer Abfindungen, Alimente oder Erziehungsgelder für andere Deszendenten des Uebertragenden auferlegt sind (Nr. 1, lit. c) und der Kapitalswerth dieser Zuwendungen zusammengenommen wenigstens 50 Thlr. beträgt, so ist zu dem Vertrage, abgesehen von dem nach Nr. 1 etwa erforderlichen Kaufstempel, ein Rezeßstempel von 15 Sgr. resp. 2 Thlr. zu verwenden.

Die unter Nr. 3 verordnete Stempelsteuer ist, wie ich erinnere, ein Werthstempel, und zum Original zu verwenden. Zu den Ausfertigungen ist der vorschriftsmäßige Ausfertigungsstempel zu verbrauchen.

Die Bestimmung sub b der K.O. v. 14. April 1832 (G.S. S. 137), wonach bei Verkäufen von Grundstücken an Deszendenten derjenige Theil des Kaufpreises, welcher dem Käufer als sein künftiges Erbtheil von dem Verkäufer angewiesen wird, nicht in Anrechnung kommt, und auch der Werth eines vorbehaltenen Altentheils der Stempelabgabe nicht unterworfen ist, wenn der Verkauf an Deszendenten geschieht, ist formell aufgehoben (§. 4 des oben angef. Gesetzes, weil durch dieses Gesetz absorbirt).

(8. A.) Ueber die Berechnung der Stempelabgabe nach diesem Gesetze ist zwischen dem Fiskus und den Steuerpflichtigen Meinungsverschiedenheit entstanden. Der Fiskus hat prätendirt, die Kontrahenten dürften die nach Maßgabe des Gesetzes abzurechnenden Verpflichtungen und Gegenleistungen zur Verkürzung der Stempelsteuer nicht auf den Kaufpreis der Immobilien allein verrechnen, so wenig als der Fiskus berechtigt sei, sie lediglich vom Kaufpreise der Mobilien, wenn für diese Gegenstände ein besonderer Kaufpreis bestimmt sei, in Abzug zu bringen; der Abzug müsse auf beide Kauf-

welche zwischen 40 bis 60 Druckbogen, mehr oder weniger, stark wird, dem Buchhändler B. mit der Bestimmung in Verlag, daß davon Eintausend Exemplare gedruckt werden; das Manuskript wird binnen vier Wochen abgeliefert.

§. 2.

Der Druck geschieht in gr. Oktav, der Text mit Korpus, auf die Seite Zwei und dreißig Zeilen, halb durchschossen; die Noten auf jeder Seite unter dem Texte kompreß in kleiner Schrift (kleine Korpus).

§. 3.

Der Verleger giebt dem Verfasser an Honorar für den Druckbogen drei Friedrichsd'or, und zwar bei Ablieferung des Manuskripts auf Abschlag Einhundert Friedrichsd'or, und den Rest nach Vollendung des Drucks, der ununterbrochen mit zwei Setzern fortgesetzt werden muß, und außerdem Zwanzig Freiexemplare auf feinem Papiere.

§. 4.

Werden neue Auflagen nöthig, so erstreckt sich das Verlagsrecht des Verlegers auch auf diese unter folgenden Modalitäten:

1) Der Verfasser muß zuvor zur Erklärung veranlaßt werden, ob er Zusätze und Verbesserungen, welche unbeschränkt sind, machen oder gar eine Umarbeitung vornehmen will. Will er das nicht, wofür auch ein vierzehntägiges Stillschweigen gilt, so steht dem Verleger frei, eine unveränderte eben so starke Auflage, wie die erste, zu besorgen, und der Verfasser erhält dafür dasselbe Honorar, wie für die erste Auflage. Will der Verleger die Auflage verstärken oder vermindern, so wird an dem Honorar eine verhältnißmäßige Zulage oder ein verhältnißmäßiger Abzug gemacht und die Zahl der Freiexemplare bleibt unverändert.
2) Beabsichtigt der Verfasser Veränderungen, Zusätze und Verbesserungen, so muß eine neue Vereinigung stattfinden; kommt solche nicht zu Stande, so kann der Verfasser den Verlag einem Anderen überlassen, wenn dieser mehr als drei Friedrichsd'or für den Druckbogen und zwanzig Freiexemplare geben will; außerdem aber darf er von keinem Anderen eine neue Auflage besorgen lassen.

§. 5.

Geht das Manuskript nach der Ueberlieferung und vor Vollendung des Drucks verloren, so sind beide Theile von aller weiteren Verbindlichkeit frei, d. h. der Verfasser behält das auf Abschlag Empfangene und hat weiter nichts zu fordern. Ist aber die Schuld eines Menschen die Ursache des Verlustes, so

---

preise verhältnißmäßig geschehen. Von Seiten der Steuerpflichtigen ist dagegen behauptet: dieß hänge lediglich von dem Willen der Kontrahenten ab. Das Obertr. hat dieser Meinung beifällig erkannt: Die Stempelabgabe ruhe auf der betreffenden Urkunde und deren Inhalt entscheide darüber, welcher Stempel zu entrichten sei. Bei Verträgen entschieden also die Verabredungen der Parteien; der bestimmt ausgedrückte Wille der Kontrahenten bilde die Grundlage für die Berechnung der Stempelabgabe. Erk. vom 22. März 1869 (Entsch. Bd. LXI, S. 267).

erhält der Verfasser von dem Verleger Einhundert Friedrichsd'or als sein Interesse, noch außer den bei Ablieferung des Manuskripts zu zahlenden Einhundert Stück, und dem Verleger bleibt überlassen, sich an den Schuldigen zu halten.

Unterschriften.

LVIII.
Versicherungs-Vertrag.

Der Stempel zu Assekuranz-Polizen beträgt ein halb Prozent der gezahlten Prämie; falls die bezahlte Prämie weniger als 100 Thlr., doch aber wenigstens 50 Thlr. beträgt, immer 15 Sgr.; wenn der Betrag der Prämie 50 Thlr. nicht erreicht, sind die Polizen stempelfrei. Zur Beurtheilung der Stempelpflichtigkeit von Versicherungspolizen ist lediglich die in der Polize selbst festgesetzte Prämie maaßgebend. Deshalb sind Lebensversicherungspolizen auf eine unbestimmte Zeitdauer, wenn die in der Polize bestimmte Prämie den Betrag von 50 Thlr. nicht erreicht, nicht stempelpflichtig. Erk. des Obertr. vom 21. Januar 1868 (Arch. f. Rechtsf. Bd. LXX, S. 23). Das Obertr. hat aber in einem Feuerversicherungsfalle, wo die Versicherung auf eine bestimmte Zahl von Jahren lautete, für deren jedes die Prämie entrichtet werden sollte, die einzelnen Jahresprämien als Ratenzahlungen auf den Gesammtbetrag der Prämie für alle Jahre angesehen und zusammengerechnet. Erk. vom 4. (14.) November 1864 (Arch. f. Rechtsf. Bd. CV, S. 258). Dagegen hat dasselbe bei Begräbnißversicherungen, für welche Prämien im jährlichen Betrage von resp. 2 Thlr. 18 Sgr. — 4 Thlr. 14 Sgr. ohne Bestimmung einer Anzahl von Jahren vorbedungen waren, die Zusammenzählung von einzelnen Jahresprämien für unstatthaft erklärt. Erk. vom 19. März 1869 (Entsch. Bd. LXI, S. 260).

1. Seeassekuranz.
Zu §§. 662 flg.

Police[1]).

Wir endesunterzeichnete Versicherer versprechen zu versichern und versichern hiermit dem Großhändler David Sicher zu Danzig ein Jeder von uns die durch ihn hierunter gezeichnete Summe, von Danzig nach Hamburg, auf Ein und Zwanzig Lästen Preußischen weißen Weizen, ihm oder einem Anderen zugehörig, geladen in das Schiff (das Gott bewahre), der Wallfisch genannt, worauf Ludwig Hay, oder ein Anderer, Schiffer ist, auf gute und schlimme Nachrichten, wovon die Gefahr für uns beginnt von der Stunde, da der versicherte Weizen von Land nach Bord gebracht wird, und dauert, bis daß derselbe in Hamburg wohlbehalten gelandet ist; auch soll der Versicherte nicht gehalten sein, Zehn

1) Nach Stypmann, de jure marit., P. IV, c. 7, n. 425. Vergl. Langenbeck, S. 378.

Prozent Gefahr zu laufen, vielmehr soll ihm freistehen, zum vollen Werthe Versicherung zu nehmen. Wir Versicherer nehmen auf uns alle Beschwerden, Schaden und Unkosten, bedacht oder unbedacht, wie die Namen haben mögen, oder durch welche Ereignisse sie möchten verursacht werden; setzen uns in jeder Hinsicht an die Stelle des David Sicher, gleich als ob das versicherte Gut uns selbst zukäme; doch von dem Arreste von S. Majestät von Dänemark im Sund tragen wir keine Gefahr, Alles treu, ohne Arg oder List. Auch sind wir es zufrieden, daß dasselbige Schiff, oder Schiffe, welche dieselbe Reise machen, vorwärts oder rückwärts, zur rechten oder zur linken Seite segeln, und auf alle Arten fortfahren oder in Hafen vor Anker bleiben mag, wie es dem Schiffer, Kapitän oder Piloten dieses Schiffes gutdünkt. Bei dieser Versicherung tragen wir Assekuradeurs alle Gefahren der See vom Feuer, von Winden, von Freunden und Feinden, von Briefen, von Marken und Kontremarken, von Arresten, von Zurückhaltungen durch Könige, Fürsten oder sonstige Herren, wer sie auch sein mögen; auch von Veränderungen in der Person des Kapitäns oder Schiffers, überhaupt von allen anderen Unglücksfällen, die sich in irgend einer Art zutragen mögen, oder denken lassen. Wir nehmen in jeder Beziehung die Stelle von David Sicher ein, um ihn zu befriedigen oder schadlos zu halten wegen alles Verlustes und Schadens, welcher geschehen sein möchte. Und käme die Sache anders mit der versicherten Kaufmannschaft oder einem Theile derselben (was Gott verhüte): so verbinden wir uns, der Erste wie der Letzte, an ihn oder den Inhaber dieses zu bezahlen und zu berichtigen allen Verlust und Schaden bis zum Belaufe der Summe, welche ein Jeder von uns unterzeichnet hat, und zwar binnen zwei Monaten, nachdem uns der Verlust und Schaden gehörig zu wissen gethan worden ist. In diesem Falle giebt, ein Jeder von uns besonders, Auftrag an David Sicher oder dessen Beauftragten, sowohl zu unserem Schaden als Vortheile zu handeln, um die Kaufmannschaft zu bergen, wogegen wir die Erstattung aller darauf verwendeten Kosten zusichern, mögen dieselben daraus wieder zu erlangen sein oder nicht, wollen auch der desfallsigen Kostenrechnung glauben. Wir bekennen auch, wegen der Prämie für diese Versicherung, gerechnet zu Sieben vom Hundert, durch David Sicher bezahlt worden zu sein. Alles sonder Betrug und Arglist.

Ich Ernst Wagemann bin zufrieden in diese Assekuranz, die Gott bewahre, auf Eintausend Thaler Pr. Kour. Danzig, den 22. März 1846.

Ernst Wagemann.

Ich Ehrenfried Bankhalter bin zufrieden in diese Assekuration auf Zweitausend Thaler Pr. Kour. Danzig, den 23. März 1846.

Ehrenfried Bankhalter.

2. Versicherungen gegen Gefahren zu Lande.

Zu §. 695.

Police

einer Feuer-Versicherungsgesellschaft.

Versicherte Summe:
12000 Thlr.
Prämie: 60 Thlr.

Anfang der Versicherung:
12. Februar 1844;
Ablauf der Versicherung:
12. Februar 1845.

Allgemeine Bedingungen.

I. Die Versicherung gilt für Schaden und Verlust, welcher an den in den besonderen Bedingungen angegebenen Gegenständen, in und an den darin bezeichneten Räumen und Orten, durch Blitz (auch durch sogenannten kalten Schlag), Brand, Löschen des Brandes, nothwendiges Retten und Ausräumen, Beschädigung oder Abhandenkommen bei dem Brande und durch absichtliche Beschädigung zum Zwecke der Hemmung des Feuers entstehen, insoweit diese Ereignisse nicht Folgen einer groben Verschuldung des Versicherten oder eines Kriegsereignisses sind; sowie auch für die Rettungskosten.

II. Die in den besonderen Bedingungen enthaltene Beschreibung des Gegenstandes und seiner Feuergefährlichkeit beruhet lediglich auf der Angabe des Versicherten; derselbe steht, bei Verluste seines Entschädigungsanspruchs, für die Richtigkeit der Beschreibung der Feuergefährlichkeit. Tritt im Laufe der Versicherungszeit eine Erhöhung der Gefahr ein, so muß der Versicherte davon gleich Anzeige machen. Bis dahin, daß darauf die Gesellschaft gegen Empfang der zu vergleichenden Mehrprämie die Fortsetzung der Versicherung schriftlich erklärt haben wird, ruht die Verpflichtung der Gesellschaft aus der gegenwärtigen Versicherung.

III. Die Versicherung ist nichtig, die Prämie aber für den Versicherten verloren, wenn der versicherte Gegenstand noch anderweitig versichert ist, und davon unter den besonderen Bedingungen nichts erwähnt worden. Das Gleiche gilt, wenn später anderweite Versicherung genommen wird und die Gesellschaft solches nicht schriftlich gutheißt. Wird die Gutheißung auf die Anfrage verweigert, so muß die Prämie für die noch übrige Versicherungszeit, nach Verhältniß der bereits abgelaufenen Zeit, zurückgezahlt werden.

IV. In jedem Falle ist nur der wirkliche Verlust und Schade zu vergüten, ohne Rücksicht auf die Versicherungssumme, welche nur den höchsten Betrag des Schadens, wofür die Gesellschaft einsteht, darstellt.

V. Ist der versicherte Gegenstand zur Zeit der Beschädigung oder des Verlustes mehr werth als er versichert ist, so ist der Versicherte für den Ueberschuß sein eigener Versicherer und trägt mithin den Schaden verhältnißmäßig.

VI. Der Schade an einem, mit Genehmigung der Gesellschaft, noch anderweit versicherten Gegenstande wird nach Verhältniß der durch diese Police versicherten Summe zur Total-Versicherungssumme ersetzt.

VII. Bei Ausmittelung des Schadens wird von Gebäulichkeiten der Bauwerth mit Rücksicht auf dessen Verminderung durch den Verbrauch und das Veralten derselben als wirklicher Werth betrachtet. Fundamente und Keller sind nicht mit versichert, wenn es nicht in den besonderen Bedingungen ausdrücklich gesagt ist.

VIII. Die unbeschädigt gebliebenen und die beschädigten Gegenstände kann die Gesellschaft, nach ihrer Wahl, für den ermittelten Werth dem Versicherten ganz oder theilweise belassen oder dafür übernehmen.

IX. Tritt ein Unfall ein, wovon die Gefahr übernommen ist, so muß der Versicherte unmittelbar nachher davon schriftliche Anzeige machen: und innerhalb der nächsten 14 Tage muß er eine getreue Schadenrechnung mit Angabe von allen bekannten Beweismitteln über die Entstehungsursache des Unfalls, über die gemachten Löschungs- und Rettungsversuche, über den Schaden und dessen Schätzung beibringen.

X. Die Gesellschaft kann jede ihr nöthig scheinende Ergänzung der Beweise verlangen, namentlich kann sie ein ins Einzelne gehendes Verzeichniß über alle zur Zeit des Brandes in dem betroffenen Lokale vorhanden gewesenen Gegenstände mit Werthangabe eines jeden derselben, und mit der Angabe: welche davon verbrannt, welche abhanden gekommen, welche beschädigt und welche unbeschädigt sind, fordern. Die Werthsangaben können der Berichtigung durch Sachverständige unterworfen werden.

XI. Jede Partei erwählt einen Sachverständigen und die beiden Erwählten können, wenn sie nicht übereinstimmen, einen Dritten als Obmann wählen; sind sie auch über die Wahl nicht einig: so entscheidet der ordentliche Richter des Orts. Weigert oder verzögert eine Partei die Ernennung ihres Sachverständigen, so tritt gleichfalls das Gericht des Orts an ihre Stelle.

XII. Ueber jede der Gesellschaft vorgelegte Beweismittheilung muß binnen 14 Tagen Erklärung erfolgen. Soweit eine gütliche Vereinigung über die Entschädigungssumme zu Stande kommt, erfolgt die Zahlung binnen 24 Stunden am Wohnorte des Versicherten, wenn nicht die Gesellschaft die Wiederanschaffung oder Wiederherstellung des versicherten Gegenstandes vorzieht; die stehenbleibenden Differenzen werden zur Entscheidung vor den gewöhnlichen Richter des Orts, wo der Unfall sich ereignet hat, gebracht. Die Kosten der versuchten gütlichen Ausmittelung des Schadens und Feststellung der Entschädigungssumme werden von jedem Theile zur Hälfte getragen.

XIII. Wenn der Versicherte bei seiner Schädenrechnung wissentlich Gegenstände als verloren angiebt, die zur Zeit des Brandes nicht vorhanden waren, oder wenn er gerettete Gegenstände verheimlicht, oder sonst irgend wissentliche Täuschungen sich erlaubt hat: so ist er des ganzen Entschädigungsanspruchs verlustig.

XIV. Ist an dem Orte, wo der Brand sich ereignet, ein Agent der Gesellschaft, so darf der Versicherte die versicherten Gegenstände nur auf dessen

Geheiß ausräumen; sonst werden die dadurch beschädigten oder die dabei abhanden gekommenen Stücke nicht ersetzt, wenn das Gebäude nicht bis auf die Räume, in welchen die Gegenstände sich befunden haben, abbrennt.

XV. Haftet auf den versicherten Gebäuden Hypothek und ist davon der Gesellschaft, mit Zustimmung des Versicherten, Anzeige gemacht, und darüber Bescheinigung ertheilt worden: so verzichtet die Gesellschaft zum Vortheile des solchergestalt angemeldeten Hypothekengläubigers, gegen Eintritt in dessen Rechte, auf ihre Befreiung von der Verbindlichkeit zum Ersatze des Schadens, welcher Folge grober Verschuldung des Versicherten ist; und verpflichtet sich auch, die Vergütung des Brandschadens nur mit Zustimmung des solcher gestalt angemeldeten Gläubigers an den Versicherten, in Ermangelung der Zustimmung aber nur zum Behufe der Wiederherstellung des Gebäudes zum gerichtlichen Depositum zu zahlen, sofern sie nicht vorzieht, diese Wiederherstellung selbst zu besorgen.

XVI. Tritt eine Beschädigung der versicherten Gegenstände ein oder werden Entschädigungsansprüche erhoben: so darf die Gesellschaft, durch einfache schriftliche Anzeige, für die noch übrige Versicherungszeit, unter Zurückzahlung des auf dieselben verhältnißmäßig fallenden Prämientheils zurücktreten; doch nur bis zur Leistung der Entschädigung.

XVII. Durch Zahlung der Entschädigung tritt die Gesellschaft in alle Entschädigungsansprüche des Versicherten gegen Dritte, mit Ausnahme derjenigen gegen die Hausgenossen desselben, falls nicht der Schade durch deren grobe Verschuldung veranlaßt worden ist.

XVIII. Die Versicherung gilt auf Ein Jahr, vom Zwölften Februar Eintausend Achthundert Vier und Vierzig, Mittags, bis zum Zwölften Februar Eintausend Achthundert Fünf und Vierzig, Mittags.

Besondere Bedingungen.

Die Gesellschaft versichert dem Herrn **Spekulant**, Rittergutsbesitzer, wohnhaft zu Distelburg, die Summe von Zwölftausend Thalern auf die nachbenannten, ihm zugehörigen, auf dem untenstehenden Grundrisse näher bezeichneten, das Gehöfte des Ritterguts Distelburg bildenden Gebäude, und zwar:

1) Thaler 3000 auf das Wohnhaus Litt. A. }
2) = 1200 auf die Scheune Litt. B. } = 4200 Thlr. gegen 5 pro Mille oder 21 Thlr. Prämie.
3) u. s. w.
12) Thlr. 1500 auf die Schafe, gewöhnlich sechshundert Stück, in dem Schafstalle K. 1500 Thlr. g. 6 pro Mille. 9 Thlr. Prämie.

In Summa — 12000 = — = 60 = =

Die Gebäude Fünf und Sechs sind in Stein, das unter Sieben theils in Stein, theils in Lehmfachwerk, die übrigen sämmtlich in Lehmfachwerk, alle leicht brennend gedeckt, innerhalb der Entfernung von 150 Fuß.

N., den Fünften Februar Eintausend Achthundert Vier und Vierzig.

General = Agentur.

N.

LIX.
Mieths- und Pachtkontrakt.

Zu §. 696 flg.

Dieser Kontrakt muß schriftlich abgeschlossen werden, wenn die jährliche Miethe mehr als 50 Thlr. beträgt; der Jahresbetrag ist maßgebend, wenn auch der Kontrakt länger oder kürzer als ein Jahr dauern soll. Der Werthstempel beträgt ein Drittel Prozent von der jährlichen Miethe, oder, wenn der Kontrakt auf längere Zeit geschlossen ist, von der ganzen Summe des Miethsbetrages für die kontraktliche Zeit.

1. Muster eines Miethskontrakts.

§. 1.

Der Hausbesitzer A. vermiethet von seinem am Markte Nr. 166 belegenen Hause die Bell-Etage, bestehend aus vier Stuben, zwei Kammern, einer Kochstube, einer Bodenkammer, einer besonders abgeschlossenen Kellerabtheilung und einem Holzstalle, auf Ein Jahr, von Michaelis d. J. an gerechnet, an den Königl. Steuerrath B. für Zweihundert Thaler, mit der Bestimmung, daß, wenn innerhalb der ersten drei Tage des letzten Quartals von keinem Theile eine Aufkündigung erfolgt, dieser Kontrakt auch für das nächstfolgende Jahr, und so immer weiter auch für die folgenden Jahre, bis zu dieser Aufkündigung gilt.

§. 2.

Die Miethe wird vierteljährig vorausbezahlt; bleibt die Zahlung über acht Tage des neuen Quartals aus, so gilt der Kontrakt dergestalt für gekündigt, daß mit Ablaufe des nämlichen Quartals das Quartier geräumt werden muß. Der Einwand der Kompensation steht, außer den Fällen der §§. 3 und 4, dem Miether nicht zu.

§. 3.

Der Vermiether hat dafür zu sorgen, daß dem Miether die auf das Haus treffende Einquartirung nicht zugeschickt wird; daß er im Frieden diese Last trägt, versteht sich von selbst; er macht sich aber auch verbindlich, für den Fall eines Krieges die ganze, auf den Namen des Miethers in das Haus gelegte Einquartirung allein zu tragen; und der Miether soll berechtigt sein, für jeden Mann, den er aufnehmen muß, täglich 10 Sgr., und für jeden Offizier 1 Thlr. von der Miethe in Abzug zu bringen.

§. 4.

Die Stuben werden dem Miether neu gemalt und die Oefen neu gesetzt übergeben. Dauert dieser Kontrakt über ein Jahr, so ist der Miether verbunden, die Stuben wieder frisch übermalt und die Oefen in ganz gutem Zustande zurückzugeben, oder, wenn dieses unterbleibt, für jede Stube acht Thaler und für jeden Ofen zwei Thaler zu vergüten. Die sonst nöthig werdenden Reparaturen, namentlich an Thüren und Fenstern, besorgt der Vermiether auf jedesmalige Anzeige des Miethers; nur in dringenden Fällen, z. B. wenn Fenster durch Dritte oder durch Zufall zerschlagen werden, mag der Miether selbst die Ausbesserung besorgen und die Kosten in Abzug bringen.

§. 5.

Verändert der Miether seinen Wohnort, sei es willkührlich oder aus einer Nothwendigkeit, so nimmt der Kontrakt sein Ende, sobald der Miether auszieht; und der Vermiether erhält, wenn ihm vier Wochen vor Ablauf des laufenden Quartals der Abzug angekündigt wird, bloß die Miethe für dieses Quartal; sonst aber noch eine Entschädigung, die einer einmonatlichen Miethe gleichkommt.

§. 6.

Dem Miether ist gestattet, das gemiethete Quartier ganz oder theilweise zu veraftermiethen.

§. 7.

Veräußert der Vermiether sein Haus, so soll es dem Miether frei stehen, den Kontrakt zu jeder Zeit, nach Abschließung des Veräußerungsgeschäfts, ohne weitere Aufkündigung aufzuheben; andererseits soll auch der Vermiether in diesem Falle die Räumung nach einer vierwöchentlichen Kündigung ohne alle Schadloshaltung des Miethers fordern können, und in keinem Falle soll dem Miether die Ausübung des Zurückhaltungsrechts zustehen.

Ort, Datum und Unterschrift.

2. Pachtkontrakt über ein Landgut.

Zu §§. 700 flg.

Pachtkontrakte über Landgüter, und auch über einzelne Aecker und andere Pertinenzstücke eines Gutes, müssen, ohne Unterschied des Betrages des Pachtgeldes, immer schriftlich, wenn aber das jährliche Pachtgeld 200 Thlr. oder mehr beträgt, und zugleich der Gegenstand ein ganzes Gut, nicht bloß einzelne Aecker oder Pertinenzstücke sind, gerichtlich oder notariell errichtet werden. Die vor Kreditinstituten, Magisträten, Domänenverwaltungen und anderen dergleichen öffentlichen Anstalten, mit Zuziehung eines Rechtsverständigen, über die unter ihrer Verwaltung stehenden Güter geschlossenen Pachtverträge haben mit den gerichtlichen oder notariellen Kontrakten gleiche Wirkung. Die Abfassung der Kontrakte über Landgüter erfordert eine vorzügliche Sorgfalt, gründliche Rechtskenntniß und Bekanntschaft mit der Landwirthschaft.

Der Werthstempel wird ebenso wie bei Miethskontrakten berechnet.

Ein wichtiges Geschäft bei der Landgüterpacht ist das der Uebergabe und Zurückgabe, sie gehören zwar, wenn sie gerichtlich geschehen sollen, in das prozessualische Verfahren, da nach bestimmten Prozeßgesetzen verfahren und in Ermangelung gütlicher Vereinbarung über die Streitpunkte erkannt werden muß, indeß soll hier der Vollständigkeit wegen auch das

Muster eines Uebergabe- und eines gütlichen Rückgewährakts gegeben werden.

a) **Muster eines Pachtkontrakts.**

Neisse, den Zwanzigsten Mai Eintausend Achthundert und Zwei und Vierzig.

Vor den unterschriebenen Gerichtsdeputirten erschienen:

1) der Gutsbesitzer Herr Joseph von A. auf G.,

2) der Oekonom Carl Friedrich B. aus N.,

persönlich bekannt und geschäftsfähig, und schlossen folgenden Pachtkontrakt.

§. 1.

Der Gutsbesitzer Joseph von A. verpachtet sein im hiesigen Kreise belegenes Rittergut G., nebst Inventarium, in Pausch und Bogen, ohne Vertretung des bei der Unterhandlung nur der Beschreibung wegen gebrauchten Anschlags, an den Oekonomen Carl Friedrich B., für ein jährliches Pachtgeld von Zweitausend Thalern, auf Zwölf Jahre, und zwar von Johannis d. J. bis dahin Eintausend Achthundert Vier und Fünfzig.

§. 2.

Die Uebergabe geschieht gerichtlich auf Johannis d. J., unter Zuziehung von drei Taxatoren von jeder Seite, und zwar Alles nach einem dabei aufzunehmenden Inventarium nebst Taxe und Beschreibung. Bei der Taxe der Inventarienstücke soll nicht der jetzt übliche Markt- oder Kaufpreis, sondern der wirthschaftliche Gebrauchs- oder Nutzungswerth berücksichtigt werden, auf den hinwiederum auch bei der künftigen Rückgewähr gesehen wird. Die Absicht der Kontrahenten ist hierbei, daß der Pächter die Gefahr der Inventarienstücke übernimmt, dergestalt, daß er unter allen Umständen und in allen Fällen den Abgang ersetzen, und in quali und quanto eben so viel, wie ihm übergeben wird, künftig zurückgewähren muß, doch daß er befugt ist, das Mehr bei einer Sorte auf das Minder einer anderen anzurechnen, und nur auf das Facit der Taxe aller Inventarienstücke insgesammt gesehen wird. Der Verpächter ist berechtigt und verpflichtet, das Plus zu übernehmen und dessen Werth zu erstatten, daher der Pächter kein Superinventarium wegschaffen darf; so wie es sich umgekehrt von selbst versteht, daß der Pächter das sich bei der künftigen Rückgewähr ergebende Minus gegen die bei der Uebergabe aufgenommene Taxe dem Verpächter ersetzen muß.

§. 3.

Das Pachtgeld wird in vierteljährigen Terminen, den 24. September, den 24. Dezember, den 24. März und den 24. Juni, jedesmal mit Fünfhundert Thalern, bezahlt. Wird die Zahlung eines Termins über Acht Tage verzögert, so kann der Verpächter sofortige Räumung der Pacht fordern, und die Rückgewähr muß geleistet werden, ohne daß der Pächter wegen der noch übrigen Pachtzeit oder wegen Einrichtungen und Vorbereitungen, die erst später den Ertrag erhöhen, die geringste Vergütung zu fordern berechtigt ist. Kompensation auf die Pacht findet nicht statt.

§. 4.

Der Pächter übernimmt nicht bloß die auf dem Gute schon jetzt ruhenden oder darauf noch zu legenden ordentlichen Lasten und Abgaben, wie sie auch Namen haben mögen, sondern auch alle außerordentlichen, ohne Ausnahme, namentlich auch die Einquartirungslast, sowie die Kriegslasten, insbesondere Brandschatzungen und Kontributionen, Naturallieferungen, außerordentliche Verwendungen zu Kriegs- und Transportfuhren, Verwendungen zur Abwehr feindlicher Beschädigungen, feindliche Erpressungen und Exekutionskosten, und dergleichen; er darf dem Verpächter auch Zahlungen, welche der Feind auf die Pacht erpreßt hat, nicht anrechnen, sondern muß diesen Zufall allein tragen. Dagegen werden dem Pächter diejenigen Kosten erstattet, welche zu Anstalten und Einrichtungen, die auf höheren Befehl haben gemacht werden müssen, mit Ausnahme neuer Wege, die der Pächter auf eigene Kosten machen muß, verwendet worden sind.

Der Pächter ist verpflichtet, die Gebäude, das lebende oder todte Inventarium und die Vorräthe, gegen Brandschaden auf eigene Kosten angemessen zu versichern, und bei jeder Pachtzahlung die Versicherung nachzuweisen.

Die Zinsen der auf dem Gute haftenden Pfandbriefe und Hypotheken hat der Pächter für Rechnung des Verpächters prompt zu berichtigen, und die Quittungen auf die zunächst fällige Pacht in Zahlung zu geben.

§. 5.

Der Pächter hat aus dem Grunde der Gewährsleistung schlechterdings keinen Anspruch an den Verpächter, wie auch die Anforderung Namen haben möge.

§. 6.

Der Pächter hat auch keine Art von Remission zu fordern; namentlich wird er, wenn durch ungewöhnliche Unglücksfälle, als Seuchen und Feuer, Verlust am Inventarium eingetreten ist, dadurch von der Zurückgabe der empfangenen Stücke in genere nicht befreit, und wenn er durch Mißwachs, Verheerung durch Hagel, Mäuse, Heuschrecken, durch Ueberschwemmung, Viehsterben, Brandschaden und Kriegsschaden Verlust hat, kann er keinen Nachlaß oder Vergütigung fordern: kurz er übernimmt alle Unglücksfälle und von den Kriegsschäden auch diejenigen, welche die Substanz allein treffen.

§. 7.

Die während der Pachtzeit eingehenden Gebäude muß der Verpächter wieder herstellen, der Pächter muß aber dabei alle erforderlichen Hand- und Spanndienste leisten. Die Reparaturen muß der Pächter soweit auf eigene Kosten bewirken, als dazu nicht handwerksmäßige Arbeiten nöthig sind, und zu den nicht handwerksmäßigen Arbeiten wird das Dachdecken mit Stroh und Rohr und das Kleben der Wände mit Lehm, das Fertigen der Scheuntennen u. dergl. gerechnet.

§. 8.

Wird die Pacht ohne Verschulden des Pächters vor Ablauf der bedungenen Zeit geräumt, so erhält der Pächter für jedes noch übrige Pachtjahr eine Vergütigung von 100 Thlrn., schreibe Einhundert Thalern, womit er auch für die etwaigen Verbesserungen oder nützlichen Verwendungen abgefunden ist.

§. 9.

Die Pacht wird noch vor Ablauf der verabredeten Zeit aus folgenden Gründen aufgehoben:

1) auf Verlangen des Verpächters sogleich alsdann, wenn der Pächter das Pachtgeld nicht prompt und nicht längstens binnen 8 Tagen nach dem Zahlungstermine entrichtet. In diesem Falle kann der Pächter für seine wirthschaftlichen Leistungen, wofür erst die künftige Ernte Ersatz geben soll, zwar nichts fordern, wohl aber kann der Verpächter für die Vernachlässigung Vergütung fordern.

2) Auf Verlangen eines jeden Theils, wenn das Gut freiwillig oder nothwendigerweise verkauft wird oder im Wege der Exekution unter Sequestration kommt; hier jedoch erst am Ende des Wirthschaftsjahres, und wenn die Räumung über vier Wochen vorher angekündigt worden ist. Die Entstehung eines Krieges gilt nicht als Aufkündigungsgrund.

§. 10.

Bei der künftigen Rückgewähr werden, wie auch jetzt bei der Uebergabe, von jedem Theile drei Wirthschaftsverständige zu Taxatoren und Gutachtern gewählt, welche in drei Schütten nach dem Loose vertheilt werden, und wenn der Eine oder der Andere die getroffene Wahl nicht 8 Tage vor dem Termine dem Richter, welcher das Geschäft leitet, anzeigt, so soll der Richter diese Wahl treffen und die Sachverständigen vorladen. Bezüglich auf die Felder wird Folgendes bestimmt:

1) Von dem Mehr oder Weniger der Aussaat wird der Same nach dem Marktpreise der Kreisstadt, wie solcher für den Monat, in welchem die Besäung geschehen ist oder hätte geschehen sollen, durch das Amtsblatt als Durchschnittspreis bekannt gemacht worden, vergütet; das Ackerlohn wird bei Körnern, für die Fahre und den Morgen, mit 5 Sgr. und für das Ausstreuen auf den Morgen mit 6 Pf. vergütet; bei Kartoffeln und anderen Hackefrüchten hingegen werden auf den Morgen, wenn die Bestellung ganz vollendet und nur noch das Ausnehmen zu thun ist, 1 Thlr. 15 Sgr. bezahlt.

2) Die Differenz bei dem Düngungszustande und den Pflugarten wird a) für jede Fahre auf den Morgen mit 5 Sgr., und für jeden gedüngten Morgen im ersten Jahre mit 2 Thlrn., im zweiten Jahre mit 1 Thlr., im dritten Jahre mit 15 Sgr. vergütet. Eine ältere Düngung kommt nicht in Betracht, auch wird zwischen den verschiedenen Düngmitteln kein Unterschied gemacht. Für Mergelungen wird pro Morgen 1 Thlr. vergütet, ohne Unterschied, in welchem Jahre der Pacht die Mergelung stattgefunden hat.

3) Außer dem Samen und Arbeitslohne hat der Pächter für jeden Morgen, den er weniger bestellt zurückgiebt, 2 Thlr. zu vergüten; wogegen er für jeden Morgen Plus eine Remuneration von 20 Sgr. erhält.

Hinsichtlich der Gebäude wird bestimmt, daß der Pächter die versäumten Reparaturen, welche ihm obgelegen hätten, nach dem Anschlage der Sachverständigen zu vergüten hat, bei welchem Anschlage nicht auf die von den Dienstleuten zu erlangenden Arbeitskräfte Rücksicht genommen wird, weil die Arbeit versäumt worden ist; wogegen aber die gesparten, aus dem Gute zu nehmenden Materialien außer Berechnung bleiben.

§. 11.

Zur Sicherheit des Verpächters hat der Pächter an denselben eine Kaution von 2000 Thlrn., schreibe Zweitausend Thalern, baar bezahlt, worüber der Verpächter quittirt. Derselbe ist berechtigt, sich daraus wegen aller seiner Forderungen aus dem Pachtverhältnisse bezahlt zu machen, und nur schuldig, den Ueberschuß nach der Rückgewähr zurückzuzahlen. Zinsen sind davon nicht zu entrichten. Hingegen bestellt der Verpächter dem Pächter zur Sicherheit desselben für die Kaution und für alle übrigen ihm aus dem Pachtverhältnisse erwachsenden Forderungen mit dem verpachteten Gute Hypothek. Nicht weniger willigt er auch in die Eintragung des Pachtrechts für den Pächter.

Das Retentionsrecht soll dem Pächter unter keinerlei Vorwande zustehen.

§. 12.

Den Werthstempel und die Kosten für Defrayirung der Gerichtspersonen und Sachverständigen während der Pachtzeit und bei der Rückgewähr übernimmt der Pächter; die Kosten der Uebergabe trägt der Verpächter, und die Kosten des Kontrakts, sowie die Gerichtskosten der künftigen Rückgewähr trägt Jeder zur Hälfte.

Vorgelesen, genehmigt und vollzogen.

Joseph von A. Carl Friedrich B.

a. u. s.

B.

b) Uebergabe-Protokoll.

Rittergut S., den 24. Juni 1842.

Auf den Antrag des Gutsbesitzers von A. ist auf heute Termin zur Uebergabe des Guts S. an den Pächter B. angesetzt, zu welchem der Fürstenthumsgerichtsrath B. als Kommissarius des Fürstenthumsgerichts hierher abgeordnet war, und den Kreisdeputirten Z. als ökonomischen Sachverständigen beigeordnet erhalten hatte[1]). Beide Kommissarien hatten sich heute hierher begeben, und es fanden sich vor ihnen bald ein:

1) der Gutsbesitzer Herr von A.,

1) Ministerialverordnung, das Verfahren bei Abschätzungen der Inventarienstücke verpachteter Landgüter betreffend, vom 16. Juni 1832. (Jahrbücher Bd. XL, S. 186, — v. Kamptz, Annalen Bd. X, S. 91.)

2) der Pächter Herr Carl Friedrich B.,
3) als Taxatoren:
I. Auf Seiten des Verpächters:
a) der Kreistaxator Sch. aus W.,
b) der Landschaftstaxator C. aus B.,
c) der Gutsbesitzer und Landschaftstaxator L. aus Bl.
II. Auf Seiten des Pächters:
a) der Kreistaxator D. aus H.,
b) der Gutsbesitzer E. aus J.,
c) der Gutspächter F. aus G.

Gegen diese Sachverständigen und deren Glaubwürdigkeit wird von keiner Seite eine Einwendung gemacht. Die vier Ersten sind bekanntlich ein für alle Mal als ökonomische Sachverständige und Taxatoren vereidigt, und verneinen alle ihnen einzeln vorgelegten Glaubwürdigkeitsfragen; sie werden auf den von ihnen geleisteten Eid für das jetzt vorzunehmende Geschäft verwiesen.

Die beiden Letzteren sind nicht vereidet, und es giebt nach vorheriger Durchlesung der Vorhaltung bei Zeugeneiden auf Befragen an:
1) der Gutsbesitzer E. aus J., daß er mit Vornamen Carl Friedrich heiße, 48 Jahr alt, katholischer Konfession, und Besitzer des Gutes J. N—schen Kreises sei;
2) der Gutspächter F., daß er August mit Vornamen heiße, 50 Jahr alt, evangelischer Konfession und Pächter des benachbarten Königl. Vorwerks G. sei;

Beide sind mit dem ihnen aus dem §. 2 der Verordnung vom 28. Juni 1844 vorgehaltenen Taxatoreneide bekannt gemacht und erinnert, daß sie denselben nach vollbrachtem Geschäfte abzuleisten haben würden.

Aus den sechs Sachverständigen wurden drei Klassen oder sogenannte Schütten durch das Loos gebildet, welche sind:
I. Klasse:
1) der Kreistaxator Sch. aus W. und
2) der Gutsbesitzer E. aus J.
II. Klasse:
1) der Landschaftstaxator C. aus B. und
2) der Gutspächter F. aus G.
III. Klasse:
1) der Gutsbesitzer und Landschaftstaxator L. aus Bl. und
2) der Kreistaxator D. aus H.

Diesen Taxatoren wurde vorgeschrieben, bei der Abschätzung der ihnen dazu vorgezeigten Gegenstände nicht auf den jetzt marktgängigen Kaufpreis, sondern auf den wirthschaftlichen Gebrauchs- oder Nutzungswerth Rücksicht zu nehmen. Nach dieser Vorbereitung wurde an den Gutspächter B. Folgendes übergeben.

I. Gebäude.

1) Das herrschaftliche Wohnhaus, massiv, 60 Fuß lang, 40 Fuß tief, mit einem Stockwerke auf dem Erdgeschosse, zwei massiven Schornsteinen, einem gewölbten Keller, mit stehendem Dachstuhle, das Dach von Schindeln. Im Erdgeschosse sind 4 Stuben u. s. w.

Das Dach ist an einigen Stellen der Ausbesserung bedürftig und es müssen zwei Schock neue Schindeln eingelegt und außerdem muß der Walm an der Nordseite ganz neu gedeckt werden.

2) Eine Scheuer Nr. 1, 200 Fuß lang, 40 Fuß tief, massiv, mit Stroh gedeckt. Sie hat zwei Tennen, wovon die eine neu geschlagen werden muß. Das Dach ist auf der Vorderseite in diesem Frühjahre ganz neu gedeckt; die Hinterseite ist zwei Jahre alt und in ganz gutem Zustande. Thore und Pforten sind standfest und passend; vor jedem Thore ist ein großes Vorlegeschloß.

3) Eine Scheuer Nr. 2 u. s. w.

4) Ein massives Stallgebäude mit Stroh ganz neu gedeckt, in zwei Abtheilungen, wovon die eine der Rindviehstall, die andere der Pferdestall. Der erstere ist gebohlt, zwei Bohlen sind verfault und müssen erneuert werden. In der Mitte des Stalles ist ein Gang, der von dem einen bis zu dem anderen Ende reicht, durch einen Bretterverschlag an die hölzernen Ständer gebildet und drei Bretter hoch ist. Innerhalb dieser 3 Fuß hohen Bretterwand sind die Krippen befestigt. Bretter und Krippen sind in gutem Zustande. Die Decke ist Holzbelag mit einem Lehmstriche. Die Thüren und Fenster sind ganz und schließen fest an.

5) Ein u. s. w.

II. Vieh- und Feldinventarium.

	I. Klasse.		II. Klasse.		III. Klasse.		Durchschnitt.	
	Thlr.	Sgr.	Thlr.	Sgr.	Thlr.	Sgr.	Thlr.	Sgr.
A. Pferde.								
1) Ein brauner Wallach, ohne Abzeichen, 9jährig	41	—	45	—	43	—	43	—
2) Ein u. s. w.								
B. Ochsen.								
1) Ein rother Ochse mit Blässe, 8jährig	33	—	30	—	27	—	30	—
2) Ein u. s. w.								
C. Kühe.								
1) Eine u. s. w.								
D. Jungvieh.								
1) Ein u. s. w.								
E. Schafe.								
1) 600 dreijährige Muttern, das Stück 1 Thlr. 10 Sgr.	800	—	700	—	900	—	800	—
2) 100 u. s. w.								
F. Schwarzvieh.								
1) Ein Eber	10	—	9	—	11	—	10	—
2) Drei u. s. w.								

	I. Klasse. Thlr.	Sgr.	II. Klasse. Thlr.	Sgr.	III. Klasse. Thlr.	Sgr.	Durchschnitt. Thlr.	Sgr.
G. Federvieh.								
1) 32 Hühner	3	—	3	10	3	5	3	5
2) Ein Hahn	—	5	—	5	—	5	—	5
3) 5 Zuchtgänse								
H. Wagen und Geschirr.								
1) Ein neuer breiter Wagen	30	—	31	—	32	—	31	—
2) Ein u. s. w.								
I. Haus-, Küchen- u. Wirthschaftsgeräth.								
1) 10 Gesindebetten, besteh. aus Deckbett, Kopfkissen, Strohsack, zwei Laken und zwei Ueberzügen, alle von gleicher Güte	110	—	100	—	102	—	104	—
2) 10 Bettstellen	5	—	5	—	5	—	5	—
3) Ein großer langer Tisch u. s. w.								
Zusammen	—	—	—	—	—	—	5000	—

Hier mußte das Geschäft wegen des zu Ende gehenden Tages abgebrochen werden. Der Pächter Herr B. nahm Alles, was bisher beschrieben, genannt und taxirt worden, für ihm gehörig übergeben an. Das Protokoll wurde vorgelesen, von Allen genehmigt und die beiden unvereideten Sachverständigen E. und F. erboten sich zur Beeidigung ihrer Taxen.

Unterschriften.

Fortgesetzt an demselben Orte, den 25. Juni 1842, um 9 Uhr.

Zur Fortsetzung des Uebergabegeschäfts hatten sich sämmtliche Interessenten und Taxanten vor den beiden Kommissarien versammelt, und es wurde dem Gutspächter Herrn B. weiter Folgendes übergeben:

K. Vorräthe zum Gebrauche.

1) Zwanzig Centner Heu,
2) Drei Wispel Kartoffeln,
3) Zwei Fässer Kraut,
4) Ein Wispel Siede (Häcksel),
5) Vier Klaftern Eichenholz,
6) Zwei Schock Gebundholz,
7) 800 Schock Strohseile,
u. s. w.

Diese Gegenstände müssen bei der künftigen Rückgewähr in Natur wieder erstattet werden. Was davon fehlt, muß nach dem Anschaffungspreise, wie er alsdann von den Sachverständigen angegeben werden wird, von der Siede aber nur das Arbeitslohn, ersetzt werden.

Der Vorrath an Stroh wird ungezählt überliefert, weil es auf die Menge und Güte nicht ankommt, indem kein Stroh veräußert werden darf, folglich künftig ebenso der Strohvorrath, welcher in der Wirthschaft noch nicht verbraucht worden, zurückbleiben muß.

III. Gärten.

1) Ein Obst- und Ziergarten von 2 Morgen, mit Plankenverzäunung, die in ganz gutem Stande ist. Er wir durch einen querdurchgehenden Graben, über welchen sich eine hölzerne, mit Perlölfarbe angestrichene Bogenbrücke, mit verziertem Geländer, ganz fest und gut, befindet, in die vordere und in die hintere Hälfte getheilt. In der ersten sind zwölf Mistbeete mit unbeschädigten Glasfenstern, zwölf Spargelbeete, noch in tragbarem Zustande, 50 veredelte Kirschbäume, 10 Apfelbäume, 29 Birnbäume, 100 Pflaumenbäume u. s. w., alle gesund und tragbar, denn die ungesunden sind nicht mitgezählt. Der Pächter ist verbunden, die schadhaft werdenden oder absterbenden Bäume durch junge gleicher Art und Güte zu ersetzen. Die hintere Hälfte u. s. w.

2) Ein Kraut- und Gemüsegarten u. s. w.

IV. Felder.

Die Felder werden in folgendem Zustande übergeben:

1) Mit Roggen bestellt:
   a) 200 Morgen dreifährig im zweiten Dünger;
   b) 50 Morgen einfährig im Kartoffellande, ebenfalls im zweiten Dünger;
   c) 40 Morgen im dritten Dünger, dreifährig;
2) mit Weizen:
   a) 150 Morgen dreifährig, im frischen Dünger;
   b) 30 Morgen auf Rapsfeld im zweiten Dünger, alle dreifährig;
3) mit Gerste 180 Morgen dreifährig im zweiten Dünger;
4) mit Hafer 200 Morgen einfährig im dritten Dünger;
5) mit Buchweizen 50 Morgen in ungedüngter Brache, einfährig;
6) mit zweijährigem Klee 50 Morgen;
7) mit Kartoffeln 100 Morgen im zweiten Dünger dreifährig, bereits behackt und auch behäufelt;
8) Brache 200 Morgen zur Schafweide, wovon 50 Morgen in diesem Frühjahre mit weißem Klee besäet sind.

Der diesjährige Raps ist bereits geerntet; dem Pächter wird gestattet, im letzten Jahre die Rapsernte ebenfalls zu nehmen, jedoch mit Zurücklassung des Strohes und der Schoten.

Die Bestellung der Aecker wird für sehr gut erklärt.

Die Abzugsgräben und Wasserleitungen sind im besten Zustande, die Grenzen unstreitig und unverdunkelt.

V. Wiesen.

Die Wiesen liegen in fünf Parzellen, nämlich u. s. w.

VI. Teiche.

Auf der Feldmark sind zwei Teiche, wovon

1) der sogenannte Karpfenteich, 3 Morgen groß, mit u. s. w. besetzt ist;
2) der u. s. w.

Zuletzt übergab der Herr Verpächter dem Herrn Pächter noch die Saat-, Dresch- und Düngungsregister aus den letzten drei Jahren, sowie die vorhandene Charte und das Vermessungsregister von der Feldmark, und das Dienstregister, mit dem Beding der künftigen Rückgabe.

Hiermit ist die Uebergabe beendigt; es sollten jetzt die beiden Taxanten E. und F. vereidigt werden; die beiden Interessenten erließen ihnen jedoch den Eid.

Endlich wurde den Dreschgärtnern und den Hofleuten der Pächter Herr B. als solcher vorgestellt und dieselben wurden angewiesen, sich nach dessen Anordnungen in wirthschaftlicher Hinsicht zu achten.

Der Pächter Herr B. nahm die Uebergabe nun für vollständig und zu seiner Zufriedenheit vollzogen an, und quittirte darüber.

Jeder Theil verlangte

eine Ausfertigung des Uebergabe-Akts.

Vorgelesen, genehmigt und vollzogen.

Unterschriften.

c) Rückgewähr-Protokoll.

Rittergut G., den 24. Juni 1854.

In der hiesigen Pachtsache steht heute Termin zur Vollziehung der Rückgewähr an. Dazu war der unterschriebene Justizrath mit dem ihm beigegebenen Oekonomie-Kommissarius N. zu N. abgeordnet worden, die Beide sich hierher verfügt hatten. Vor ihnen fanden sich ein:

1) der Gutsbesitzer Herr von A.,
2) der bisherige hiesige Gutspächter B.,
3) von den vorgeladenen Taxanten
   I. die von dem Gutsherrn, Herrn von A., Vorgeschlagenen, und zwar:
      a) der Kreistaxator C. aus N.,
      b) der Landschaftstaxator D. aus O.,
      c) der Kreistaxator E. aus P.
   II. von den, seitens des Pächters Vorgeschlagenen:
      a) der Gutsbesitzer und Kreistaxator F. aus Q.,
      b) der Freischulze und Taxator G. aus R.

Der Dritte aber, der Gutsbesitzer und Kreistaxator H. zu S., war ausgeblieben, und nach einer, von dem Freischulzen G. mitgebrachten Nachricht soll derselbe gestern plötzlich so sehr erkrankt sein, daß er das Hinderniß nicht mehr hat anzeigen können.

Die beiden Parteien einigten sich dahin, daß mit vier Taxanten und aus ihnen zu bildenden zwei Schütten die Taxation verrichtet werden solle; und da unter diesen Umständen der Kreistaxator C. aus N. entlassen zu werden wünschte, so wurde dieser mit Zustimmung der Parteien entlassen.

Die vier noch übrigen Taxanten sind ein für alle Mal vereidet, und kein Theil hat gegen Einen oder Anderen derselben irgend etwas einzuwenden. Dieselben sind durch das Loos in zwei Klassen getheilt; es bilden

die erste Klasse:
der Landschaftstaxator D. aus O., und
der Freischulze G. aus R., und
die zweite Klasse:
der Kreistaxator E. aus P., und
der Gutsbesitzer F. aus Q.

Nachdem ihnen eröffnet worden, daß bei der Abschätzung nicht der momentan marktmäßige Preis, sondern der wirthschaftliche Gebrauchs- und Nutzungswerth zu Grunde zu legen, wurde das Rittergut G. nebst Zubehör dem Gutsherrn, Herrn v. A., von dem seitherigen Pächter, Herrn B., wie folgt, zurückgegeben:

I. Die Gebäude, und zwar:

1) das herrschaftliche Wohnhaus, wie es in der Uebergabe-Verhandlung vom 24. Juni 1842 beschrieben ist. In demselben sind 10 Fensterscheiben zerschlagen und die Hinterthür ist jetzt völlig unbrauchbar. Dagegen ist alles Uebrige daran, namentlich auch das Dach, in gutem Zustande; und da bei der Uebergabe an dem Dache die in dem Uebergabeprotokolle beschriebene Reparatur damals nothwendig war, welche von dem Pächter mit Vorbehalt seines Rechts bewirkt worden ist, so vereinigen sich beide Theile dahin, daß die dafür dem Pächter gebührende Vergütung und die jetzt vorhandenen Defekte gegen einander aufzuheben.
2) die Scheuer No. 1 u. s. w. An derselben ist die ganze eine Seite des Daches so defekt, daß sie umgedeckt werden muß. Da das Material aus dem Gute zu nehmen ist, so kommen nur die Arbeitskosten in Betracht, welche von den Sachverständigen einstimmig auf 20 Thlr. angeschlagen werden.
3) Die Scheuer No. 2 u. s. w.

II. Das Vieh- und Feldinventarium.

A. Pferde.

	I. Klasse.	II. Klasse.	Durchschnitt.
1) Ein Fuchs mit Blässe, 9jährig	30 Thlr.	31 Thlr.	30½ Thlr.
2) Ein u. s. w.			
Zusammen			4200 Thlr.
Das übergebene Inventarium war werth			5000 =
mithin ergiebt sich hieran ein Minus von			800 Thlr.

K. Vorräthe zum Gebrauche:

1) Zwanzig Centner Heu,
2) Drei Wispel Kartoffeln,
3) Zwei Fässer Kraut,
4) Ein Wispel Siede,
5) 400 Schock Strohseile,
6) Ein Schock Gebundholz.

Es fehlen:

1)	Vier Klaftern Eichenholz à 5 Thlr.	20 Thlr.
2)	Ein Schock Gebundholz	2 =
3)	400 Schock Strohseile, welche zu machen kosten, u. s. w.	2 =
	Summa des Werths des Defekts	24 Thlr.

III. Die Gärten.

In dem Obst= und Ziergarten fehlen 60 Bäume von verschiedenen Sorten, welche das Stück zu 10 Sgr., alle zusammen also 20 Thlr. angeschlagen werden.

IV. Die Felder in folgendem Zustande:

I. Mit Roggen sind dreifährig im zweiten Dünger 300 Morgen bestellt, mithin mehr 10 Morgen à 1 Scheffel Einfall. Dem Pächter kommt dafür zu:

1)	für 10 Schffl. Samen à 1 Thlr. 15 Sgr. .	15 Thlr.	— Sgr.
2)	für die Bestellung auf den Morgen und die Fuhre 5 Sgr.	5 =	— =
3)	für das Ausstreuen des Samens auf den Morgen 6 Pf.	— =	5 =
4)	Bestellungskosten für 50 Morgen, welche einfährig bestellt übergeben worden sind, auf 2 Fahren, wie unter 2	16 =	20 =

II. Mit Weizen u. s. w.

In Ansehung des Düngungszustandes ist nichts auszugleichen.

Dem Pächter kommen mithin überhaupt . . . . 300 Thlr. — Sgr. zu Gute.

V. Die Wiesen.

Deren Zustand ist im Vergleiche zu dem Zustande, in welchem sie übergeben worden, nach dem einstimmigen Gutachten der Sachverständigen erheblich verschlechtert.

1)	Die sogenannte große Wiese ist sehr verstraucht, und das Reinigen derselben wird auf	50 Thlr.
	angeschlagen; und der Ausfall an Heugewinn in den ersten Jahren auf	60 =
2)	Die Mittelwiese von 10 Morgen ist gänzlich vermoos't und die Kulturkosten werden nach der beiliegenden Spezialrechnung auf	50 =
	und der Ausfall der Grasnutzung auf	20 =
	angeschlagen.	
	Dieses macht zusammen	180 Thlr.

Der Pächter will seine Verbindlichkeit zum Ersatze dieser Summe, ihrem Grunde nach, nicht anerkennen, weil ihm nach dem Pachtkontrakte nicht obgelegen habe, der Verstrauchung und Vermoosung vorzubeugen oder abzuhelfen.

Dagegen macht er seinerseits wegen Verbesserung der dritten Wiese, nämlich:

3) der sogen. Heukavel, von 8 Morgen, einen Anspruch. Diese Wiese, behauptet er, im zweiten Jahre der Pacht geschält und mit Grassamen besäet zu haben, so daß sie jetzt die ergiebigste Wiese sei, indem sie durchschnittlich 200 Centner Heu bester Qualität trage, während sie im übergebenen Zustande schlechtes und kaum 60 Ctnr. Heu gebracht habe. Er verlangt dafür ein Pauschquantum von 50 Thlrn.

Wegen dieser Differenzen vereinigten sich die Parteien endlich dahin, daß der Pächter an den Verpächter noch funfzig Thaler zahlt, und im Uebrigen die beiderseitigen Ansprüche, dieses Punktes wegen, fallen gelassen werden.

VI. Die Teiche.

Dieselben sind ganz trocken gelegt und werden als Wiese genutzt. Da die Bewässerung keine besonderen Kosten verursacht, so ist nur der Besatz zu vergüten. Dieserwegen einigen sich die Parteien dahin, daß der Pächter an den Verpächter 40 Thlr. zahlt.

Der Pächter überlieferte dem Verpächter die Gutspapiere, welche er nach dem Uebergabeprotokolle erhalten, und fügte auch sein Saat-, Dresch- und Düngungsregister aus der Pachtzeit bei.

Den versammelten Ortsgerichten und den sämmtlichen zusammengerufenen Dienst- und Hofeleuten wurde gekannt gemacht, daß mit dem heutigen Tage das Pachtrecht des Herrn B. aufhöre und der Gutsherr selbst die Verwaltung wieder übernommen habe.

Die Berechnung der gegenseitigen Forderungen kommt nun so zu stehen:

I. Der Verpächter soll erhalten:		
1) die Pacht für den Johannistermin mit	500	Thlr.
2) für Defekte an Gebäuden	50	„
3) für das Minus am Inventarium ꝛc.	800	„
4) für fehlende Vorräthe	24	„
5) für Verschlechterung des Baumgartens	20	„
6) für Verschlechterung der Wiesen	50	„
7) für Verschlechterung der Teiche	40	„
Zusammen	1484	Thlr.
II. Der abgehende Pächter hingegen hat zu fordern:		
1) die Kaution von	2000	Thlr.
2) für die stärkere Aussaat und Bestellung	300	„
Zusammen	2300	Thlr.
Davon ab die Forderungen des Verpächters	1484	„
Der abgehende Pächter muß mithin erhalten	816	Thlr.

Diese Achthundert und Sechszehn Thaler zahlte ihm der Herr A. sogleich aus. Herr B. quittirte darüber, erklärte sich wegen seiner Kaution von 2000 Thlrn. für befriedigt, gab dem Herrn v. A. das darüber und über sein Pachtrecht lautende Hypothekeninstrument zurück und willigte in die Löschung der Kaution und des Pachtrechts.

Der abgehende Pächter übergab dem Herrn v. A. noch die Schlüssel zu allen verschlossenen Behältnissen und der Herr v. A. quittirte nun über vollständige und richtige Rückgewähr.

Die Kosten der Rückgewähr trägt jeder Theil, zufolge des Kontrakts, zur Hälfte.

Beide Theile erklären hiermit das unter ihnen bestandene Pachtverhältniß für gänzlich beendigt und wollen auch keinerlei Nachforderungen daraus gegenseitig gestatten, mit der einzigen Ausnahme, daß der abgehende Pächter für die richtige Abtragung aller Abgaben und Lasten aus seiner Pachtzeit einsteht und etwa sich ergebende Rückstände erstattet.

Vorgelesen, genehmigt und vollzogen.
Unterschriften.

3. Viehpacht.

Zu §. 704.

Neisse, den 7. Oktober 1842.

Vor dem 2c. erschienen, von Person bekannt und geschäftsfähig befunden:

1) der Gutsbesitzer Herr v. A. zu Steinberg,
2) der Einwohner Caspar B., ebendaher,

und verlautbarten folgenden unter sich verabredeten Kontrakt:

§. 1.

Der Gutsbesitzer v. A. überläßt dem Caspar B. dreißig Stück Kühe, wie sie gegenwärtig auf dem Gute Steinberg vorhanden sind, zur wirthschaftlichen Pflege und Nutzung, mit Vorbehalt des davon gewonnenen Düngers, auf drei Jahre, vom 1. Oktober d. J. bis dahin 1845.

§. 2.

Die Kühe behalten ihren Stand im herrschaftlichen Stalle, der, wie sich versteht, von dem Gutsherrn gehörig in Stand gehalten werden muß, und der Pächter erhält für sich und seine Familie zwei Stuben nebst Kammer in einem Gesindehause auf dem herrschaftlichen Hofe, sowie ihm auch der bisherige Milchkeller und sämmtliche zur Kuhnutzung und Milch:rei bisher benutzten Geräthschaften, wie sie in dem hierbei übergebenen, von den Kontrahenten unterzeichneten Verzeichnisse benannt sind, zur Benutzung überlassen werden. Die Uebergabe ist in jedem Betrachte bereits am 1. d. M. geschehen.

§. 3.

Der Viehpächter hat auf eigene Kosten und persönlich, mit Hülfe eigenen Gesindes, das Vieh gehörig zu warten und zu pflegen; er muß sich auch das Grünfutter schneiden und vom Felde heranschaffen, sowie das Vieh auf der Weide hüten; nicht weniger das im Stalle zu reichende Futter von den Böden oder sonstigen Behältnissen holen und dem Viehe vorlegen lassen.

§. 4.

Der Verpächter liefert das erforderliche Futtermaterial und zwar in den Sommermonaten Grünfutter, wovon wenigstens die Hälfte Klee sein muß, so viel, daß auf jede Kuh des Morgens, Mittags und Abends, so lange das Vieh auf der bisher dazu bestimmt gewesenen Weide und im Herbste auf den Wiesen geweidet werden kann und Nahrung findet, jedesmal so viel kommt, als die fütternde Person mit den Armen fassen und vorlegen kann; in den Wintermonaten aber, vom November an bis zum 1. April, auf jede Kuh täglich 6 Pfund gutes Heu, oder 12 Pfund Kartoffeln, oder 10 Pfund Rüben und dazu so viel Häcksel und Stroh, als zur Sättigung erforderlich ist. Streustroh muß in solcher Menge gegeben werden, daß das Vieh völlig trocken liegt.

§. 5.

Der Viehpächter zahlt an den Verpächter für jede Kuh jährlich zehn Thaler in vierteljährigen Terminen, und giebt außerdem jedes dritte Kalb, nachdem es 11 Tage unabgesondert von der Kuh gesäugt worden ist, an ihn ab. Fällt eine Kuh ohne Schuld des Pächters, so wird die Pacht nach Verhältniß der Zeit davon bezahlt; ebenso wird, wenn eine Kuh erkrankt, während der Dauer der Krankheit, deren Heilung dem Verpächter obliegt, keine Pacht bezahlt.

§. 6.

Hinsichtlich der Schäden aus Versehen und Zufall verbleibt es lediglich bei den gesetzlichen Bestimmungen, bis auf den Punkt, daß, wenn ein Geräth durch den Gebrauch oder durch Zufall unbrauchbar wird, der Pächter dasselbe auf eigene Kosten ersetzen muß, so daß er schuldig ist, die übernommenen Geräthe nach Art und Zahl in brauchbarem Zustande wieder zurückzugeben.

§. 7.

Zur Sicherheit des Verpächters hat der Pächter demselben die Summe von 300 Thlrn. sage Dreihundert Thalern als Kaution baar gezahlt, und der Verpächter soll befugt sein, sich daraus wegen seiner Forderungen aus dem Pachtverhältnisse bezahlt zu machen.

§. 8.

Da jede mangelhafte Fütterung auf den Ertrag der Nutzungen nachtheilig wirkt, und der Nachtheil, welcher dem Pächter aus der Verabreichung eines schlechten oder unzureichenden Futtermaterials entsteht, sich nicht genau nachweisen läßt, so verpflichtet sich der Verpächter zur Zahlung einer Konventionalstrafe von funfzehn Sgr. auf jedes Stück Vieh an den Pächter für jeden Fall, wo der Pächter das Futter auch nur zum Theil nicht in gesunder Beschaffenheit und nicht in hinreichender Menge überliefert erhält; jedoch muß der Mangel auf der Stelle und noch vor dem Verbrauche gerügt werden, und die Besichtigung durch die Dorfgerichtspersonen geschehen, deren Ausspruche der Verpächter sich unterwirft.

Die Kontrahenten tragen darauf an:

diesen Kontrakt für jeden Theil auszufertigen.

Vorgelesen, genehmigt und vollzogen.

Unterschriften.

4. Mühlenpacht.

Zu §. 705.

I. Der Mühlenbesitzer Jakob Teich verpachtet seine hieselbst belegene viergängige Wassermühle, die Fuchsmühle genannt, nebst dem dazu gehörigen Acker, an den Müller Eberhard Rinne für eine jährliche Pachtsumme von Eintausend Thalern auf Sechs Jahre, von Johannis d. J. an bis dahin Eintausend Achthundert Zwei und Funfzig.

II. Die Pacht wird in vierteljährigen Terminen vorausbezahlt, so daß die erste Pachtrate mit Zweihundert und Fünfzig Thalern bei der Uebergabe zu entrichten ist. Die Uebergabe soll am 24. Juni d. J. gegen Zahlung dieser Summe geschehen. Zur Benutzung wird dem Pächter, nach einem Inventarium, mit übergeben: das gesammte Mühlengeräth und das vorräthige Nutzholz, so wie die vorhandenen beiden neuen Mühlsteine, ingleichen das vorhandene Zug- und Nutzvieh, Wagen und Geschirr und das Ackergeräth, unter der Verpflichtung, daß er diese Inventarienstücke künftig bei der Rückgewähr in derselben Art, Menge und Güte zurückgebe, oder den bei der Uebergabe festzusetzenden Taxwerth baar erlege.

III. Der Pächter trägt, ohne irgend einen Abzug am Pachtgelde, den auf der Mühle haftenden Geld- und Getreidezins, die übrigen an die Herrschaft zu leistenden Mühlendienste und an die Pfarre zu entrichtenden Prästationen, wie sie im Hypothekenbuche eingetragen sind, nämlich: (folgen die einzelnen Posten). Ferner trägt er alle ordentlichen und außerordentlichen Landes-, Kreis-, Kommunal- und Kirchen-Abgaben, mögen sie schon aufgelegt sein oder künftig noch aufgelegt werden, gleichfalls ohne alle Anrechnung auf die Pacht. Nicht weniger liegt ihm alle und jede Einquartirung, ohne weitere Entschädigung, als welche von den Einquartirten oder von dem Staate gegeben werden möchte, ob. Endlich entrichtet er auch die Feuerkassenbeiträge.

IV. Der Mühlbach muß von der Stadtkommune und den Besitzern der hiesigen drei Mühlen auf gemeinschaftliche Kosten bis zur sogenannten Eselsbrücke geräumt, aufgeeiset und in seinen Uferbefestigungen erhalten werden. Diese Last übernimmt ebenfalls der Pächter auf seine Kosten. Sollten jedoch Uferbaue vorkommen, welche für handwerksmäßige Arbeiten mehr als Zehn Thaler auf den Theil der Fuchsmühle kosten, so trägt der Verpächter den Mehrbetrag.

V. Der Pächter ist verbunden, das gehende Mühlwerk auf eigene Kosten in gehörigem Stande zu halten und es künftig in eben so gutem Stande zurückzugeben, als es ihm übergeben werden wird. Wenn jedoch neue Wellen eingelegt werden müssen, so trägt die Kosten dafür der Verpächter, doch muß der Pächter persönlich mit seinen Kunstkenntnissen dabei Dienste leisten, auch sein Gespann zur Anfuhre der Wellen unentgeltlich hergeben. Ferner ist der Pächter schuldig, alle erforderlichen Reparaturen an dem Grundwerke und an den Wasserwerken, so wie an den Gebäulichkeiten überhaupt, Zäunen und Brücken, zu bewirken, doch so, daß er dasjenige, was eine jede Reparatur an wirklich baaren Auslagen für Materialien und Arbeiten, welche nicht auf dem Mühlengrundstücke vorhanden sind und beziehlich nicht von dem Pächter, dessen Leuten und Gespanne verrichtet werden können, mehr als Zehn Thaler kostet, von dem Verpächter vergütet erhält. Wenn aber eine Reparatur in Folge der von dem Pächter vernachlässigten Besserung so kostspielig geworden ist, muß der Pächter die Kosten dafür allein tragen.

VI. Remission der Pacht wegen Stillstandes der Mühle, mag die Ursache davon sein, welche sie will, hat der Pächter nicht zu fordern, ausgenommen in einem einzigen Falle, nämlich wenn das Werk in Folge eines Brandes in demselben ganz oder theilweise zum Stillstande kommt, ohne daß die ganze Mühle abbrennt. In diesem Falle ist der Verpächter schuldig, das Werk so schnell wie möglich wieder herzustellen, wobei der Pächter persönlich und mit seinen Leuten und Gespannen umsonst zu helfen hat. Für die ganze Dauer des Stillstandes wegen Schadhaftigkeit hat der Pächter verhältnißmäßigen Nachlaß von der Pacht zu fordern und werden in dieser Beziehung von den 1000 Thlrn. Pacht Einhundert Thaler auf die Acker- und Viehwirthschaft und Zweihundert Fünf und Zwanzig Thaler auf jeden Gang der Mühle gerechnet. Wegen Unglücksfälle bei der Land- und Viehwirthschaft wird in keinem Falle Etwas nachgelassen.

VII. Brennt die Mühle ab, so ist der Pachtkontrakt aufgehoben, wenngleich der Verpächter den Wiederaufbau binnen Sechs Monaten ausführen könnte und wollte. Das Abbrennen des Wohn- und Wirthschaftsgebäudes, der Scheuer und der Ställe hat gar keinen Einfluß auf das Pachtverhältniß; der Verpächter ist schuldig, die abgebrannten Gebäulichkeiten sobald wie möglich wiederherzustellen.

VIII. Als Kaution hat der Pächter dem Verpächter einen Schlesischen Pfandbrief, Mondburg Nr. 3 über 1000 Thlr., eingehändigt, aus welchem dieser sich wegen aller seiner Forderungen an den Pächter auf die Pachtverhältnisse soll bezahlt machen können. Die Zinsen soll er davon erheben und auf den Johannis- und Weihnachts-Pachttermin abrechnen.

IX. Zur Uebergabe der Mühle, welche gerichtlich geschehen soll, hat jeder Theil zwei Mühltaxatoren und zwei landwirthschaftliche Taxatoren zu wählen und dem Gerichte behufs ihrer Vorladung anzuzeigen. Zur Beschreibung der Gebäulichkeiten wählen beide Theile den Bauinspektor Iltis hierselbst, und wenn dieser verhindert sein sollte, den Baumeister Katz.

Diese Bestimmung gilt auch für die künftige Rückgewähr, mit dem Beifügen, daß zur Revision der Gebäulichkeiten auch künftig der Baumeister in dem Gesuche an das Gericht, wegen Ansetzung des Termins zur Rückgabe, vorgeschlagen werden soll, und wenn dieses Gesuch nur von Einem Theile ausgeht, der andere seine Einwendungen dagegen anbringen muß, worauf der Richter zu befinden hat.

X. Die Kosten für diesen Kontrakt und den Werthstempel trägt der Pächter; die Kosten der Uebergabe und der künftigen Rückgabe trägt jeder Theil zur Hälfte; die in Folge von Streitigkeiten aus der Uebergabe oder Rückgewähr entstehenden Kosten hingegen hat derjenige zu tragen, welchem sie von dem Richter werden auferlegt werden.

Vollziehung.

LX.

Verdingungskontrakt.

1. Dienstkontrakt.

Zu §. 706.

I. Der Lohnfuhrmann Elias Hauderer zu Liegenheim macht sich dem Handlungsreisenden Jakob Zudringlich aus Schlauheim verbindlich, persönlich mit seinem Gespanne von zwei Pferden und einem tüchtigen Reisewagen, denselben durch drei Monate zu fahren, wohin dieser es verlangen wird, zu allen Zeiten, es sei bei Tag oder Nacht.

II. Dagegen zahlt ihm Herr Zudringlich täglich Drei Thaler und entrichtet alle Mauthen, Chausseegeld, Straßen-, Pflaster- und Brückengeld, und wie dergleichen, von Reisenden zu entrichtende Abgaben Namen haben mögen.

III. Die Zahlung des Lohns muß auf Verlangen des Elias Hauderer täglich geleistet werden.

IV. Der Lohnkutscher ist nicht schuldig, an einem Tage mehr als Acht Meilen zu machen und außer der Person des Herrn Zudringlich und dessen Reisegepäcke auch andere Ladung zu nehmen; er ist auch nicht schuldig, mehrere Tage hintereinander Acht Meilen täglich zu fahren, sondern er kann, wenn zwei Tage hintereinander Sieben bis Acht Meilen gereist worden ist, den dritten Tag Ruhe verlangen, doch soll er an solchen Tagen eine Fahrt von Einer bis Zwei Meilen nicht abschlagen.

V. Jeder Unglücksfall an Pferden, Wagen und Geschirr trifft den Lohnkutscher. Wird durch einen Unfall die Reise länger als Zwei Tage aufgehalten, so ist der Reisende befugt, von dem Vertrage abzugehen, ohne dem Kutscher zu irgend einer Vergütung für die Rückreise schuldig zu sein.

VI. Ist bei Ablauf der Dienstzeit der Ort, wo man sich befindet, von der Wohnung des Lohnkutschers über eine Tagereise entfernt, so hat der Kutscher für jede volle Acht Meilen Drei Thaler zu fordern.

VII. Der Reisende soll, vor Ablauf der Zeit und ohne irgend welche Entschädigung schuldig zu sein, auf der Stelle den Kontrakt aufheben dürfen, wenn der Kutscher auf der Reise sich betrinkt; wenn er auf dem Wagen, während gefahren wird, schläft; und wenn er sich wegen Unterbrechung oder

Fortsetzung der Reise, außer dem Falle des §. IV, nach den Vorschriften des Reisenden nicht richten will.

N., den u. s. w.

2. Verdingungs- (Entreprise-) Kontrakt (Bau-Akkord) *).

Zu §. 707.

Eingang.

§. 1.

Der Baumeister Gottlieb Fällstein macht sich verbindlich, dem Gutsbesitzer Ohnedach auf dem dazu noch anzuweisenden Platze auf dem Hofe oder im Garten des Gutes Bodenlos ein Wohnhaus, nach der von ihm selbst angefertigten, hier beiliegenden, von beiden Theilen mit ihrem Namenszuge gezeichneten, Zeichnung, nebst Anschlage, fest und dauerhaft zu erbauen und im Laufe des nächsten Sommers so zeitig zu vollenden, daß er es in einem bewohnbaren und ganz fertigen Zustande noch vor Michaelis übergeben kann.

§. 2.

Er schafft dazu alle erforderlichen Materialien, mit Ausnahme von Sand und Kies, im besten Zustande, und die erforderlichen Arbeiten der Handwerker, als Maurer-, Zimmer-, Schlosser-, Tischler-, Töpfer-, Maler-Arbeiten, und welche Art sonst erforderlich ist, an, ohne daß der Bauherr mit den Handwerkern in irgend ein Verhältniß tritt, er schafft auch die nöthigen Geräthe und Gerüste

§. 3.

Der Bauherr zahlt dafür ein Pauschquantum von 8000 Thlrn., schreibe Achttausend Thalern, an den Baumeister und besorgt überdies alle erforderlichen Fuhren, schafft auch den erforderlichen Sand, Kies und das nöthige Wasser und zwar jedesmal fuhrenweise, nicht etwa in einzelnen Bürden, auf die Stelle, auf welche der Aufseher des Baues oder dessen Stellvertreter solches

) (8. A.) Zu diesem Kontrakte werden an Stempel verwendet: für Bau-Entreprise 15 Sgl. u. von dem Lieferungswerth des Rohmaterials, wofür erfahrungsmäßig circa drei Fünftel der Bausumme gerechnet werden, ein drittel Prozent. Erk. des Obertr. vom 28. September 1863 (Entsch. Bd. LI, S. 316). Der Kr. Senat des Obertr. hatte in dem Erk. vom 14. April 1859 (Entsch. Bd. XLII, S. 107) den Grundsatz aufgestellt, daß zu einem Bauvertrage, wenn der Baumeister auch die Lieferung der Materialien übernimmt, neben dem allgemeinen Vertragsstempel von 15 Sgl. nicht noch der Stempel für Lieferungsverträge zu verwenden sei. Das Plenum des Krim.-Senats hat denselben jedoch bei Entscheidung eines späteren Falles wieder aufgegeben u. nach der entgegengesetzten Ansicht, also für die Verwendung beider Stempelbeträge entschieden. Pr. 275, vom 27. Januar 1862 (Entsch. Bd. XLVII, S. 445.) Dieser Grundsatz, welchen es so formulirt: „Zu einem nach den Vorschriften der §§. 925 bis 980, Tit. 11. Th. I des A. L.R. abgeschlossenen Bauverdingungs-Vertrage, in welchem der Werkmeister zugleich die Lieferung der zu dem verdungenen Bau erforderlichen Materialien übernommen hat, ist neben dem allgemeinen Vertragsstempel noch ein besonderer Stempel für „Lieferungsverträge" zu verwenden", hat dasselbe auch in dem jüngeren Erk. vom 20. Februar 1863 (Arch. f. Rechtsf. Bd. XLVII, S. 361) u. in dem vorhin angeführten Erk. vom 28. September 1863 festgehalten.

verlangt, und die angefahrenen Fuhren Sand und Wasser müssen vollständig verbraucht sein, bevor neue Anfuhren gefordert werden dürfen, nur daß durch eintretenden Mangel kein Stillstand der Arbeit verursacht werden darf. Der Baumeister ist berechtigt, bei eintretenden Verzögerungeu, sobald dadurch die Arbeit irgendwie verhindert oder erschwert werden würde, sogleich durch anzunehmende Fuhrleute, auf Kosten des Bauherrn, die erforderlichen Fuhren verrichten zu lassen, und für den nicht brauchbaren angewiesenen Sand und Kies brauchbares Material anzukaufen. Die Zahlung des bedungenen Entgelts geschieht während des Baues wöchentlich, jedesmal Sonnabends, in solchen Theilen als erforderlich sind, die Arbeiter zu bezahlen und die vom Baumeister gemachten Vorschüsse zu decken. Der Rest wird bei der Abnahme des Werkes, wenn dasselbe zur Zufriedenheit des Bauherrn, oder nach Gutachten der Sachverständigen vertragsmäßig ausgeführt, übergeben worden, gezahlt.

§. 4.

Der Bauherr muß nach vollendetem Baue die Baugeräthe und Gerüste innerhalb fünf Meilen dahin fahren lassen, wohin es der Baumeister verlangt.

§. 5.

Wird das Gebäude nicht zur bestimmten Zeit vollendet übergeben, so soll der Bauherr zwar nicht zurücktreten können, aber der Baumeister soll für jede Woche, welche die Uebergabe später als zu Michaelis stattfindet, wobei die mit dem Sonntage angefangene Woche für voll gerechnet wird, eine Konventionalstrafe von Einhundert Thalern zahlen, welche der Bauherr von dem Baugelde abzuziehen berechtigt ist. Der Termin zur Uebergabe muß wenigstens acht Tage vorher dem Bauherrn bekannt gemacht werden, welche Frist zur Strafzeit zugezählt wird.

§. 6.

Der Baumeister haftet fünf Jahre lang nach der Uebergabe für die Güte des Gebäudes, d. h. es wird, wenn sich in dieser Zeit Mängel zeigen, vermuthet, daß dieselben durch Versehen, wofür der Bauunternehmer zu haften hat, entstanden sind, und er ist schuldig, dafür Ersatz zu leisten, ohne Unterschied, ob die Mängel aus der Arbeit entstanden sind[1]), oder in der schlechten Beschaffenheit der Materialien ihren Grund haben. Wird das Werk während des Baues durch Zufall zerstört, so soll der Baumeister auf Verlangen des Bauherrn schuldig sein, dasselbe von Neuem zu beginnen, ohne daß er, wie sich versteht, wegen der vernichteten Materialien oder verlorenen Arbeit von dem Bauherrn irgend einen Ersatz zu fordern hätte, wohl aber muß der Bauherr die Fuhren und Sand- und Kieslieferungen auf seine Kosten besorgen. Der Baumeister hingegen ist nicht berechtigt, ohne Willen des Bauherrn von Neuem zu beginnen, er müßte denn auch die Fuhren und die Anschaffung des Sandes und Kieses auf seine Kosten besorgeu wollen.

---

1) Wenn eine solche Verabredung getroffen wird, so muß, weil darin eine Abänderung der Verjährungsfrist liegt (A. L.R. Thl. I, Tit. 11, §§. 968, 969, der Vertrag gerichtlich abgeschlossen werden (A. L. R. Th. I, Tit. 9, §§. 565, 566).

§. 7.

Bei der Uebergabe des fertigen Hauses, die in jedem Falle auf gemeinschaftliche Kosten gerichtlich geschehen soll, wird von Seiten des Bauherrn der Bauinspektor N. N. und von Seiten des Baumeisters der Baukondukteur N. N. zugezogen, wenn dieselben das Geschäft übernehmen wollen, sonst kann jeder Theil eine andere Wahl treffen, gegen welche dem Anderen nur die gegen die Glaubwürdigkeit eines Zeugen zulässigen Einwendungen gestattet sind. Können sich diese Sachverständigen nicht vereinigen, so soll dem Gerichte, welches die Revision zur Uebergabe leitet, die Ernennung eines Obmanns zustehen, dessen Entscheidung die Parteien sich unterwerfen müssen. Findet sich ein Fehler, welchen die Sachverständigen für erheblich erklären, so soll der Bauunternehmer das Haus auf seine Kosten binnen Jahresfrist wieder abbrechen müssen und dem Bauherrn für die geleisteten Fuhren, Sand und Kies Eintausend Thaler zu bezahlen schuldig sein; unerhebliche Fehler hingegen soll der Bauunternehmer unverzüglich verbessern und überdies den etwa dadurch entstehenden Minderwerth des Ganzen, nach der Schätzung der Sachverständigen, ersetzen, wegen der dadurch gestörten oder gehinderten Benutzung des Hauses, wenn auch nur eines verhältnißmäßig unbedeutenden Theils, aber soll der Bauunternehmer eine Konventionalstrafe von fünf Thalern für jede Woche, welche die gehörige Abänderung oder Verbesserung länger als acht Tage dauert, an den Bauherrn zahlen, wobei jede angefangene Woche, wie oben, für voll gerechnet wird.

Unterschriften.

3. Lehrkontrakt.

Zu §. 69.

Der Bürger Melchior Bedürftig zu Betlehem, einerseits, und der Schuhmachermeister Ernst Knieriem daselbst, andererseits, haben folgenden Lehrkontrakt mit einander verabredet.

§. 1.

Der Schuhmachermeister Ernst Knieriem nimmt den Sohn des Bürgers Melchior Bedürftig, Namens Balthasar Kasper, geboren den 11. November 1838, vom 1. Dezember 1853 an in die Lehre und verspricht, denselben zu einem tüchtigen Gesellen in der Schuhmacherei-Profession auszubilden und nach Verlauf von Vier Jahren ununterbrochener Lehrzeit loszusprechen.

§. 2.

Dafür erhält der Lehrmeister kein baares Lehrgeld; es wird zur Vergeltung der Mühwaltung auf die Dienste des Lehrlings durch die verlängerte Lehrzeit gerechnet. Der Lehrling bringt jedoch ein Bett, bestehend in einem Deckbette, zwei Kopfkissen, einem Unterbette, einem Strohsacke, zwei Bettüchern (Laken) und zwei Ueberzügen mit, welches dem Lehrmeister nach Verlauf der Lehrzeit zum Eigenthume überlassen wird.

§. 3.

Beköstigung erhält der Lehrling von dem Lehrmeister; für alle übrigen Bedürfnisse hat der Lehrling, beziehungsweise dessen Vater zu sorgen.

§. 4.

Die Kosten der Einschreibung als Lehrling trägt der Vater desselben.

Die Kosten der Lossprechung trägt der Lehrmeister; für das Gesellenkleid hat der Lehrling zu sorgen.

§. 5.

Zur Züchtigung des Lehrlings darf der Meister sich nur eines elastischen Gegenstandes bedienen, widrigenfalls der Kontrakt von Seiten des Lehrlings aufgehoben werden darf.

§. 6.

Wird der Kontrakt vor Ablauf der Lehrzeit aufgehoben, so gilt Folgendes:

1) Geschieht die Aufhebung von Seiten des Meisters aus einer ihm vom Lehrlinge gegebenen gesetzlich hinreichenden Ursache, so behält er in allen Fällen das Bette und erhält überdies an Entschädigung
   a) wenn die Aufhebung vor Ablauf des ersten Jahres geschieht, Zwanzig Thaler,
   b) wenn sie vor Ablauf des zweiten Jahres geschieht, Fünfzehn Thaler,
   c) wenn sie vor Ablauf des dritten Jahres geschieht, Zehn Thaler,
   d) wenn sie während des letzten Jahres geschieht, Sechs Thaler.
2) Geschieht die Aufhebung wegen zufälliger Unmöglichkeit der Erfüllung von einer oder der anderen Seite, so behält der Meister das Bette; sonst hat kein Theil von dem anderen etwas zu fordern.
3) Geschieht die Aufhebung von Seiten des Lehrlings aus einem dazu vom Meister gegebenen Grunde, so ist der Meister gehalten, die Kosten der Ausbildung des Lehrlings bei einem anderen Meister, dessen Wahl dem Lehrlinge zusteht, zu erstatten, mit der Maßgabe, daß der Lehrling die Zeit, welche er nach diesem Kontrakte noch auszuhalten gehabt hätte, jedenfalls auch bei dem neuen Meister als Lehrling sein muß. Betlehem, d. 12. Nov. 1853.

Unterschriften.

4. Ueberfahrts- (Passage-) Vertrag.

S. oben, Nr. XXXa.

Zu §. 709.

LXI.
Trödelkontrakt.

Zu §. 710.

Eingang.

I. Der Gutsbesitzer N. übergiebt sein Gespann Wagenpferde, nämlich vier Rappen ohne Abzeichen, 8—9jährig, dem Pferdehändler Simon, um dieselben bis zum 1. künftigen Monats, zusammen für den Preis von 800 Thlrn., schreibe Achthundert Tha'ern, zu verkaufen; der Pferdehändler Simon, welcher diese Pferde bereits erhalten zu haben anerkennt, macht sich verbindlich, bis zum 1. künftigen Monats entweder den gesetzten Preis von 800 Thlrn. abzuliefern, oder die Pferde in unversehrtem Zustande wieder zurück zu geben.

II. Giebt er die Pferde zurück, so werden die Futterkosten und Auslagen mit dem von den Pferden gewonnenen Dünger gegeneinander aufgehoben, und kein Theil hat an den anderen wegen Bemühungen, Verwendungen, Kosten und Nutzungen eine Forderung, wogegen die Forderung wegen Verschlechterungen dem Gutsbesitzer N. vorbehalten bleibt; zahlt er den gesetzten Preis, so hat er gleichfalls nichts zu fordern, behält aber das, was er für die Pferde mehr erhalten hat.

Unterschriften.

LXII.
Lieferungskontrakt.

Zu §. 711.

Der Lieferungsvertrag ist der umgekehrte Trödelkontrakt und verwandelt sich, wie jener, durch die wirkliche Erfüllung in ein Kaufgeschäft[1]).

1) Ueber den Begriff ist man nicht einig, was schon mehrere Plenarbeschlüsse zur Folge gehabt hat. In den Motiven des Plenarbeschlusses vom 15. Juni 1846 (Entscheidungen Bd. XIII, S. 61) wird bemerkt, daß meine Begriffsbestimmung in sofern nicht zutreffend erscheine, als ein Lieferungsübernehmer rechtlich überall nicht als der Beauftragte des Bestellers betrachtet werden könne. Dies bezieht sich auf meine im „Recht der Forderungen" §. 361 hinzugefügte Erläuterung: „So wie der Trödelvertrag wesentlich ein Auftrag zum Verkaufe ist und sich, wenn er ausgeführt wird, zuletzt in ein Kaufgeschäft auflöst, so ist der Lieferungsvertrag ein Auftrag zum Ankaufe." Der Lieferungsvertrag, heißt es in den Motiven a. a. O. weiter, unterscheide sich vielmehr in rechtlicher Beziehung von dem Bevollmächtigungsvertrage wesentlich dadurch, daß bei letzterem der Bevollmächtigte nur im Namen und nach der Vorschrift des Machtgebers handle und diesem durch seine Handlungen den Gegenstand seines Auftrages erwerbe, auch schuldig sei, alle daraus entstehenden Vortheile dem Machtgeber zu überlassen; letzterer endlich berechtigt werde, aus dem, von dem Bevollmächtigten für ihn mit einem Dritten geschlossenen Vertrage gegen den Drit'en unmittelbar auf Erfüllung zu klagen. Bei Lieferungsverträgen überkomme dagegen der Lieferungsübernehmer keine andere Pflicht als die, zu bewirken, daß der Besteller den Gegenstand des Vertrages zur bestimmten Zeit erhalte; die Beschaffung desselben berühre nur sein eigenes Interesse, und der Besteller erwerbe weder gegen den Dritten, mit welchem etwa der Lieferant kontrahirt hätte, noch Rechte auf die von dem Lieferungsübernehmer, wenn schon auf Veranlassung der versprochenen Lieferung angeschaffte, aber noch nicht tradirte Sache. — Diese Unterschiede zwischen dem Lieferungsvertrage und dem Bevollmächtigungsvertrage sind unbestreitbar, aber ich habe den Lieferungsvertrag auch nicht mit einem „Bevollmächtigungsvertrage" verglichen; ich bin mißverstanden, woran meine zu kurze Gedankenentwicklung schuld sein muß; ich habe vielmehr mit dem Trödelvertrage den Lieferungsvertrag verglichen und gesagt, daß, sowie der Trödelvertrag von einem Auftrage ausgehe, auch der Lieferungsvertrag einen Auftrag zur Verschaffung einer Sache voraussetze. Das ist gleichfalls unbestreitbar. Ein Auftrag aber, in der Bedeutung einer Bestellung, d. h. eine aufgetragene Besorgung, ist noch lange kein Bevollmächtigungsvertrag,

Mit Rücksicht darauf wird von ihm die Stempelsteuer wie von einem Kaufkontrakte gefordert.

Muster.

Neisse, den 16. Oktober 1842.

Vor dem unterschriebenen Deputirten des hiesigen Fürstenthumsgerichts erschienen:

1) der Hospitalsverwalter Herr N.,

2) der Handelsmann Caspar Lewy,

---

denn dieser bezweckt und vermittelt die Stellvertretung des Auftraggebers bei Eingehung eines von dem Auftragenden für sich beabsichtigten Rechtsgeschäfts. Diesen Stellvertretungsvertrag habe ich unter dem Ausdrucke „Auftrag" nicht gemeint. Vergl. m. Recht der Forderungen §. 285.

(8. A.) Was die Stempelpflichtigkeit der Lieferungsverträge betrifft, so werden sie nach dem Tarif zum Stempelgesetz vom 7. März 1822 wie Kaufverträge besteuert. Sind sie durch Correspondenz oder in einer andern, die Stempelverwendung nicht bedingenden Form zu Stande gekommen, so sind sie stempelfrei. K.O. vom 10. Januar 1840, Nr. 2 a (G.S. S. 17). Die Correspondenz muß jedoch in einseitig unterschriebenen Briefen (Anfrage u. Antwort) bestehen, befindet sich Beides auf demselben Blatte, so ist ein schriftlicher Vertrag vorhanden. Erk. des Obertr. vom 20. Januar 1865 (Entsch. Bd. LIV. S. 370). Für Lieferungsverträge im kaufmännischen Verkehr ist indeß durch die K.O. vom 30. April 1847 (G.S. S. 20.) eine Ermäßigung der Stempelsteuer dahin angeordnet, daß jeder im kaufmännischen Verkehr über bewegliche Gegenstände mit Einschluß der Aktien u. anderer geldwerther Papiere schriftlich abgeschlossene Kauf- und Lieferungsvertrag ohne Unterschied, ob derselbe unter Handeltreibenden oder anderen Personen abgeschlossen worden, soweit er nach der Höhe des Betrages an sich stempelpflichtig ist, einer Stempel-Abgabe von 15 Sgr., u. falls mehrere Exemplare durch Unterschrift der Kontrahenten vollzogen werden, jedes Exemplar dem Stempel von 15 Sgr. unterliegen soll.

Unter „kaufmännischem Verkehr" ist derjenige Verkehr zu verstehen, wie er gewöhnlich unter Kaufleuten vorzukommen pflegt, d. h. ein solcher, welcher im Ankauf eines beweglichen Gegenstandes zum Zweck des Wiederverkaufs desselben, als einer Waare, besteht, im Gegensatze zum Ankaufe beweglicher Gegenstände, welche bestimmt sind, in der Haushaltung, in der Wirthschaft oder in dem Gewerbe des Ankäufers selbst verwendet zu werden. Dieser Begriff des „kaufmännischen Verkehrs" schließt die Fälle nicht aus, in denen der angekaufte Gegenstand vor dem Widerverkauf erst verfeinert oder sonst bearbeitet werden soll, um in der ihm hierdurch erst gegebenen Form oder Beschaffenheit als Waare umgesetzt zu werden. Erk. dess. vom 23. Februar 1864 (Arch. f. Rechtsf. Bd. LII, S. 260).

Zur Anwendung der K.O. vom 30. April 1847, betreffend den Stempel zu Kauf- u. Lieferungsverträgen im kaufmännischen Verkehr, ist nicht der Umstand maaßgebend, ob der Verkäufer oder Lieferer zur Klasse der Kaufleute gehört, u. ob der von ihm geschlossene Vertrag in dem kaufmännischen Verkehr, in dem er sich bewegt, seine Grundlage gefunden hat; vielmehr muß das fragliche Geschäft den objektiven Charakter eines Handelsgeschäfts haben. Erk. dess. vom 25. April 1865 (Arch. f. Rechtsf. Bd. LVIII, S. 261).

Ist in einem Lieferungsvertrage von den Kontrahenten verabredet, daß im Falle der Nichtkündigung der Vertrag auf eine bestimmte Zeit für verlängert gelten solle, so ist für diese Vertragsverlängerung die Stempelsteuer zu entrichten. Erk. dess. vom 25. Oktober 1867 (Arch. f. Rechtsf. Bd. LXVIII, S. 327).

Beide von hier, persönlich bekannt und dispositionsfähig, und schlossen, mit Vorbehalt der Genehmigung der Hospital-Verwaltungsbehörde, folgenden Lieferungskontrakt:

§. 1.

Der Handelsmann Lewy macht sich verbindlich, an die Verwaltung des hiesigen Hospitals St. Georgi, im Laufe des künftigen Jahres, nämlich vom 1. Januar 1843 an, nach den ihm vorgezeigten und gezeichneten Proben zu liefern:

1) Zweihundert Mannshemden, das Stück zu 12 Sgr.,
2) Fünfzig Mannsröcke von blauem Tuche, das Stück für 5 Thlr.,
3) Fünfzig Beinkleider von blauem Tuche, das Stück für 2 Thlr.,
4) Einhundert Paar Mannsschuhe, das Stück für 1 Thlr. 10 Sgr.,
5) Fünfzig Filzhüte, das Stück für 25 Sgr.,
6) Fünfzig Westen, das Stück für 20 Sgr.,
7) Zweihundert Paar wollene Socken, das Stück für 5 Sgr.,
8) Zweihundert Paar leinene Unterbeinkleider, das Stück für 10 Sgr.,

und zwar in einzelnen Partien, nach Verlangen der Verwaltung, acht Tage nach der Ansage.

§. 2.

Bei der Abnahme werden die Gegenstände durch die von der Verwaltungsbehörde ein für allemal bestellten drei Schaumeister geprüft und der Lieferant muß die von ihnen nicht für probemäßig erkannten Stücke zurücknehmen. Für die als probemäßig angenommenen Stücke wird der bedungene Preis gleich bei der Ablieferung baar bezahlt.

§. 3.

Liefert der Lieferant die Sachen in der verlangten Menge nicht am 8. Tage nach der Ansage, so ist die Hospitalverwaltung zur späteren Annahme nicht verbunden, sondern berechtigt, dieselben auf Kosten des Lieferanten anderswo anzuschaffen. Der Lieferant muß den dafür gezahlten Preis gegen sich unbedingt gelten lassen und die gegen die ihm gesetzten Preise sich ergebende Mehrausgabe ersetzen. Er hat auch nicht den Einwand, daß die solchergestalt angekauften Sachen von besserer Qualität als die Probe seien, vielmehr genügt es in dieser Beziehung, daß die Verwaltung bei dem Ankaufe die Probe vorgelegt und darnach den Einkauf besorgt hat.

§. 4.

Für diejenigen Stücke, welche dem Lieferanten im Laufe des Jahres nicht abverlangt werden, erhält derselbe eine Entschädigung von 1 Sgr. auf jedes Hemde, 15 Sgr. auf jeden Rock, 5 Sgr. auf jedes Paar Beinkleider, 3 Sgr. auf jedes Paar Schuhe, 1 Sgr. 6 Pf. auf den Hut, 1 Sgr. auf die Weste, 6 Pf. auf das Paar Socken, 9 Pf. auf das Paar Unterbeinkleider, und die Verwaltung wird durch die Zahlung dieser Entschädigung von der Verbindlichkeit zur Abnahme der Sachen befreiet.

§. 5.

Verstirbt der Lieferant vor angefangener oder vollständiger Erfüllung des Kontrakts, so soll die Verbindlichkeit nicht auf dessen Erben übergehen, wenn auch diese solches begehren sollten.

§. 6.

Die Kosten dieses Kontrakts übernimmt der Lieferant.

§. 7.

Zur Sicherung der Hospitalverwaltung wegen ihrer Forderungen aus diesem Kontrakte bestellt der Lieferant eine baare und unverzinsliche Kaution von 200 Thlrn., schreibe Zweihundert Thalern, welche er bereits zur Hospitalkasse eingezahlt hat. Er willigt darin, daß die Hospitalverwaltung sich wegen dieser Forderungen daraus vollständig befriedige.

Das vorgelesene Protokoll ist von beiden Theilen genehmigt und mit dem Antrage:

dasselbe doppelt auszufertigen,

unterschrieben worden.

N. Caspar Lewy.

a. u. s.

B.

Königl. Fürstenthumgerichts-Rath.

LXIII.

Intercessionen.

Zu §§. 714 flg.

1. Bürgschaft.

Zu §. 715.

Das A. L.R. erfordert hierzu in allen Fällen, ohne Unterschied der Summe, die schriftliche Form.

Die Bürgschaft einer Frauensperson kommt weiterhin unter Nr. 3 vor.

Muster.

Eingang.

Der Rentier Jakob Wucherer hat dem Kandidaten der Theologie, Theodor Glaubrecht zu Bischoffshoffnung, ein Darlehn von Fünfhundert Thalern, zu Fünf Prozent verzinslich, gegeben. Für diese Schuld will ich dem Gläubiger, wie ich hiermit erkläre, als Bürge haften[1]), und zwar mit der Verbindlichkeit eines Selbstschuldners, dergestalt, daß der Gläubiger berechtigt sein soll, sich, mit Uebergehung des Hauptschuldners, wegen Kapitals, Zinsen, Schä-

1) Hiermit ist die Bürgschaft vollständig; was noch folgt, sind Modalitäten, welche von der Verabredung abhängen und ganz wegbleiben, wenn eine simple Bürgschaft beabsichtigt wird.

den und Kosten an mich zu halten; jedoch will ich diese Bürgschaft nur Fünf Jahre lang leisten. Ich bitte um

Ausfertigung des Akts.

Vorgelesen, genehmigt und vollzogen.

Unterschriften.

2. Mandatum qualificatum.

Zu §. 720.

Zu dessen Rechtsgültigkeit ist mündliche Rede genügend, wie bei jedem vollzogenen Auftrage; die dazu kommende Schrift dient nur zum Beweise.

Muster.

Fürstenthumsgericht Neisse, den u. s. w.

Es erschien der Gutsbesitzer Herr v. S. auf Klein Z. und erklärte:

Ich gebe der Handlung Markus Bär zu Berlin den Auftrag, auf meine Rechnung dem Akademiker Gustav Z. bis auf die Summe von Eintausend Thalern[2]) Kredit zu geben.

Vorgelesen, genehmigt und unterschrieben.

Unterschriften.

3. Intercessionen der Frauenspersonen.

Die wesentlich nothwendige Form der Intercession einer Frauensperson wár sonst die gerichtliche, mit Verwahrungen (Certiorationen). Diese Formalitäten sind durch das Gesetz, betreffend die Aufhebung der besonderen, bei Intercessionen der Frauen geltenden Vorschriften, vom 1. Dezember 1869 (G.S. S. 1169) in Wegfall gekommen.

LXIV.

Constitutum debiti proprii. (Anerkenntniß.)

Zu §. 622. Vergl. oben Nr. VII b.

Neisse, u. s. w.

Der von Person wohlbekannte und dispositionsfähige Königl. Gerichtsassessor Herr A. gab vor dem Kreis-Justizrathe Neisser Kreises und dessen Aktuarius folgende Erklärung zu Protokoll:

Der Pfarrer B. zu D. hat mir in meiner Minderjährigkeit verschiedene Darlehen gegeben, welche zusammen die Summe von Fünfhundert Thalern betragen, und die ich von da an, wo ich ein Amt erhalten würde, in Theilzahlungen von Einhundert Thalern jährlich, jedesmal am 1. Oktober, wieder abzutragen, und bis dahin mit Fünf Prozent zu verzinsen versprochen habe. Diese wegen meiner Minderjährigkeit ungültig eingegangene Verbindlichkeit er-

---

2) Ist keine Summe ausgedrückt, so haftet der Auftraggeber für Alles, was auf Kredit gegeben worden.

kläre ich hiermit für kräftig, indem ich meinem Gläubiger verspreche, dieselbe pünktlich zu erfüllen.

Vorgelesen, genehmigt und vollzogen.
Unterschriften.

LXV.

Vergleiche.

1. Vergleich im engeren Sinne.

Zu §. 727.

Neisse, u. s. w.

Vor dem Königl. Fürstenthumsgerichtsrathe, als Kommissario des Königl. Fürstenthumsgerichts, erschienen:

1) der Kaufmann Gottfried A.,
2) der Fabrikant Christian B.,

Beide von hier, persönlich wohlbekannt und geschäftsfähig, und gaben folgenden unter ihnen zu Stande gekommenen Vergleich zu Protokoll.

§. 1.

Gegenstand dieses Vergleiches ist:

1) eine Legatenforderung des Kaufmanns A. von 3000 Thlrn., schreibe Dreitausend Thalern, an den Lieferanten B., aus dem Testamente des X., Erblassers des Letzteren, die jedoch wegen der beigefügten, noch nicht eingetretenen Bedingung ungewiß ist;
2) eine Entschädigungsforderung im Betrage von Zweitausend Thalern, welche der Kaufmann A. an den Lieferanten B., aus dem mit ihm am 6. Juni v. J. abgeschlossenen Heulieferungsgeschäfte, wegen zu später und ungehöriger Erfüllung zu haben vermeint, deren Grund jedoch der Lieferant B. nicht anerkennt;
3) eine Forderung von Eintausend Thalern, welche umgekehrt der Lieferant B. an den Kaufmann A. aus einer kaufmännischen Empfehlung, die dieser dem banquerotten Handelsmanne Y. gegeben haben soll, zu haben glaubt, worüber beide Theile im Prozesse sind, der in erster Instanz von dem hiesigen Gerichte zum Nachtheile des Kaufmanns A. entschieden worden ist;
4) eine Alimentenforderung von Fünf Thalern monatlich, welche der Lieferant B. aus einem letzten Willen auf seine Lebenszeit von dem Kaufmanne A. zu fordern hat, und welche wegen der ungewissen Dauer ihrem Betrage nach unbestimmt ist[1]).

§. 2.

Diese Forderungen und Gegenforderungen werden gegeneinander aufge-

---

1) Wegen dieser Forderung mußte früher der Vergleich von dem Gerichte des Alimentarius geprüft und bestätigt werden. A L.R. Th. I, Tit. 16, §. 413 u. A. G.O. Th. II, Tit. 1, §. 6, Nr. 3. Diese Mitwirkung der Gerichte ist durch das Gesetz vom 11. Juli 1845, §. 1, Buchst. b. aufgehoben. (G.S S. 495.)

hoben und der Lieferant B. zahlt überdies an den Kaufmann A. noch die Summe von 1000 Thlrn., schreibe Eintausend Thalern, binnen acht Tagen.

§. 3.

Durch diesen Vergleich ist zugleich der über die dritte Post in der zweiten Instanz schwebende Prozeß beendigt; der Kaufmann A. übernimmt die gerichtlichen Kosten desselben, und die außergerichtlichen werden kompensirt.

§. 4.

Die Kosten dieses Vergleichs übernimmt der Lieferant B.

Jeder Theil verlangt eine Ausfertigung.

Vorgelesen, genehmigt und vollzogen.

Unterschriften.

2. Kompromiß und Rezeptum.

Zu §. 728.

Neisse, u. s. w.

Vor dem Kreis-Justizrathe Neisser Kreises und dessen Aktuarius erschienen folgende wohlbekannte und dispositionsfähig befundene Personen:

1) der Gutsbesitzer Herr Franz von J. auf G.,

2) der Gutspächter Herr Adam K. aus Arnsdorf,

3) der Königl. Oekonomie-Kommissarius Herr H. aus Grottkau.

Die beiden Ersten tragen vor, daß unter ihnen ein Pachtverhältniß über das Gut Arnsdorf, nach dem Pachtkontrakte vom 24. Mai 1838, bestanden habe, welches durch die, auf Johannis d. J. stattgefundene außergerichtliche Rückgewähr, mit Vorbehalt ihrer daraus entstandenen wechselseitigen Forderungen, bereits wieder aufgelöst sei; sie wären übereingekommen, ihre Streitigkeiten aus diesem Pachtverhältnisse durch einen Schiedsrichter entscheiden zu lassen, und hätten unter sich und mit dem Schiedsrichter folgenden Vertrag abgeschlossen:

§. 1.

Der Gutsbesitzer von J. und der Gutspächter K. vereinigen sich, ihre aus dem, vermöge Kontrakts vom 24. Mai 1838 bestandenen, Pachtverhältnisse über das Gut Arnsdorf hervorgehenden Rechtsstreitigkeiten von dem Königl. Oekonomie-Kommissarius H. als Schiedsrichter entscheiden zu lassen.

§. 2.

Der Oekonomie-Kommissarius H. übernimmt es, diese Streitigkeiten zwischen den Parteien zu entscheiden.

§. 3.

Die Parteien versprechen ihm dafür die nach dem Gesetze über den Ansatz und die Erhebung der Gerichtskosten, vom 10. Mai 1851, anzusetzenden Gebühren und Reisekosten.

§. 4.

Der Oekonomie-Kommissarius H. machte sich verbindlich, die Sache in

Grottkau zu untersuchen und zu entscheiden, und nachdem sie durch Anbringung der Klageanmeldung, welche der Pächter K. binnen 14 Tagen bei Fünfzig Thalern Konventionalstrafe, die an den Gutsherrn von J. binnen weiteren 14 Tagen zu bezahlen sind, einzureichen hat, bei ihm anhängig geworden sein wird, ununterbrochen zu betreiben, und wenn ein Antrag oder eine Prozeßverhandlung länger als 14 Tage ohne eine, den Fortgang der Sache bewirkende, Verfügung bei ihm liegen bleibt, jedesmal an jeden Theil eine Konventionalstrafe von Fünf Thalern, und zwar für jede Woche, welche die Sache liegen bleibt, wobei die angefangene Woche für voll gerechnet und der Tag der Insinuation, nicht der, von welchem die Verfügung datirt ist, als der der Fortsetzung angesehen wird, zu zahlen.

Die Kontrahenten bitten um
einmalige Ausfertigung für den Schiedsrichter.
Gelesen, genehmigt und vollzogen.
Unterschriften.

D. Urkunden bezüglich auf das Familienrecht.

LXV a.

Urkunden zur Beglaubigung des Familien-Status.

Durch das Patent, die Bildung neuer Religionsgesellschaften betreffend, vom 30. März 1847 (G.S. S. 121), ist die Berechtigung, die die Begründung oder Feststellung bürgerlicher Rechtsverhältnisse betreffenden Amtshandlungen, welche nach den Gesetzen zu dem Amte des Pfarrers gehören, bei solchen Religionsgesellschaften, die in Hinsicht auf Lehre und Bekenntniß mit keiner der durch den Westphälischen Friedensschluß in Deutschland anerkannten christlichen Religionsgesellschaften in wesentlicher Uebereinstimmung sich befinden, zu verrichten, den Gerichtsbehörden beigelegt, und eine besondere Verordnung vom 30. März 1847 (G.S. S. 125) bestimmt das Nähere über die Geburten, Heirathen und Sterbefälle, deren bürgerliche Beglaubigung durch die Gerichte erfolgen muß. Eine dazu gegebene Ministerial-Instruktion vom 10. Mai 1847 (Justizministerialblatt S. 135) schreibt das Verfahren vor.

In gleicher Weise hat das Gesetz über die Verhältnisse der Juden, vom 23. Juli 1847, §§. 8—21 (G.S. S. 263 ff.), die Beglaubigung der unter den Juden vorkommenden Geburts-, Heiraths- und Sterbefälle den Gerichten zugewiesen, und eine dazu gegebene Ministerial-Instruktion, v. 29. Juli 1847 (Justizministerialblatt S. 233), giebt nähere Anweisung über das dabei zu beobachtende Verfahren.

Eine allgemeine Ausdehnung dieser Vorschriften auf alle Staatseinwohner steht, in Folge des Staatsgrundgesetzes vom 31. Januar

1850, noch hervor, auch läßt sich die Anstellung besonderer Civilstands-beamten oder doch die Uebertragung der Führung der Register auf andere Beamten, erwarten.

A. Beglaubigung der Civilstandsfälle unter den bloß geduldeten christlichen Religionsgesellschaften.

Die Kompetenz der Gerichtsbehörden zur Vornahme einer bürgerlich wirksamen Amtshandlung der in Rede stehenden Art wird bedingt entweder:

1) dadurch, daß der Fall sich in einer solchen geduldeten Religionsgesellschaft ereignet, bei welcher den Religionsbeamten die Befugniß nicht zusteht, dergleichen Amtshandlungen mit civilrechtlicher Wirkung vorzunehmen; oder
2) dadurch, daß der Fall bei solchen Personen vorkommt, welche aus ihrer Kirche, in der für den Austritt im §. 17. der Verordnung vom 30. März 1847 vorgeschriebenen besonderen Form, ausgetreten sind, und noch keiner vom Staate genehmigten Religionsgesellschaft angehören [1].

Der Richter hat hiernach in jedem einzelnen Falle seine Kompetenz vor der Vornahme der Amtshandlung zu prüfen [2].

1. Beglaubigung von Heirathen.

Der Richter hat vor Allem zu prüfen, ob die zur bürgerlichen Gültigkeit der Ehe gesetzlich nothwendigen Erfordernisse vorhanden sind [3]. Hierzu gehört die Beibringung der väterlichen Einwilligung auch bei solchen Kindern, die schon verheirathet gewesen sind, ingleichen bei Söhnen, die der väterlichen Gewalt entlassen, und bei Töchtern die über 24 Jahre alt sind. Zwar ist die ohne väterliche Einwilligung wirklich vollzogene Ehe solcher Personen nicht ungültig [4], allein durch Kabinetsordre vom 22. März 1844 [5]) ist befohlen, die Trauung, wenn das Kind den väterlichen Konsens zu seiner beabsichtigten Verheirathung nicht beibringen will oder kann, auszusetzen, bis die Ergänzung des Konsenses durch richterliches Urtel erfolgt. Die Gerichte sind besonders angewiesen, sich darnach auch bei den bei ihnen nachgesuchten Aufgeboten zu achten [6].

---

1) V. v. 30. März 1847, §§. 1, 16, 17.
2) Instruktion v. 10. Mai 1847, §. 11.
3) V. v. 30. März 1847, §§. 5, 15.
4) A. L.R. II, 1, §§. 46 und 997. — Vergl. Entsch. des Obertrib. Bd. XII. S. 299.
5) Jahrbücher Bd. LXIII, S. 459.
6) Ministerialreskr. v. 12. Nov. 1847, den Gerichten abschriftlich mitgetheilt.

a) Antrag auf ein Aufgebot.

α) Fall, wo dem Kommissarius die Verhältnisse bekannt sind.

Neisse, den 3. Dezember 1847.

Bei dem zur Beglaubigung von Heirathen ernannten Kommissarius des hiesigen Königl. Fürstenthumsgerichts erschienen:

1) der Maurermeister Johann Jakob Schulz, 31 Jahre alt, hierselbst wohnhaft, Sohn des hier verstorbenen Maurers Joseph Schulz, mennonitisch,
2) die Karoline Auguste Schneider, 20 Jahre alt, zu N. wohnhaft, Tochter des Kornmessers Joseph David Schneider zu N. und dessen Ehefrau, Karoline, geborenen Schmidt, im Beistande ihres genannten Vaters, gleichfalls der mennonitischen Religionsgesellschaft angehörig,

nach Namen, Stand, Wohnort und Religion [7]) bekannt, und erklärten, daß sie gesonnen seien, eine eheliche Verbindung mit einander einzugehen, wozu der Vater der Braut seine Einwilligung gab. Sie trugen darauf an:

das Aufgebot zu bewerkstelligen.

Dem Antrage soll gewillfahrt werden.

V. g. u.

Johann Jakob Schulz. Karoline Auguste Schneider.

Joseph David Schneider.

a. u. s.

N.

Gerichtskommissarius.

Vermerk.

Die Bekanntmachung ist in zwei Exemplaren dem Gerichtsboten N. zum Anheften an der Gerichtsstelle und am Rathhause eingehändigt.

eodem. N.

β) Fall, wo der Kommissarius mit den Betheiligten unbekannt ist.

Neisse, den 3. Dezember 1847.

Bei dem zur Beglaubigung von Heirathen ernannten Kommissarius des Königl. Fürstenthumsgerichts erschienen:

1) der Maurermeister Johann Jakob Schulz, 31 Jahre alt, christkatholisch, hieselbst wohnhaft, Sohn des hiesigen Maurers Joseph Schulz,
2) die Karoline Auguste Schneider, 18 Jahre alt, zu N. wohnhaft, Tochter des verstorbenen Kornmessers Joseph David Schneider, zu N. und dessen nachgebliebener Wittwe, Karoline geborenen Schmidt, in Begleitung ihres Vormundes, des Bauers Gotthilf Gut zu N., gleichfalls christkatholisch,

mit der Anzeige, daß sie gesonnen, eine eheliche Verbindung einzugehen, und daß sie deshalb um das Aufgebot bitten wollten.

Die Identität der dem Kommissarius nicht bekannten Personen wurde von dem Gerichtsboten N. bezeugt, worauf dieser sich unterschrieb.

N. Rekognoscent.

---

7) Wäre das Religionsbekenntniß dem Kommissarius nicht bekannt, so müßten die Parteien ein Attest der Gemeindeältesten beibringen.

Der Bräutigam produzirte ein Attest des Königl. Land- und Stadtgerichts zu N., wo er früher seinen Wohnsitz gehabt, laut welches er am 6. Juni 1847 aus der römisch-katholischen Kirche, zu welcher er bis dahin gehört hat, formgemäß ausgetreten ist. Er versicherte, keiner vom Staate genehmigten Religionsgesellschaft anzugehören, und übergab die schriftliche Einwilligung seines Vaters.

Die Braut gab an, daß sie gleichzeitig mit ihrem verstorbenen Vater am 1. August d. J. vor dem Kommissarius des hiesigen Gerichts ihren Austritt aus der evangelischen Kirche erklärt habe und keiner vom Staate genehmigten Religionsgesellschaft angehöre. Auch sie produzirte das ihr darüber ertheilte Attest vom 1. August 1847, und übergab die vor den Dorfgerichten zu N. erklärte Einwilligung ihrer Mutter zu der Verheirathung mit dem gegenwärtigen Maurermeister Schulz.

Der Vormund der Braut willigte gleichfalls in diese Heirath, nachdem er sich durch Vorzeigung seiner Bestallung, d. d. Neisse, den 6. Oktober 1847, die zugleich das Alter der Braut nachwies, legitimirt hatte, und übergab auch noch den anliegenden Konsens des Vormundschaftsgerichts, vom 20. November d. J.

Der Kommissarius fand gegen den Antrag nichts zu erinnern, und eröffnete den Anwesenden, daß das Aufgebot sogleich erfolgen solle.

V. g. u.

Johann Jakob Schulz. Karoline Auguste Schneider.

Gotthilf Gut.

a. u. s.

N. N.

Vermerk:

Dem Gerichtsboten N. sind zwei Exemplare der Bekanntmachung zum Anheften an den beiden bekannten Stellen übergeben, am h. Tage wie oben.

N.

γ) Bekanntmachung.

Von dem unterzeichneten Königl. Fürstenthumsgerichte wird hierdurch zur öffentlichen Kenntniß gebracht,

daß der Maurermeister Johann Jakob Schulz hierselbst und die Karoline Auguste Schneider, zu N. N. wohnhaft, Tochter des Kornmessers Joseph David Schneider und seiner Ehefrau Karoline geborenen Schmidt zu N. N.,

laut Verhandlung vom 3. Dezember 1847 gesonnen sind, eine eheliche Verbindung mit einander einzugehen, und Jeder, der sich befugt hält, einen Einspruch dagegen zu erheben, aufgefordert, sich deshalb unverzüglich bei dem unterzeichneten Gerichte zu melden [1]).

Neisse, den 3. Dezember 1847.

Königl. Fürstenthumsgericht.

(L. S.) N. N.

---

1) So lautet das im J.M.Bl. für 1847, S. 142 vorgeschriebene Formular.

c) Aufgebotsattest.

Von dem unterzeichneten rc. Gerichte wird hiermit bescheinigt, daß, nachdem der Maurermeister Johann Jakob Schulz hierselbst und die Karoline Auguste Schneider zu N. N., Tochter des Kornmessers Joseph David Schneider und seiner Ehefrau Karoline geborenen Schmidt zu N. N., in der Verhandlung vom 3. Dezember 1847 erklärt haben, eine eheliche Verbindung mit einander eingehen zu wollen, das Aufgebot derselben auf Grund des §. 5 der Verordnung vom 30. März 1847 durch eine an der Gerichtsstelle und am Rathhause hierselbst in der Zeit vom 3. bis zum 18. Dezember 1847

(in den Fällen, wo das Aufgebot in zwei Gemeinden geschieht, wird hier eingeschaltet: und auch in N. N. an der Gerichtsstelle und am Rathhause in der Zeit vom 6. bis 21. Dezember 1847)

ausgehängt gewesene Bekanntmachung erfolgt und ein Einspruch gegen die eheliche Verbindung der vorstehend gedachten Personen von keiner Seite erhoben ist.

Den Brautleuten wird zugleich eröffnet, daß die bürgerliche Gültigkeit ihrer Ehe nach §. 8 der Verordnung vom 30. März 1847 (oder §. 14 des Gesetzes vom 23. Juli 1847) mit dem Zeitpunkte der Eintragung der Ehe in das von dem Gerichte geführte Eheregister beginnt, und daß es zu dieser Eintragung wesentlich erforderlich ist, daß die Brautleute binnen sechs Wochen nach erfolgtem Aufgebote die im §. 7 der Verordnung vom 30. März 1847 (oder §. 13 des Gesetzes v. 23. Juli 1847) vorgeschriebene Erklärung vor dem zuständigen Gerichte persönlich abgeben. Dieselben werden deshalb zur pünktlichen Beachtung dieser gesetzlichen Vorschrift aufgefordert, da die Vernachlässigung derselben die Ungültigkeit der Ehe zur Folge hat[2]).

Neisse, den 24. Dezember 1847.

Königl. Fürstenthumsgericht.

(L. S.) N. N.

b) Beglaubigung einer Heirath unter Angehörigen einer geduldeten Religionsgesellschaft.

Neisse, am 3. Dezember Eintausend Achthundert Sieben und Vierzig.

Erschienen vor dem unterzeichneten Kommissarius des Königl. Fürstenthumsgerichts:

1) der Maurermeister Johann Jakob Schulz von hier, 31 Jahre alt,
2) die Karoline Auguste Schneider aus N. N., Tochter des Kornmessers Joseph David Schneider daselbst, 20 Jahre alt,

Beide der mennonitischen Religionsgesellschaft hierselbst angehörig und persönlich bekannt, und erklärten, daß sie mit einander sich ehelich verbunden hätten und gestern, als am zweiten Dezember d. J., die nach dem Gebrauche der mennonitischen Religionsgesellschaft zum Abschlusse der ehelichen Verbindung erforder-

2) R. des J.M. v. 25. Januar 1860 (J.M.Bl. S. 52).

liche Handlung stattgefunden habe. Sie übergeben die ihnen über das erfolgte Aufgebot ertheilten Bescheinigungen und präsentiren als Trauzeugen:

1) den Fleischermeister Joab Schlächter, hierselbst wohnhaft, 46 Jahre alt, mennonitischen Glaubens, mit keinem von beiden Eheleuten verwandt oder verschwägert,
2) den Brauer Elias Dünnbier, ebenfalls hier wohnhaft, 50 Jahre alt, von Religion ein Mennonit, mit den jungen Eheleuten nicht verwandt oder verschwägert,

und dem Kommissarius von Person und nach ihrem Glauben wohlbekannt. Diese versicherten einstimmig die Richtigkeit der von dem Johann Jakob Schulz und dessen nunmehriger Ehefrau Karoline Auguste geborenen Schneider so eben abgegebenen Erklärung aus eigener Sinneswahrnehmung, indem in ihrer Gegenwart die genannten Eheleute durch diejenige Handlung, durch welche nach dem Gebrauche ihrer Religionsgesellschaft die eheliche Verbindung geschlossen werde, gestern ehelich verbunden worden seien.

V. g. u.

Folgen die Unterschriften.

Vermerk. Eingetragen in das Register über die Heirathen. Bd. I, Bl. 3.

N.

Eintrag in das Register.

Laut Verhandlung vom 3. Juli 1847 (Vol. I, fol. 28—30, 49—61 der Akten, die Beglaubigung von Heirathen betreffend) sind der Maurermeister Johann Jakob Schulz, 31 Jahre alt, hierselbst wohnhaft, und die Karoline Auguste Schneider, 20 Jahre alt, Tochter des Kornmessers Joseph David Schneider zu N. N. und dessen Ehefrau Karoline geborenen Schmidt, am Zweiten Dezember Eintausend Achthundert Sieben und Vierzig mit einander eine eheliche Verbindung, unter Beobachtung der nach dem Gebrauche der mennonitischen Religionsgesellschaft, zu welcher Beide gehören, zu deren Abschlusse erforderlichen Handlung, eingegangen.

Eingetragen Neisse, den Dritten Dezember Eintausend Achthundert Sieben und Vierzig.

N. N., Richter. N. N., Protokollführer.

c) Schließung und Beglaubigung der Ehe unter Personen, welche aus ihrer Kirche ausgetreten sind und noch keiner vom Staate genehmigten Religionsgesellschaft angehören.

Neisse, den Dritten Dezember Eintausend Achthundert und Sieben und Vierzig.

Vor dem unterzeichneten Kommissarius des Königl. Fürstenthumsgerichts erschienen die demselben bereits bekannten Brautleute

1) der Maurermeister Johann Jakob Schulz, 31 Jahre alt, hierselbst wohnhaft,
2) die Karoline Auguste Schneider, 20 Jahre alt, zu N.N. wohnhaft,

Tochter des Kornmessers Joseph David Schneider zu N.N. und dessen Ehefrau Karoline geborenen Schmidt,

Beide aus der römisch-katholischen Kirche, welcher sie sonst angehörten, ausgetreten, und noch keiner vom Staate genehmigten Religionsgesellschaft angehörig, übergaben die Bescheinigungen über ihr erfolgtes Aufgebot und erklärten: wir wollen uns fortan als ehelich mit einander verbunden betrachten.

Diese Verhandlung wurde vorgelesen, genehmigt und wie folgt:

Johann Jakob Schulz. Karoline Auguste Schneider.

unterschrieben.

N., Richter-Kommissarius. N., Protokollführer.

Eintrag.

In der Verhandlung vom 3. Dezember 1847 (Vol. I, fol. 28—30 und 49—61 der Akten, die Beglaubigung der Heirathen betreffend), haben der Maurermeister Johann Jakob Schulz, 31 Jahre alt, hierselbst wohnhaft und die Karoline Auguste Schneider, 20 Jahre alt, zu N.N. wohnhaft, Tochter des Kornmessers Joseph David Schneider zu N.N. und dessen Ehefrau Karoline geborenen Schmidt, welche aus der römisch-katholischen Kirche, zu der sie früher gehört haben, ausgetreten sind, erklärt: daß sie fortan als ehelich mit einander verbunden sich betrachten wollen.

Eingetragen Neisse, den Dritten Dezember Eintausend Achthundert Sieben und Vierzig.

N., Richter. N. N., Protokollführer.

2. Von Geburten.

a) Fall einer ehelichen Geburt.

Neisse, den 4. Dezember 1846.

Vor dem unterzeichneten Gerichtskommissarius erschien der nach Namen, Stand und Wohnort bekannte Schmiedemeister Johann Karl Zimmermann, wohnhaft hierselbst, produzirte ein Attest des hiesigen Königl. Fürstenthumsgerichts vom 26. Januar d. J., wonach er aus der evangelischen Kirche, zu welcher er bis dahin gehörte, ausgetreten ist, versicherte, daß er noch keiner vom Staate geduldeten Religionsgesellschaft angehöre, und zeigte an, daß seine Ehefrau, Louise Wilhelmine geborene Busch, gestern den Dritten Dezember Eintausend Achthundert Sieben und Vierzig, um zehn ein halb Uhr Morgens, von einem Kinde weiblichen Geschlechts, welches noch keinen Vornamen erhalten, entbunden worden sei.

V. g. u.

Johann Karl Zimmermann.

a. u. s.

N., F.-G.-Rath. N., Protokollführer.

Weitere Anzeige.

Neisse, den 12. Dezember 1847.

Heute zeigte der Schmiedemeister Johann Karl Zimmermann, mit Bezug auf seine Anzeige vom 4. d. Mts., an, daß seiner am 3. Dezember d. J. geborenen Tochter die Vornamen Johanne Emilie beigelegt worden.

V. g. u.

Unterschriften.

Eingetragen in das Geburtsregister Bd. I, Blatt 7.

Eintrag.

Laut Verhandlungen vom 4. und 12. Dezember 1847 (Vol. I, fol. 23 und 29 der Akten, die Beglaubigung von Geburten betreffend) ist die Ehefrau des aus der evangelischen Kirche, zu welcher er früher gehörte, ausgetretenen und noch keiner anderen vom Staate geduldeten Religionsgesellschaft angehörigen (gehört er zu einer geduldeten Religionsgesellschaft, so heißt es: ist die Ehefrau des zur Religionsgesellschaft der Mennoniten gehörigen) Schmiedemeisters Johann Karl Zimmermann hierselbst, Louise Wilhelmine geborene Busch, am Dritten Dezember Eintausend Achthundert Sieben und Vierzig, um zehn ein halb Uhr Morgens, von einem Kinde weiblichen Geschlechts, welches die Vornamen Johanne Emilie erhalten hat, entbunden worden.

Eingetragen, Neisse, den Zwölften Dezember Eintausend Achthundert Sieben und Vierzig.

N., Richter. · N., Protokollführer.

b) Fall einer Geburt, die nicht vom Vater angezeigt werden kann.

Neisse, den 4. Dezember Eintausend Achthundert Sieben und Vierzig.

Vor dem unterzeichneten Gerichtskommissarius erschien die Hebamme Friederike Helfer, Wittwe des hier verstorbenen Bürgers Johann Helfer, geborene Gern, hierselbst wohnhaft, und zeigte an:

Am ersten dieses Monats habe ich die Ehefrau des Schiffers Jakob Steuer, welcher zur Religionsgesellschaft der Mennoniten gehört und schon seit drei Monaten abwesend auf Reisen ist, hierselbst wohnhaft, Anna, geborene Wassermann, von einem Kinde männlichen Geschlechts entbunden, welchem der Vorname Gabriel beigelegt worden ist. Die Richtigkeit dieser Anzeige versichere ich auf den von mir geleisteten Diensteid.

V. g. u.

Friederike Helfer.

a. u. s.

N., Königl. Justiz-Rath. N., Protokollführer.

Eingetragen in das Geburtsregister Bd. I, Blatt 7.

Vermerk. Ebenso wird instrumentirt im Falle einer unehelichen Geburt, wenn nicht der mütterliche Großvater des Kindes die Anzeige macht.

c) Fall einer Geburt, bei welcher Niemand gegenwärtig gewesen.

Neisse, den 3. Dezember 1847, Morgens um 10 Uhr.

Heute erschien bei dem unterzeichneten Gerichtskommissarius der ihm wohlbekannte hiesige Hausbesitzer, Bürger Ehrenfried Häusler, 46 Jahre alt, katholisch, und zeigte an, daß die in seinem Hinterhause zu ebener Erde wohnende Wittwe des kürzlich verstorbenen Einwohners Barnabas Schwarz, zur mennonitischen Religionsgesellschaft gehörig, gestern Nachmittag von einem Knaben entbunden worden sein solle. Die Vor- und Geschlechtsnamen der Wöchnerin kenne er nicht, auch wisse er nicht, wer bei der Entbindung zugegen gewesen sei; so viel er in Erfahrung bringen können, sei Niemand dabei gewesen, und eine alte Aufwärterin, Wittwe Weiß, ebenfalls in seinem Hinterhause wohnend, wolle besuchsweise zu der Wittwe Schwarz gekommen sein und sie mit einem soeben zur Welt gekommenen Kinde angetroffen haben.

V. g. u.

Ehrenfried Häusler.

a. u. s.

N., Königl. Justizrath. N., Protokollführer.

Fortgesetzt um 11 Uhr.

Die mündlich bestellte und erschienene Wittwe Weiß, bedeutet, daß sie ihre Aussage so einzurichten habe, wie sie solche auf Erfordern eidlich bekräftigen könne, und daß sich der von ihr zu leistende Zeugeneid auch auf die ihre Persönlichkeit betreffenden Fragen beziehe, ließ sich wie folgt, vernehmen.

Ich heiße Friederike Grau, bin die Wittwe des hier verstorbenen Einwohners Hannibal Weiß, 64 Jahre alt, evangelisch, lebe von dem, was ich mir durch Bedienung in mehreren Haushaltungen verdiene, und bin mit der Wittwe Schwarz nicht verwandt oder verschwägert.

Die Wittwe Schwarz, welche von ihrem vor Kurzem verstorbenen Manne im schwangeren Zustande hinterlassen worden ist, wohnt mit mir auf Einem Flur im Hinterhause des Hauseigenthümers Häusler hierselbst. Sie hat keinen Menschen um sich. Gestern Nachmittag um drei Uhr, als ich an ihrer Stubenthür vorüber ging, hörte ich in der Stube kreisen. Ich dachte mir, daß die Frau Schwarz mit ihrer Entbindung beschäftigt sei, wußte aber nicht, daß sie Niemand um sich habe. Deshalb setzte ich meinen Weg fort in die Stadt, um eine Bestellung zu machen. Als ich nach einer viertel Stunde zurückkam und wieder an der Stubenthüre der Frau Schwarz vorübergehen wollte, hörte ich meinen Namen in der Stube rufen. Ich trat ein und fand die Frau Schwarz in ihrem Bette mit einem neugeborenen Kinde männlichen Geschlechts, von welchem sie soeben genesen zu sein angab und welches nach allen mir nicht fremden Anzeichen kaum fünf Minuten alt sein konnte. Ich ward der Frau Schwarz nach Möglichkeit behülflich und ging dann, nach Besorgung des Nothwendigsten, zur Hebamme Helfer. Diese war nicht einheimisch; sie fand sich erst gegen Abend ein, bis wohin ich der Frau Schwarz beistand.

Die Wahrheit meiner Aussage kann und will ich auf Erfordern beschwören.

V. g. u.

††† Handzeichen der Wittwe Weiß.

a. u. s.

N., N.,

Königl. Fürstenthumsgerichts-Rath. Protokollführer.

Fortgesetzt, Neisse, den 6. Dezember 1847.

Vorgeladen erschien die Hebamme Frau Friederike Helfer geborene Gern von hier und ließ sich wie folgt vernehmen:

Vergangenen Freitag, den Dritten dieses Monats, erhielt ich von meiner Dienstmagd, als ich Abends gegen fünf Uhr von Geschäften nach Hause kam, die Bestellung, daß ich zur Wittwe des hier verstorbenen Einwohners Schwarz begehrt worden sei. Ich begab mich sofort in deren Wohnung und fand die Wittwe Schwarz mit einem erst vor einigen Stunden neugeborenen Kinde männlichen Geschlechts im Bette. Mutter und Kind waren nach den Umständen gesund. Das Kind war, wie die Frau Schwarz angab und ich durch die Umstände bestätigt fand, bald nach Drei Uhr zur Welt gekommen. Ihm sind die Vornamen Jonas Michel beigelegt worden. Die Wittwe Schwarz und ihr verstorbener Mann gehören der mennonitischen Religionsgesellschaft an.

Die Richtigkeit meiner Anzeige versichere ich auf den von mir geleisteten Eid.

V. g. u.

Friederike Helfer.

a. u. s.

N. N. N. N.

Eingetragen in das Geburtsregister, Bd. I, Blatt 8.

3. Von Todesfällen.

Neisse, den 6. Dezember 1847.

Bei dem unterschriebenen Kommissarius des Königl. Fürstenthumsgerichts meldete die nach Namen, Stand und Wohnort bekannte Frau Köhler Dorothea geborene Holz von hier, daß ihr Ehemann, der hierselbst wohnhaft gewesene Bäckermeister David Heinrich Köhler, welcher, wie dem Kommissarius bekannt, aus der evangelischen Kirche ausgetreten, vorgestern, den Vierzehnten Dezember Eintausend Achthundert Sieben und Vierzig, Nachmittags um Vier Uhr, in einem Alter von sechs und vierzig Jahren an der Schwindsucht verstorben und auf dem christkatholischen Begräbnißplatze heute begraben worden sei. Sie übergab die beiliegende Bescheinigung des hiesigen praktischen Arztes Dr. Sandmann über die Todesursache.

V. g. u.

Verwittwete Köhler, Dorothea geb. Holz.

a. u. s.

N. N.

Eingetragen in das Sterberegister, Bd. I, Blatt 6.

N.

Eintrag.

Laut Verhandlung vom 6. Dezember 1847 (Vol. I, fol. 136 bis 137 der Akten, Todesfälle betreffend) ist der aus der evangelischen Kirche ausgetretene Bäckermeister **David Heinrich Köhler** hierselbst am Vierten Dezember Eintausend Achthundert Sieben und Vierzig, Nachmittag um Vier Uhr, in einem Alter von sechs und vierzig Jahren an der Schwindsucht verstorben.

Eingetragen Neisse, den Sechsten Dezember, Eintausend Achthundert Sieben und Vierzig.

N., Richter. N., Protokollführer.

Anmerkung. In den Fällen, wo die Anzeige erheblich später als an dem nächstfolgenden Tage gemacht wird, sind über den Todesfall, soweit es thunlich ist, Personen, die mit dem Verstorbenen nicht verwandt sind, als Zeugen vorläufig nicht eidlich zu vernehmen. Instruktion vom 10. Mai 1847, §. 18.

4. Geburts- (Todten-, Trau-) Schein.

Daß in dem Geburts- (Sterbe-, Heiraths-) Register des unterzeichneten Königl. Fürstenthumsgerichts, Bd. I, Blatt 66, folgender Vermerk eingetragen steht

(Hier folgt der Vermerk wörtlich)

wird hiermit amtlich bescheinigt.

Neisse, den 6. Dezember 1847.

Königliches Fürstenthumsgericht.

(L. S.) N. N.

B. Beglaubigung der Civilstandsfälle unter den Juden.

Das Verfahren und die Formen sind ganz dieselben wie bei den christlichen Sekten. Der Richter hat sich besonders zu überzeugen:

1) daß die Person, auf welche sich der Antrag bezieht, ein Jude ist, weil sonst seine Kompetenz nicht begründet sein würde;
2) daß, bei Aufgeboten, der Bräutigam ein Inländer ist, und im Großherzogthume Posen, ob er naturalisirt sei; ein nicht naturalisirter Jude muß von dem Landrathe einen Trauschein, nach Maßgabe des §. 33, Nr. 8 des Gesetzes vom 23. Juli 1847, einreichen, ehe er aufgeboten werden darf; doch muß dies jetzt nach dem Staatsgrundgesetze wegfallen.

Ist er ein Ausländer, so muß er, vor dem Aufgebote und vor Beglaubigung der Heirath, ein gehörig beglaubigtes Attest der Ortsobrigkeit seiner Heimath beibringen, nach welchem es ihm, den dortigen Gesetzen zufolge, erlaubt ist, eine gültige Ehe mit der namentlich zu bezeichnenden Ausländerin im Auslande zu schließen, so daß bei seiner Rückkehr in die Heimath der dortigen Mitaufnahme seiner Ehefrau und der in der Ehe etwa erzeugten Kinder nichts im Wege steht.

3) Bei Beglaubigung von Geburtsfällen ist festzustellen: ob der Vater — bei unehelichen Kindern die Mutter — eine Inländerin ist; das Ergebniß der Ermittelung ist in den Eintragungsvermerk mit aufzunehmen, weil hiervon die künftigen Rechte des Kindes selbst abhangen.

Im Großherzogthume Posen soll überdies bei ehelichen Kindern, wegen §. 26 des Gesetzes vom 23. Juli 1847, noch besonders vermerkt werden: ob der Vater zu der Klasse der Naturalisten gehört, oder nicht[1]). Nach Art. 12 des Staatsgrundgesetzes vom 31. Januar 1850 aber kann es darauf nicht mehr ankommen.

LXVI.
Ehegelöbniß.
Zu §. 747.

Ehegelöbnisse müssen, um klagbar zu sein, gerichtlich oder vor Notar und Zeugen abgeschlossen und aufgenommen werden. Gemeine Landleute können ihre Verlobungen vor gehörig besetztem Dorfgerichte vollziehen und niederschreiben lassen.

Muster.

Neisse, den u. s. w.

Vor dem Deputirten des ꝛc. Gerichts erschienen folgende, wohlbekannte und dispositionsfähige Personen:

1) die verwittwete Frau Gutsbesitzer N. Caroline, geborene N. auf Herzogsgebüsch, in selbsterwähltem Beistande des Gutsbesitzers Herrn N. auf Plohe,
2) der Herr Ferdinand v. Friede auf Gieshof,
3) der Gutsbesitzer Herr Gumpert v. Friede auf Gieshof und dessen Ehegattin Amalie, geborene Stricker, Eltern des Herrn Ferdinand v. Friede,

und erklärten:

§. 1.

Die Frau N. Caroline, geborene N., und der Herr Ferdinand v. Friede, der Letztere mit Genehmigung seiner Eltern, erklären sich mit einander verlobt und versprechen sich wechselseitig, einander zu heirathen und die Ehe binnen Jahresfrist zu vollziehen.

§. 2.

Die Kosten der Hochzeit trägt die Frau Braut.

§. 3.

Die Frau Braut wird ihrem künftigen Ehemanne ihr Gut Herzogsgebüsch und ihr sonstiges Vermögen, mit Ausnahme der gesetzlich vorbehaltenen Stücke, als Eingebrachtes mitbringen; und die Eltern des Bräutigams versprechen, ihrem Sohne eine Ausstattung von Zehntausend Thalern in Schlesischen Pfandbriefen mitzugeben und am Tage nach der Hochzeit zu zahlen.

---

1) Justizministerial-Blatt für 1847, S. 233.

§. 4.

Welcher Theil ohne Grund zurücktritt, oder die Vollziehung der Ehe innerhalb der bestimmten Zeit verweigert, oder sich außer Stand setzt, die Ehe in dieser Zeit zu vollziehen, zahlt dem Anderen eine Konventionalstrafe von Zweitausend Thalern, wofür auf Seiten des Bräutigams dessen Vater, der Herr Gumpert v. Friede, sich als Selbstschuldner mitverpflichtet.

Dieses Protokoll wurde vorgelesen und mit dem Antrage:

jedem Theile eine Ausfertigung zu ertheilen,

genehmigt und unterschrieben.

Caroline N., verwittwete N. N. N., als Beistand.

Ferdinand v. Friede. Gumpert v. Friede. Amalie v. Friede.

a. u. s.

Name und Charakter des Deputirten.

LXVII.

Ehe= und Erbvertrag.

Zu §§. 750, 761 und 841.

Dergleichen Verträge können vor vollzogener Ehe ebenfalls auch vor Notar und Zeugen errichtet werden.

Muster.

Neisse, den u. s. w.

Vor der Kreis=Justizkommission hierselbst erschienen zur Verlautbarung eines Ehe= und Erbvertrages

1) der Königl. Major, Herr v. Br.,
2) dessen Tochter, Fräulein Rosamunde v. Br.,
3) der Herr Karl v. G., Königl. Preuß. Lieutenant im 40. Infanterie=Regimente,

Alle von hier und nach Namen, Stand und Wohnort bekannt.

Das Fräulein Rosamunde v. Br. ist in väterlicher Gewalt und tritt daher unter Beistand und Vollwort ihres Herrn Vaters auf. Der Herr Karl v. G. ist auch noch nicht von der väterlichen Gewalt befreit, wohl aber volljährig. Es ist deshalb den Erschienenen bekannt gemacht, daß, wenn der Herr von G. sich durch Vertrag verbindlich machen wolle, dazu die Einwilligung seines Vaters erforderlich sei; die Erschienenen verlangten jedoch ungeachtet der Abwesenheit desselben von dem hiesigen Orte die Aufnahme der unter ihnen verabredeten Ehepakten und wollten selbst dafür sorgen, daß die etwa erforderliche väterliche Einwilligung auf der Seite des Herrn v. G. nachfolge.

Da nach der eingezogenen Erkundigung keine Hindernisse vorwalten, so wurde zwischen dem Fräulein Rosamunde v. Br., im Beistande und unter ausdrücklicher Zustimmung ihres gegenwärtigen Herrn Vaters, und dem Herrn Karl v. G., folgender Ehegelöbniß=, Ehe= und Erbvertrag abgeschlossen und von ihnen aufgenommen.

§. 1.

Das Fräulein Rosamunde v. Br. und der Herr Karl v. G. versprechen

Einer dem Anderen, sich mit einander zu vermählen, wozu die beiderseitigen Herren Väter ihre Einwilligung gegeben haben. Die Ehe soll, in Folge des Königl. Konsenses vom 6. August c., und nach geschehenem dreimaligen Aufgebote, am 20. d. M. durch priesterliche Trauung vollzogen werden. In Ansehung der Rechte und Pflichten der künftigen Eheleute, bezüglich auf ihre Personen, bewendet es bei den landrechtlichen Bestimmungen.

§. 2.

Die aus dieser Ehe etwa ersprießenden Kinder sollen alle, ohne Unterschied des Geschlechts, in der evangelischen Religion des Vaters erzogen werden.

§. 3.

Das Fräulein Braut und künftige Gemahlin soll nicht verpflichtet sein, ihrem künftigen Gemahl zu folgen, wenn derselbe im Dienste seinen Aufenthalt an anderen Orten auf kurze oder lange Zeit nehmen muß; sie nimmt in solchem Falle ihren beständigen Wohnsitz auf ihrem Rittergute Gutwohne.

§. 4.

Der Brautvater, Herr Major v. Br., verspricht seinem Fräulein Tochter und deren Bräutigam, seiner gedachten Tochter eine standesmäßige Ausstattung an Kleidung, Schmuck und Geschmeide, Leibwäsche, Leinenzeug und Betten, Haus- und Wirthschaftsgeräth, auch eine Equipage, vierspännig, mit Kutsche und einem halbgedeckten Spazierwagen, nebst zweifachem vollständigen Geschirr, mitzugeben, und das Hochzeitsmahl auf 50 Gäste auszurichten.

§. 5.

In Beziehung auf das Vermögen während der Ehe werden die Rechte und Pflichten der Eheleute, wie folgt, bestimmt:

1) Durch die Vollziehung der Ehe gehen aus dem Vermögen der künftigen Frau v. G. nur 2 Kapitalien, jedes über Zweitausend Thaler, zusammen also 4000 Thlr., welche für das Fräulein Rosamunde v. Br. auf dem Rittergute Fahrenheit in Pommern eingetragen stehen, und mit 4 Prozent verzinset werden, in die Verwaltung des Mannes über, und sind als Eingebrachtes dem ehemännlichen Nießbrauche unterworfen.

2) Alles übrige Vermögen des Fräulein Braut, es bestehe worin es wolle, insbesondere

   a) das Rittergut Gutwohne,

   b) das noch übrige Kapitalsvermögen, welches gegenwärtig besteht aus einem, auf dem Rittergute Baalsdorf in der Mark Brandenburg eingetragenen, zu 4 Prozent verzinslichen Hypotheken-Kapital von 6550 Thlrn., schreibe ꝛc., und in 9450 Thlr., sage ꝛc., in Magdeburg-Leipziger Eisenbahnaktien,

   c) die ganze Ausstattung,

   ist vorbehaltenes Vermögen und bleibt mithin der freien Verwaltung und Verfügung der künftigen Frau v. G. vorbehalten.

3) Zum vorbehaltenen Vermögen derselben gehört auch Alles, was sie während der Ehe durch Erbschaft, Geschenke oder Glücksfälle überkommt.

§. 6.

Die Rechte des überlebenden Ehegatten auf das Vermögen des Verstorbenen werden festgesetzt wie folgt:

1) Wenn die künftige Frau v. G. der überlebende Theil ist, so erhält sie aus dem Nachlasse ihres verstorbenen Gemahls zu ihrem Unterhalte während des Wittwenstandes ein Witthum von Achthundert Thalern jährlich, in vierteljährigen Raten pränumerando, als Voraus, und außerdem finden in Beziehung auf die Erbfolge diejenigen Grundsätze des A. L.R. Anwendung, welche für den Fall gelten, wenn die Eheleute nicht in Gütergemeinschaft gelebt haben. Das Witthum soll durch Eintragung auf die Grundstücke, welche im Nachlasse sein werden, gesichert werden.

2) Ist dagegen der Herr Karl v. G. der Ueberlebende, und hinterläßt seine verstorbene Frau Gemahlin keine Verwandten in absteigender Linie, so setzt ihm seine jetzige Fräulein Braut und künftige Frau Gemahlin auf diesen ihren Todesfall ein Ehevermächtniß von 4000 Thlrn., schreibe ꝛc., aus, wodurch er ganz abgefunden wird.

3) Hinterläßt sie aber Verwandte in absteigender Linie, so erhält er zu seiner Abfindung ein Ehevermächtniß von 3000 Thlrn., schreibe ꝛc., aus dem Nachlasse, und er muß, wenn er das Vermögen seiner Kinder in Verwaltung nehmen will, dafür pupillarische Sicherheit bestellen. Kann oder will er keine Sicherheit bestellen, so soll nicht das betreffende Pupillen-Kollegium die Verwaltung haben, sondern, wenn hierüber keine testamentarische Bestimmung der Frau v. G. vorhanden sein wird, soll aus der Familie der Frau v. G. durch den Herrn v. G. ein Kurator gewählt werden, welcher für die Sicherstellung und Verwaltung des Vermögens zu sorgen hat und dabei von der Aufsicht und Beschränkung des Vormundschaftsgerichts befreit sein soll. Wählt der Herr v. G. diesen Kurator nicht in Zeit eines halben Jahres, so geht das Wahlrecht auf das älteste männliche Mitglied der Familie des Fräulein Braut über, mit der Befugniß, sich selbst zum Kurator zu bestimmen, wenn ihm solches beliebt.

4) Wenn dann aber auch die Nachkömmlinge sterben, ohne Descendenten zu hinterlassen, so soll es so gehalten werden: Sind mehrere Nachkommen und es stirbt davon der Eine oder der Andere von dem oder den Uebrigen, so entsagt hiermit der Herr Karl v. G. im Voraus jedem Anspruche auf die Verlassenschaft seines Kindes dergestalt, daß alle Mal nur das oder die Geschwister des Verstorbenen, mit Ausschließung des Vaters, zur Erbschaft gelangen. Wenn aber alle Nachkommen seiner Frau Gemahlin gleichzeitig sterben, oder wenn auch der Letzte oder Einzige stirbt, so erhält der Herr v. G. aus der Verlassenschaft seiner Kinder oder beziehungsweise seines einzigen oder letzten Kindes nur den vierten Theil, und die übrigen drei Theile fallen auf die Verwandten seiner Frau Gemahlin, welche nach der gesetzlich bestimmten Folgeordnung mit ihm zu-

gleich zur Succession kommen. Der Herr Lieutenant Karl v. G. entsagt mithin, in dem soeben bestimmten Maße, hiermit im Voraus der Erbschaft seiner künftigen Kinder zu Gunsten der Verwandten seiner Frau Gemahlin, und das Fräulein Rosamunde v. Br., sowie der Herr Major v. Br. für sich und Namens der Glieder seiner Familie, acceptiren diese Entsagung.

Weiter waren keine Bestimmungen verabredet. Die Interessenten trugen darauf an:

diesen Kontrakt dreifach auszufertigen und das Original bei den offenen Akten aufzubewahren.

Vorgelesen, genehmigt und vollzogen.

Fr. Br. Rosamunde v. Br. Karl v. G.

a. u. s.

N., Königl. Kreis-Justizrath. N., O. L. G. Auskultator.

LXVIII.

Vertrag über die Ausschließung der ehelichen Gütergemeinschaft.

Zu §. 758.

Verträge über die Einführung oder Ausschließung der Gemeinschaft der Güter oder des Erwerbes müssen, soweit als sie nur vor der Heirath errichtet werden können, zur Gültigkeit der Handlung vor der Schließung der Ehe gerichtlich aufgenommen, oder doch, ihrem Inhalte nach, gerichtlich anerkannt werden. Dies kann jedoch vor jedem inländischen Gerichte geschehen. Nur in den Landestheilen, in welchen die Gerichte sich mit Handlungen der freiwilligen Gerichtsbarkeit nicht befassen, genügt die Aufnahme oder Anerkennung vor Notar und Zeugen.

(Gesetz vom 20. März 1837. G.S. v. 1837, S. 63.)

Muster.

N., den u. s. w.

Erschienen vor dem unterschriebenen Gerichtsdeputirten:

1) Der Kaufmann Moritz Aldendahl aus A.,
2) die unverheirathete Anne Marie Gülden, im Beistande ihres Vaters, des Handelsmannes Joseph Gülden, von hier,

sämmtlich von Person bekannt, und erklärten:

Wir, der Kaufmann Aldendahl und die Anne Marie Gülden, wollen uns mit einander verheirathen und demnächst unsern Wohnsitz in der Stadt Brieg nehmen, wo unter Eheleuten bürgerlichen Standes Gütergemeinschaft gilt. Diese in der Stadt Brieg geltende statutarische Gütergemeinschaft schließen wir hiermit unter uns aus. Wir bitten um Ausfertigung dieses Akts.

Vorgelesen, genehmigt und unterschrieben.

Moritz Aldendahl. Anne Marie Gülden. Joseph Gülden.

a. u. s.

N. N.,
Gerichtsrath als Deputirter.

LXIX.
Ehepakten bei einer Ehe zur linken Hand.

Zu §. 764.

Die Ehe zur linken Hand setzt nothwendig einen schriftlichen Kontrakt voraus, bei dessen Errichtung die bei Ehegelöbnissen (No. LXVI) vorgeschriebene Form zu beobachten ist. Diese Form wirkt jedoch nur, daß kein Rücktritt ohne Entschädigung zulässig ist; zur Gültigkeit des Ehekontrakts aber ist die Bestätigung des Landes-Justiz-Kollegii[1]), nach vorheriger persönlicher Verlautbarung des Kontrakts, erforderlich.

1. Ehe-Kontrakt.

Werthstempel 2 Thlr.

N., den u. s. w.

Vor der unterschriebenen Gerichtsdeputation erschienen von Person wohlbekannt und geschäftsfähig:

1) Se. Durchlaucht, der Herr Landgraf George N. N.,
2) das Fräulein Beate N. N. von hier, selbstständig und großjährig, im selbstgewählten Beistande des Rechtsanwalts N. N.,

und errichteten folgenden Ehekontrakt:

§. 1.

Beide versprechen einander, sich durch Schließung einer Ehe zur linken Hand mit einander binnen Jahresfrist ehelich zu verbinden.

§. 2.

Auf den Fall diese Ehe durch den Tod Sr. Durchlaucht, oder zwar durch richterlichen Ausspruch, aber ohne Schuld der künftigen Hausfrau getrennt wird, erhält das Fräulein Braut eine Abfindung von Eintausend Thalern, jährlich, bis an ihren Tod, in vierteljährigen Raten, vorausgezahlt, von dem Tage der Trennung an.

Die Abfindung wird aus den Revenüen der Güter N. N. gezahlt, und soll zur Sicherheit auf diese Güter eingetragen werden. Se. Durchlaucht bestellt dafür hiermit ausdrücklich Hypothek mit diesen Gütern.

Dieser Kontrakt soll für jeden Theil ausgefertigt werden.

Vorgelesen, genehmigt und unterschrieben.

George Landgraf N. N. Beate N. N.

N. N. als Beistand des Fräuleins Beate N. N.

a. u. s.

N. N., Gerichtsrath. N. N., Gerichtsaktuarius

1) Welches Gericht jetzt darunter zu verstehen sei, kann zweifelhaft sein. Das Kisker'sche Organisationsedikt vom 2. Januar 1849 hat die Bestimmung darüber vergessen und nur an die Bestätigung der Adoptionsverträge gedacht. §. 14. Folgeweise sind die ordentlichen (erstinstanzlichen) Gerichte zuständig. Das ganze Institut dieser Art Ehe ist jetzt, nach Art. 4 des Staatsgrundgesetzes vom 31. Januar 1850, verfassungswidrig. Doch wird dies von der konservativen (Rückschritts-) Partei nicht anerkannt.

2. Verlautbarungs-Protokoll.

N., den u. s. w.

Vor dem unterschriebenen Kommissario des Königl. Kreisgerichts zu — erschienen heute

1) Se. Durchlaucht, der Herr Landgraf George N. zu N.,

2) das Fräulein Beate N. aus B.,

deren Namen, Stand und Wohnort bekannt ist, um den zwischen ihnen unterm .... errichteten Kontrakt, wodurch sie sich zur Eingehung einer Ehe zur linken Hand verlobt haben, zu verlautbaren.

Der Kommissarius las ihnen diesen Kontrakt vor; sie bekannten sich zu dem Inhalte und gelobten die Festhaltung desselben durch Handschlag.

Vorgelesen, genehmigt und unterzeichnet.

Georg: Landgraf N. Beate N.

a. u. s.

N.,

Kreisgerichtsrath.

LXIX a.

Auseinandersetzung geschiedener Eheleute wegen des Vermögens.

Zu §. 763.

Man kann sich außergerichtlich auseinandersetzen; wird aber richterliche Hülfe in Anspruch genommen, so gehört das Verfahren vor den persönlichen Richter des Mannes*). In Ermangelung gütlicher Einigung wird nach den Vorschriften des Tit. 46 der Prozeßordnung verfahren.

---

*) Welches Gericht in dem Falle, wenn der Mann nach Insinuation der Scheidungsklage einen anderen Wohnsitz genommen hat, das kompetente Gericht für die Vermögens-Auseinandersetzung nach der Ehetrennung sei, ob nämlich dasjenige, vor welchem der Trennungsprozeß stattgefunden hat, oder dasjenige des neuen Wohnsitzes des geschiedenen Ehemannes, ist zweifelhaft. Nach der einen Meinung soll es das erstere sein, weil die Vermögens-Auseinandersetzung den zweiten Theil der Ehetrennung darstelle, und das ganze Judizium vor dem damit zuerst befaßten Gerichte ausgetragen werden müsse. Der §. 744, Tit. 1, Th. II des A. L.R., welcher bestimmt, daß die Auseinandersetzung vor den ordentlichen persönlichen Gerichtsstand des Mannes gehört, beziehe sich nur auf die damalige Gerichtsverfassung, wonach die Ehetrennungssachen vor besonderen geistlichen Gerichten ressortirten, und bestimme nichts weiter, als daß die nach der Ehetrennung folgende Auseinandersetzung — die eigentliche Vollziehung der Trennung — dem Civilgerichte anheimfallen solle, verordne aber nicht, daß die Frau wegen der Auseinandersetzung dem weggezogenen Manne in dessen neuen Gerichtsstand folgen müsse. Vergl. darüber m. Anm. 84 zu §. 744 des A. L.R. a. a. O. und das dort angeführte Justizministerial-Reskript vom 23. Mai 1820. Andere sind dagegen anderer Meinung. Diese ist auch von dem Obertribunale in einem Erk. v. 21. Sept. 1860 (Archiv f. Rechtsf. Bd. XXXIX, S. 69) vertreten.

1. Auseinandersetzungsakte, wenn kein Theil für den schuldigen erklärt worden.

a) Wenn keine Gütergemeinschaft obgewaltet hat.

N., den u. s. w.

In der N.'schen Vermögens-Auseinandersetzungs-Sache erschienen in dem heutigen Termine zur Erklärung über das Verzeichniß des Eingebrachten rc. vor dem unterschriebenen Gerichtskommissario

1) der Rechtspraktikant Herr Karl Esau Grandpoids von hier,
2) dessen geschiedene Ehefrau Anna, geborne Freiin v. Schnalle, zu Ränkvull, von Person wohlbekannt.

Zwischen beiden Theilen, welche in getrennten Güterverhältnissen gelebt haben, kam folgender Auseinandersetzungsrezeß zu Stande:

§. 1.

Die Frau Gr. erkennt die mit ihr durchgegangene, von Herrn Gr. eingereichte Spezifikation ihres Eingebrachten, in sofern es noch vorhanden, zwar für richtig an, macht aber die Bemerkung, daß an Stelle zweier, von ihr gleichfalls eingebrachten Sopha's und eines Dtzd. Polsterstühle während der Ehe andere Stücke von gleicher Art und Zahl angeschafft worden seien, welche nicht spezifizirt worden, obgleich sie solche zu fordern berechtigt zu sein vermeine.

Herr Gr. räumt das Thatsächliche ein und vereinigt sich mit der Frau Gr. dahin, daß er statt der fraglichen Stücke 50 Thlr. an sie zu zahlen hat. Die in der Spezifikation verzeichneten Stücke erkennt Frau Gr. an, bereits empfangen zu haben.

§. 2.

Frau Gr. hat ihrem geschiedenen Ehemanne das Landgut Ränkvull eingebracht, wovon dem Ehemanne der Nießbrauch bis zum 1. Juli v. J. zugestanden hat. Am 1. Dezbr. hat er dasselbe zurückgegeben und es sind bei der Zurückgabe von Seiten des Mannes Verbesserungsforderungen für die Erbauung eines neuen Schafstalles, von Seiten der Frau hingegen Forderungen für fehlende Inventarienstücke gemacht, über welche gegenseitige Forderungen in einem besonderen Verfahren verhandelt wird. Beide Theile vergleichen sich dieserhalb und wegen der Rechnungslegung für die Zeit vom 1. Juli bis 1. Dezbr. dahin, daß die Frau Gr. dem Herrn Gr. noch 500 Thlr. zahlt, wogegen die wechselseitigen Forderungen aus der Gutsverwaltung und der Rückgewähr für getilgt erklärt werden.

§. 3.

Den geschiedenen Eheleuten sind bei Eingehung der Ehe an Hochzeitsgeschenken

ein Silberservice, 200 Thlr. an Werth, und
zwei große Porzellanvasen, 80 Thlr. an Werth,

gemacht, die nicht einem oder dem anderen Ehegatten zugedacht worden, weshalb sie für gemeinschaftlich anzusehen sind. Beide Theile kommen überein, daß der Mann diese Stücke behalten und dagegen der Frau die Hälfte des Werthes mit 140 Thlrn. herausgeben soll.

§. 4.

Die Frau Gr. hat ihrem Manne noch 2000 Thlr. in Schl. Pfandbriefen eingebracht, welche während der Ehe in baares Geld umgesetzt und wovon 1000 Thlr. an den N. hierselbst ausgeliehen und auf Grund der Schuld- und Hypothekverschreibung desselben vom 5. Mai 1845 auf den Namen des Mannes eingetragen worden sind. Herr Gr. cedirt und übereignet diese Hypothekenpost von Eintausend Thalern nebst Zinsen seit dem 1. Juli v. J. seiner separirten Frau Anna, geborenen Freiin Schnalle, hiermit dergestalt, daß sie darüber wie über ihr Eigenthum zu verfügen berechtigt sein soll. Die Frau Grandpoids nimmt diese Cession an Zahlungsstatt an.

§. 5.

Herr Gr. hat an die Frau Gr. hiernach zu zahlen:

1) aus dem §. 1	50	Thlr.
2) aus dem §. 3	140	=
3) aus dem §. 4	1000	=
In Summa	1190	Thlr.
Er hat dagegen von ihr zu empfangen aus dem §. 2	500	=
und ist noch schuldig	690	Thlr.

schr. Sechshundert und Neunzig Thaler.

Da er jetzt nicht im Stande ist, Zahlung zu leisten, und nur seine Hoffnung auf künftigen bedeutenden Erwerb aus seiner Praxis hat, so verspricht er, diese Schuld jährlich mit Einhundert Thalern, jedesmal am 1. Juli, und zum ersten Male am 1. Juli k. J. an seine geschiedene Frau Anna, geborene Freiin Schnalle, abzutragen, auch bis dahin vom 1. Juli v. J. an mit fünf Prozent zu verzinsen. Hiermit erklärt sich Frau Grandpoids zufrieden.

§. 6.

Hiermit erklären sich beide gewesene Eheleute des Vermögens wegen auseinandergesetzt.

Die Kosten der Auseinandersetzung übernimmt die Frau Grandpoids.

Dieser Rezeß soll für jeden Theil ausgefertigt werden.

Vorgelesen und genehmigt.
Folgen die Unterschriften.

b) Bei stattgehabter Gütergemeinschaft.

N., den u. s. w.,

Eingang wie bei a.

Die geschiedenen Eheleute haben in allgemeiner Gütergemeinschaft gelebt. Der Ehemann hat ein Inventarium über das gesammte gemeinschaftliche Vermögen eingereicht. Ueber dasselbe ist verhandelt worden und man hat sich schließlich hinsichtlich der Vervollständigung desselben geeinigt, so daß es in seiner vervollständigten Gestalt zur Grundlage der Auseinandersetzung dienen soll. Ueber dieselbe ist nun folgender Rezeß zu Stande gekommen:

§. 1.

Der Ehemann hat bei Eingehung der E'e das Tit. I, No. 1 beschriebene Gut Hoffnungsreich eingebracht, dessen Kaufswerth 5000 Thlr. beträgt, welches aber mit 6000 Thlrn. Hypothekenschulden belastet war. Während der Ehe sind davon 1000 Thlr. abgetragen worden. Dieses Gut nimmt der Ehemann zu demselben Werthe zurück.

§. 2.

Tie Ehefrau hat das ebendaselbst sub 2 bezeichnete Gut Ränkvull zum Kaufswerthe von 10000 Thlrn. unverschuldet eingebracht. Während der Ehe ist darauf eine Hypothek von 1000 Thlrn. eingetragen worten. Die Frau Gr. erkennt an, dieses Gut nebst Zubehör zu ihrer Zufriedenheit bereits zurückerhalten zu haben.

§. 3.

Von den ausstehenden sub Tit. II verzeichneten Forderungen im Gesammtbetrage von 2500 Thlrn. hat der Ehemann die Post No. 1 von 500 Thlrn. und die Frau die Post No. 4 von 1000 Thlrn., welche auch auf ihren Namen geschrieben steht, eingebracht. Jeder ist bereits im Besitze des über das von ihm eingebrachte Kapital lautenden Instruments.

§. 4.

Von den Mobilien hat

1) der Mann die sub Tit. V, VI u. s. w. verzeichneten Gegenstände im Werthe von 300 Thlrn. bei Eingehung der Ehe besessen, welche er behält.
2) die Frau hat die sub Tit. XI verzeichneten Betten und das Le'nenzeug, im Betrage von 200 Thlrn. eingebracht, welche sie in Natur zurückerhalten; und von den sub Tit. X verzeichneten Sachen hat sie
   a) den Kessel sub 3, an Werth . . . . 10 Thlr.
   b) u. s. w.

zusammen im Werthe von 80 Thlr.

inferirt. Auch diese Sachen hat sie zurückgenommen.

§. 5.

Nach dem Inventarium beträgt das ganze gemeinschaftl'che Aktiv-Vermögen . . . . 20,000 Thlr.

Davon hat zurückgenommen:

I. der Ehemann			
1) sein Gut Hoffnungsreich zu . . .	5000	Thlr.	
2) seine Forderung (§. 3) von	500	=	
3) seine Mobilien (§. 4) im Werthe von . .	300	=	
II. die Frau			
1) ihr Gut Ränkvull im Werthe von . .	10000	=	
2) ihre Forderung (§. 3) von	1000	=	
3) ihre Eff.:en (§. 4) von	80	=	16880 Thlr.
Es bleiben mithin noch übrig			3120 Thlr.

	Uebertrag 3120 Thlr.
welche unter beide gewesene Eheleute zu theilen sind. Es treten aber zum Vortheile der geschiedenen Ehefrau noch hinzu diejenigen	1000 =
welche während der Ehe von den Hypothekenschulden des Mannes auf Hoffnungsreich abgezahlt worden sind. Die Masse beträgt mithin	4120 Thlr.

§. 6.

Was die Schulden betrifft, so erkennt Herr Grandpoids an, daß von

der ganzen Passivmasse im Betrage von	7000 Thlr.
diejenigen	5000 =
welche auf seinem Gute eingetragen stehen, als eingebracht auf ihn allein kommen, und nur	2000 Thlr.

als auf der Errungenschaft haftend übrig bleiben; daß dagegen die Frau hinsichtlich derjenigen 1000 Thlr., welche auf ihr Gut aufgenommen worden sind und in der Schuldenmasse stecken, als Gläubigerin anzusehen sei.

Werden von der Aktivmasse der	4120 Thlr.
die gemeinschaftlichen Schulden im Betrage von	2000 =
abgezogen, so bleiben zu theilen	2120 Thlr.

wovon auf jeden die Hälfte mit 1060 Thlrn. fällt.

§. 7.

Behufs der Abfindung wird dem Herrn Grandpoids das gesammte, nach Wegnahme des von jedem Theile Eingebrachten, übrig bleibende gemeinschaftliche Vermögen, wie es im Inventarium verzeichnet ist, zum Alleineigenthume übereignet.

Dagegen übernimmt er, der Frau Gr. gegenüber, sämmtliche Gemeinschaftsschulden allein und verspricht, binnen drei Monaten ihr die Befriedigung der Gläubiger nachzuweisen, oder sonst ihre Befreiung aus der Haftbarkeit auszuwirken; er macht sich ferner wegen seiner Halbscheid selbst bezahlt und bekennt sich für den Schuldner der Frau Gr. wegen deren Abfindung.

§. 8.

Die Frau Gr. soll hiernach erhalten:

1) ihre Forderung von	1000 Thlr.
2) ihr Halbscheid des gemeinschaftlichen Vermögens mit .	1060 =
zusammen	2060 Thlr.

Sie kreditirt ihm diese Summe, bis zur Aufkündigung, gegen Verzinsung und Sicherstellung.

Herr Grandpoids macht sich verbindlich, diese Zweitausend und Sechszig Thaler nach dreimonatlicher Kündigung zu bezahlen, und bis dahin von heute an, mit fünf Prozent in halbjährigen Terminen, zu verzinsen.

Zur Sicherheit seiner Frau Gläubigerin bestellt er für Kapital, Zinsen, Schäden, Kündigungs= und Einziehungskosten Hypothek mit seinem Gute Hoffnungsreich und willigt in die Eintragung auf seine Kosten.

§. 9.

Die Kosten der Auseinandersetzung tragen beide Theile jeder zur Hälfte.

Dieser Rezeß soll dreimal, nämlich für jeden Theil ein Exemplar und das dritte Exemplar als Schuldinstrument für die Frau Gr. über die ihr aus §. 8 gebührenden 2060 Thlr. ausgefertigt werden.

Vorgelesen und genehmigt.

Folgen die Unterschriften.

(Wenn die Schulden das gemeinschaftliche Vermögen übersteigen, so würde der Rezeß vom §. 6 an folgendermaßen lauten):

§. 6.

Die ganze Passivmasse beträgt	10,000 Thlr.
Herr Grandpoids erkennt an, daß die von ihm mit seinem Gute Hoffnungsreich eingebrachten	5000 =
Hypothekenschulden ihm allein zur Last fallen, und daß nur die übrigen	5000 Thlr.

für gemeinschaftliche zu betrachten sind; ferner, daß die Frau Gr. wegen derjenigen 1000 Thlr., welche während der Ehe auf ihr Gut aufgenommen worden sind, als Gläubigerin der Gemeinschaft anzusehen.

Die gemeinschaftliche Aktivmasse beträgt	4120 Thlr.
die gemeinschaftlichen Schulden betragen	5000 =
Es sind mithin	880 Thlr.

mehr Schulden als Vermögen, welche, in sofern sie als eingewirthschaftet angesehen werden müssen, unter beide Theile zu vertheilen sind.

Die gewesene Ehefrau räumt jedoch ein, daß sie mehrmals Summen Geldes, ohne Vorwissen und Genehmigung des Mannes, aus der gemeinschaftlichen Kasse entnommen und für ihre Privatzwecke verwendet habe. Zur Vermeidung einer näheren Erörterung vergleichen sich beide Theile auf eine Pauschsumme von 400 Thlrn., schreibe Vierhundert Thalern, welche der geschiedenen Ehefrau allein zur Last fallen. Nach Abrechnung dieser Summe bleiben nur 480 Thlr. gemeinschaftlich, wovon ein Jeder 240 Thlr. zu tragen hat.

§. 7.

Dem Herrn Gr. wird das gesammte gemeinschaftliche Vermögen zum Alleineigenthume übereignet. Dagegen, und gegen die ihm von der Frau zu leistende Vergütung, macht er sich verbindlich, die sämmtlichen Schulden im Betrage von 880 Thlrn. an die Gläubiger binnen drei Monaten abzutragen und die Frau Gr. aus aller Verbindlichkeit zu setzen. Hierdurch wird er selbst Gläubiger der Frau Gr. auf den Betrag von 640 Thlrn., welchen sie für ihren Theil allein von den Schulden, im Verhältnisse zu dem geschiedenen Manne, zu tragen hat. Die Frau Gr. macht sich verbindlich, diese Sechshundert und Vierzig Thaler an Herrn Gr. baar zu bezahlen, sobald er ihr entweder die Befriedigung sämmtlicher Gläubiger nachgewiesen oder ihre Entlassung aus der Schuldverbindlichkeit verschafft haben wird.

§. 8.

Die Kosten der Auseinandersetzung tragen beide Theile, ein Jeder zur Hälfte.

Dieser Rezeß soll für Jeden einmal ausgefertigt werden.

Vorgelesen und genehmigt.

Unterschriften.

2. Wenn ein Theil für schuldig erklärt worden.

a) Außer dem Falle der Gütergemeinschaft.

N., den u. s. w.

Eingang wie oben.

Die gewesenen Eheleute haben nicht in Gütergemeinschaft gelebt; und die Ehefrau ist als schuldiger Theil in die Ehescheidungsstrafe auf den vierten Theil ihres Vermögens verurtheilt. Beide Theile haben folgenden Auseinandersetzungsrezeß geschlossen.

§. 1.

Die gewesene Ehefrau hat ihrem separirten Ehemanne Folgendes in die Ehe gebracht:

1) Das Gut Ränkvull, welches jetzt, behufs der Auseinandersetzung, auf	20,000 Thlr.
gerichtlich geschätzt worden ist. Darauf waren zur Zeit der Anbringung der Ehescheidungsklage	5000 =
Hypothekenschulden der Frau Gr. eingetragen, es bleiben mithin	15,000 Thlr.
Die Zurückgewähr des Guts ist bereits geschehen, und nach den Rückgewährverhandlungen ist der gewesene Ehemann schuldig	500 =
für Verschlimmerungen und Inventariendefekte an die Frau Gr. zu zahlen. Aus der Verwaltung und dem Nießbrauche hat sonst kein Theil an den Anderen einen Anspruch weiter.	
2) Die in dem, von dem Ehemanne eingereichten Verzeichnisse aufgeführten Ausstattungsgegenstände, so weit sie bei Trennung der Ehe noch vorhanden waren. Das Verzeichniß wird von der Frau Gr. für richtig anerkannt; sie erkennt auch an, die Gegenstände in Natur zurückerhalten zu haben. Eine Taxe ist davon nicht aufgenommen, und die Parteien vereinigen sich über den Werth auf die Summe von	800 =
Außer dem Eingebrachten betragen die vorbehaltenen Güter der gewesenen Ehefrau, nach dem von ihr zu den Akten gegebenen Verzeichnisse, an Werth	500 =
Uebertrag	16,800 Thlr.

Uebertrag	16,800 Thlr.
Sie erkennt an, sämmtliche Gegenstände empfangen zu haben.	
Ferner kommt von den Hochzeitsgeschenken, welche in der Anlage von dem Ehemanne spezifizirt sind und sich in seinem Besitze befinden, der Frau die Hälfte des auf 300 Thlr. angenommenen Werths mit	150
zu. Die Frau Gr. überläßt ihrem separirten Ehemanne diese Hochzeitsgeschenke zum Alleineigenthume, wogegen der Letztere sich für den Schuldner der Ersteren auf die Summe von 150 Thalern bekennt. In Summa	16,950 Thlr.

§. 2.

Die davon zu machenden Abzüge sind:

1) Die Ehescheidungskosten in welche die Frau Gr. verurtheilt worden ist, und welche der Ehemann vorgeschossen hat, im Gesammtbetrage von	110 Thlr.	
2) Herr Gr. hat seiner separirten Ehefrau eine Morgengabe im Betrage von . . . . gemacht, welche er zurückerhalten soll.	500 =	
3) Die derselben während der Ehe gemachten Geschenke, welche Herr Gr. widerruft, betragen zusammen	500 =	
zusammen		1,110 =
Nach Abrechnung dieser Schulden beträgt das Vermögen der Frau Gr.		15,840 Thlr.

Davon gebührt dem Herrn Gr. der vierte Theil mit 3960 Thlrn., schribe Dreitausend Neunhundert und Sechszig Thalern als Ehescheidungsstrafe.

§. 3.

Hiernach hat Herr Gr. von seiner separirten Ehefrau zu fordern:

1) Die Ehescheidungsstrafe mit	3960 Thlr.
2) Die vorgeschossenen Prozeßkosten mit	110 =
3) Die Morgengabe von	500 =
4) Die widerrufenen Geschenke mit	500 =
zusammen	5070 Thlr.
Er hat an sie nach §. 1, No. 1 zu zahlen	500 =
mithin noch zu fordern	4570 Thlr.

§. 4.

Herr Gr. läßt seine Forderung bei der Frau Gr. stehen.

Frau Gr. bekennt sich als Schuldnerin ihres geschiedenen Ehemannes für die ausgemittelte Summe von Viertausend Fünfhundert und Siebenzig Thalern und verspricht diese Schuld nach dreimonatlicher Kündigung an ihn zu bezahlen, auch bis dahin mit fünf Prozent zu verzinsen. Zur Sicherheit desselben be=

stellt sie für Kapital, Zinsen, Schäden und sowohl Kündigungs- als Einziehungskosten hierdurch Hypothek mit ihrem Gute Ränkvull und willigt in die Eintragung auf ihre Kosten.

§. 5.

Die Kosten der Auseinandersetzung übernimmt die Frau Gr. Dieser Rezeß soll zweimal, und zwar das Exemplar für Herrn Gr. als Schuld- und Hypothekverschreibung über die 4570 Thlr. ausgefertigt werden.

Beide Theile erklären, durch diesen Rezeß vollständig auseinandergesetzt zu sein.

Vorgelesen und genehmigt.
Folgen die Unterschriften.

b) Wenn Gütergemeinschaft vorgewaltet hat.

Der unschul.ige Theil kann wählen: ob er die Hälfte des gemeinschaftlichen Vermögens fordern, oder auf Absonderung der Güter antragen will. In dem ersteren Falle ist der Akt, nachdem das Inventarium festgestellt worden, sehr einfach. Deshalb wird hier nur ein Beispiel für den zweiten Fall folgen.

Muster.

N., den u. s. w.

Eingang wie oben.

Die getrennten Eheleute haben in Gemeinschaft aller Güter gelebt und der Ehemann ist als schuldiger Theil in die Ehescheidungsstrafe auf den vierten Theil seines Vermögens verurtheilt worden. Die separirte Ehefrau hat die Absonderung der Güter gewählt; von dem Ehemanne ist ein Inventarium des gesammten Vermögens, sowie ein Verzeichniß seines Eingebrachten und ein desgleichen über das Eingebrachte der Ehefrau eingereicht worden. Ueber die Vermögensverzeichnisse ist verhandelt und sie sind theils durch Erkenntniß, theils durch Vergleich festgestellt worden, so daß sie nunmehr zur Grundlage der Auseinandersetzung dienen können. Ueber diese ist heute folgender Rezeß zu Stande gekommen:

§. 1.

Nach dem Inventarium beträgt die Aktivmasse des gesammten Vermögens 26,000 Thlr., die Passivmasse hingegen 6000 Thlr.

Davon, und zwar von der Aktivmasse, gehören

I. dem separirten Ehemanne

1) das im Tit. I, No. 1 bezeichnete Gut Hoffnungsreich, welches zum Zwecke der Auseinandersetzung gerichtlich gewürdigt worden ist, auf	6000 Thlr.
2) die in dem Verzeichnisse der von dem Ehemanne eingebrachten Gegenstände einzeln aufgeführten Forderungen und Sachen im Betrage von	1000 =
zusammen	7000 Thlr.

II. Der separirten Ehefrau gehören

1) ihr Gut Ränkvull, welches mit dem Kaufwerthe von angesetzt ist;	10,000 Thlr.
2) die in dem Verzeichnisse über das Eingebrachte der Ehefrau aufgeführten Gegenstände im Werthe von .	500 =
zusammen	10,500 Thlr.

Von der Schuldenmasse der	6000 Thlr.
kommen auf alleinige Rechnung des Ehemannes die mit seinem Gute Hoffnungsreich eingebrachten	2000 =
Hypothekenschulden. Die übrigen	4000 Thlr.

haften auf der Errungenschaftsmasse.

§. 2.

Die separirte Frau Gr. erkennt an, nicht allein ihr Gut Ränkvull von ihrem separirten Ehemanne zu ihrer Zufriedenheit zurückgewährt, sondern auch alle ihre eingebrachten beweglichen Sachen von demselben ausgeliefert erhalten zu haben.

Der Ehemann ist dagegen im Besitze und Genusse seines eigenen Eingebrachten und des gesammten gemeinschaftlichen Vermögens.

§. 3.

Von der ganzen Vermögensmasse der		26,000 Thlr.
hat sonach		
1) der Ehemann sein Eingebrachtes mit	7000 Thlr.	
2) die Ehefrau ihr Eingebrachtes mit	10,500 =	
		17,500 =
herausgenommen und es bleibt mithin eine gemeinschaftliche Masse von		8500 Thlr.
Hiervon sind die gemeinschaftlichen Schulden von .		4000 =
zu tilgen, es bleiben mithin zu theilen		4500 Thlr.

Davon erhält jeder Theil die Hälfte mit 2250 Thlrn.

§. 4.

Das Vermögen des separirten Ehemannes besteht nach dieser Auseinandersetzung §. 1 in	7000 Thlr.
und nach Abzug der eigenen Schulden von	2000 =
noch in	5000 Thlr.
Diesem wird, behufs Ausmittelung der Ehescheidungsstrafe, die dem schuldigen Ehemanne zufallende Hälfte des Erwerbes mit	2250 =
beigerechnet. Aus dem Gesammtbetrage von	7250 Thlr.

gebührt der unschuldigen Ehefrau die Abfindung zum vierten Theile mit 1812 Thalern 15 Sgr., schreibe Eintausend Achthundert und Zwölf Thalern Fünfzehn Silbergroschen.

§. 5.

Behufs Abfindung übereignet die separirte Frau Gr. ihrem geschiedenen Ehemanne die ganze gemeinschaftliche Erwerbsmasse zum Alleineigenthume gegen Bezahlung der Schulden und ihrer Gebührnisse.

Herr Gr. nimmt dies an und bekennt sich für schuldig:

1) die gemeinschaftlichen Schulden im Betrage von 4000 Thlrn. ohne Beitrag seitens seiner geschiedenen Ehefrau zu berichtigen, auch binnen vier Monaten entweder die Tilgung der Schulden nachzuweisen oder die Entlassung seiner separirten Ehefrau aus der Haftung auszuwirken;

2) an seine oftgenannte geschiedene Ehefrau

a) ihre Halbscheid des Erwerbes mit . .	2250 Thlr.	
b) ihre Abfindung mit	1812 "	15 Sgr.
zusammen	4062 Thlr.	15 Sgr.

sage Viertausend und Zwei und Sechszig Thaler Fünfzehn Silbergroschen nach dreimonatlicher Aufkündigung zu bezahlen, und bis dahin mit fünf Prozent zu verzinsen, womit die Frau Gr. einverstanden ist.

Zur Sicherheit derselben bestellt er ihr mit seinem Gute Hoffnungsreich Hypothek für Kapital, Zinsen, Schäden und Kosten, mit Einschluß der gerichtlichen und außergerichtlichen Kündigungs- und Einziehungskosten.

§. 6.

Die Kosten der Auseinandersetzung tragen beide Theile, jeder zur Hälfte.

Dieser Rezeß soll zwei Mal mit Beifügung des Inventariums und beider Vermögensverzeichnisse, das eine Mal für die Frau Gr. als Schuld- und Hypothekeninstrument über die ihr gebührenden 4062 Thlr. 15 Sgr.[1]) ausgefertigt werden.

Vorgelesen und genehmigt.
Folgen die Unterschriften.

LXX.

Protestation zur Erhaltung des Klagerechts eines Ehemannes, wegen Unehelichkeitserklärung eines Kindes.

Zu §. 770.

N., den u. s. w.

Auf dem rc. Gerichte erschien der Kaufmann Unvermögen von hier und erklärte:

Meine Frau Beatrix, geborene Frisch, lebt schon seit zwei Jahren von mir getrennt, bei ihren Eltern, den Brauer Frisch'schen Eheleuten zu Wohlleben, und hat dort, nach der mir erst gestern zugekommenen Nachricht, ein Kind männlichen Geschlechts geboren. Dieses Kind ist

1) Statt eines Nebenexemplars des Rezesses kann auch eine besondere Schuld- und Verpfändungsurkunde unter ausdrücklicher Bezugnahme auf denselben ausgestellt werden. Kosten und Stempelgebühren sollen nicht mehr betragen, als für ein Nebenexemplar. G. v. 24. Mai 1853, §. 10 (G.S. S. 524).

nicht von mir erzeugt; ich protestire gegen die Rechtmäßigkeit desselben, und behalte mir dieserhalb meine Gerechtsame gegen das Kind und dessen noch zu bestellenden Kurator vor. Ich trage darauf an:

diese meine Erklärung dem Gerichte zu Wohlleben zu übersenden.

Vorgelesen, genehmigt und vollzogen.

Unvermögen.

a. u. s.

N.,

Gerichtsdeputirter.

LXXI.

Adoptions-Vertrag.

Zu §. 771.

Der Vertrag muß von dem Kreisgerichte (V. v. 2. Jan. 1849, §. 14) geprüft und bestätigt werden. Der Adoptirende muß, wenn er nicht besondere landesherrliche Erlaubniß hat, wenigstens 50 Jahre alt und ohne eheliche Descendenz, der zu Adoptirende muß an Jahren jünger sein. Unfähig zu adoptiren sind Personen, welche vermöge ihres Standes zur Ehelosigkeit verpflichtet sind.

Muster.

Werthstempel 2 Thlr.

N., den u. s. w.

Vor der unterschriebenen Gerichtskommission erschienen folgende bekannte Personen:

1) der Kaufmann Ehrenfried Haberlang von hier,
2) der achtzehnjährige, unter Vormundschaft des hiesigen Gerichts stehende Handlungsgehülfe Ernst Wille, im Beistande seines Vormundes, des Herrn Senator Friedlieb von hier,

mit der Erklärung, daß der Erstere den Ernst Wille an Kindesstatt annehmen und den Akt darüber mit ihm jetzt zu verlautbaren beabsichtige.

Die Anwesenden übergaben

1) den Taufschein des Herrn Ehrenfried Haberlang, wonach derselbe bereits sein sechszigstes Lebensjahr angetreten hat;
2) das Tutorium des Herrn Senator Friedlieb, mit der Bitte um Rückgabe nach davon genommener Abschrift;
3) die Genehmigung und beziehungsweise Autorisation des obervormundschaftlichen Gerichts für denselben, zur Abschließung dieses Adoptionsvertrags.

Der Herr Haberlang versicherte, niemals verheirathet gewesen zu sein, und folglich keine ehelichen Nachkömmlinge am Leben zu haben, worüber er noch eine Bescheinigung des hiesigen Magistrats beibringen will; und Ernst Wille ist elternlos.

Dieses vorausgesetzt erklärten die Anwesenden:

1) Herr Ehrenfried Haberlang nimmt hiermit den hierbei gegenwärtigen Ernst Wille an Kindesstatt an und übernimmt alle Pflichten, welche die Gesetze einem Adoptivvater in Beziehung auf seinen Adoptivsohn auflegen, ohne alle Abänderung.
2) Ernst Wille giebt dazu seine Einwilligung, übernimmt unter Zustimmung seines Vormundes auch seinerseits alle Pflichten eines Adoptivkindes gegen seinen Adoptivvater, und wird fortan den Namen Wille-Haberlang führen.

Es wird gebeten:

diesen Akt einmal auszufertigen und sammt den übergebenen Urkunden dem Kreisgerichte zur Prüfung und Bestätigung einzureichen.

Vorgelesen, genehmigt und vollzogen.

Unterschriften.

LXXII.
Legitimation eines unehelichen Kindes.
Zu §. 772.

Der Akt kann gerichtlich aufgenommen werden.

N., den u. s. w.

Erschienen u. s. w.

1) der Kaufmann Herr Leopold Büren von hier,
2) der Braueigner Herr Emanuel Zahl von hier, als Vormund des unmündigen August Fechtel, nachgelassenen Sohnes der unverheirathet verstorbenen Karoline Fechtel hierselbst.

Herr Büren erklärte:

Der nachgebliebene Sohn meiner förmlich verlobten Braut Karoline Fechtel, Namens August Fechtel, ist von mir mit ihr erzeugt; ich erkenne den August Fechtel hiermit für meinen Sohn an und räume ihm die Rechte eines ehelichen Kindes von mir ausdrücklich ein.

Der Vormund des August Fechtel, Herr Zahl, nahm Namens seines bisherigen Mündels, der von nun an den Namen seines Vaters Büren führen wird, diese Erklärung an.

V. g. u.

Unterschriften.

LXXIII.
Stiftung einer Einkindschaft.
Zu §§. 773 flg.

Einkindschaft bewirkt, daß die in die Ehe gebrachten beiderseitigen Kinder und die in der Ehe noch geboren werdenden Kinder alle als die leiblichen Kinder dieser Eheleute angesehen, folglich auch wechselseitige Successionsrechte wie unter Eltern und Kindern hervorgebracht werden; doch bleiben die Verhältnisse der zusammengebrachten beiderseitigen Kinder unter sich als bloßen Stiefgeschwistern unverändert.

Der Vertrag muß gerichtlich vollzogen und bestätigt, außerdem auch noch, wenn die Kinder minderjährig, von dem vormundschaftlichen Gerichte genehmigt werden. Ist das bestätigende Gericht zugleich das vormundschaftliche Gericht, so muß gleichwohl die Bestätigung und die Approbation besonders ausgedrückt werden.

Muster.

N., den u. s. w.

Werthstempel 2 Thlr.

Vor der Kommission des ꝛc. Gerichts erschienen:

1) der Bauer Joseph Heiter aus Johannisrath,
2) dessen drei Kinder aus der Ehe mit der verstorbenen Anna Dorothea, geborenen Grauber, namentlich:
   a) Caspar, 18 Jahre alt,
   b) Anna, 17 Jahre alt,
   c) Joseph, 16 Jahre alt,
3) die Bauerwittwe Catharina Unfrei, geborene Honig, ebendaher,
4) deren einziges Kind aus ihrer Ehe mit dem verstorbenen Unfrei, Namens Gottlieb, 16 Jahre alt,

und errichteten folgenden Einkindschaftsvertrag:

§. 1.

Der Bauer Heiter und die Wittwe Catharina Unfrei, welche sich einander zu heirathen und die Ehe noch in dieser Woche durch kirchliche Trauung zu vollziehen versprechen, errichten zwischen ihren beiderseitigen, hierbei anwesenden Kindern, die sie einander zubringen, Einkindschaft, so daß zwischen jedem der beiden Ehegatten einerseits, und den Kindern oder dem Kinde des Anderen andererseits, die persönlichen Rechte und Pflichten, wie zwischen leiblichen Eltern und Kindern, ingleichen wechselseitige Erbfolgerechte eintreten sollen. Hierzu geben sowohl die drei Geschwister Heiter, als auch Gottlieb Unfrei ihre ausdrückliche Einwilligung, indem sie, und zwar die Ersten ihrer hier anwesenden künftigen Stiefmutter, und der Letztere seinem zukünftigen Stiefvater Joseph Heiter die Erfüllung aller, leiblichen Kindern gegen ihre leiblichen Eltern obliegenden, Pflichten angeloben, wie sie ihnen auch die Rechte der Eltern gegen ihre leiblichen Kinder einräumen.

§. 2.

Der Bauer Joseph Heiter bestimmt jedem seiner drei in die Einkindschaft gebrachten Kinder, aus seinem dermaligen Vermögen auf seinen künftigen Todesfall, die Summe von 1500 Thlrn., sage Eintausend Fünfhundert Thalern zum Voraus, mit der pflichtmäßigen Versicherung, daß sein gesammtes Vermögen, welches er in die neue Ehe bringt, den Betrag von Neuntausend Thalern nicht übersteige.

§. 3.

Die Frau Wittwe Unfrei bestimmt ihrerseits ihrem Sohne Gottlieb

Unfrei aus ihrem jetzigen Vermögen die Summe von Zweitausend Thalern auf ihren künftigen Todesfall zum Voraus, und versichert dabei pflichtmäßig, daß ihr dermaliges in die neue Ehe zu bringendes Vermögen nicht über Viertausend Thaler beträgt.

§. 4.

Der künftige Stiefvater soll auch auf das Vermögen seines ihm in die Einkindschaft zu bringenden Stiefsohnes Gottlieb Unfrei eben dieselben Rechte haben, welche einem leiblichen Vater unter Lebendigen zukommen.

§. 5.

Auch dasjenige Vermögen, welches den in die Einkindschaft gebrachten Kindern von anderwärts her als von den jetzt vertragschließenden Eltern künftig zufallen möchte, ist den Successionsrechten der Stiefeltern unterworfen.

§. 6

Der Bauer Joseph Heiter behält sich die Summe von Eintausend Thalern, und die Frau Catharina Unfrei behält sich die Summe von Fünfhundert Thalern aus ihrem Vermögen zur freien Verfügung von Todes wegen vor.

Sämmtliche Interessenten erklärten sich nach vorheriger Vorlesung des Protokolls mit den Satzungen, wie sie verabredetermaßen niedergeschrieben worden, wiederholt einverstanden und baten:

> diesen Vertrag zuvörderst von Vormundschaftswegen zu prüfen und zu genehmigen, und sodann von Gerichtswegen zu bestätigen,

worauf sie sich wie folgt unterschrieben.

Unterschriften.

LXXIV.

Entlassung aus der väterlichen Gewalt.

1. Entlassungsakt.

Zu §. 776.

Dieser Akt muß vor dem vormundschaftlichen Gerichte oder einem von demselben requirirten Richter vorgehen.

Muster.

N., den u. s. w.

Vor dem N., als Kommissario des Königl. Kreisgerichts zu N., erschienen:

1) der Gutsbesitzer Herr David Sauermaul auf Lilienthal,
2) dessen Sohn Caspar Benjamin, welcher, ohne Gewerbe, nach dem hierbei übergebenen Taufscheine vom 6. d. M. über 21 Jahre alt ist,

Beide nach Namen, Stand und Wohnort bekannt.

Der Vater erklärte:

> Ich entlasse diesen meinen hier gegenwärtigen Sohn Caspar Benjamin hiermit aus meiner väterlichen Gewalt und erkläre ihn für selbstständig.

Der Sohn erklärte:

Ich bin damit einverstanden, nehme die Entlassung aus der väterlichen Gewalt an und bitte:

mir das Zeugniß darüber auszufertigen.

Vollziehung.

2. Attest.

(2 Thaler Stempel.)

Das rc. Gericht beurkundet hiermit, daß der Rittergutsbesitzer David Sauermaul zu Lilienthal, hiesigen Kreises, seinen am 9. Februar 1825 geborenen Sohn Caspar Benjamin Sauermaul, mit dessen Zustimmung, vor dem unterzeichneten Vormundschaftsgerichte, unterm 6. Februar 1846, aus seiner väterlichen Gewalt entlassen hat.

N., den 8. Februar 1846.

Königl. rc. Gericht.

(L. S.) Treiber,
Präses.

LXXV.
Vertrag mit einem Hausoffizianten.

Zu §. 788.

Eingang.

I. Der Gutsbesitzer Feld nimmt den Oekonomen Dung zum Wirthschaftsbeamten für sein Rittergut Steinthal und die dazu gehörigen Vorwerke an und überträgt ihm zugleich die Führung der Wirthschaftskasse. Der Oekonom Dung verspricht, sich diesen Dienstverrichtungen mit Treue und Sorgfalt zu unterziehen, und über die Wirthschaftsführung ordentliche Düng-, Saat-, Ernte- und Dreschregister zu führen, über die Bodenbestände gehörige Nachweisungen zu halten und über die Wirthschaftskasse ordnungsmäßige Bücher und Rechnung zu führen.

II. Der Oekonom Dung erhält an Besoldung

1) ein monatliches Gehalt von fünfzehn Thalern postnumerando, welches er aus der Wirthschaftskasse an jedem ersten Tage des Monats, aber nie früher, entnehmen darf;
2) freie Wohnung in dem sogenannten Beamtenhause, und zwar eine Stiege hoch die Abtheilung des Stockwerks rechts von der Treppe, bestehend aus zwei Stuben, einer Kammer nebst Küche;
3) freien Mittagstisch an der herrschaftlichen Tafel, doch ohne Wein;
4) freie Heizung, Wäsche und Bedienung;
5) für jede ihm aufgetragene Reise nach der Kreisstadt oder nach einem nicht entfernten Orte Zwanzig Silbergroschen auf Reise- und Zehrungskosten;

6) freies Futter für ein Reitpferd an der Krippe der herrschaftlichen Kutschpferde.

III. Zur Sicherheit des Gutsbesitzers Feld wegen aller Forderungen an den Wirthschaftsbeamten Dung aus diesem Dienstkontrakte bestellt der Letztere dem Ersteren eine Kaution von Eintausend Thalern in Staatsschuldscheinen, dergestalt, daß der Dienstherr berechtigt sein soll, sich aus derselben wegen der bezeichneten Forderungen und Kosten bezahlt zu machen. Die Zinsen bleiben bis dahin, wo Ansprüche des Dienstherrn erhoben werden, dem Wirthschaftsbeamten Dung vorbehalten und er soll befugt sein, am 1. Juli und 2. Januar halbjährige Zinsen von Eintausend Thalern, zu Drei und einem halben Prozente, aus der Wirthschaftskasse zu entnehmen. Der Gutsherr Herr Feld erkennt an, bereits einen Staatsschuldschein über Eintausend Thaler nebst Zinskoupons über die Zinsen vom 1. Juli d. J. von dem Herrn Dung erhalten zu haben und er ist schuldig, bei der künftigen Auflösung, insofern keine Ansprüche, wofür die Kaution zu haften hätte, gemacht werden, einen Staatsschuldschein von gleichem Betrage, nach gelegter und richtig befundener Rechnung, an den ꝛc. Dung zurückzugeben.

IV. Damit auch der Wirthschaftsbeamte Dung wegen seiner Forderungen an den Herrn Feld aus diesem Kontraktsverhältnisse gesichert sei, bestellt ihm Herr Feld für die empfangene Kaution von Eintausend Thalern in Staatsschuldscheinen, sowie für alle Lohn- und Entschädigungsforderungen, nebst Zögerungszinsen und Kosten, mit seinem Rittergute Steinthal Hypothek und willigt in die Eintragung, wofür er auch die Kosten übernimmt und beziehlich wieder zu erstatten verspricht.

V. Das Dienstverhältniß nimmt ein Ende:

1) nach einer jedem Theile freistehenden einmonatlichen Aufkündigung, mit der Einschränkung, daß dem Wirthschaftsbeamten in der Zeit von Johannis bis Michaelis die Kündigung nicht gestattet ist;
2) nach der Willkühr des Dienstherrn sogleich durch dessen Erklärung, ohne vorherige Aufkündigung:
   a) wenn er bei einer Kassen- oder Naturalienrevision, welche er zu allen Zeiten vornehmen kann, die Bücher oder Nachweisungen mit dem betroffenen Bestande nicht übereinstimmend findet; oder wenn eine Ausgabepost und beziehlich Abschreibung unbescheinigt ist;
   b) wenn die Wirthschaftsbestände, gleichviel ob die unter dem Verschlusse des Wirthschaftsbeamten befindlichen Bodenbestände oder die Kassenbestände, bestohlen worden sind;
   c) wenn der Wirthschaftsbeamte die Befehle und Anweisungen des Herrn nicht sogleich befolgt;
   d) wenn derselbe dem Herrn in beleidigenden Ausdrücken widerspricht. Bestreitet in diesem Punkte der Wirthschaftsbeamte den Grund, und will der Herr nicht die Beweisführung übernehmen: so soll der Kontrakt

doch auf der Stelle aufgehoben sein, wenn der Herr dem Beamten den baaren Gehalt des laufenden Monats, oder wenn derselbe über die Hälfte vergangen, noch Zehn Thaler Abfindung zahlt; mehr ist der Beamte, wenn der Herr die Beleidigung behauptet, in keinem Falle zu fordern berechtigt;

3) nach der Willkühr des Beamten ebenfalls sogleich:

a) wenn die Wirthschaftskasse erschöpft ist und nicht binnen 24 Stunden nach davon gemachter Anzeige ein zu den bevorstehenden Ausgaben hinreichender Vorschuß von dem Herrn hergegeben wird;

b) wenn dem Beamten der Tisch, oder die Bedienung, oder die Heizung entzogen wird;

c) wenn der Herr dem Beamten mit Schimpfworten oder Drohungen begegnet. Aus diesem Grunde soll der Beamte den Dienst auch in dem Falle verlassen dürfen, wenn der Herr denselben bestreitet und ein Beweis nicht zu erbringen ist, der Beamte aber auf den noch nicht genossenen Lohn für den laufenden Monat verzichtet, oder, wenn der Monat noch nicht zur Hälfte vergangen, Zehn Thaler Entschädigung zahlt;

d) wenn der Beamte krank wird und der Herr sich nicht dazu verstehen will, ihm den Arzt auf seine, des Herrn Kosten herbeiholen und wieder zurückbringen zu lassen, so oft der Arzt den Besuch für erforderlich hält.

Vollziehung.

LXXVI.
Bestellung eines Vormundes.
Zu §. 792.

Diese steht dem kompetenten Vormundschaftsrichter zu, daher auch nur durch ihn, unmittelbar oder durch Requisition eines stellvertretenden Richters, die Verpflichtung des Vormundes bewirkt werden kann.

1. Verpflichtungsprotokoll.

N., den 8. April 1844.

In der Sache, betreffend die Vormundschaft über die minderjährigen Kinder des hierselbst verstorbenen Waageraths Krahn, erschien vor dem unterschriebenen Gerichtsdeputirten, in dem heutigen Termine zu seiner Verpflichtung als Vormund, der fürstliche Marktrath Herr Elias Bude, hierselbst wohnhaft, persönlich bekannt, erklärte sich zur Uebernahme der ihm angetragenen Altersvormundschaft über die nachgebliebenen minderjährigen Kinder des genannten Waageraths Krahn, Namens

1) Karl August, geboren den 8. März 1842,

2) Klara, geboren den 6. Juni 1843,

bereit, übergab in der Anlage die Einwilligung seiner Dienstbehörde, des fürstlichen Marktamts, dazu und versprach, nachdem er mit den ihm in diesem Ver=

hältnisse obliegenden Pflichten im Allgemeinen bekannt gemacht worden war, die treue und gewissenhafte Erfüllung derselben durch Handschlag an Eidesstatt, zu Händen des Deputirten, und stellte die Ertheilung der Bestallung in Antrag.

V. g. u.

Unterschriften.

Bestallung.

Das Königl. Kreisgericht zu N. beurkundet hierdurch, daß für die minderjährigen Kinder 1) des hierselbst verstorbenen fürstlichen Waageraths Krahn Namens

1) Karl August, geboren den 8. März 1842,

2) Klara, geboren den 6. Juni 1843,

der fürstliche Marktrath Elias Bude zum Vormunde bestellt und als solcher am 8. April 1844 vorschriftsmäßig verpflichtet worden ist.

Zum Ausweise hierüber ist dem Marktrathe Bude gegenwärtige Bestallung ertheilt worden. Derselbe wird angewiesen, das Beste seiner Pflegebefohlenen sowohl in Absicht ihrer Person als des Vermögens überall auf das Treueste wahrzunehmen und zu befördern. Insbesondere ist der Vormund verpflichtet:

1) alle Jahre im Monate Januar unaufgefordert einen Bericht über die Erziehung, Aufführung, und den Aufenthalt der Pflegebefohlenen einzureichen;

2) in allen wichtigen und bedenklichen Fällen dem vormundschaftlichen Gerichte Anzeige zu machen, Verhaltungsregeln darüber einzuholen und dieselben genau zu befolgen. Zu solchen Fällen gehören z. B.

a) wenn in der Erziehung eine Hauptveränderung getroffen, die Wahl der künftigen Lebensart bestimmt, oder eine Ehe geschlossen werden soll,

b) wenn Kontrakte errichtet, außenstehende Forderungen eingezogen, Prozesse angestellt, Vergleiche eingegangen werden sollen;

c) wenn die Pflegebefohlenen ein besonderer Glücks- oder Unglücksfall trifft;

d) wenn Verwandte oder andere Personen sterben, die von den Pflegebefohlenen beerbt werden;

e) wenn es nothwendig wird, zur Sicherung oder sonst zum Besten des Vermögens der Pflegebefohlenen, Veränderungen zu treffen, z. B. Grundstücke zu veräußern oder zu verpachten, Kapitalien zu kündigen u. s. w.

Da der Vormund keine Kaution geleistet hat, so ist derselbe ohne besondere Einwilligung des vormundschaftlichen Gerichts nicht befugt, das Vermögen der Pflegebefohlenen zu veräußern oder zu verpfänden, Gelder der Pflegebefohlenen, auch wenn es nur Zinsen, Pachtgelder oder andere fixirte Hebungen oder selbst die gewöhnlichen Gutseinkünfte sind, einzuziehen und an sich zu

1) Der Grund der Bevormundung muß angegeben sein; ist also nicht Minderjährigkeit der Grund, so heißt es: „für den blödsinnigen (oder wahnsinnigen) N. N.“ oder: „für den rechtskräftig für einen Verschwender erklärten N. N.“

nehmen, vielmehr ist der Vormund verpflichtet, die Schuldner anzuweisen, die Gelder und Instrumente zur gerichtlichen Verwahrung zu übergeben.

N., den 15. April 1844.

Königliches Kreisgericht.

(L. S.) N. N.

Bestallung für den fürstlichen Marktrath Bude als Vormund für die Waagerath Krahn'schen, minorennen Kinder.

LXXVII.

Vormundschafts-Decharge.

Zu §. 806.

Die Vormundschafts-Decharge muß zwar auf Verlangen des Vormundes und des vormundschaftlichen Gerichts gerichtlich geleistet werden, doch ist diese Form nicht erforderlich, vielmehr genügt dazu die schriftliche Form. Weibliche Pflegebefohlene aber, welche sich an Orten, wo eheliche Gütergemeinschaft gilt, während der Vormundschaft verheirathen, müssen, wenn die Gemeinschaft ausgesetzt geblieben ist, gleich nach aufgehobener Vormundschaft hierüber vom Richter belehrt und vernommen werden, welches am besten mit der Aufnahme der Decharge verbunden wird. Ein Formular hierzu ist das folgende.

(A. L.R. Th. II, Tit. 18, §§. 885, 785—790.)

Muster.

Neisse, den 6. April 1844.

Im heutigen Termine zur vormundschaftlichen Quittungsleistung in der Gutsbesitzer Abendweiler'schen Vormundschaftssache von Heimbach erschienen, von Person wohl bekannt:

1) die am 8. März c. majorenn gewordene Caroline Abendweiler, verehelichte Frühweg, in Begleitung ihres Ehemannes, des Kaufmanns Frühweg von hier,

2) der gewesene Vormund, Gutsbesitzer Ambacht aus Kaltsee.

Nachdem der majorenn gewordenen Pflegebefohlenen die Schlußrechnung mit den Akten vorgelegt und, wo es erforderlich war, mit ihr und ihrem Ehemanne durchgegangen worden, erklärte dieselbe, aufgefordert, die Vormundschaft und das vormundschaftliche Gericht zu quittiren:

Ich habe mich von der richtigen Verwaltung meines Vermögens überzeugt und quittire hiermit sowohl meinen hier gegenwärtigen gewesenen Vormund als das obervormundschaftliche Gericht

1) über treu und wohl geführte Vormundschaft,

2) über richtige und vollständige Anweisung, Berechnung und Ausantwortung meines Vermögens[1]).

Ich entsage hiermit allen Rechten und Ansprüchen, die mir an jenen und an dieses aus der über mich geführten Vormundschaft zustehen könnten; willige auch in die Ertheilung der Generaldecharge.

Da die Caroline Abendweiler sich während ihrer Minderjährigkeit nach dem Tode ihres Vaters mit dem Kaufmanne Frühweg hier, woselbst unter Eheleuten ihres Standes die Gemeinschaft der Güter stattfindet, verheirathet hat, so wurde dieselbe in Assistenz ihres gewesenen Vormundes bedeutet, daß es auf ihre jetzt abzugebende Erklärung ankomme: ob sie mit ihrem Ehemanne in Gütergemeinschaft leben wolle, oder nicht. Sie wurde bedeutet, daß, wenn sie sich für die Gütergemeinschaft erkläre, ihr und ihres Ehemannes beiderseitiges Vermögen, durch die in Folge dessen eintretende Gütergemeinschaft, ihr und ihrem Ehemanne gemeinschaftlich gehöre, daß sich die Wirkung dieser ihrer Erklärung auf den Anfang dieser ihrer Ehe zurück erstrecke, und somit alle Schulden, die ihr Ehemann vor der Ehe gehabt, inzwischen gemacht habe oder auch noch machen werde, gemeinschaftliche Schulden würden, wofür das gemeinschaftliche Vermögen hafte. — Sie wurde aber auch bedeutet, daß, wenn sie sich dahin erklärte, daß sie nicht in Gütergemeinschaft leben wolle, dieses in den öffentlichen Blättern bekannt gemacht werden müßte.

In Folge dieser Bedeutung erklärte sie in obgedachter Assistenz:

Ich habe die mir gemachte Bedeutung wohl verstanden, und erkläre hiermit wohlbedächtig, daß ich mit meinem Ehemanne nicht in Gütergemeinschaft leben will, vielmehr dieselbe hiermit ausschließe und darauf antrage: diese Ausschließung öffentlich bekannt zu machen.

Vorgelesen, genehmigt und vollzogen.

Unterschriften.

E. Urkunden, bezüglich auf das Erbrecht.

LXXVIII.

Testamentsverhandlungen.

Zu §§. 815 flg.

1. Verwarnung eines noch nicht belangten Verschwenders wegen Errichtung eines Testaments.

Zu §. 818.

Die Beschränkung eines gerichtlich für einen solchen erklärten Verschwenders in der Testamentserrichtung fängt an mit dem Tage, an wel-

---

1) Erfolgt die Aushändigung erst bei dieser Gelegenheit, so wird damit unmittelbar nach der Erklärung über die Nachweisung vorgegangen und darauf die Quittung und Decharge niedergeschrieben.

chem bei dem Richter der Antrag angebracht oder eingereicht, oder wo er desfalls durch einen Notarius verwarnt worden ist. Wie diese Verwarnung zu bewerkstelligen, ist nicht vorgeschrieben; sie hat aber, wenn der zu Verwarnende sich nicht darauf einlassen will, ihre Schwierigkeiten, da der Notar keine Mittel hat, die betroffene Person zu zwingen, sich von ihm sprechen zu lassen. Nur unter der Voraussetzung, daß der Notar Gelegenheit hat, den zu Verwarnenden zu sprechen, läßt sich eine notarielle Warnung denken. Diese gehört in die Kategorie der Protestation, und das darüber aufzunehmende Notariatsinstrument würde nach dem hier folgenden Muster zu fassen sein.

Muster.

N., den u. s. w.

Vor mir Benedikt Rathlos, Königl. Preuß. Notar im Bezirke des Appellationsgerichts N., wohnhaft zu Polkwitz, erschien der mir nach Namen, Stand und Wohnort bekannte Kaufherr und Rheder Hans Nachsich, hierselbst wohnhaft, erklärte, daß er im Begriff stehe, gegen seinen Halbbruder Leberecht Lustig, gewesenen Kaufmann, jetzigen Partikulier hierselbst, als dessen einziger nächster Blutsverwandter auf Prodigalitätserklärung zu provoziren, daß er jedoch die Thatsachen und Beweise noch nicht hinlänglich zusammengebracht habe und daher noch nicht sogleich seinen Antrag dem Richter einreichen könne, daß aber Gefahr im Verzuge sei, indem sein Bruder damit umgehe, ein Testament zu machen. Deshalb ersuche er, denselben dieserhalb zu verwarnen, doch sei nicht zu erwarten, daß derselbe sich hierzu einfinden, noch auch antreffen lassen werde, wenn er von dem Vorhaben in Kenntniß gesetzt worden.

Wir, der Notar und die demselben nach Namen, Stand und Wohnort bekannten Instrumentszeugen, nämlich (folgen die Namen, Stand und Wohnort), die wir sämmtlich jeder für sich versichern, daß uns keines der Verhältnisse entgegensteht, welche von der Theilnahme an dieser Verhandlung, nach §§. 5—9 des Notariatsgesetzes vom 11. Juli 1845, ausschließen, verfügten uns mit dem Requirenten in die Wohnung des Partikulier Leberecht Lustig, in der Rosenstraße Nr. Fünf, eine Stiege hoch, wo wir denselben, uns nach Namen, Stand und Wohnort wohlbekannt, antrafen. Ich, der Notar, erklärte ihm laut, in Gegenwart der Instrumentszeugen:

> daß sein Bruder, der hier gegenwärtige Kaufherr Hans Peter Nachsich, damit umgehe, gegen ihn auf Prodigalitätserklärung bei Gerichte anzutragen, und daß er, der Herr Leberecht Lustig, verwarnt werde, ein Testament zu machen, worin er seinem genannten Bruder nicht wenigstens die Hälfte seines Nachlasses zuwende. ——————

Herr Leberecht Lustig äußerte sich hierüber ungehalten und erklärte, wie er nicht leiden würde, daß man ihm in seiner Wohnung dergleichen Warnung machen wolle; und er ersuchte den Notar und die Zeugen: seine Wohnung zu verlassen. Auf Befragen: ob er geneigt sei, auf der Amtsstube des Notars zu erscheinen und dort die Verhandlung zu vollziehen, verweigerte Herr Leberecht Lustig solches.

Wir, Notar und Zeugen, begaben uns hierauf, in Begleitung des Requirenten, in die Amtsstube des Notars, woselbst diese Verhandlung aufgenommen, dem Herrn Hans Peter Nachsich laut vorgelesen und hiernächst von ihm, mit dem Antrage um einmalige Ausfertigung, unterzeichnet wurde.

Peter Hans Nachsich.

Wir Notar und Zeugen attestiren u. s. w. (wie S. 77).

2. Muster eines zu Protokoll gegebenen mündlichen Testaments.

a) Das Testament.

2 Thlr. Stempel.

N., in der Wohnung des Rentiers Adam, Berliner Straße, Hausnummer Sechs, den Zehnten April Eintausend Achthundert und Vier und Vierzig, Vormittags um Zehn Uhr.

Der Bürger und Hausbesitzer Hans Bereitig hierselbst hat bei dem hiesigen 2c. Gerichte heute früh mündlich angezeigt, daß er von dem in seinem Hause wohnenden Rentier Adam beauftragt worden sei, um Absendung einer Gerichtsdeputation in dessen Wohnung, behufs Aufnahme seines Testaments, zu bitten [1]). In Folge dessen ist der unterschriebene Gerichtsrath A. und der mitunterschriebene Aktuarius (Sekretär) B. durch die Direktorialverfügung von heute dazu deputirt worden, das Testament des Rentiers Adam in dessen Wohnung aufzunehmen, zu welchem Zwecke sich diese Deputirten sogleich hierher verfügt hatten. Bei dem Eintritte in das Bereitig'sche Haus wies man dieselben eine Stiege hinauf, wo sich die Wohnung des Rentiers Adam befinden sollte. Hier angekommen wurden sie in die Vorderstube, rechts von der Treppe, von einem Domestiken geführt, wo sich eine Mannsperson im Bette und eine Frauensperson vor dem Bette befand. Die Erstere gab sich für den Rentier Adam, die Letztere für dessen Ehegattin aus; Beide sind den Deputirten nicht bekannt. Die Frau Adam verließ das Zimmer und bald darauf fand sich der Hauswirth Bereitig und der Eisenhändler Kurz ein, welche, den Deputirten wohlbekannt, erklärten, daß der im Bett liegende Herr der Rentier Adam sei, worauf sie sich, nach Vorlesung dieses Vermerks, wie folgt:

Bereitig. Kurz.

unterschrieben und dann entfernten.

Die Deputirten erlangten durch das von dem Richter mit dem Herrn

---

1) Nach §. 68 des A. L.R. a. a. O. und §. 4 der A. G.O. a. a. O. sollen in der Regel zwei Personen von dem Testator abgeordnet werden, um das Gesuch mündlich anzubringen; allein diese Vorschrift wird nicht befolgt, und kann auch in sehr vielen Fällen nicht befolgt werden; es kommt auch nichts darauf an: ob der Antrag durch Zwei oder durch Eine Person angebracht wird.

Adam geführte Gespräch die vollständige Ueberzeugung, daß der Letztere, wenngleich körperlich krank, bei vollkommen klaren Geisteskräften und in einem solchen Zustande sich befinde, daß er seinen Willen gültig äußern könne.

Herr Adam erklärte auf Befragen, daß es allerdings sein freier Entschluß sei, sein Testament errichten zu wollen, daß er den Hauswirth Bereitig mündlich beauftragt habe, solches bei Gerichte anzuzeigen und die Abordnung einer Deputation nachzusuchen, und daß er jetzt das Gesuch, seinen letzten Willen zu Protokoll zu nehmen, wiederhole.

Nachdem die Deputirten auch davon, daß Herr Adam über sein Vermögen letztwillig zu verfügen berechtigt, sich überzeugt hatten, erklärte derselbe Folgendes als seinen letzten Willen:

I. Ich Caspar Adam ernenne zu meinen Erben
1) meine geliebte Ehefrau Wilhelmine Auguste geborene Fahrenheit,
2) meine großjährige Tochter Clementine, verehelichte Gutsbesitzer Herblich zu G.,
3) meine unmündige Tochter Sara Susanne, geboren den 6. Januar 1839, zu gleichen Rechten, und substituire dieselben, in sofern Einer oder der Andere vor mir versterben sollte, einander gegenseitig.

II. Meinen großjährigen Sohn Eberhard Adam, gegenwärtig als Mechanikus auf Reisen, enterbe ich, weil er sich an mir mit Thätlichkeiten vergriffen hat. Aus väterlicher Liebe habe ich die Schandthat unterdrückt; wenn er sich aber herausnehmen sollte, die Enterbung anzugreifen, so mache ich meinen Erben zur Pflicht, von den Beweisen, welche ich auf frischer That zusammengebracht habe und unter der Aufschrift: „Nach meinem Tode von meinen Erben für sich zu eröffnen", in meinem Dokumentenkasten versiegelt zu finden sind, Gebrauch zu machen.

III. Bei der Erbtheilung soll
1) meine Ehefrau befugt sein, aus dem Mobiliarnachlasse für den Taxpreis anzunehmen, was und soviel sie will;
2) meine Tochter Clementine verehelichte Herblich meine hierselbst belegene Ackerbesitzung Nr. 60 für den Erwerbspreis, wenn sie will, annehmen;
3) meine eben genannte Tochter gehalten sein, sich auf ihre Ausstattung die Summe von Eintausend Thalern anrechnen zu lassen, und zwar zum Besten beider übrigen Miterben.

IV. Ich vermache:
1) meiner geliebten Ehefrau Wilhelmine Auguste geborenen Fahrenheit sämmtliches Leinenzeug, Betten und Wäsche zum Voraus, mit der Verpflichtung, meine minorenne Tochter Sara Susanne, wenn sie sich dereinst verheirathen sollte, dazu auszustatten;
2) der evangelischen Kirche hierselbst die Summe von Zweihundert Thalern zur beliebigen Verwendung;

3) den beiden Gerichtspersonen, welche dieses mein Testament aufnehmen, Dreihundert Thaler, und zwar dem Richter Zweihundert und dem Protokollführer Einhundert Thaler, wovon meine Erben die Stempelsteuer ohne Anrechnung bezahlen sollen[1]).

V. Meine Ehegattin Wilhelmine geborene Fahrenheit ernenne ich zur Vormünderin unserer minorennen Tochter Sara Susanne, und befreie sie von den in den §§. 422—678, Tit. 18, Theil II des A.L.R. vorgeschriebenen Einschränkungen der vormundschaftlichen Administration gänzlich. Zum Ehrenvormunde berufe ich unseren vieljährigen Freund, den Königl. Flößrath Herrn Wassermann hierselbst, mit der Bitte, meiner Ehefrau in den Vormundschaftsangelegenheiten mit seinem Rathe beizustehen. Wenn dieselbe vor der Großjährigkeit meiner Tochter stirbt, soll er die Vormundschaft allein übernehmen und fortführen und ebenso, wie meine Ehefrau, von der obervormundschaftlichen Aufsicht und Einschränkung befreit sein.

VI. Zum Exekutor dieses meines letzten Willens ernenne ich denselben Flößrath Wassermann mit dem Auftrage[2]): alle zu meinem Nachlasse gehörigen ausstehenden Forderungen, soweit er es für gut findet, behufs der Erbtheilung einzuziehen, darüber Prozesse zu führen, Zahlungen zu erheben und darüber zu quittiren, auch Forderungen zu cediren, so lange die Theilung noch nicht erfolgt ist. Als Belohnung für seine Mühewaltung sollen ihm meine Erben, gleich nach Vollziehung des Erbvergleichs, Fünfhundert Thaler außer Erstattung seiner Auslagen zahlen.

VII. Auf den Fall, daß meine minorenne Tochter Sara Susanne nach mir vor Erreichung der Mündigkeit versterben sollte[3]), verordne ich über ihr Vermögen wie folgt:

1) Zu ihren Erben berufe ich

a) ihre Mutter Wilhelmine Auguste geborene Fahrenheit zu zwei Dritteln,

b) die Kinder ihrer Halbschwester, Clementine verehelichten Gutsbesitzer Herblich, soviel deren alsdann am Leben sein werden, zu einem Drittel.

Der Mutter, meiner Ehefrau, Wilhelmine Auguste geborenen

---

1) Daß ein Vermächtniß an die Gerichtspersonen wirklich seine Absicht sei, muß der Testator hierbei am Rande oder bei seiner Unterschrift eigenhändig bezeugen. A. L.R. Thl. I, Tit. 12, §. 136. — Wie verfahren wird, wenn der Testator nicht schreiben kann, ist am Schlusse dieses Protokolls zu sehen.

2) Ohne diesen ausdrücklichen Auftrag ist dazu der Testamentsexekutor nicht befugt. A. L.R. a. a. O. §§. 557 ff. S. §. 838 m. Lehrbuchs.

3) Pupillar-Substitution. A. L.R. Th. II, Tit. 2, §§. 525 ff. — §. 822 des Lehrbuchs.

Fahrenheit, substituire ich für den Fall ihres früheren Ablebens meinen vorhin genannten Sohn Eberhard Adam, Halbbruder meiner Tochter Sara Susanne, und meine Tochter Clementine verehelichte Herblich zu gleichen Rechten.

2) Auf den Fall, daß dieser Substitutionsfall nicht eintritt, vermache ich den beiden Halbgeschwistern meiner Tochter Sara Susanne gemeinschaftlich[1]) die Summe von Fünfhundert Thalern.

Unter Verbittung der Siegelung seines Nachlasses[2]) schloß hiermit der Testator seine Verordnung.

Dieses Protokoll wurde ihm Wort für Wort langsam vorgelesen; er erklärte sich damit überall einverstanden und genehmigte die Fassung, vermochte jedoch wegen Gichtkrankheit weder zu schreiben noch auch nur ein bloßes Handzeichen beizufügen.

Man rief den Hauswirth Hans Bereitig und den Eisenhändler Kurz herbei, welche die Eigenschaften gültiger Instrumentszeugen haben und auch zu den Gerichtspersonen in keinem solchen Verhältnisse stehen, weswegen sie ein Zeugniß für sie abzulegen unfähig sein würden. In deren Gegenwart erklärte der Testator, nachdem der Aktuarius sich dem Bette genähert und das Protokoll dem Testator vorgehalten hatte:

Das Protokoll, welches der Herr Aktuarius in der Hand hält, ist mir vorgelesen worden; es enthält mein Testament, ich habe den Inhalt genehmigt und kann nicht unterschreiben.

Er fügte noch hinzu, was die Zeugen eigenhändig hierunter vermerkt haben[3]).

Hierauf ist dieses Protokoll, nach geschehener Vorlesung des Nachtrags über den Schlußakt, von den Zeugen, wie folgt:

Hans Bereitig, und bezeuge, daß der Herr Adam hierbei gesagt hat, es sei seine Absicht, den beiden Gerichtspersonen Dreihundert Thaler zu vermachen.

Kurz, und bemerke, daß Herr Adam hierbei wirklich gesagt hat: es ist meine Absicht, den beiden Gerichtspersonen Dreihundert Thaler zu vermachen.

eigenhändig vollzogen.

a. u. s.

NN., Gerichtsrath. NN., Gerichtsaktuarius.

---

1) Hieraus folgt das Zuwachsrecht, wenn der eine Legatar ausscheidet. A. L.R. Thl. I, Tit. 12, §. 368.

2) Es ist fast stehend, die Versiegelung zu verbitten, wenn auch Ehegatten sich wechselseitig zu Erben einsetzen. Diese Verordnung ist ganz überflüssig. A. G.O. Thl. II, Tit. 5, §. 4.

3) A. L.R. Th. I, Tit. 12, §§. 136 u. 137.

b) Registratur über die Einsiegelung.

(A. G.O. Th. II, Tit. 4, §. 3.)

Stempelfrei.

N., den 10. April 1844.

Die unterschriebenen Gerichtsdeputirten haben sich, zufolge Direktorialverfügung von heute, in die Wohnung des Rentiers Adam verfügt, daselbst das Testament desselben zu Protokoll genommen, das aufgenommene Protokoll in Gegenwart des Testators in ein Kreuzkouvert geschlagen, dasselbe mit dem Kommissionssiegel des Königl. 2c. Gerichts dreimal versiegelt, hierauf mit dieser Aufschrift versehen:

> Hierin ist das Testament des Rentiers George Caspar Adam zu N. enthalten, welches derselbe unter heutigem Dato vor der unterzeichneten Deputation zum gerichtlichen Protokoll erklärt hat und worin die gerichtliche Siegelung des Nachlasses verbeten ist.
>
> N., den 10. April 1844.

N. N.,	N. N.,
Gerichtsrath.	Gerichtsaktuarius.

und sodann dieses Testament zur gerichtlichen Verwahrung angenommen.

a. u. s.

N. N.,	N. N.,
Gerichtsrath.	Gerichtsaktuarius.

3. Testament eines Blinden.

Dafür sind keine besonderen Förmlichkeiten vorgeschrieben, es müssen im Allgemeinen die bei Verhandlungen mit Blinden angeordneten Vorsichtsregeln (oben Nr. VII) beobachtet werden; die Bestellung eines Beistandes fällt jedoch hinweg und statt dessen werden am Schlusse des Aktus zwei Urkundszeugen zugezogen, wie bei Personen, welche das Protokoll nicht unterschreiben können. S. Muster Nr. 2.

4. Protokoll über die Abnahme eines versiegelt übergebenen Testaments.

15 Sgr. Stempel.

N., in der Behausung des Rathsherrn Lebrecht am Markte, den Zwölften Mai Eintausend Achthundert und Vier und Vierzig, um Zehn Uhr Vormittags.

Auf das heute, bei dem 2c. Gerichte eingegangene Gesuch des Rathsherrn Ferdinand Lebrecht hierselbst um Abordnung einer Deputation zur Abnahme seines schriftlichen Testaments sind die unterschriebenen beiden Gerichtspersonen zu diesem Geschäfte mittelst Direktorialverfügung von heute bestimmt worden und demzufolge in die Wohnung des Herrn Rathsherrn Ferdinand Lebrecht gegangen, woselbst sie denselben, von Person wohlbekannt, in seinem Wohnzimmer, eine Treppe hoch, rechts nach vorne, vollständig angekleidet auf dem Sopha sitzend fanden. Die mit ihm gepflogene Unterredung überzeugte die Ge=

richtsdeputirten vollständig, daß der an einer leichten Unpäßlichkeit leidende Herr Rathsherr Lebrecht vollkommen verfügungsfähig und in einem solchen Zustande sich befand, daß er seinen Willen gültig äußern konnte. Derselbe erklärte, daß es sein freier und ernster Wille sei, sein bereits verfaßtes Testament dem Gerichte zur Verwahrung zu übergeben, und daß er zu diesem Zwecke durch ein von ihm eigenhändig unterschriebenes, heute bei dem Gerichte eingereichtes Gesuch um die Absendung einer Deputation in seine Wohnung gebeten habe, auch noch jetzt seinen Antrag wiederhole.

Hierauf übergab der Rathsherr, Herr Ferdinand Lebrecht, der Deputation, zu Händen des Richters, einen auf der einen Seite in der Mitte mit einem rothen Siegel, worin ein Petschaft mit den Buchstaben F. L. abgedruckt ist, verschlossenen Umschlag, welcher auf der anderen Seite folgende Aufschrift hat:

> Hierin ist mein letzter Wille, worin die gerichtliche Siegelung meines Nachlasses verbeten ist.
>
> N., den 6. Mai 1844. Ferdinand Lebrecht.

mit der Erklärung, daß hierin sein letzter Wille enthalten sei, den er, auf den gesetzlichen Stempel, durch einen Anderen habe schreiben lassen, und dann durchgelesen, richtig befunden und eigenhändig unterschrieben habe.

Hierauf setzte die Deputation, in Gegenwart des Testators, unter die Aufschrift folgenden Vermerk:

> Dieses Testament hat der Herr Rathsherr Ferdinand Lebrecht der unterschriebenen Gerichtsdeputation, unterm heutigen Dato, zur gerichtlichen Verwahrung übergeben. N., den 12. Mai 1844.
>
> N. N., Gerichtsrath. N. N., Gerichtsaktuarius.

drückte dann dem Privatsiegel des Testators, auf der Kehrseite, das Gerichts-Kommissionssiegel zweimal, nämlich auf jeder Seite einmal, bei, und nahm in dieser Gestalt das Testament zur gerichtlichen Verwahrung an.

Dieses Protokoll ist dem Herrn Rathsherrn Lebrecht vorgelesen, von ihm genehmigt und eigenhändig unterschrieben worden.

Ferdinand Lebrecht.

a. u. s.

N. N., Gerichtsrath. N. N., Gerichtsaktuarius.

5. Protokoll über die Abnahme eines offen übergebenen schriftlichen Testaments[1]).

Im 2c. Gerichte N. den u. s. w.

Der Gutsbesitzer N. N. aus Angerberg hat bei dem hiesigen Gerichte

1) Nach diesem Beispiele wird auch verfahren, wenn die Testamentshandlung wegen eines vorgefallenen Fehlers wiederholt werden soll, und der Testator nicht ein neues Testament machen, sondern bei dem ihm eingehändigten alten stehen bleiben will.

den Antrag gemacht, ihm sein schriftliches Testament an gewöhnlicher Gerichtsstelle abzunehmen, und es sind dazu die beiden unterschriebenen Gerichtspersonen bestimmt worden, vor welchen derselbe, von Person wohlbekannt und vollkommen dispositionsfähig befunden, erschien.

Indem er sein schriftliches Gesuch mit der Erklärung, daß es sein freier und ernster Wille sei, letztwillig zu verfügen, wiederholte, übergab Herr N. N. einen schriftlichen Aufsatz offen und unversiegelt, und gab an, daß darin sein letzter Wille enthalten sei. Auf die Frage:

> ob dieser Aufsatz nur bei einer mündlich zu errichtenden Disposition zum Grunde gelegt, oder als ein schriftliches Testament angesehen werden solle?[1])

erklärte er, daß derselbe als ein schriftliches Testament gelten solle. Da der Aufsatz ohne Unterschrift ist, so wurde solcher zuvörderst dem Testator zur Vollziehung vorgelegt, welche der Testator sogleich dadurch bewerkstelligte, daß er seinen Vor- und Zunamen darunter setzte.

Hierauf wurde darunter verzeichnet:

> Diesen Aufsatz hat der Gutsbesitzer Herr N. N. der unterschriebenen Gerichtsdeputation unterm heutigen Dato übergeben, in deren Gegenwart eigenhändig unterschrieben und dabei erklärt, daß darin seine letzte Willensmeinung enthalten sei.

N., den u. s. w.

N. N., Gerichtsassessor. — N. N., Gerichtsaktuarius.

sodann dieser Aufsatz in Gegenwart des Testators in einen Umschlag gethan, mit dem Gerichtssiegel einmal versiegelt und mit folgender Aufschrift versehen:

> Hierin befindet sich der letzte Wille des Gutsbesitzers N. N. zu Angerberg, welchen derselbe der unterschriebenen Gerichtsdeputation unterm heutigen Dato zur gerichtlichen Verwahrung übergeben hat.

N., den u. s. w.

N. N., Gerichtsassessor. — N. N., Gerichtsaktuarius.

und dieses Testament zur gerichtlichen Aufbewahrung angenommen, worüber Rekognition ertheilt werden soll.

Vorgelesen, genehmigt und vollzogen.

N. N.

a. u. s.

N. N., Gerichtsassessor. — N. N., Gerichtsaktuarius.

6. Wechselseitiges Testament unter Eheleuten.

Zu §. 831.

Nur Eheleute können über ihren Nachlaß wechselseitige Testamente, jedoch immer nur in Einem Instrumente, errichten.

(A L.R. Thl. I, Tit. 12, §§. 614—616; Th. II, Tit. 1, §§. 481 ff.)

---

1) A. L.R. Th. I, Tit. 12, §§. 107 ff.

Muster.

N., den u. s. w.

Vor den unterschriebenen, durch Direktorialverfügung vom 6. d. M. zur Aufnahme dieses Testaments besonders ernannten, Gerichtsdeputirten erschienen heute an gewöhnlicher Gerichtsstelle

der Erbscholze Hermann Pach mit seiner Ehefrau Gottliebe Beate geborenen Perro aus Giersberg,

dem Richter von Person bekannt, und, wie man sich durch die mit ihnen geführten Gespräche vollständig überzeugte, in vollkommen verfügungsfähigem Zustande.

Beide Eheleute erklärten, daß sie weder Eltern noch Kinder hätten und aus freien Stücken den ernsten Vorsatz gefaßt, ein wechselseitiges Testament zu errichten, welches aufzunehmen durch ihr Gesuch vom 2. d. M. mit ihrem Wissen und Willen in Antrag gebracht worden sei, und jetzt wiederholt von ihnen gebeten werde.

Nachdem man sich mit den Pach'schen Eheleuten über ihre Absichten und den Inhalt ihrer letztwilligen Verfügungen gehörig verständigt hatte, verordneten dieselben, was folgt:

I. Ich, Hermann Pach, ernenne und berufe auf den Fall, daß ich vor meiner lieben Ehefrau, ohne Kinder nachzulassen, versterbe, diese meine Ehefrau, Gottliebe Beate, geborene Perro, zu meiner alleinigen Erbin, mit der Bestimmung, daß ihr mein Bruder, der Gutsbesitzer Ewald Pach zu A., oder dessen Nachkommen, fideikommissarisch substituirt sein sollen, jedoch nur auf dasjenige, was bei dem Tode meiner lieben Ehefrau und Erbin noch vorhanden sein wird[1]), dergestalt, daß der Substitut oder die Substituten nicht berechtigt sein sollen, die Vorlegung eines Inventariums oder gar Sicherheitsbestellung zu fordern. Sollte ich wider Erwarten neben meiner Ehefrau eheliche Leibeserben oder ein Adoptivkind hinterlassen, so setze ich dieselben auf den Pflichttheil zu Miterben ein und ernenne sie an Stelle meines Bruders Ewald Pach oder dessen Nachkommen zu Fideikommissarien. Ich verordne ferner:

1) Dem Sohne meines Freundes A., dem Maler-Eleven Guido A. zu B., vermache ich die Summe von Fünfhundert Thalern zu dem Zwecke[2]), um eine Kunstreise nach Rom zu machen; und meine Erbin soll ihm dieses Legat an dem Tage auszahlen, wo er ihr die zur Abreise getroffenen Vorbereitungen nachweisen, und insbesondere seinen Reisepaß vorzeigen wird.

2) Der evangelischen Kirche zu N. legire ich mein daselbst in der Gallenstraße, unweit der Kirche belegenes Haus Nr. 60, nebst Zubehör, unter der Bedingung[3]), daß binnen zwei Jahren ein zweiter Geistlicher bei derselben

---

1) A. L.R. Thl. I, Tit. 12, §§. 468 flg.

2) Ebendaselbst §§. 588 flg.

3) Eine aufschiebende und zugleich auflösende Bedingung. A. L.R. a. a. O. §§. 482 flg. und 489.

angestellt wird, und dann auch für immer die kreirte Stelle erhalten und gehörig besetzt bleibt. Die aufschiebende Bedingung soll erst mit der Ordination für erfüllt gelten, und die auflösende Bedingung soll für eingetreten erachtet werden, wenn die erledigte Stelle nach Ablauf eines Jahres seit dem Tage der Erledigung nicht wieder besetzt worden ist. Alsdann soll das Haus der Stadtkommune (Kämmerei) zufallen, um es zu einem wohlthätigen Zwecke zu verwenden.

Dies ist mein letzter Wille.

II. Ich, Gottliebe Beate Pach, geborene Perro, ernenne meinen geliebten Ehemann, Hermann Pach, zu meinem Alleinerben, und wenn ich Kinder nachlassen sollte, berufe ich dieselben auf den Pflichttheil zu Miterben.

Meinem Erben lege ich auf, meiner unverheiratheten Schwester Gertrude zu Giersberg, so lange sie lebt, eine jährliche Rente von Einhundert und Fünfzig Thalern in vierteljährigen Theilen voraus, und zwar von meinem Todestage an, zu zahlen, auch, wenn sie es will, Sicherheit dafür zu bestellen.

Weiter habe ich nichts zu verordnen.

Den Pach'schen Eheleuten wurde dieses Protokoll vorgelesen, sie fanden dasselbe überall ihrer wahren Willenserklärung gemäß verfaßt, genehmigten solches und unterschrieben sich wie folgt:

Hermann Pach. Gottliebe Beate Pach, geborene Perro.

a. u. s.

N., Gerichtsrath. N., Gerichtsaktuarius.

7. Ein zu Protokoll erklärtes Kodizill.

Zu §. 817.

Der wesentliche Unterschied zwischen einem Testamente und einem Kodizille liegt in der Erbeseinsetzung, diese macht eine letztwillige Verordnung zu einem Testamente; die Form ist für beide die nämliche, mit Ausnahme solcher Verordnungen, welche nur über den zwanzigsten Theil[1]) des Nachlasses verfügen: diese können durch eigenhändig geschriebene und unterschriebene, mit dem Tage und Jahre der Errichtung bezeichnete Kodizille ohne gerichtliche Uebergabe errichtet werden. Die eigenhändige Schrift (aber nicht die Unterschrift) kann auch dadurch ersetzt werden,

1) Der Ausdruck des Gesetzes entspricht nicht dem gesagten Rechtssatze. Es heißt im §. 161 a. a. O.: „Legate, welche den zwanzigsten Theil des Nachlasses wahrscheinlich, oder nach der Versicherung des Erblassers, nicht übersteigen, können durch eigenhändig geschriebene und unterschriebene Kodizille ohne gerichtliche Uebergabe verordnet werden." — Nach dem Wortsinne könnte also ein Erblasser seinen Nachlaß durch außergerichtliche Verordnungen ganz und gar erschöpfen, wenn er versichert, daß der Gegenstand seiner Verfügung den zwanzigsten Theil seines Nachlasses nicht übersteige. Daß es aber so nicht gemeint sei, vielmehr wirklich nicht mehr als der zwanzigste Theil des verbleibenden Nachlasses Gegenstand einer derartigen Verordnung ein kann, ergeben die §§. 164 bis 168.

daß das Kodizill von einem Justizkommissarius (vermuthlich ist damit ein Notarius gemeint) unter Zuziehung auch nur Eines Zeugen aufgesetzt wird.

(A. L.R. Th. I, Tit. 12, §§. 5–8 u. 161 u. 162; Anh. §. 34.)

Muster.

Stempel 15 Sgr.

N., den u. s. w.

Der Königl. Major a. D. Herr v. B. hat den unterschriebenen Kreisjustizrath N. —er Kreises ersucht, sich zu ihm zu verfügen, um eine letzte Willenserklärung von ihm aufzunehmen. In Folge dessen hat der Kreisjustizrath sich mit Zuziehung seines mitunterschriebenen Aktuarius in die Wohnung des Herrn Majors v. B., in der Breiten Straße Nr. 55, eine Treppe hoch, verfügt, wo er ihn, daselbst krank im Bette liegend, angetroffen.

Der persönlich sehr wohlbekannte Herr Major v. B. war, wie man sich durch die mit ihm gepflogene Unterhaltung vollständig überzeugte, bei gesunden Geisteskräften und in dem Zustande, seinen Willen gültig zu äußern; er erklärte, daß er das Gesuch an den Kreisjustizrath eigenhändig unterschrieben habe und in der That ernstlich Willens sei, eine letzte Verordnung zu errichten, welche von ihm aufzunehmen er wiederholt bitte.

Nach dieser Vorbereitung erklärte der Herr Major v. B., was folgt:

Ich, Balthasar Ernst v. B., Königl. Major a. D., vermache meiner alten Aufwärterin Therese A., und wenn sie bei meinem Tode nicht mehr leben sollte, deren Kindern Eintausend Thaler, welche meine Erben ein halbes Jahr nach meinem Tode auszahlen sollen, ohne den Stempel, welchen meine Erben davon zu entrichten haben, anzurechnen.

Ich ernenne zum Vormunde meines noch minderjährigen Sohnes, des Lieutenants im 50. Infanterie-Regimente, Theobald v. B., den Königl. Rechtsanwalt N. hierselbst, und entbinde ihn von allen und jeden Einschränkungen der vormundschaftlichen Administration und von der Aufsicht des Vormundschaftsgerichts, soweit es gesetzlich zulässig ist; bestimme auch, daß er ein jährliches Honorar von Fünfzig Thalern, vorausbezahlt, erhalten soll.

Weiter habe ich nichts anzuordnen[1]).

Dem Herrn Major v. B. wurde dieses Protokoll vorgelesen, er fand es ganz richtig verfaßt, genehmigte solches und unterschrieb eigenhändig.

Balthasar Ernst v. B.

a. u. s.

N.,	N.,
Königl. Kreisjustizrath.	Gerichtsaktuarius.

1) Sehr oft finden sich in Testamenten und Kodizillen auch Verordnungen wegen des Begräbnisses. Dies beruht auf Geschäftsunkunde; denn die Publikation kann in der Regel vor dem Begräbnisse und so zeitig, daß die Anordnungen noch befolgt werden könnten, nicht erfolgen.

8. Protokoll über die Publikation eines Testaments.

Zu §. 835.

(A. L.R. Th. I, Tit. 12, §§. 208 ff.)

N., den u. s. w.

In der A.'schen Testamentssache steht heute Termin zur Publikation des von dem verstorbenen Rentier Friedrich A. errichteten Testaments an, in welchem der Vorladung gemäß erschienen:

1) die Wittwe des verstorbenen Rentiers A., Barbara, geborene Nothpfennig, von hier,
2) der Halbbruder des Testators, der Zöllner Nehmer aus Z.,
3) der Rechtsanwalt B., als der den unbekannten Intestaterben von Amtswegen zugeordnete Bevollmächtigte[1]).

Der Gerichtsdeputirte empfing aus dem Depositorio das Testament Nr. 86 mit folgender Aufschrift:

> Hierin ist das Testament des Rentiers Friedrich A. zu N., welches derselbe vor der unterschriebenen Deputation des Königl. Land- und Stadtgerichts hierselbst unterm heutigen Dato zu Protokoll gegeben hat, und worin die gerichtliche Siegelung verbeten ist.
>
> N., den 8. Juni 1829.
>
> N., Kreisgerichts-Assessor. N., Auskultator.

und auf der Rückseite einmal mit einem Privatpetschafte und zweimal mit dem Gerichtskommissionssiegel versiegelt; er zeigte den Anwesenden die Siegel vor, welche von allen für unverletzt erkannt wurden; eröffnete dann den Umschlag, mit Schonung der Siegel, durch Scheerenschnitt an dem einen Ende, zog das darin befindliche Schriftstück heraus und zeigte die darunter befindliche Unterschrift des Testators den Interessenten vor, von welchen die Wittwe A. und der Zöllner Nehmer dieselbe für die eigenhändige des Testators anerkannten, der Mandatarius der unbekannten Intestaterben aber sich nicht darüber erklärte.

Hierauf wurde das Testament vollständig vorgelesen und mit dem Publikationsvermerke versehen.

Die Wittwe A. übergab jetzt einen Brief, welcher einmal mit dem Petschafte des verstorbenen Rentiers A. versiegelt ist und folgende Aufschrift hat:

> Hierin ist mein Kodizill enthalten, welches ich zu errichten in meinem am 8. Juni 1829 gerichtlich übergebenen Testamente mir vorbehalten habe.
>
> N., den 25. September 1840.
>
> Friedrich A.

mit der Erklärung, daß sie denselben im Nachlasse vorgefunden habe und von dem Hergange und den Umständen, welche bei der Errichtung dieser Disposition vorgefallen, nichts wisse. Sie trug auf Publikation derselben an.

Die Anwesenden erkannten das ihnen vorgezeigte Siegel für unverletzt und die aus dem aufgeschnittenen Umschlage herausgenommene Schrift erkannten die Wittwe A. und Herr Nehmer als von dem Testator eigenhändig geschrieben und unterschrieben an. Dann wurde dieses Kodizill vorgelesen und mit dem Publikationsvermerke versehen.

Vorgelesen, genehmigt und vollzogen.

Barbara A. geb. Nothpfennig. Nehmer. B.

a. u. s.

N.,
Gerichtsassessor.

9. Protokoll über eine von dem Richter für sich vorgenommene Testamentseröffnung.

Zu §. 835.

(A. L.R. Thl. I, Tit. 12, §§. 218—221.)

Sitzung des rc. Gerichts zu N... den u. s. w.

Da seit der Niederlegung des Testaments des Hauptmanns vom ehemaligen v. Kowalski'schen Infanterie-Regimente, Hans v. F., 56 Jahre verflossen sind, und bisher weder die Publikation nachgesucht, noch von dem Leben oder Tode des Testators etwas bekannt geworden ist, auch das Dasein dieses Testaments nach der Vorschrift öffentlich bekannt gemacht worden, ohne daß sich binnen 6 Monaten Jemand dazu gemeldet hat, so wurde dieses aus dem Depositorium herausgenommene Testament in der heutigen Gerichtssitzung eröffnet und nachgesehen: ob darin Vermächtnisse zu milden Stiftungen enthalten seien, welches nachrichtlich registrirt worden.

Unterschriften der anwesenden Gerichtsmitglieder.

10. Protokoll über die Zurückgabe eines Testaments.

Zu §. 833.

(A. G.O. Thl. II, Tit. 4, §. 9.)

Stempel 15 Sgr.

N., den u. s. w.

Auf den Antrag des Gutsbesitzers Wilhelm Hehr zu Grenzdorf steht heute Termin zur Zurückgabe des von demselben bei dem hiesigen Gerichte deponirten Testaments an, in welchem der von Person wohlbekannte Herr Hehr, völlig verfügungsfähig, erschien.

Der Deputirte zeigte ihm das aus dem Depositorio empfangene Testament Nr. 150, welches folgende Aufschrift hat:

Hierin ist mein letzter Wille.

Grenzdorf, den 5. Mai 1840.

Wilhelm Hehr.

Diese letztwillige Verordnung hat der Gutsbesitzer Herr Wilhelm Hehr hierselbst der unterschriebenen Deputation des rc. Gerichts zu N., unterm heutigen Dato, zur gerichtlichen Verwahrung übergeben.

Grenzdorf, den 5. Mai 1840.

N., Gerichtsrath. N., Auskultator.

und auf der Kehrseite einmal mit einem Privatpetschafte und zweimal mit dem Kommissionssiegel des ꝛc. Gerichts zu N. versiegelt ist, vor, um sich zu erklären: ob es wirklich dasjenige sei, welches von ihm ehemals niedergelegt worden. Er erkannte solches dafür an und empfing es aus den Händen des Deputirten zurück. Die Rekognition über die Niederlegung des Testaments, welche er nicht zurückgeben konnte, weil sie ihm angeblich verloren gegangen, erklärte er hiermit für erloschen.

Vorgelesen, genehmigt und unterschrieben.

Wilhelm Hehr.

a. u. s.

N.,
Gerichtsassessor.

11. Widerruf einer errichteten Disposition.

Zu §. 833.

Eine einmal gerichtlich errichtete Disposition kann nur durch eine gerichtliche Erklärung widerrufen, d. h. auch ohne Zurückempfang wirkungslos gemacht werden; ein Notariatsakt ist dazu nicht ausreichend. Doch kann unter Umständen, unter welchen Jemand eine privilegirte Disposition errichten darf, mit eben den Erfordernissen eines privilegirten letzten Willens auch eine vorher förmlich und gerichtlich errichtete Verordnung widerrufen werden:

(A. L.R. Th. 1, Tit. 12, §§. 570 und 587 flg.)

Muster.

N., den u. s. w.

Vor den unterschriebenen, zur Aufnahme dieser Verhandlung besonders bestimmten, Gerichtsdeputirten erschien der Königl. Generalmajor Herr Otto Theodor v. Y. von hier, persönlich wohlbekannt und in Ansehung seiner Geisteskräfte in einem solchen Zustande befunden, daß er seinen Willen gültig äußern kann, und erklärte:

Ich habe laut Rekognition des Königl. Kammergerichts zu Berlin, vom 2. Oktober 1819, bei demselben ein Testament deponirt, welches die Aufschrift hat:

„Hierin befindet sich mein Testament."

Berlin, den 20. September 1819.

Otto Theodor v. Y., Königl. Hauptmann.

Dieses Testament ist den unterschriebeneu Gerichtsdeputirten von dem Herrn Hauptmanne Otto Theodor v. Y., unterm heutigen Tage, zur gerichtlichen Verwahrung übergeben.

Berlin, den 20. September 1819.

N., Kammergerichts-Assessor. N., Kammergerichts-Referendarius.

und auf der Rückseite einmal mit meinem Wappen und viermal mit dem Kammergerichts-Kommissionssiegel versiegelt ist. Diese meine letztwillige Verordnung widerrufe ich hiermit.

Der Herr General v. Y. las dieses Protokoll selbst durch, genehmigte es und unterschrieb eigenhändig:

Otto Theodor v. Y., ich habe dieses Protokoll selbst gelesen und richtig verfaßt befunden.

a. u. s.

N., Gerichtsrath. N., Gerichtsaktuarius.

LXXIX.
Erbverträge.

1. Wechselseitiger Erbvertrag.

Zu §. 838.
(A. L.R. Th. I, Tit. 12, §§. 617 ff.)
2 Thlr. Stempel.

N., den u. s. w.

Auf den Antrag des Gutsbesitzers Karl von Tz. und des Gutsbesitzers Philipp Ohlig zu Forchland ist auf heute Termin zur Aufnahme eines Erbvertrages vor den unterschriebenen, dazu besonders ernannten Gerichtsdeputirten angesetzt worden, in welchem dieselben, von Person bekannt, erschienen. Sie waren hinsichtlich ihrer Geisteskräfte in einem vollkommen verfügungsfähigen Zustande und erklärten, daß es ihr freier und ernster Wille sei, unter sich einen wechselseitigen Erbvertrag zu errichten.

Nachdem man sich hinlänglich überzeugt hatte, daß Keiner von ihnen in der Verfügung über sein Vermögen eingeschränkt sei, noch auch pflichttheilsberechtigte Verwandte habe, wurde folgender unter ihnen verabredete Vertrag, von welchem kein Theil einseitig zurückzutreten berechtigt sein soll, aufgenommen.

§. 1.

Welcher von beiden Theilen den Anderen überlebt, ist des Erstverstorbenen Alleinerbe.

§. 2.

Ist Karl von Tz. der Ueberlebende, so soll er folgende Legate aus der Erbschaft des Philipp Ohlig entrichten:

1) Dem u. s. w.

Ist dagegen Philipp Ohlig der Ueberlebende, so liegt ihm als Erben des Karl von Tz. Folgendes ob u. s. w.

§. 3.

Karl von Tz. entsagt der Befugniß, die künftige Erbschaft auszuschlagen, Philipp Ohlig bleibt darin unbeschränkt.

§. 4.

Philipp Ohlig begiebt sich der Befugniß, Vermächtnisse selbst nur bis auf den zwanzigsten Theil seines Nachlasses durch einseitige Verordnungen zu errichten, dem Karl von Tz. hingegen bleibt nicht nur diese Befugniß unbenommen, sondern auch vorbehalten, über sein in der hiesigen Stadt in der Langenstraße Nr. 130 belegenes Haus letztwillig zu verfügen.

Hiermit schließen die Bestimmungen.

Die Paciszenten verlangten die Geheimhaltung ihres Vertrages nicht[1]), baten vielmehr um richterliche Prüfung und Ausfertigung für jeden Theil.

Vorgelesen, genehmigt und unterschrieben[2]).

Karl v. Tz. Philipp Ohlig.

a. u. s.

N., Gerichtsrath. N., vereideter Protokollführer.

2. Erbverträge unter Eheleuten.

Zu §. 841.

a) Erbvertrag unter Verlobten.

S. das Muster eines Ehe- und Erbvertrages oben LXVII.

b) Ein anderes Muster.

N., den u. s. w.

Vor dem unterzeichneten Richterkommissario des 2c. Gerichts und dem ihm beigeordneten Aktuario erschienen:

1) der fürstliche Geheime Küchenrath Herr von Kasserolle auf Souterrain,

2) dessen 18jähriges Fräulein Tochter Amalie von Kasserolle,

3) der fürstliche Küchenrath Herr von Spießdreher auf Kochheerd,

sämmtlich nach Namen, Stand und Wohnort bekannt, erklärten, wie die beiden zuletzt genannten Personen sich mit einander zu vermählen beabsichtigten, und schlossen unter der Voraussetzung, daß diese Ehe wirklich vollzogen werden sollte, folgenden Ehe- und Erbvertrag, und zwar das Fräulein Braut unter ausdrücklicher Einwilligung ihres Herrn Vaters.

§. 1.

Das Fräulein Kasserolle soll als künftige Ehegattin des Herrn

1) Sonst ist, wie bei Testamenten, mit der Einsiegelung u. s. w. zu verfahren. A. L.R. a. a. O. §. 623 und Anh. §. 43; A. G.O. Thl. II, Tit. 4, §. 15 und Anhang §. 431.

2) Wenn ein oder beide Paciszenten Geschriebenes nicht lesen oder nicht unterschreiben können, so wird von Vielen gefordert, daß ebenso, wie bei Testamenten in solchem Falle vorgeschrieben ist, unter Zuziehung zweier Zeugen verfahren werde; und es ist jedenfalls rathsam, diese Formalität zu beobachten. — Die Forderung ist nach dem Wortlaute des §. 621, Tit. 12, Th. I des A. L.R.: „Erbverträge müssen, wie Testamente, gerichtlich abgeschlossen — werden", gerechtfertigt und wird auch von dem Obertribunale in einem Erk. vom 17. Juni 1847 (Rechtsfälle, Bd. I, S. 276) durch den Satz anerkannt, daß die Handzeichen des schreibensunkundigen Kontrahenten von zweien zugezogenen Männern bezeugt werden müssen. Bei einseitigen Erbverträgen gilt dies jedoch nicht von demjenigen Kontrahenten, welcher über seinen künftigen Nachlaß nicht verfügt, sondern nur die ihm von dem Anderen geschehene Zuwendung acceptirt.

Küchenraths Spießdreher nicht schuldig sein, ihrem künftigen Ehegemahle bei Verlegung seines Wohnsitzes zu folgen, sondern sie will und darf ihren wesentlichen Wohnsitz auf dem Schlosse Kochheerd behalten.

§. 2.

Das Fräulein Braut bringt ihrem künftigen Ehegatten, außer der standesmäßigen Aussteuer, die Summe von Zehntausend Thalern in Schles. Pfandbriefen, welche ihm am Morgen nach der Trauung ausgehändigt werden, aus eigenem Vermögen in die Ehe.

§. 3.

Das genannte Fräulein Braut setzt ihrem künftigen Ehegatten auf den Fall, daß sie vor ihm sterben und Abkömmlinge hinterlassen sollte, ein Ehevermächtniß von Viertausend Thalern aus; falls sie aber ohne Nachkommen versterben sollte, soll ihr künftiger Ehegatte ihr alleiniger Erbe sein. Auf diesen Fall leistet der Vater des Fräulein Braut, der Herr Geheime Küchenrath Kasserolle, auf sein ganzes Erbrecht in den Nachlaß seiner Tochter dergestalt Verzicht, daß er auch auf den gesetzlichen Pflichttheil keinen Anspruch hat.

§. 4.

Der Herr Bräutigam hingegen sichert seiner Braut und künftigen Ehegattin auf den Fall, daß er vor ihr versterben sollte, aus seinem Vermögen folgendes Gegenvermächtniß zu:

1) Wenn Abkömnılinge aus der Ehe vorhanden sind, soll die überlebende Ehegattin, neben der Zurücknahme ihres Eingebrachten, die Summe von Zehntausend Thalern aus dem Nachlasse erhalten und von dem übrigen, den Kindern zufallenden, Vermögen den Nießbrauch haben, welcher von dem Erbtheile eines jeden Kindes mit dem Zeitpunkte aufhört, wo die Söhne ein Amt antreten oder einen eigenen Hausstand gründen, und wo die Töchter sich verheirathen. Die Mutter soll auch, wenn sie will, die Vormundschaft über die Minderjährigen führen und dabei von der Aufsicht des vormundschaftlichen Gerichts befreit sein.

2) Wenn keine Abkömmlinge nachbleiben, soll die Wittwe die Wahl haben, zwischen der Zurücknahme ihres Eingebrachten, oder einem Leibgedinge, bestehend in

   a) freier Bewohnung des Schlosses Kochheerd;
   b) dem Nießbrauche des Vorwerks Bratofen, mit allen zur Zeit des Todes dabei befindlichen Vorräthen, sowie Vieh-, Feld- und Wirthschaftsinventarienstücken;
   c) dem für die Wirthschaft und Haushaltung nothwendigen Bau-, Nutz- und Brennholze aus den zum Gute gehörigen und vom Nießbrauche ausgeschlossenen Waldungen, gegen Erlegung des Stamm- und Anweisegeldes und des Schlagerlohns;
   d) den Getreide- und Mahlzinsen von den drei zum Gute Kochheerd gehörigen Wassermühlen und der Windmühle;

e) der Fischereinutzung auf den, in der Feldmark des anderen Vorwerks Wasserständer befindlichen Gewässern.

Dieses Leibgedinge soll jedoch wegfallen, wenn sich die Wittwe wieder verheirathet, und es soll an dessen Stelle eine lebenslängliche jährliche Rente von Dreihundert und Fünfzig Thalern, welche aus dem genannten Gute vierteljährlich postnumerando entrichtet wird, treten.

Wählt die nachbleibende Ehegattin das Leibgedinge, so hat sie auch ihre ganze Aussteuer, soviel davon alsdann noch vorhanden sein wird, mit Einschluß derjenigen Stücke, welche an Stelle eingegangener Stücke angeschafft worden sind, zurückzunehmen, indem sie nur die eingebrachten Zehntausend Thaler in Schlesischen Pfandbriefen gegen das ihr zugesicherte Leibgedinge den Erben des verstorbenen Ehemannes zurückzulassen schuldig ist. Für die vernichteten oder abgegangenen Stücke der Ausstattung soll jedoch in keinem Falle Ersatz geleistet werden.

§. 5.

Der Herr Bräutigam verspricht, die seiner künftigen Frau Gemahlin durch den gegenwärtigen Vertrag zugesicherten Vortheile auf sein mehrgedachtes Rittergut Kochheerd nebst Dependenzien eintragen zu lassen. Zu diesem Zwecke wird der Antrag gemacht:

diesen nicht weiter geheim zu haltenden Vertrag zweimal ausfertigen zu lassen.

Vollziehung.

c) Erbvertrag unter Eheleuten während der Ehe.

Dieser kann, wenn die Frau schlechter gestellt werden soll, nur unter Zuordnung eines Beistandes für die Frau, und nur gerichtlich aufgenommen werden.

Muster.

N., den u. s. w.

Vor den u. s. w. erschienen:

1) der fürstliche Stallrath Bolko Halfter,
2) dessen Ehegattin Angelika geborene Krippe, unter Zuordnung des von ihr selbst zum Beistande gewählten Kgl. Notariatsraths Ehrentreu Wahrlieb Ausstreicher,

sämmtlich hier wohnhaft, nach Namen, Stand und Wohnort bekannt, und schlossen folgenden Vertrag:

§. 1.

Der vor Eingehung der Ehe zwischen den Stallrath Halfter'schen Eheleuten am 6. Juli 1836 geschlossene Erbvertrag, wodurch die Ehefrau zum einzigen Erben ihres Ehemannes, wenn dieser vor ihr kinderlos versterben sollte, eingesetzt worden, wird in Erwägung eingetretener Umstände und Rücksichten hiermit in allen seinen Beziehungen aufgehoben, und insbesondere verzichtet die Ehefrau wohlüberlegt auf das ihr durch jenen Erbvertrag zugesicherte Erbrecht in den Nachlaß ihres Ehegatten.

§. 2.

Dagegen soll die Ehefrau, wenn der Mann, ohne Abkömmlinge nachzulassen, vor ihr verstirbt, seine Erbin auf ein Viertel seines Nachlasses sein, und außerdem soll sie zum Voraus das ganze Mobiliarvermögen, mit Ausnahme der baaren Gelder, geldwerthen Papiere und ausstehenden Forderungen haben. Wenn Kinder nachbleiben, hat es bei der gesetzlichen Erbfolge sein Bewenden.

§. 3.

Die Ehefrau ihrerseits ernennt auf den Fall, daß sie vor ihrem gegenwärtigen Ehemanne kinderlos versterben sollte, diesen ihren gedachten Ehegatten zu ihrem alleinigen Erben. Wenn sie Kinder hinterläßt, soll die gesetzliche Erbfolge eintreten.

Vollziehung.

3. Entsagungsverträge.

Zu §. 842.

Auch der bloße Entsagungsvertrag erfordert die Form der Erbverträge, die mündliche Abschließung vor Gericht aber ist dann nothwendig, wenn derjenige, auf dessen künftige Verlassenschaft sich der Vertrag bezieht, unfähig ist, eine verbindende Willenserklärung abzugeben und dem Vertrage beizutreten. Man s. hierüber mein Erbrecht, §§. 82 u. 83.

a) Bloßer Entsagungsvertrag.

N., den u. s. w.

Vor den unterschriebenen, zur Aufnahme dieser Verhandlung besonders ernannten Gerichtskommissarien erschienen an gewöhnlicher Gerichtsstelle:

1) der Herzogliche Oberjägermeister und Geheime Feldrath Herr Benno v. Rosenbaum,
2) der Gräfliche Wildmeister auch Jagdrath Herr Siegfried v. Rosenbaum,
3) die Frau Elvire v. Rosenbaum, vermählte v. Fliederbusch, im Beistande ihres Herrn Gemahls, des Landgräflichen Gartenraths Spalier v. Fliederbusch,

Alle hierselbst wohnhaft und nach Stand, Namen und Wohnort bekannt und erklärten:

Wir sind vollbürtige Geschwister und haben noch einen Bruder, den Erb- und Gerichtsherrn Siegbert v. Rosenbaum auf Müllberg welcher unverheirathet und geisteskrank ist. Wenn derselbe, wie zu vermuthen, kinderlos und ohne Testament vor uns verstirbt, so sind wir seine gesetzlichen Erben zu gleichen Theilen. Um jedoch das Blühen und den Glanz unserer Familie von Rosenbaum zu befördern, sind wir übereingekommen, daß nur einer von uns, und zwar der Herzogliche Oberjägermeister und Geheime Feldrath Benno v. Rosenbaum, unseren genannten Bruder künftig beerben soll. Wir, der Wildmeister und Jagdrath v. Rosenbaum und die Elvire v. Rosenbaum vermählte v. Fliederbusch, die Letztere mit ehemännlicher

Zustimmung, entsagen, zum Vortheile unseres Herrn Bruders Benno v. Rosenbaum, im Voraus der künftigen Erbschaft nach unserem geisteskranken Bruder Siegbert v. Rosenbaum.

Der Herzogliche Oberjägermeister und Feldrath Benno v. Rosenbaum nahm diese Entsagung seiner Geschwister bestens an.

Der miterschienene Erb- und Gerichtsherr Siegbert v. Rosenbaum auf Müllberg wohnte der ganzen Verhandlung an, äußerte jedoch auf die Frage des Richters: ob er damit einverstanden sei, kein Verständniß, hatte sich auch während der Handlung ganz theilnahmlos verhalten und durch sein Benehmen den Gerichtspersonen die Ueberzeugung gegeben, daß er nicht willensfähig sei.

Das Protokoll wurde laut vorgelesen, von den Betheiligten genehmigt und eigenhändig unterzeichnet.

Unterschriften.

b) Entsagungs- und Vertheilungsvertrag bezüglich auf eine künftige Erbschaft.

N., den u. s. w.

Vor den ꝛc. Gerichtsdeputirten erschienen:

1) der Herr Prälat Bonifacius Melchisedeck auf Horeb,
2) der kaiserlich königliche Gefängnißrath Herr Hilarius v. Riegel, auf Mauerfest,
3) der fürstliche General der Kavallerie, Herr Eleasar v. Ausreisser, aus Blachfeld,
4) der Weltgeistliche Chrysostomus Wohlfromm von hier,

Alle nach Namen, Stand und Wohnort bekannt.

Der Herr Prälat erkannte die drei übrigen Herren für seine Neffen von drei Schwestern, und für seine alleinigen künftigen Intestaterben an und erklärte, wie sich dieselben wegen Vertheilung seiner künftigen Verlassenschaft mit seiner Zustimmung geeinigt hätten und sie jetzt willens wären, den Vertrag zu verlautbaren.

Dieses geschah wie folgt:

§. 1.

Der Weltgeistliche Chrysostomus Wohlfromm entsagt mit Rücksicht auf seinen Stand der künftigen Erbschaft nach seinem Oheime Bonifacius Melchisedeck wohlbedächtig, wissend, daß diese Entsagung unwiderruflich. Als ein Andenken an seinen Herrn Oheim soll er jedoch die Kleider desselben, den Rosenkranz, das Meßbuch und den Betschemel, dessen derselbe sich bei seinen Andachtsübungen bedient, aus dem Nachlasse erhalten.

§. 2.

Der fürstliche General der Kavallerie, Herr v. Ausreisser, erhält für seinen Theil die Summe von Fünftausend Gulden Konventionsmünze aus dem künftigen Nachlasse, womit er sich wegen seines Successionsrechts für gänzlich abgefunden erklärt.

§. 3.

Der Gefängnißrath Herr v. Riegel soll den ganzen übrigen Nachlaß unter dem Titel als Universalerbe erhalten und schuldig sein, folgende Legate zu entrichten:

1) An das Stift Allerseelen hierselbst Eintausend Gulden Konventionsmünze, behufs Gründung eines Altars zu Seelenmessen für das Seelenheil des künftigen Erblassers, worüber der künftige Erbe das Nähere bei Auszahlung des Legats vorzuschreiben hat.
2) An zwanzig Ortsarme hierselbst, welche von der Ortsbehörde dem Erben namhaft gemacht werden sollen, die Summe von Einhundert Gulden.
3) An das Hausgesinde des künftigen Erblassers, welches bei seinem Ableben in seinem Dienste sein wird, die Summe von Eintausend Gulden, deren Vertheilung dem Erben überlassen wird, doch so, daß Keiner weniger als Fünfzig Gulden erhalten darf.

§. 4.

Der Herr Rath v. Riegel und der Herr General v. Ausreisser sollen für den Fall, daß Einer oder der Andere den Erbanfall nicht erlebt, einander substituirt sein. Sterben Beide vor dem Herrn Prälaten, so verliert dieser Vertrag seine Kraft auch in Hinsicht des Weltgeistlichen Chrysostomus Wohlfromm.

Es wird darauf angetragen:

diesen Vertrag für jeden Betheiligten auszufertigen.

Vollziehung.

4. Erbverträge der Eltern mit Kindern.

Zu §. 843.

Dergleichen Verträge können nur gerichtlich geschlossen, und wenn das abzufindende Kind seinen Pflichttheil nicht vollständig erhalten soll, müssen sie von dem persönlichen Richter aufgenommen werden, auch muß das Kind volljährig und der väterlichen Gewalt entlassen sein.

a) Abfindungsvertrag.

N., den u. s. w.

Vor dem Gerichtshalter hierselbst und dessen Aktuarius erschienen an ordentlicher Gerichtsstelle:

1) der hiesige Erbscholze Tobias Richter mit seiner Ehegenossin Anne Marie geborenen Schöppe,
2) deren großjähriger Sohn Elias Richter,

Alle persönlich bekannt.

Die Richter'schen Eheleute erklärten:

Wir beabsichtigen, unseren gegenwärtigen Sohn Elias Richter, welcher einen eigenen Hausstand gründen will, abzufinden, so daß er an der Verlassenschaft desjenigen von uns, welcher zuerst mit Tode abgehen wird, zum Vor=

theile des Ueberlebenden keinen Theil mehr haben soll. Wir übereignen ihm, unter diesem Bedinge, die schuldenfreie bäuerliche Stelle, welche wir außer unserer Scholtisei im hiesigen Dorfe noch besitzen, und die unter der Nr. 8 im Hypothekenbuche eingetragen ist, nebst allem todten und lebenden Inventarium hiermit zu seiner Abfindung eigenthümlich, dergestalt, daß er über dieselbe unbeschränkt zu verfügen berechtigt sein soll; und wir schlagen dieselbe auf Eintausend Thaler an. Er ist bereits gestern, durch körperliche Uebergabe, in den Besitz gesetzt worden.

Elias Richter nimmt diese Abfindung dankend an, ist mit dem Anschlage von Eintausend Thalern einverstanden und damit zufrieden, daß er an dem Nachlasse des von seinen Eltern zuerst Versterbenden künftig, zum Vortheile des Ueberlebenden derselben, keinen Theil hat, indem er sich deswegen durch die ihm übereignete Stelle für völlig abgefunden erklärt; erkennt auch an, gestern in den Besitz der Stelle gesetzt worden zu sein.

In den Nachlaß des Ueberlebenden der Eltern bleiben dem Elias Richter seine Rechte vorbehalten.

Es wird darauf angetragen:

1) diesen Vertrag einmal für Elias Richter auszufertigen;
2) den Besitztitel von der Stelle für ihn zu berichtigen.

Die Kosten übernehmen die Eltern.

Vollziehung.

b) Abtretungsvertrag*).

N., den u. s. w.

Am heutigen Gerichtstage hierselbst erschienen vor dem Gerichtshalter und dessen Protokollführer:

1) der hiesige Bauer Hans Jakob Kilian,
2) dessen vier Kinder, Namens
   a) Johann Michel, großjährig,
   b) Jakob Gabriel, 22 Jahre alt,
   c) Magdalene Anne, 20 Jahre,
   d) Elisabeth Christine, 18 Jahre alt,

Alle persönlich bekannt und hierselbst wohnhaft.

Der Erstere erklärte, wie er bei seinem vorgerückten Alter willens sei, in Ansehung seines Vermögens noch bei seinem Leben mit seinen Kindern Richtigkeit zu machen, daß er sich dieserhalb mit ihnen geeinigt habe, und sie zu dem Ende erschienen wären, um den Vertrag gerichtlich zu machen, weshalb er bitte: ihre Erklärung aufzunehmen. Dem Antrage wurde stattgegeben, und die Erschienenen gaben, was folgt, zu Protokoll:

§. 1.

Der Bauer Hans Jakob Kilian übergiebt und verschreibt sein ganzes

*) In Betreff des Stempels gilt hier das Gleiche, was oben zum Gutsabtretungs- und Altentheils-Vertrag, Nr. LVI, angemerkt ist.

gegenwärtiges und zukünftiges Vermögen, es bestehe worin es wolle, nichts davon ausgenommen, insbesondere auch sein hierselbst belegenes Bauergut Nr. 1, und alle ausstehenden Forderungen, nur mit Ausnahme einer Stube zur ebenen Erde rechts, welche er sich zur Wohnung bis an seinen Tod vorbehält, und mit Ausnahme des Nießbrauchs von seinen Kleidern, Betten, Wäsche und Hausgeräthe, sowie von dem auf dem hiesigen Rittergute eingetragenen Kapitale von Viertausend Thalern, an seinen Sohn Johann Michel Kilian, erb- und eigenthümlich, dergestalt, daß derselbe das gegenwärtige Vermögen, wie es in dem hierbei übergebenen Inventarium aufgezeichnet ist, schon jetzt in Besitz nehmen, und dasjenige, was der Vater künftig noch hinterlassen möchte, allein erben, haben und behalten soll. Die Uebergabe der einzelnen, in dem Vermögen begriffenen Stücke ist demselben nach dem Inventarium geleistet, doch sind damit nicht die etwa übergangenen Stücke ausgeschlossen, indem das Inventarium nur den Zweck der Beschreibung hat.

§. 2.

Der Werth dieses Vermögens, mit Einschluß des Bauerguts, dessen Werth auf Sechstausend Thaler angenommen ist, sowie mit Einschluß des Kapitals der 4000 Thlr., wovon der Nießbrauch vorbehalten ist, wird, nach Abzug der Schulden, auf Vierzehntausend Thaler angenommen, und wie folgt vertheilt:

1) Johann Michel, der Annehmer erhält . . . . . 2000 Thlr.
sage Zweitausend Thaler, welche er sich zu Gute rechnet. Damit ist er reichlich abgefunden, weil der Gutswerth, mit Rücksicht hierauf, niedrig angeschlagen worden ist.

2) Zum Begräbnisse des Vaters werden . . . . . . 100 =
sage Einhundert Thaler bestimmt, welche derjenige von den Kindern zu fordern hat, welcher das Begräbniß wirklich besorgt; doch soll er die wirklichen Ausgaben dem Dorfgerichte nachweisen, und wenn die nachgewiesene Summe nicht so viel beträgt, soll den Rest die Ortsarmenkasse haben. Der Annehmer hat in der Besorgung des Begräbnisses den Vorzug.

3) Die Ortsarmenkasse erhält, acht Tage nach dem Tode des Vaters Kilian, von dem Annehmer . . . . 20 =
sage Zwanzig Thaler unter der Bedingung, daß die Dorfgerichte sich der Mühe unterziehen, die Nachweise über die Begräbnißkosten zu prüfen.

4) Jakob Gabriel soll von dem Annehmer erhalten, sobald er nach erlangter Großjährigkeit einen eigenen Hausstand gründen will

a) die Summe von . . . . 3500 Thlr.
schreibe DreitausendFünfhundert Thalern;

Uebertrag 2120 Thlr.

Uebertrag			2120 Thlr.
Uebertrag		3500 Thlr.	
b) zu seiner Ausstattung nach seiner Wahl:			
aa) zwei Kühe von bester Sorte oder Vierzig Thaler, schreibe	40 Thlr.		
bb) ein Pferd von gewöhnlicher Landrace, bester Art, nebst Sattel und Zeug, oder .	50 =		
schreibe Fünfzig Thaler;			
cc) ein Dutzend flächsene Hemden, oder	12 =		
schreibe Zwölf Thaler;			
dd) einen Tuchmantel, einen Tuchrock, eine Tuchweste, ein Paar Tuchhosen oder	30 =		
schreibe Dreißig Thaler;			
ee) zwei Paar leinene Hosen oder	3 =		
schreibe Drei Thaler;			
ff) ein Paar Stiefeln und ein Paar Schuhe oder . .	5 =		
schreibe Fünf Thaler.		140 =	
zusammen			3640 =
schreibe Dreitausend Sechshundert und Vierzig Thaler.			
5) Magdalene Anne erhält von dem Annehmer, sobald sie sich verheirathet oder nach dem Tode des Vaters auch ohnedies, sobald sie es verlangt:			
a) die Summe von		4000 =	
schreibe Viertausend Thalern, und			
b) zur Ausstattung nach ihrer Wahl in Natur oder den Geldwerth:			
aa) zwei Gebett Betten, bestehend in u. s. w. oder .	40 Thlr.		
bb) zwei Tischgedecke u. s. w. oder	50 =		
cc) u. s. w.		100 =	
zusammen			4100 =
schreibe Viertausend Einhundert Thaler.			
6) Elisabeth Christine erhält ebenfalls von dem			
Uebertrag			9860 Thlr.

Uebertrag 9860 Thlr.

Annehmer, sobald sie sich verheirathet oder nach des Vaters Tode, sobald sie es verlangt,

a) die Summe von Viertausend, schreibe	4000 =	
b) zur Ausstattung nach ihrer Wahl folgende Sachen u. s. w. oder . . .	140 =	
zusammen		4140 =

schreibe Viertausend Einhundert und Vierzig Thaler.

Hierdurch ist das Vermögen von . . . . 14000 Thlr. vertheilt.

§. 3.

Der Uebernehmer ist verbunden, die Erbtheile seiner drei Geschwister, ohne die Ausstattungen, zusammen 11500 Thlr., schreibe Elftausend Fünfhundert Thaler, mit Drei Prozent, bis zur Auszahlung zu verzinsen. Der Vater ermächtigt sie zur eigenen Erhebung der Zinsen.

§. 4.

Derselbe ist ferner schuldig, ihnen bis zur Großjährigkeit den freien Aufenthalt auf der Stelle zu gestatten und sie, gegen eine Vergütung von Zehn Thalern monatlich, an seinem Tische zu speisen, ihnen die Wäsche besorgen zu lassen und den Schwestern ein ausschließliches Schlafgemach anzuweisen.

§. 5.

Zur Sicherheit seiner Geschwister, wegen ihres Erbtheils, der Ausstattungen, der Zinsen und Kosten, bestellt er ihnen dafür mit dem Bauergute Nr. 1 Hypothek und willigt darin, daß diese Erbtheile, zusammen von Elftausend Fünfhundert Thalern, nebst den Ausstattungen, Zinsen und Kosten, darauf im Grundbuche eingetragen werden. Außerdem wird dafür das Hypothekenkapital von Viertausend Thalern, welches aus der Schuldverschreibung des Gutsbesitzers Soundso, v. 11. Februar 1830, auf dem hiesigen Rittergute Rubr. III, No. 18 für den Vater und künftigen Erblasser eingetragen steht, und wovon der Letztere sich den Nießbrauch vorbehalten hat, von dem Uebernehmer, unbeschadet des väterlichen Nießbrauchs, hierdurch mit verpfändet, und die Verpfändung soll im Hypothekenbuche subinskribirt werden, als wozu der Uebernehmer seine Bewilligung giebt. Das Instrument über dieses Kapital bleibt sodann in den Händen des Nießbrauchers.

§. 6.

Sämmtliche Kosten trägt der Uebernehmer.

Dieser Vertrag soll viermal ausgefertigt werden, nämlich:

1) für den Uebernehmer als Erwerbungstitel;
2) für den Jakob Gabriel Kilian als Dokument über 3500 Thlr. Erbtheil nebst Zinsen, und 140 Thlr. Ausstattung;
3) für die Magdalene Anne Kilian als Dokument über 4000 Thlr. Erbtheil nebst Zinsen, und 100 Thlr. Ausstattung.

4) für die Elisabeth Christine Kilian als Dokument über 4000 Thlr. Erbtheil nebst Zinsen, und 140 Thlr. Ausstattung.

Außerdem soll

5) zu dem Hypothekeninstrumente v. 11. Febr. 1830, über 4000 Thlr. eine Ausfertigung ausgefertigt werden, um dadurch den Uebergang der Post auf den Johann Michel Kilian, mit Vorbehalt des Nießbrauchs für den Vater, und zugleich die Verpfändung des Kapitals für die Erbtheile und Ausstattungen der drei übrigen Geschwister Kilian zu beurkunden. Endlich soll

6) das Dorfgericht wegen der für die Ortsarmenkasse ausgesetzten Vortheile eine einfache Abschrift erhalten.

Die Betheiligten tragen darauf an:

1) diese Ausfertigungen zu ertheilen;
2) den Besitztitel für den Uebernehmer im Grundbuche des Bauerguts zu berichtigen;
3) für die übrigen drei Geschwister Kilian die Erbtheile und Ausstattungen nebst Zinsen und Kosten einzutragen;
4) das Hypothekeninstrument über die 4000 Thlr. an die Hypothekenbehörde des Ritterguts zu übersenden und die Eintragung des Ueberganges an den Johann Michel Kilian, mit Vorbehalt des Nießbrauchs für den Vater, so wie die Subinskription der Verpfändung in Antrag zu bringen.

Den Betheiligten wurde diese Verhandlung laut vorgelesen, ein Jeder erklärte sich mit den Verabredungen einverstanden, genehmigte und unterzeichnete das Protokoll eigenhändig, wie folgt:

Vollziehung.

5. Verhandlung mit einem in eine Armenanstalt aufzunehmenden Pflegling.

Zu §§. 854, 860.

N., den u. s. w.

Vor dem Justitiarius des hiesigen Land-Armenhauses erschienen:

1) der Einwohner Tobias Ohnewas,
2) dessen Bruder, der Schuhmacher Gottlieb Ohnewas,

Beide hierselbst wohnhaft und nach Namen, Stand und Wohnort bekannt. Dem Ersteren ist wegen seiner Hülfsbedürftigkeit die Zusicherung gegeben, daß er in das hiesige Land-Armenhaus zu seiner Verpflegung bis an seinen Tod aufgenommen werden solle; und er ist mit seinem Bruder zu dem Zwecke vor den Justitiarius der Anstalt gerufen worden, um mit dem Erbrechte derselben für den vorliegenden Fall bekannt gemacht zu werden. Beide versicherten, daß sie die einzigen Glieder ihrer Familie, und ihnen keine Verwandten von ihnen bekannt seien.

Der Justitiarius macht ihnen bekannt, daß die Armenanstalt, wenn sie den Tobias Ohnewas aufnehme und bis an sein Ende verpflege, dessen alleiniger Erbe werde und alle Verwandten ausschließe, daß jedoch Er, der Bruder Gottlieb Ohnewas, sich sein Erbrecht dadurch erhalten könne, wenn er seinem Bruder eine gleich gute Verpflegung gewähre. Der Schuhmacher Gottlieb Ohnewas erbot sich zu einer solchen Verpflegung seines Bruders Tobias und wollte nicht zugeben, daß ihm sein Erbrecht durch die Armenanstalt entzogen werde. Der Tobias Ohnewas hingegen lehnte die ihm von seinem Bruder angebotene Verpflegung ab und zog ihr die Versorgung in der Armenanstalt vor, mit dem Beifügen: daß er der Letzteren das Erbrecht in seinen dereinstigen Nachlaß hiermit ausdrücklich eingeräumt haben wolle, wenn sie ihn bis an seinen Tod verpflege.

Das Protokoll ist vorgelesen, genehmigt und unterzeichnet worden.

Unterschriften.

LXXX.

Erbschaftsentsagung.

Zu §. 864, III, §. 865.

N., den u. s. w.

Vor dem unterschriebenen Deputirten des rc. Gerichts erschien die verwittwete Frau Gräfin Dieunddie, Susanne, geborene Soundso, aus Mangelheim, nach Namen, Stand und Wohnort bekannt, auch geschäftsfähig befunden und erklärte:

Mein Herr Gemahl, der Graf Superbus Dieunddie, Erbherr auf Mangelheim, ist vor vier Wochen ab intestato verstorben, und mir ist, in Ermangelung von Ehepakten, die gesetzliche Erbfolge in seinen Nachlaß eröffnet. Ich entsage jedoch der ehemännlichen Erbschaft hiermit wohlbedächtig und weiß, daß eine gültig geschehene Erbschaftsentsagung unter keinerlei Vorwande widerrufen werden kann. Ich bitte

um Ausfertigung dieses Akts.

Dieses Protokoll ist der Frau Gräfin vorgelesen, darauf von ihr genehmigt und eigenhändig unterzeichnet worden.

Susanne, Gräfin Dieunddie.

a. u. s.

Rechtmacher,
Kreisgerichts-Assessor.

LXXXI.

Versiegelungs-Protokoll.

Zu §. 868.

Wie bei der Versiegelung zu verfahren, schreibt die A. G.O. Th. I, Tit. 50, §§. 196—199, und Th. II, Tit. 5. §§. 5 u. flg. ausführlich vor. In der Regel kann nur das zuständige Erbschaftsgericht sie vornehmen. Notarien sind dazu nur auf ausdrückliches Ersuchen des Verstorbenen, oder wenn kein Richter sich am Orte oder in der Nähe befände und zugleich das Gesuch von Erben, Gläubigern oder anderen Interessenten angebracht würde, berechtigt; alsdann müssen sie aber die zu einem Notariatsinstrumente gehörigen Förmlichkeiten beobachten und das Protokoll dem kompetenten Gerichte sofort einsenden.

Der Kommissarius muß, mit Zuziehung der anwesenden Verwandten, Freunde oder Bedienten des Verstorbenen, oder des Hauswirths, nach baaren Geldern, geldwerthen Papieren und Pretiosen, welche in der Regel zum gerichtlichen Deposito zu nehmen sind[1]), und nach der etwa vermuthlich vorhandenen letztwilligen Verordnung oder der Rekognition über ein gerichtlich niedergelegtes Testament, suchen, und was sich davon findet, mitnehmen[2]); übrigens aber nach Vorschrift der §§. 25 flg. a. a. O. verfahren.

Muster.

Rittergut Wiesenthal, den 6. April 1844, Nachmittags um 2 Uhr.

Auf die heute Vormittag bei dem rc. Gerichte eingegangene Anzeige von dem in der verwichenen Nacht erfolgten Ableben des Rittergutsbesitzers A., ist der unterschriebene Gerichtssekretarius hierher deputirt worden, um den Nachlaß zu versiegeln. Um Zwei Uhr angekommen, fand er nur

1) den Wirthschaftsinspektor Albert Krautig, und
2) den Bedienten des Verstorbenen, Johann Bald

anwesend, welche anzeigten, daß der Verstorbene von Verwandten nur einen Bruder, den Königl. Rittmeister A. zu N. in Ostpreußen, nachgelassen habe, der zwar schon vor einigen Wochen von der gefährlichen Krankheit des Verstorbenen in Kenntniß gesetzt worden sei, jedoch geantwortet habe, daß er unmöglich kommen könne.

Der Kommissarius begab sich in Begleitung dieser beiden Personen in das Schlafzimmer des ihm wohl bekannt gewesenen Verstorbenen, und fand dessen Leiche noch im Bette liegen. Da in derselben Stube mehrere Schränke und andere Behältnisse stehen, welche nicht herausgeschafft werden können, so wurde zuvörderst die Bettstelle mit der Leiche in den sogenannten Gartensaal, welcher leer ist, gebracht. Sodann wurde in Gegenwart der gedachten beiden Personen der in der Schlafstube stehende verschlossene Schreibsekretär, in welchem sich nach Angabe des Wirthschaftsinspektors Krautig die Papiere und werthvolle Sachen des Verstorbenen befinden sollen, geöffnet, und es wurden darin gefunden:

1) eine Rekognition über ein bei dem Gerichtsamte des Rittergutes Wiesenthal niedergelegtes Testament;
2) zehn schlesische Pfandbriefe, nämlich: u. s. w.;

1) Anh. zur A. G.O. §. 432 (zu §. 5, Tit. 5, Th. II).
2) A. G.O. Th. II, Tit. 5, §. 32.

3) zwei Staatsschuldscheine, und zwar: u. s. w.;
4) acht Warschauer alte Pfandbriefe, und zwar: u. s. w.;
5) fünf Seehandlungs-Prämienscheine, nämlich: u. s. w.;
6) einhundert und zwanzig Preuß. Friedrichsd'or;
7) einhundert fünf und achtzig Thaler in Kassenanweisungen;
8) acht Rollen mit Thalerstücken, à 50 Thlr.;
9) zwanzig Thaler in diversen Münzsorten;
10) folgende Pretiosen: u. s. w.

Alles dieses nahm der Kommissarius an sich.

Hierauf wurde zur Versiegelung geschritten und zwar:

A. im herrschaftlichen Hause. Dieses ist ein Stockwerk hoch, mit einem Souterrain. Man tritt durch die Hausthür in einen Vorsaal, in welchem sich drei Flügelthüren befinden. Die Thür gerade zu führt in den leeren Gartensaal, in welchen die Leiche gebracht ist; die Thüre rechts führt zu den Wohngemächern, und die Thüre links führt in einen Saal mit zwei daran stoßenden Zimmern. Diese Abtheilung linker Hand soll zur Benutzung bei dem Begräbnisse und sonst offen bleiben. Deshalb wurden die darin befindlichen Gegenstände bis auf folgende Stücke:

1) zwei Trumeaux mit Mahagonirahmen,
2) eine leere Kommode von Mahagoniholze,
3) ein leerer Kleiderschrank von gleichem Holze,
4) ein Dutzend Rohrstühle von gleichem Holze,
5) ein runder Tisch von gleichem Holze,
6) die vor den drei Fenstern des Saales befindlichen rothweißen Gardinen,

in die Wohnzimmer geschafft, und sodann versiegelt:

I. die Wohnzimmer in der Art, daß man die hintere, in den Gartensaal führende Thür von innen verriegelte und einen Papierstreifen mit dem einen Ende an die Thür und mit dem anderen an den Thürpfosten durch Aufdrückung des Gerichtskommissionssiegels ansiegelte; daß man ferner die inwendigen Laden der in dem nämlichen Zimmer befindlichen zwei Fenster, nach dem Garten zu, schloß und über jeden Laden einen gleichen Papierstreifen ansiegelte; daß man sodann die beiden Fenster in dem vorderen Zimmer auf gleiche Weise durch Schließung der innerhalb befindlichen Laden und Ansiegelung eines Papierbandes über jeden derselben schloß, und hiernächst die auf den Vorsaal führende Eingangsthür von außen verschloß, den Schlüssel abzog und einen Papierstreifen über das Schlüsselloch an beide Flügel und einen zweiten etwas höher, ansiegelte.

II. Der Boden. Hier sind zwei Giebelstuben, worin allerlei Haus- und Wirthschaftsgeräthe. In Beiden wurden die Fenster nach Schließung der Laden, auf gleiche Weise wie unten, versiegelt, dann die Thüren verschlossen, der Schlüssel abgezogen, und an jede Thür ein Papierband über das Schlüsselloch, mit dem einen Ende an den Pfosten, mit dem anderen an die Thür angesiegelt.

III. Im Souterrain befindet sich eine Vorrathskammer, die Küche und die Gesindestube. Diese Räume werden zur Fortstellung der Wirthschaft gebraucht, auch sind die darin befindlichen Gegenstände zum Theile leicht verderblich, weshalb man, was vorfindlich, aufzeichnete, wie folgt:

1) in der Gesindestube:

a) drei Betten, bestehend aus einem Deckbette und Kopfkissen mit blaukarrirtem Ueberzuge, einem Unterbette, Laken, Strohsacke und einer Reisebettstelle;

b) ein großer fichtener Tisch u. s. w.

IV. Der Keller, nachdem man einige dem Verderben ausgesetzte Sachen in die Vorrathskammer gebracht hatte, bei welcher sie mit verzeichnet sind, wurde in der Art versiegelt, daß man die innere Thür verschloß und ein Papierband mit dem einen Ende an den Pfosten und mit dem anderen an die Thür siegelte.

Der Wirthschaftsinspektor Krautig legte auf Verlangen den letzten Monatsschluß vor, welcher hier beiliegt. Darnach sollen zweihundert fünfzig Thaler in der Wirthschaftskasse sein, welche vorgezeigt wurden, mit der Angabe, daß so viel zur Fortsetzung der Wirthschaft und zum Begräbnisse nothwendig sei. Deshalb wurde der Bestand in den Händen des Krautig gelassen. Eine Revision der Getreidebestände und Wirthschaftsgeräthe war nicht möglich, weil darüber nicht Rechnung gehalten worden ist und das größtentheils noch ungedroschene Getreide in den Scheunen nicht nachgezählt werden kann. Deshalb wurde

B. der Speicher oder Getreideboden, nachdem das darauf befindliche Getreide vermessen, wobei sich vorfanden:

100 Schffl. Weizen,
50 = Roggen,
300 = Hafer,
200 = Gerste,

durch ein mit dem einen Ende an die Thür und mit dem anderen an den Pfosten gesiegeltes doppeltes Papierband, und

C. die vier Scheunen mittelst eines, durch die Schloßkramme gezogenen und mit beiden Enden an das Scheunthor gesiegelten Bindfadens versiegelt, nachdem man dem Wirthschaftsinspektor Krautig

1) 40 Scheffel Hafer,
2) 20 = Roggen u. s. w. von den Bodenbeständen

zur Verwaltung und Berechnung übergeben.

Ein Inventarium über das vorhandene Vieh und Wirthschaftsgeräth war nicht vorhanden, weshalb mit der Revision und Aufzeichnung vorgegangen werden mußte. Es fanden sich

I. An Pferden:

1) Vier braune Wagenpferde, englisirt,

2) ein schwarzes Reitpferd u. s. w.

II. An Rindviehe u. s. w.

Der Wirthschaftsinspektor Krautig wurde angewiesen, die Wirthschaft auf dem bisherigen Fuße bis auf weitere Verordnung fortzusetzen.

Sämmtliche Schlüssel wurden in die, in dem Saale linker Hand vom Eingange stehende leere Kommode gelegt, dieselbe verschlossen und mit einem über das Schlüsselloch des obersten Schubes gelegten, mit einem Ende an den Schub, mit dem anderen an die Platte der Kommode angesiegelten Papierstreifen versiegelt und der Schlüssel dem Inspektor Krautig zur Verwahrung eingehändigt. Demselben wurden noch zur Bekleidung der Leiche

1) ein feines Hemde u. s. w.

überliefert; auch die Betten, worin dieselbe gelegen, und zwar: ein Deckbett u. s. w. zur Reinigung sammt der Bettstelle zur Verwahrung überlassen.

Zum Schlusse wurde dem Inspektor Krautig und dem Bedienten Bald die besondere Aufsicht über die Siegel, und daß sie nicht abgerissen werden, aufgetragen, mit der Anweisung, jede daran wahrgenommene Aenderung dem ꝛc. Gerichte unverzüglich anzuzeigen.

Vorgelesen, genehmigt und vollzogen.

Krautig. Bald.

a. u. s.

N., Kommissarius.

LXXXII.

Entsiegelungs-Protokoll.

(A. G.O. Thl. II, Tit. 5, §. 36 ff.)

Rittergut Wiesenthal, den 28. April 1844.

Der unterschriebene Gerichtssekretär ist abgeordnet worden, den am 6. d. M. unter Siegel genommenen Nachlaß des verstorbenen Gutsbesitzers Ewald A. zu entsiegeln und dem Königl. Rittmeister A. aus N., welcher sich als Alleinerbe des Verstorbenen legitimirt hat, zu überliefern. Der Kommissarius hat sich dazu hierher begeben und den ihm früher schon bekannt gewordenen Herrn Rittmeister A. im herrschaftlichen Hause anwesend gefunden.

Der Wirthschaftsinspektor Krautig übergab den ihm anvertrauten Schlüssel zur Kommode, in welcher sich die Schlüssel befinden, welche, nachdem die an der Kommode befindlichen Siegel für unverletzt anerkannt und darauf abgenommen worden waren, herausgenommen wurden.

Nun wurden mit Zuziehung des Herrn Rittmeisters A. die angelegten Siegel, nach Anleitung des Siegelungsprotokolls vom 6. d. M., untersucht, alle unverletzt gefunden und abgenommen; der solchergestalt entsiegelte Nachlaß aber dem Herrn Rittmeister A. zur freien Verfügung gestellt.

Die nicht unter Siegel genommenen Stücke, mit Ausnahme der verbrauchbaren Sachen, worüber der Wirthschaftsinspektor **Krautig** seinem neuen Herrn noch Rechnung legen wird, wurden nach der Reihe, wie sie im Siegelungsprotokolle verzeichnet stehen, von dem 2c. **Krautig** dem Herrn Rittmeister A. vorgewiesen, bis auf 10 Schafe, die unterdessen angeblich gestorben sind, und an deren Stelle der 2c. **Krautig** 10 Schaffelle vorwies. Der Herr Rittmeister A. nahm den Nachweis dadurch für geführt an, und quittirte über richtige Ueberlieferung des Nachlasses.

Vorgelesen, genehmigt und vollzogen.

A. Krautig.

a. u. s.

N., Kommissarius.

LXXXIII.
Inventur-Protokoll.

Zu §. 868.

(A. G.O. Thl. II, Tit. 5, §§. 43 ff.)

Rittergut Wiesenthal, den 10. Mai 1844.

Auf den Antrag des Rittmeisters A. zu N., als Erben des verstorbenen Rittergutsbesitzers Ewald A. hierselbst, soll der am 6. April versiegelte Nachlaß des Letzteren gerichtlich inventirt werden, wozu der unterschriebene Gerichtssekretär abgeordnet worden ist. Der Vorladung gemäß erschienen:

1) der Taxator H. aus N., 51 Jahre alt, evangelisch, nicht verwandt oder verschwägert mit dem Erben, auch ohne alles Interesse bei der Sache,
2) der Gold- und Silberarbeiter A. aus N., 45 Jahre alt, katholisch, nicht verwandt oder verschwägert mit dem Erben und ohne alles Interesse bei der Sache.

Beide sind ein für allemal als gerichtliche Taxatoren vereidet, und wurden für das gegenwärtige Geschäft, bei welchem sie als Taxatoren dienen sollen, auf ihren Amtseid verwiesen. Gegenwärtig war auch

3) der Wirthschaftsinspektor **Krautig**.

Der Erbe, Rittmeister A. zu N., ist abwesend und zu weit entfernt, als daß er bei der Inventur hätte erscheinen können; Herr **Krautig** zeigt unter Vorlegung eines Briefes desselben an, daß er darin beauftragt sei, ihn dabei zu vertreten, daß er jedoch keine gerichtliche Vollmacht erhalten habe.

Der Kommissarius eröffnete ihm, daß er zwar als Bevollmächtigter des Rittmeisters A. nicht legitimirt sei, und mithin als solcher nicht zugelassen werden könne, daß er jedoch demselben zu diesem Geschäfte als Mandatarius ex officio bestellt werde[1]).

In Gegenwart und mit Zuziehung dieses Mandatarius wurde mit der Inventur von Zimmer zu Zimmer vorgeschritten, und es fanden sich folgende Gegenstände:

---

1) A. G.O. Th. II, Tit. 5, § 45.

I. In dem Wohnzimmer rechts des Einganges:

1) Ein Schreibsekretär von Birkenholze, taxirt zu 12 Thlr.

Darin fanden sich vor:

a) eine goldene Taschenuhr = = 30 =

u. s. w.

2) eine Kommode von Birkenholze, = = 8 =

Darin befanden sich

a) 12 Mannshemden à 1 Thlr. = = 12 =

u. s. w.

II. In dem daran stoßenden Schlafzimmer u. s. w.

Nachdem alle im Nachlasse vorgefundenen Effekten vollständig verzeichnet und abgeschätzt worden waren, wurden die Taxatoren, welche das Protokoll genehmigten und unterschrieben,

(Unterschriften.)

entlassen.

Jetzt untersuchte man unter Zuziehung des Wirthschaftsinspektors Krautig die in verschiedenen Behältnissen gefundenen und einstweilen bei Seite gelegten Papiere, und fand darunter:

1) das Dokument über den Erwerb dieses Rittergutes, nämlich einen Kaufkontrakt v. 6. Aug. 1820 nebst Hypothekenscheine v. 8. Sept. ej., wonach der Erblasser das Gut Wiesenthal für 51,000 Thlr. erkauft hat;

2) einen Schuldschein des Gutsbesitzers N. zu —, vom 8. August 1842, über ein Darlehn von 2000 Thlrn. zu 5 Prozent verzinslich;

3) einen dergleichen u. s. w.

Ueber den Passivzustand des Nachlasses machte der Herr Inspektor folgende Angaben:

1) Die Liedlöhner hätten zu fordern u. s. w.

Außerdem fanden sich unter den Papieren folgende unquittirte Rechnungen u. s. w.

Weiter fand sich hier nichts zu vermerken.

Vorgelesen, genehmigt und vollzogen.

Krautig.

a. u. s.

N., Kommissarius.

Anmerkung.

Aus diesem Protokolle wird das förmliche Inventarium nach folgenden Titeln verfertigt:

Tit. I. An unbeweglichen Gütern nnd liegenden Gründen.

II. An Aktivis und ausstehenden Forderungen.

Daß hier nach Anleitung der vorgefundenen Dokumente, Bücher und anderen Nachrichten die Forderungen nicht bloß an Kapital, sondern auch mit Angabe des Zinsfußes und mit Auswerfung der rückständigen Zinsen sowie der laufenden Zinsen bis zum Todestage, aufgeführt werden müssen, versteht sich von selbst. Es gehört aber zur Vollständigkeit auch die Angabe des Entstehungsgrundes (causa debendi).

Tit. III. An baarem Gelde.
" IV. An goldnen, silbernen und anderen Medaillen und seltenen Münzen.
" V. An Juwelen und Kleinodien.
" VI. An Uhren, Tabatieren und anderen kleinen, kostbaren oder künstlichen Stücken.
" VII. An Gold- und Silbergeschirre.
" VIII. An Porzellan.
" IX. An Gläsern.
" X. An Zinn, Kupfer, Metall, Messing, Blech und Eisen.
" XI. An Leinenzeug und Betten.
" XII. An Möbels und Hausgeräthe.
" XIII. An Kleidungsstücken.
" XIV. An Wagen und Geschirre.
" XV. An Pferden.
" XVI. An allerhand Vorrathe zum Gebrauche.
" XVII. An Vorrath und Waaren zum Verkaufe und Handel.
" XVIII An Gemälden, Zeichnungen, Kupferstichen und mathematischen Instrumenten und Gewehren.
" XIX. An Büchern und Manuskripten.
Von großen Büchersammlungen verfertigt man einen besonderen Katalog als Beilage zum Inventario, und rückt in dasselbe, hier unter diesem Titel, nur die Summe des Betrages ein.
" XX. An Briefschaften und Dokumenten.
" XXI. An Passivis und Schulden.

Recapitulatio.

Tit. I. pag. u. s. w. bis XX.	— —
Summa Summarum,	— —
Hiervon ab. Tit. XXI.	— —
Verbleibt Summa des Nachlasses	— —

LXXXIV.
Erbes-Legitimation und Erklärung.
Zu §§. 865 u. 868.

Wegen der eidesstattlichen Versicherung konnte diese Erklärung früher nur gerichtlich abgegeben werden. (A. L.R. Thl. I, Tit. 9, §§. 486 und 413 ff.) Das Gesetz, betreffend die Ausstellung gerichtlicher Erbbescheinigungen, vom 12. März 1859 (G.S. S. 473) §. 3 hat jedoch eingeführt: „Diese Erklärung muß zu gerichtlichem oder notariellem Protokoll aufgenommen sein.“

1. Muster einer einfachen Erbeslegitimation und Erbeserklärung.

N., den u. s. w.

Vor dem zur Aufnahme dieser Verhandlung bestimmten Richter erschien der von Person wohlbekannte und verfügungsfähige Herr N. von hier, und gab folgende Erklärung ab:

Ich versichere hiermit an Eidesstatt, daß mir andere gleich nahe oder nähere Erben[1]) des den 5. März d. J. hierselbst verstorbenen Kaufmanns N. nicht bekannt sind, als vier vollbürtige Brüder desselben, nämlich außer mir

1) der u. s. w.

und sodann die einzige Tochter einer vor ihm verstorbenen Schwester Caroline, verehelicht gewesenen N. zu N., Namens Beate Auguste N; ich auch nicht weiß, daß der Erblasser eine letztwillige Verfügung hinterlassen habe.

(Der Herr N. wurde vom Deputirten bedeutet, daß es auf seine Erklärung ankomme, ob er die ihm zugefallene Erbschaft mit oder ohne Vorbehalt der Rechtswohlthat des Inventarii antreten wolle. Letzterenfalls, nämlich bei der Erbesantretung ohne Vorbehalt, sei der Erbe verpflichtet, die vorhandenen Nachlaßschulden als Selbstschuldner zu berichtigen, wenn auch der Nachlaß hierzu nicht hinreiche, oder nicht bald ins Geld umzusetzen gehe. Im ersteren Falle, wenn er die Erbschaft nur mit Vorbehalt antrete, sei er zwar, wenn er binnen 6 Monaten nach Ablauf der Ueberlegungsfrist von 6 Wochen nach erhaltener Wissenschaft von dem Erbanfalle, ein vollständiges Inventarium über den Nachlaß eingereicht hätte, nur gehalten, den Nachlaßgläubigern soweit gerecht zu werden, als der Nachlaß dazu hinreiche, er erlange aber nur ein eingeschränktes Eigenthum des Nachlasses und sei verpflichtet, den Gläubigern auf Erfordern über die Verwaltung des Nachlasses Rechnung zu legen, und den Nachlaß zu ihrer Befriedigung zu verwenden, endlich auch die Gläubiger nach der gesetzlichen Folgeordnung ihrer Forderungen zu befriedigen.

Derselbe wurde auch bedeutet, daß, wenn das vollständige Inventarium nicht in der bestimmten Zeit eingereicht werde, dieses die Folge habe, daß er, wie ein Erbe ohne Vorbehalt, die Nachlaßschulden aus eigenen Mitteln bezahlen müßte, wenn auch der Nachlaß nicht zureiche; ferner, daß zwar derjenige, der eine Erbschaft nur mit Vorbehalt angetreten habe, nachher dieselbe unbedingt antreten und nachträglich der Rechtswohlthat des Inventarii entsagen könne, daß aber die Erklärung, die Erbschaft unbedingt antreten zu wollen, nur bis zum Ablaufe der gesetzlichen Ueberlegungsfrist, jedoch nur gerichtlich, später aber nicht mehr widerrufen werden könne[2]).

---

1) Das A. L.R. I, 9 §. 486 schreibt die Fassung der eidesstattlichen Versicherung dahin vor: „daß ihm keine nähere oder gleich nahe Verwandten des Erblassers bekannt sind." So war auch in den früheren Ausgaben dieses Buches die Versicherung gefaßt. Das Gesetz vom 12. März 1869 hat dieselbe so vorgeschrieben, wie solche jetzt hier gefaßt ist. Diese Abänderung des Landrechts ist incorrect, die Versicherung muß auf die Verwandtschaft gerichtet sein; ob die Hinterbliebenen alle auch Erben werden, kann der Versichernde nicht in jedem Falle wissen.

2) Diese Belehrung ist zweckmäßig, aber nicht nothwendig und kann deshalb ohne Nachtheil an der Gültigkeit des Akts wegbleiben.

Daß dieses Alles dem Erben bekannt gemacht und deutlich erklärt, auch wie solches geschehen, zum Protokoll vermerkt werden soll, schreibt die A. G.O. Th. II, Tit. 5,

Herr N. erklärte hierauf:

Ich habe die mir gemachte Bedeutung wohl verstanden, trete jedoch die Erbschaft meines verstorbenen Bruders hiermit ohne Vorbehalt an, und entsage der Rechtswohlthat des Inventariums.)

Vorgelesen, genehmigt und vollzogen.

(Unterschriften.)

2. Muster eines Erbeslegitimations-Attestes (einer Erbbescheinigung).

Von dem unterzeichneten Erbschaftsgerichte wird hierdurch bescheinigt, daß als die alleinigen Erben des hierselbst testamentlos am 5. März d. J. verstorbenen Kaufmanns N. vier vollbürtige Brüder desselben, nämlich:

1)
2) (Vollständige Bezeichnung mit Vor- und Zunamen, Charakter, Ge-
3) werbe oder sonstige Lebensstellung und Wohnort)
4)

und sodann die einzige eheliche Tochter einer vor ihm verstorbenen Schwester Caroline, verehelicht gewesenen N. zu N., Namens Beate Auguste N., sich legitimirt und die Erbschaft ihres Bruders und resp. Oheims ohne Vorbehalt angetreten haben.

N., den u. s. w.

(L. S.)

Königl. Kreisgericht. II. Abtheilung.

3. Muster einer Verhandlung über die Erbeslegitimation, Erbeserklärung und Erbtheilung[1]) in geringfügigen Nachlaßsachen.

Geschehen am Königl. Kreisgerichte zu Neisse, den 8. Mai 1844.

In der Häusler Berglauf-Kunzendorfer Nachlaß- resp. Vormundschaftssache steht zur Erbtheilung heute Termin an.

In demselben erschienen:

1) die Wittwe Elisabeth Berglauf, geborene Hauland,
2) der Gärtner Christian Liebrecht,

Beide aus Kunzendorf.

Die Komparenten sind dem Deputirten von Person bekannt, und gegen ihre Verfügungsfähigkeit findet sich nichts zu erinnern.

Der Gärtner Liebrecht ist nach gehöriger Belehrung über die Pflichten eines Vormundes bereit, die Vormundschaft für die minorennen Kinder des verstorbenen Gärtners Berglauf zu übernehmen, und wird als Vormund für die drei Geschwister Berglauf, Namens ꝛc. mittelst Handschlags an Eidesstatt verpflichtet.

---

§. 2 zwar vor, doch hat diese Vorschrift nur die Bedeutung einer Dienstinstruktion, wegen deren Befolgung der instrumentirende Beamte seiner Dienstbehörde verantwortlich ist, ohne daß dies auf die Rechte und Verbindlichkeiten des Erklärenden Einfluß hat.

1) Einen ausführlichen Erbrezeß s. u. LXXXV.

Die Komparenten erklären:

Der Erblasser Berglauf hat in erster Ehe und in Gütergemeinschaft mit der Schichtgeberin gelebt. Derselbe ist zu Kunzendorf am 1. Febr. 1844 ohne letztwillige Disposition verstorben, und hat zu seinem alleinigen Erben, außer der Wittwe, die vorhin genannten, in der Ehe mit derselben erzeugten drei Kinder hinterlassen.

Daß vorstehender Vortrag richtig ist, und ihnen außer den oben genannten Kindern weiter keine anderen gleich nahen oder näheren Verwandten des Erblassers bekannt sind, versichern die Komparenten hierdurch an Eidesstatt.

Das Nachlaßinventarium, welches von der Wittwe eingereicht ist, wurde den Komparenten vorgehalten und ihnen dabei eröffnet, daß ein unbedingter Erbschaftsantritt die Verbindlichkeit nach sich ziehe, sämmtliche, be- und unbekannte Nachlaßschulden bei etwaniger Unzulänglichkeit des Nachlasses selbst aus eigenen Mitteln zu berichtigen, daß dagegen ein Benefizialerbe nur in soweit für die Nachlaßschulden aufzukommen verpflichtet sei, als die Nachlaßmasse dazu ausreiche.

Das Inventarium wird für richtig angenommen und der Schichtgeberin der Manifestationseid erlassen. Die Erbschaft wird von dem Vormunde Namens der Kinder mit dem Vorbehalte der Rechtswohlthat des Gesetzes und Inventarii angetreten.

Die zu theilende Masse beträgt nach Abzug der Schulden Thlr. Sgr. Pf. Hiervon erhält die Schichtgeberin die eine Hälfte mit Thlr. Sgr. Pf. und die andere gleiche Hälfte fällt den drei Kindern zu, so daß jedes derselben ein Vatererbe von Thlr. Sgr. Pf. erhält. Um die Theilung zu realisiren, schließen die Komparenten folgenden Erbvergleich:

§. 1.

Der Vormund überläßt den ganzen im Inventario verzeichneten beweglichen und unbeweglichen Nachlaß, und namentlich das darunter begriffene, zu Kunzendorf belegene Grundstück, dessen Hypothekenwesen vollständig regulirt ist, der Schichtgeberin für die Taxe von 250 Thlrn., was dieselbe acceptirt.

§. 2.

Dagegen verpflichtet sie sich, das Erbtheil ihrer drei Kinder bei der Großjährigkeit, Errichtung einer eigenen Wirthschaft, oder dann, wenn es das obervormundschaftliche Gericht verlangt, auszuzahlen, bis dahin aber mit 5 Prozent zu verzinsen.

§. 3.

Nach dem Inventario sind Thlr. Sgr. Pf. Nachlaßschulden vorhanden. Die Verpflichtung, solche allein zu berichtigen, übernimmt die Schichtgeberin mit dem Versprechen, binnen drei Monaten entweder die Berichtigung nachzuweisen oder die Befreiung der Kinder zu bewirken.

§. 4.

Zur Versicherung der in §§. 2 und 3 übernommenen Verbindlichkeiten verpfändet die Schichtgeberin den Kindern das ihr überlassene Grundstück.

§. 5.

Hiermit erklären sich die Schichtgeberin und der Vormund beiderseits, der Letztere mit Vorbehalt der obervormundschaftlichen Genehmigung, zufrieden.

§. 6.

Die Kosten der Nachlaßregulirung übernimmt die Schichtgeberin allein.

Beide Theile bitten:

den Erbvergleich von obervormundschaftswegen zu genehmigen und für jeden Theil auszufertigen.

Vorgelesen, genehmigt und vollzogen.

(Unterschriften.)

LXXXV.

Erbtheilung.

Zu §. 879.

Der Akt muß enthalten:

1) Die Feststellung der Theilnehmer, d. i. der Erben,
2) die Bezeichnung des zu theilenden Gegenstandes, d. i. Ausmittelung und Feststellung der Erbschaft,
3) die zur Anwendung kommenden Grundsätze und die Theilung nach denselben,
4) Ueberweisung der Theile an die Einzelnen.

Beispiel.

Neisse, den u. s. w.

In der N. N. Erbtheilungssache erschienen in dem heutigen Auseinandersetzungstermine:

1) der Königl. Hauptmann N. N.,
2) die Frau Beate, verehelichte Tuchfabrikant G., geborene N. N., im Beistande ihres Ehemannes, des Tuchfabrikanten Karl G.,
3) der Kandidat des Predigtamts, Ferdinand N. N.,

sämmtlich von hier, persönlich bekannt und geschäftsfähig.

Nachdem mit diesen Interessenten das Testament des Erblassers und das von der Frau G. beigebrachte Inventarium des zu theilenden Nachlasses durchgegangen, und über die zur Anwendung zu bringenden Theilungsgrundsätze Verhandlungen gepflogen waren, kam folgender Erbtheilungsrezeß zu Stande.

§. 1.

Der am 1. Juni d. J. verstorbene hiesige Bürger Christoph N. N. hat in seinem nachgelassenen, am 25. Juni d. J. publizirten Testamente seine drei Kinder, nämlich:

1) den Königl. Hauptmann N. N.,
2) die Frau Beate verehelichte Tuchfabrikant G.,
3) den Kandidaten des Predigtamts, Ferdinand N. N.

zu seinen Erben berufen, dergestalt, daß die beiden Letzteren, und zwar die Frau

Beate G. mit Rücksicht auf die ihr gegebene reichliche Ausstattung, und der Kandidat Ferdinand N. N. mit Rücksicht auf die ihm gewährten sehr bedeutenden Studien- und Reisekosten, nur den Pflichttheil erhalten sollen. Die drei Erbinteressenten sind einverstanden, daß diese beiden Pflichttheile nach den Grundsätzen des Allgemeinen Landrechts zu bestimmen.

§. 2.

Die Verlassenschaft enthält nach dem eingereichten Inventarium, gegen welches keine Erinnerungen gemacht werden, Folgendes:

Tit. I. An unbeweglichen Gütern und liegenden Gründen:

1) das hierselbst am Ringe belegene, im Hypothekenbuche sub No. 150 verzeichnete Haus, welches der Verstorbene mittelst Kontrakts vom 8. August 1832 für 3000 Thlr. erkauft hat; die Erben haben dasselbe unter sich licitirt, und die Frau Beate G. will dasselbe für das letzte Gebot von	4000	Thlr.
annehmen;		
2) ein Garten vor dem Wiesenthore, sub No. 800 des Hypothekenbuchs, welcher derselben für	500	=
überlassen wird.		
Tit. II. An ausstehenden Forderungen:		
1) eine Darlehnsforderung von	1000	=
an den Hausbesitzer N., aus dem Schuldscheine vom 6. Aug. 1838, zu 5 Prozent Zinsen, welche seit dem 6. Aug. d. J. bis heute mit	10	=
mit zur Theilung kommen;		
2) eine auf dem Hause des Bürgers N. hierselbst No. 88 sub Rubr. III, No. 1 aus der Schuldverschreibung des Besitzers vom 8. September v. J., eingetragene Hypothekenforderung von	3000	=
zu 5 Prozent verzinslich, nebst den laufenden Zinsen bis heute mit	50	=
3) drei Stück im Gewahrsame des Hauptmanns N. N. befindliche schlesische Pfandbriefe, à 1000 Thlr., welche mit Aufgeld und anklebenden Zinsen bis heute zu . .	3100	=
angenommen werden;		

4) Staatsschuldscheine und zwar:

Lit. A.	No.	6780	über	1000	Thlr.
Lit. A.	=	81700	à	1000	=
Lit. A.	=	62381	à	1000	=
Lit. B.	=	115800	à	500	=
Lit. B.	=	71007	à	500	=
			zusammen über	4000	Thlr.

Uebertrag 11660 Thlr.

Uebertrag 11660 Thlr.

welche mit Aufgeld und Zinsen bis heute auf . . 4160 =
angenommen werden, und sich in den Händen des Hauptmanns N. N. befinden.

Tit. III. An baarem Gelde . . . . 2540 =
welche im Gewahrsame der Frau Beate G. sich befinden.

Tit. IV. An Pretiosen und Kleinodien . . . . . 300 =
welche unter den Erben in Natur zu gleichen Theilen getheilt sind.

Alle sonst noch nach dem Inventarium im Nachlasse vorhanden gewesenen Gegenstände sind durch Auktion, laut Verzeichnisses vom 6. d. M., für . . . . 640 =
verkauft worden, und die Auktionsgelder hat der Hauptmann N. N. an sich genommen.

Dieses zusammen macht . . . . 19300 Thlr.

Schulden sind:

1) die von der Frau Beate G. vorgestreckten Begräbnißkosten, welche die Miterben auf . . . . 200 Thlr. anerkennen;
2) eine am 1. k. M. fällige Wechselschuld an den Kaufmann Z., im Betrage von . . 1000 = aus dem Wechsel vom 1. Juli d. J.
3) An Kosten werden . . . . 100 = abgerechnet.

Nach Abzug dieser . . . . 1300 =
bleiben zu theilen . . . . 18000 Thlr.

§. 3.

Der Pflichttheil beträgt, wenn drei Kinder sind, die Hälfte desjenigen, was das Kind erhalten haben würde, wenn die gesetzliche Erbfolge stattgefunden hätte. Die gesetzliche Erbportion würde in dem vorliegenden Falle für jedes der drei Kinder 6000 Thaler betragen haben, folglich beträgt der Pflichttheil eines jeden der beiden darauf eingesetzten Kinder Dreitausend Thaler, und die übrigen Zwölftausend Thaler erhält der Hauptmann N. N.

§. 4.

Die Abfindung geschieht wie folgt:

Der Hauptmann N. N. soll erhalten . . . . . . 12000 Thlr.

Darauf werden ihm angewiesen:

1) die in seinem Gewahrsame befindlichen drei Stücke Schlesischen Pfandbriefe, zusammen über . . 3100 Thlr.
2) die in seinem Gewahrsame befindlichen fünf Stück Staatsschuldscheine über . . . . 4160 =
3) die auf dem Hause des Bürgers N., No.

Uebertrag 7260 Thlr.

Uebertrag	7260 Thlr.	
88, aus der Schuldverschreibung vom 8. September v. J. eingetragenen 3000 Thlr. nebst allen Zinsen, im Gesammtbetrage von	3050 =	
wobei er zugesteht, das Instrument bereits erhalten zu haben;		
4) die bereits in Natur erhaltenen Pretiosen an Werth	100 =	
5) die in Empfang genommenen Auktionsgelder mit	640 =	
6) von den im Gewahrsame der Frau Beate G. befindlichen baaren Geldern	950 =	
Dieses macht		12000 Thlr.
II. Der Predigtamts-Kandidat N. N. soll erhalten . . .		3000 =
Darauf hat er den dritten Theil der Pretiosen mit	100 Thlr.	
erhalten und angewiesen werden ihm:		
1) die Darlehnsforderung an den Hausbesitzer N., aus dem ihm schon eingehändigten Schuldscheine vom 6. August 1838, an Kapital und Zinsen im Betrage von . .	1010 =	
2) an die Frau Beate G.	1890 =	
wodurch er mit den ihm zukommenden . . . . . . abgefunden ist.		3000 Thlr.
III. Die Frau Beate G. geborene N. N. soll erhalten:		
1) ihr Vatererbe mit		3000 Thlr.
2) an ausgelegten Begräbnißkosten		200 =
3) Deckung auf die Wechselschuld an den Kaufmann Z. von deren Berichtigung sie übernimmt;		1000 =
4) die auf Kosten ausgesetzten und zu verrechnenden . .		100 =
zusammen		4300 Thlr.
Darauf werden ihr:		
1) die in Natur erhaltenen Pretiosen zum Werthe von . . . . angerechnet;	100 Thlr.	
2) die beiden Grundstücke, und zwar:		
a) das am Ringe belegene Haus sub No. 150 des Hypothekenbuchs, für den Preis von	4000 =	
b) der Garten vor dem Wiesenthore, sub No. 800 des Hypothekenbuchs, für den Preis von	500 =	
Uebertrag	4600 Thlr.	
Uebertrag		4300 Thlr.

Uebertrag 4300 Thlr.

Uebertrag 4600 Thlr.

zum alleinigen Eigenthume überwiesen, wobei von allen Erbinteressenten anerkannt wird, daß sie bereits in den ausschließlichen Besitz gesetzt worden;

3) die in ihrem Gewahrsame befindlichen baaren Gelder mit . . . . 2540 =

in Rechnung gebracht.

Sie hat mithin erhalten . . . . 7140 =

und muß herausgeben . . . . 2840 Thlr.

und zwar:

1) an den Hauptmann N. N. . . . . 950 Thlr.

2) an den Kandidaten Ferdinand N. N . 1890 =

Dieses sind 2840 Thlr.

§. 5.

Die beiden Gebrüder N. N. kreditiren ihrer Schwester diese Erbgelder, und die Frau G., geb. N. N., verspricht, dieselben nach sechsmonatlicher Kündigung auszuzahlen und bis dahin dem Hauptmanne N. N. die ihm schuldigen Neunhundert und Fünfzig Thaler mit vier Prozent in jährlichen Terminen, und dem Predigtamtskandidaten Ferdinand N. N. die ihm schuldigen Eintausend Achthundert und Neunzig Thaler mit Fünf Prozent in vierteljährigen Raten zu verzinsen. Sie bestellt ihnen zur Sicherheit wegen Kapitals, Zinsen, Schäden, Kündigungs- und Einziehungskosten mit den beiden ihr aus der Erbschaft überwiesenen Grundstücken Hypothek und willigt in die Eintragung.

§. 6.

Hinsichtlich der Verwaltung der Erbschaft seit dem Todestage bis heute erklären die Interessenten, sich bereits mit einander abgefunden zu haben, so daß dieserhalb keinerlei Nachforderung weiter stattfindet.

Die Interessenten bitten:

diesen Erbrezeß für jeden Theil auszufertigen.

Vorgelesen, genehmigt und unterzeichnet.

N. N., Königl. Hauptmann. Beate G., geborene N. N.

Ferdinand N. N.

a. u. s.

N.

Deputirter.

Anmerkung.

1) Zu dem den Erbrezeß enthaltenden Protokolle wird in diesem Falle ein 2 Thlr. Stempel zu den Akten kassirt, weil die Erbschaft stempelfrei ist und die Masse 1000 Thlr. und darüber beträgt; ist der Betrag, ohne Abzug der Schulden, unter 1000 Thlr., so beträgt der zum Protokolle zu kassirende Stempel 15 Sgr. Ist hingegen die vertheilte Erbschaft stempelpflichtig (dem Erbschaftsstempel unterworfen), so ist der Erbrezeß

(das Original) stempelfrei. Bei gerichtlichen Theilungen steckt der Stempel im Kostensatze. (8. A.) Für die Stempelpflichtigkeit einer Erbschaft nach dem Stempelgesetz vom 7. März 1822, soweit die letztere in Mobiliarvermögen besteht (rücksichtlich der Immobilien bestehen keine Zweifel), ist nicht das Unterthanen-Verhältniß des Erblassers, wohl aber der letzte Wohnsitz desselben entscheidend. Pl.-Beschl. des Obertr. vom 8. Januar 1866 (Entsch. Bd. XV, S. 1).

(8. A.) Für die Berechnung des, von dem Substanzerben zu entrichtenden Erbschaftsstempels ist allein der Werth der Nachlaßgegenstände zur Zeit des Erbanfalls, u. zwar auch dann maßgebend, wenn die Erbschaft durch den, einem Dritten daran konstituirten Nießbrauch beschwert ist u. wenn auch ein Nachlaßgrundstück inzwischen zu einem höheren Preise verkauft worden. Erk. dess. vom 13. Juni 1864 (Entsch. Bd. LIII, S. 293).

(8. A.) Ist einer Person, welche in Diensten u. Lohn des Erblassers gestanden hat, eine Erbschaft, Vermächtniß oder Legat von mehr als 300 Rthlrn. hinterlassen, so ist der Erbschaftsstempel nicht erst von dem Betrage, welcher über 300 Thlr. hinausgeht, sondern von dem vollen Betrage zu entrichten. Erk. dess. vom 17. Februar 1865 (Arch. f. Rechtsf. Bd. LVI, S. 351).

2) Zu den Ausfertigungen wird der gewöhnliche Stempel von 15 Sgr. verbraucht. Die frühere Bestimmung (Kabinetsordre vom 24. Dezember 1834, G.S. von 1835, S. 3), wonach von den, zum Zwecke der Erbtheilung von Einem der Theilnehmer angenommenen Gegenständen der Kaufstempel entrichtet werden mußte, ist aufgehoben; dergleichen Kauf- und Tauschverhandlungen unterliegen einer Stempelabgabe nicht mehr. K.O. v. 21. Juni 1844 (G.S. S. 253) Die Befreiung von dieser Stempelsteuer kommt auch dem überlebenden Ehegatten bei bestehender Gütergemeinschaft in der Auseinandersetzung mit den Erben des Verstorbenen zu Statten. K.O. vom 26. Sept. 1845. (Just.-Min.-Bl. 1843, S. 213.) Ob die Gütergemeinschaft schon bei Lebzeiten des Ehegatten bestanden, oder erst mit dem Tode des Einen derselben eintritt; ob der hinterbliebene Ehegatte die Hinterlassenschaft des Verstorbenen, oder ein Erbe des Letzteren das gütergemeinschaftliche Vermögen des überlebenden Ehegatten übernehme; ob die Erben des Verstorbenen Abkömmlinge von ihm sind, oder nicht: dieses Alles ist gleichgültig. Erlaß des Finanzministers, vom 9. Januar 1846. III. 27214. (8. A.) S. auch oben die Anm. 2 zu Nr. LII, 5 „Erbschaftskauf."

F. Anhang.

LXXXVI.

Taxations-Instrumente.

Die Veranlassung zur Aufnahme einer Taxe kann zwar verschieden sein, aber der Zweck ist immer, den wahren, zur Zeit der Schätzung vorhandenen Werth einer Sache auszumitteln.

Die Taxation besonders eines Landguts ist ein aus mehreren Handlungen zusammengesetztes, oft weitläufiges Verfahren, eine Art Untersuchung, auf Grund welcher der Kommissarius ein umständlich erzählendes und nachweisendes Gutachten, das Taxationsinstrument, ausarbeiten muß. Die A.G. Thl. II, Tit. 6, und die Landschaftsreglements enthalten ausführliche Vorschriften über das Verfahren, doch kenne ich kein, der heutigen Form und Geschäftssprache entsprechendes Muster eines gerichtlichen Taxationsinstruments [1]), weshalb ich glaube, es möchte Manchem nicht unlieb sein, ein solches für jede Art der hauptsächlichsten Gegenstände einer Immobiliartaxe hier angehängt zu sehen. Die Taxationsgrundsätze sind in jeder Provinz andere. Hier sind die Schlesischen Abschätzungsgrundsätze vorausgesetzt [2]).

Die Aufnahme einer gerichtlichen Taxe steht dem Richter der Sache zu [3]).

1. Taxe eines eigenthümlichen Gutes.

In den ersten vier Ausgaben ist ein nach den Abschätzungsgrundsätzen der Schlesischen Landschaft vor der Revision ausgearbeitetes Taxinstrument mitgetheilt worden. Im Jahre 1846 hat eine Revision derselben stattgefunden, auch welcher „die Abschätzungsgrundsätze der Schlesischen Landschaft, nach der Revision vom Jahre 1846" (Breslau Druck u. Verlag von Wilhelm Gottlieb Korn, 1848) hervorgegangen sind. Dieselben sind durch den Minister des Innern, auf besonderen königl. Spezialbefehl vom 12. April 1848, insoweit sie sich auf Beleihungstaxen beziehen, also mit Ausschluß der in den §§. 131—146 zusammengestellten Modifikationen der Detaxationsgrundsätze für die Subhastationstaxen, den 16. April 1848 unter dem Vorbehalte genehmigt, daß nach Ablaufe eines Zeitraums von je zehn Jahren eine Revision

1) Die Anschläge in Polack's Mathesis forensis, S. 251 flg., sind unvollständig und veraltet.

2) Im Verlage von Wilh. Korn in Breslau sind erschienen:

Die Verfassung und Verwaltung der schlesischen Landschaft in systematischer Zusammenstellung der statutarischen und der betreffenden gesetzlichen Bestimmungen dargestellt von K. S. v. Görtz, kgl. Geh. Reg.-Rath und Generallandschafts-Syndikus. Preis 1 Thlr. 20 Sgr.

Das schlesische Landschafts-Reglement von 1770 nebst seinen Deklarationen, Zusätzen und Abänderungen, zusammengestellt und mit erläuternden Anmerkungen versehen von Engelmann, Landschafts-Syndikus und Justiz-Rath. Preis 2 Thlr.

Die Abschätzungsgrundsätze der schlesischen Landschaft und das bei Anwendung derselben zu beobachtende Verfahren. Nebst den Hilfstabellen. Amtliche Ausgabe. Preis 18 Sgr. Dadurch sind die älteren Grundsätze wesentlich geändert und das Verfahren abgekürzt.

Revidirtes Regulativ über die Beleihung des nicht incorporirten ländlichen Grundeigenthums im Bereiche der schlesischen Landschaft vom 22. November 1867, nebst der Instruktion zur landschaftlichen Abschätzung nicht incorporirter Grundstücke. Amtliche Ausgabe. Preis 10 Sgr.

3) A. L.R. II, 17, §. 55 verb. mit A. G.O. II, 6, §§. 3, 8, 9.

dieser Grundsätze vorgenommen werde, worauf dann die nach Maßgabe der gesammelten Erfahrungen wieder nöthig scheinenden Abänderungen und Ergänzungen in Antrag gebracht werden sollen. Der dazu ermächtigende Erlaß vom 12. April 1848 bestimmt zugleich, daß diese neuen Abschätzungsgrundsätze an die Stelle der bisherigen Taxgrundsätze der Schlesischen Landschaft treten und in allen ferner vorkommenden Fällen zur Anwendung gebracht werden sollen.

Die nicht genehmigten Modifikationen, welche bei Aufnahme von Subhastationstaxen eintreten sollten, bezwecken für die Schätzung zum Behufe der Subhastation eine höhere Taxe, als der landschaftliche Kreditwerth austrägt. Abgesehen von diesen Modifikationen kommen bei Landgütern Gegenstände vor, auf welche die Landschaft grundsätzlich keinen Kredit giebt, die aber doch einen erheblichen Kaufwerth haben, wie z. B. überzählige Inventarienstücke, Gartenanlagen und Orangerien. Bezüglich hierauf schreibt eine Anweisung der Schlesischen General-Landschafts-Direktion, vom 8. August 1848 (Anhang zu den Abschätzungsgrundsätzen der Schlesischen Landschaft nach der Revision vom Jahre 1846) vor:

„Zu Findung des Subhastationswerths wird das abzuschätzende Gut

I. zunächst nach den neuen Grundsätzen für Beleihungstaxen gewürdigt;

II. dem gefundenen Kredittaxwerthe wird am Schlusse

a) der nach Harting'schen Grundsätzen zu veranschlagende Werth der Forstblößen oder Leden (vergl. §. 66 der Taxgrundsätze v. J. 1846);

b) der nach denselben Grundsätzen zu ermittelnde Werth der seit länger als fünf Jahren nicht wieder angebauten Haue im Forste (ebd.);

c) der in gleicher Art zu veranschlagende Werth solcher Forsten, welche lediglich aus jungen, d. i. aus Hölzern bestehen, welche noch nicht das Anfangsalter der Haubarkeitsklasse erreicht haben, und welche bei der Beleihungstaxe nicht haben veranschlagt werden können, weil ein sechsjähriger Absatz jungen Holzes nicht nachzuweisen gewesen (vergl. §. 62, lit. f der Taxgrundsätze vom Jahre 1846);

d) der Werth des Patronatsrechts mit einem Kapitale von 100—300 Thlrn. beigerechnet, und

e) nachrichtlich, ohne Aufrechnung zum Taxwerthe, der Materialwerth vorhandener Fabrikgebäude, der zu arbitrirende Werth der Orangerie, und der taxgrundsätzliche Schätzungswerth überzähliger Inventarienstücke (vergl. §. 129 der Taxgrundsätze vom Jahre 1846)

beigefügt."

Hiervon hatte der Justizminister den Schlesischen Gerichten eine Abschrift zugehen lassen, um sich darnach bei Aufnahme gerichtlicher Taxen zu richten.

Diese Abschätzungsgrundsätze sind außer Wirksamkeit gesetzt und an deren Stelle sind abermals neue Abschätzungsgrundsätze der Schlesischen

Landschaft und Vorschriften, wie bei Anwendung derselben zu verfahren, getreten, welchen durch den königl. Erlaß vom 14. März 1859 (G.S. S. 133 ff.) die landesherrliche Genehmigung ertheilt worden ist; sie weichen von den Taxgrundsätzen von 1846 wesentlich ab. Dieses neue Taxregulativ enthält zugleich, Abtheilung II, Tit. VII—XVII, ausführliche Vorschriften über die Aufnahme von Subhastationstaxen. Für diese ist bestimmt:

Wenn ein Rittergut zur Subhastation geschätzt werden soll, so ist zunächst der landschaftliche Kreditwerth desselben nach den gegebenen Bestimmungen zu suchen. Die also aufgenommene Kredittaxe ist sodann durch Ermittelung und Aufrechnung des Schätzungswerthes derjenigen Nutzungen und Realitäten, welche nach der Kredittaxe nicht zur Ausschätzung gelangt sind, nach Maßgabe der ertheilten Vorschriften zur Subhastationstaxe zu qualifiziren.

Nachdem durch Anwendung dieser Bestimmungen für jede der zur Abschätzung stehenden Nutzungen und Realitäten entweder ein Kapitalwerth oder doch ein Jahresertrag gefunden worden ist, werden zunächst die Jahreserträge durch Vervielfältigung mit der Zahl Zwanzig zu Kapital erhoben. Demnächst werden alle abgeschätzten Nutzungen nach der Reihenfolge der vorgeschriebenen Titel in den Taxanschlag (Rechnungstaxe) übertragen. Bei denjenigen Nutzungen, für welche nach den gegebenen Vorschriften ein bestimmter Jahresertrag hat ermittelt werden müssen, ist dieser Jahresertrag vor der Linie auszudrücken; bei denjenigen Ertragsrubriken, welche sofort auf einen bestimmten Kapitalwerth pro Morgen abgeschätzt werden, ist der Flächeninhalt und dieser Satz pro Morgen ebenfalls vor der Linie zu bezeichnen, bei allen Titeln aber ist der Kapitalwerth der Nutzung in der Kolonne der Ertragswerthe auszuwerfen.

Aus der Aufrechnung aller dieser Kapitalwerthe mit dem Kredittaxwerthe des Guts ergiebt sich der als solcher zu bezeichnende Subhastations-Taxwerth.

Nachrichtlich und ohne Aufrechnung zu demselben ist schließlich noch der durch die Bauverständigen resp. Sachverständigen zu veranschlagende Materialwerth derjenigen Gebäude und Fabrikutensilien, welche nicht vorstehend bereits zur Veranschlagung gekommen, und welche nicht zu der vorausgesetzten Ausrüstung des zu schätzenden Gutes nöthig sind, ferner des Wohnhauses, sowie der zu arbitrirende Werth überzähliger Inventarienstücke und der Orangerie anzugeben.

Dem Gerichte wird ein aus den Kommissions- und Festsetzungsverhandlungen zu redigirender Taxextrakt in Ausfertigung (das Taxinstrument) mitgetheilt, welcher die Beschreibung des Gutes, einen Auszug aus der Zusammenstellung der Schätzungsregister, das Protokoll über die Schätzung der in der II. Abtheilung (für die Subhastationstaxe) geschätzten

Nutzungen und den vollständigen Taxanschlag (Rechnungstaxe) enthält. (G.S. 1859, S. 168.)

Diese Vorschriften sind auch für die Gerichtskommissarien, in Fällen, wo die Taxation eines Gutes den Gerichten obliegt, maßgebend. A. G.O. I, 52, §§. 17, 20.

Da zur Darstellung einer jeden der mannigfaltigen und verschiedenen Handlungen, aus welchen die Abschätzungsprozedur zusammengesetzt ist, ein besonderes Werk erforderlich sein würde, so kann hier wieder nur ein Auszug aus dem ganzen Verfahren, welcher der Schlußakt ist, gegeben werden.

Extrakt
aus der im August 1861 aufgenommenen Subhastationstaxe des Rittergutes Ginsterheide.

Das Rittergut Ginsterheide liegt im Kreise Krotkau, zwei Meilen von Römlinghausen und ebensoweit von Krotkau entfernt an der von Römlinghausen nach Stralheim führenden Landstraße. Es grenzt gegen Morgen mit Frommwalde und Rauschdorf, gegen Abend mit Peterspfennig, gegen Mitternacht mit Frommwalde und Schönwitz, und gegen Mittag mit Rauschdorf.

Das Gut hat eine ziemlich hohe, im Allgemeinen jedoch mehr flache und nur von wenigen unbedeutenden Anhöhen unterbrochene Lage.

Nach der im Monate Juni d. J. durch den Regierungs-Feldmesser Kette ausgeführten Vermessung besteht das Gutsareal in

3	M.	72	□R.	Gehöfte,
8	=	177	=	Garten,
669	=	48	=	Acker,
74	=	56	=	Wiese,
9	=	42	=	Nadelholz,
9	=	26	=	Laubholz,
93	=	94	=	in der Rodung begriffenes Forstland,
—	=	55	=	Teiche,
2	=	48	=	Gräserei,
6	=	84	=	Ziegelterrain,
35	=	96	=	Unland, als Wege, Gräben u. dergl.
912	=	78	=	zusammen.

Der Acker liegt in einem, nur durch das Dorf getrennten Komplexe, und zwar der kleinere Theil nördlich, der größere süd- und südwestlich des Gehöftes.

Die Bodenmischung der Oberkrume besteht aus Lehm und Sand, auch aus einer Mischung von Lette und Sand. Auf einzelnen Höhen befinden sich auch kleine Kiesel, welche indeß der Tragfähigkeit keinen Eintrag thun. Die Mächtigkeit der Ackerkrume variirt zwischen 5 bis 12 Zoll. Der Untergrund enthält Lehm mit Sand, Lette mit Sand, theils auch bloßen Sand und Kies. Einige Quellen finde sich nur in denjenigen Aeckern, welchen zwischen den

Hügeln liegen, besonders in der Umgegend der Ziegelei, vor, die jedoch des günstigen Gefälles wegen durch Drainage leicht zu beseitigen und unschädlich zu machen sind.

Das Gutsareal ist in vielen einzelnen Parzellen verpachtet, daher keine eigene Administration vorhanden, und deshalb sind auch Nachweise über die bisherige Bewirthschaftung nicht zu erlangen gewesen, es konnte vielmehr nur nach der Lage, den Bodenbestandtheilen und der Tragfähigkeit des Bodens geschätzt werden. Der Kulturzustand wird als ein guter bezeichnet.

Der Boden eignet sich zum Anbaue aller Früchte, auch zu Raps, vorzüglich aber zu Roggen und Hafer, und ist bis auf einen kleinen Theil überall kleefähig und graswüchsig.

Der durchschnittliche Ertrag von Winterungskörnern beim Ackerlande stellt sich nach ausgeführter Bonitirung auf 7 Scheffel 11 Metzen pro Morgen, wonach das Gut in die mittleren Stufen der II. Klasse eintritt.

Bei Bemessung der Wirthschaftskosten konnten die niedrigeren Sätze angewendet werden, da die günstige und größtentheils durchlässige Bodenbeschaffenheit besondere Arbeiten nicht bedingt, die Absatzorte nicht entfernt sind und die Lohnsätze zu den niedrigeren gehören; nur bei entfernteren Ackerstücken ist hiervon abzuweichen gewesen.

Ueberschwemmungen und Hagelschäden kommen, und zwar erstere gar nicht, letztere fast gar nicht vor.

Der Roggenpreis ist auf 37 Sgr. angenommen worden.

Der Durchschnittspreis eines Morgens Acker stellt sich auf 65 Thlr.

Die Wiesen liegen in mehreren Parzellen an Aeckern, Gehölzen und Rodeländereien, meist in den Niederungen, und haben deshalb größtentheils eine feuchte Lage. Die Bodenbestandtheile derselben sind Lehm, Sand, Lette, Schlamm, zum Theil auch Moor. Sie tragen meistens gute Gräser und zeigen nur an besonders ungünstig belegenen Stellen schlechtere Gräser. Die zur Grasnutzung qualifizirten Gärten sind mit als Wiese bonitirt, und ergiebt das Wiesen-Bonitirungsregister einen Durchschnitts-Naturalertrag von $15\frac{73}{100}$ Ctrn. Die Werbungskosten sind nach Maßgabe der Bodenbeschaffenheit, Entfernung und Graswüchsigkeit höher oder niedriger angenommen worden.

Als Weideland sind zunächst die Gräben, Raine, Grenzen ꝛc. geschätzt und ist dabei überall wie bei den Wiesen verfahren worden. Demnächst sind auch noch 5 Parzellen, in der Rodung begriffenes, Forstland mit als Weideland angesprochen worden, weil sich diese Ländereien weder zu Acker noch Wiese, sondern lediglich nur zu Weideland eignen. Dieselben sind ebenfalls bonitirt und die Prozente auf Werbungskosten und Gefahr nach Maßgabe der Bodenbeschaffenheit, Lage und Entfernung angenommen worden.

Das vorhandene Gartenland war als solches nicht besonders zu schätzen, da es theils als Acker, theils als Wiese benutzt wird und die diesfälligen Parzellen schon unter den betreffenden Rubriken mit veranschlagt sind.

Ein im Vermessungsregister aufgeführter Teich von 55 □R. war zu einem Nutzungsertrage nicht zu veranschlagen, weil er einen wirklichen besonderen Ertrag nicht liefert. Wilde Fischerei ist nicht vorhanden[1]).

An Forstland sind 5 kleine Parzellen im Flächeninhalte von 18 M. 68 □R. vorhanden. Davon besteht eine Parzelle von 6 M. 42 □R. aus Nadelholz, der Rest aus Laubholz. Das Nadelholz ist eine zehnjährige Kiefernplantage von gutem Wuchse und vorzüglichem Schlusse; das Laubholz ist Niederwald-Stockausschlag von 1—10 Jahren, meist Birke. Da das Forstland im Ganzen nicht 100 Morgen enthält und eine selbstständige Forstbewirthschaftung nicht zuläßt, so sind die vorhandenen Parzellen nach §. 52 des Taxregulativs nur nach Maßgabe ihrer Bodenbeschaffenheit zu einem Pauschsatze von 1¼ bis 1½ Thlr. veranschlagt worden, womit auch der Ertrag der etwaigen Waldgräserei mit ausgedrückt ist.

Da die vorhandene Ziegelei sowie die vorhandene Dampfbrennerei und Preßhefenfabrik, welche sich mit dem Wohnhause unter einem Dache befindet, nicht kreditfähig ist, so sind hiermit die nutzbaren Rubriken für die Kredittaxe geschlossen.

Zu den Ausgaben gehören:

1) die Königl. Grundsteuer,
2) die Provinzial-, Kreis- und Kommunal-Abgaben und Beiträge,
3) die Abgaben an Kirche, Pfarrei und Schule,

welche von den betreffenden Behörden und Berechtigten besonders nachgewiesen und darnach im Kapitalbetrage zu 5 Prozent in Ansatz gebracht worden sind. Die Naturalien bei der Abgabe ad 3 sind nach den durch das Regierungs-Amtsblatt, Stück 1 pro 1861 veröffentlichten Durchschnitts-Marktpreisen zu Gelde berechnet worden.

Abgaben ex titulo speciali oder Servituten sind weder im Hypothekenbuche eingetragen, noch sonst zu ermitteln gewesen, es konnte daher hier nichts weiter in Ansatz kommen, als die observanzmäßige Besoldung des Schulzen mit 8 Thlrn. und das Schornsteinfegerlohn mit 4 Thlrn. jährlich.

An Gebäuden sind vorhanden:

1) ein zweistöckiges Herrenhaus, 62 F. lang, 35 F. breit, 19 F. hoch, massiv von Ziegeln erbaut, mit Schindeldach, in ziemlich gutem Bauzustande;
2) ein Gesindehaus, einstöckig, 37 F. lang, 17 F. breit, 14 F. hoch, von Lehmfachwerk erbaut, mit Schindeldach, in schlechtem Bauzustande, einer allgemeinen Reparatur zum Kostenbetrage von 62 Thlrn. 27 Sgr. bedürftig;
3) eine Scheuer, 76 F. lang, 36 F. breit, 15 F. hoch, von Kalkpisen erbaut, mit Flachwerk gedeckt, in gutem Bauzustande;

1) Wie Teiche, Seen und wilde Fischereien in Flüssen und anderen Gewässern zu schätzen sind, schreibt der §. 37 des Taxregulativs v. 14. März 1859 (G.S. S. 148) vor.

4) eine Scheuer, 120 F. lang, 36 F. breit, 14 F. hoch, von Kalkpisen erbaut, in gutem Bauzustande;
5) eine Scheuer, 78 F. lang, 28 F. breit, 11 F. hoch, von Lehmfachwerk, mit Stroh gedeckt, in schlechtem Bauzustande, nur zum Neubaue zu veranschlagen;
6) ein Schafstall, 88 F. lang, 40 F. breit, 12 F. hoch, von Lehmfachwerk, mit Strohdach, in mittelmäßigem Bauzustande, einer allgemeinen Reparatur bedürftig, zu 58 Thlrn. 20 Sgr. veranschlagt;
7) ein Schüttboden, 32 F. lang, 25 F. breit, 15 F. hoch, von Lehmfachwerk, mit Stroh gedeckt, in mittelmäßigem Bauzustande, einer allgemeinen Reparatur bedürftig, zu 40 Thlrn. veranschlagt;
8) eine Stallung, 50 F. lang, 22 F. breit, 8 F. hoch, von Lehmfachwerk, mit Stroh gedeckt, in schlechtem Bauzustande, nur zum Neubaue zu veranschlagen;
9) ein Arbeiterhaus, 41 F. lang, 18 F. breit, 8 F. hoch, massiv von Ziegeln erbaut, mit Flachwerk gedeckt, in ziemlich gutem Bauzustande, erfordert wegen Einrichtung zur Schafferwohnung 18 Thlr. 15 Sgr.;
10) ein Backhaus in unvollendetem Bauzustande, mit Flachwerkdach versehen, erfordert zur Vollendung 9 Thlr. 6 Sgr. 6 Pf.
11) Die Umwährung, ganz schlecht. Zur Herstellung sind erforderlich:
 482 F. fehlender, ordinärer Lattenzaun, inkl. Material, 7 Sgr. 6 Pf. pro Fuß = 120 Thlr. 15 Sgr.;
 230 F. vorhandener schadhafter Lattenzaun zu repariren, unter Benutzung des alten Materials, 3 Sgr. pro F. = 23 Thlr.

Diese Gebäude sind auf den Fall der Wiederaufhebung der Pachten und der eigenen Bewirthschaftung nicht ausreichend befunden, vielmehr ist die Erbauung einer neuen Scheuer, zu 400 Schock, sowie dreier Ställe für 16 Pferde, 30 Stück Rindvieh und 605 Schafe für nöthig erachtet worden, welche nach dem Gutachten der Bauverständigen einen Kapitalsaufwand von 7860 Thlr. 1 Sgr. 4 Pf. erfordert, worunter aber schon die Beschaffung der nöthigen Lokalien für das Gesinde und die Herstellung des Zaunes um den Hof mit inbegriffen ist. Außerdem wurden zur Instandsetzung der vorhandenen Gebäude durch den Sachverständigen 332 Thlr. 22 Sgr. veranschlagt.

Zur Bewirthschaftung des Guts sind 16 Pferde für erforderlich erachtet worden, wonach auf 170 M. ein zweispänniger Zug entfällt. Denn da ein Theil der Aecker, welcher tief liegt, insbesondere der nordöstliche Theil, sich nicht leicht bearbeitet, da ferner ein anderer Theil Anhöhen, wenn auch nicht gerade steile, enthält, welche ebenfalls viel Zugkraft erfordern, da ferner 140 M. Rodeland in Kultur zu setzen, auch die Aecker nicht dergestalt in Kultur sind, daß nicht eine stärkere Bearbeitung nöthig würde, so erschien es angemessen, sich dem Höchstsatze von 150 M. in der Art zu nähern, daß auf 170 M. ein Zug veranschlagt würde. Der Bedarf der Ziegelei ist jedoch dabei nicht mit ins Auge gefaßt, da diese einen ganz selbstständigen, in die Kredittaxe nicht einzumischenden Nutzungszweig bildet.

Demnächst wurden zur Bewirthschaftung des Gutes folgende Viehkorpora für nothwendig erachtet:

16 Pferde à 50 Thlr.; 30 Stück Rindvieh à 30 Thlr.; 1 Stier à 40 Thlr.; 605 Schafe à 2½ Thlr.

Diese Ausgabe, sowie die Kosten für nothdürftige Anschaffung des fehlenden todten Inventars mit 635 Thlrn. 20 Sgr. sind ebenfalls in Abzug gebracht worden.

Der Kredit-Taxwerth des Gutes Ginsterheide stellt sich daher nach dem weiter folgenden Taxanschlage (Rechnungstaxe) auf 36,166 Thlr. 19 Sgr. 9 Pf.

Da aber die Taxe zum Behufe der Subhastation aufgenommen worden ist, so mußten noch folgende Zuschläge ermittelt und beigerechnet werden:

I. Die Jagdnutzung auf dem Gutsareale, welche, da hier weder von hoher Jagd, noch von Rehstand oder Fasanen die Rede ist, auch aller Schutz für das Wild fehlt, nicht über 3 Pf. pro Morgen veranschlagt werden konnte.

II. Die Ziegeleinutzung. Die Ziegelei ist gut eingerichtet, besteht aus zwei gewölbten Oefen, drei großen neuen Trockenschuppen und den nöthigen Parketts. Die Ziegelerde ist anscheinend in unerschöpflicher Masse vorhanden, auch als bekannt anzunehmen, daß das in Kohle, Holz oder Torf bestehende Brennmaterial stets in genügender Menge käuflich zu erlangen ist. Wenn nun auch neunjährige Betriebsrechnungen nicht vorgelegt werden konnten, auch die Ziegelei überhaupt erst seit 5 Jahren im Betriebe ist, so konnte sie doch deshalb von der Veranschlagung nicht ausgeschlossen werden, da das Taxregulativ auch andere Informationsmittel, außer den eigentlichen Rechnungen, sowie die Veranschlagung bei geringerer als neunjähriger Betriebszeit gestattet. Der Ertrag der Ziegelei ist demnach durch Vernehmung des Zieglermeisters ermittelt, von dem Reinertrage aber der höchste Rückschlag mit 75 Prozent abgezogen und nur Ein Viertheil in Ertrag gestellt worden.

III. Die Dampfbrennerei und die Preßhefen-Fabrik. Der Betrieb ist schon über Jahr und Tag eingestellt. Von den Geräthen befindet sich der Dampfkessel in einem so schlechten Zustande, daß ohne eine bedeutende Reparatur desselben an die Wiederaufnahme des Betriebes nicht gedacht werden kann. Nach Tit. 13, Abth. II des Taxregulativs v. 14. März 1859 ist diese Fabrikanlage nur auf den Materialwerth des Gebäudes und der Betriebsutensilien zu schätzen. Dies ist von den zugezogenen Sachverständigen geschehen, wie der Werth nachstehend verzeichnet ist:

A. Das Brennereigebäude ist massiv, Erdgeschoß und ein Stockwerk hoch, mit dem Wohnhause verbunden und mit demselben unter einem gemeinschaftlichen Dache von Patentpappe. Es ist im Erdgeschosse um 962 □' größer als im Stockwerke, wo sich über dem Abrechnungsgewölbe ein großes

Zimmer befindet. Der Eingang in das Brennereilokal ist vom Hofe. Auf einer hölzernen vorliegenden Treppe von 6 Stufen gelangt man durch eine zweiflügelige Thüre in den Maischraum von 17' Tiefe und 39' Breite, mit Rohrdecke, Granitplatten- und Ziegelpflaster und 3 zweiflügeligen Fenstern. In diesem Raume stehen 4 große Maischbottiche von 3000 bis 4155 Quart Inhalt, 3 kleinere Bottiche von 228 Quart Inhalt. Jeder dieser Bottiche ist mit drei starken eisernen Reifen gebunden. Eine zweiflügelige Thüre führt über 3 Stufen abwärts in die s. g. Küche mit Gewölbe und Ziegelpflaster, 11' und 20' groß, mit 3 zweiflügeligen Fenstern. Im Brennofen, welcher 5' und 10' groß ist, befindet sich der Dampfkessel, daneben steht die Dampfmaschine der Brennerei. Im dritten Raume, Abrechnungsgewölbe, 20' und 22' groß, mit Granitplatten gepflastert, und mit 2 vierflügeligen Fenstern, befinden sich 9 Bottiche von 763 bis 2343 Quart Inhalt, und 4 kleinere Bottiche von 171 bis 300 Quart Inhalt; jeder ist mit 3 starken eisernen Reifen gebunden. Eine gerade Treppe von 12 Stufen führt in die oberen Räume. Hier steht ein Bottich von 3563 Quart Inhalt, gleichfalls mit 3 starken eisernen Reifen gebunden. Eine einfache Thüre führt in den Kühlschiffraum, wo das 12' breite und 30' lange Kühlschiff, die Kühltonne mit kupferner Schlange, neben der Betriebspumpe, unter einem Patentpappdache sich befindet. — Der Schrotboden hat 3 Fenster, in jedem 5 eiserne Stäbe. Das Dach hat 14 Paar Sparren auf 3 Unterzügen, Bretterschalung und ist Patentpappbedeckung. Neben dem Eingange zur Brennerei kommt man auf 10 Stufen abwärts in den gewölbten Spirituskeller von 3 Abtheilungen, mit Ziegel gepflastert und einem Fenster.

In dem Gebäude vis à vis der Brennerei, in einem Parterregewölbe befinden sich 2 Quellstöcke; im ersten Stocke ist die Malzdarre, 11' und 12' groß, mit 3 zweiflügeligen Fenstern, Rohrdecke mit einem Dampfabzuge. Der Baustand des Brennereigebäudes ist gut.

Der Materialienwerth ist:

1) für 1092 □' 52. 21 zwei Etagen hoch, à □' 1½ Thlr.	1456 Thlr.	— Sgr.
2) für 962 □' Parterre-Abrechnungsgewölbe, à 20 Sgr.	641 „	10 „
3) für 504 □' 42. 12 Kühlschiffraum mit Bedachung, à 7½ Sgr.	126 „	— „
zusammen	2223 Thlr.	10 Sgr.

B. Werth der Böttichergefäße in der herrschaftlichen Brennerei.

1) 8 Stück Maischbottiche von 4000 Quart Inhalt, jeder mit 3 eisernen Reifen beschlagen, à 15 Thlr. 20 Sgr.	125 Thlr.	20 Sgr.
Uebertrag	125 Thlr.	20 Sgr.

Uebertrag	125 Thlr.	20 Sgr.
2) 8 Stück Abwässerungsbottiche, jeder mit 3 eisernen Reifen beschlagen, à 7 Thlr.	56 =	— =
3) 7 Stück Stallgefäße, jedes mit 3 eisernen Reifen beschlagen, à 6 Thlr.	42 =	— =
4) 1 Brennblase von Eichenholz, mit 5 eisernen Reifen beschlagen	28 =	10 =
5) 1 Vormaischbottich von Eichenholz, mit 3 eisernen Reifen beschlagen	20 =	15 =
6) 1 Kühltonne, mit 6 eisernen Reifen beschlagen	18 =	— =
7) 1 Kochgefäß, mit 4 eisernen Reifen beschlagen	7 =	— =
8) 1 Wasserbehälter, mit 4 eisernen Reifen beschlagen	5 =	— =
9) 1 Wasserreservoir, mit 3 eisernen Reifen beschlagen	3 =	— =
10) 2 Spiritusfässer, jedes mit 8 eisernen Reifen beschlagen, von circa zehn Eimern Inhalt, à 5 Thlr. .	10 =	— =
11) 1 Kühlschiff, von Spundbrettern gefertigt, nicht brauchbar, als Brennmaterial berechnet . . .	3 =	— =
Summa	318 Thlr.	15 Sgr.

C. Kupfer- und Eisengeräthe.

1) Sämmtliche Kupfergeräthe, incl. Messinghähnen, circa 24 Ctr., à 40 Thlr.	960 Thlr.
2) Ein eiserner Dampfkessel	120 =
3) Die Darre	150 =
Summa	1230 Thlr.

Der kapitalisirte Werth dieser drei Nutzungsrubriken ist dem Kreditwerthe zugerechnet, und so der Subhastations-Taxwerth, wie folgt, ermittelt worden.

A. Einnahme.

Tit. I. Ackernutzung.

Der Ertragswerth des Ackerlandes im Flächeninhalte von 676 M. 86 □R. beträgt nach der Zusammenstellung . 44,135 Thlr. 5 Sgr. 5 Pf.

Tit. II. Wiesen.

Dieselben sind nach Ausweis der besonderen Uebersicht auf einen Ertragswerth von im Flächeninhalte von 79 M. 18 □R. geschätzt. 5670 Thlr. 24 Sgr. 4 Pf.

Tit. III. Weideland.

Dasselbe besteht aus 95 M. 142 □R. und ist geschätzt auf . . . . 1405 = 5 = 8 = laut besonderer Zusammenstellung.

Uebertrag 51,211 Thlr. 5 Sgr. 5 Pf.

Tit. IV. Forstland.

	Uebertrag 51,211 Thlr.	5 Sgr.	5 Pf.
Dasselbe ist nach Ausweis der besonderen Uebersicht[1]) wie folgt angesprochen: 18 M. 68 □R. im Kapital à 5 Prozent	511 =	6 =	— =
Andere Schätzungsrubriken fehlen. Das Gartenland ist theils als Acker, theils als Wiese angesprochen.			
	Summa 51,722 Thlr.	11 Sgr.	5 Pf.

B. Ausgaben.

An solchen sind abzusetzen:

A. Die öffentlichen und gemeinen Lasten und Abgaben auf Grund besonderer Feststellungen. .

				Thlr.	Sgr.	Pf.
1. Die königl. Grundsteuer mit jährlich				120	16	9
2. Armen= u. Korrektionshaus=Beiträge				—	20	—
3. Irrenhaus=Beiträge				2	18	2
4. Landtagskosten				—	13	4
5. Kreis=Kommunal=Abgaben				2	19	10
6. Vieh=Assekuranzbeiträge				—	3	4
7. Beitrag zur Einrichtung des Kreis=Armen= und Arbeitshauses				3	16	11
8. Wegebaugelder				7	1	—
9. Dem Pfarrer in Rauschdorf.						
3¾ Schffl. Hafer à 24 Sgr. 3 Pf. . .	2	18	10			
Offertorium	1	10	—			
Neujahrsgeld	1	—	—			
				4	28	10
10. Dem Schullehrer daselbst.						
Umgangsgeld	—	18	—			
Neujahrsgeld	—	15	—			
				1	3	—
Uebertrag				143	21	2

1) Die bei Titel I bis III u. VI in Bezug genommenen Zusammenstellungen, in tabellarischer, von dem Tax-Regulativ vorgeschriebener Form, sind ihrer Umfänglichkeit und des damit nicht im Verhältniß stehenden, für unseren Zweck geringen Nutzens wegen weggelassen. Die Ausführung der vorgeschriebenen Zusammenstellungen liegt den mitwirkenden Sachverständigen ob, welche dabei das Vermessungs- und das Bonitirungsregister zur Grundlage nehmen.

				Thlr.	Sgr.	Pf.
			Uebertrag	143	21	2
11. Dem Schullehrer zu Peterspfennig.						
96 Scheite Holz, à Klafter (zu 120 Scheite gerechnet) 4 Thlr. .	3	6	—			
3 Schffl. 3½ Mtz. Roggen, à Schffl. 1 Thlr. 19 Sgr. 11 Pf.	5	10	8			
12½ Mtz. Gerste, à Schffl. 1 Thlr. 6 Sgr. 7 Pf.	—	28	7			
Baar	8	15	9			
				18	1	—
(Die angenommenen Preise sind aus dem Amtsblatte pro 1860, Stück 1, Tabelle der 24jährigen Martini-Durchschnittspreise entnommen worden.)						
12. Scholzengehalt jährlich				8	—	—
13. Schornsteinfegerlohn jährlich				4	—	—
			Summa	173	22	2

kapitalisirt zu 5 Prozent 3474 Thlr. 23 Sgr. 4 Pf.

B. An Instandsetzungs- resp. Ausrüstungskosten.

Das Gut Ginsterheide ist auf einen Durchschnitts-Körner-Ertrag von 7⅛ Schffl. pro Morgen eingeschätzt, rangirt also in den mittleren Stufen der II. Ackerklasse.

Bei Berechnung der Großviehzahl kommt in Betracht, daß auf 8½ Morgen Ackerland ein Stück Großvieh gehalten werden kann. Dies giebt bei 676 M. 86 □R. 79½ Stück.

Auf die bonitirte Heumasse entfallen auf 1608 Ctr. gutes Heu, à 60 Ctr. 1 St. . . . . 26½ „

Auf 115½ Ctr. mittelmäßiges Heu à 80 Ctr. 1 Stück . 1½ „

zusammen 107½ „

Vorhanden ist gar kein Vieh, daher ist dasselbe anzukaufen und zwar:

	Thlr.	Sgr.	Thlr.	Sgr.	Pf.
16 Pferde, à 50 Thlr.	800	—			
30 Stück Rindvieh, à 30 Thlr. . .	900	—			
605 „ Schafe, à 2½ Thlr. . . .	1512	15			
1 Stier	40	—			
			3252	15	—

Auf 170 Morgen ist ein Zug angenommen.

An todtem Inventarium ist ebenfalls nichts vorhanden, weshalb auch dieses in Ansatz gebracht werden muß, und zwar:

	Thlr.	Sgr.			
8 Pflüge mit Zubehör, à 5 Thlr. . .	40	—			
		Uebertrag	3252	15	—

	Thlr.	Sgr.	Thlr.	Sgr.	Pf.
Uebertrag			3252	15	—
Uebertrag	40	—			
16 Eggen, à 1½ Thlr.	24	—			
8 Ruhrhaken, à 3½ Thlr.	28	—			
2 Häufelpflüge, à 3 Thlr.	6	—			
8 Arbeitswagen mit Brettern und Ernteleitern, à 50 Thlr.	400	—			
16 Pferdegeschirre, à 5 Thlr.	80	—			
8 Spannketten, à 1⅓ Thlr.	10	20			
5 Holzketten, à 3 Thlr.	15	—			
Diverse Stallgeräthe auf 16 Pferde, à 2 Thlr.	32	—			
			635	20	—
Die Instandsetzungs-Kosten der Wirthschaftsgebäude betragen nach dem Gutachten des Bauverständigen . . .			8192	23	4
Summa der Instandsetzungs-Kosten			12080	28	4
Hierzu die königl. Steuern u. andern Abgaben unter A. mit			3474	23	4
Summa aller Ausgaben			15,555	21	8
Balance.					
Die Einnahme beträgt zu Kapital angeschlagen .			51,722	11	5
Die Ausgabe = = = = .			15,555	21	8
Der Kredit-Taxwerth des Gutes Ginsterheide stellt sich daher auf			36,166	19	9
Hierzu aus Abtheilung II des Tax-Regulativs, Subhastations-Taxen:					
Tit. VII. Jagd.					
Von 912 M. 78 □R. Dominial-Terrain, à M. 3 Pf. = 7 Thlr. 18 Sgr. 1 Pf., kapitalisirt à 5 Prozent			152	1	8
Tit. VIII. Vakat.					
Tit. IX. Ziegelei.					
Der Ertrag der hier vorhandenen und seit länger als drei Jahren betriebenen Ziegelei ist im Separat-Protokolle und der demselben anliegenden Berechnung[1]) auf 2108 Thlr. ermittelt worden, wovon taxgrundsätzlich Ein Viertel mit 527 Thlr. in Ertrag zu stellen war, so daß sich ein Kapitalswerth von . . . . ergiebt.			10540	—	—
Tit. X—XII Vakant.					
Tit. XIII.					
Der Schätzungswerth des Brennereigebäudes und der					
Uebertrag			46858	21	5

1) Diese beiden Prozeßhandlungen werden als Beispiele, hinter dem Tax-Instrumente, mitgetheilt.

	Thlr.	Sgr.	Pf.
Uebertrag	46858	21	5

Brennereiutensilien und zwar wie derselbe nachstehend verzeichnet ist:

	Thlr.	Sgr.
1) der Werth des Gebäudes	2223	10
2) = = der Böttchergeräthe . .	318	5
3) = = = Kupfer= u. Eisengeräthe	1230	—

	Thlr.	Sgr.	Pf.
	3771	15	—

Andere Nutzungen sind, da die Realabgaben und Dienste, welche dem Gute zustanden, abgelöst sind, nicht zu veranschlagen.

Das Wohnhaus hat nach dem Gutachten des Bauverständigen einen Materialwerth von $1446\frac{1}{3}$ Thlr., welcher jedoch nur ante lineam zu setzen ist.

Der Materialwerth der Ziegeleigebäude war nicht in Anschlag zu bringen, da der Ertrag in die Taxe genommen ist, und dieser nicht ohne die Gebäude erzielt werden kann.

Orangerie und andere Gegenstände sind nicht vorhanden.

Der Subhastations=Taxwerth des Gutes Ginsterheide stellt sich demnach auf 50,630 6 5

schreibe Funfzig Tausend Sechshundert und Dreißig Thaler, Sechs Silbergroschen, Fünf Pfennige.

N., den 17. August 1861.

Gründlich,

Königl. Kreisrichter, als Taxations=Kommissarius.

Taxe der Ziegelei.

a) Informationsprotokoll (beim Mangel einer 9jährigen Rechnungsvorlage).

Ginsterheide, den 17. August 1861.

(Fortsetzung.)

Hierauf erschien vor der Kommission der hiesige Zieglermeister Johann Wilhelm Kneter, 47 Jahre alt, katholischer Konfession, seiner Versicherung nach ohne alles Interesse bei der Sache, und alle Generalfragen verneinend.

Derselbe wurde erinnert, daß er seine Aussagen so einzurichten habe, daß er darauf mit gutem Gewissen den ihm vorgehaltenen Zeugeneid, der sich auch auf die Generalfragen beziehe, schwören könne, und ließ sich auf die ihm vorgelegten Fragen wie folgt vernehmen:

Ich habe schon im Jahre 1855 angefangen, die hiesige Ziegelei zu re=

spiziren. Dieselbe wurde damals von dem Gutsbesitzer Pfaucher angelegt und soweit fertig hergestellt, daß ein gewölbter Ofen und ein Trockenschuppen vollendet und zum Gebrauche zu verwenden war; es ist auch in jenem Jahre noch gebrannt worden, doch kann ich die Anzahl der Brände nicht mehr angeben, da ich nur die Oberleitung führte, wogegen mein Schwiegersohn Namens Streicher der eigentliche Betriebsmeister war. Im Jahre 1856 wurde der Betrieb fortgesetzt und außerdem noch ein zweiter gewölbter Ofen und mehrere Schuppen gebaut, so daß jetzt zwei gewölbte Oefen, zwei Flachwerkschuppen zu 130,000 Brettchen Belag, nebst den nöthigen Parketts, und ein Haus von Fachwerk für den Zieglermeister vorhanden sind.

Im Jahre 1856 übernahm ich den Betrieb der Ziegelei, habe ihn jedoch nur bis einige Tage nach Pfingsten fortgeführt, bin aber im Jahre 1857 wiederum in die Dienste des Herrn Pfaucher getreten und habe dieselben Ende 1857 wieder verlassen, da Herr Pfaucher verpachtete. Anfang dieses Jahres bin ich nochmals in den Dienst des hiesigen Dominiums getreten und stehe demselben noch gegenwärtig vor, wenn ich auch streng genommen eigentlich in Lohn und Brot des Ziegeleipächters bin.

Meines Wissens ist jedes Jahr seit 1855 die Ziegelei ohne Unterbrechung im Betriebe gewesen.

Das zur Ziegelfabrikation nöthige Bodenmaterial ist meines Erachtens in unerschöpflicher Masse vorhanden. Vorläufig haben wir zwei Anhöhen in Angriff genommen, welche einen ausgezeichneten, sowohl zu Mauerziegeln, als auch zu Flachwerk (Dachziegel) und Klinker geeigneten Boden, und zwar sowohl gelben als blauen Lett von verschiedenen Fettigkeitsgraden, dabei mergel- und kiesfrei, und zum Versetzen der Masse auch Schlief und Sand, sowie überall das nöthige Wasser darbieten.

Bei der gegenwärtigen Einrichtung der Ziegelei ist es ein Leichtes, wöchentlich 30,000 Stück Flachwerke und 7 — 8000 Stück Mauerziegeln oder Klinker zu fertigen. Obwohl ohne Bedenken 24 bis 25 Arbeitswochen angenommen werden können, so ist doch ganz sicher, bei nur 20 Wochen 500 bis 600 Tausend Flachwerke und 150 Tausend Mauerziegeln oder Klinker fertig herzustellen. Die Oefen fassen ein jeder gegen 50,000 Mauerziegeln, oder, wenn zugleich Flachwerke eingesetzt werden, 20,000 Mauerziegeln und 50—60,000 Flachwerke, so daß es ein Leichtes ist, in diesen Oefen das fertige Material abzubrennen. Zum Abbrennen der angenommenen Masse von 150,000 Mauerziegeln, resp. Klinker und 5—600,000 Flachwerken würden hiernach circa 8 bis 9 Brände gehören, so daß jeder Ofen 4 bis 5 Mal in Verwendung käme.

Zum Abbrennen eines Ofens gebrauche ich 40—45 Klaftern kiefern Leibholz, oder 150 Tonnen Stückkohle. Die Klafter Holz wird einschließlich Fuhrlohn 5 bis 5¼ Thlr. kosten, da es auf 3 Meilen Entfernung herangeholt werden muß. Die Kohle wird aus Oberschlesien vom Bahnhofe Bösdorf bezogen und kostet incl. Fuhr- und Frachtlohn circa 1 Thlr. pro Tonne, so daß 9 Brände ein Brennmaterial im Werthe von 14—1800 Thlr. erfordern. Drainröhren werden zur Zeit hierselbst nicht gemacht, da die vorhandene Maschine unbrauchbar ist und auch Flachwerk und Klinker hinreichenden Absatz haben.

An Arbeitslohn erhalte ich vom Flachwerk 1 Thlr. 28 Sgr., von den Klinkern 2 Thlr. 15 Sgr. und von Mauerziegeln 1 Thlr. 15 Sgr. pro Tausend, wobei jedoch das Schachten noch besonders bezahlt wird und zwar mit 8—10 Sgr. von der Schachtruthe, welche circa 1100 Mauerziegeln und gegen 3000 Flachwerke liefert. Außerdem erhalte ich noch von dem verkauften Material und zwar vom Flachwerke 3 Sgr. und von den Klinkern 5 Sgr. pro Tausend an Tantieme oder sogenanntem Stammgelde.

Die Absatzverhältnisse hierselbst sind höchst günstige, was schon daraus hervorgeht, daß ungeachtet des fortwährenden lebhaften Betriebes doch nur sehr unbedeutende Bestände vorhanden sind. Die Preise betragen excl. Stammgeld, welches der Käufer entrichtet, 7 Thlr. 15 Sgr. vom Flachwerke und 10 Thlr. pro Tausend Klinker; für gewöhnliche Mauerziegeln dagegen, die übrigens selten gemacht werden, 6 Thlr.

Ungeachtet des bisherigen günstigen Absatzes ist mir doch durchaus nicht bekannt, daß besondere oder ungewöhnliche Ereignisse denselben bedingt hätten, es hat sich vielmehr alles nur in dem Gleise der gewöhnlichen Bauten bewegt. Vergessen will ich nicht zu bemerken, daß an Gewerbesteuer meines Wissens jährlich 12 Thlr. gezahlt worden und daß die Gebräuchlichkeiten durchweg neu und in gutem Bauzustande sind, doch werden an den Oefen in Kurzem einige Reparaturen auszuführen sein.

Schließlich muß ich noch bemerken, daß, wenn ich vorstehend die Fabrikation auf 8 bis 9 Brände mit 150,000 Klinkern und 500—600,000 Flachwerken als eine unter allen Umständen leicht mögliche angegeben habe, die wirkliche Fabrikation in den letzten 4 bis 5 Jahren jedenfalls eine ungleich höhere gewesen ist und 12 bis 13 Brände mit circa 200,000 Klinkern und 800,000 Flachwerken geliefert hat, doch kann ich nicht verschweigen, daß in den ersten Jahren auch verhältnißmäßig mehr Mauerziegeln und weniger Klinker und Flachwerk als jetzt gemacht worden sind, so daß meine erste Aussage den richtigen Durchschnitt darstellt.

Nachtragen muß ich auch, daß zum Brennen nur Kohle verwendet wird, und nur zum Aufzünden etwas Holz gebraucht wird.

Diese meine Aussage enthält meine beste Wissenschaft; ich bin bereit, dieselbe auf Erfordern zu beschwören.

Das Protokoll wurde dem Zeugen vorgelesen und von ihm genehmigt.

Darauf leistete er, nach erfolgter Vorlesung der Verhaltung bei Zeugeneiden, in Gegenwart des den ausgebliebenen Subhastationsinteressenten, in der Person des Schulzen Feinohr, hierselbst bestellten Schwurzeugen, den vorgeschriebenen Zeugeneid, nach Art der Katholiken, ab, und unterschrieb sodann mit dem Schwurzeugen wie folgt:

Johann Wilhelm Kneter. Joachim Feinohr.

a. u. s.

Gründlich.

b) Ziegeleiberechnung.

Es werden alljährlich im Durchschnitt 9 Oefen mit 150,000 Klinkern und Mauerziegeln, und 500,000 Flachwerken abgebrannt.

Diese liefern Ertrag:

	Thlr.
1) von 75,000 Mauerziegeln, à 6 Thlr.	450
2) = 75,000 Klinkern, à 10 Thlr.	750
3) = 450,000 Flachwerken, à 7½ Thlr.	3375
4) = 50,000 = II. Sorte, à 6½ Thlr.	325
Summa der Einnahme . .	4900

Davon ab:

1) an Brennmaterial:

	Thlr.	Sgr.
a) 1350 Tonnen Stückkohle, à 1 Thlr. . . .	1350	—
b) 10 Klaftern Leibholz, à 5½ Thlr.	55	—
	1405	—

2) an Arbeitslohn:

	Thlr.	Sgr.
a) für 500,000 Flachwerke, à 1 Thlr. 28 S.	966	20
b) = 75,000 Mauerziegeln, à 1½ Thlr.	112	15
c) = 75,000 Klinker, à 2½ Thlr. . .	177	15

	Thlr.	Sgr.	Thlr.
	1256	20	
d) Schachtlohn für 316⅔ Schachten Boden . .	108	10	
3) Gewerbesteuer	12	—	
Summa der Ausgaben			2782
Es bleibt also ein Ertrag von			2118

Ginsterheide, den 17. August 1861.

Gründlich.

2. Taxe eines auf gewisse Jahre verliehenen Nutzungsrechts.

Der Werth eines auf gewisse Jahre zur Kultur und Benutzung verliehenen Gutes soll, nach §. 438 des Anh. zur A. G.O., durch Abrechnung des Interusuriums von dem durch die Revenüensumme gefundenen Kapitalswerthe bestimmt werden. Es muß also eine gewöhnliche Taxe aufgenommen, aber statt die Revenüensumme mit 5 Prozent zu Kapital zu rechnen, der Werth des Nutzungsrechts mittelst der sich ergebenden jährlichen Revenüensumme, mit Abrechnung des Interusuriums, auf die noch übrigen Nutzungsjahre herausgebracht werden. Die Frage ist: wie das Interusurium zu berechnen? Die ehemalige Westpreußische Regierung zu Marienwerder hat in einem Berichte vom 15. Januar 1802 nebst Beilagen[1]) die verschiedenen Methoden vorgetragen und dargethan, daß das Interusurium nach zusammengesetzten Zinsen (mit Zinsen von Zinsen oder nach der Leibnitz'schen Methode) berechnet werden müsse; und durch das Hofreskript vom 8. September 1840[2]) ist die Anweisung gegeben, nach diesen Grundsätzen zu verfahren, die denn in der Provinz Preußen bei der Abschätzung der dort, besonders in der Weichselniederung, sehr zahlreich vorkommenden Nutzungsrechte auf Zeit, auch wirklich angewendet werden.

Da die Taxe selbst wie gewöhnlich aufgenommen und ausgearbeitet wird, und nur mit einer eigenthümlichen Berechnung der Revenüensumme zu Kapital schließt; so genügt es, das Verfahren bei dieser Berechnung, wie es in jenem Berichte sehr deutlich angegeben wird, hier mitzutheilen. Es heißt:

„In dem anliegenden, mit No. I bezeichneten Aufsatze ist ausführlich dargethan, und durch die dazu gehörige No. II bezeichnete Tabelle anschaulich gemacht worden, daß der Werth eines temporellen Nutzungsrechts aus dem jährlichen Ertrage nur lediglich durch die Berechnung des Interusurii, mit Rücksicht auf die Zinsen von Zinsen, richtig und der Sache vollkommen angemessen bestimmt werden kann, und daß diese Berechnung, durch welche beide Theile völlig egalisirt werden, eigentlich auf folgenden Grundsätzen beruhet, nämlich:

1) Man muß zuvörderst berechnen, wie viel die ganze Revenüensumme des Besitzers für sämmtliche Jahre seines Nutzungsrechts alsdann beträgt, wenn derselbe seinen jährlichen reinen Ertrag des Grundstücks zu fünf Prozent austhut, und die jährlichen Zinsen wieder zu Kapital schlägt.
2) Hiernächst ist zu berechnen, wie groß dasjenige Kapital sei, welches mit seinen Zinsen zu 5 Prozent, wenn man hier die jährlichen Zinsen gleichfalls wieder zum Kapital schlägt, durch sämmtliche Jahre des Nutzungsrechts ebenso viel ausmacht, als die ad 1 gefundene Summe der Revenüen des Besitzers.

Das bei dieser Berechnung ad 2 gefundene Kapital ist das gesuchte Pretium des temporellen Nutzungsrechts.

Wird das Pretium nach den vorstehenden zwei Grundsätzen wirklich berechnet, so ist diese Berechnung, wenn sie nach der gewöhnlichen Methode angelegt wird, freilich ein sehr weitläufiges und mühsames Geschäft, es ist indessen in der Beilage No. I angezeigt worden, wie das richtige Pretium durch die höhere Rechenkunst leicht und schnell gefunden werden kann, und wie ferner auch diejenigen, welche von der höheren Rechenkunst keine Kenntniß haben, das Pretium qu. durch die gewöhnliche Regel de tri und mit Hülfe einer gewissen Erleichterungstabelle ebenso leicht und schnell berechnen können."

---

1) Abgedruckt in Gräve ll's Kommentar zu den Kreditgesetzen. Bd. III, Beilage Nr. 1.
2) Mathis Bd. XI, S. 1, und v. Raabe, Samml. Bd. VIII, S. 171.

Aus der Beilage No. I.

„Prinzip zur richtigen Berechnung des Werths.

Hiernach beantwortet sich die oben aufgestellte Frage: wie nämlich das Pretium eines temporellen Nutzungsrechts zu bestimmen sei? dahin:

Man muß zuvörderst die Summe der Revenüen des Besitzers in der Art suchen, daß man ihm den jährlichen Ertrag mit zusammengesetzten Zinsen à 5 Prozent (das heißt, mit Zinsen nebst Zinsen von jährlichen Zinsen) von dem Zeitpunkte ab, wo der jedesmalige Ertrag fällig ist, bis zu dem termino ad quem des Nutzungsrechts, veranschlagt; hiernächst muß man berechnen, wie groß dasjenige Kapital ist, welches mit seinen zusammengesetzten Zinsen à 5 Prozent durch die Jahre des Nutzungsrechts eben so viel ausmacht, als die in der vorgedachten Art gesuchte Revenüensumme des Besitzers beträgt:. das Kapital, welches man auf diese Weise findet, ist das gesuchte Pretium des Nutzungsrechts.

Oder aber:

Man berechnet das Interusurium mit zusammengesetzten Zinsen à 5 Prozent von dem Ertrage eines jeden Jahres besonders, und addirt die gefundenen Größen.

Wird die Berechnung nach diesen beiden Regeln ausführlich angelegt, so wird sie bei einem vieljährigen Nutzungsrechte freilich sehr mühsam und weitläuftig, allein die Algebra giebt ein Mittel an die Hand, das Pretium qu. für den längsten Zeitraum auf eine sehr leichte und schnelle Weise zu finden. Denn wenn man das zu suchende Pretium mit x, den jährlichen Ertrag (z. B. 100 Thlr.) mit a, die Zahl der Nutzungsjahre mit n, den Bruch $\frac{105}{100}$ (welcher Bruch entsteht, wenn man zu einem Kapitale einjährige Zinsen addirt, und die Summe durch das Kapital dividirt) mit v bezeichnet, so findet man das Pretium x für jedes nte Jahr des Nutzungsrechts durch folgende Kürze-Gleichung:

$$x = \left(\frac{a}{v} - \frac{a}{v^{n+1}}\right) \quad \left(1 - \frac{1}{v}\right)$$

Will man z. B. das Pretium für 19 Jahre suchen, wenn der Ertrag 100 Thlr. beträgt, so ist die Berechnung folgende:

Der Logarithmus von v (welcher auch lv bezeichnet wird) ist nach den logarithmischen Tafeln = 0,0211893.

Nun ist n + 1 = 20, also ist (n + 1) lv = 0,4237860,

folglich v^{n+1} (nach den Tafeln) = 2,6532,

mithin beträgt $\frac{a}{v^{n+1}}$ oder $\frac{100}{2{,}6532} = 37{,}690$.

Nun ist $\frac{a}{v} = 100\,\frac{100}{105} = \frac{10000}{105} = 95{,}238$.

$$\text{Hiervon abgezogen } \frac{a}{\frac{n+1}{v}} = 37{,}690,$$

$$\text{so ist } \frac{a}{v} - \frac{a}{\frac{n+1}{v}} = \;.\;.\;.\;.\; 57{,}548.$$

Wird nun dieses mit $1 - \frac{1}{v}$ das ist

mit $\frac{5}{105} = \frac{1}{21}$ dividirt, folglich mit 21

multiplizirt 57,548

1150,96

so erhält man x als das Pretium für

19 Jahre mit . . . . $1208,\frac{508}{1000}$,

als womit die neunte Kolonne (Beilage II) genau übereinstimmt.

Freilich ist's gewiß, daß man unter den gewöhnlichen Kalkulatoren nicht leicht Einen finden wird, der die aufgestellte, auf den Grundsätzen der Algebra beruhende Berechnung versteht oder anwenden kann; und eben so wenig läßt sich annehmen, daß die Unterrichter, welche keinen Kalkulator haben, und mithin die bei ihnen vorkommenden Rechnungen selbst machen müssen, diese Berechnung verstehen werden. Allein hieraus kann unmöglich ein Grund hergenommen werden, um statt einer richtigen Berechnung eine unrichtige als Norm vorzuschreiben, und dadurch den Parteien Unrecht zu thun. Ueberdem kann man dem ganzen Uebel, daß nämlich nicht alle Justizbediente und gewöhnliche Kalkulatoren die höhere Rechenkunst verstehen, dadurch vollkommen abhelfen, daß für eine Erleichterungstabelle gesorgt wird (welche die Stelle eines faulen Knechts vertritt), vermöge deren man in den Stand gesetzt wird, das richtige Pretium eines temporellen Nutzungsrechts für jede Dauer desselben und für jeden Ertrag durch ein einziges Exempel der allgemein bekannten Regel de tri zu finden. Denn das richtige Pretium qu. steht mit der Höhe des jährlichen Ertrags in einem geometrischen Verhältnisse, dergestalt, daß nur zwischen dem Pretium und den verschiedenen Jahren ein anderweitiges Verhältniß obwaltet. Sobald man also weiß, wieviel das Pretium für einen gewissen Ertrag und für eine gewisse Dauer beträgt, so kann man das Pretium für jeden anderen Ertrag und für dieselbe Dauer durch die gewöhnliche Regel de tri finden.

Folgendes Beispiel wird dieses klar machen.

Es soll der Werth eines vierjährigen Nutzungsrechts gefunden werden, wenn der jährliche Ertrag in 23 Thlrn. bestehet. Aus der anliegenden Tabelle, Kolonne 9 oder 11, ist ersichtlich, daß das richtige Pretium für 4 Jahre in $354\frac{595}{1000}$ Thlr. besteht, wenn der jährliche Ertrag 100 Thlr. ausmacht; also muß das Exempel der Regel de tri in folgender Art gestellt werden:

100 Thlr. Ertrag geben ein Pretium von $354\frac{595}{1000}$ Thlrn., wieviel ergiebt ein Ertrag von 23 Thlrn.

Facit ein Pretium von $81\frac{55685}{100000}$ Thlrn.

Daß dieses Facit wirklich richtig ist, erhellet aus Folgendem:

Man erhält nämlich von dem gefundenen Pretio à . . .	81,55685	Thlr.
an Zinsen am Ende des ersten Jahres	4,07784	=
und von	85,63469	Thlr.
am Ende des zweiten Jahres	4,28173	=
von	89,91642	Thlr.
am Ende des dritten Jahres	4,49582	=
von	94,41224	Thlr.
am Ende des vierten Jahres	4,72061	=
also in Summa	99,13285	Thlr.

und eben soviel beträgt die Revenüensumme des Besitzers. Denn dieser erhebt

am Ende des ersten Jahres an Ertrag	23	Thlr.
= = = zweiten = = Zinsen	1,15	=
= Ertrag	23	=
Summa	47,15	Thlr.
= = = dritten = = Zinsen	2,3575	=
= Ertrag	23	=
Summa	72,5075	Thlr.
= = = vierten = = Zinsen	3,62535	=
= Ertrag	23	=
in Summa, wie oben	99,13285	Thlr.

Durch eben dieses Exempel der Regel de tri findet man auch das Pretium, wenn der Ertrag außer den 23 Thlrn. noch in 23 Gr. bestände. Denn wenn ein Ertrag von 23 Thlrn. ein Pretium von $81\frac{5}{10}$ Thlr. giebt, so giebt ein Ertrag von 23 Groschen ein Pretium von $81\frac{5}{10}$ Groschen. Man darf also nur eine Tabelle für einen Ertrag von 100 Thlrn. für alle Jahre von 1 bis 100 Jahre anfertigen (indem ein längeres Nutzungsrecht wohl nicht leicht vorkommen wird) um aus dieser Tabelle das Pretium für jeden anderen Ertrag und für jede Dauer des Nutzungsrechts durch die bloße Regel de tri schnell zu finden. Es versteht sich von selbst, daß eine solche Tabelle genau und richtig berechnet werden muß, wobei also auch nöthig sein würde, daß für diejenigen, welche mit Dezimalbrüchen umzugehen verstehen, die Brüche der leichten Berechnung wegen in Dezimalzahlen ausgedrückt, für diejenigen aber, welche mit Dezimalzahlen nicht umzugehen verstehen, allenfalls auf Groschen und Pfennige reduzirt werden. In der anliegenden Tabelle (II) ist das Pretium bereits für die Jahre 1 bis 21 angegeben und in der 11ten Kolonne mit Dezimalbrüchen von drei Ziffern ausgedrückt worden, man kann daher mit Beihülfe dieser Tabelle das Pretium für die Jahre von 1 bis 21, und zwar für jeden möglichen Ertrag durch die gewöhnliche Regel de tri berechnen."

Aus dem Berichte der Regierung zu Marienwerder, vom 15. Jan. 1802, gehört noch hierher:

„In Ansehung der Ausmittelung des jährlichen Ertrages eines solchen Grundstücks ist der Satz aufgestellt worden:

daß dabei für diejenigen Kosten ein billiges Quantum in Abzug gebracht werden müsse, welche der Besitzer auf die nach der Verleihungsurkunde und nach den gesetzlichen Vorschriften ihm obliegende Melioration und Kultivirung des Grundstücks, während der Dauer des Nutzungsrechts, noch verwenden muß, weil er nach dem Expirio dieses Rechts von dem Grundherrn keine Entschädigung erhält.

Allgemein betrachtet ist dieses freilich richtig, allein der Betrag dieser Meliorationskosten würde nicht von dem jährlichen Ertrage des Grundstücks, sondern nur von dem nach dem Ertrage zu berechnenden Pretium in Abzug zu bringen sein, weil der Besitzer die Summe der Meliorationskosten nicht jährlich, sondern nur überhaupt ein einziges Mal ausgiebt, daher auch bei der Abschätzung eines eigenthümlichen Grundstücks, z. B. die zur Reparatur eines beschädigten Gebäudes erforderlichen Kosten, nicht von dem jährlichen Ertrage, sondern von dem durch diesen Ertrag sich bestimmenden Kapitalswerthe des Grundstücks abgerechnet werden. Auch würde darauf Rücksicht zu nehmen sein:

in wiefern durch die noch zu bewerkstelligende Melioration der jährliche Ertrag des Grundstücks erhöht wird?

Ist dieses der Fall, so würde bei der Berechnung des Kapitalswerths der durch die Melioration entstehende höhere Ertrag zum Grunde zu legen, und dagegen die Summe der Meliorationskosten vom Kapitalswerthe in Abzug zu bringen sein. Wenn jedoch der durch die Melioration zu gewinnende höhere Ertrag erst nach Verlauf einiger Jahre entsteht, so müßte, um genau zu verfahren, der Kapitalswerth zuvörderst von dem gegenwärtigen Ertrage bestimmt, sodann aber von dem künftig entstehenden höheren Betrage des jährlichen Ertrages für die alsdann noch übrigen Jahre des Nutzungsrechts ein besonderer Kapitalswerth berechnet, und beide Kapitalien nach Abzug der Meliorationskosten zusammen summirt werden. Wenn also z. B. der jetzige Ertrag eines noch 20 Jahre zu benutzenden Grundstücks 100 Thlr. beträgt, durch die mit 400 Thlrn. zu verwendenden Meliorationskosten aber binnen 5 Jahren eine solche Verbesserung bewirkt werden kann, daß der jährliche Ertrag nach 5 Jahren sich auf 150 Thlr. beläuft, so würde die Berechnung in folgender Art zu stehen kommen.

Von dem gegenwärtigen Ertrage à 100 Thlr. beträgt der Werth für 20 Jahre (Kolonne 9 der Tabelle)	1246	Thlr.
Von der nach fünf Jahren mit 50 Thlrn. entstehenden Erhöhung des Ertrages, für die alsdann noch übrigen 15 Jahre, beträgt der Werth des Nutzungsrechts	518½	=
Summa	1764½	Thlr.
Hiervon die Summe der Meliorationskosten mit	400	=
so beträgt das eigentliche Pretium	1364½	Thlr.

In verschiedenen emphyteutischen Kontrakten findet sich die Festsetzung:

daß der Emphyteute nach Ablauf seines (gewöhnlich auf 40 Jahre bestimmten) Nutzungsrechts den Vorzug vor jedem anderen Akquirenten des anderweitig zu verleihenden Nutzungsrechts haben solle;

und es entsteht die Frage:

in wiefern ein solches Vorzugsrecht zur Taxe zu bringen sei?

Hierbei würde hauptsächlich auf den Inhalt des Kontrakts oder der sonstigen Verleihungsurkunden zu sehen sein. Ist daraus ersichtlich, unter welchen Bedingungen die anderweitige Verleihung erfolgen soll, und sind diese Bedingungen schon als unwiderruflich festgesetzt, so würde der Werth des künftigen neuen Nutzungsrechts ebenfalls nach den obigen Grundsätzen zu berechnen sein, weil sich der künftige jährliche Ertrag des neuen Nutzungsrechts nach den bereits feststehenden Bedingungen bestimmen läßt; nur würde von diesem Werthe das Interusurium für diejenigen Jahre, nach welchen das neue Nutzungsrecht seinen Anfang nimmt, anzuschlagen sein; weil das künftige neue Nutzungsrecht nicht früher eine wirkliche Einnahme gewährt; wogegen sodann der solchergestalt ausgemittelte Werth des künftigen Nutzungsrechts mit dem Werthe des gegenwärtigen Nutzungsrechts zusammen zu summiren ist, um das Totalpretium zu erhalten, indem das Pretium für beide Nutzungsrechte besonders berechnet werden muß, sobald die Bedingungen der künftigen Verleihung mit den Bedingungen des gegenwärtigen Nutzungsrechts nicht übereinstimmen, folglich auch der von diesen Bedingungen abhängende jährliche Ertrag jetzt und künftig verschieden ist.

Sind die gegenwärtigen Bedingungen mit den Bedingungen des künftigen Nutzungsrechts übereinstimmend, und ist z. B. festgesetzt worden,

daß der gegenwärtige Fruchtnießer nach Ablauf der ersten 40 Jahre das Grundstück unter denselben Bedingungen noch auf anderweitige 40 Jahre zur Benutzung erhalten soll;

so ist bei der Bestimmung des Pretii ebenso zu verfahren, als wenn nur von einem einzigen Nutzungsrechte, welches auf 80 Jahre verliehen worden, die Rede wäre.

Wenn dagegen die Bedingungen der künftigen neuen Verleihung noch nicht als unwiderruflich konstiren, so kann ein diesfälliges Vorzugsrecht gar nicht zur Taxe gebracht werden, weil einestheils der Ertrag der künftigen Verleihung noch nicht zu bestimmen ist, anderentheils es auch von dem Grundherrn abhängt, die Bedingungen der künftigen Verleihung so hoch zu spannen, daß dadurch das Vorzugsrecht des gegenwärtigen Besitzers vereitelt wird, folglich es nur gleichsam Zufall bleibt, wenn aus der künftigen Verleihung dem gegenwärtigen Besitzer ein Nutzen zu Theil wird.

In Westpreußen existiren auch verschiedene ad tempus verliehene Grundstücke, bei deren Verleihung in der diesfälligen Urkunde die Festsetzung getroffen ist:

daß, wenn der Fruchtnießer bei dem Ablauf der ersten 40 Jahre, auf die ihm das Nutzungsrecht eigentlich verliehen worden, einen doppelten

Kanon als Einkaufsgeld erlegt, er alsdann das Grundstück noch auf anderweitige 40 Jahre unter denselben Bedingungen besitzen soll.

Es ist einleuchtend, daß hierdurch eigentlich ein 80jähriges Nutzungsrecht verliehen wird, dessen Werth gleichfalls nach den obigen Grundsätzen zu berechnen ist, wobei der Umstand, daß nach Verlauf der ersten 40 Jahre ein Einkaufsgeld gezahlt werden muß, nur die Folge nach sich zieht, daß von diesem Einkaufsgelde das Interusurium für den Zeitraum von jetzt bis zu dem Zeitpunkte, wo das Einkaufsgeld gezahlt werden soll, zu berechnen und von dem sonstigen Werthe des Nutzungsrechts zu rabattiren ist. Wenn z. B. von den ersten 40 Nutzungsjahren jetzt noch 10 Jahre übrig sind, und alsdann ein Einkaufsgeld von 100 Thlrn. gezahlt werden muß, um das Nutzungsrecht noch auf die zweiten 40 Jahre zu erhalten, so beträgt der Werth, wenn der jährliche Ertrag in 100 Thlr. besteht, für sämmtliche noch übrige 50 Jahre

	1825 Thlr.
Nach 10 Jahren soll ein Einkaufsgeld von 100 Thlrn. verausgabt werden, folglich muß für diese Ausgabe ein Kapital von	$61\frac{3}{10}$ =
in Abzug gebracht werden, weil dieses Kapital binnen 10 Jahren die Summe von 100 Thlrn. erreicht (conf. die erste Abtheilung der 11ten Kolonne der Tabelle), wenn die Zinsen davon jährlich zum Kapital geschlagen werden; das ganze Pretium eines solchen Grundstücks beträgt daher	$1763\frac{7}{10}$ Thlr.“

II.

Tabelle

zur Bestimmung des Werthes eines auf gewisse Jahre eingeschränkten Nutzungsrechts und zur Prüfung der Richtigkeit der diesfälligen Grundsätze.

Nota

Es ist dieser Tabelle ein jährlicher Ertrag von 100 Thlrn. zum Grunde gelegt worden.

In den Kolonnen 3, 6, 7, 8, 9, 10 und 11 sind die Brüche von dem 6ten Jahre ab weggelassen worden, um die Uebersicht der ganzen Zahlen zu erleichtern.

Durch die Ziffern in der dritten und eilften Kolonne, welche hinter dem Komma abgesondert stehen, ist der vorhandene Dezimalbruch in der gewöhnlichen Art ausgedrückt worden, so daß nur die vor dem Komma stehenden Ziffern die vorhandene ganze Zahl anzeigen.

Die 9te Kolonne und die mit derselben übereinstimmende zweite Abtheilung der 11ten Kolonne enthält das richtige Pretium; alle übrigen Kolonnen enthalten den Betrag des Pretii, wenn dieses nach unrichtigen Grundsätzen berechnet wird, wonach sich also die Differenz der Resultate von den richtigen und von den unrichtigen Grundsätzen übersehen läßt.

Die 10te und 11te Kolonne ist nur bis zum 21sten Jahre ausgefüllt, weil die Tabelle vom 21sten bis zum 30sten, 40sten 2c. Jahre mit Weglassung der Zwischenjahre, springt.

Zahl der Nutzungsjahre, für welche sämmtliche Kolonnen berechnet sind.	Revenüen-Summe des Besitzers.				
	Kapital für nebenbemerkte Jahre.	Einfache Zinsen für dieselben Jahre	Kapital und einfache Zinsen in Summa.	Zusammengesetzte Zinsen für dieselben Jahre.	Kapital und zusammengesetzte Zinsen in Summa.
	Kolonne 1.	Kolonne 2.		Kolonne 3.	
1	100	0	100	0	100
2	200	5	205	5	205
3	300	15	315	15,25	315,25
4	400	30	430	13,0125	431,0125
5	500	50	550	52,56312	552,563 125
6	600	75	675	80	680
7	700	105	804	114	814
8	800	140	940	154	954
9	900	180	1080	202	1102
10	1000	225	1225	257	1257
11	1100	275	1375	320	1420
12	1200	330	1530	391	1591
13	1300	390	1690	471	1771
14	1400	455	1855	559	1959
15	1500	525	2025	657	2157
16	1600	600	2200	765	2365
17	1700	680	2380	884	2584
18	1800	765	2565	1013	2813
19	1900	855	2755	1153	3053
20	2000	950	2950	1306	3306
21	2100	1050	3150	1471	3571
30	3000	2175	5175	3643	6643
40	4000	3900	7900	8079	12079
50	5000	6125	11125	15934	20934
60	6000	8850	14850	29358	35358
70	7000	12075	19075	51852	58852
80	8000	15800	23800	89122	97122
90	9000	20025	29025	150460	159460
99	9900	24255	34155	238560	248460
100	10000	24750	34750	251000	261000
200	20000	99500	119500	34562000	34582000
300	30000	—	—	4547764000	4547794000
500	50000	—	—	—	—
1000	100000	—	—	—	—
5000	500000	—	—	—	—

Pretium nach einfachen Zinsen.			Pretium nach zusammengesetzten Zinsen.		
Für die erste Kolonne.	Für die zweite Kolonne.	Für die dritte Kolonne.	Für die erste Kolonne.	Für die zweite Kolonne.	Für die dritte Kolonne.
Kolonne 4.	Kolonne 5.	Kolonne 6.	Kolonne 7.	Kolonne 8.	Kolonne 9.
$95\frac{5}{21}$	$95\frac{5}{21}$	$95\frac{5}{21}$	$95\frac{5}{21}$	$95\frac{5}{21}$	$95\frac{5}{21}$
$181\frac{9}{11}$	$186\frac{4}{11}$	$186\frac{4}{11}$	$181\frac{179}{441}$	$185\frac{415}{441}$	$185\frac{425}{441}$
$260\frac{20}{23}$	$273\frac{21}{23}$	$274\frac{2}{23}$	$259\frac{1401}{9261}$	$272\frac{1008}{9261}$	$272\frac{3009}{9261}$
$333\frac{1}{3}$	$358\frac{1}{3}$	359,176	$329\frac{15741}{194481}$	$354\frac{142207}{194481}$	$354\frac{115726}{194481}$
400	440	442,05	$391\frac{3116509}{4084101}$	$430\frac{3839570}{4084101}$	$432\frac{3870388}{4084101}$
$461\frac{7}{13}$	$519\frac{3}{13}$	523	447	503	507
$518\frac{14}{27}$	$596\frac{8}{27}$	609	497	564	578
$571\frac{3}{7}$	$671\frac{3}{7}$	682	541	635	646
$620\frac{20}{29}$	$744\frac{24}{29}$	760	580	696	710
$666\frac{2}{3}$	$816\frac{2}{3}$	838	613	752	772
$709\frac{21}{31}$	$887\frac{3}{31}$	916	643	803	830
750	$956\frac{1}{4}$	994	668	851	886
$787\frac{29}{33}$	$1024\frac{8}{33}$	1073	688	896	939
$823\frac{9}{17}$	$1091\frac{3}{17}$	1152	707	936	989
$857\frac{1}{7}$	$1157\frac{1}{7}$	1233	721	974	1037
$888\frac{8}{9}$	$1222\frac{2}{9}$	1314	732	1007	1083
$918\frac{34}{37}$	$1286\frac{18}{37}$	1396	741	1038	1127
$947\frac{7}{19}$	1350	1480	747	1065	1168
$974\frac{14}{39}$	$1412\frac{32}{39}$	1566	751	1090	1208
1000	1475	1653	753	1111	1246
$1024\frac{16}{41}$	$1536\frac{24}{41}$	1742	753	1130	1282
1200	2070	2657	694	1197	1537
$1333\frac{1}{3}$	$2633\frac{1}{3}$	4026	569	1122	1715
$1428\frac{4}{7}$	$3178\frac{4}{7}$	5981	436	970	1825
1500	$3712\frac{1}{2}$	8839	321	795	1893
$1555\frac{5}{9}$	$4238\frac{8}{9}$	13078	230	627	1934
1600	4760	19429	161	480	1959
$1636\frac{4}{11}$	$5277\frac{3}{11}$	28992	111	359	1975
$1663\frac{103}{113}$	$5740\frac{40}{113}$	41757	79	272	1984
$1666\frac{2}{3}$	$5791\frac{2}{3}$	43500	76	264	1985
$1818\frac{2}{11}$	$10863\frac{7}{11}$	3143818	$1\frac{3}{20}$	$6\frac{9}{10}$	$1999\frac{1}{2}$
1875	$15890\frac{5}{8}$	—	—	—	$1999\frac{9}{10}$
$1923\frac{1}{13}$	—	—	—	—	dito mit einem
1970	—	—	—	—	— stets steigen-
$1992\frac{1}{25}$	—	—	—	—	— den Bruch.
					Diese Kolonne, welche richtige Resultate enthält, stimmt mit der 11ten Kolonne.

100 Thlr. entstehen durch einfache Zinsen aus folgenden Kapitalien binnen den vorbemerkten Jahren.	Durch Addition der Kapitalien in der Nebenrubrik entstehen folgende Pretia.	100 Thlr. entstehen durch zusammengesetzte Zinsen aus folgenden Kapitalien.	Durch Addition der Kapitalien in der vorhergehenden Nebenrubrik entstehen folgende Pretia.	Pretium, wenn von jedem Jahresertrage die Zinsen bis zu einem jeden Jahre abgezogen, und die Reste summirt, von dem 20sten Jahre ab aber nur einjährige Zinsen addirt werden.
Kolonne 10.		Kolonne 11.		Kolonne 12.
95 5/21	95 5/21	95,238	95,238	95
90 10/11	186 34/231	90,702	185,940	185
86 22/23	273 184/1771	86,385	272,325	270
83 1/3	356 774/1771	82,270	354,595	350
80	436 774/1771	78,357	432,952	425
76	512	74,626	507,578	495
74	586	71,068	578,646	560
71	657	67,686	646,332	620
68	725	64,461	710,793	675
66	791	61,394	772,187	725
64	855	58,469	830,656	770
62	917	55,685	886,341	810
60	977	53,033	939,374	845
58	1035	50,507	989,881	875
57	1092	48,102	1037,983	900
55	1147	45,812	1083,795	920
54	1201	43,620	1127,415	935
52	1253	41,552	1168,967	945
51	1304	39,574	1208,541	950
50	1354	37,690	1246,231	955
48	1402	35,895	1282,126	960
—	1790	—	—	1005
—	2148	—	—	1055
—	—	—	—	1105
—	—	—	—	1155
—	—	—	—	1205
—	—	—	—	1255
—	—	—	—	1305
—	—	—	—	1350
—	—	—	—	1355
—	—	—	—	1855
—	—	—	—	2355
—	—	—	—	3355
—	—	—	—	5855
		Die zweite Abtheilung dieser Kolonne stimmt mit der 9ten Kolonne.		

3. Taxe einer kleinen Rustikalbesitzung.

(A. G.O. Thl. II, Tit. 6, §. 14.)

Die unter der Jurisdiktion des ꝛc. Gerichts im Dorfe Rudelfeld unter Nummer 6 belegene, zum Nachlasse des Gärtners Graber gehörige Gärtnerstelle besteht aus einem Hause, einer Scheuer nebst Stalle, Sechs Morgen Acker und zwei Morgen Wiese, und einem kleinen Garten am Hause.

I. Beschreibung des Guts.

1) Die Gebäude, und zwar

a) das Haus ist von Holz in Fachwerk gebaut, mit Lehm ausgestakt, ein Stockwerk hoch, mit Stroh gedeckt. Die Breite ist 26', die Tiefe 30'. Es hat einen mit Feldsteinen gepflasterten Durchgang in den Hof, aus 3 Abtheilungen bestehend: dem Vorderflure, der Küche, mit einem kleinen Feuerheerde unter dem Schornsteine, der massiv ist, und dem Hinterflure. Die Hausthüre, die vor der Küche befindliche Thüre und die Hinterthüre sind schlecht beschaffene einflügelige Thüren, die erste mit einem Schlosse, die beiden anderen mit einer bloßen Klinke. Auf dem Vorderflure führt eine gleichbeschaffene Thüre mit einer Klinke in die Wohnung. Diese besteht aus einer Vorderstube mit zwei 4flügeligen Fenstern, vor welchen außerhalb Fensterladen sind, einer kleinen einfensterigen Hinterstube und einer daran stoßenden Kammer mit einem einflügeligen Fenster. Ein Ofen von Backsteinen ohne Anstrich erwärmt beide Stuben. Wände und Decken sind mit Kalk überstrichen, aber sehr unrein. Auf dem Hinterflure führt eine Fallthüre und steinerne Treppe in einen mit Feldsteinen ausgemauerten Keller, welcher 14' breit, 16' tief und 6' hoch ist und eine Balkendecke von Lehmanstrich hat. Ueber die Kellerthüre führt eine Leiter auf den Boden, durch eine mit einer Fallthüre belegte Oeffnung. Auf dem Boden ist eine an dem Giebel, rechts vom Aufgange, befindliche Bodenkammer von Brettern mit einem kleinen Glasfenster im Giebel. Das Uebrige ist Bodenraum, welcher durch eine in dem anderen Giebel befindliche Lichtöffnung erhellt wird Der Baustand ist schlecht. In der Land-Feuerkasse ist es auf 100 Thlr. versichert.

b) die Scheuer ist 31' lang und 20' tief, von Bindwerk, mit Lehm ausgeklebt, und mit Strohschoben gedeckt. Das Gebäude hat zwei Abtheilungen. Eingangs rechter Hand ist die Scheuer, mit einer Tenne und einem Bansen. Die linke Abtheilung ist ein Stall mit einer besonderen Thüre. Der Baustand ist mittelmäßig; das Dach ist ganz schlecht. Bei der Feuerversicherungs-Societät ist es auf 50 Thlr. versichert.

2) Der an die Hinterfront des Hauses anstoßende Hof und Garten ist 30 Ruthen groß. In dem Gärtchen von 20 Ruthen werden Kartoffeln, Bohnen und Wurzelgewächse gebauet, und es befinden sich darin 15 ausgewachsene Pflaumen- und Kirschbäume.

3) Das Ackerstück stößt nördlich an den Garten, ist eine ebene Fläche und enthält Sechs Morgen. Der Boden ist ein guter Korn- und Haferboden, trägt aber, bei guter Düngung, auch sicher Weizen, Hülsenfrüchte und Klee, und ist in die II. Kl. zu setzen. Der Kultur- und Düngungszustand ist gut, und der Ertrag läßt sich auf 8 Schffl. Winterungshalmfrüchte vom Morgen veranschlagen. Die Bestellung geschieht jedoch größtentheils mit der Hand und gewährt dadurch eine größere Nutzung. Meistentheils werden Kartoffeln, Kohl, Rüben und andere Wurzelgewächse, welche in der nahen Stadt einen vortheilhaften Absatz finden, auch etwas Flachs angebauet. Das Grundstück ist servitutfrei.

4) Das Wiesenstück, eine Fläche von zwei Morgen, liegt nahe beim Dorfe am Mühlgraben; hat eine günstige Lage, guten Graswuchs, Gräser von nahrhafter Beschaffenheit und liefert das nöthige Heu für das bei der Stelle gehaltene Rindvieh. Servituten haften nicht darauf.

5) An Inventarienstücken sind vorhanden zwei Kühe und ein Stück Jungvieh. Die Kühe werden zu den Ackerfuhren gebraucht, geben aber dennoch, wegen der Nähe der Stadt, einen auf 12 Thlr. anzuschlagenden Nutzungsertrag für das Stück. Futterung ist für diesen Viehstand hinlänglich vorhanden.

An todten Inventarienstücken sind vorhanden: ein Wagen, mit kleinen und mit Ernteleitern, ein Pflug, eine Mistbürge, ein Schubkarren, zwei Mistgabeln, ein Misthaken, eine Heugabel, eine Sense, zwei Dreschflegel und eine Wurfschippe.

II. Lasten und Pflichten.

Auf der Stelle haften folgende Abgaben und Lasten.

1) Jährlich:

a) Grundzins an die Gutsherrschaft	8 Thlr.	— Sgr.	
b) Königliche Grundsteuer	2 =	15 =	
c) Kreis-Kommunalabgaben	— =	12 =	
d) Offertorium an den Pfarrer	— =	3 =	
e) Schullehrergehalt	— =	14 =	
f) Gemeindeschreibergehalt	— =	14 =	
g) Wächtergeld	— =	10 =	
h) Feuerversicherungsbeitrag auf 150 Thlr.	— =	15 =	
i) Rente für die abgelösten Robotdienste	3 =	25 =	
k) Schornsteinfegergeld	— =	5 =	
Zusammen	16 Thlr.	23 Sgr.	

2) Bei Besitzveränderungen in allen Fällen müssen Zehn Prozent Laudemien an den Gutsherrn entrichtet werden.

3) Zur Bestreitung der Feldarbeiten und zur Wartung des Viehes muß ein weiblicher Dienstbote gehalten werden.

4) Die persönlichen Gemeindedienste, als Botenlaufen, Verbrecherbewachun-

gen und Transportationen, öffentliche Wegebesserungen u. dergl., muß der Besitzer mit den übrigen Grundbesitzern der Gemeinde im Reihedienste thun. Wenn er aber dazu nicht die persönliche Befähigung hat, muß er nach einem obrigkeitlich bestätigten Gemeindeschlusse monatlich 5 Sgr. zur Gemeindekasse zahlen.

III. Aus diesen Zuständen, mit Rücksicht auf die am Orte Nudelfeld und in der Gegend zur Zeit gewöhnlichen Kaufpreise der Grundstücke von dieser Art und Beschaffenheit, ist der ungefähre Werth dieser Gärtnerstelle nach dem pflichtmäßigen Ermessen des Taxators, auf

Vierhundert und Achtzig Thaler

bestimmt worden.

Die Richtigkeit versichere ich an Eidesstatt.

N., den u. s. w.

N. N.,
Taxationskommissarius.

4. Taxe eines Hauses in einer großen Stadt [1]).

(A. G.O. Thl. II, Tit. 6, §. 15. — Verf. des Justizministers vom 17. August 1841, in seinem Bl. v. 1841, S. 256.)

Tax-Instrument

über das am Ringe (Marktplatze) zu N. sub No. 30 belegene, dem N. N. gehörige, im Hypothekenbuche des 2c. Gerichts daselbst Vol. VII, No. 30 verzeichnete Haus.

Die Besitzung grenzt östlich mit dem Ringe und westlich mit der Friedrichsstraße, und wird nördlich und südlich nach der Länge durch nachbarliche Gebäude eingeschlossen, wie dies aus der beigehefteten Situationszeichnung näher zu ersehen ist. Die ganze Seite vom Ringe bis zur Friedrichsstraße beträgt 229 Fuß, die Breite wechselt an mehreren Stellen und ist durchschnittlich auf 30 Fuß anzunehmen. Die Besitzung besteht aus dem Vorderhause, dem Gange aus demselben in das erste Hofgebäude, diesem Hofgebäude selbst, einem Pferdestalle und dahinter liegenden Gaststalle, alle zur rechten, bis an die Friedrichsstraße reichend, und einem Holzstalle mit Schuppen und Abtritt zur linken.

1) Das Vorderhaus ist massiv, drei Stockwerke hoch, das Dach mit Hohlziegeln eingedeckt. Die Breite ist in der Vorderfront 26′, in der Hinterfront, incl. der halben Grenzmauerstärke, 36′; die Tiefe ist 72′.

Die untere Etage hat einen mit Feldsteinen gepflasterten Durchgang in den Hof, mit einem zweiflügeligen Thore, die Decke ist geputzt, der hintere

---

1) Das Taxinstrument über ein Haus muß gleichfalls von dem gerichtlichen Kommissarius, auf Grund der gepflogenen Verhandlungen und der Gutachten der Sachverständigen, besonders ausgearbeitet werden. Ein solches mitzutheilen, bin ich dadurch bewogen, daß mir schon viele unrichtige Taxen vorgekommen sind, und selbst ein Schriftsteller, nämlich Körner, das unbewegliche Eigenthum, Berlin 1843, S. 158, Nr. 1. die Werthsberechnung unrichtig darstellt.

Wegen Veranschlagung eines Gasthofes S. u. pag. 418, Note 1.

Theil des Flures, 9′ breit, 20′ lang, überwölbt, mit einer schlecht beschaffenen zweiflügeligen Hofthüre versehen; der vordere Theil des Flures 12′ breit und 28′ tief. Im Flure rechts führt eine Thüre mit Vorderthüre, bei welcher sich 3 steinerne Stufen befinden, in den Verkaufsladen. Derselbe ist 13′ breit und 20′ lang, und hat nach dem Ringe zu eine zweiflügelige Glasthüre und Vorthüre. Hinter diesem Raume befindet sich ein 9′ breites, 12′ langes überwölbtes Kabinet, gedielt, mit weißem Ofen versehen, einem Fenster und einflügeliger Glasthüre, die nach dem Verkaufsladen gerichtet sind. Die im Flure geradeansliegende Hinterstube, 27′ lang und 20′ breit, hat 2 vierflügelige Fenster, einen gelb glasurten Kachelofen, vor der einflügeligen Thüre befindet sich eine steinerne und eine hölzerne Stufe. Neben der Stube ist über der Durchfahrt in den Hof ein Kabinet, zu welchem eine Treppe von 8 Stufen führt, dasselbe ist 27½′ lang, 8½′ breit, hat eine Balkendecke, weiß glasurten Ofen und ein zweiflügeliges Fenster in den Hof. Die kleine Küche neben der erst gedachten Hinterstube ist gedielt, die Decke geputzt, hat eine Thüre nach dem Flure und einen Heerd mit Backofen. Der äußere, am Ringe vorhandene Eingang in den Keller ist mit einer Fallthüre geschlossen, der innere Eingang mit einer zweiflügeligen Thüre versehen, die Kellertreppe hat 11 untermauerte Stufen, der Vorderkeller, 25½′ lang, mit einer Lichtöffnung, ist durch Lattenverschläge in 3 Theile abgetheilt. Der Hinterkeller liegt drei Stufen tiefer, ist 27½′ lang und 17½′ breit, mit Bruchsteinen überwölbt und mit Feldsteinen gepflastert, die Lichtöffnungen sind nach dem Hofe zu gerichtet. Der daneben befindliche dritte Keller ist wie der zweite beschaffen. Die erste Etagentreppe ist von Holz, mit Satzstufen und Stabgeländer, hat ein Potest und 27 Stufen.

Der zweite Etagenflur mit Deckenputz ist 22½′ lang, 14½′ breit; 6 Thüren und zwar 2 zweiflügelige, mit Ueberlicht versehen, und 4 einflügelige führen zu den Etagenräumen. — An der Vorderseite befinden sich 2 Stuben, die eine mit einem, die andere mit 2 vierflügeligen Fenstern; beide Zimmer haben geputzte Decken, weiß glasurte Kachelöfen, das eine ist 21′ lang und 13′ breit, das andere 15½′ lang und 10′ breit, die Thüren haben messingene Drücker. Im kleinen Zimmer befindet sich eine verglaste Lichtöffnung zu einer kleinen gedielten, mit Deckenputz versehenen Küche, 13′ lang, 8′ breit. Unter dem Rauchmantel derselben steht ein russischer Kachelofen. Das gedielte Entree mit einem zweiflügeligen Lichtfenster, an den Zimmern der Hinterfront, ist 13′ lang, 9′ breit. Durch eine einflügelige Glasthüre gelangt man von diesem Entree zu dem einen Zimmer, die einflügelige Zwischenwandthüre führt zu dem anstoßenden anderen. Das erstere hat 2 vierflügelige Fenster, gelb glasurten Kachelofen und geputzte Decke, ist 28′ lang, 20½′ breit, das andere ist 23′ tief und 9½′ breit, überwölbt. Hinter diesem folgt eine kleine Küche, 9½′ lang und 6′ breit, gedielt, mit einem Kochheerde versehen, über welchem ein Rauchmantel ist. Die zweite Etagentreppe hat 18 Stnfen und ist wie die untere beschaffen.

Der gedielte Flur in der dritten Etage ist 6' länger, als der darunter befindliche, die Decke ist geputzt; 6 Thüren, worunter 4 zweiflügelige, führen zu den einzelnen Behältnissen. Das vordere kleine Zimmer ist 16½' lang, 10¼' breit, gedielt, mit Deckenputz, einem vierflügeligen Fenster und weiß glasurtem Ofen; das anstoßende Zimmer in gleicher Art, jedoch mit 2 vierflügeligen Fenstern, 21¾' tief und 13¾' breit. Die zweiflügelige Zwischenthüre hat Glasfenster, durch eine dergleichen Thüre gelangt man in eine 13' breite, 8½' tiefe Alkove, welche, sowie die hierauf folgende kleine Küche von 13¼' Breite und 9¼' Tiefe, gedielt ist und eine geputzte Decke hat. Die Thüre zu und aus der Küche in den Flur ist einflügelig, durch ein Lichtfenster vom Flure aus wird dieselbe mehr erhellt. Der Durchgang von der Küche zu der einen Hinterstube ist 13¼' breit, und 4¼' tief, die Thüre mit Glasfenstern ist einflügelig. Die Hinterstube hat 2 vierflügelige Fenster, Bretterdielung, geputzte Decke und weiß glasurten Kachelofen, ist 23¼' tief, und 18' breit. Die Thüre zur Nebenstube, letztere von 23½' Länge und 13' Breite, ist zweiflügelig. Die Treppe zum Boden hat 17 Stufen.

Das Dachgebälke ist mit einem zum Theile schadhaften Kalkanstriche versehen. Durch Latten und Bretterverschläge ist der Dachraum in 5 Abtheilungen getheilt, an jedem Dachgiebel befinden sich 2 Lichtöffnungen. Zum gedielten Kehlgebälke führt eine Treppe von 17 Stufen, zu deren Seiten, am Austritte, 2 Bretterverschläge mit Thüren vorhanden sind. An den Giebelseiten wird dieser Bodenraum durch 2 Lichtöffnungen erhellt. Das Dachgesperre ist mit Hohlwerk, unterhalb bei den Dachrinnen mit Schindeln eingedeckt. Das Hohlwerk ist namentlich unterhalb der Sparren schadhaft. Die zu jeder Seite des Daches befindlichen hölzernen Rinnen werden mit den nachbarlichen Hausbesitzern gemeinschaftlich unterhalten.

2) Das Seiten- oder Hofgebäude ist 66' lang, 19½' tief, zwei Etagen hoch u. s. w.

I. Berechnung des Grund- und Materialwerths.

A. Grundwerth.

1)	Die Grundfläche des Vorderhauses, 72 Fuß tief und 31 Fuß breit □ 2232 □', à 10 Sgr.	744 Thlr.	— Sgr.
2)	Desgleichen des Seitengebäudes, 66' lang, 19½' tief, = 1287 □', à 5 Sgr.	214 =	15 =
3)	Der neue Pferdestall, 25' lang, 16' breit, = 400 □', à 5 Sgr.	66 =	20 =
4)	Der alte Pferdestall, 50' lang und 13½' tief = 675 □', à 5 Sgr.	112 =	15 =
5)	Der Hofraum, incl. der kleinen Remisen und der Hoftreppe, 2450 □', à 2½ Sgr.	204 =	5 =
	Grundwerth	1341 Thlr.	25 Sgr.

B. Materialwerth.

1) Vom Vorderhause, 72′ tief und 31′ breit, sind die Neubauten pro □′ Grundfläche auf 2 Thlr. 24 Sgr. anzunehmen; da jedoch das Gebäude, einen geraumen Theil seiner Dauer hinter sich hat, so kann man nur zwei Drittel der Neubaukosten rechnen, mithin für 2232 □′, à $1\frac{13}{15}$ Thlr.	4166 Thlr.	12 Sgr.
2) Vom Seitengebäude, 66′ lang, 19½′ tief, betragen die Neubaukosten pro □′ 1 Thlr., und da dasselbe sich in schlechtem Zustande befindet, so verliert dasselbe die Hälfte des Werths der Neubaukosten, mithin können pro □′ einschließlich der Treppe und Altane nur gerechnet werden 15 Sgr., also für 1287 □′	643 =	15 =
3) Der eine Pferdestall, 25½′ lang, 16′ breit, befindet sich in mittelmäßigem Zustande. Die Neubaukosten sind pro □′ auf 9 Sgr. zu rechnen, und der jetzige Werth ein Drittheil weniger, also 6 Sgr.; für 400 □′	80 =	— =
4) Das zweite Stallgebäude, 50′ lang, 13½′ tief, befindet sich in schlechtem Zustande, weshalb ⅔ des Neubauwerths in Abrechnung kommen. Die Neubaukosten sind pro □′ auf 9 Sgr. anzunehmen, mithin der jetzige Werth 3 Sgr., für 675½ □′ .	67 =	15 =
5) Der offene Schuppen, 27′ lang, 6½′ tief, in mittelmäßigem Zustande, ist werth pro □′ 1 Sgr., mithin für 175½ □′	5 =	25½ =
6) Der Abtritt, 6½′ lang, 4′ tief, in schlechtem Zustande, ist pro □′ 1 Sgr. zu rechnen, macht auf 26 □′	— =	26 =
7) Die hölzerne Remise, 12½′ lang, 4½′ tief, in mittelmäßigem Zustande, ist pro □′ 4 Sgr. anzuschlagen, mithin auf 78¾ □′	10 =	15 =
8) Das Hofpflaster, 2094 □′, ist à 6 Pf., sowie die hintere Hofmauer, 15½′ lang nebst dem Thore, pro Fuß auf 16 Sgr., zusammen auf . . . . . anzuschlagen.	43 =	5 =
9) Das eine Etage hohe Kommunikationsgebäude zwischen der Hinterfronte des Vorderhauses und dem ersten Seitengebäude, 14′ breit und 12′ tief, in		
Uebertrag	5017 Thlr.	23½ Sgr.

Uebertrag	5017 Thlr. 23½ Sgr.
schlechtem Zustande, ist nur ein Drittheil der Neubaukosten werth, nämlich 5 Sgr. pro □', mithin für 168 □'	28 = — =
Materialwerth	5045 Thlr. 23½ Sgr.
Hierzu der Grundwerth	1341 = 25 =
Summa des Material= und Grundwerths	6387 Thlr. 18½ Sgr.

II. Nutzungswerth[1]).

1) Der Miethsbetrag vom Verkaufsladen in der unteren Etage sammt dem

1) Ist das Haus zur Gastwirthschaft eingerichtet und wird darin Gastwirthschaft betrieben, so muß der Miethsertrag für die Räumlichkeiten, nach den in diesem Gasthofe üblichen Preisen, beachtet werden. Dieses setzt aber auch voraus, daß ein vollständiges Gasthofsinventarium vorhanden sei, welches bei dem Materialwerthe zu veranschlagen ist. Auch muß dann das Dienstpersonal mit seinem Lohne unter den Ausgaben erscheinen, wie das folgende Muster dies alles veranschaulicht.

Viele gerichtliche Taxen sind in dem Titel vom Nutzungswerthe falsch, weil willkührlich, ohne gehörige Ermittelung und Feststellung. Man macht es sich bequem und begnügt sich damit, den Entwurf der Bauverständigen anerkennen zu lassen, welche, um es recht gut zu machen, weiter gehen als sie berufen sind, indem sie, statt sich auf die Beschreibung und die Berechnung des Grund- und Materialwerths zu beschränken, sich auch auf eine Zusammenstellung des Nutzungswerths einlassen, die keine Grundlage angiebt, in Wahrheit aber keine andere hat, als die Willkühr des Besitzers. Es gehört jedoch zum Berufe des Taxationskommissarius, die Nutzungen zu ermitteln und glaubwürdig festzustellen.

Die Räume des zu taxirenden Hauses sind entweder vermiethet oder sie sind unvermiethet.

Ist von den vermietheten Räumen der Miethsertrag durch eine hintereinanderfolgende Zahl von Jahren (der §. 15, Nr. 6, Th. II, Tit. 6 der A. G.O. verlangt einen „mehrjährigen" Durchschnitt) durch Miethskontrakte oder sonst glaubwürdig nachzuweisen, so ist dies ad protocollum gehörig festzustellen, allenfalls durch Vernehmung der Miether. Der Durchschnitt davon ergiebt den jährlichen Miethsertrag. Räume, welche nur mit langen Unterbrechungen vermiethet gewesen sind, können nach dem Miethsbetrage nicht in Ansatz gebracht werden, sondern sind zu behandeln wie die Räume, welche gar nicht vermiethet werden.

Was diese letzteren betrifft, so ist ein Unterschied zu machen zwischen denjenigen, welche nur deshalb, weil sie von dem Besitzer selbst benutzt werden, nicht vermiethet sind, und denjenigen, welche aus Mangel an Gelegenheit und Nachfrage nicht regelmäßig oder gar nicht vermiethet werden.

Die von dem Besitzer genutzten Räume können nach dem vollen Miethsertrage, welchen Räume von derselben Beschaffenheit und in derselben Gegend einzubringen pflegen, und welchen die Sachverständigen zu würdigen haben, zum Ansatze kommen.

Diejenigen Räume hingegen, welche unregelmäßig vermiethet worden sind, müssen in gleicher Weise, aber mit Berücksichtigung des Mangels an Nachfrage gewürdigt werden, wobei der wirkliche Miethsertrag, soweit er in den letzten sechs oder doch mehreren Jahren nachweisbar ist, zum Anhalte dient, ohne daß dadurch das freie Ermessen beschränkt wird. Je weniger nachzuweisen ist, je niedriger muß selbstverständlich die Schätzung ausfallen. Wenn z. B. ein Wohngelaß in den letzten sechs Jahren mit Unterbrechungen durch zwei Jahre vermiethet gewesen wäre und zusammen 30

daran stoßenden Kabinette und einer Remise im Hofe ist nach einem mehrjährigen Durchschnitte der wirklich eingekommenen Miethe . 108 Thlr.

2) Die bisher zusammen vermiethet gewesenen Räume, nämlich: die Hinterstube der unteren Etage und zwei Stuben im zweiten Stockwerke des Vorderhauses, der Verbindungsgang, zwei Räume im Parterre des ersten Seitengebäudes und 2 Stuben in der zweiten Etage desselben, nebst Keller und Bodenraum, sowie der zweite Pferdestall haben früher jährlich 450 Thlr. gebracht, jetzt bringen sie nur 326 Thlr., durchschnittlich also 388 =

3) Die vorderen Zimmer im zweiten Stockwerke, nebst Küche und Keller, sowie einem Pferdestalle, bringen laut Miethsverträgen jährlich . . . . 96 =

4) Im zweiten Stockwerke des Seitengebäudes eine Stube mit einem Pferdestalle und Bodenraum bringt jährlich . . 72 =

5) Das ganze dritte Stockwerk des Vorderhauses nebst Keller und Bodenraum bringt jährlich, laut Kontrakt . . . . 132 =

zusammen jährlich 796 Thlr.

Da jedoch bei vorkommenden Reparaturen und anderen Veranlassungen die Gelasse nicht immer durchweg vermiethet sein können, so kann der Miethsertrag nur approximativ jährlich auf 750 Thlr. angenommen werden, welche, mit 5 Prozent kapitalisirt, 15000 Thlr. machen.

III. Jährliche Abgaben und Lasten[1]).

1)	Geschoß	1 Thlr.	8 Sgr.	10½ Pf.
2)	Grundzins an die Pfarrkirche jährlich . .	2 =	— =	— =
3)	dito an das Hospital	1 =	2 =	— =
4)	Altaristenzins	1 =	— =	— =
	Uebertrag	5 Thlr.	10 Sgr.	10½ Pf.

Thlr. eingebracht hätte, so würde der Durchschnitt auf das Jahr 5 Thlr. betragen. Aber so viel kann nicht angesetzt werden, weil es vielleicht ganz ungewiß ist, ob es in den nächsten 6 Jahren so viel einbringen, vielmehr nicht noch länger leer stehen wird.

Räume endlich, welche aus Mangel an Gelegenheit zur Benutzung leer stehen, kommen gar nicht zum Anschlage.

Nach diesen Klassen müssen sämmtliche Räume in der über das Schätzungswerk aufzunehmenden Hauptverhandlung, welcher die verschiedenen Beweisstücke, als: Urkunden, Rechnungen, Gutachten der Sachverständigen, Nachweise und Informationsprotokolle als Beilagen beizufügen sind, abgehandelt werden; in dem Taxinstrumente werden nur die Positionen daraus, unter Angabe der Grundlage (Durchschnitt des wirklichen Ertrages, oder Schätzung), ausgeworfen.

1) Aus Anlaß einer Anfrage bei mir: wie die Einquartierungslast zu veranschlagen sei, bemerke ich, daß dieselbe prinzipmäßig nicht in Abzug gebracht werden kann, weil dieselbe nach einer Fiktion durch den Servis vergütiget wird. Nach einer Fiktion, sage ich, denn in Wahrheit bleibt diese sog. Vergütigung so weit hinter der Wirklichkeit zurück, daß durch die Einquartierungslast die Häuser in Garnisonstädten sehr bedeutend entwerthet werden und eine allgemeine Klage über die dadurch bethä-

Uebertrag	5 Thlr.	10 Sgr.	$10\frac{1}{3}$ Pf.
5) Servis im Durchschnitte jährlich	6 =	— =	— =
6) Feuerversicherungsbeitrag durchschnittlich . .	1 =	— =	— =
7) Reparaturkosten auf sämmtliche Baulichkeiten, mit Rücksicht auf deren zum Theil schlechte Beschaffenheit, durchschnittlich	62 =	19 =	$1\frac{2}{3}$ =
zusammen	75 Thlr.	— Sgr.	— Pf.

welche, zu 5 Prozent, ein Kapital von 1500 Thlrn. geben.

IV. Zusammenstellung.

Der Material- und Grundwerth beträgt . . .	6387 Thlr.	$18\frac{1}{2}$ Sgr.
Der Kapitalswerth der jährlichen Nutzungen . . .	15000 =	— =
Die Gesammtsumme dieser	21387 Thlr.	$18\frac{1}{2}$ Sgr.
wird prinzipienmäßig halbirt, welches	10693 =	$24\frac{1}{4}$ =
giebt. Davon kommt der Kapitalswerth der Abgaben, Lasten und Unterhaltungskosten mit	1500 =	— =
in Abzug, und die verbleibenden	9193 Thlr.	$24\frac{1}{4}$ Sgr.

schreibe 2c. stellen den Schätzungswerth des Hauses dar.

N., den 26. Mai 1844.

N. N.,
Gerichtsrath, als Taxationskommissarius.

5. Taxe eines Gasthofs.

(A. G.O. II, 6, §. 16.)

Bei Gasthöfen muß der reine Ertrag ermittelt werden, welchen die bloße Gastwirthschaft für sich durch die Benutzung der Räume und Geräthschaften mittelst Aufnahme, Beherbergung und Bedienung der Reisenden und ihres Gespannes abwirft, ohne Berücksichtigung der Schank- und Speisewirthschaft, welche als ein nebenher gehendes Gewerbe, das auch in einem gemietheten Lokale betrieben werden könnte, nicht als eine zum Gasthofe gehörige Wirthschaftsrubrik angeschlagen werden kann. Der ermittelte Ertrag ist dann, wie bei Häusern, nach seinem Kapitalswerthe mit dem Materialienwerthe zusammen zu rechnen und das Ganze zu halbiren.

Zu dem Materialienwerthe müssen die zum Gasthofe als solchem gehörigen beweglichen Pertinenzstücke, namentlich die Geräthschaften und Betten, gerechnet werden (A. L.R. I, 2, §. 90), und die Defekte müssen in Abzug kommen, wie bei einer Landwirthschaft die fehlenden Inventarienstücke.

Bei Ermittelung des Ertrages ist Folgendes zu beachten:

---

tigte große Ungleichheit in der Besteuerung durch das Land geht. Bei vielen übersteigt diese Staatslast den ganzen Betrag aller sonstigen öffentlichen Steuern, diese müssen also unter gleichen Verhältnissen, verglichen mit Anderen, mehr als das Doppelte leisten.

1) Es muß aus den Büchern und Rechnungen der jährliche Ertrag der Beherbergung der Reisenden nach einem mehrjährigen Durchschnitte entnommen werden. Wenn es aber an dergleichen glaubwürdigen Schriften fehlt, ist

a) die in dem Gasthofe übliche Taxe, oder was gewöhnlich liquidirt wird, festzustellen;

b) durch Vernehmung ortskundiger, mit dem Verkehre bekannter Sachverständiger und anderer Personen auszumitteln, durch wie viel Tage im Jahre der Gasthof als vollständig besetzt anzunehmen sei.

c) Nach diesen thatsächlichen Ermittelungen ist zu berechnen, wieviel die Beherbergung der Fremden eingebracht hat.

2) Von der herausgebrachten Summe sind abzuziehen:

a) die anzuschlagenden Kosten für die Wäsche der Bettüberzüge, Handtücher 2c.,

b) die Kosten für die Bedienung. Die Kosten werden zum Theil durch die Trinkgelder gedeckt. Was außerdem an das bloß zur Bedienung der Reisenden nothwendige Dienstpersonal noch an Lohn gezahlt wird, kommt mit der Beköstigung in Abzug, doch muß dabei berücksichtigt werden, daß das Dienstpersonal auch noch bei dem Gewerbe, der Schank- und Speisewirthschaft verwendet wird, weshalb die Sachverständigen anzugeben haben, wieviel von dem Dienstlohne, außer dem Trinkgelde, auf die bloße Bedienung der Reisenden zu rechnen sei.

c) Die Gewerbesteuer, und zwar ganz, wenn Reisende ohne Kost beherbergt werden, zur Hälfte, wenn die Gast- und Speisewirthschaft mit einander verbunden sind, da jede von beiden nach gleichen Sätzen versteuert werden muß.

3) Von dem durch Zusammenrechnung und Theilung des Materialien- und Nutzungswerths herausgebrachten Kapitale sind die Anschaffungskosten für defekte Inventarienstücke abzurechnen, weil bei der Veranschlagung das Vorhandensein eines vollständigen Inventariums vorausgesetzt wird. Dagegen muß diese Summe auch bei dem Materialienwerthe mitzählen. Wenn dieses nicht geschieht, so kann nur die Hälfte der Anschaffungskosten am Schlusse abgezogen werden, sonst würde sich ein unrichtiges Resultat herausstellen.

Nach diesen Vorbemerkungen nehmen wir an, daß das unter der vorigen Nummer abgeschätzte Haus ein Gasthof sei und schätzen es als solchen, auf Grund vorausgesetzter Ermittelungen.

Taxinstrument.

über den am Marktplatze zu N. sub No. 30 belegenen, dem N. N.

gehörigen, im Hypothekenbuche des rc. Gerichts daselbst Vol. VII, No. 30 verzeichneten Gasthof **zum wilden Manne**.

Die Besitzung u. s. w. (folgt die Beschreibung wie oben).

I. Berechnung des Grund- und Materialwerths.

A. Grundwerth.

1) Die Grundfläche des Vorderhauses u. s. w.

Grundwerth 1341 Thlr. 25 Sgr.

B. Materialwerth.

1. Der Gebäulichkeiten.

1) Vom Vorderhause, 72' tief und 31' breit, sind die Neubaukosten pro □' Grundfläche u. s. w.

2) u. s. w. zusammen 5045 Thlr. 23½ Sgr.

2. Der Inventarienstücke.

1)	Von 20 Betten nebst Bettstellen à 30 Thlr.	600 Thlr.
2)	= 6 Dtz. Handtüchern à 2 Thlr.	12 =
3)	= 20 Spiegeln à 5 Thlr.	100 =
4)	= 20 Kommoden à 4 Thlr.	80 =
5)	= 10 Schreibsekretären à 10 Thlr.	100 =
6)	= 20 Tischen à 3 Thlr.	60 =
7)	= 5 Kleiderspinden à 6 Thlr.	30 =
8)	= 6 Sophas à 10 Thlr.	60 =
9)	= 10 Fenstergardinen und Rouleaux	50 =
10)	= u. s. w.	
11)	= folgenden fehlenden Stücken:	
	a) 10 Sophas à 12 Thlr.	120 =
	b) 8 Kleiderschränken à 10 Thlr.	80 =
	c) 6 Dtz. Stühlen à 12 Thlr.	72 =
	d) u. s. w.	
	zusammen	1364 Thlr.

Grund- und Materialwerth ist also:

von dem Grund und Boden . . .	1341 Thlr.	25 Sgr.	— Pf.
= den Gebäulichkeiten	5045 =	23 =	6 =
= dem Inventarium	1364 =	— =	— =
zusammen	7751 Thlr.	18 Sgr.	6 Pf.

II. Nutzungswerth.

1) Der Miethsbetrag von dem Verkaufsladen in der unteren Etage, sammt dem daran stoßenden Kabinette und einer Remise im Hofe, ist nach einem mehrjährigen Durchschnitte . . . . 108 Thlr.

2) Die Hinterstube der unteren Etage, zwei Räume im Parterre des ersten Seitengebäudes und zwei Stuben in der

Uebertrag 108 Thlr.

Uebertrag 108 Thlr.

zweiten Etage desselben, nebst Keller- und Bodenräumen, sowie die Küche im unteren Stockwerke hat der Wirth inne, theils als Wohnung, theils zum Betriebe seiner Schank- und Speisewirthschaft. Den jährlichen Miethswerth veranschlagen die Sachverständigen auf . . . . 388 =

3) Zur Gastwirthschaft werden gebraucht:

3 Stuben im zweiten Stocke nach vorne, mit der Taxe von . . . . 20 Sgr.

3 Stuben im dritten Stocke nach vorne, mit der Taxe von . . . . 15 =

2 Stuben im zweiten Stocke nach hinten, mit der Taxe von . . . . 15 =

12 Stuben im dritten Stocke, gleichfalls nach hinten, und in den Hintergebäuden, mit der Taxe von . . . . 10 =

auf die Nacht, mit einem Bette.

Stallung für 10 Pferde.

Eine ordentlich geführte Rechnung über den Ertrag der bloßen Gastwirthschaft ist nicht vorgelegt worden, es haben daher Sachverständige über die anzunehmende Besetzung der Zimmer vernommen werden müssen. Nach deren Aussagen ist anzunehmen, daß

a) die 3 Stuben im zweiten Stocke nach dem Markte heraus durchschnittlich 20 Tage durch den Monat besetzt sind, macht . . . . 480 Thlr.

b) die 3 Vorderstuben im dritten Stocke durch 15 Tage macht . . . . 270 =

c) die 2 Hinterstuben im zweiten Stocke durch 10 Tage macht . . . . 120 =

d) die 12 Hinterstuben im dritten Stocke und im Hintergebäude durch 8 Tage, macht 300 =

e) die Stallung durch 8 Tage, macht pro Pferd 1 Sgr. — . . . . 28 =

und am Pferdefutter ein Gewinn ist von 36 =

f) monatlich durch 20 Tage noch ein zweites Bette begehrt wird, wofür 5 Sgr. auf das Bett, also . . . . 40 =

anzusetzen. Weiter ist anzunehmen, daß

g) monatlich 10 Mal eine Stube bloß bei Tage besetzt ist, wofür 5 Sgr., zusammen 20 =

anzusetzen; und

Uebertrag 1294 Thlr.

Uebertrag 496 Thlr.

Uebertrag 1294 Thlr.

h) durch den Winter 900 Mal geheizt wird, und für jedes Mal 1 Sgr. Gewinn ist, 30 =

i) am Beleuchtungsmateriale gewonnen werden 26 =

In Summa 1350 Thlr.

Davon sind abzuziehen:

1) für Wäsche . . . . 200 Thlr.

2) für das Bedienungspersonal. Dazu ist ein männlicher und ein weiblicher Dienstbote nothwendig. Das Lohn wird durch Trinkgelder gedeckt, aber auf den Unterhalt sind zu rechnen . . . . 150 =

3) Gewerbesteuer . . . . 24 =

374 =

Es verbleibt also ein reiner Ueberschuß von . . . . . 976 =

Der ganze jährliche Ertrag beläuft sich mithin auf . . . 1472 Thlr., welche zu 5 Prozent ein Kapital von 29440 Thlrn. darstellen.

III. Jährliche Ausgaben und Lasten.

1) Geschoß	1	Thlr.	10	Sgr.	10	Pf.
2) Grundzins an die Pfarrkirche jährlich .	2	=	—	=	—	=
3) Grundzins an das Hospital . . .	1	=	—	=	—	=
4) Altaristenzins	1	=	—	=	—	=
5) Servis im Durchschnitte jährlich . .	6	=	—	=	—	=
6) Feuerversicherungsbeitrag durchschnittlich .	12	=	—	=	—	=
7) Reparaturkosten auf sämmtliche Baulichkeiten, mit Rücksicht auf deren zum Theil schlechte Beschaffenheit, durchschnittlich .	62	=	19	=	2	=
8) Zur Instandhaltung der Gasthofsgeräthschaften, Betten und Wäsche	200	=	—	=	—	=
zusammen	286	Thlr.	—	Sgr.	—	Pf.

welche zu 5 Prozent ein Kapital von 5760 Thlrn. geben.

IV. Zusammenstellung.

Der Material- und Grundwerth beträgt	7751	Thlr.	18	Sgr.	6	Pf.
Der Kapitalwerth der Nutzungen . .	29440	=	—	=	—	=
Die Gesammtsumme dieser	37191	Thlr.	—	Sgr.	—	=
wird grundsätzlich halbirt, welches .	18595	=	24	=	3	=

giebt. Davon kommen in Abzug:

	Uebertrag:		18595 Thlr. 24 Sgr. 3 Pf.
1) die Lasten und Unterhaltungskosten mit . . .	5720 Thlr.		
2) die Anschaffungskosten der fehlenden Inventarienstücke mit	272 =		
	zusammen	5992 = — = — =	
Der Schätzungswerth des Gasthofes ist mithin			12703 Thlr. 24 Sgr. 3 Pf.

schreibe 2c.

N., den 18. Februar 1848.

N., N.,
Gerichtsrath, als Taxationskommissarius.

6. Taxe einer Mühle.

(A. G.O. Th. II, Tit. 6, §. 16.)

Mühlen werden nach ihrem Ertrage angeschlagen. Diesen auszumitteln ist eine schwierige Aufgabe, wenn keine vollständigen und richtigen Mahlregister geführt worden sind. Sind solche vorhanden, so giebt ein sechsjähriger Durchschnitt eine ziemlich sichere Grundlage. Fehlt es aber daran, so müssen die Mühlburschen über die Menge des Mahlguts vernommen werden, und die Sachverständigen haben darnach einen ungefähren Betrag, mit Rücksicht auf die Anzahl und muthmaßliche Konsumtion der Mahlgäste, sowie auf die Mahlkraft der Mühle und die in der Gegend noch vorhandenen Mühlen, gutachtlich anzunehmen. Kommen aber auch nicht einmal Zeugnisse von Mühlknappen zu Hülfe, und sind also die Sachverständigen, von allem geschichtlichen Anhalte verlassen, bloß auf muthmaßliche Annahmen angewiesen: so ist das Resultat sehr unsicher. — Nach dem Schlesischen Taxregulativ v. 14. März 1859, Abth. II, Tit. XIV (G.S. S. 166) sind Mühlenanlagen auf den Materialwerth der Mühlengebäude und Betriebsutensilien und auf den durch Sachverständige zu ermittelnden Werth der vorhandenen Wasserkraft zu schätzen. Das paßt an sich nicht auf Windmühlen, und auch eine Wasserkraft hat nur in sofern Werth, als sich eben Gelegenheit zur Verwerthung findet, und dieses führt wieder zurück auf die Beschäftigung der Mühle. Die Beschäftigung aber ist bedingt: 1) durch das Bedürfniß des Publikums im Bereiche der Mühle (Konkurrenz, Zufuhr von Mahlgut) und 2) durch die Leistungsfähigkeit des Mühlwerks mit Rücksicht auf die vorhandene Wasserkraft, und so werden die Taxatoren immer auf die bisherige Erfahrung angewiesen sein, welche festzustellen die erste Aufgabe bleibt. Ist mit der selbständigen Mühlenanlage zugleich eine Landwirthschaft verbunden, so ist diese eine besondere Nutzungsrubrik.

Muster.

Taxationsinstrument von der dem Mühlenmeister Traugott Groß=

maß gehörigen, bei Ober=Silberbach belegenen, und im Hypothekenbuche von Silberbach unter Nr. 1 verzeichneten Mühle, die Wolfsmühle genannt.

Die unter der Jurisdiktion des rc. Gerichts zu —, bei Ober=Silberbach belegene, aus dem ehemals zum Rittergute Ober=Silberbach gehörig gewesenen Eisenhammer errichtete dreigängige Mahlmühle, Nr. 1 des Hypothekenbuchs verzeichnet, am rechten Ufer des Silberbachs, besitzt gegenwärtig der Müllermeister Traugott Großmaß, welcher sie im Jahre 1836 aus einer nothwendigen Subhastation für 9000 Thlr. erstanden hat.

A. Beschreibung.

Das Grundstück besteht aus den Wohn=, Mahl= und Wirthschaftsgebäuden; dem Hofraume mit Einschluß der Baustelle nebst Garten, in einem Flächeninhalte von 3 Morgen 8 Ruthen, wovon auf den Garten 2 Morgen kommen; dem Mühlenwerke mit drei unterschlächtigen Gängen.

Die Besitzung grenzt nördlich an die Landstraße von A. nach B., östlich an das Rittergut Ober=Silberbach, westlich an den Mühlgraben und südlich an den Silberbach=Fluß, der die Mühle speist.

I. Die Gebäude bilden ein ziemlich rechteckiges Gehöfte, welches mit einem Thore gegen die gedachte Landstraße geschlossen ist, und südlich und westlich von dem Garten umschlossen ist. Die einzelnen Gebäude sind folgende:

1) Das Wohn= und Mahlgebäude. Es liegt mit der Vorderfront die Straße entlang, ist 59 Fuß lang und 40 Fuß tief, massiv, zwei Stockwerke hoch, mit stehendem Dachstuhle, und mit Schindeln gedeckt, hat einen Eingang mit einer zweiflügeligen starken Hausthüre von der Straße, und einen gleichen von dem Hofe her.

Durch die Vorderthüre gelangt man in das geräumige Mahlhaus, wo sich das Mühlwerk mit den drei Mahlgängen befindet.

Rechter Hand, zu ebener Erde, befindet sich eine Wohnstube mit einem schwarzen Kachelofen, und mit vier vierflügeligen Fenstern, wovon zwei nach der Straße und zwei im Giebel nach dem Hofe sehen. An diese stößt nach hinten ein kleiner Hausflur, wo sich eine Küche mit Backofen und der Schornstein befinden. Von hier gelangt man durch die Hinterthüre in das Gehöfte, und durch eine Stubenthüre rechts auch in eine zweite Wohnstube mit zwei Fenstern in der Hinterfront und einem Fenster im Giebel; in dieser Stube ist ein Kochofen von bunten Kacheln mit einem kupfernen Ofentopfe. Von hier gelangt man durch eine gewöhnliche Stubenthüre in die erstgedachte Wohnstube zurück.

Vom Mahlhause ersteigt man durch vier Bohlenstufen den sogenannten Sackboden, welcher geräumig und zur Aufnahme des Mahlguts sehr gut geeignet ist. Rechts desselben ist ein großes vierfenstriges Wohnzimmer mit einem bunten Kachelofen, und daneben, nach hinten zu, ein kleines dreifenstriges Zim=

mer mit schwarzem Kachelofen. Aus diesem Zimmer gelangt man in ein kleines einfenstriges Vorzimmer ohne Ofen, und von da wieder auf den Sackboden. Sämmtliche Zimmer haben berohrte Decken. Vom Sackboden führt eine Treppe auf den Dachboden, welcher gedielt ist, durch vier Dachfenster erhellt wird, und zur Aufbewahrung von Getreide eingerichtet ist.

2) Ein Stallgebäude. Dieses steht mit dem Wohnhause im rechten Winkel, 6 Ruthen davon, den Hof entlang, ist 80 Faß lang, 24 Fuß tief, massiv, mit Schindeln gedeckt. Am nördlichen Giebel in dem Gebäude sind zwei gewölbte Schwarzviehställe von Holzbohlen. Nebenan ist ein gewölbter Kuhstall, dessen Gewölbe auf vier Granitsäulen ruht. Der Raum ist für Zehn Stück Rindvieh ausreichend. Eine besondere Thüre und Treppe führt von außen auf den Boden, wo an dem nördlichen Giebel eine Kammer mit einem kleinen Fenster und der übrige Raum Heuboden ist. Nächst dieser Thüre, nach dem südlichen Giebel zu, ist wieder eine Thüre, welche in einen gewölbten Pferdestall mit Siedekammer führt; dieser Stall kann vier Pferde aufnehmen. Neben dem Stalle, am Giebel, sind zwei Gesindekammern, jede mit einem Fenster im Giebel, und unter demselben ist ein gewölbter Keller.

3) Ein Wagen- und Holzschuppen, welcher mit dem Stallgebäude einen rechten Winkel bildet und die nördliche Seite des Hofes entlang steht. Er ist 30 Fuß lang und 20 Fuß tief, von Bindwerk mit Lehm ausgestakt und mit Schindeln gedeckt, hat ein zweiflügeliges Thor und einen Durchgang in den Garten, mit einer verschließbaren Thüre.

4) Eine Scheuer, welche sich in derselben Linie an den Schuppen anschließt. Sie ist 60 Fuß lang und 26 Fuß tief, von Bindwerk mit Brettern verschlagen und mit Schindeln gedeckt, hat zwei Dreschtennen und zwei Bansen.

Der Bauzustand ist von allen Gebäuden gut.

5) Das Mühlwerk selbst. Die Mühle ist ein Staberzeug. Das nie fehlende Wasser wird unmittelbar aus dem Silberbach-Flusse durch das Gerinne auf die Wasserräder geleitet, und bei dem Stillstande der Mühle durch eine Freischleuse abgeleitet. Das Werk hat zwei Mahlgänge und einen Spitzgang. Das Gerinne ist 11 Fuß breit und 2 Fuß tief, und hat ein lebendiges Gefälle von 40 Zoll. Alle drei Wasserräder haben 16 Fuß Durchmesser, die Kammräder 72 Kämme und 4¼ Zoll Theilung; die Getriebe haben 6 Stäbe und zum Radium 5½ Zoll; der Radius der Steine ist 1 Fuß 8 Zoll. Das äußere Grundwerk, welches gegenwärtig in gutem Stande ist, erfordert alle 40 Jahre einen neuen Grundbau, welcher auf 1500 Thlr. anzuschlagen. Die Kosten für Reparaturen am Mühlhause und Gewerke betragen in derselben Zeit etwa 500 Thlr. Vertheilt man beide Summen auf den Zeitraum von vierzig Jahren, so kommen auf das Jahr 50 Thlr. Bau- und Reparaturkosten. Das innere Grundwerk oder Gebütt ist 40 Fuß lang und 10 Fuß breit. Alle drei Gänge sind in vollkommen gangbarem und tüchtigem Zustande. Die

sämmtlichen Gebäulichkeiten sind gegen eine Prämie von Zwei vom Tausend auf 5000 Thaler gegen Feuersgefahr versichert.

II. Die Besitzung hat das Recht, drei Kühe und ein Stück Jungvieh zu halten; gegenwärtig sind 8 Kühe und 4 Stück Jungvieh vorhanden. Es kommt in Betracht, daß eine kräftige Futterung für die Kühe durch das Staubmehl gewonnen wird; daß ohnehin zur Besorgung der Hauswirthschaft ein weiblicher Dienstbote gehalten werden muß, der die Wartung der Kühe mit versehen kann; daß in der Umgegend Heu stets zu haben ist; daß der Dünger verkauft werden kann; und daß die Nähe der Kreisstadt vortheilhafte Gelegenheit zum Absatze von Milch und Butter giebt. In Berücksichtigung dieser Umstände ist anzunehmen, daß nach Abzug der Milcherei für das Gesinde und für die Haushaltung zwei Kühe und ein Stück Jungvieh mit ihrem Ertrage anzuschlagen sind.

III. Zum Betriebe der Mühle sind zwei Pferde mit Wagen, zwei Mühlknappen und ein Knecht, dieser und das Gespann zur An- und Abfuhr des Mahlguts, und eine Dienstmagd erforderlich. Das Pferdefutter an Körnern wird durch das Staub- und Steinmehl gedeckt; das erforderliche Stroh wird zur Hälfte durch den Dünger ersetzt und zur anderen Hälfte ist darauf schon bei der Rindviehnutzung mitgerechnet worden.

Die Mühle hat die Last, das zum Wirthschaftsbedarfe des Ritterguts Ober-Silberbach erforderliche Getreide unentgeltlich zu mahlen; doch wird dafür das gewöhnliche Mahlgeld an den Mühlknappen entrichtet.

Die frühere auf der Mühle gehaftet habende Laudemialpflicht ist abgelöst; dafür haftet aber noch eine jährliche Rente von 15 Thalern auf derselben. Außerdem ist ein Mühlzins von 20 Thlrn. jährlich zu entrichten; und zu den vier sogenannten heiligen Zeiten ist jedes Mal alljährlich ein Viertel, zusammen also jährlich ein Scheffel feines Weizenmehl an den Besitzer des Ritterguts Ober-Silberbach zu entrichten.

B. Ertragsermittelung.

I. Gartennutzung.

Der zwei Morgen große Garten wird zum Theile mit Gartengewächsen bebauet, hauptsächlich aber zur Sichelgräserei für die Kühe benutzt, und hat 102, zum Theile noch junge, aber sämmtlich schon tragbare Obstbäume verschiedener Sorten, welche einen gesunden kräftigen Wuchs haben. Die Obst- und Gartennutzung ist jährlich auf 5 Thaler veranschlagt; die Grasnutzung aber dabei nicht berücksichtigt, weil darauf bei der Veranschlagung der Viehnutzung gerechnet ist.

II. Viehnutzung.

Mit Rücksicht auf die günstigen Verhältnisse ist die jährliche Nutzung einer Kuh auf 14 Thaler, und die des Stücks Jungvieh auf 3 Thlr., für alle drei Häupter also auf 31 Thaler angeschlagen.

III. Mühlennutzung.

Mahlregister sind nicht geführt, und die jetzt vorhandenen beiden Mühlknappen sind erst seit einem Vierteljahre in der Mühle, so daß also sichere historische Nachrichten über die Beschäftigung der Mühle nicht zu erlangen gewesen. In den letzten drei Monaten sollen, nach der Aussage der Mühlburschen, alle drei Gänge täglich vollauf Arbeit gehabt haben, auch ist für alle drei Gänge das ganze Jahr hindurch hinlängliche Wasserkraft vorhanden; doch ist auf die tagtägliche Beschäftigung aller drei Gänge natürlich nicht zu rechnen. Mit Berücksichtigung jedoch der Umgegend und der vortheilhaften Lage der Mühle ist anzunehmen, daß zwei Gänge täglich zu mahlen haben, und daß täglich im Durchschnitte 50 Scheffel zu Mehl vermahlen werden, ohne daß dabei auf die Last des freien Mahlens des Bedarfs für das Rittergut Ober-Silberbach weiter zu rechnen, weil diese außerdem durch den dritten Gang bequem abgetragen werden kann. Nimmt man in Berücksichtigung der Festtage eine runde Summe von 360 Tagen auf das Jahr an, so ergiebt sich die Summe von 18000 Scheffeln Getreide, welches muthmaßlich jährlich vermahlen wird. Nach der hiesigen Oertlichkeit ist anzunehmen, daß das Mahlgut zu $\frac{1}{6}$ aus Weizen, zu $\frac{1}{2}$ aus Roggen, zu $\frac{1}{3}$ aus Gerste besteht. Davon gebührt die Mahlmetze, d. i. $\frac{1}{16}$ von jedem Scheffel, dem Müller und das übliche Mahlgeld den Mühlknechten.

Die Mahlmetze bringt ein:

1)	von 3000 Schffl. Weizen	187 Schffl.	8 M.		
	Davon ab zur Konsumtion und Abgabe	5 =	8 =		
	es bleiben also zum Verkaufe	182 Schffl.	— M.		
	welche à 1 Thlr. 2 Sgr. . . . . geben.			194 Thlr.	4 Sgr.
2)	Von 9000 Schffl. Korn	562 =	8 =		
	Davon gehen zur Konsumtion ab	30 =	8 =		
	und zum Verkaufe bleiben	532 Schffl.	— M.		
	welche à 24 Sgr. einbringen			425 =	18 =
3)	Von 6000 Schffl. Gerste	375 Schffl.			
	Davon gehen zur Konsumtion ab	30 =			
	und zum Verkaufe bleiben	345 Schffl.			
	wofür à 20 Sgr. eingehen			230 =	— =
			In Summa	849 Thlr.	22 Sgr.

4) Für Stein- und Staubmehl kommt nichts in Ansatz, weil dasselbe zur Fütterung der Pferde und des Rindviehes aufgeht.

IV. Federviehnutzung.

Diese ist zu rechnen jährlich auf 3 Thlr. und gründet sich auf die verstreuten Körner, welche vor dem Mühlengebäude zusammengekehrt und von dem Federviehe aufgelesen werden.

Wiederholung.

I.	Gartennutzung	5 Thlr.	—	Sgr.
II.	Rindviehnutzung	31 =	—	=
III.	Mühlennutzung	849 =	22	=
IV.	Federviehnutzung	3 =	—	=
	Zusammen	888 Thlr.	22	Sgr.

Die von der Besitzung zu entrichtenden jährlichen Lasten und Abgaben, und die von dem Ertrage zu bestreitenden Betriebs- und Unterhaltungskosten sind nach den stattgefundenen Ermittelungen folgende:

1)	Grund- und Gewerbesteuer	48 Thlr.	—	Sgr.
2)	Laudemialrente	15 =	—	=
3)	Mahlzins	20 =	—	=
4)	Schornsteinfegergeld	1 =	—	=
5)	Schulgeld	— =	15	=
6)	Gemeindelasten	1 =	15	=
7)	Salz für das Rindvieh	1 =	7	=
8)	Zum Ankaufe von Heu und Stroh für Kühe und Pferde	18 =	—	=
9)	Auf Brennholz	20 =	—	=
10)	Auf Schirrholz	18 =	—	=
11)	Auf Schmiedearbeit	30 =	—	=
12)	Auf Sattler- und Riemerarbeit	7 =	—	=
13)	Auf Mühlsteine	15 =	—	=
14)	Auf Beuteltuch	16 =	—	=
15)	Lohn für den Knecht und die Magd	34 =	—	=
16)	Auf Salz und Fleisch für das Gesinde und die Mühlburschen	15 =	—	=
17)	Auf Wagenschmiere und Licht	5 =	—	=
18)	Auf Abgang an Pferden und Wagen	12 =	—	=
19)	Auf Baureparaturen	10 =	—	=
20)	Auf Unterhaltung des Mühlenwerks	50 =	—	=
21)	Feuerkassengeld von 5000 Thlr. à 2 pro Mille	10 =	—	=
	Summa aller Ausgaben	347 Thlr.	7	Sgr.

Balance.

Die Einnahme beträgt	888 Thlr.	22	Sgr.
Die Ausgabe	347 =	7	=
Der reine Ueberschuß	541 Thlr.	15	Sgr.

welcher zu 5 Prozent kapitalisirt ein Kapital von 10,830 Thlr. giebt.

C. Werth der Gebäude.

Soweit die Gebäulichkeiten zum Mühlenbetriebe und zur Viehnutzung gehören, kann der Werth davon nicht in Anschlag kommen, vielmehr würden, wenn daran Mängel wären, die Anschaffungs- und Herstellungskosten von dem Kapitale in Abzug zu bringen sein, weil ohnedies kein Ertrag zu erzielen wäre. Dagegen kommen die zum Betriebe des Mühlengewerbes und der Wirthschaft nicht erforderlichen Gebäude allerdings in Anschlag, zumal sie sich als Wohnung des Mühlenbesitzers und dessen Familie auch nutzbar machen. Der Werth ist, wie folgt, ermittelt:

Der Materialwerth der Gebäulichkeiten stellt sich mit Rücksicht auf den guten Baustand folgendermaßen:

1) Von dem Mahl- und Wohnhause, und zwar:			
a) von 1182 □Fuß Grundfläche, à 1 Thlr. 15 Sgr., auf	1773 Thlr.		
b) von 1500 □Fuß Grundfläche, à 20 Sgr., auf	1000 Thlr.		
		2773 Thlr.	— Sgr.
2) Von dem Stallgebäude: auf 2500 □Fuß Grundfläche, à 12 Sgr., auf		1000 =	— =
3) Von dem Holz- und Wagenschuppen, auf 434 □Fuß Grundfläche, à 3 Sgr., auf . . .		43 =	12 =
4) Von der Scheuer auf 1625 □Fuß Grundfläche, à 5 Sgr., auf		270 =	25 =
Zusammen auf		4087 Thlr.	7 Sgr.

Das gehende Werk kommt nicht in Anschlag.

Davon sind auf den Mühlenbetrieb und auf die Wirthschaft zu rechnen:

1) von dem Hause die Hälfte mit	1386 Thlr.	15 Sgr.		
2) von dem Stallgebäude ⅔ mit	633 =	20 =		
3) der Holz- und Wagenschuppen mit	43 =	12 =		
4) die Scheuer mit	270 =	25 =		
Nach Abzug dieses Taxwerths im Betrage von			2334 =	12 =
bleiben übrig			1752 =	25 =

welche als der Werth der als Wohnung zu veranschlagenden Gebäulichkeiten anzusehen. In Betracht der angenehmen Lage der Mühle, der Bequemlichkeit und Geräumigkeit der Wohnung, und bei der Nähe der Stadt, hat die Wohnung unbedenklich einen Miethswerth von jährlich 90 bis 100 Thlrn., daher es unbedenklich ist, dem Ertragswerthe von . 10,830 Thlr. — Sgr. noch den Materialwerth des Wohngebäudes mit . 1752 = 25 = hinzuzurechnen.

Dagegen kommen auf fehlende Inventarienstücke

von dem Gesammtbetrage der . . . . 12,582 Thlr. 25 Sgr.
in Abzug:

1) für ein unbrauchbar gewordenes Pferd	50 Thlr.			
2) für einen Sackwagen	30 =			
3) für einen Mühlstein	40 =			
4) für eine neue Mühlwelle . . .	60 =			
5) für sechs Steinhauen	6 =			
Zusammen . .		186 =	— =	
Der Taxwerth der Mühle stellt sich sonach auf		12,396 Thlr.	25 Sgr.	

sage

Zwölftausend Dreihundert Sechs und Neunzig Thaler, Fünf und Zwanzig Silbergroschen.

N., den 1. April 1846.

Strenge,
Königlicher rc. Gerichtsassessor, als Kommissarius des rc. Gerichts.

Druck von J. B. Hirschfeld in Leipzig.

Register.

(Die Ziffer bezieht sich auf die Seitenzahl.)

J.

K.

L.

M.

N.

O.

W.

Z.

Druck von J. B. Hirschfeld in Leipzig.

Berichtigungen.

S. 1 Z. 7 im Text l. Errichtung st. Einrichtung

= 3 = 5 v. u. im Text fehlt vor „März" das Datum: 1.

= 4 Nr. 17 Z. 2 ist st. doch zu setzen: indeß

= 7 Z. 16 v. o. l. Erwerbers st. Erwerbens

= 25 Z. 1 l. Zu st. In.

= 34 Note 21 Z. 8 ist hinter „nicht" einzuschalten: bloß

= 42 in der Note Z. 18 ist vor „als" einzuschalten: von ihm

= 50 = = 39, Abs. 2, Z. 1 l. Betheiligter st. Betheiligte

= 61 Z. 1 hinter „Händen" einzuschalten des Notars

= 70 Note 76 Z. 2. v. u. l. Gerichts= st. Ge=

= 87 Z. 4 ist hinter „wurde" einzuschalten: den

= 90 Z. 2 v. u. des Prot. l. durchge= st. durch=

= 93 Z. 20 v. u. = = l. ihn st. ihnen

= 104 Z. 3 ist dem Texte beizufügen:
doch sind die besonderen bei Intercessionen der Frauen geltenen Vorschriften durch Gesetz vom 1. Dezember 1869 (G.S. S. 119) aufgehoben.
Ebd. ist die Z. 9 v. u. anfangende Belehrung u. die Note 1 dzu zu streichen.

= 106 Z. 1 l. Kautionsbestellung st. Kautionsgesuch

= 107 Z. 2 v. u. des Textes l. die st. vie

= 112 in Nr. 3, Z. 7 v. u. l. einem ehrliebenden st. eine merliebenden

= 122 Z. 15 l. Behändigungsschein st. Behändigungsschreiben

= 132, §. 11, Z. 2 v. u. l. umrickt st. umrückt

= 156, Note *, Z. 3 ist 15 st. 5 zu setzen

= 158 Z. 1 l. Konventionalstrafe st. Konventionsstrafe

= 164 Z. 7 v. u. im Passus XXVI ist hinter „preußische" einzuschalta: resp. norddeutsche

= 164, Anm. *. Z. 1 v. u. ist hinter „Bl." einzuschalten: S.

= 171 in der Note 1 Z. 2 v. u. l. Einführungsgesetzes st. Erführungsgesetzbuches

= 187 sind zu 3. Expromission die Worte: „wenn aber — geschehex", u streichen.

= 240, Nr. 4 Z. 4 ist Die st. die zu setzen.

= 242, Note 2 Z. 2 ist den Regeln st. dem Regale, zu lesen.

= 249, Note 3, Z. 3 ist vor „als" einzuschalten: gegenüber.

= 256, Abs. 2 der N., Z. 2 l. 1834 st. 1634.

= = Z. 8 v. u. ist hinter „preußische" einzuschalten: Stempel-

= 269, in Nr. LVIII, Z. 6 v. u. l LV, st. CV

= 298, Anm. Abs. 3, Z. 3 l. kauf st. auf.

= 301 in Nr. 3, Z. 2 l. Verwarnungen st. Verwahrungen.

FSC
www.fsc.org
MIX
Papier | Fördert
gute Waldnutzung
FSC® C083411

Kolibri 360 GmbH
Ferdinand-Jühlke-Straße 7
99095 Erfurt, Deutschland
produktsicherheit@kolibri360.de